黄茂荣法学文丛

债法分则之二

劳务之债

黄茂荣 著

厦门大学出版社

XIAMEN UNIVERSITY PRESS

国家一级出版社
全国百佳图书出版单位

图书在版编目(CIP)数据

债法分则之二. 劳务之债/黄茂荣著.—厦门:厦门大学出版社,2020.6
(黄茂荣法学文丛)
ISBN 978-7-5615-6404-2

Ⅰ.①债… Ⅱ.①黄… Ⅲ.①债权法－研究－中国 Ⅳ.①D923.34

中国版本图书馆 CIP 数据核字(2016)第 319939 号

出 版 人	郑文礼
责任编辑	甘世恒
封面设计	李夏凌
技术编辑	许克华

出版发行	*厦门大学出版社*
社 址	厦门市软件园二期望海路 39 号
邮政编码	361008
总 机	0592-2181111 0592-2181406(传真)
营销中心	0592-2184458 0592-2181365
网 址	http://www.xmupress.com
邮 箱	xmup@xmupress.com
印 刷	厦门市明亮彩印有限公司

开本	720 mm×1 000 mm 1/16
印张	31.5
插页	2
字数	600 千字
版次	2020 年 6 月第 1 版
印次	2020 年 6 月第 1 次印刷
定价	78.00 元

本书如有印装质量问题请直接寄承印厂调换

厦门大学出版社
微信二维码

厦门大学出版社
微博二维码

目　录

第一章

概　论

一、劳务之债概念

　　劳务之债指以劳务为债之目标之债的关系。狭义的劳务之债,其目标限于人的劳务。台湾地区"民法"债编中所规定的劳务之债即指此种以人的劳务为目标之债。广义的劳务之债,其目标含物的及人的劳务。此为台湾地区"营业税法"所称之销售劳务中的劳务。[①] 然物的劳务之债,在"民法"债编归类为用益之债。

　　劳务之债的共同特征是:(1)继续性。为达到劳务契约之目的,其劳务之给付需要一段时间始可完成,此即劳务之债的继续性。基于该继续性的特征,劳务之债有关于终止之规范需要。在终止之规范上,其约定或法定的终止事由、终止的法律效力皆极重要。(2)无可回复性。劳务之债有解除事由者,依然得解除其据以发生之契约(关于承揽"民法"有得解除之规定:第 494 条、第 495 条、第 502条、第 503 条、第 506 条、第 507 条)。该契约倘经解除,解除前因该契约之履行而受领之给付,当事人双方互负回复原状之义务。受领之给付为劳务者,因劳务的给付本身无返还的可能性,亦即具无可回复性,所以除法律另有规定或契约另

---

　　① 台湾地区"营业税法"第 3 条第 2 项规定:"提供劳务予他人,或提供货物予他人使用、收益,以取得代价者,为销售劳务。但执行业务者提供其专业性劳务及个人受雇提供劳务,不包括在内。"该条所定劳务涵盖之范围,就其含物之劳务而论,大于"民法"债编所定者;就其但书规定不含执行业务者提供之劳务而论,小于"民法"债编所定者。此种就同一用语,按规范目的之不同而异其指称内容的用法,称为功能性概念。关于功能性概念,请参考黄茂荣:《法学方法与现代民法》,台湾植根法学丛书编辑室 1993 年增订 3 版,第七章。

有订定外,受领人应照受领时之价额,以金钱偿还之("民法"第 259 条第 3 款)。① 依同条第 2 款之意旨,并应附加自受领时起之利息偿还。(3)无可储藏性。鉴于劳务之给付需要一定之时间与空间为其发生的场域,所以对于劳务债务人而言,劳务具无可储藏性。是故,在像雇佣以一定之时段界定劳务债务人应给付之劳务范围者,劳务债权人如有受领迟延,仍应照负报酬义务。但劳务债权人得举证请求依损益相抵原则调整报酬("民法"第 487 条:"雇用人受领劳务迟延者,受雇人无补服劳务之义务,仍得请求报酬。但受雇人因不服劳务所减省之费用,或转向他处服劳务所取得,或故意怠于取得之利益,雇用人得由报酬额内扣除之。")。劳务之债以事务或工作,而非以一定时段界定其劳务债务之范围者,其受领迟延所构成者为工期延展的问题。这虽会衍生出报酬的调整问题,但不使受任人或承揽人因此取得相当于"民法"第 487 条就雇佣所定的权利。该报酬的调整涉及之科目主要有:员工薪资及相关之劳工保险、机具租金及维护费、材料耗损或涨价损失、已完成之工程的维护、保险费、利管费。(4)对于他人之物或事务的介入性。劳务之提供要对于特定人成其为劳务之给付,必然介入他人之物或事务。由之引申,为对于特定人给付劳务,在存在上具有处理他人之事务的特征,因此有处理他人之事务之生活类型共同的规范需要。详如后述。

二、物之劳务的主要类型

以物之劳务为目标之债,在民法债编其实就是用益之债。首先其有偿者是租赁;无偿者为使用借贷。② 而后再从使用借贷演进出附有利息之有偿或不附利息之无偿的消费借贷。使用借贷与消费借贷之区别为:在使用借贷,约定在契约成立生效时,一方不移转借用物之所有权,而将物交付他方占有,以供使用;而

---

① 关于委任,"民法"各种之债章中虽无解除之规定,但"最高法院"1982 年台上字第 2040 号民事判决认为:"果有违反受任人应依委任人指示处理委任事务此项义务之行为,即属不依债务本旨,履行债务,为不完全给付之债务违反,委任人……当得按债务不履行之法则,对之解除契约。"

② "租赁与使用借贷之最大区别,在于租赁为有偿,借贷为无偿,如将物交由他人使用,而有收取对价者,自系租赁而非使用借贷"("最高法院"1983 年台上字第 4295 号民事判决)。"土地所有人将土地交付他人使用,仅由使用人负担于收受税单后代为缴纳税捐,并非以之为使用土地之代价者,乃属无偿之使用借贷,即所谓附负担之使用借贷"("最高法院"1995 年台上字第 2627 号民事判决)。附负担之使用借贷与附负担之赠与同样都还是无偿契约。其与真正有偿双务契约的区别在于负担之义务强度。不履行义务,仅生失权效力者,为附负担,是一种对己义务;不履行义务,可产生债务不履行之损害赔偿责任者,为真正的对待给付之义务,是对他义务。

他方于无偿使用后返还原物("民法"第 464 条)。在消费借贷,约定在其成立生效时,贷与人将借用物之所有权移转于借用人;而于契约期间届满时,借用人应以种类、质量、数量相同之物返还贷与人。亦即不用返还原物,得还以代替物("民法"第 474 条第 2 项)。①

其实,就权利也有相当于物之劳务的类型。只是由于权利之授权使用的类型较之物之用益的授权复杂,在"民法"除出版外,尚未将之定为有名契约。其主要类型为,专利权、著作权与商标权之授权实施。权利用益之授权与物之用益的授权,在规范上之最重要的区别来自于:权利在时间与空间上之无限形塑的可能性。此与物势必受其形体在时空上的局限者不同。例如在同一时空为重复之用益授权时,就有体物债务人只能对于其中之一个债权人履行债务,履行后对于其他债权人即陷于给付不能;反之,就无体财产权,债务人能够无困难地对于每一个债权人履行债务(例如专利权之授权契约),没有在对于其中之一债权人履行债务后,债务人对于其他债权人便陷于给付不能的问题。即使债务人与债权人曾有不得为重复授权的约定亦然。例如,在专利权之授权契约,专利权人在与人为排他性之专属授权契约之缔结并履行后,又与他人就同一专利权,在同一时空的实施,缔结专利权之授权契约时,专利权人对于后一契约的履行依然无给付不能的问题。盖专利权之授权契约只使专利权人对于被授权人负债务,而不构成该专利权的准物权负担。至其因此对于前一契约之债权人,会构成违约是另一问题。其所以能够如此的理由是:(1)专利权之授权契约是债权契约,无对世效力。在专利权人履行以其为目标之专属授权契约后,不产生被授权人可以对抗第三人的物权效力。② (2)专利权是无体财产,纵使已有效力存续中之授权存在,专利权人还是随时能够基于其专利权对于他人为各种样态之授权。至于因

① "民法"第 474 条第 2 项规定,当事人之一方对他方负金钱或其他代替物之给付义务而约定以之作为消费借贷之目标者,亦成立消费借贷。该项规定,视情形在实务上可能涉及更改或间接给付。原来所负之金钱或其他代替物的给付义务为旧债务,后来成立之契约为新债务。依其约定,如旧债务在为消费借贷之约定时,即消灭者,属于更改;不即消灭者,属于间接给付("民法"第 320 条)。

② 虽然"专利法"第 59 条及第 126 条规定专利权授权他人实施,经向专利专责机关登记者,得对抗第三人。但其所谓对抗所指者为何?极其量应当仅是相当于买卖不破租赁的效力。基于无体财产权时空上之并容可能性,其买卖不破租赁原则的适用,应当是防卫性的,而非攻击性的。亦即虽可据以主张自己的专利授权依然有效,但不得据以主张他人所受之专利授权无效。另"专利法"第 84 条规定:"发明专利权受侵害时,专利权人得请求损害赔偿,并得请求排除其侵害,有侵害之虞者,得请求防止之(第 1 项)。专属被授权人亦得为前项请求。但契约另有约定者,从其约定(第 2 项)。"但是否因此可谓:专利权之专属授权对于被授权在后者,有准物权效力,得否定其效力,仍非无疑问。

此对于被授权在先者,是否引起债务不履行责任是另一个问题。此与出租人或贷与人将租赁物或借用物交付承租人或借用人后,就租赁物或借用物,承租人或借用人基于占有得对抗第三人之无权占有者不同。[1] 占有的物权效力("民法"第 962 条)与买卖不破租赁的租赁效力("民法"第 425 条)的规范基础及法律性质皆不相同。占有所具有者为真正的物权效力,而租赁所具有者仅是基于债法之特别规定赋予之准物权效力,使租赁权在此限度具有追及力。对于使用借贷因无例外赋予追及力的规定,所以借用人不能对于借用物之受让人主张使用借贷契约对其继续存在。[2]

三、人之劳务的主要类型

以人之劳务为目标之债系狭义的,"民法"债编规定之本来意义的劳务之债。

---

[1] 参见"最高法院"1954 年台上字第 176 号判例。
[2] 参见"最高法院"1987 年台上字第 2314 号民事判决。

"民法"债编所定劳务之债可先归纳为：雇佣、委任与承揽。雇佣底下有经理人；[①]委任底下有代办商（代理商）、居间、行纪、寄托、仓库、指示证券、无记名证券；承揽底下有运送、承揽运送、旅游、出版等。其中除委任有偿与无偿不拘外，全部都是有偿契约。

　　雇佣、委任与承揽的区别首先在于债务人应给付之劳务范围的界定方法：雇佣以一定的时段，而委任与承揽以一定事务之处理或一定工作之完成界定之。依该区别标准尚不能区分委任与承揽。盖一定工作之完成亦是一定事务之处

---

　　① 唯实务上认为经理与公司或行号间之关系是委任关系。例如"最高法院"1978年台上字第2732号判例认为："查公司经理人有为公司为营业上所必要之一切行为之权限，其为公司为营业上所必要之和解，除其内容法律上设有特别限制外，并无经公司特别授权之必要，此为经理权与一般受任人权限之不同处。本件原审以经理人与公司之关系，系属委任关系，经理人为和解，须有公司之特别授权，并据此谓上诉人既不能证明被上诉人曾特别授权陈祥钦签署损失承赔书，纵认陈祥钦为被上诉人公司经理，该损失承赔书对被上诉人亦不生效力云云，其法律见解亦有可议。""最高法院"2003年台上字第145号民事判决："按公司之经理人在执行职务范围内，亦为公司负责人，'公司法'第8条第2项有明文。而称经理人者，谓由商号之授权，为其管理事务及签名之人，'民法'第553条第1项亦规定甚明。不动产建设公司以买卖不动产为营业之公司，其经理当然有为公司为买卖不动产所必要之一切行为之权限，故其执行职务所为之行为，即直接对公司发生效力，此为法定委任代理之当然效果，与一般意定代理人应表明代理之旨，所为法律行为始对本人发生效力之情形，尚有不同。"然由何导出经理与公司或行号间之关系是委任关系在"民法"上并不清楚。另一个人不论基于什么规定取得代理权，其代理行为之从事，皆必须表明代理意旨，遵守显名主义，以明确其法律关系之归属。至于如何表示（明示或默示），应视具体情况定之。按公司与清算人（"公司法"第97条）、董事（"民法"第192条第3项）、监察人（"民法"第216条第3项）间之关系，依"民法"关于委任之规定，是有道理的。因此，也为"公司法"上述条文所明定。但以"公司法"第29条第1项之规定为基础："公司得依章程规定置经理人，其委任、解任及报酬，依左列规定定之。"即认为经理人与公司间之关系是委任，则属牵强。盖其间所谓委任、解任不过为关于职务之任免的习惯用法。苟真要将之定性为委任，应利用相同于上述关于清算人、董事及监察人的规定方式。将经理人与公司间之关系定性为委任关系有下述不妥：(1)其劳务范围在时间上虽较有弹性，但基本上依然是以时段或甚至全天候界定之；(2)组织上仍属于公司编制内的，而非外聘的人员；(3)工作上依然应接受指挥；(4)仍有职位之升迁调动；(5)同一员工因职位之升迁，而便使其与公司行号间之关系由雇佣关系质变为委任关系，着实不可思议。至于在"劳工法"上为某些事项，是否应将相对上属于管理阶层之经理人由其他劳工分离，另为规范，纵系另一个值得考虑的事项，亦不适合将之与经理人和公司行号间的关系应当如何，混为一谈。"财政部"1985年台财税字第21603号函认为："公司之董事长、董事、执行业务股东、监察人等，依'经济部'1985年7月17日经(1985)商第30343号函释，均系股东会依委任关系选任，与公司间并无雇佣关系，尚非公司之职员，不得依劳动基准法支领退职金。唯如兼任经理人或职员，并以劳工身份领取之退休金，应适用'所得税法'第4条第4款免纳所得税之规定。"该函显示：经理人与其他职员一样，具有劳工身份。

理;一定事务之处理亦是一定工作之完成。所以其区别不存在于劳务范围的界定方法,而在于其报酬义务之有无及生效要件之约定。有报酬义务之约定,且以工作之完成为其生效要件者,为承揽。无报酬义务之约定,或有报酬之约定,但其报酬之请求权,不以工作之完成,特别是不以一定之工作成果为其生效要件者,为委任。有些工作之完成,只表现在一定事务之处理,而没有一定之成果。在这种情形,委任与承揽之区别在实务上可能遭遇困难。在完成工作时,是否能产生一定成果,非劳务债务人之努力所能全然掌控,尚系于一定之外部条件者,其报酬之约定不适合理解为取决于该成果之发生。因此,适合定性为委任。另债务人如编入债权人之企业组织,服从其工作指挥,在指定之时间与地点,必要时,使用债权人之物料及机器提供劳务,且不负企业风险者,应定性为雇佣。然就其劳务之提供的报酬,约定按件计酬时,使雇佣与承揽之区别,在实务上亦可能遭遇困难。在这种情形,纵使其报酬取决于完成之工作件数,如其完成之件数主要取决于熟练的努力工作,而与特别之技艺无重要关系者,基于劳工政策,仍不适合将在劳务债权人指定之时间与地点为一定劳务之提供,而按件计酬之关系,定性为承揽,而应定性为雇佣(劳动关系)。①

按委任得为有偿或无偿,而承揽则必须是有偿。此外,有偿委任之报酬请求权并不以事务处理完毕为要件,"民法"第548条第1项虽然规定:"受任人应受报酬者,除契约另有订定外,非于委任关系终止及为明确报告颠末后,不得请求给付。"但同条第2项规定:"委任关系,因非可归责于受任人之事由,于事务处理未完毕前已终止者,受任人得就其已处理之部分,请求报酬。"自该项规定观之,只要非可归责于受任人之事由,于事务处理未完毕前已终止者,受任人即得就其已处理之部分,请求报酬。亦即未处理完毕并非委任报酬的障碍事由。至于受任人是否应为未处理完毕委任事务负赔偿责任,是债务不履行责任之有无的问题,应视具体情况认定之。对此,"民法"第549条规定:"当事人之任何一方,得随时终止委任契约(第1项)。当事人之一方,于不利于他方之时期终止契约者,应负损害赔偿责任。但因非可归责于该当事人之事由,致不得不终止契约者,不在此限(第2项)。"反之,在承揽,承揽人如未完成约定之承揽工作,则他不但无承揽报酬请求权,于可归责于承揽人时还应负债务不履行责任。必须承揽之工作,以承揽人个人之技能为契约之要素,且承揽人死亡或非因其过失致不能完成其约定之工作,致契约终止时,就工作已完成之部分,于定作人为有用者,定作人始有受领及给付相当报酬之义务("民法"第512条)。亦即除必须承揽工作之不

---

① Esser/ Weyers, SchuldrechtBand Ⅱ, Besonderer Teil/Teilband 1, 8. Aufl., 1998, S.234;参见"最高法院"2005年台上字第573号民事判决。

完成系不可归责于承揽人外,工作已完成之部分,还必须对定作人有用,定作人始在有用的限度内,负受领及给付相当报酬的义务。此与在委任,不论已完成之部分,对于委任人是否有用,委任人皆应负给付报酬之义务者,不同。另于定作人受领工作前,如系因定作人所供给材料之瑕疵或其指示不适当,致工作毁损、灭失或不能完成者,且承揽人已及时将材料之瑕疵或指示不适当之情事通知定作人时,承揽人得请求其已服劳务之报酬及垫款之偿还,定作人有过失者,并得请求损害赔偿("民法"第 509 条)。此为因可归责于定作人致工作毁损、灭失或不能完成的法律效力。该条应可类推适用于因可归责于定作人之事由展延工期,致增加工程费用的情形。有疑问者为:如因不可归责于双方之事由致展延工期时,因此增加之工程费用应由承揽人或定作人负担?这应从情事变更的观点处理。[①] 首先必须认定者为,在什么前提下,承揽人有因定作人之请求,延展工期完成约定工作的义务?其前提即:调整对价关系增加报酬,以弥补承揽人因延展工期而增加之费用。该费用应含合理的利润。重大工程难免有工期的问题,所以,除必须慎重预为约定其提前完成之奖励及可归责之延展的违约金外,并应就不可归责的情形约定其调整标准,以预为消弭可能之争端。[②] 定作人因可归责于承揽人之事由而终止契约时,固无报酬的给付义务,但其若因未完成之工作而受有利益,仍应依不当得利的规定返还之。

四、人之劳务契约的规范架构

(一)出发点:管理他人之事务

一个行为要成其为对他人给付劳务,必然是管理他人事务的行为。是故,劳务之债的规范规划首先必须从管理他人事务的观点出发。这决定了劳务之债的规范架构:处理权之授予、如何处理、处理或管理利益之归属、处理或管理费用之负担、管理损害之归属、费用债权之确保、契约之终止。

---

① 关于情事变更,请参考黄茂荣:《债法总论》(第二册),台湾植根法学丛书编辑室 2004 年增订版,第 423 页以下。

② 当因不可归责于双方之事由延展工期,而增加费用(例如工程款)时,不论其增加系因原物料涨价或因气候、地质因素,该增加之费用原则上应由劳务债权人负担。其理由为:只有劳务债权人才可能于该劳务债权实现后,在将来通过调整价格,在市场将该增加之费用分散出去。

(二)劳务之债的规范架构

1.处理权之授予

管理他人之事务的规范需要,首先是厘清管理权限之有无。这含是否授予代理权。[①] 若无管理权限,而管理他人之事务,构成无因管理。取得管理权限之基础:可能是依法律或依法律行为之授权。依法律的授权主要适用在:基于亲子关系对于未成年子女之监护("民法"第1088条);基于夫妻关系之日常家务的代理("民法"第1003条);基于监护关系,监护人对受监护人财产之管理("民法"第1098条、第1100条);或基于监护人对于禁治产人之监护("民法"第1110条至第1113条)。依法律行为之授权主要存在于劳务契约,当中并以委任为代表("民法"第172条)。在委任契约中称管理权为处理权("民法"第531条)。[②]

在处理权之授予可能以概括或特别的方式为之:"委任人得指定一项或数项事务而为特别委任,或就一切事务,而为概括委任。"("民法"第532条后段)"受任人受特别委任者,就委任事务之处理,得为委任人为一切必要之行为。"("民

---

① "最高法院"1969年台上字第312号民事判决:"'民法'第167条所称之代理权,与同法第531条所称之处理权不同。"基于代理权与处理权之区别,"最高法院"曾于1955年台上字第1290号民事判例认为:"'民法'第167条所称之代理权,与同法第531条所称之处理权,迥不相同,盖代理权之授予,因本人之意思表示而生效力,无须一定之方式,纵代理行为依法应以书面为之,而授予此种行为之代理权,仍不必用书面。原审适用'民法'第531条及第760条各规定,谓被上诉人应以书面为代理权之授予方为合法云云,自难谓当。"该判例直到"民法"第531条于2000年4月26日修正公布,从"为委任事务之处理,须为法律行为,而该法律行为,依法应以文字为之者,其处理权之授予,亦应以文字为之"。修正为:"为委任事务之处理,须为法律行为,而该法律行为,依法应以文字为之者,其处理权之授予,亦应以文字为之。其授予代理权者,代理权之授予亦同。"该院始于"'最高法院'2001年度第二次民事庭会议"决议该判例不再援用。其实,基于法律解释或补充上之体系与目的因素的考虑,在无第531条之上述修正的情形,亦当将第531条目的性扩张,适用至代理权之授予。此外,将该新增的修正规定于第531条,而不规定于第167条,亦不妥当:"代理权系以法律行为授予者,其授予应向代理人或向代理人对之为代理行为之第三人,以意思表示为之。代理行为依法应以文字为之者,其代理权之授予,亦应以文字为之。"盖非如是,要将第531条后段之意旨适用于委任以外的情形,又必须为法律补充。

② 管理权或处理权所指称者相同。习惯上在夫妻财产关系、监护人就受监护人之财产关系、共有关系、无因管理等称管理;在委任等以契约为基础的关系,称处理。为事务之管理或处理常需为事实行为或法律行为。有管理权或处理权者固得为管理或处理的需要而为之。但这与有管理权或处理权者是否有代理权,得否以本人的名义为法律行为是两回事。其是否有代理权应就具体情况,视本人有否以明示或默示方法,对其为代理权之授予而定。然本人如无反对的意思表示,原则上应解释为:有为本人处理事务之权限者,有与该权限同其范围之代理权。

法"第 533 条)此即特别中有概括。"受任人受概括委任者,得为委任人为一切行为。但为左列行为,须有特别之授权:一、不动产之出卖或设定负担。二、不动产之租赁其期限逾二年者。三、赠与。四、和解。五、起诉。六、提付仲裁。"("民法"第 534 条)此即概括中有特别。

2.如何处理:管理方法

权利之行使或义务之履行有如何处理的问题。这在劳务之债的表现为:事务之处理方法。对此,"民法"第 148 条第 2 项有一般的规定:"行使权利,履行义务,应依诚实及信用方法。"另具体而言,劳务之债的履行因系处理他人之事务,所以其处理自应依本人之指示,并尽一定之注意义务。所谓一定之注意义务指应视具体情况,例如有偿与否,定其应尽之注意程度:"受任人处理委任事务,应依委任人之指示,并与处理自己事务为同一之注意,其受有报酬者,应以善良管理人之注意为之。"("民法"第 535 条)"民法"第 172 条之规定亦同此意旨:"未受委任,并无义务,而为他人管理事务者,其管理应依本人明示或可得推知之意思,以有利于本人之方法为之。"①

关于依本人之指示,在雇佣契约,由于以一定之时段界定受雇人所负劳务债务的范围,因此为雇佣契约之履行,在内部关系,发展出雇用人对于受雇人在执行职务时之指挥监督权;②并以该指挥监督权为基础,在外部关系,进一步发展出雇用人对于受雇人因执行职务,不法侵害他人权利的连带损害赔偿责任("民法"第 188 条)。在委任契约,委任人对于受任人固无指挥监督权,但仍然应依委任人之指示处理委任事务。在个案有疑难者为:债务人在哪种情形有变更指示之权限及义务。对此,"民法"第 536 条就委任规定:"受任人非有急迫之情事,并可推定委任人若知有此情事亦允许变更其指示者,不得变更委任人之指示。"就运送,"民法"除在第 633 条规定,"运送人非有急迫之情事,并可推定托运人若知有此情事亦允许变更其指示者,不得变更托运人之指示"外,并在第 650 条就如何权变规定,"受货人所在不明或对运送物受领迟延或有其他交付上之障碍时,运送人应即通知托运人,并请求其指示(第 1 项)。如托运人未即为指示,或其指示事实上不能实行,或运送人不能继续保管运送物时,运送人得以托运人之费用,寄存运送物于仓库(第 2 项)。运送物如有不能寄存于仓库之情形,或有易于

---

① 关于适法无因管理之管理人的管理义务,"民法"第 172 条之所以规定,其管理应依本人明示或可得推知之意思,并以有利于本人之方法为之。其理由为:因为管理人与本人间无契约关系,本人不可能直接对管理人下达指示,是故,只能按本人在某一场合已明示或可得推知之意思替代其指示;同理,因为一时也不能说管理人已对本人负一定之注意义务,所以只适合规定管理人应以有利于本人之方法管理事务。

② 参见"最高法院"2002 年台上字第 2405 号民事判决。

腐坏之性质或显见其价值不足抵偿运费及其他费用时,运送人得拍卖之(第3项)。运送人于可能之范围内,应将寄存仓库或拍卖之事情,通知托运人及受货人(第4项)"。关于指示之变更,所涉者如仅是变更的权限,则只要把握住变更之要件是否已经满足,其当有的发展还算明确。有困难的是:在该要件下,劳务债务人是否也有变更指示,处理事务的义务。

3.处理或管理利益之归属

为他人处理或管理事务所发生之处理或管理利益最终应归属于本人或委任人。应如何使之归属于本人或委任人视当事人间关于管理事务之方法的约定,以及管理人或受任人实际之执行情形而定。在为事务之处理需要从事法律行为时,如不以本人或委任人之名义为之,由于法律行为之法律关系的归属采名义人主义,可能会引起一定程度的困难。这需要双方内部之约定标准作为客观划分的依据。不论管理人或受任人以直接代理或间接代理的方式处理事务,因管理所发生之财产利益皆可能事实上由其所管领,或法律上以其为权利人,是故,为使本人或委任人最后享有对于该财产之利益,需要管理人或受任人视情形,从事将该利益移转于本人或委任人的事实行为或法律行为。

按不含权利之财产利益的移转不一定必须以法律行为为之,在大多数情形能以事实行为为之。此所以"民法"第541条第1项规定,"受任人因处理委任事务,所收取之金钱、物品及孳息,应交付于委任人"。这适用于不含权利之财产利益的移转。单纯交付对于物之占有,或为让与动产物权而从事之交付("民法"第761条),其属于现实交付者为事实行为;属于简易交付者,就交付而言,论诸实际双方无行为;其属于占有改定或指示交付者为法律行为。其法效意思的内容为：双方同意以占有改定或指示交付替代现实交付。[①] 这当中特别是：指示交付含有对于第三人之返还请求权之让与的合意。这是典型之权利的移转行为。反之，具有权利地位之财产利益的移转必须以法律行为为之。在此，不是说关于"金钱、物品及孳息"之法律上的归属不是权利，而是只论对于金钱、物品及孳息之占有时，该事实的管领状态所构成之财产利益应以交付的方法移转。反之，"民法"第541条第2项规定："受任人以自己之名义，为委任人取得之权利，应移转于委任人。"该条所定义务之履行，必须以法律行为为之。这里所称之权利含受任人以自己之名义（间接代理），为委任人取得对于金钱、物品及孳息的权利。因为动产所有权之移转的物权行为以占有之交付为其生效要件，所以，"民法"第541条第1项之规定应指受任人以委任人之名义（直接代理），自第三人取得对

---

① 按依"民法"第761条，买卖双方固亦可以指示交付，替代现实交付，移转对于动产之所有权；但其替代是否需要买受人之同意，"民法"第348条对之并无明文规定。如采出卖人得任意以指示交付，替代现实交付，则买受人之拒绝受领，构成受领迟延。最高法院1943年上字第5455号民事判例认为："民法第348条所谓交付其物于买受人，即移转其物之占有于买受人之谓。占有之移转，依民法第946条第2项准用第761条之规定，如买卖目标物由第三人占有时，出卖人得以对于第三人之返还请求权让与买受人以代交付。故除有出卖人之交付义务，在第三人返还前仍不消灭之特约外，出卖人让与其返还请求权于买受人时，其交付义务即为已经履行，买受人不得以未受第三人返还，为拒绝交付价金之理由。""最高法院"1952年台上字第1564号民事判例认为："讼争土地被上诉人系为出卖人，依'民法'第348条第1项之规定，固负交付于买受人即上诉人之义务，唯该条项所谓交付其物于买受人，系指移转其物之占有于买受人而言。被上诉人既以对于占有该土地之第三人某某之返还请求权让与于上诉人以代交付，而又并无在该第三人返还前其交付义务仍不消灭之特约，则依同法第946条第2项，准用第761条之规定，其交付义务即属已经履行，上诉人自无再向被上诉人请求交付之余地。"归纳该两判例之意旨，显然认为双方在移转所有权时，必须有"在该第三人返还前其交付义务仍不消灭之特约"，始能认定为出卖人尚未履行第348条第1项所定之交付义务。又"最高法院"1958年台上字第511号民事判例认为："物之出卖人负交付其物于买受人，并使其取得该物所有权之义务，'民法'第348条第1项定有明文。所谓交付其物于买受人，即移转其物之占有于买受人之谓，依'民法'第946条第2项准用第761条之规定，如买卖目标物由第三人占有时，出卖人固得以对于第三人之返还请求权让与买受人以代交付。上诉人与买受人某甲缔结买卖契约，当时既订有应由上诉人收回出卖目标物亦即系争工厂及土地后，再行交付与买受人某甲，并在交付前扣留上诉人一部价金之特约，则依此项特约之内容，上诉人就系争工厂及土地，仍应负向占有之被上诉人收回交付买受人某甲之义务。在依约履行之前，其义务并不因已为所有权移转之登记而消灭。"该要旨认为出卖人不得以指示交付替代现实交付的特约，必须约定于买卖契约中。鉴于指示交付与现实交付之经济利益并不完全相等，"最高法院"上述判例认为，买卖双方在买卖契约或所有权移转契约中，如无特约，出卖人应以现实交付的方法履行第348条第1项规定之交付义务，出卖人即得以指示交付替代现实交付的见解，显然不妥。

于金钱、物品及孳息之权利者,仅需将其直接占有交付于委任人的情形。①

4.处理或管理费用之负担

劳务之债之目的即在于管理他人的事务,因该事务之管理所发生的费用自当由该他人负担。这与处理或管理利益应归本人享受都是自明的道理。有疑问者为如何界定哪些费用是为处理他人事务所发生之管理费用。为费用之偿还的规范需要,"民法"首先将费用区分为必要费用及有益费用。并在委任中规定,委任人应偿还受任人因处理委任事务支出之必要费用("民法"第 546 条);在无因管理中规定,适法管理人得请求本人偿还管理人为本人支出之必要及有益费用

---

　　①　为他人从事法律行为时,如以自己之名义为之,称为间接代理。因此自第三人取得权利者,该权利先归属于间接代理人。必须再以移转权利的方法,才能使之最后归属于本人。是故,"受任人本于委任人所授予之代理权而以其自己之名义与他人为法律行为,对委任人不生效力。其委任人与法律行为之他造当事人间并不发生何等法律关系,仅该受任人负有将其法律效力移转于委任人之义务而已,学说上称之为间接代理"("最高法院"1981 年台上字第 1614 号民事判决)。如以该他人(本人)之名义为之,称为直接代理。因此自第三人取得权利者,该权利直接归属于本人("民法"第 103 条)。关于一定类型之契约债务的履行,实务上可能有应以直接代理或间接代理的方式为之的疑义。例如"'民法'第 660 条第一项所称之承揽运送人,系指以自己之名义,为他人之计算,使运送人运送物品而受报酬为营业之人,但实务上亦有以委托人之代理人名义与运送人订立运送契约者,后者为直接代理,与前者之间接代理固有不同;唯承揽运送契约之履行,重在运送物之运达,承揽运送人如何执行受托事务,不应影响契约之效力,是于承揽运送人代理委托人,径以委托人名义与运送人订立运送契约之情形,仍应类推适用关于承揽运送之规定"("最高法院"2004 年台上字第 2049 号民事判决)。必须注意:所谓间接代理事实上并非代理。只是因其与直接代理(真正的代理)有说明上的对比关系,而姑且称之为间接代理。

（"民法"第 176 条）。① 关于必要费用与有益费用之分类，在委任采主观说，在无因管理采客观说。其理由为：在委任只有，但也只要符合委任意旨之支出即属必

---

① 关于有益费用之偿还，"民法"就租赁及地上权有重要的规定。"民法"第 431 条第 1 项规定："承租人就租赁物支出有益费用，因而增加该物之价值者，如出租人知其情事而不为反对之表示，于租赁关系终止时，应偿还其费用。但以其现存之增价额为限。"其效力相当于不适法无因管理（第 177 条）。所不同者为，出租人因未反对于先，所以不得拒绝享受管理利益于后。相对的，"承租人就租赁物所增设之工作物，得取回之，但应恢复租赁物之原状"（同条第 2 项）。依第 1 项或第 2 项发展，承租人有选择权。相同的问题，针对地上权，第 839 条规定"地上权消灭时，地上权人得取回其工作物及竹木。但应恢复土地原状（第 1 项）。前项情形，土地所有人以时价购买其工作物或竹木者，地上权人不得拒绝（第 2 项）"。第 840 条规定："地上权人之工件物为建筑物者，如地上权因存续期间届满而消灭，土地所有人应按该建筑物之时价为补偿。但契约另有订定者，从其订定（第 1 项）。土地所有人于地上权存续期间届满前，得请求地上权人于建筑物可得使用之期限内，延长地上权之期间。地上权人拒绝延长者，不得请求前项之补偿（第 2 项）。"该两条规定与第 431 条不同者有二：(1)选择权在土地所有权人；(2)以工作物、竹木或建筑物之时价，而非以现存之增价额为补偿标准。按关于物之损失的补偿，向有应以取得成本、重置成本或时价为准的疑问。在此，因为上述条文所规定者为不适法无因管理之费用的偿还问题。所以原则上首先应以取得成本所构成之费用为准，但重置成本或时价低于取得成本者，应以重置成本或时价（现存之增价额）为限（第 177 条、第 431 条），以符合不适法无因管理之费用的偿还原则：以其现存之增价额为限。在不适法无因管理之费用的偿还，管理费用应小于等于管理利益（管理费用≤管理利益）。另当以重置成本为准，还必须减除其折旧。

要费用。所以,其必要费用之认定标准是主观的。① 反之,在无因管理,由于当事人双方关于如何处理事务,并无约定在先,所以其必要费用之认定标准是客观

---

① "最高法院"2000 年台上字第 1628 号民事判决:"持卡人依其与发卡机构所订立之信用卡使用契约,取得使用信用卡向特约商店签账消费之资格,并对发卡机构承诺偿付账款,而发卡机构则负有代持卡人结账、清偿签账款项之义务。此种持卡人委托发卡机构付款之约定,具有委任契约之性质,倘持卡人选择以循环信用方式缴款,就当期应偿付之账款仅缴付最低应缴金额,其余应付款项由发卡机构先行垫付,持卡人则依约定给付循环利息者,又具有消费借贷契约之性质。信用卡使用契约既具有委任契约之性质,则发卡机构处理信用卡签账款之清偿债务事务时,依'民法'第 535 条规定,应依持卡人之指示为之。而持卡人在签账单上签名,可为请求代为处理事务之具体指示,若特约商店就签账单上之签名是否真正,未尽核对之责,发卡机构竟对之为付款,其所支出之费用,尚难谓系必要费用,自难依'民法'第 546 条第 1 项规定向持卡人请求偿还,从而持卡人如主张信用卡系因遗失、被盗而被冒用、盗用,除发卡机构能证明持卡人有消费行为,或就其签名之真正,特约商店已尽核对责任外,尚不得请求持卡人偿还垫款。"在冒领存款或冒用信用卡,其损失到底应由存款人/持卡人或存款银行/发卡机构负担? 在有一方当事人有可归责事由的情形,应由该可归责之一方负担固无疑义。有疑问者为:如皆无过失时,应由哪方负责? 兹归纳三种类型说明之:存折及印鉴或信用卡及密码(1)系由存款人/持卡人交付盗领人者;(2)系盗领人自存款人/持卡人窃取者;(3)系盗领人侧录或伪造者。在第一种情形,因表见事实系由存款人/持卡人以自己之行为引起,所以依信赖责任的规定,如存款银行/发卡机构不知提款人/签账者系无权利者,应由存款人/持卡人负担。在第二种情形,因存款人/持卡人比存款银行/发卡机构有较好的可能性防止因盗取而发生冒领,所以如存款银行/发卡机构不知提款人/签账者系无权利者,依就近原则,应由存款人/持卡人负担。在第三种情形,因存款人/持卡人不能防止,而存款银行/发卡机构至少可能利用保险,分散侧录或伪造所造成之冒领风险,所以应由存款银行/发卡机构负担。

的：支出之费用究为必要费用或有益费用，应按该费用对于系争目标之客观意义定之。① 仅能维持人之身体、健康、或避免物之毁损或灭失者，为必要费用；超出此限度，并能增进人之美观、健康（例如纯美容性之整形、预防性之健诊）或增益物之市场价值者，为有益费用。所谓客观或主观，虽然随当事人一方或个别案件之情况而异其判断，但归纳之，都有针对个别当事人或个别案件之具体情况的特征。在委任所支出者，如为有益费用，这表示事务之处理已逾越委任的范围，当视情形构成适法或不适法的无因管理。

5.管理损害之赔偿

由于事务之管理，有可能对于劳务债务人、劳务债权人或第三人造成管理损害。该管理损害的归属或赔偿义务人，视具体情形而定。

（1）劳务债务人受损害

受害人为管理人（劳务债务人）者，在适法无因管理，"民法"第176条第1项规定，管理人得请求本人赔偿其损害。类似的问题，在委任，"民法"第546条第3项规定，受任人处理委任事务，因非可归责于自己之事由，致受损害者，得向委任人请求赔偿。"民法"第176条第1项虽无损害非可归责于管理人之事由的限制，但应为相同之解释。该损害之赔偿属于广义之管理费用的偿还。该损害之

---

① "最高法院"2002年台上字第887号民事判决："准无因管理人明知他人之事务而以自己之利益为管理，如属恶意之不法管理，衡诸诚信原则……不得径依同法第816条按关于不当得利之规定请求偿金。唯该准无因管理人若为恶意占有人，其因保存占有物不可欠缺所支出之必要费用，自仍得依关于无因管理之规定对本人请求偿还，此观同法第957条规定甚明。"然只要无法律上之原因，而有财产利益之移动即可成立不当得利返还请求权。受益人之主观认知只影响其范围，而不影响其成立（"民法"第182条）。至于请求权人对于不当得利事件之发生有恶意时，是否有不当得利规定之适用，决定于受益人是否主张依不适法无因管理之规定，而不决定于请求权人就不当得利事件之发生是否有恶意。是故，该判决要旨下述见解并无规范依据："如属恶意之不法管理，衡诸诚信原则，亦不得径依同法第816条按关于不当得利之规定请求偿金。"真正能够阻挡第816条之适用者为：受益人主张依不适法无因管理之规定享受管理利益，从而使该利益之享受具有法律上原因，不构成不当得利。不同主张对于法律效力的影响：依不当得利的规定时，恶意管理者得请求之科目为返还管理利益。这时无管理利益与管理费用之大小的比较问题。盖管理费用本来即发生于恶意管理者。此与不当得利事件系由受益人引起时，受益人只负返还请求权人因该事件所受损害为度者不同。依不适法无因管理时，得请求之科目为偿还管理费用。但其得请求偿还之范围应小于等于管理利益（"民法"第177条）。此为得请求偿还之管理费用的范围在适法无因管理与不适法无因管理间的区别。唯在适法无因管理，如管理费用超出管理利益，其管理有可能被论为非以利于本人之方法，从而质变为不适法无因管理，丧失对于超出部分之请求权。

发生,如别有应负责任之人时,构成不真正连带债务,①委任人/无因管理之本人对于该应负责者,有求偿权(适用/类推适用"民法"第546条第4项)。

(2)劳务债权人受损害

管理损害发生于本人(劳务债权人)者,按积极侵害债权之处理原则,视个别情况,定其责任要件。在不适法无因管理,管理人对于因其管理所生之损害,虽无过失,亦应负赔偿之责("民法"第174条第1项);在适法无因管理,其系因管理人为免除本人之生命、身体或财产上之急迫危险而为事务之管理者,对于因其管理所生之损害,除有恶意或重大过失者外,不负赔偿之责。这是管理人为本人紧急避难,而超出必要程度时,为避难行为者对于本人("民法"第175条)或第三人("民法"第150条)所负之损害赔偿责任。② 在其他适法无因管理的情形,含为本人尽公益上之义务,或为其履行法定扶养义务,或本人之意思违反公共秩序善良风俗等拟制为适法的情形("民法"第174条第2项),应类推适用"民法"第535条:管理人管理事务,其不受有报酬者,应与处理自己事务为同一之注意;其受有报酬者,应以善良管理人之注意为之。在无因管理,因为管理人原则上不受报酬,所以,其应尽之注意程度通常为:与处理自己事务为同一之注意。③ 这也是在委任的情形,受任人对于委任人之管理损害应负的赔偿责任。不过,在委任事务之处理上,例如在医疗关系,有可能必然会对于委任人引起一定之损害,该损害如为医疗行为通常不可避免会引起者,则就该损害之发生应认为:受任人基于委任人在委任中之允许,而阻却违法,不负赔偿责任。适法无因管理中之适法性判断同样具有阻却违法的作用。这是适法无因管理所以不构成侵权行为,而不适法无因管理尚须视情形,论其是否构成侵权行为之规范逻辑上的道理。本

---

① 不真正连带债务指仅有外部连带而无内部连带效力之连带债务。其外部连带效力之特征表现在:管理人或受任人(连带债务之债权人),得对于债务人中之一人或数人或其全体(本人、委任人或第三人),同时或先后请求全部或一部之给付("民法"第273条)。关于连带债务之连带的问题,参考黄茂荣:《多数债务人或债权人之债》,载《植根杂志》2004年第20卷第7期。

② 符合紧急避难之要件时,管理人对于本人固无损害赔偿责任,但本人对于因此受到不利之第三人的损害,是否应就自己所受之利益,依不当得利或无因管理的规定返还或偿还之,应采肯定的见解。依无因管理之规定者,应先将第三人所受损害论为紧急避难者为本人无因管理之管理费用,而后容许第三人代位向本人请求偿还。

③ 至于在无因管理事件,管理人得否改依不当得利的规定,请求相当于报酬数额之不当得利,属于另一个问题。

人承认不适法无因管理者,其管理转为适法,应与适法无因管理适用相同的规定。① 本人不承认但表示享受管理利益者,亦当使管理行为丧失其违法性。其理由是:宽恕免除赔偿责任。

(3)第三人受损害

受害人是第三人时,为管理人对于第三人之侵权行为,首先,应由管理人依一般侵权行为的规定,对其负损害赔偿责任。管理人倘系基于本人之委任,对于第三人(本人之债权人)清偿债务,则本人就管理人之故意或过失行为对于第三人引起之损害,应与自己之故意或过失负同一责任("民法"第224条)。其次,如管理权的来源是管理人与本人间之雇佣关系,则本人(雇用人)就管理人(受雇人)因执行职务,不法侵害他人之权利所造成的损害应与行为人(受雇人)连带负损害赔偿责任。但选任受雇人及监督其职务之执行,已尽相当之注意或纵加以相当之注意而仍不免发生损害者,雇用人不负赔偿责任("民法"第188条第1项)。如被害人依前项但书之规定,不能受损害赔偿时,法院因其声请,得斟酌雇用人与被害人之经济状况,令雇用人为全部或一部之损害赔偿。此为衡平责任(同条第2项)。另因雇用人赔偿损害时,对于为侵权行为之受雇人,有求偿权(同条第3项)。② 所以该条第1项所定者为不真正的连带债务。要之,不是法律明文规定为连带债务者皆是真正的连带债务。是否为真正连带债务还必须视是否有内部连带的效力而定。

从肇因的观点,将受雇人因执行职务对于第三人引起之损害,最终皆归属于受雇人是否妥当? 值得检讨。对于损害之发生受雇人固有可责性,但其可责的程度如非故意或重大过失,应由其雇用人利用责任保险分散出去,以提高职业活动之社会安全。盖只有雇用人才能透过调整其货物或服务的价格,将存在于其货物或服务之提供中的危险分散出去。这最后还必须与责任保险制度相配套。③

---

① 就经本人承认之无因管理,"民法"第178条规定:"……溯及管理事务开始时,适用关于委任之规定。"而就适法无因管理,除在第173条第2项规定,准用第540条至第542条外,适用专为适法无因管理制定之第176条(相当于第546条)。上引关于适法无因管理的规定并不适当。适当的规定应是:与经本人承认之无因管理一样,一体适用委任的规定。

② "民法"第188条规定之雇用人之责任与第224条规定之履辅责任竞合时,该两条规定对于债权人的意义为:提供重复保护,但不得重复满足。

③ 在此种责任保险制度的规划中,除应有适当之保险给付的限制外,尚有应以谁为该保险之受益人,以及如何让被害人能够确实受到保障的问题。"强制汽车责任保险法"除于第27条规定各项损害之给付标准外,并于第11条规定其保险给付之请求权人。

（三）管理费用与管理利益间无对价关系

由于劳务之债系为他人管理事务，所以管理费用应由本人或委任人负担，管理利益应由本人或委任人享受。于是，管理的结果，使本人或委任人对于管理人或受任人负偿还管理费用的义务；使管理人或受任人对于本人或委任人负交付或移转管理利益的义务。管理费用与管理利益虽因缘于同一法律关系而发生，但其间并无约定之对价关系。因此，相互间并不能利用同时履行抗辩权确保其债权的实现（"民法"第264条）。然当事人间如有管理报酬的约定，则因管理报酬与管理劳务之请求权间具有对价关系，从而也应认为管理报酬与管理利益之请求权间具有对价关系，受同时履行抗辩有关规定的适用。

"民法"第545条规定："委任人因受任人之请求，应预付处理委任事务之必要费用。"于是导出：如果委任人不因受任人之请求，而预付处理委任事务之必要费用时，受任人得否暂时拒绝处理委任事务？应采肯定的见解。盖受任人并无代垫费用的义务。其结果，就委任事务之处理，使受任人在此限度有如享有同时履行抗辩权相同的形势。这与一般之同时履行抗辩不同者为：仅受任人方有同时履行抗辩权，而委任人则无。

（四）费用债权之保障问题

劳务之债如经约定为有偿契约，由于劳务之给付需要一段时间，所以，不容易规定或约定双方应同时履行其债务。亦即同时履行抗辩权对于劳务或其报酬之债权的确保不能产生作用。于是，法律必须规定，当事人如无特约，当事人中之一方负先为给付的义务，以解开同时履行抗辩权之行使可能带来的僵局。当规定一方负先为给付的义务，其债权之确保必须借助于担保。此所以劳务之债原则上需要法定担保物权的规定。其重要之配套的法定担保物权是：法定留置权（"民法"第928条以下）及法定抵押权（"民法"第513条），分别用来担保为动产或不动产支付费用而发生之费用债权。

1.法定留置权

法定留置权用来担保因维护或加工于动产所发生之费用债权。为法定担保物权的发生，在占有质，必须劳务债权人之物因该劳务之债而为劳务债务人占有。该费用债权的关系即为"民法"第928条第2款所称之牵连关系。由于担保物权构成物上负担，所以使他人对于动产从事维护或加工者必须是该动产之所有人，始能因其不支付费用而发生法定担保物权。否则，因使该法定担保物权发生之行为，对于其所有权人而言，具有类似于无权处分的意义，原则上非经其承认不生效力（"民法"第118条）。唯可能类推适用善意取得的规定，肯认其效力。

问题是:劳务债务人所占有之物如尚不属于劳务债权人之动产,而是尚待劳务债务人移转于劳务债权人之财产时,这将与该条所定留置权之发生的构成要件不符:"债权人占有属于其债务人之动产……"是故,当否认管理费用与管理利益间之对价关系,从而不受同时履行抗辩之保障时,如又无法定留置权或其他法定担保物权的适用,应如何保障劳务债务人具有费用性质之报酬债权成为一个重要问题。这时,可考虑类推适用让与担保的规定。

2.法定抵押权

法定抵押权主要用来担保、承揽之工作为建筑物或其他土地上之工作物,或为此等工作物之重大修缮时发生之承揽报酬(工程款债权)。因为此种法定抵押权是费用债权之担保,所以其担保物限于该承揽工作所附之不动产。由于"民法"肯认土地及其上之定着物是互相独立之不动产,完成之承揽工作如系独立于其所定着之土地的定着物,该法定抵押权的担保物应限于承揽工作所完成之定着物,而不及于该定着物所定着之土地。

法定抵押权之发生的规范基础固为法律,而非法律行为,但是否于其构成要件满足时即自动发生,或者还待于登记之公示要件的满足("民法"第 513 条)?按法定抵押权系非占有质,须经登记始能公之于世,产生公示的效力。所以法定抵押权最后必须利用登记予以公示,固不待言。"民法"第 513 条第 1 项因此规定:"承揽人得就承揽关系报酬额,对于其工作所附之定作人之不动产,请求定作人为抵押权之登记;或对于将来完成之定作人之不动产,请求预为抵押权之登记。"有疑问者为:该登记要件究为生效要件或对抗要件。① 司法实务认为该条

---

① "民法"第 758 条规定:"不动产物权,依法律行为而取得、设定、丧失及变更者,非经登记,不生效力。"此为不动产物权之登记生效要件主义。其适用对象为:依法律行为取得、设定、丧失及变更不动产物权。另第 759 条规定:"因继承、强制执行、公用征收或法院之判决,于登记前已取得不动产物权者,非经登记,不得处分其物权。"此为不动产物权之登记对抗要件主义。其适用对象为:因继承、强制执行、公用征收或法院之判决而在登记前已取得不动产物权。有疑问者为,有无该两条所未规定的类型。例如"民法"第 513 条所规定者究属于其中哪一类型? 按第 513 条所规定者为:以对于担保物支出费用而发生之债权为担保债权的费用性担保物权。此种担保物权纵使让其在债权发生时即依法自动发生效力,亦不致减损其他对于担保物享有权利者的利益。盖该费用之支出,在论为必要费用的情形,保存担保物,使其不发生本来可能发生之毁损或灭失;在论为有益费用的情形,增益其市场价值。是故,第 513 条所定之登记应解释为对抗要件,而非生效要件。在有益费用的情形,倘所增益之价值低于所生之费用,这时产生该有益费用债权之有偿行为对于其他债权人,可能构成诈害债权("民法"第 244 条)。关于这个问题,"民法"第 513 条第 4 项规定:"第一项及第二项就修缮报酬所登记之抵押权,于工作物因修缮所增加之价值限度内,优先于成立在先之抵押权。"这对于有益费用固然合理,但对于必要费用则未必。

修正前规定之登记系对抗要件。① 对抗要件所要对抗之对象原则上虽指第三人，但该法定抵押权如未经登记，而抵押物所有权人对于其法定抵押权之存在有争执时，抵押权人即应诉请确认该法定抵押权存在，否则，不能认其拍卖抵押物之声请为有理由。② 在此意义下，登记之对抗效力亦有针对担保人的作用。

　　"民法"第513条所定之法定抵押权是否因法定抵押权人预先承诺抛弃，即发生丧失的效力？ 对于该问题，"最高法院"就在该条于2000年4月26日修正公布前发生的案件，虽曾采否定的见解，③但就第三人得否以承揽人事先所为之抛弃的声明为基础，要承揽人在为法定抵押权之登记后，再为涂销登记的疑问，"最高法院"亦有判决持肯定的看法。④ 后来更进一步认为，可以无待于法定抵押权之行使，即预先抛弃。⑤ 至此，关于"民法"第513条所定之法定抵押权的预先抛弃问题，"最高法院"在实务上所持正反见解可谓相持不下。

　　鉴于费用性法定担保物权的规定意旨在于：确保失去同时履行抗辩之费用债权。所以其预先抛弃与法定担保物权之建制精神有违。该法定担保物权之抛弃表示的相对人如为对于定作人提供融资的机构，则该抛弃的协议应有该融资机构应以融资款项，代定作人向承揽人清偿承揽报酬之配套约定。该配套约定的要求应定为强制规定。此为营建融资应有之基本设计。否则，类此融资机构要求以承揽人抛弃其工程款之法定抵押权为条件，始对于定作人融资的行为，不但有与定作人联合滥用市场地位欺压承揽人的情事，而且常常是诱发定作人与

---

① 参见"最高法院"2003年台上字第114号民事判决。
② 参见"最高法院"1987年台抗字第143号民事判决。
③ 参见"最高法院"2005年台上字第186号民事判决、2005年台上字第434号民事判决。
④ 参见"最高法院"2003年台上字第2744号民事判决。
⑤ 参见"最高法院"2005年台上字第282号民事判决。

承揽人之财务风险,造成工程融资之逾期不还的重要因素。① 关于其联合滥用市场地位的做法,有必要引用"公平交易法"第 14 条关于联合行为,或该法第 24 条关于足以影响交易秩序之显失公平之行为的禁止规定,予以导正。

3.积欠工资之优先权

针对劳动薪资的积欠,"劳动基准法"第 28 条第 1 项规定,"雇主因歇业、清算或宣告破产,本于劳动契约所积欠之工资未满六个月部分,有最优先受清偿之权。"该条所定之最优先受清偿之权,首先经"内政部"解释为:"其优先顺位除法律另有规定外,仅次于抵押权,优先于其他一切债权受偿。"②而后又"经'财政部'会商'行政院劳工委员会'"获致结论,认为:"该工资优先于普通债权及无担保之优先债权。"因此,税捐法中如有各该税捐优先于有担保债权之规定,例如"税捐稽征法"第 6 条第 2 项规定:"土地增值税之征收,就土地之自然涨价部分,优先于一切债权及抵押权。"则该税捐亦优先于积欠工资。如无优先于有担保债权之规定者,例如同条第 1 项规定:"税捐之征收,优先于普通债权。"则因该税捐

---

① 上述关于法定抵押权之抛弃的规范规划机制充分显示:对于建筑业者提供融资的银行,自私的为拓展自己之业务,但求自保,而不顾购屋者及承揽人之债权的保护需要,要承揽人事先抛弃"民法"第 513 条规定之法定抵押权,是一切预售屋交易纠纷的源头。所以,不宜将该条规定定位为任意规定,任由融资银行挟定作人的市场力量,要承揽人事先抛弃。如有要承揽人事先抛弃的情形,应将其所为论为信用委任:银行委任承揽人供给信用于定作人,应就定作人因受领信用对于承揽人所负之债务,对于承揽人,负保证责任("民法"第 756 条)。关于建筑的财务风险,在预售屋的情形,过去相关规定(例如建筑经理公司管理办法)侧重于购买人,而忽略承揽人之保护。其实,除了财务规划错误或发生营造灾害的情形外,一件预售屋案件所以发生财务危机,主要出在工程款的挪用:将收自于购屋者之款项挪用至其他投资项目,以致造成定作人之周转困难。是故,必须釜底抽薪管住:(1)购屋款,含购屋者之自备款及银行对其提供之融资,应集中强制信托存放于第三银行;(2)由该第三银行按工程进度将该购屋款给付承作该预售屋之兴建的承揽人;(3)该第三银行对于购屋者及承揽人负履约保证责任;(4)建筑业者(定作人)在兴建阶段只可适度支取最低营运需要之售屋收入,待交屋完毕圆满结案时,方得将余款付清;(5)该适度支取的确保机制来自于该第三银行之履约保证责任;(6)担心第三银行糊涂,还必须由主管机关按经验数据对其进行监督。

② 参见"内政部"1985 年 5 月 21 日台内劳字第 294903 号函。

之清偿顺位虽优先于普通债权,但尚非最优先,所以,积欠工资优先于此种税捐债权。[①]"税捐稽征法"第6条第2项规定之实质上的理由为:(1)依土地税法关于土地增值税之现制,土地增值所得部分等于由土地所有人与税捐稽征机关按法定比例共享。这可称为共有说。(2)该税捐负担究竟有多少,对于向土地所有人为融资者,事先不难预见。通过公示而可预见是肯认权利之对世效力的重要存在基础。否则,其对世效力必然因为危害交易安全,而遏阻或窒息相关的交易活动。

不过,仍应注意:由于用来支付土地增值所得税的财源与用来支付工资之财源本来分离,所以,稽征机关应当在土地移转登记时,确实对于土地所有人征收土地增值税,不应当有在发生漏征后才与劳工竞争分配顺位的情事。在漏征后,土地增值税对于积欠工资之优先性,并不充分。这种事态可能发生在强制拍卖的情形。此所以"税捐稽征法"第6条第3项规定:"经法院执行拍卖或交债权人承受之土地,执行法院应于拍定或承受后五日内,将拍定或承受价额通知当地主管机关,依法核课土地增值税,并由执行法院代为扣缴。"万一发生该项规定之遵守的疏漏,正确的补救应当是:向强制执行的债权人追回其超额之受分配款。盖

---

① "财政部"1991年7月27日台财税第800259657号函:"二、本案经'法务部'会商'行政院'劳工委员会及本部等有关机关获致结论如左:'按劳动基准法'第28条第1项规定:'雇主因歇业、清算或宣告破产,本于劳动契约所积欠之工资未满六个月部分,有最优先受清偿之权。'系指该工资优先于普通债权及无担保之优先债权而言。上开工资与税捐,何者优先受偿?端视该税捐就其受偿顺序有无特别规定以为区别。例如土地增值税之征收,就土地之自然涨价部分,优先于一切债权及抵押权('税捐稽征法'第6条第2项);应缴或应补缴之关税,就应缴关税而未缴清之货物优先于抵押权(参见'关税法'第31条第2项、第3项及'司法院'大法官会议释字第216号解释)等,自当依其规定优先于上开工资而受偿。至于受偿顺序未有特别规定之税捐,自当依'税捐稽征法'第6条第1项规定,优先于普通债权而受偿。唯该税捐债权与上开同属优先于普通债权之工资债权并存时,基于保障劳工之基本生存权及维护社会安定,以工资('劳动基准法'第28条第1项)较无特别规定之税捐优先受偿为宜。"关于关税之优先受偿权,2004年5月5日大幅修正后之"关税法"仅有第95条第4项规定"第一项应缴或应补缴之关税,应较普通债权优先清缴"。亦即不再规定优先于一切有抵押权担保之债权。这是一个相对进步的修正。盖进口货物一经放行,除非经以法定的方式予以公示,即属无担保物权之负担的融通物。海关不得再主张其就应课未课之关税有优先受偿的权利。否则,便会影响交易安全。就未缴之关税债权的确保,海关应与私人一样,遵循相关担保物权的规定,设定并公示其担保物权。倒是未缴纳关税放行之货物如尚属进口人所有,且积欠者系进口人对其劳工之工资时,工资债权应后于该关税债权。其理由为:这里不涉交易安全,且该货物因课征关税而在台湾市场加值的部分本来不属于进口人所有,从而也不是其劳工之工资债权的总担保。这与第三人与进口人从事交易时对于该货物之已税的信赖,应受保护的原则无关。

不论依共有说或土地增值税优先说,该超额部分的款项皆不是来自执行债务人,而是来自税捐稽征机关(税捐债权人)。

"税捐稽征法"第 49 条规定:"滞纳金、利息、滞报金、怠报金、短估金及罚款等,除本法另有规定者外,准用本法有关税捐之规定。但第 6 条关于税捐优先及第 38 条,关于加计利息之规定,对于罚款不在准用之列。"是否适合依该条规定,将第 6 条第 2 项关于土地增值税之优先受偿的规定适用到与土地增值税有关之滞纳金、利息、滞报金、怠报金,还是有商榷余地的。盖这部分不但已非其他债权人预料所及,而且亦非上述共有说所涵盖。

五、劳务之债的终止

因为事务之管理难以完成于一瞬间,所以劳务之债必然发展成继续性契约。从而由于世事多变化,而对劳务契约有终止之规范需要。[①] 终止为单方行为,属于契约原则的例外,是故,其行使需有意定的或法定的终止权为其规范依据。产生终止权的原因称为终止事由。终止权的规范依据有意定的或法定的两种。其中以约定者特别重要。越是重要的商务契约,其终止事由及终止效力的规定越细腻。这部分的规定如有不周,几乎可以肯定,该契约的履行必然纷争不断。要能善终,有一方必须自始至终,委曲求全。

鉴于劳务之债之目的在于:由一方处理他方之事务。所以至少劳务债权人这一方原则上得不具理由终止劳务之债的契约。至于该方当事人在终止后,是否仍应负工资或报酬的给付义务,或负损害赔偿义务,则是另一回事。例如"民法"第 511 条规定,工作未完成前,定作人得随时终止契约。但应赔偿承揽人因契约终止而生之损害。第 549 条第 1 项规定,当事人之任何一方,得随时终止委任契约。第 2 项规定:"当事人之一方,于不利于他方之时期终止契约者,应负损害赔偿责任。但因非可归责于该当事人之事由,致不得不终止契约者,不在此限。"

与上述规定不同者为:就雇佣契约之终止,"民法"第 488 条规定:"雇佣定有期限者,其雇佣关系,于期限届满时消灭(第 1 项)。雇佣未定期限,亦不能依劳务之性质或目的定其期限者,各当事人得随时终止契约。但有利于受雇人之习

---

① Esser, Schuldrecht, 2., Aufl., 1960, S.64f.

惯者,从其习惯(第2项)。"①为何不得任意终止雇佣契约?主要是基于社会安全的考虑。自雇佣契约后来又发展出劳动契约,并就劳动契约之终止,强化对于劳工的保护。劳动契约与雇佣契约之主要区别在于:劳工与雇主间有企业之内部组织上的关系,为其组织的一部分,而受雇人与雇用人并无组织上的关系。②劳动契约必是雇佣契约,雇佣契约不一定是劳动契约。所以"民法"债编关于雇佣的规定,如不与劳工法规冲突,可适用于劳动契约;③而劳工法关于劳动契约之规定则不适用于单纯之雇佣契约。④ 不过,劳工与雇主之组织上的关系还是与股东、董事、监察人与公司间之组织上的关系不同。股东、董事、监察人在组织上是公司的机关,而劳工则否。为其机关者,机关与机关所属之法人间在存在上具有同一性。是故,股东、董事、监察人固因其机关之属性而异其职务或权限的内容,但只要是其职务或权限,其范围之规范设计以概括授权为其出发点。这与代理权或受任人之处理权以特别授权为其设计之出发点者不同。另"法人对于其董事或其他有代表权之人因执行职务所加于他人之损害,与该行为人连带负赔偿之责任"("民法"第28条)。

为劳动契约之终止问题,"劳动基准法"第9条第1项首先将劳动契约,分为

---

① 这符合"民法"对于不定期债务之规定的模式:"清偿期,除法律另有规定或契约另有订定,或得依债之性质或其他情形决定者外,债权人得随时请求清偿,债务人亦得随时为清偿。"("民法"第315条)"定有清偿期者,债权人不得于期前请求清偿,如无反对之意思表示时,债务人得于期前为清偿。"(第316条)其规定之法律关系的发展,都是朝向结束的方向。所不同者为,终止置重于既存契约关系的终了,而上述关于不定期债务之清偿期的规定置重于履行待履行之债务,以圆满结束该债务关系。

② Karl Larenz, Lehrbuch des Schuldrechts, Band Ⅱ · Halbband 1, Besonderer Teil, 13. Aufl. 1986, S.309;Esser/Weyers, Schuldrecht Band Ⅱ. Besonderer Teil, Teilband 1, 8., Aufl., 1998, S.232;Esser, Schuldrecht, 2., Aufl., 1960, S.579f. 雇佣契约(der Dienstvertrag)与劳动契约(der Arbeitsvertrag)间之最深刻的区别在于独立的或纳入组织之从属的工作。只有后一将劳工纳入一个企业组织成为其一员的工作关系在法律上始可称之为劳动契约关系。如此密集之人事上的关系并不存在于"民法"所定之雇佣关系中。不论是就契约之缔结或其内容,"民法"关于雇佣的规定,与由经济因素所制约之依从关系皆不相匹配。因此,关于劳动关系需要带有公法原则之全面的劳动契约法,来取代"民法"关于雇佣的规定。劳动契约意义下之从属的工作,指纳入组织之劳工,依企业的工作规则及其在企业中的职位所从事的工作。工作内容的种类为何并不重要,可以从低阶的打扫、文书工作至专门职业人员或甚至艺术家从事之专业或艺术的工作。雇佣契约与劳动契约的区别在终止之保障及社会保险上有重要的意义。

③ 参见"行政院劳工委员会"2003年7月29日劳职外字第0920205706号函。

④ Karl Larenz, Lehrbuch des Schuldrechts, Band Ⅱ · Halbband 1, Besonderer Teil, 13. Aufl. 1986, S.307ff.(308).

定期契约及不定期契约。并规定临时性、短期性、季节性及特定性工作得为定期契约;有继续性工作应为不定期契约。而后又于第 2 项规定,除特定性或季节性之定期工作外,"定期契约届满后,有左列情形之一者,视为不定期契约:一、劳工继续工作而雇主不即表示反对意思者。二、虽经另订新约,唯其前后劳动契约之工作期间超过九十日,前后契约间断期间未超过三十日者"。"劳动基准法"关于劳动契约之定期与不定期的分类,与一般劳务契约之定期与不定期的分类意义不同。一般劳务契约之定期与不定期,指是否自始定有存续期间。定有存续期间者为定期契约,未定有存续期间者为不定期契约。所以,在一般的不定期劳务契约,双方皆得随时终止契约。[①]

　　反之,不定期劳动契约意义下之不定期,事实上指至退休为止之定期劳动契约。换言之,"劳动基准法"并不肯认本来意义之不定期劳动契约。是故,在不定期劳动契约,双方皆享有期限利益。除雇主不得随时终止契约外,其终止原则上

　　[①]　关于不定期,其在继续性契约之终止,与在未定清偿期之债,债权人得随时请求清偿,债务人亦得随时为清偿("民法"第 315 条)之意义不尽相同。在前者,是得随时利用终止,结束一个不定期的继续性契约。就已经过之部分而言,并无待履行之债务。在后者,是得随时请求清偿或随时清偿,以通过清偿来结束债务关系("民法"第 309 条第 1 项)。所以,尚有待履行之债务。不过,因终止也可能引起一些因终止才发生之向将来的债务。例如在用益之债,用益债权人方有供用益之物的返还义务,用益债务人方可能有现存有益费用之偿还义务。这些都以终止为其发生要件。所以,为其请求,必须先终止契约。唯终止契约尚非因此发生之债权的请求表示,而只是由该债权所生之请求权之消灭时效的起算事由。为中断其消灭时效,尚须有债权人之请求或起诉,或债务人之承认等意思表示("民法"第 129 条)。例如在不定期租赁,单纯终止契约的表示,并不具有与"民法"第 229 条第 2 项规定之催告,促使不定期之债务届清偿期的作用。同理,在不定期之信托契约,信托人要请求返还信托财产,也必须先终止信托契约。否则,法院如不将其请求返还信托财产之请求或起诉,解释为含终止信托契约的意思表示,信托人便会败诉。"最高法院"1978 年台上字第 507 号民事判例:"信托契约成立后,得终止时而不终止,并非其信托关系当然消灭。上诉人亦必待信托关系消灭后,始得请求返还信托财产。故信托财产之返还请求权消灭时效,应自信托关系消灭时起算。"同院1990 年台上字第 1246 号民事判决:"信托关系终止前,信托人不得请求受托人返还信托财产。"同院 1986 年台上字第 1838 号民事判决:"信托行为,委托人固有随时终止信托契约之权利,唯信托登记为受托人名义所有之不动产,在委托人合法终止信托契约并回复登记为委托人名义所有以前,该不动产仍应属受托人所有,委托人不得对该信托登记之不动产直接行使物权法上之权利。"唯在"债务人为担保其债务,将担保物所有权移转登记与债权人,而使债权人在不超过担保之目的范围内取得担保物所有权者,为信托让与担保。债务人在未清偿其债务前,不得片面终止信托让与担保关系,请求债权人返还担保物"("最高法院"1995 年台上字第 808 号民事判决)。该判决意旨与"民法"第 108 条第 2 项关于代理权之任意撤回的禁止规定类似:"代理权,得于其所由授予之法律关系存续中,撤回之。但依该法律关系之性质不得撤回者,不在此限。"

应有法定终止事由。劳工虽得任意终止,但任意终止劳动契约之劳工无资遣费的请求权。

关于雇主之终止权,分须经预告而后终止者,例如"劳动基准法"第11条规定:"非有左列情形之一者,雇主不得预告劳工终止劳动契约:一、歇业或转让时。二、亏损或业务紧缩时。三、不可抗力暂停工作在一个月以上时。四、业务性质变更,有减少劳工之必要,又无适当工作可供安置时。五、劳工对于所担任之工作确不能胜任时。"及无须经预告即得终止者,例如第12条第1项规定:"劳工有左列情形之一者,雇主得不经预告终止契约:一、于订立劳动契约时为虚伪意思表示,使雇主误信而有受损害之虞者。二、对于雇主、雇主家属、雇主代理人或其他共同工作之劳工,实施暴行或有重大侮辱之行为者。三、受有期徒刑以上刑之宣告确定,而未谕知缓刑或未准易科罚金者。四、违反劳动契约或工作规则,情节重大者。五、故意损耗机器、工具、原料、产品,或其他雇主所有之物品,或故意泄露雇主技术上、营业上之秘密,致雇主受有损害者。六、无正当理由连续旷工三日,或一个月内旷工达六日者。"雇主依前项第1款、第2款及第4款至第6款规定终止契约者,应自知悉其情形之日起,30日内为之(同条第2项)。

关于劳工之终止权,同样分劳工无须预告即得终止劳动契约,例如"劳动基准法"第14条规定:"有左列情形之一者,劳工得不经预告终止契约:一、雇主于订立劳动契约时为虚伪之意思表示,使劳工误信而有受损害之虞者。二、雇主、雇主家属、雇主代理人对于劳工,实施暴行或有重大侮辱之行为者。三、契约所订之工作,对于劳工健康有危害之虞,经通知雇主改善而无效果者。四、雇主、雇主代理人或其他劳工患有恶性传染病,有传染之虞者。五、雇主不依劳动契约给付工作报酬,或对于按件计酬之劳工不供给充分之工作者。六、雇主违反劳动契约或劳工法令,致有损害劳工权益之虞者。"劳工依前项第1款、第6款规定终止契约者,应自知悉其情形之日起,30日内为之(同条第2项)。劳工依本条规定终止劳动契约时,准用第17条规定,雇主仍应发给终止之劳工资遣费(同条第4项)。不同于雇主之终止,在不定期劳动契约,劳工得不具理由终止契约,唯应准用第16条第1项规定期间预告雇主。类似的情形为,在特定性定期契约,其期限逾3年者,于届满3年后,劳工得在30日前预告后,终止契约("劳动基准法"第15条)。

关于雇主终止劳动契约之预告期间,"劳动基准法"第16条规定:"雇主依第11条或第13条但书规定终止劳动契约者,其预告期间依左列各款之规定:一、继续工作三个月以上一年未满者,于十日前预告之。二、继续工作一年以上三年未满者,于二十日前预告之。三、继续工作三年以上者,于三十日前预告之(第1项)。劳工于接到前项预告后,为另谋工作得于工作时间请假外出。其请假时数,每星期不得超过二日之工作时间,请假期间之工资照给(第2项)。雇主未依第一项规定期间预告而终止契约者,应给付预告期间之工资(第3项)。"

关于终止事由,首先要区分为:(1)可归责于一方,^①不具理由之终止应归类于可归责于为终止之一方;(2)可归责于双方;(3)不可归责于双方。然后分别按不同之终止事由规划其终止效力。

终止之法律效力首先固然是:已经过者,原则上依契约之约定;将来者,契约失其效力。当事人如由于向将来失去效力,遭受履行利益上的损害,视约定的情形,可能产生他方之损害赔偿义务,或甚至继续负有为约定给付的义务。在后一情形,其给付义务原则上应依损益相抵原则调整之。当事人之一方就自己所负之对待给付如有履行超过的情形,就超过部分得请求他方返还。

---

① "民法"第489条规定:"当事人之一方,遇有重大事由,其雇佣契约,纵定有期限,仍得于期限届满前终止之(第1项)。前项事由,如因当事人一方之过失而生者,他方得向其请求损害赔偿(第2项)。""民法"549条第2项规定:"当事人之一方,于不利于他方之时期终止契约者,应负损害赔偿责任。但因非可归责于该当事人之事由,致不得不终止契约者,不在此限。"这两条规定的实质内容虽然相同,但因可归责于当事人一方之事由而终止者,他方得向其请求损害赔偿。但就终止事由可归责于何方当事人,依第489条第2项,请求损害赔偿者负举证责任;依549条第2项,终止者负举证责任。

第二章

租　赁

一、用益之债概说

对于物之完整的权利称为所有权。解析之,含用益权及价值权。用益权为对于目标物之使用与收益权利的总称。使用与收益之区别在于:使用为单纯的利用物之劳务,而不由之取得其天然孳息;反之,收益则含天然孳息之收取。关于物之利用,"民法"并未按是否含收益权区别其类型。是故,以物供为利用的债务契约,概称为用益之债务契约。[①] 此与《德国民法典》不同。[②] 用益之债中有偿者称为租赁,无偿者称为借贷。唯借贷再按其客体是否为金钱或代替物,以及是否以当事人一方移转金钱或其他代替物之所有权于他方,而他方应返还种类、质量、数量相同之物为其约定内容,区分为使用借贷与消费借贷。此外,消费借贷后来还发展出有偿的态样。单纯利用物之价值权者为担保物权,例如质权及抵押权。同时利用物之用益权及价值权而不移转其归属者为典权,移转其归属者为让与。让与之原因行为,有偿者为买卖,无偿者为赠与。然让与亦有以担保为其目的者,此即让与担保。因其具有法律手段(让与担保物)超出经济目的(担保债权)的特征,所以称之为担保信托。

在用益之债虽不移转其目标物之所有权给用益权人,但为使其能就目标物

---

① 然在物权法上有单纯以物之使用而不含收益的物权,例如地役权(第851条);有以收益权为主要内容者,例如永佃权(第842条);含使用及收益权者,例如地上权(第832条)。

② 《德国民法典》将单纯以物之使用为债之内容者称为 Mietvertrag(§535BGB),含天然孳息之收取权者称为 Pachtvertrag(§581BGB)。

为使用收益,原则上还是必须对其为目标物之占有的交付。[①] 唯也有不为占有之典型的交付者,例如将车厢或建筑物内外表面出租供为广告之用。如为用益之目的须为占有之交付,则用益之债履行的结果,对于第三人一样会引起以占有为基础之物权效力。这与基于社会或经济政策的考虑而将部分租赁关系物权化者不属于同一层次的问题。例如买卖不破租赁(“民法”第 425 条、第 425 条之一、第 426 条、第 426 条之一)、与租赁有关之法定地上权(“民法”第 422 条之一)、优先承买权(“民法”第 426 条之二)等。

用益之债的类型特征:用益之债的特征首先表现在目标物之交付,其次是为达到用益之目的,有时需要用益权之授予者对于其接受者提供关于其用益之事实上或法律上的信息,此为履行上的问题。虽然用益权的存续有期间上的限制,但是在此限度内用益权之授予者还是应负价金危险及物之瑕疵担保的责任。这还包括排除第三人干扰用益权之接受者,就契约目标物为使用收益,此为担保的问题。由于目标物之占有的交付,造成其所有权及占有分属于不同之人的结果,而必须是占有人始能就近对于目标物采取必要的防护措施,以避免其毁损或灭失。是故,该结果引起对于用益权之接受者课以保管义务的规范需要。至其管理费用应由谁负担? 这与用益权之授予者就目标物所负保持义务、修缮义务的范围相推移,不能一概而论。对此“民法”有以下一般规定:租赁物为动物者,其饲养费由承租人负担(第 428 条);租赁物之修缮,除契约另有订定或另有习惯外,由出租人负担。出租人为保存租赁物所为之必要行为,承租人不得拒绝(第429 条)。唯如有疑义还是应由所有人负担。此为保管的问题。鉴于用益目的之达成需要一定之时间,所以当其为有偿,其对价原则上按其期间之长度计算之。这是继续性契约的典型特征。该特征影响到租金债权之清偿期,以及此种契约之解除与终止的问题。为保护租赁权,虽不宜使承租人取得像共有人一样

---

① 不过,也有不是为用益目的而交付占有的情形。例如在承揽,为维修或加工;在委任或雇佣,为事务之处理;在寄托或仓库,为保管或堆藏;在合伙,为出资经营共同事业之目的。另也虽有用益之授予,但其用益仅是为达到其他业务目的的所需要之数个给付之一者,例如场所的提供之于观看电影、球赛。请参考 Esser/Weyers, Schuldrecht Band Ⅱ, Besonderer Teil Teilband 1, 8., Aufl. 1998, S.129f.

的地位,^①但基于社会政策还是有其一定之特别保护的需要,其中含买卖不破租赁、出租人之不正竞业的禁止等。此即租赁之社会保护的问题。^②

　　要之,为能使用一定之目标物,除购买外,还得利用示惠行为、使用借贷、租赁等方法。各该方法分别可以满足不同的交易需要。一般而言,购买所需资金最多,关系最为单纯、稳固。而租赁一时所需资金较少,具有授信的意义,能够像利用融资一样,获得财务杠杆的作用。其最为鲜明的表现为融资性租赁(Leasing)。^③ 至于使用借贷则可遇不可求。有时承租人也可能基于其租赁权,利用转租或让与的方法来使第三人取得对于租赁物之用益权。转租尚属租赁的范

---

　　① “耕地三七五减租条例”第 17 条第 2 项第 3 款规定,因耕地经依法编定或变更为非耕地使用,而在租佃期限未届满前终止耕地租约者,除法律另有规定外,出租人应按终止租约当期之公告土地现值,减除土地增值税后余额之 1/3,补偿承租人。“依法征收或照价收买之土地为出租耕地时,除由政府补偿承租人为改良土地所支付之费用,及尚未收获之农作改良物外,并应由土地所有权人,以所得之补偿地价,扣除土地增值税后余额之 1/3,补偿耕地承租人。”(“平均地权条例”第 11 条)就公、私有耕地因实施市地重划致不能达到原租赁之目的,而由直辖市或县(市)政府径为注销其租约,或耕地出租人依规定终止租约收回耕地(同条例第 63 条及第 77 条),“农地重划条例”第 29 条第 2 项第 2 款、“农村小区土地重划条例”第 26 条第 2 项第 2 款等就因重划而终止耕地租约亦有相同规定。以上规定之效力有一个相同特征,即将耕地租赁之效力几乎等同于共有。此外,“平均地权条例”第 63 条之一第 1 项前段还规定,前条以外之出租土地,亦即耕地以外之土地,因重划而不能达到原租赁之目的者,承租人得终止租约,并得向出租人请求相当于一年之租金补偿。这使本来仅存在于耕地租赁之社会政策的规定伸进其他土地之租赁。

　　② 请参考 Esser/Weyers, Schuldrecht Band Ⅱ, Besonderer Teil Teilband 1, 8., Aufl. 1998, S.130f.

　　③ 请参考 Esser/Weyers, Schuldrecht Band Ⅱ, Besonderer Teil Teilband 1, 8., Aufl. 1998, S.129.融资性租赁的特征表现在:承租人给付最后一期租金后,得以给付一笔象征性的低额价金为对价,取得租赁物之所有权。为何约定还必须给付一笔象征性之低额价金为对价? 盖非如是,关于租赁物之所有权的交易部分将成为无偿行为,从而出租人事后有利用任意撤销来后悔的机会(“民法”第 408 条)。这虽显然与融资性租赁的意旨不符,但双方如不为该小心的安排,承租人只能依赖法院认定出租人之反悔违反诚信原则,以确保其利益。这种由于出租人事后反悔而引起的风险在实务上是难以完全防止的。由此显示,关于无偿契约的规范,不仅是大陆法系,而且英美法系都有其已经僵固下来之体系的建制原则。在这时候,如何保持其法律体系对于变动之世界的反应弹性,属于徘徊在体系思维与问题思维间的重要课题。大陆法系的学者用来说明这种弹性的学说称为“开放的体系”(Offenes System)或“变动的体系”(bewegliches System)。请参考 Karl Larenz, Methodenlehre der Rechtswissenschaft, 5., 1983, S.452, 467ff; Franz Bydlinski, System und Prinzien des Privatrechts, 1996, S.21ff. 如何使法律能够妥当响应随时空演变之生活事实,以满足其规范需要,为执法人员之共同使命。其认识与实践固然受限于各国和地区之法律学的发展程度,但不是任何法系自始排除的课题。请参考 Josef Esser, Grundsatz und Norm, 2. Aufl., 1964, S.7, 44ff., 141ff.

畴,承租人在转租后还是承租人,而次承租人则只与承租人有租赁关系。次承租人虽也应为自己的行为负侵权行为法上的责任,但不负债务不履行的责任。所以,租赁期限届满时出租人仅对于承租人有租赁物返还请求权;[①]于租金给付迟延时,仅得对于承租人定相当期限催告给付租金,并于其不为给付时,表示终止契约。[②] 反之,在租赁权之让与,在让与后承租人对于租赁物不再有租赁权。有疑问者为:承租人能否像出卖人,单纯地将其价金债权移转于他人,而不失其出卖人的地位一样;单纯地为租赁权之让与,而不根本地脱离其承租人的地位? 鉴于租赁关系之继续性即属人性,要将租赁权从租赁契约中独立出来让与他人,恐有困难。所以,在租赁,如有租赁权之让与,原则上必须以承租人契约地位之承受的方法为之。[③] 至其让与之法律上原因,可能是买卖、赠与或信托。唯"民法"第 433 条所定,承租人之同居人或承租人允许为租赁物之使用、收益之第三人,皆非这里所称因承租人转租或让与租赁权,而对于租赁物取得用益权之人。[④]

---

① "最高法院"1979 年台上字第 3691 号判例:"按转租系转租人与次承租人成立新租赁关系,与租赁权之让与不同。转租人与出租人间之租赁关系仍然存在,唯次承租人与原出租人并无直接租赁关系之可言。本件被上诉人将系争房屋出租与共同被告王某等人,租赁期限固已届满,但王某等既将之转租,被上诉人不得依出租人之地位,对次承租人之上诉人请求返还租赁物。"唯出租人应仍可据所有物返还请求权请求次承租人返还租赁物。然倘租赁期间尚未届满,且其转租合于约定,则次承租人得以承租人对于出租人之租赁权对抗出租人之所有物返还请求权。假设租赁期间尚未届满,而其转租不合于约定,则次承租人虽亦得以承租人之租赁权对抗出租人之所有物返还请求权,但出租人得以承租人违约转租为理由,终止契约,从而使次承租人对于出租人之租赁抗辩失其依据。

② 参见"最高法院"1969 年台上字第 1068 号判例。

③ 在双务契约之契约地位的让与,等于是第三人(受让人)概括承受当事人之一方依该契约所享有之权利与所负之义务。就债权部分,那是债权人与第三人所缔结之债权让与契约,非经让与人或受让人通知债务人,对于债务人不生效力("民法"第 297 条)。就债务部分,那是债务人与第三人所缔结之债务承担契约,非经债权人承认,对于债权人不生效力("民法"第 301 条)。其结果,双务契约之契约地位的让与应经相对人承认,对于相对人始生效力。

④ 关于承租人之保管义务的遵守,含应在契约容许的范围内,依约定之方法用益租赁物,承租人之同居人或承租人允许为租赁物之使用、收益之第三人("民法"第 433 条),在其不违反约定的限度,应论为承租人之履行辅助人;反之,如违反约定,则承租人应为这些人之行为负无过失责任(类推适用"民法"第 538 条第 1 项)。不违反之转租,"因次承租人应负责之事由所生之损害,承租人负赔偿责任"("民法"第 444 条第 2 项)。该项规定的内容与"民法"第 224 条所定者相同;在违约之转租,承租人就次承租人之行为应负无过失责任。至于租赁权之让与,其不违约者,应同时引起免责债务承担的结果;其违约者,承租人应就受让人之行为负无过失责任。

二、租赁之目标与契约之缔结

依"民法"第 421 条第 1 项之规定,租赁之目标限于物,特别是不包含权利之用益权的授予。[①] 租赁之物得仅指定种类。在租赁,其用益固然在一定的程度上会引起租赁物之损耗,但不可发展至将租赁物消费掉的程度。如为供消费之目的而借用他人之物,其适当之契约类型为消费借贷。约定为租赁目标物者得为一件物品,也得为数物或仅为一件物品之空间或时间的一部分,例如租墙面以供广告,租地下涵管以供布建电缆、光纤,信息设备或度假村的分时使用权,或甚至租土地上之一片透空的立体空间以供瞭望。[②] 后来由于社会政策之需要,租赁有按其目标物进一步类型化的趋势。例如耕地、建筑基地。[③] 有疑问者为应

---

① 关于权利之租赁,最常被引以为例者为专利权、著作权及商标权之用户许可证。权利之用户许可证的特征为:依契约自由,其授权之时、空、项目范围以及授权条件有多样的形成可能性。这与物因受限于其自然条件在同一时空仅能出租于一个或一组当事人者不同。例如就同一专利权或著作权,其权利人得在同一年度、在同一区域,对于不同的人授予非排他的实施权。这在物之租赁,受限于物之存在特征,是办不到的。例如纵使是在屋外电视墙的广告,其画面也必须依序而出,并不能同时出现。当然,在电视墙的广告已非单纯之租赁,而多类似于电视媒体的托播。

② 请参考 Esser/Weyers, Schuldrecht Band Ⅱ, Besonderer Teil Teilband 1, 8., Aufl. 1998, S.131.

③ 住房、住宅或营业场所之租赁亦有特别之保护上的需要。其涉及之事项首先为租金之调整的管制,其次为租赁期间或终止后的不正竞业。前者的必要性存在于:出租人常可利用承租人之困于搬迁的劣势,事后就租金请求超出物价或不动产价格指数之变动以上的调整。后者的必要性存在于:出租人可能在承租人的业务渐趋稳定时,于租赁期中便在租赁物之附近,或在租赁契约终止后即在原址开设与承租人所经营者相同或有竞争关系的业务。这对于承租人显然都是不公平的竞争行为。

有部分是否得为租赁之目标？对此，"最高法院"的见解并不一贯。① 其实，应有部分之用益权的互易，在共有人间之分管契约已屡见不鲜。而用益权的互易正是由两个以上之租赁所构成之互易。此与两个买卖构成之典型的互易是类似的。至于因共有人对于共有物之用益所受的限制，是否使应有部分之租赁在履

① 关于应有部分是否能为租赁之目标，"最高法院"的意见并不一贯。有采肯定说者，例如"最高法院"1988 年台上字第 413 号民事判决："共有人约定将其应有部分出租与承租人者，性质上系该共有人约定将其按应有部分对于共有物所具有之使用收益权（'民法'第 818 条参照），于契约关系存续期限内，供由承租人享有，与'民法'第 421 条规定之租赁，系以物为目标者，固有不同，然既不违公序良俗，法律上复无禁止之规定，本诸契约自由原则，当事人间自得有效成立并准用'民法'上租赁之规定。"亦有采否定说者，例如"最高法院"1995 年台上字第 374 号民事判决："租赁之目标物，必须为可以使用收益之物（动产或不动产），共有物之应有部分，系抽象之权利之比率，非具体共有物之一部分，无供他人使用收益之可言，性质上不可能为租赁之目标物。""最高法院"1995 年台上字第 1999 号民事判决："按称租赁者，谓当事人约定一方以物租与他方使用、收益，他方支付租金之契约，'民法'第 421 条第 1 项定有明文。而原审认定双方租赁目标为前开房地应有部分 1/2，其是否合于'民法'第 421 条第 1 项所规定之租赁契约之目标，非无审酌之余地。"其实以应有部分作为租赁目标之问题在契约实务上的意义首先应止于当事人双方合意类推适用租赁规定，规范其间的法律关系。倘其类推适用之合意没有违反公序良俗，应无否认其效力的道理。衡诸该判决中已揭露之事实，所剩者其实仅是法律上的判断，而"最高法院"在该案发回判决中再次指出"原审未依本院上次发回意旨，就讼争不动产'应有部分'租赁契约之实质内涵如何，详加推阐审认，本院无从为法律上之判断"。是否妥当，值得探讨。要特别指出的是：在该案件中出租人与承租人为租赁物之共有人，各有其应有部分之 1/2。换言之，在出租人将其应有部分之 1/2 全部出租给承租人后，承租人已取得租赁物之全部的用益权，根本无一般共有物之共同用益上的困难。在"民法"债编于 2000 年 4 月 26 日修正时增订第 463 条之一后："本节规定，于权利之租赁准用之。"以应有部分作为租赁目标的实务困惑或许可以获得些许缓解。这些问题的出现，本当是"最高法院"建立其司法权威，消弭纷争的绝好机会，不但稍纵即逝，而且一旦以不足以服人之理由错过了好机会，可能还会折损司法威信。如今由"立法机关"以"立法"的方式明文授权填补该法律漏洞，不也暗示当年"司法机关"的视而不见？

行上遭遇到类似于他人之物的租赁之困难,这是另一个问题。[1]

　　物基于其存在上之特性固不能同时供数人用益,但仍可由数人共同承租。这时该数承租人为该租赁债权之共有人。其关于租赁物之用益,应依承租人间之内部关系定之。其间如无分管的约定,则只能共同用益。常见之默示的共同租赁见于区分所有之公寓的租赁。在这种情形,其建筑物之共有或私有公用的部分将由其承租人公用。该公用部分之用益权可解释为其承租之私用部分的从权利。然并非只要数人以一个租赁契约向同一人承租即构成共同租赁,还需就具体情形探求当事人之真意认定之。[2]

---

　　[1] "分别共有之各共有人,按其应有部分对于共有物之全部有使用收益之权,所谓应有部分,系指分别共有人得行使权利之比例,而非指共有物之特定部分,因此分别共有之各共有人,(虽)得按其应有部分之比例,对于共有物之全部行使权利。(但在)……共有物未分割前,各共有人实际上划定范围使用共有物者,乃属一种分管性质,与共有物之分割不同。"("最高法院"1968 年台上字第 2387 号判例)是故,"各共有人按其应有部分,对于共有物之全部虽有使用收益之权,唯共有人对共有物之特定部分使用收益,仍须征得他共有人全体之同意,非谓共有人得对共有物之全部或任何一部有自由使用收益之权利。如共有人不顾他共有人之利益,而就共有物之全部或一部任意使用收益,即属侵害他共有人之权利"("最高法院"1973 年台上字第 1803 号判例)。"倘被侵害之他共有人因之而受有损害,自得依侵权行为之规定,行使其损害赔偿请求权。"("最高法院"1995 年台上字第 915 号民事判决)同理,"最高法院"1966 年台上字第 1949 号判例认为:"'民法'第 818 条所规定各共有人按其应有部分对于共有物之全部有使用收益之权,系指各共有人得就共有物全部于无害他共有人之权利限度内,可按其应有部分行使使用权,无须征求他共有人之意见而言。因此,所谓应有部分,系指权利所行使之范围,并非指标的物上所划分之范围,故共有人如逾越其应有部分之范围使用收益时,即系超越其权利范围而为使用,其所受之超过利益,要难谓非不当得利。"相同见解另见"最高法院"1982 年台上字第 4505 号、1983 年台上字第 4737 号、1995 年台上字第 2808 号、1996 年台上字第 2059 号、1999 年台上字第 1494 号、2000 年台上字第 1968 号、2001 年台上字第 640 号民事判决。唯"各共有人之应有部分,为对于共有物所有权之成数,抽象地存在于共有物之全部,在分割之前,无从具体辨明何者为共有人所有,故性质上不可能为其他共有人无权占有或侵夺,各共有人相互间就其应有部分,即无主张'民法'第 767 条所定所有物妨害除去请求权之余地"("最高法院"1983 年台上字第 4737 号民事判决)。

　　[2]　参见"最高法院"1995 年台上字第 559 号民事判决。

　　租赁除法律另有规定或当事人另有约定[①]外,原则上是不要式契约。[②] 其缔结只需双方关于必要之点及经表示之非必要之点有一致的意思表示,契约即为成立("民法"第 153 条第 2 项)。事后不容以未订立字据为由否认租约。

　　租赁关系除以契约订定者外,也有依法律之规定而发生者。"民法"第 425 条之一第 1 项规定:"土地及其土地上之房屋同属一人所有,而仅将土地或仅将房屋所有权让与他人,或将土地及房屋同时或先后让与相异之人时,土地受让人或房屋受让人与让与人间或房屋受让人与土地受让人间,推定在房屋得使用期限内,有租赁关系。其期限不受第四百四十九条第一项规定之限制。"盖房屋虽是独立于其定着之土地的不动产,但如无可供定着之土地,房屋将无所附立。是故,凡有房屋,为该房屋之存在,即需要有对于其基地之所有权或用益权。此即法定租赁权。由于该租赁权直接依法律之规定而发生,所以,其租金数额只能由当事人在租赁成立后协议之;不能协议者,得请求法院定之。"民法"第 451 条拟制之续约同样具有法定租赁的特征。

三、租赁期间与要式

　　租赁契约虽然原则上是诺成契约,但"民法"第 422 条规定:"不动产之租赁契约,其期限逾一年者,应以字据订立之,未以字据订立者,视为不定期限之租赁。"亦即不动产租赁,其期间超过一年者,应以书面为之。否则,该契约关于期间之约定无效,转为不定期契约。换言之,不定期之不动产租赁是不要式的。而所谓不定期(租赁)契约,其在期限上之特色为:"清偿期,除法律另有规定或契约

[①] 　"最高法院"1996 年台上字第 165 号民事判决:"当事人互相表示意思一致者,无论其为明示或默示,契约即为成立,'民法'第 153 条第 1 项定有明文。又租赁契约为诺成契约,虽当事人间非不得就租赁物及租金之范围先为拟定,成立预约以为将来订立本约之张本。唯当事人间如已就租赁契约必要之点即租赁物与租金互相表示一致,其租赁契约即为成立,不能因尚未订立书面契约,认其仅属预约之性质。"本件判决所示法律事实之争点所在应在于:是否有意定要式之约定,而非是否有暂时先为预约之约定。盖只要满足"民法"第 153 条第 2 项规定之要件,并无预约与本约之区别。所以,若真有预约之约定,其存在只在下述情形有其意义:(1)为补充现行法关于要物或要式规定的漏洞。其适例为有偿之消费借贷的预约。(2)尚有待协议之非必要之点,此即所谓 agreement to agree(将再协商以达于合意之协议)。在第二种情形,参与协商之当事人虽无达成合意之义务,但有诚意协商之义务。如果违反诚意协商之义务,会被论为应负信赖利益之赔偿责任。该赔偿责任之范围有多大? 在实务上难以预测。比较务实的做法是,事先约定,如有缔约上过失的责任,各得请求之赔偿的项目及各该项目的最高赔偿数额。

[②] 　参见"最高法院"1968 年台上字第 3363 号民事判决。

另有订定,或得依债之性质或其他情形决定者外,债权人得随时请求清偿,债务人亦得随时为清偿"("民法"第 315 条)。这亦是其消灭时效应自债权成立时起算的道理。这适用于继续性租赁契约的意义为:出租人得随时终止契约,请求承租人返还租赁物。除特别法另有规定外,①这适用于一切不定期租赁契约,②含依"民法"第 422 条或第 451 条拟制以不定期限成立或继续之租赁契约。然不定期租赁经"土地法"及"耕地三七五减租条例"修正后,出租人之任意终止的权利受到相当限制。其结果不定期不动产租赁之承租人所受保护甚至大于地上权。③ 此外,还无租赁之最高期限的法定限制。④ 这是社会政策之意识形态在土地租赁冲破法律之基本建置原则的典型案例。有时"最高法院"之判例要旨甚至有将其适用范围蔓延到无特别法为其依据的类型,认为:"上诉人如于期限届满后,仍为租赁物之使用收益,被上诉人并已收受其期限届满后之租金,则依'民法'第 451 条之规定,自应视为以不定期限继续契约,非被上诉人另有合法终止契约之意思表示,⑤双方间之租赁关系,尚不得谓非存续。"(最高法院 1944 年上字第 3763 号判例)不过,有的时候又趋于重视当事人究竟有无表示反对之意思。⑥ 然纵使有这样一个社会政策,至少也应像"耕地三七五减租条例"针对耕地租赁,自始在其法定期限及续约义务上给予明确规范,而非在像依"民法"第 422 条或第 451 条被拟制为不定期租赁的场合规定,非有法定事由不得终止不定期租赁契约。盖在第一种情形,限制其随意终止根本违反"民法"第 422 条关于超过一年之不动产租赁契约应以书面为之的规范意旨;⑦第二种情形,其视为以不定期租赁继续原契约的道理仅在于:方便处理因"民法"第 451 条规定之情事所引起之过渡处理上的困难,初无使之成为永制的盘算。设原来之租赁期间约定为不到一年,而后来发生该条所定情事,试问:因此使该租赁契约转为必须有法定终止事由始得终止之租赁契约合理吗? 为防止引起该困境,"最高法院"认为当事人得在订约之际订明期满后绝不续租,或续租应另订契约,⑧或在租期届满前单方预先表示不愿继续租约,⑨以阻止续约之效力。该不愿继续租约之

---

① 参见"司法院"院字第 2479 号解释。
② 参加"司法院"院字第 536 号解释。
③ 参见"最高法院"1980 年第七次民事庭会议决议之二。
④ 参见"最高法院"1962 年台上字第 1288 号判例。
⑤ 参见"最高法院"1953 年台上字第 1186 号判例。
⑥ 参见"最高法院"1958 年台上字第 1820 号判例。
⑦ 参见"最高法院"1992 年台上字第 1831 号民事判决。
⑧ 参见"最高法院"1993 年台上字第 1102 号民事判决。
⑨ 参见"最高法院"1953 年台上字第 410 号判例。

预先的表示并不以明示者为限。"最高法院"上述关于"民法"第451条规定之拟制续约的看法固符合该条所定情事之规范上的需要,但与该条规定之内容其实并不尽吻合。盖既以"租赁期限届满后,承租人仍为租赁物之使用收益,而出租人不即表示反对之意思",作为拟制续约的要件,则其反对之意思自当表示于租赁期限届满后,承租人仍继续为租赁物之使用收益时。今既容许预为反对之表示,则不但其拟制的意味下降,而且转成为必须就具体情形,认定出租人明示或默示拒绝承诺续约之意思的有无。[①] 然并非只要是以土地作为租赁目标即有土地法之适用。受"土地法"保护之土地的租赁限于基地租赁;[②]受"耕地三七五减租条例"保护之土地的租赁限于耕地。

租赁期间为租赁契约之重要内容,当租赁因约定或法定而有一定之租赁期间,其变更即当遵循契约原则,当事人之一方既无形成权擅为变更,亦不能求助于法院为其命相对人将不定期租赁改变为定期租赁。[③] 未明示定有期限之租赁契约,是否有可能经由解释认定其有一定之得确定的期限为其租赁期限?[④] "最高法院"在实务上曾采肯定的见解,但解释出来之不动产的租赁期限仍应受"民

① 请参考 Larenz,Lehrbuch des Schuldrechts,Band Ⅱ・Halbband 1,Besonderer Teil,13.,Aufl.,1986,S.266f.

② 参见"最高法院"1957年台上字第878号判例、1959年台上字第1920号判例。

③ "最高法院"1980年台上字第2410号民事判决:"'民法'第422条既规定不动产之租赁契约,其期限逾一年者,应以字据订立之,未以字据订立者,视为不定期限之租赁。而上诉人复自承双方间就系争房屋已有不定期限之租赁关系存在,则上诉人求命被上诉人与其订立一年之租约,即难谓当。"设上诉人为出租人,在有该判决所示情形,上诉人求按"民法"第422条之意旨,以未立字据可以缔结之最长期限的不动产租赁,来换取关于租赁期间安定状态而不可得。这可谓委屈而不能求全。"最高法院"将因违反"民法"第422条之规定而转为不定期限之租赁的终止如是诠释,充分显示社会政策挂帅之意识形态很容易使人陷入迷茫:即使有重度之价值判断上的矛盾,亦在所不惜。其实在社会政策的推行首先必须有一个认识,即其所需财源应尽可能来自税捐或规费,将之分散由全民透过量能缴纳税费的方式分担,而不宜集中由其交易相对人负担。否则,不但容易挑起交易相对人间之纷争,而且会破坏市场经济体制所赖以运转之私有财产制度。这种问题目前普遍存在于土地租赁及身心障碍者之服务的费率优惠。

④ "民法"第315条前段规定:"清偿期,除法律另有规定或契约另有订定,得依债之性质或其他情形决定之。"换言之,在个别契约有可能依债之性质或其他具体情形认定其清偿期。其在租赁之适用,即可能经由解释认定其租赁期间。

法"第449条第1项的限制。① 不过,其解释之结果如逾一年,还是可能因与"民法"第422条冲突,而影响到其效力。是故,作为其解释基础的契约,"最高法院"认为必须是书面契约。②

"民法"第422条之要式的规定在适用上还有几个重要的问题:(1)符合该条规定之租赁契约的转租或转让是否受该条之适用?(2)符合该条规定之租赁契约内容的变更是否受该条之适用?(3)得否以口头之租赁契约课相对人以义务,与自己缔结书面之租赁契约,以符合该条之要式的要件,换言之,对于该条规定有规避作用之预约中与期限有关的约款是否有效?

第一个问题涉及者为:当依租赁契约之约定,承租人得为转租或租赁关系之转让,其转租或转让所涉及之要式的考虑主要在于这对于第三人之利益的重要性,是否到应以该条所定之要式的方法来提醒其注意,并保存适当之证据方法的程度。鉴于出租人与承租人之利益在原租赁契约之要式规定中已经考虑,而转租或转让的效力范围应受原租赁契约之限制,所以转租或转让之要式的规范需要并不迫切。第二个问题涉及者为:变更前约之后约是否应符合该条之要式要件。这原则上应采肯定的见解。盖非如是,一个符合要式要件之租赁契约的内容,事后可能为口头契约所变更。这会使双方原来遵守该条规定之努力因而失效,使该条规定丧失规范机能。第三个问题涉及者为:是否得以口头契约或预约规避该条之要式规定。③ 关于这个问题的解答系于:该条规定之规范目的对于其适用范围的意义。倘该要式规定的意旨在于提醒缔约人莫做轻率的决定,及确保证明该租赁契约的证据方法,则不容许以任何方法规避其适用。反之,倘其意旨仅在于为买卖不破租赁原则的实践,提供保护租赁物之受让人所必须之客观的证据方法,则租赁双方若未遵守要式规定,该租赁契约将仅是无买卖不破租赁原则之适用,亦即承租人不得以其租赁权对抗租赁物之受让人,但尚不影响该租赁契约在出租人与承租人间之效力。因此,缔结租赁契约是否遵守要式规定

---

① "最高法院"1996年台上字第2108号民事判决认为:"订有书面之租地建屋契约而未明定租赁期限者,其租赁期间应至房屋不堪使用时为止。但应受'民法'第449条第1项租赁期限不得逾20年之限制。20年期满,若有'民法'第451条规定情形,应视为不定期限继续契约,至房屋不堪使用时始消灭,自不待言。"后一判决就依"民法"第451条而成立之不定期租赁所持见解,显然与其就"民法"第422条成立者所持见解不同。是否妥当,非无疑问。

② 参见"最高法院"1990年台上字第1531号民事判决。

③ 关于不动产租赁之预约是否应与本约适用相同之要式规定(§566BGB),德国学说意见不一。有采肯定说者,例如 Larenz, Lehrbuch des Schuldrechts, Band Ⅱ·Halbband 1, Besonderer Teil, 13., Aufl., 1986, S.217;Esser/Weyers, Schuldrecht Band Ⅱ, Besonderer Teil Teilband 1, 8., Aufl. 1998, § 20 Ⅰ 2. 也有采否定说者,例如 Soergel-Kummer, Kommentar zum BGB, 11., Aufl. 1980, § 566 Rz.14f.

可悉听承租人的方便。① 为保护租赁物之受让人,要式规定固系买卖不破租赁原则之必要的公示手段,然这应不是其唯一之规范目的。提醒租赁双方小心缔约,并留下适当证据方法应当也是其重要之规范目的的一部分,不可偏废。

在本次债编修正,增订"民法"第 425 条第 2 项规定,未经公证之不动产租赁契约,其期限逾 5 年或未定期限者,不适用买卖不破租赁原则。亦即不遵守该条第 2 项所定公证方式之不动产租赁契约的承租人,纵使自出租人受领租赁物之交付,并继续占有租赁物,出租人如将租赁物所有权让与第三人,其租赁契约还是不得对抗受让人。该项规定即从买卖不破租赁原则之适用要件出发。然违反第 425 条第 2 项规定之租赁契约固无买卖不破租赁原则之适用,但该租赁契约本身在出租人与承租人间之效力仍单纯系于第 422 条之要式规定,而与第 425 条第 2 项无关。

可能影响到租赁之要式问题的还有"民法"第 422 条之一及第 166 条之一的规定。依第 422 条之一,"租用基地建筑房屋者,承租人于契约成立后,得请求出租人为地上权之登记"。依该条规定,出租人将因基地租赁契约之缔结而负担不动产物权(地上权)之设定的义务。从而依第 166 条之一第 1 项该契约应以经公证的书面方式为之。亦即法定的要式契约。假设无"民法债编施行法"第 36 条但书规定,"但'民法'第 166 条之一施行日期,由'行政院'会同'司法院'另定之"。或"行政院"已会同"司法院"定该条之施行日期,则违反第 166 条之一未经公证的基地租赁当属无效。须待当事人已合意为地上权之设定始生效力。有疑问者为:其无效究竟是一部分无效或全部无效? 所谓一部分无效,指仅关于第 422 条之一所定之地上权设定登记请求权部分无效。其余部分仍然有效。至于全部无效则认为:该地上权设定登记请求权为基地租赁之核心效力,其无效应导致契约全部无效。鉴于在买卖不破租赁的保障下,单纯之基地租赁,不含基地地上权其实已可圆满达成租赁之目的,所以大可不必因地上权设定登记请求权部分无效,便认定契约全部无效。唯嗣后,当事人如已合意为第 422 条之一所定之地上权的设定登记,则该未依第 166 条之一第 1 项规定公证之契约,仍为有效(第 166 条之一第 2 项)。为配合该条第 2 项之规定,亦不适合将未经公证之基地租赁契约认定为全部无效。上述可能因第 166 条之一的规定而引起的问题,在"行政院"会同"司法院"订定"民法"第 166 条之一施行日期前("民法债编施行法"第 36 条),一时还无现实性。倒是为使"民法"第 760 条关于"不动产物权之移转或设定,应以书面为之"的规定不成为具文,在"民法"第 166 条之一生效前,

---

① 请参考 Larenz,Lehrbuch des Schuldrechts,Band Ⅱ · Halbband 1,Besonderer Teil,13.,Aufl.,1986,S.216f.

是否应透过目的性扩张认为：[①]"契约以负担不动产物权之移转、设定或变更之义务为目标者，应以书面为之。"这本来虽然应是在要推动"以不动产物权之移转、变更或设定为目标之债务契约应以公证的方式为之"时，衡情度势应有之备位的方案，但"最高法院"至今还是采否定的见解。[②]

四、他人之物的租赁

租赁是一种债务契约，仅具有使出租人与承租人互相依该契约负给付及保护的义务。此即债务行为之效力在主体上的相对性。基于该性质，虽然双方以他人之物为租赁物缔结租赁契约，该契约与他人之物的买卖同其道理，并不因此而无效。这仅就租赁契约在出租人与承租人间之债权效力立论。至其履行阶段，纵使租赁契约之履行对于租赁物之所有权并不带来不能回复的影响，因为有效的履行还是足以产生减损所有权人之权益的结果，所以必须像在他人之物的买卖，依无权处分有关规定论断其履行行为的效力一样，从信赖保护的观点，视承租人是否知悉出租人无权出租为断，决定他人之物之租赁之履行行为的效力，不能一概而论。

在他人之物之租赁，出租人如有主观给付不能，属于出租人应克服之给付障

---

①　关于是否应将"民法"第 760 条目的性扩张至以负担不动产物权之移转、设定或变更之义务为目标之债务契约，请参考黄茂荣：《法学方法与现代民法》，台湾植根法学丛书编辑室 1993 年增订第 3 版，第六章；黄茂荣：《债法总论》（第一册），台湾植根法学丛书编辑室 2003 年月增订第 2 版，第 213 页以下。

②　"最高法院"1981 年台上字第 453 号民事判例："不动产抵押权之设定，固应以书面为之。但当事人约定设定不动产抵押权之债权契约，并非要式行为。若双方就其设定已互相同意，则同意设定抵押权之一方，自应负使他方取得该抵押权之义务。又口头约定设定抵押权时，若为有偿行为，当不因债务人以后为履行义务，补订书面抵押权设定契约及办理抵押权设定登记，而使原有偿之抵押权设定行为变为无价行为。"然即便 2000 年 4 月 26 日已修正公布"民法"第 166 条之一第 1 项规定："契约以负担不动产物权之移转、设定或变更之义务为目标者，应由公证人作成公证书。"对于以负担不动产物权之移转、设定或变更之义务为目标之债务契约，规定上决定采取较诸单纯书面更为严格的公证方式，在该条施行前，"最高法院"还是不改其在该判例中所采，显然会使"民法"第 760 条丧失其应有之警示与存证功能的见解。例如同院 2006 年台上字第 1718 号民事判决认为："按不动产物权之移转，依'民法'第 760 条规定，固应以书面为之，唯买卖不动产之债权契约，则非要式行为，不论以言词或书据只须双方就不动产之目标物及价金互相同意，其买卖契约即为成立。"在该案，其延伸的影响为：关于不动产买卖之委任，委任人不得主张依"民法"第 531 条，该委任契约应以文字为之。盖必须为委任事务之处理，须为法律行为，而该法律行为，依法应以文字为之者，其处理权或代理权之授予，始亦应以文字为之。

碍。后来如果不能克服,出租人对于承租人是否因此应负债务不履行的责任,视双方当时具体之约定如何而定。至于承租人基于该租赁契约就租赁物为用益,相对于真正权利人是否构成侵权行为要看其是否知情,从而有无过失论断。至于是否构成不当得利,要看是否将该租赁契约论为承租人用益租赁物之法律上原因而定。自"民法"第183条关于穿透的规范意旨观之,基于给付发生之财产利益的移动,应以给付者所以为给付之事由为其法律上原因。是故,承租人之受领利益既以租赁契约为其给付事由,则应认为自出租人移动至承租人之租赁物的用益利益有法律上原因。从而就所有权人因该财产利益之移动而受损害应负不当得利之返还义务者应是出租人,而非承租人。不过,如果承租人尚未对于出租人给付租金,或租金显然有偏低的情形,应目的性扩张适用第183条,让真正权利人可以穿透出租人,直接对于承租人请求不当得利的返还。唯在此情形,承租人如果善意,可以在其给付租金的限度,主张其利益已不存在。① 唯"最高法

---

① 关于他人之物的租赁,"最高法院"2002年台上字第1537号民事判决要旨称:"按租赁契约为债权契约,出租人不以租赁物所有人为限,出租人未经所有人同意,擅以自己名义出租租赁物,其租约并非无效,仅不得以之对抗所有人。至所有人得否依不当得利之法律关系,向承租人请求返还占有使用租赁物之利益,应视承租人是否善意而定,倘承租人为善意,依"民法"第952条规定,得为租赁物之使用及收益,其因此项占有使用所获利益,对于所有人不负返还之义务,自无不当得利可言;倘承租人为恶意时,对于所有人言,其就租赁物并无使用收益权,即应依不当得利之规定,返还其所受利益。"该要旨以"民法"第952条为承租人对于所有人不负返还之义务的论据。这个见解是有疑问的。盖不但该条之推定应只得用以对抗所有权人以外之人,而且承租人之所以得为租赁物之用益应系善意传自无权的出租人。其规范伦理上的依据为:信赖保护原则。这类似于动产所有权之善意取得。所以得引为其规范基础者应是"民法"第801条之目的性扩张:动产之受让人占有动产,而受关于占有规定之保护者,纵让与人无移转所有权之权利,受让人仍取得其所有权。也就是:在承租人善意的情形,承租人对于出租人负租金之给付义务,而出租人对于真正权利人负不当得利之返还义务;在承租人恶意的情形,承租人应直接对于真正权利人负不当得利之返还义务,租赁关系不能构成承租人对于真正权利人之不当得利返还义务的屏障。

院"实务上一贯主张善意占有人享有得对抗所有权人之用益权。[1] 另一个棘手的问题是:他人之物的租赁有无买卖不破租赁的适用。应采否定的见解。[2]

五、承租人之义务

在租赁关系,承租人之义务主要有:给付租金、保管租赁物及在租赁契约终止后之租赁物的返还义务。失火责任与通知义务皆属于保管义务,而危险负担则是租金义务的延伸。

(一)租金义务

租赁契约为双务契约。租金为承租人依租赁契约对于出租人所负之主要的给付义务,该义务与出租人应将租赁物交付承租人使用、收益的给付义务构成对

---

[1] "最高法院"1988 年台上字第 1028 号民事判决:"占有人于占有物上行使之权利,推定其适法有此权利。又善意占有人依推定其为适法所有之权利,得为占有物之使用及收益。分别为'民法'第 943 条、第 952 条所明定。是占有人因此项使用所获得之利益,对于所有人不负返还之义务,此为不当得利之特别规定,不当得利规定于此无适用之余地。不动产占有人于其完成物权取得时效并办毕登记时,就时效进行期间之占有,亦应解为有上述规定之适用,方能贯彻法律保护善意占有人之意旨。"该判决所持见解与财产权在私法上应保障的意旨不符。善意用益他人之物,固可认为因欠缺加害于所有权人之权利的故意或过失而不构成侵权行为,但是否构成不当得利,应单纯以其用益是否在用益人与所有人间引起无法律上原因之财产利益的移动论断。至于用益人就其用益权是否善意,所影响者应仅是在受不当得利之返还的请求时,其所受之利益如已不存在,免负返还或偿还价额之责任("民法"第 182 条)。没有达到善意占有人之用益因"民法"第 943 条、第 952 条之规定,可根本排除其依"民法"第 182 条所当负之返还义务的程度。此外,亦应注意,"民法"第 943 条虽然规定"占有人于占有物上行使之权利,推定其适法有此权利",但该条规定所推定为存在之权利是用来对抗该物之真正权利人以外之人,而非该物之真正权利人。占有人可能引为对抗真正权利人的规范基础是:善意占有人基于善意取得制度之规定所原始取得对于该物之权利。详请参考黄茂荣:《债法总论》,台湾植根法学丛书编辑室 2004 年增订第 2 版,第 539 页以下。

[2] "最高法院"2004 年台上字第 2650 号民事判决:"按租赁契约,系以当事人约定一方以物租与他方使用、收益,他方支付租金而成立,并不以出租人对于租赁物有所有权为要件,且房屋性质上不得与其基地使用权分离而存在,除当事人另有约定外,房屋租赁当然包括其基地在内。原出租人将出租房屋之所有权让与第三人,依'民法'第 425 条规定,其租赁契约既对受让人存在,该受让人当然继受原出租人行使或负担由租赁契约所生之权利、义务,自得依据原租赁契约向承租人为给付租金之请求。至于房屋占用他人之土地,要属另一法律问题,与房屋租赁契约无涉。"买卖原则上固然不破租赁,但在他人之物的租赁,因为承租人对于所有权人并不得在知悉其为他人之物的租赁后,向将来主张其租赁权,所以自然也不能基于买卖不破租赁原则,对于租赁物之受让人主张其租赁权。

价关系。在货币经济底下,为最大限度地将有名契约的规定简化,在双务契约当事人中原则上固当必有之一方单纯负以金钱为内容之给付义务。但"民法"第421条第2项规定,同条第1项所定之租金,得以金钱或租赁物之孳息充之。亦即在虽是单纯的,而非混合的租赁契约,租赁双方所负之给付义务的内容可能皆不以金钱为内容。

　　租金数额有以法律规定其限额者,例如"耕地三七五减租条例"第2条规定:"耕地地租租额,不得超过主要作物正产品全年收获总量千分之三百七十五;原约定地租超过千分之三百七十五者,减为千分之三百七十五;不及千分之三百七十五者,不得增加。""土地法"第94条规定,城市地方由政府建筑,供人民承租自住之房屋的租金,不得超过土地及其建筑物价额年息百分之八。其由私人兴建出租者,其租金,以不超过土地及其建筑物申报总价年息百分之十为限。约定房屋租金,超过前项规定者,该管直辖市或县(市)政府得依前项所定标准强制减定之("土地法"第97条)。以现金为租赁之担保者,其现金利息视为租金之一部分。其利率之计算,应与租金所由算定之利率相等("土地法"第98条)。该条所定担保之金额,不得超过两个月房屋租金之总额。已交付之担保金,超过前项限度者,承租人得以超过之部分,抵付房租("土地法"第99条)。租赁之现金担保的极点是:将租赁与消费借贷对向混合。在此情形,承租人不但对于出租人提供了担保,而且先缴了全部租金。然上述关于租赁担保的限制并无碍于租赁与消费借贷之对向混合的效力。这时约定之租金是否逾越法定标准,应以按法定利率计得之利息与按法定最高租金标准计得之租金相比较。

　　基于租赁系一种物的劳务之债的特征,双方难以同时履行。对此,"民法"第439条虽然原则规定"承租人应依约定日期,支付租金;无约定者,依习惯;无约定亦无习惯者,应于租赁期满时支付之。如租金分期支付者,于每期届满时支付之。如租赁物之收益有季节者,于收益季节终了时支付之";但该条规定并非强行规定,必要时,双方得以特约定之。在房屋租赁,实务上往往约定,承租人除应给付一定数额之押租金外,并应按期先缴租金。唯在耕作地之出租人不得预收租金。承租人不能按期支付应交租金之全部,而以一部分支付时,出租人不得拒绝收受("民法"第457条之一)。押租金之给付及租金之先缴不但不利于承租人,而且可能影响到租赁物受让人依买卖不破租赁原则继受出租人之租赁契约时的担保及租金利益。

　　租金既为承租人就租赁物为使用收益的对价,在租赁期间如有因租赁物之物的瑕疵而需要修缮,或因租赁物一部分或全部灭失,或因第三人对于租赁物主张权利①等出租人方之事由,而使承租人不能就租赁物为使用收益或其使用收益受到妨碍,则在其不能为用益或用益受到妨碍的限度,当可减免其租金之给付义务。除租赁物之一部分灭失的情形外("民法"第 435 条),"民法"债编租赁节就租金之减免并无明文规定。这与第 441 条所定承租人方之事由,不影响承租人支付租金之义务,以及第 457 条所定耕作地之承租人,因不可抗力,致其收益减少或全无者,得请求减少或免除租金等情形不同。

关于租金债务之履行,承租人如有迟延的情形,"民法"第 440 条规定:"承租人租金支付有迟延者,出租人得定相当期限,催告承租人支付租金,如承租人于其期限内不为支付,出租人得终止契约(第 1 项)。租赁物为房屋者,迟付租金之总额,非达两个月之租额,不得依前项之规定,终止契约。其租金约定于每期开始时支付者,并应于迟延给付逾两个月时,始得终止契约(第 2 项)。租用建筑房屋之基地,迟付租金之总额,达两年之租额时,适用前项之规定(第 3 项)。""土地法"第 100 条第 3 款规定,承租人积欠租金额,除以担保金抵偿外,达两个月以上时,出租人得收回房屋。"民法"第 458 条第 4 款规定耕作地租赁于租期届满前,租金积欠达两年之总额者,出租人得终止契约。针对耕地租赁,"耕地三七五减租条例"第 17 条第 1 项第 3 款规定,耕地租约在租佃期限未届满前,地租积欠达两年之总额时,出租人得终止租佃契约。② 就契约之终结,该等规定修正了"民法"第 254 条关于给付迟延之一般规定的效力:(1)配合租赁之继续性契约的特征,将解除改为终止;(2)针对房屋、建筑基地及耕地等不同租赁物之规范上的需要,分别增加积欠租金之总额的下限,以缓和承租人之周转压力。上述催告要产生终止权的效力,固以承租人积欠法定总额以上之租金为要件,但因到底有无租金之积欠及其积欠总额为何,承租人自己也当明了,所以,"最高法院"实务上并

---

① "最高法院"肯认在租赁物有瑕疵的情形,承租人得请求减少价金:"出租人租赁关系存续中,应保持租赁物合于约定使用收益之状态,如第三人就租赁物主张权利,致承租人不能为约定之使用收益者,承租人自得请求减少租金或终止契约,此观'民法'第 423 条、第 436 条及第 435 条之规定自明。"("最高法院"1954 年台上字第 1067 号民事判决)

② 针对同一种租赁契约,常有"民法"与民事特别法对于同一事项或不同事项加以规定,从而构成竞合的问题。这时其间是否有排斥的关系,视其构成要件之包含情形,以及法律效力是否互相排斥定之。其有包含情形且法律效力不并容者,要件多者为特别法。反之,法律效力如不互相排斥,则无普通与特别之关系。例如"最高法院"1996 年台上字第 299 号民事判决要旨认为:"'民法'第 440 条第 1 项载,承租人租金支付有迟延者,出租人得定相当期限催告承租人支付,如承租人于其期限内不为支付者,出租人得终止契约。此项规定,于出租人依'耕地三七五租条例'第 17 条第 1 项第 3 款终止契约时,亦适用之。"关于法律竞合与请求权竞合的问题,请参考黄茂荣:《债法总论》(第一册),台湾植根法学丛书编辑室 2002 年版,第 72 页以下。

不要求出租人在催告中应载明积欠之租金数额。① 出租人依"民法"第 440 条第
1 项催告承租人支付租金之期限是否相当,应依一般观念为衡量之标准。② 所定
催告期间如果不相当,"最高法院"认为不生催告之效力,③这与该院关于第 254
条之催告所持见解不同。④

出租人依上述规定,定相当期限催告后,承租人于期限内不支付租金者,出
租人固得终止契约,但这并非终止条件成就,契约当然终止,而只是使出租人取
得终止权,租赁契约仍待于出租人对于承租人为终止之意思表示,始于该表示到
达时发生终止效力,在这之前,承租人如为租金之给付,该终止权即复归消灭。⑤

(二)保管义务

承租人之保管义务含:(1)以善良管理人之注意,保管租赁物,租赁物有生产
力者,并应保持其生产力(第 432 条第 1 项),及(2)承租人应依约定方法,为租赁
物之使用、收益;无约定方法者,应以依租赁物之性质而定之方法为之(第 438 条
第 1 项)。所以,第 432 条第 2 项规定:"承租人违反前项义务,致租赁物毁损、灭
失者,负损害赔偿责任。但依约定之方法或依物之性质而定之方法为使用、收
益,致有变更或毁损者,不在此限。"第 2 项所定者为一种积极侵害债权的损害赔
偿义务。唯只要承租人依约定方法,为租赁物之使用、收益,无约定方法者,依租
赁物之性质而定之方法为之,则不仅因该用益所发生之耗损的不利益,亦即耗损
危险(dieAbnutzungsgefahr)原则上应由出租人负担,出租人在租赁期间并应将
租赁物维持在适合约定用益的状态。此为包含耗损危险之维持风险(dasErhal-
tungsrisiko)。然承租人之保管义务可能因双方之特约而扩及于修复租赁物因

---

① 参见"最高法院"1996 年台上字第 2356 号民事判决。

② 参见"最高法院"1960 年台上字第 1094 号判例。

③ 关于定相当期限催告履行,在实务上容易疏忽或引起争议者为:证明已为催告之证
据方法及所定催告期间是否相当。参见"最高法院"1954 年台上字第 585 号民事判决。

④ "最高法院"1985 年度第一次民事庭会议决议:"依'民法'第 254 条规定,债务人迟延
给付时,必须经债权人定相当期限催告其履行,而债务人于期限内仍不履行时,债权人始得解
除契约。债权人为履行给付之催告,如未定期限,难谓与前述'民法'规定解除契约之要件相
符。唯债权人催告定有期限而不相当(过短)时,若自催告后经过相当期间,债务人仍不履行
者,基于诚实信用原则,应认亦已发生该条所定契约解除权。"唯债权人尚须"另为解约之意思
表示,始生解除契约之效力,并非经过相当期间后,契约即当然解除。此与债权人之催告所定
履行期日为相当,附有以履行期届满债务人仍不履行债务为条件,解除契约发生效力之意思
表示之情形并不相同"("最高法院"2000 年台上字第 2835 号民事判决)。

⑤ 参见"最高法院"1963 年台上字第 1289 号判例。

用益而造成之耗损,从而造成耗损危险之移转。[①] 德国学说与实务称该义务为美修义务(dieSchönheitsreparaturenspflicht)。[②] 承租人如违反依约定方法,为租赁物之使用、收益,经出租人阻止而仍继续为之者,出租人除得请求损害赔偿外,并得依第438条第2项终止契约。此外,就阻止承租人违约继续为有损于租赁物之使用、收益的部分,不论承租人之主观要件为何,应还得对其提起不作为之诉("民法"第767条)。[③]

承租人如允许第三人为租赁物之使用或收益,或将租赁物转租他人,皆会使第三人取得接触从而加损害于租赁物之机会。因此,即便在其符合约定的情形,因承租人之同居人或经承租人允许为租赁物之使用、收益的第三人,应负责之事由,致租赁物毁损、灭失者,承租人负损害赔偿责任("民法"第433条);承租人依"民法"第443条之规定,将租赁物转租于他人者,因次承租人应负责之事由所生之损害,亦同("民法"第444条第2项)。这相当于债务人之履辅责任("民法"第

---

　　① 请参考 Esser/Weyers,Schuldrecht Band Ⅱ,Besonderer Teil Teilband 1,8.,Aufl. 1998,§ 16 Ⅰ 2,Ⅱ 1.

　　② 鉴于修缮义务是出租人对于承租人所负之主要义务,而美修义务则为其对于承租人之转嫁。因此,其转嫁如以定型化契约的方式为之,在德国引起是否违反《契约一般约款法》第9条(§ 9 AGBG)的争议。持违反该条规定之主张者认为,该转嫁使出租人之主要义务受到重大的限制。唯德国学说倾向于认为该转嫁是容许的。这应是受交易习惯之影响所持的看法。然在具体案件究当如何,还应视双方约定之租金的高低定之,非可一概而论。例如出租人仅酌收所谓之成本租金,或约定之租金显然低于当地租金水平者,其转嫁应当认为没有显失公平,可以容许。倘该转嫁有效,则承租人因之所负之美修义务成为其主要义务。就其可归责于债务人之不履行,出租人有债务不履行之损害赔偿请求权。应赔偿之损害不以代履行美修义务所需费用为限,尚可包括因此耽误终止后之再出租期间的租金损失(Larenz,Lehrbuch des Schuldrechts,Band Ⅱ · Halbband 1,Besonderer Teil,13.,Aufl.,1986,S. 220f)。至于因迟延美修而至租赁物有进一步之毁损时,该毁损状态之除去所需费用应计入原来之美修费用中,无须另立延伸损害的项目,以课承租人赔偿责任。

　　③ Larenz,Lehrbuch des Schuldrechts,Band Ⅱ · Halbband 1,Besonderer Teil,13.,Aufl.,1986,S.225.

224 条)。① 反之,如承租人违约允许他人使用租赁物或转租,其所应负之责任应为无过失责任。② 盖正如承租人就租赁物所以应负保管义务,在承租人同意他人就租赁物使用收益的情形,该经其同意而用益之人亦当辅助承租人保管租赁物。倘承租人依约不得容许他人就租赁物为使用收益,则关于其延伸之保管义务的履行,便等于承租人有违约使用履行辅助人的情事,应类推适用"民法"第538 条关于违约使用履行替代人的规定,使承租人就其同意用益租赁物之人的行为,与就自己之行为,负同一责任(无过失责任)。

在租赁关系存续中,租赁物如有修缮之必要,应由出租人负担,或因防止危害有设备之必要,或第三人就租赁物主张权利等情形,承租人对于出租人所负通知义务,论诸实际,亦构成承租人之保管义务的一部分。不过,对之"民法"第437 条另有明文规定。违反该通知义务,除非该等情事本为出租人所已知,否则,承租人应赔偿出租人因其怠于通知所生之损害。唯该条第 2 项所谓怠于通知仍当以有可归责于承租人之事由为限。问题是:究竟应以承租人明知而不通知者为限? 或包含可得而知的情形? 如包含可得而知的情形,关于不知之过失,应以重大过失、抽象轻过失或具体轻过失为准? 应含可得而知的情形,但以具体轻过失为准。承租人因具体轻过失不知有前述应通知之情事,而未尽通知义务,以致出租人受有损害时,承租人对于出租人固应就因此所生损害负赔偿责任,但出租人仍不因此即不负修缮义务。所以,承租人如因该瑕疵而受有损害,出租人

---

① 就承租人允许为租赁物之使用、收益之同居人或第三人("民法"第 433 条)或次承租人("民法"第 444 条)应负责之事由,致租赁物毁损、灭失,所生之损害,该两条皆规定承租人负损害赔偿责任。该等规定究竟属于"民法"第 224 条之履辅责任或"民法"第 188 条之雇用人责任,值得探讨。自其规范用语"应负责之事由"观之,接近于雇用人责任。唯因就该等事由首先应负责之同居人、第三人或次承租人与承租人间不一定有雇佣关系,且纵使有雇佣关系,其应负责之事由亦不一定与雇佣职务之执行有关。是故,应当不是从雇用人责任之思想导出的规定。至于关于债务之履行辅助人的身份,一般说来在身份上属于比较松散的关系,只要行为人确是经债务人引用来辅助履行一定债务之人,且所涉损害事系其辅助履行债务时之故意或过失的行为时,即足以该当"民法"第 224 条之履辅责任的构成要件。在此,同居人、第三人或次承租人所辅助履行的债务为承租人之保管义务。至于同居人、第三人或次承租人自己则依侵权行为的规定负其责任。有疑问者为,因其与承租人不同,对于出租人(债权人)并不负积极侵害债权之损害赔偿责任,从而无请求权规范竞合之可言时,租赁物如因失火而毁损或灭失,其侵权行为责任之主观要件是否一样应按"民法"第 434 条之规定调整为"故意或重大过失"? 这应采肯定的见解。此为一种契约对于第三人之保护效力。

② 此为因违法或违约行为在先而成立之无过失责任。其明文规定见诸:"民法"第 174 条第 1 项(不适法无因管理),第 231 条(迟延责任),第 538 条(债务人之违约使用履行替代人之履行替代责任)。由上述规定可归纳出"民法"肯认:有违法或违约行为在先者,应就在其违法或违约中发生之有因果关系的损害负无过失责任。

一样的应负赔偿责任,只是这时应依与有过失的规定,由法院衡情减轻其赔偿金额,或免除之("民法"第 217 条)。[1]

另一个与租赁物之维持有关,而应由承租人容忍或协力的义务为,出租人为保存租赁物所为之必要行为,承租人不得拒绝("民法"第 429 条)。该容忍或协力义务的范围究竟为何,必须就个案之具体情形依诚信原则认定之。因该容忍或协力义务的履行,致妨碍了承租人对于租赁物之使用、收益,减少其利益者,承租人应得按受妨碍的程度请求减少租金;其因此增加费用者,应得请求偿还。[2]

(三)失火责任

因保管义务之违反而致租赁物焚毁者,"民法"第 434 条另有明文规定:"租赁物因承租人之重大过失,致失火而毁损、灭失者,承租人对于出租人负损害赔偿责任。"此为承租人之保管义务在注意程度上的减轻规定。其适用以就被焚毁之目标物,行为人与所有人间有租赁关系为前提。这里所称之行为人首先是承租人。然后含承租人不违反约定,容许就租赁物为使用、收益之同居人、第三人[3]或次承租人("民法"第 443 条、第 444 条)。此为契约对于第三人之效力。唯承租人若未经所有人(出租人)同意,而违约将租赁物转租第三人(次承租人),不但次承租人无"民法"第 434 条之减轻责任规定的适用,[4]而且承租人还可能因违约在先,而对于在转租中发生的损害应负无过失责任。次承租人在转租契约缔结时,知其为违约之转租者,就租赁物之毁损灭失,对于所有人亦应负无过

---

① 请参考 Larenz, Lehrbuch des Schuldrechts, Band Ⅱ · Halbband 1, Besonderer Teil, 13., Aufl., 1986, S.226.

② 请参考 Larenz, Lehrbuch des Schuldrechts, Band Ⅱ · Halbband 1, Besonderer Teil, 13., Aufl., 1986, S.227f.

③ "最高法院"1994 年台上字第 151 号民事判决:"按租赁物因失火而毁损、灭失者,以承租人有重大过失为其赔偿责任发生之要件,出租人就承租人系因重大过失而失火,应负举证责任。又'民法'第 433 条固规定:因承租人之同居人,或因承租人允许为租赁物之使用、收益之第三人应负责之事由,致租赁物毁损、灭失者,承租人负损害赔偿责任。唯如系因过失致失火毁损租赁物,亦须为重大过失时,承租人始负赔偿责任。……按租赁物因承租人失火而毁损、灭失者,以承租人有重大过失为限,始对于出租人负损害赔偿责任,'民法'第 434 条固定有明文。唯当事人如以特约约定承租人就轻过失之失火亦应负责,其特约仍属有效。"这个观点亦适用于经承租人允许而为租赁物之用益者,因租赁物之瑕疵而受损害的情形。这属于契约对第三人之保护效力的重要类型。关于契约对第三人之保护效力,请参考 Esser/Weyers, Schuldrecht Band Ⅱ, Besonderer Teil Teilband 1, 8., Aufl. 1998, § 15 I 6 d; Esser/Schmidt, Schuldrecht Band Ⅰ, Allgemeiner Teil, Teilband 2, 8., Aufl. 2000, § 34 IV 2; Soergel-Kummer, Kommentar zum BGB, 11., Aufl. 1980, § 538 Rz.17.

④ 参见"最高法院"1968 年台上字第 1915 号民事判决。

失责任。

不论在上述违约转租或在无权之他人之物的租赁,次承租人或承租人对于所有人皆不享有"民法"第434条的宽待。唯承租人如仅因轻过失而焚毁租赁物,则次承租人或承租人在对于所有人依侵权行为或其他规定赔偿后,得对于无权的转租人或出租人请求偿还其因赔偿所受之损失。在此情形,不仅无权转租或出租者不得申请法院,而且法院亦不得依职权,就次承租人或承租人之求偿,依与有过失的规定,减轻其赔偿金额,或免除之("民法"第217条)。①

由于该条所定之注意程度轻于"民法"第184条第1项前段所定者,因此,承租人之失火责任在侵权行为及积极侵害债权间构成请求权规范竞合时,必须调谐该两条文关于注意程度的规定。其调谐结果为:就租赁物之失火焚毁,承租人因"民法"第434条,亦只有在有重大过失时始依"民法"第184条第1项前段负侵权行为责任。"最高法院"实务上认为"民法"第434条关于注意程度的规定,无关于公序良俗,在个别契约得以特约,将之回复为轻过失。有疑问者为,其特约是否应以明示的方式直接针对失火责任约定之,始符该条特别针对失火责任减轻承租人之注意程度的意旨?② 应采肯定的见解。将承租人关于租赁物失火之主观的责任要件回复为轻过失,是否符合租赁之社会政策的要求亦值得考虑。盖在出租人就失火损失尚能利用火灾之产物保险加以分散时,将该损失集中至承租人并不是一个好的构想。

关于承租人就租赁物之失火是否有重大过失,出租人负举证责任。③ 此为自规范说所导出的结果。盖承租人之重大过失属于其赔偿责任之积极要件,而出租人如不能证明该要件事实存在,则承租人之赔偿责任将因其积极要件未经证明为成就而不成立。

---

① 参见"最高法院"1996年台上字第1756号民事判例。

② "最高法院"2000年台上字第1416号民事判决:"按'民法'第434条之排除同法第432条规定之适用,固仅在保护承租人之利益,以减轻其赔偿责任而设,唯该失火责任之特别规定,无关于公序良俗,倘当事人约定承租人就轻过失之失火仍应负责,以加重承租人之注意义务者,其特约亦难谓为无效。查上诉人提出之上开租赁契约第5条已载明:'毁损责任:乙方(承租人)应以善良管理人之注意使用房屋,除因天灾地变等不可抗拒之情形外,因乙方之过失致房屋毁损,应负损害赔偿之责'等语,似见双方约定除天灾地变外,承租人应以善良管理人之注意使用该房屋,而排除'民法'第434条规定之适用。"按该判决所示加重承租人责任之约款并非直接针对承租人之失火责任而为约定。参照"民法"第649条、第659条等为保护在契约地位处于弱势之一方,规定关于免责文句,非经证明相对人明示同意,不生效力的规定意旨,此种约款是否有排除"民法"第434条之适用的效力,不是没有疑问的。

③ 参见"最高法院"2002年台上字第2297号民事判决。

(四)通知义务

承租人依法有下列通知义务：(1)承租人出卖其建于承租基地上之房屋时，负以书面通知出租人(优先承买权人)的义务("民法"第426条之二第2项)。这可称为优先权的通知义务。其功能在于维护优先承买权的利益。(2)租赁关系存续中，租赁物如有修缮之必要，应由出租人负担者，或因防止危害有设备之必要，或第三人就租赁物主张权利者，承租人应即通知出租人。但为出租人所已知者，不在此限("民法"第437条第1项)。这可称为防卫的通知义务。其功能在于保持租赁物的固有利益。(3)终止之先期通知义务。这适用于未定期限，或虽定有期限但特约当事人之一方于期限届满前，得终止契约("民法"第453条)，或其承租人死亡的租赁契约("民法"第452条)。这时当事人或其继承人如要终止契约应依"民法"第450条第3项之规定，先期通知。一般的租赁契约只要依习惯先期通知即可。至于不动产租赁契约，其租金，以星期、半个月或一个月定其支付之期限者，出租人应以历定星期、半个月或一个月之末日为契约终止期，并应至少于一个星期、半个月或一个月前通知之("民法"第450条第3项)。这可称为终止的预告义务。其功能在于让相对人能够预为因应。(4)耕地改良事项及费用数额的通知义务。改良耕地，以增加耕作地生产力或耕作便利，并将改良事项及费用数额，以书面通知出租人者，其费用，于承租人返还耕作地时，得请求出租人返还。但以其未失效能部分之价额为限("民法"第461条之一第2项)。该项关于耕地改良事项及费用数额之通知义务的规定，对于出租人提供大于"民法"第431条关于一般租赁之有益费用的信息保障。不过，如就有益费用之支出的反对权论之，还是"民法"第431条的规定对于出租人比较有利。

前述优先权的通知义务系一种对己义务，其违反并不使承租人对于出租人负损害赔偿义务，而只是使违反通知义务之买卖契约的履行行为：所有权之移转登记，不得对抗优先承买权人("民法"第426条之二第3项)。防卫的通知义务系一种对他义务，所以，承租人如怠于通知，而致出租人不能及时救济，则应赔偿出租人因此所生之损害("民法"第437条第2项)。终止的预告义务之违反的效力为何？"民法"并无明文规定。可能的效力态样有二：(1)其终止不生终止的效力；(2)其终止推定以"民法"第450条第2项所定之最近得终止日期为其预告终止之期日。为使当事人一方已无意愿继续之契约尽早结束，宜采第二个见解。①

---

① 关于雇主未依"劳动基准法"第16条第1项规定之期间预告劳工而终止劳动契约者，该条第3项规定，其终止依然有效，唯雇主应给付劳工预告期间之工资。该条可供规划关于终止租赁之预告规定的参考。

改良费之支出的通知义务同样属于对己义务。其遵守的效力为保住其不当得利返还请求权。

(五)返还租赁物的义务

在租赁契约终止时,承租人应返还租赁物;租赁物有生产力者,并应保持其生产状态,返还出租人("民法"第 455 条)。耕作地之承租人,依清单所受领之附属物,并应于租赁关系终止时,返还于出租人;如不能返还者,应赔偿其依列表所定之价值。但因使用所生之通常折耗,应扣除之(参照"民法"第 463 条)。这是承租人在租赁契约终止时所负之最重要的义务。承租人在返还租赁物时,其上有工作物者,除非约定由出租人留用,否则,应予取回并回复原状。[①]

如果承租人能返还,并可归责于自己而不为返还,则构成给付迟延,应负迟延责任。此为与固有利益无关之债务不履行责任,属于单纯之契约责任,不同时构成侵权行为。是故,承租人纵使系因故意不返还租赁物而构成给付迟延,亦得以其对于出租人的债权主张抵销("民法"第 339 条)。[②] 该容许抵销的根本道理当在于:以迟延还迟延。其作用强于有对价关系之给付与对待给付间的同时履行抗辩。

(六)危险负担

所谓危险负担,首先指在给付因不可归责于双方之事由而不能时,其债务人是否应对于债权人负赔偿责任,或使给付复归于可能等不利益之归属的问题。此为给付危险。其次指在此情形,其债权人是否得免对待给付的义务?此为价金(租金或报酬)危险的问题。危险负担所涉情形既以不可归责于双方之事由致给付不能为要件,债务人之给付危险的负担自以法律有特别规定或当事人有特约债务人应负担保责任者为限。前者,例如种类之债的债务人应负给付危险;后者,例如就自始主观给付不能之克服,约定债务人负担保责任。否则,给付危险,亦即债权不能获得实现之不利益归属于债权人。[③] 这不仅适用于全部不能,而且也适用于一部分不能。所不同者仅是:就一部分不能,在哪种情形债权人得拒绝全部之给付,免为全部对待给付之义务("民法"第 266 条第 1 项)?当其他部分之履行,于债权人无利益时(类推适用"民法"第 226 条)! 该对待给付之免除

---

① 参见"最高法院"1954 年台上字第 421 号民事判决。
② 参见"最高法院"1957 年台上字第 1780 号判例。
③ Esser/Weyers, Schuldrecht Band Ⅱ, Besonderer Teil Teilband 1, 8., Aufl. 1998, § 16 Ⅱ 1 a.

系以双务契约之对价关系为基础,属于客观的事由。只要其事由存在,即应按其存在状态定其效力。只是由于有"民法"第225条第2项之规定,债权人必须选择究竟要依第266条主张免为一部分或全部之对待给付义务,或要依第225条第2项,以不免除对待给付为代价,向债务人请求让与其损害赔偿请求权,或交付其所受领之赔偿物。当其主张前者,事实上等于为一部分或全部契约之解除的意思表示。是故,当其主张免为一部分或全部之对待给付义务,系争契约之一部分或全部即因而溯及至缔约时解除。依"民法"第263条关于契约之终止准用解除权之规定的意旨,上述规定虽不在该条所定得予准用之条文("民法"第258条至第260条)中,亦当予类推适用。有疑问者为,在解除因本来即有溯及效力,所以没有对待给付之免除应自何时起生效的问题;反之,在终止,因原则上系自终止之意思表示时起,契约始失其效力,结果发生因一部分给付不能而终止部分契约者,其部分之对待给付的免除应自何时开始的问题。例如"民法"第435条规定:"租赁关系存续中,因不可归责于承租人之事由,致租赁物之一部灭失者,承租人得按灭失之部分,请求减少租金(第1项)。前项情形,承租人就其存余部分不能达租赁之目的者,得终止契约(第2项)。"该条所定者为:租赁物一部因不可归责于双方之事由而灭失时的效力。[1] 其效力内容基本上虽与"民法"第266条第1项所定者相当,但所用措辞仍有些许不同。在第266条第1项规定:债权人"免为对待给付之义务;如仅一部不能者,应按其比例,减少对待给付"。而第435条第1项所定者为"承租人得按灭失之部分,请求减少租金"。亦即前者,自动免除;后者,待于请求。亦即待于部分终止之意思表示。于是,引起承租人依该条规定请求减少之租金应自何时起减少的问题:(1)终止事由发生时或请求减少租金时,或(2)终止之意思表示到达时,其以诉讼的方法请求者,为起诉状送达时。鉴于在这里,其终止事由系因租赁物一部分灭失所致之一部分给付不能,而租金系用益租赁物的对价。因此,其请求,亦即终止应溯及自租赁物一部分灭失时生效,方始与对价关系之实质的利益状态相符。不过,"最高法院"实务上认为:因不可归责于承租人之事由,致租赁物之一部分灭失者,承租人仅得按灭失之部分请求减少租金,租赁关系并不当然消灭,[2]所以,在承租人未为减租之请求前,出租人仍有全部租金请求权,如承租人已按原定租额全部履行,不得依不当得利之规定请求返还。[3]

---

[1] 租赁关系存续中,因可归责于出租人之事由,致租赁物之一部分灭失者,出租人就因此所致一部分给付不能,应负债务不履行的责任("民法"第226条)。

[2] 参见"最高法院"2000年台上字第752号民事判决。

[3] 参见"最高法院"1996年台上字第808号民事判决。

然何谓租赁物之灭失？所谓租赁物灭失指其本体，而非指其孳息之灭失。[①]出租人就租赁物虽负有修缮义务，但没有重建灭失之租赁物的义务。其纵有重建，重建前后之物已属不同之目标物，承租人对之不仅不得据原来之租赁关系主张其用益权，也不得主张出租人有义务，与其就重建之租赁物成立新的租赁关系。[②]"民法"第 436 条规定："前条规定，于承租人因第三人就租赁物主张权利，致不能为约定之使用、收益者，准用之。"此为权利瑕疵准用租赁物之灭失的规定。[③] 承租人如能证明其因此另受有损害，该条规定应不排除出租人就权利瑕疵应负之债务不履行的责任（类推适用"民法"第 353 条）。

与危险负担引起之问题类似者有下列情形：(1)基于物之劳务与人的劳务同样有错过之后即再不能在同一时空补行提供的特性，所以"民法"第 441 条规定："承租人因自己之事由，致不能为租赁物全部或一部之使用、收益者，不得免其支付租金之义务。"这原则上应归属于受领迟延。学说上有称之为用益危险（das-Verwendungsrisiko）。其特征为基于债权人之个人的障碍事由，例如因承租人生病，而不能为约定之用益。除非另有特别约定，否则，该用益危险通常由债权人负担。如将此种情事所造成之履行障碍定性为给付不能，这将论为可归责于债权人之给付不能。[④](2)"耕作地之承租人，因不可抗力，致其收益减少或全无者，得请求减少或免除租金（第 1 项）。前项租金减免请求权，不得预先抛弃（第 2 项）"（"民法"第 457 条）。这属于虽能受领，但因外部不可抗力之因素的影响，而不能享受其利益的情形。此为营运风险的问题。(3)因情事变更而引起调整对价关系或终止契约的需要。在租赁关系之重要的情事变更为：在租赁物为不

---

① 参见"最高法院"1984 年台上字第 825 号民事判决。

② 司法院 1945 年院解字第 2979 号解释："租赁物全部被火焚毁者，租赁关系即从此消灭，原承租人对于原出租人嗣后重建之房屋无租赁权。（参照院字第 1950 号第五项解释。）""最高法院"1990 年台上字第 1723 号民事判决亦采相同见解。请参考 Esser/Weyers，Schuldrecht Band Ⅱ，Besonderer Teil Teilband 1，8.，Aufl. 1998，§ 16 Ⅱ 1 b.

③ 租赁之目的在于使承租人得就租赁物为约定之用益，而非在于使其取得对于租赁物之所有权，因此，在租赁构成权利瑕疵的情形与在买卖构成者不尽然相同。在租赁所关切之权利上的瑕疵或负担，指那种事实上已妨碍，或已显示足以妨碍承租人之用益者。这原则上必须第三人已依其就租赁物享有之权利对于承租人主张其权利，致不能为约定之使用、收益，始足当之（"民法"第 436 条）。而不像在买卖，只要买卖之权利上有足以减损其价值之他项权利的负担，即构成权利瑕疵。请参考 Esser/Weyers，Schuldrecht Band Ⅱ，Besonderer Teil Teilband 1，8.，Aufl. 1998，§ 15 Ⅰ 2 c.

④ 请参考 Esser/Weyers，Schuldrecht Band Ⅱ，Besonderer Teil Teilband 1，8.，Aufl. 1998，§ 16 Ⅱ 2.

动产时,其价值因景气、环境因素、地目变更①或其他因素而有升降,致当事人原先所约定之对价关系受到干扰。就此种情形,"民法"第442条规定,当事人得申请法院增减其租金。但其租赁定有期限者,不在此限。缔约时其有押租金之约定者,调整其租金时,并得请求按同比例调整押租金。有疑问者为,因地目变更而引起之调整究竟应自何时起算? 按情事变更是实质的因素,而地目变更则涉及行政处分之形式上的介入。当其间有时间上的落差,并以地目变更之时点为准时,其实质的公平自然有受到忽视的情事。合理的处理应当还是回到情事变更之规范的原则:自情事变更事件发生时起调整其对价关系。

六、出租人的义务

出租人的义务主要为交付及保持租赁物的义务,及由之衍生之修缮义务与附随于其给付义务所应尽之保护义务。但于租赁物一部分或全部灭失时,出租人并无重置或回复的义务。出租人如为重置或回复,该重置或回复部分亦不构成原来租赁契约的租赁目标物。就因灭失而不能的部分,应依给付不能的规定处理。就该给付不能,"民法"第435条第1项特别为租赁,调整的重申债法总则关于不可归责于双方当事人之给付不能的效力内容("民法"第225条第1项、第266条第1项)。至于第435条第2项所规定者,债法总则对于不可归责于双方当事人之给付不能,并无明文规定,需要类推适用"民法"第226条第2项的规定,始能获致相同的法律效力。

(一)交付及保持义务

为使承租人能依契约本旨就租赁物为使用、收益,原则上必须使承租人能在租赁期间占有租赁物。所以,"民法"第423条规定出租人应以合于所约定使用、收益之租赁物,交付承租人,并应于租赁关系存续中,保持其合于约定使用、收益之状态。此即出租人就租赁物之交付及保持义务。出租人违反交付或保持义务

---

① 参见"最高法院"1962年台上字第1943号民事判决。

者,不但应负债务不履行的责任,①而且承租人还得行使同时履行抗辩权,拒绝给付租金。②

租赁物于出租人交付承租人前,为他人无权占有,而出租人怠于行使权利,不向无权占有人等请求回复原状交还租赁物者,依"民法"第242条及第423条,承租人得代位出租人请求无权占有人恢复原状,将所占用部分迁让交还。③反之,在出租人交付承租人后,为他人无权占有者,承租人无请求出租人再度交付租赁物之权利,仅得请求侵夺占有人返还占有物。④

由其中之保持义务并衍生出修缮义务。这与买卖关系中之瑕疵担保问题类似,但目标不同。物之瑕疵担保的规范目标,在一般瑕疵担保的情形是解除契约或将其对价关系调整至与有瑕疵的状态相对应。而保存义务的目标则在于使租赁物在客观上适合于约定之目的。是故,租赁物在客观上纵使已合于约定使用、收益之状态,承租人还是可能不能达到预期之使用收益的效果。但出租人对于承租人能否达到使用收益之效果,并无负责的义务。⑤

关于租赁物之占有,有时并不像典型的租赁在交付后,于租赁期间便事实上一直由承租人管领。例如广告墙面或厢面的租赁。在此种租赁承租人往往只在租赁开始时占有墙面或厢面,并在其上施作广告作品。施作完毕后,除非在租赁期间另有修补或重作画面的需要,一般情形,除使广告画面继续存在外,广告墙面或厢面的承租人并不再对于该面版有任何积极之作为。即便如此,还是应解释为承租人在租赁期间占有该面版。以便如有第三人毁损广告画面,承租人得

---

① "最高法院"1988年台上字第2369号民事判决:"出租人以合于所约定使用收益之租赁物交付承租人后,不仅须消极的不妨碍承租人使用收益,且须积极的在租赁关系存续中,保持其合于约定使用收益之状态,此观'民法'第423条之规定自明。故租赁物在租赁关系存续中,受有妨害,致无法为圆满之使用收益者,不问其妨害系因可归责于出租人之事由或由于第三人之行为而生,出租人均负有除去之义务,以保持租赁物合于约定使用收益之状态。倘出租人怠履行此项义务,致承租人受有损害,自应负债务不履行之损害赔偿责任。""最高法院"1997年台上字第3405号民事判决同此见解。这里所称,由于第三人之行为而生之使用上的妨害,非指第三人之无权占有,而是指第三人加损害于租赁物而未致使其灭失之情形而言。

② 参见"最高法院"2004年台上字第770号民事判决。

③ 参见"最高法院"1967年台上字第1138号民事判决。

④ 参见"最高法院"1969年台上字第2506号民事判决。

⑤ "最高法院"1995年台上字第333号民事判决:"租赁物之出租人,依'民法'第423条规定,固负有'以合于所约定使用、收益之租赁物,交付承租人,并应于租赁关系存续中保持其合于约定使用、收益之状态'之义务,但此所谓合于所约定使用、收益之租赁物,乃指该租赁物在客观上合于约定使用、收益之状态为已足,至于承租人能否达到使用收益之效果,则应非所问。"在租赁契约之缔结,承租人想达到之使用收益的效果属于承租人之缔约动机,除非经双方约定为契约内容的一部分,无拘束力。

根据其占有的事实,对于加害人行使占有人之物上请求权,而不需要迂回的代位或求助于出租人:其占有被侵夺者,得请求返还其占有物;占有被妨害者,得请求除去其妨害;占有有被妨害之虞者,得请求防止其妨害("民法"第962条)。然因其广告画面附着于出租人所有或有上层用益权的面版上,在广告画面事实上无取回之可能时,应认为于租赁期间届满时,承租人即自动丧失其对于广告版面的占有,出租人得径为除去之。至其除去费用应由谁负担?视具体约定之情形定之。如无特约,这当以解释为将该费用内化于租金中,由出租人负担最有效率。出租人如不为除去,不得对于承租人主张其应继续支付租金,或返还不当得利。这于双方纵使约定承租人负除去广告画面之义务的情形,亦当如此。在这种情形,出租人得对于承租人请求者,应限于代为除去的费用。另因租赁而占有租赁物,也有断断续续,且不在固定时段的情形,例如对于度假村之所谓的分时度假权。

　　保持义务与交付义务一样的是承租人依租赁契约对于出租人得以诉的方法请求履行的主要给付义务。这不是单纯之附随义务或瑕疵担保。因此,出租人应负担租赁物之维护费用。不过,不但"民法"第428条有"租赁物为动物者,其饲养费由承租人负担"的规定,而且在个别契约出租人常会利用契约一般条款课承租人以一般维修的义务。

　　保持义务的作用与瑕疵担保类似,不同者为保持义务担保之瑕疵不但含缔约后,而且含交付后才发生的。由于出租人就瑕疵负有利用修缮,加以排除的义务,所以,由保持义务并衍生出后述之修缮义务。若因租赁物有瑕疵而不能达契约目的,承租人即得终止租约。瑕疵系因可归责于出租人之事由而发生者,出租人并负债务不履行责任。[①]

　　为使承租人能依约定的方法就租赁物为使用、收益,出租人除应尽其交付及保持义务外,并负有附随的给付义务及附随保护义务。其中保持义务既是给付义务也是保护义务。[②] 附随保护义务的功能单纯的在于确保承租人不因租赁之给付或接触而损害到其固有利益,所以,其与主要给付义务间较少区别上的困难。反之,一个具有给付内容之义务究竟是主要的或附随的给付义务在个别案

---

　　① 参见"最高法院"2002年台上字第1733号民事判决。

　　② Larenz, Lehrbuch des Schuldrechts, Band Ⅱ·Halbband 1, Besonderer Teil, 13., Aufl., 1986, S.221: "保持义务是给付义务。只要租赁物之维持系为防止其状态对于生命、健康及其他物品之危险所必要,则他也是对于承租人及被包括到租赁契约之保护效力内之人的保护义务。其违反使出租人对于这些人负损害赔偿义务。"这是契约对第三人之保护效力的问题。

件中其区别就不是那么清楚。其区别实益,涉及是否干扰到对价关系的判断问题。[①]

(二)修缮义务

出租人方之给付的失调,正像其他涉及物之给付的情形一样,可区分为一般之债务不履行及有瑕疵之物的给付。这时在规范规划上必须考虑,是否将物之瑕疵责任自其他债务不履行的情形分离出来另外处理。当法律规定其债务人就物之瑕疵负有修补的义务,其规定因以当事人原来约定之给付与对待给付所构成之对价关系的维护为其规范目标,事实上已经将之当成一种债务不履行的责任样态加以规范。唯虽说债务应予履行,但正像经济不能的制度所示,为修复租赁物所需之费用如果与租赁目的或租金不成比例,还是应论为经济的给付不能,债务人因此免给付之义务。至于是否因此应负损害赔偿责任尚视其修缮之必要是否因可归责于出租人之事由引起而定。租赁物如以种类指定,则于交付之物有瑕疵时,出租人同样负有更换的义务。不过,给付之物若本无瑕疵,事后始因使用而有修缮之必要,承租人原则上还是不得请求更换,而只得请求修缮。盖即便在种类之债,当债务人将其目标物集中成为特定物之后,只要经集中后交付之物无瑕疵,债务人就不再负给付危险,另行更换无瑕疵之物。由此可见,虽然修缮属于出租人所负之给付义务的一部分,但与交付义务还是有所区别的。交付义务之履行原则上是一次的,亦即履行后便消灭;而修缮义务之履行则是视租赁物之质量状态,而于租赁期间随时活跃存在的,不因出租人是否曾为修缮而消灭。[②]

租赁关系存续中,租赁物如有修缮之必要,应由出租人负担者,承租人得定相当期限,催告出租人修缮,如出租人于其期限内不为修缮者,承租人得终止契约或自行修缮而请求出租人偿还其费用或于租金中扣除之("民法"第430条)。[③]该修缮之必要应按约定目的就租赁物客观认定之,并不以其存在或发生

---

① 请参考 Esser/Weyers,Schuldrecht Band Ⅱ,Besonderer Teil Teilband 1,8.,Aufl. 1998,S.134.

② 参见"最高法院"2002年台上字第1733号民事判决。

③ 承租人自行修缮所属之法律类型为:法定委任或适法无因管理。从适法无因管理终局的本当适用委任之规定观之,归类于法定委任或适法无因管理在结果上并无区别。然定性为适法无因管理,在法律行为法上仍比较忠实于双方就修缮并无一致之意思表示的事实。不过,就适法无因管理,"民法"并未直接规定准用委任之规定,而在第176条自为规定。相对于第546条及其他委任的规定,清楚显示:这是反而不容易周全的规范安排。请参考 Esser/Weyers,Schuldrecht Band Ⅱ,Besonderer Teil Teilband 1,8.,Aufl. 1998,§ 15 Ⅰ 6 a.

可归责于出租人为要件。

为使承租人能就租赁物依约定的方法用益,出租人除负有义务,将租赁物交付承租人外,如前述并有义务,在租赁期间经由修缮保持租赁物,使之处于适合租赁用益的状态。唯租赁物受损的程度如达到部分或全部灭失的程度,出租人并无于租赁物灭失时再予重置的义务。这时其灭失如可归责于当事人之一方者,属于债务不履行(给付不能);其不可归责于当事人之一方者,属于危险负担,而非修缮的问题。① 因为出租人就租赁物所负之保持义务与承租人就租金所负之给付义务间具有对价关系,所以出租人未于租赁关系存续中保持其合于约定使用、收益之状态者,"最高法院"认为承租人除得行使同时履行抗辩权,拒绝租金之给付外,其如因此受有损害,并得以出租人债务不履行为理由,请求损害赔偿。② 唯因关于债务不履行之损害赔偿,并无针对租赁之明文规定,所以必须以债编总则中之一般规定为其依据。③

要之,当出租人交付之租赁物如自始有瑕疵,或事后有修缮之必要始能符合约定目的之使用、收益,则首先承租人得请求修缮,在其不为修缮时,承租人得终

---

① 最高法院1943年上字第2769号民事判决:"租赁之房屋,因天灾或其他事变致全部灭失者,如当事人间未经订有出租人应重盖房屋租与承租人使用之特约,其租赁关系当然从此消灭,至房屋承租人对于房屋之基地,虽得因使用房屋而使用之,若租赁关系已因房屋灭失而消灭,即无独立使用之权。"这纵使在租赁物之灭失系可归责于出租人,亦然。可归责之意义,仅是使出租人应为之负损害赔偿义务而已。相同见解,请参考 Larenz, Lehrbuch des Schuldrechts, Band Ⅱ·Halbband 1, Besonderer Teil, 13., Aufl., 1986, S.221.

② "最高法院"1997年台上字第1675号民事判决:"出租人除应以合于所约定使用、收益之租赁物交付承租人外,并应于租赁关系存续中保持其合于约定使用、收益之状态,此观'民法'第423条规定自明。此项出租人之租赁物保持义务与承租人之给付租金义务,具有对价关系。是如出租人未于租赁关系存续中保持其合于约定使用、收益之状态,承租人非不得行使同时履行抗辩权而拒绝租金之给付。又承租人如因此受有损害,亦非不得以出租人债务不履行而请求损害赔偿。复按同法第430条所定承租人自行修缮租赁物、终止契约、偿还费用或于租金扣除等,系承租人之权利,而非其义务。是承租人于出租人不履行其保持义务或修缮义务时,自得不行使同法第430条所定租赁物自行修缮、租金扣除等权利,而行使其同时履行抗辩权及债务不履行之损害赔偿请求权。"唯就同时履行抗辩,"最高法院"在1980年台上字第1423号民事判决采不同见解:"被上诉人纵曾允予修缮而不履行,上诉人亦仅得依'民法'第430条之规定,自行修缮而请求被上诉人偿还其费用或于租金中扣除而已,不得据为拒绝付租之理由。"

③ 关于承租人之赔偿责任,"民法"就承租人之保管义务(第432条)、承租人允许为租赁物用益之第三人行为(第433条)、租赁物因承租人之重大过失失火而毁损、灭失(第434条)、承租人之通知义务(第437条)、转租(第444条)等皆有明文规定。反之,关于出租人之租赁义务的违反并无任何明文之赔偿义务的规定。

止契约或自行修缮,而请求出租人偿还其费用或于租金中扣除之("民法"第430条)。这些规定之目的在于保护其对价利益。唯关于租赁,"民法"并无承租人得不请求修缮,而请求减少租金,或受有损害时得请求损害赔偿的规定。其结果,必要时自当适用关于债务不履行之一般规定。[关于租赁物之瑕疵,《德国民法典》之规定为:(1)按瑕疵妨碍承租人之用益的程度,免除或减少承租人给付租金的义务。因权利之瑕疵而致的妨碍,亦同(§536BGB)。(2)就自始存在之瑕疵或因可归责于出租人而嗣后发生之瑕疵,以及出租人迟延修缮之瑕疵,承租人除得减免租金外,并得请求赔偿因此所受之损害。出租人迟延修缮或实时修缮为维持租赁物所必要者,承租人得自行修缮并请求补偿所生费用(§536aBGB)。(3)承租人在缔约时明知租赁物有瑕疵而在受领时未保留其权利,或出租人无故意不告知而承租人因重大过失而不知租赁物有瑕疵者,承租人无前两条规定之权利(§536bBGB)。(4)就在租赁中始发生之瑕疵,或有采取防护措施之必要以对抗突发之危险,或有第三人就租赁物主张权利,承租人应即通知出租人。怠于通知者,承租人不但不享有§§536,536aBGB所定之权利或依§543 Abs.3 Satz 1BGB终止契约,而且就因此所生之损害应对于出租人负赔偿责任(§536cBGB)。(5)出租人故意不告知瑕疵者,不得以特约排除或限制承租人因为租赁物之瑕疵而享有的权利(§536dBGB)。与上述规定相比较,"民法"关于租赁物之瑕疵的规定显然过于简略。其中关于因瑕疵而得请求减免租金或损害赔偿的规定特别值得参考。盖这不是请求修缮即可圆满补偿承租人之履行上的失调。关于租金之减免,《德国民法典》第536条第1项规定,具有与买卖不同之特色:"租赁物在交付于承租人时,有使其失去供为约定使用之合适性的瑕疵,或在租赁期间发生此种瑕疵者,承租人在失去该合适性的期间免该租金之支付;在其合适性减损之期间仅就减少后之租金应予支付。轻微之合适性的减损不予考虑。"由该规定可见:"与《德国民法典》第462条、第464条在买卖之对应规定不同,租金之减免不若并不系于承租人以法律行为行使之,而是瑕疵之直接的法律效果"(Esser/Weyers,Schuldrecht Band Ⅱ,Besonderer Teil Teilband 1,8.,Aufl. 1998,§15Ⅰ4)。亦即不待于承租人请求减免租金,于租赁物经证明有瑕疵时,即自瑕疵存在或发生之时点起,自动依法调整租金至其合理的水平,以维持约定之对价水平。此外,关于瑕疵引起之损害或费用的赔偿请求权,《德国民法典》第536a条的规定亦深具特色。该条就自始瑕疵引起的损害课出租人以担保责任,就嗣后瑕疵或迟延修缮引起的损害课出租人以过失责任。上述关于自始瑕疵的责任规定,对于出租人显然是比较严格的。是否合理?这是依就近原则对于出租人所课之危险责任。按此种危险只要存在,并引起损害,该损害不会平白消失,总必须有人负担。因此,在规范规划上必须考虑究竟由谁负担,比较容易防止损害之发生或避免因损害之负担而过度妨碍其自由发展的机会。在租赁关系，出租人显然比承租人接近于防止自始瑕疵发生，或提醒承租人注意避免因该瑕疵而受到损害的位置。或谓既然无过失，如何能够经由注意，防止或减轻损害？这是忽略所谓过失只是依法定注意程度之标准，对于具体注意情形所做的评价。其实行为人还有可能经由注意程度之提高来防止无过失之损害的发生。此即注意程度之标准在规范上之可规划性。此外，在无过失之危险源引起损害的情形，该危险源所属之人往往也就是就近比较方便投保责任保险，以分散该危险责任之人。何况这时候其应适用之保险费率，还会因与其出险理赔的纪录相连接，而促进其提高注意避免损害的发生。请参考 Esser/Weyers, Schuldrecht Band Ⅱ, Besonderer Teil Teilband 1, 8., Aufl. 1998, § 15 Ⅰ 6 b. 关于危险责任详请参考黄茂荣：《债法总论》（第二册），台湾植根法学丛书编辑室 2002 年版，第 20 页以下。承租人因瑕疵而受损害者，得对于出租人请求赔偿之损害为：另行缔结无瑕疵之租赁所发生之费用、所受积极损害、所失利益以及因瑕疵而延伸之固有利益上的损害。这些损害仍以与瑕疵有相当因果关系者为限，始得请求赔偿。请参考 Esser/Weyers, aaO. § 15 Ⅰ 6 c; Soergel-Kummer, Kommentar zum BGB, 11., Aufl. 1980, § 538 Rz.16.]关于承租人在修缮期间不能为租赁物之使用收益所构成的问题，"最高法院"判例将之论为一时给付不能，在不能期间适用不可归责于双方当事人之给付不能的规定。然因其仅是一时给付不能，所以租赁关系并不当然消灭，必承租人定相当期限催告负担修缮义务之出租人修缮，而出租人于其期限内不为修缮者，承租人始得依"民法"第 430 条经由终止契约之意思表示，使该租赁关系归于消灭。这时该终止权之发生所依据的道理应是给付迟延而非给付不能。其实关于有修缮可能性之瑕疵，一开始即可适用给付迟延之规定规范之，而不需要借助于一时给付不能。盖因出租人在租赁存续中继续的负有保持义务，所以只要租赁物发生需要修缮之瑕疵，即可认为出租人就其保持义务之履行陷于给付迟延。在继续性契约纵使未限期催告，承租人亦得以给付迟延为理由，请求按比例减少租金。[①] 这样的说明除了可以避

---

① "最高法院"1985 年台上字第 1447 号民事判决："'民法'第 430 条仅规定，出租人不履行租赁物修缮义务，经承租人限期催告而仍不履行时，承租人得终止租约或自行修缮，而请求偿还其费用，或于租金中扣除之，并未规定承租人不限期催告，出租人即可免除同法第 423 条所定保持租赁物合于约定状态之义务。故出租人不履行修缮义务，致承租人不能为租赁物之使用收益时，纵使未限期催告，承租人仍得按比例请求减少租金，即租赁关系消灭后按原租金计算之损害金，纵使未限期催告，承租人仍得按比例请求减少租金，即租赁关系消灭后按原租金计算之损害金，亦应减少。"唯承租人仍不得超过该比例，据为根本拒绝付租之理由（"最高法院"1980 年台上字第 1423 号民事判决）。

免就同一事件先适用给付不能,后适用给付迟延之规定的矛盾外,[①]还可比较合理地处理迟延损害之赔偿问题。

承租人基于出租人之修缮义务而享有的权利,双方是否得以特约加以改变,值得注意。在租赁契约有时可能约定,出租人就租赁物不但不负修缮义务,以将之维持于适合租赁用益的状态,而且还课承租人以修缮义务,并就其违反负赔偿责任。此种约定是否容许,特别是否容许订于定型化契约中值得探讨。[②]

租赁物在实务上有些情形所以不合适于约定之用途,并不是物之本身在质量上有何瑕疵,而是由于公法上对于租赁物有使用之限制,或缔约后周遭环境发生超乎预期的变化导致不适于原来约定之使用,例如道路开挖阻碍来往客人进入,或邻近大兴土木使本来安静的小区变成嘈杂不堪。这些外部因素在法律上,究竟应定位为物之瑕疵或契约基础的不存在或变更,容有讨论与规范规划的余地。这些因素对于租赁物之用益既有影响,不宜置之不理,而其排除通常却不是出租人所能达成,所以,不大适当定性为物之瑕疵。又就其存在或发生,讨论究竟是否为当事人在缔约时所明知或当知,其实也无多大实益,徒增租赁之交易风险,提高其预防之交易成本。是故,适宜将之定性为契约基础的不存在或变更的问题。依情事变更的规范原则调整其对价关系或终结其契约关系。[③]

(三)有益费用之返还义务

承租人超过保管义务所要求的程度对于租赁物有所支出的态样有二:(1)承租人依"民法"第430条,代出租人修缮租赁物者,承租人得请求出租人偿还其费用或于租金中扣除之。该效力相当于"民法"第546条所定关于委任,或"民法"第176条所定关于适法无因管理之费用返还请求权。(2)不属于该代修缮之情形,而其支出增益租赁物之价值者,构成对于租赁物为有益费用之支出。对此,"民法"第431条规定:"如出租人知其情事而不为反对之表示,于租赁关系终止时,应偿还其费用。但以其现存之增价额为限(第1项)。承租人就租赁物所增设之工作物,得取回之,但应回复租赁物之原状(第2项)。"该效力相当于"民法"

---

① 所谓"先适用给付不能,后适用给付迟延"之规定的矛盾,指在事理上有可能先给付迟延,而后在迟延中发生给付不能;但不可能先给付不能,而后事态又从给付不能转为给付迟延。盖给付迟延以给付可能为前提。

② 请参考 Esser/Weyers, Schuldrecht Band Ⅱ, Besonderer Teil Teilband 1, 8., Aufl. 1998, § 15 III.

③ 请参考 Esser/Weyers, Schuldrecht Band Ⅱ, Besonderer Teil Teilband 1, 8., Aufl. 1998, § 15 I 2 b.

第177条第1项所定不适法无因管理之费用返还义务[①]。所不同者为,依"民法"第177条第1项本人有权选择是否以支付管理费用为代价,享受管理利益,而依"民法"第431条第2项则是承租人有权选择是否以放弃有益费用返还请求权为代价,取回增设之工作物。其可能之理由为:出租人于承租人就租赁物支出有益费用时,既知其情事而不为反对之表示,则其事后就因此所构成之不适法无因管理如表示不愿享有因管理所得之利益,该表示即有后行为与前行为互相矛盾的情事,违反诚信原则。至于容许承租人在请求返还现存增价额与取回增设之工作物间为选择的道理应是,容其取回的结果亦不过是回复承租人就租赁物支出有益费用前之原状,于承租人之利益并无减损。以上是分别从出租人及承租人之个人利益及其权衡立论。然鉴于"民法"第431条第1项所定之有益费用支出的结果,应构成添附。而按添附的定义,如要将已添附之成分取回,必有利益之减损。[②] 是故,从整体的经济利益立论,如果出租人表示愿意享受添附之利益而偿还其费用时,承租人不当拒绝("民法"第839条参照);出租人请求承租人于建筑物可得使用之期限内,延长租赁期间。而承租权人拒绝延长者,类推适用"民法"第840条关于地上权之规定。承租人应不得请求"民法"第431条第1项之有益费用的补偿。何况容许承租人自由决定取回已与租赁物附合之物,亦与添附之法定效力相违:动产因附合而为不动产之重要成分者,不动产所有人,取得动产所有权("民法"第811条)。

该条并非强制规定,唯主张有特约者应负举证责任。双方在承租人就房屋支出有益费用时,虽约定在一定期间内,出租人不得终止契约,增加租金,但该约定是否已是排除"民法"第431条规定之适用的特约,"最高法院"判例采否定的见解。[③] 在出租人不得拒绝享有因承租人就租赁物支出有益费用,而增加该物

---

① 《德国民法典》第539条第1项明定该有益费用之返还的请求,以无因管理之规定为依据。由于该项规定并未对其具体效力的内容加以规定,所以在个案,承租人得请求返还之费用的范围为何,尚待按具体情形认定其究为适法或不适法无因管理后,始能论断。

② 按二物添附,在其不属于单纯混合的情形,"最高法院"2001年台上字第947号民事判决要旨称:"按动产与他人之不动产相结合,已成为不动产之重要成分,即非经毁损或变更其物之性质,不能分离,且以非暂时性为必要,依'民法'第811条规定,即因附合而由不动产所有人取得动产所有权。""所谓成为不动产之重要成分,系指此种结合具有固定性、继续性,而未成为另一独立之定着物而言"("最高法院"1997年台上字第723号民事判决)。

③ 最高法院1933年上字第499号判例:"因房屋之承租人就房屋支出有益费用,约定在一定期间内,出租人不得终止契约,增加租金者,如无特别意思表示,不得谓承租人之费用偿还请求权即因此约定而当然消灭。"有疑问者为,判例中所示之约定如非排除"民法"第431条规定之适用的特约,那么其可能之约因为何? 若欲得到相同之结果,比较合理的说明当是认为,排除第431条之适用的特约应以明示之意思表示的方式为之。

之价值的前提下，该条规定构成不当得利之特别规定。其特别要件与作用为：
(1)出租人知其情事而不为反对之表示。[①] 该要件之作用在于防止出租人负担
意外之费用的返还义务。有疑问者为，出租人应在何时为反对之表示？随时皆
得为反对之表示。只是其未于知悉后即为反对之表示者，应以反对之表示到达
时为分界点，就反对表示时回溯至知悉时之间所发生之有益费用，出租人始依
"民法"第431条之规定负偿还义务。这是比较没有疑问的部分。容易引起争议
者为，由于出租人不是一知悉即为反对之表示，所以就反对通知到达后才发生之
有益费用，出租人如拒绝偿还，承租人得否以当时已有欲罢不能的情事为理由，
主张其拒绝违反诚信原则？应采否定的见解，盖承租人事先就有益费用之支出
既未与出租人先行磋商，该风险还是由承租人自负，比较合理。(2)以租赁契约
终止时[②]作为认定在双方有无财产利益之移动及其现存增价额之认定的标准时
点，并以终止时为其清偿期。鉴于在不当得利事件中，受领利益者所得之利益来
自财产利益之移动，而财产利益在移动中原则上会有耗损，是故，其所受利益原
则上会小于返还请求权人所受之损害。换言之，承租人支出之有益费用恒大于
或等于租赁物之增价额。

　　在租赁物之增价额的计算上应考虑取得成本及折旧或重置成本的因素。按
基于物通常随时间之经过而耗损的特点，因对于租赁物支出有益费用而增益其
价额者，其增加之价额必随时间之经过而减少，所以，当其增价额以取得成本为
基础计算时，应予折旧调整之。另有益费用所添附的部分，事后如因建材或人工
价格之下降而使其重置成本低于取得成本时，其增价额应改按重置成本为基础
计算，后再予折旧调整之。在有益费用支出后，如果发生租赁物之价额涨升的情
事，其所以涨升通常系因为租赁物之重置成本上升。因为重置成本之下降或上
升的利益皆应归属于出租人，[③]是故，这应论为租赁物之价格，而非有益费用所

---

　　① 为第431条之适用，承租人就出租人知承租人对于租赁物支出有益费用之情事负举
证责任；反之，出租人就其知该情事后即为反对之表示，应负举证责任。

　　② 以租赁契约终止时之现存增价额为返还范围的理由为：在契约终止前，该有益费用
之支出可能带来之用益上的便利尚归承租人享受，所以不宜因为该有益费用之支出对于租
赁物有添附的作用，便认为在该有益费用之支出时已有财产利益之移动，并以出租人知其情
事时为决定返还范围之标准时点。

　　③ 重置成本之下降或上升的利益皆应归属于出租人的道理为，在有益费用支出后重置
成本下降者，因假定出租人事后得以下降后之较低的成本重置，所以，其下降之不利益风险应
由承租人负担；反之，在有益费用支出后重置成本上升者，因承租人支出之费用数额不受其事
后之上升的影响，而所谓之增价额，在物的情形应考虑其折旧因素。

致之增价额的上升①。且即便在这种情形，还是应按其正常之折旧率计算其增价额之现值。所以，在具体案件不当有现存之增价额高于就租赁物支出之有益费用的情形。然无论如何，万一有此争议，承租人所得请求者当亦以承租人支出之费用额为其最高限额。"民法"第 431 条所定之有益费用的返还请求权应适用"民法"第 456 条第 1 项所定之两年消灭时效期间。②

　　"承租人所有'民法'第 431 条第 1 项之费用偿还请求权，与其在租赁关系终止后所负返还租赁物之义务，非有互为对价之关系，不得借口其支出之有益费用未受清偿，即拒绝租赁物之返还"（最高法院 1944 年上字第 2326 号民事判决）。亦即无同法第 264 条第 1 项同时履行抗辩之适用（"最高法院"1950 年台上字第

---

　　① 这类问题一直存在于房价上。在所谓房价涨升时，究竟是土地涨价，还是房屋涨价？除非是由于构成兴建费用之建材或人工事后涨价，提高重置费用，而引起中古屋涨价，否则，房价应只会因折旧而跌价，不会涨价。通常所认识之房屋涨价，可能仅是土地涨价。当把这个道理适用到对于租赁物支出的有益费用时，其意义为：有益费用支出之项目后来如果涨价，其涨价利益应属于承租人或出租人？或谓应解释为属于出租人。盖与该增价额对应之有体物已在其发生时添附于租赁物，从而其涨价利益自当归属于出租人。然反向思考，如果有超出折旧之跌价，其不利益之归属又当如何？由此可见，以之为理由还是不够透彻。比较合理的说明应当是："民法"第 431 条所定之偿还请求权的本质既是不当得利之返还，则其认定自当回归关于不当得利之返还范围的基本原则，以返还权利人所受损害及返还义务人所受利益二者低者为准。在"民法"第 431 条所定情形，偿还权利人所受损害及偿还义务人所受利益究竟多少，应分别从其取得成本及重置成本考虑。取得成本为偿还请求权人因不当得利事件所受之损害，重置成本为偿还义务人因不当得利事件所受之利益。因此，出租人应偿还之价额自当以该有益费用完成之工作的取得成本与重置成本中之低者为准。唯应返还之范围限于现存利益（"民法"第 182 条、第 431 条），且完成之工作会折旧者，该取得成本应按其已经过之年数办理折旧计算其现存之增价额。至于重置成本因本来便当以其计算上之标准时点的物价为准，所以无折旧的问题。尚有疑问者为，有益费用之支出所增益部分的市值，如因景气因素而有超出其重置成本或（折旧后之）取得成本的跌价，以致租赁物因该有益费用之支出产生的市值低于重置成本或折旧后之取得成本时，其不利益应归属于出租人或承租人？应归属于承租人。其理由为：在物之市值低于成本时，其不当得利应以市值，而不以成本为准。盖物之市值才是出租人能够从市场取得之现存增价额的交换利益。然为何在市值超过成本时不以市值为准？盖在这种情形，出租人可以选择自己支付成本，从市场而不从承租人，取得较高之市值的利益。因之，市值高于成本的利益不属于承租人。总之，在因一方为他方之物支出有益费用而构成不当得利的情形，应以其添附部分之取得成本、重置成本及市值三者中之低者为准作为其不当得利之增价额。就应返还之不当得利有现存利益之限制者，就取得成本，其现存利益应从原始取得成本扣除应折旧之数额计算之，而后才以扣除折旧后之取得成本与重置成本、市值比较之。上述见解亦适用于"民法"第 816 条所定之不当得利的偿金返还义务。

　　② 参见"最高法院"1999 年台上字第 181 号民事判决。

1094 号民事判决)。然承租人是否得改依留置权有关规定,以租赁物与有益费用之返还请求权间有牵连关系,且已届清偿期而未受清偿为理由,留置租赁物?租赁物为动产者,得为留置("民法"第 928 条);为不动产者,因留置物以动产为限,不得留置。① 然是否得类推适用"民法"第 513 条关于承揽报酬之法定抵押权的规定? 应采肯定的见解。② 又"民法"第 431 条所定之有益费用与"民法"第 430 条所定之修缮费用的偿还亦不相同。前者,待契约终止时始届清偿期,而后者则在支出时即已届清偿期。是故,在租赁关系存续期间,仅修缮费用得用来与租金抵销,③有益费用则否。④

然究竟是请求返还有益费用或取回就租赁物所增设之工作物,承租人有选择权。出租人不但不得主张无偿留用,而且即便为有偿留用之要约,承租人如果不肯承诺,其留用意愿之实现都还会有困难。此与"民法"第 839 条第 2 项规定,土地所有人以时价购买其工作物或竹木者,地上权人不得拒绝者不同。另针对工件物为建筑物者,"民法"第 840 条第 2 项进一步规定:"土地所有人于地上权存续期间届满前,得请求地上权人于建筑物可得使用之期限内,延长地上权之期间。地上权人拒绝延长者,不得请求前项之补偿。"该两条规定较诸"民法"第 431 条的规定合理。故倘出租人在租赁契约终止时,对于承租人提出"民法"第 839 条第 2 项规定内容之要约,而承租人拒绝承诺,其拒绝是否不违反诚信原则,是有疑问的。

(四)债务不履行

"民法"债编租赁节对于出租人之债务不履行责任并无直接之明文规定。按债务不履行主要分成给付迟延、给付不能及积极侵害债权。关于给付迟延、给付不能及积极侵害债权如无特别规定,则适用债编总则之一般规定。这主要发生在出租人就租赁物之交付义务、保持义务或修缮义务有迟延或不能履行的情形。

---

① 请参考 Esser/Weyers, Schuldrecht Band Ⅱ, Besonderer Teil Teilband 1, 8., Aufl. 1998, § 17 Ⅱ.

② "民法"第 513 条关于承揽报酬所定之法定抵押权及第 928 条关于与动产有牵连关系之债权所定之法定留置权都是一种费用性的担保物权,用以担保对于担保物支出之必要及有益费用。该两条规定有一个共同之法律原则为其规范规划的基础:相对于该利益之权利人的其他债权人,费用债权对于其保存或增加之利益有优先受偿权。其理由为,该利益既因该费用之支出始得保存或增加,则肯认其优先受偿权无害于其他债权人,而有益于相关法律关系之发展。

③ 参见"最高法院"1954 年台上字第 417 民事判决。

④ 参见"最高法院"1955 年台上字第 610 号民事判决、1962 年台上字第 1943 号民事判决。

在有瑕疵给付之特别规定的情形,瑕疵给付的规定通常论为给付迟延、给付不能之特别规定。这在债务人负有瑕疵之排除义务的情形尤其明显。唯其特别之效力有时仅止于优先于给付迟延或给付不能的规定受适用,而无根本排除的效力。关于瑕疵之排除义务的履行,如有因可归责于出租人之事由而给付迟延或给付不能的情形,承租人还是得依给付迟延或给付不能的规定向出租人请求损害赔偿。换言之,关于租赁物之修缮义务的不履行,其发展并不以"民法"第 430 条所定者为限。① 此外,如因给付有瑕疵或因附随保护义务之违反,以致损害承租人或经承租人符合约定允许而为租赁物之用益的第三人的身体、健康或财产,出租人应负积极侵害债权的损害赔偿责任("民法"第 227 条、第 227 条之一)。就保持义务之违反,可归责于出租人者,"最高法院"认为承租人得依"民法"第 227 条规定请求补正及赔偿。②

七、租赁之终止

租赁为继续性契约,其定有期限者,于期限届满时消灭("民法"第 450 条第 1 项)。未定有期限者,须经终止始因终止而消灭。然不论是定期或不定期,其履行如果遭遇干扰或障碍,在不能透过其他方法调整的情形,其当事人在法律有明定或契约有特约时得终止契约,以终结租赁关系。该履行之干扰或障碍称为终止事由。有疑问者为:不定期租赁之终止是否也需要一定之终止事由,亦即得否任意终止,或是在一定之情形始不得任意终止。③

这些事由通常表现在债务不履行或契约义务之违反上,含主要给付义务、附

---

① 请参考 Esser/Weyers, Schuldrecht Band Ⅱ, Besonderer Teil Teilband 1, 8., Aufl. 1998, § 15 Ⅰ 6, Ⅱ.

② 参见"最高法院"2002 年台上字第 1733 号民事判决。

③ 参见"最高法院"2006 年台上字第 388 号民事判决。

随给付义务及附随保护义务。① 不过,有些不可归责于双方之事由或情事变更亦可构成终止事由。法律原则上根据终止事由之可归责性或营运风险的归属规定由于各该终止事由得为契约之终止的当事人。在租赁存续中,双方得以合意终止契约固无疑义。但实务上曾有租赁双方当事人在租赁契约存续中,就租赁物缔结买卖契约,而引起该买卖契约之缔结是否含有终止租赁契约之意思,以及

---

① 在债务人依债之关系所负之义务的分类上,主要给付义务在双务契约指双方用以交换之给付,此即构成对价关系之给付及对待给付。在有名契约的规范上,这通常规定在其定义中。附随给付义务与附随保护义务皆属于附随义务,所不同者在其义务的内容。在附随给付义务,其义务虽附随于主要给付义务,但仍以对于债权人之给付为内容。此与附随保护义务的内容不在于对于债权人为给付,而在于采取必要措施,防止债权人因自己之给付或双方的接触来往,暴露于债务人管领之危险源,而遭受到损害。在租赁契约之重要的附随给付义务例如:交付与租赁物有关之各种官方文件,协助取得官方之营业许可或登记,租赁机器之使用说明或教育训练。重要的附随保护义务例如:除关于租赁物之安全义务外,还有防止或排除第三人对于租赁物之用益的妨碍,不对于承租人从事不正竞业的行为。请参考 Esser/Weyers, Schuldrecht Band Ⅱ, Besonderer Teil Teilband 1, 8., Aufl. 1998, § 14 Ⅱ 3.

该租赁契约在何时终止的问题。[①] 在当事人之意思不明时,这应从出租人何时对于承租人履行其出卖人债务论断,以便双方之法律关系能够有最为密切之衔接。这应含所有权的移转登记,而不单指占有之简易交付。盖非如是,有可能造成出租人(出卖人)在简易交付后,竟将租赁物(买卖目标物)移转登记给第三人,而承租人(买受人)竟因该买卖契约之缔结及简易交付,以致不能享有其本来享有之买卖不破租赁原则的保障。

(一)承租人得终止之事由

承租人得终止之事由有:(1)租赁物有危及承租人或其同居人之安全或健康之瑕疵。就此种瑕疵承租人虽于订约时已知其瑕疵,或已抛弃其终止契约之权

---

① "最高法院"2000年台上字第1438号民事判决:"查,原审固认定上诉人与敦安公司负责人游鹏哲就系争房屋先成立租赁关系,嗣再订立买卖契约,是其原租赁关系消灭云云。唯查,上诉人抗辩,伊系以借款1400万元利息抵充租金,与敦安公司就系争房屋成立租赁关系等语(见原审卷第27页正面笔录),若然,虽上诉人嗣以1400万元就系争房屋签订买卖契约(见原审外放证物),然两者租金及买卖价金目标非属同一,在移转所有权登记前,是否不能并存,当事人之真意如何?尚待调查斟酌。且以利息抵充租金是否已抵充完毕,若未抵充完毕,在系争房屋尚未移转所有权登记前,上诉人占有系争房屋系基于租赁关系占有,抑系出卖人履行买卖契约而交付占有?原审未遑详加调查审认,即谓买卖契约成立,租赁关系即已消灭,进而为上诉人不利之论断,尚属可议。""最高法院"在该判决要旨中固已指出问题所在,但并未对于该问题表明其规范上之价值判断的立场,以形成其在发回时指示下级法院应该依循之法律见解。或谓"在系争房屋尚未移转所有权登记前,上诉人占有系争房屋系基于租赁关系占有,抑系出卖人履行买卖契约而交付占有?"系属于事实问题,而非法律问题,只能由原审详加调查审认。然一定之法律事实的定性或一定之意思表示的解释究属法律问题或事实问题?对此,最高法院1943年上字第5011号判例认为:"具有如抵押约稿所载内容之意思表示者,是否为典权之设定,本属法律问题。"同理,所示案例中之占有究系基于租赁关系或买卖契约,在解释上探求当事人之真意时,应从正当法秩序之形成的立场,认定其占有之事实在该案所示情形,在规范上符合诚信原则之适合的意思内容。该认定兼有法律的判断,不是单纯之事实问题。在本件如认定该占有,在所有权移转前,已由当初基于租赁关系,因简易交付而转为基于买卖契约,只会使出租人有机可乘,就该物从事两重买卖,破坏交易秩序。除此之外,没有其他积极意义。防止将简易交付演化成这种坑人的法律技巧,需要各级法院在法律事实的定性或意思表示的解释上,将之当成重要的法律问题,依诚信原则善为把关。在这当中,"最高法院"如将之当成单纯之事实问题发回或发交下级法院更审,而不将之当成法律问题,在发回或发交更审时,对于下级法院具体指示其认为正确之法律见解,以便发回或发交之法院,据之为其判决基础("民事诉讼法"第478条第4项),则其诉讼之进行将难免在发回或发交与更审裁判中旷费时日。另纵使认为事涉事实问题,第三审法院在废弃原判决时,亦当审慎认定其依法得斟酌之事实,是否已至系争事件已可依该事实为裁判的程度(同条第1项第1款),而不轻易发回或发交下级法院更审。

利,仍得终止契约("民法"第 424 条)。这是一种物之瑕疵担保终止权。(2)迟延修缮之终止权。租赁关系存续中,租赁物如有修缮之必要,应由出租人负担者,承租人得定相当期限,催告出租人修缮,如出租人于其期限内不为修缮者,承租人得终止契约或自行修缮而请求出租人偿还其费用或于租金中扣除之("民法"第 430 条)。论诸实际,这其实也是一种物之瑕疵担保终止权,只是与承揽的情形类似,其终止前,给予出租人自行修缮的机会。(3)租赁物一部分灭失之终止权。"民法"第 435 条规定:"租赁关系存续中,因不可归责于承租人之事由,致租赁物之一部灭失者,承租人得按灭失之部分,请求减少租金(第 1 项)。前项情形,承租人就其存余部分不能达租赁之目的者,得终止契约(第 2 项)。"这其实是一部或全部给付不能的问题。这当中含因可归责及不可归责于出租人之事由致给付不能的情形。(4)承租人死亡,其继承人之终止权。这也适用于租赁契约定有期限的情形("民法"第 452 条)。(5)约定保留之终止权("民法"第 453 条)。(6)未定期限之租赁,双方皆得随意终止之预告终止权。此为不定期继续性契约之特有规定("民法"第 450 条)。上述最后三种情形,其终止皆应依"民法"第450 条第 3 项之规定,先期通知。

(二)出租人得终止之事由

出租人得终止契约之事由有:(1)承租人违反保管义务。(2)承租人不依约定方法,为租赁物之使用、收益;或虽无约定方法,而不以依租赁物之性质而定之方法为之,且经出租人阻止而仍继续为之者,出租人得终止契约("民法"第 438条)。(3)承租人支付租金有迟延,且其迟付租金之总额已达法定限额者,出租人得定相当期限,催告承租人支付租金,如承租人于其期限内不为支付,出租人得终止契约("民法"第 440 条)。[①] (4)违反转租之禁止规定:租赁物不是房屋,或

---

① "最高法院"1953 年台上字第 1322 号民事判决:"上诉人某甲支出此项房屋修缮费,如果合于'民法'第 430 条所定之情形,并其支出之时期系在被上诉人定期催告积欠租金之前,则依该法条之规定,上诉人本得于所欠租金中扣除之。因之实行扣除之结果,尚难谓上诉人对于系争房屋之租金有如何积欠。"按承租人依第 430 条自行修缮,并于租金中扣除修缮费用时,其关于租金之扣除的主张属于抵销权的行使。如该判决意旨所示,修缮费用发生在出租人定期催告清偿积欠租金之前者,承租人之扣除的抵销表示依第 334 条能生抵销效力自无疑义。至于修缮费用如果发生在出租人定期催告清偿积欠租金之后,承租人是否一样得以扣除的方法抵销之,则有抵销适状之要件上的疑问。这个疑问源自:债务人是否得为迟延给付为方法,来促成双方互负之债务达于抵销适状。应采承租人还是得为扣除的看法。盖在出租人履行其修缮义务前,就租金给付之请求,承租人本有同时履行抗辩权,这不因出租人之定期催告而受到影响。此外,该扣除权直接以第 430 条为依据,而该条就得用以扣除租金之修缮费用并无应发生在出租人定期催告清偿积欠租金前的限制。

虽是房屋但出租人已有反对转租之约定,而承租人还是将租赁物转租于他人者,出租人得终止契约("民法"第443条)。(5)承租人擅行取去留置物:承租人乘出租人之不知或不顾出租人提出异议而取去留置物者,出租人得终止契约("民法"第447条)。

针对耕地租约,"民法"第458条首先就定期者,列举了下述特别终止事由:"耕作地租赁于租期届满前,有左列情形之一时,出租人得终止契约:(一)承租人死亡而无继承人或继承人无耕作能力者。(二)承租人非因不可抗力不为耕作继续一年以上者。(三)承租人将耕作地全部或一部转租于他人者。(四)租金积欠达两年之总额者。(五)耕作地依法编定或变更为非耕作地使用者。"而后在第459条就未定期限者,列举了下述特别终止事由:(1)出租人要收回自耕;(2)有前条关于定期耕地租约规定之特别终止事由之一;(3)承租人违反第432条或第462条第2项之规定,未尽其应尽之保管义务,致租赁物毁损、灭失,或耕作地附属物因可归责于承租人之事由而灭失。唯耕作地之出租人终止契约者,应以收益季节后,次期作业开始前之时日,为契约之终止期(第460条)。此外,"耕地三七五减租条例"第17条第1项还针对耕地租佃契约规定,耕地租约在租佃期限未届满前,非有左列情形之一不得终止:(1)承租人死亡而无继承人时。(2)承租人放弃耕作权时。(3)地租积欠达两年之总额时。(4)非因不可抗力继续一年不为耕作时。(5)经依法编定或变更为非耕地使用时。

就耕地租赁之终止事由,"耕地三七五减租条例"第17条第1项所规定者与"民法"第458条所定者虽然大部分相同,但是仍有一小部分不一致。"民法"有而该条例无之终止事由为:继承人无耕作能力,承租人将耕作地全部或一部分转租于他人。该条例有而"民法"无者为承租人放弃耕作权。关于耕地租赁,虽说该条例系"民法"之特别法,但鉴于上述规定之出入在要件上并不引起冲突,所以,在适用上应互不排斥。

(三)终止之效力

契约终止后,该契约即向将来失其效力。因此,在租赁契约终止后,因终止而丧失其法律上原因之给付皆应返还相对人。其经法律明定者如下:承租人方之义务"(一)租赁物之返还:承租人于租赁关系终止后,应返还租赁物;租赁物有生产力者,并应保持其生产状态,返还出租人"(第455条)。租赁物之所有权在交付后如移转于第三人,则因该租赁关系依买卖不破租赁原则转由受让人继受,所以其返还请求权人应变更为受让人。反之,在具体情形如无买卖不破租赁原则之适用,则受让人不继受该租赁契约,其结果,自当仍以原出租人为返还请求权人。此种疑问通常发生在租赁关系消灭后,承租人返还租赁物前,出租人将租赁物的所有权移转他人的情形。"(二)耕作地之承租人,依清单所受领之附属物,应于租赁关系终止时,返还于出租人;如不能返还者,应赔偿其依列表所定之价值。但因使用所生之通常折耗,应扣除之"(第463条)。

出租人方之义务(1)在定期契约,如终止后始到期之租金,出租人已预先受领者,应返还之(第454条)。(2)在租赁期间,承租人曾为有益费用之支出或在租赁物上增建工作物者,如租赁物因而增加其价值,且当初出租人就该费用之支出知其情事而不为反对之表示,则于租赁关系终止时,出租人应偿还其费用。但以其现存之增价额为限。唯承租人就租赁物所增设之工作物,如选择取回,则不但应恢复租赁物之原状,而且无该有益费用之返还请求权(第431条)。(3)耕作地之承租人,因租赁关系终止时未及收获之孳息所支出之耕作费用,得请求出租人偿还之。但请求额不得超过孳息之价额(第461条)。(4)"耕地三七五减租条例"第17条第2项规定,依前项第5款,以出租土地经依法编定或变更为非耕地使用为理由,而终止契约者规定:终止租约时,除法律另有规定外,出租人应给予承租人左列补偿:"一、承租人改良土地所支付之费用。但以未失效能部分之价值为限。二、尚未收获农作物之价额。三、终止租约当期之公告土地现值,减除土地增值税后余额的三分之一"。

租赁之短期消灭时效期间及其起算点:出租人就租赁物所受损害对于承租人之赔偿请求权,承租人之偿还费用请求权及工作物取回权,均因两年间不行使而消灭。该期间,于出租人,自受租赁物返还时起算;于承租人,自租赁关系终止时起算(第456条)。"民法"第456条所定两年短期时效仅适用于租赁物受有损害,而不适用于因可归责于承租人之事由致租赁物灭失的情形。[①]

八、法定物权与契约自由

关于债务契约,"民法"有时规定其当事人之一方就契约客体因该债务关系而享有物权、优先承买权,或得请求相对人为其设定用益物权或担保物权。这些权利或者因其可对抗第三人,例如优先承买权("民法"第426条之二),或者因其权利人最后可依之取得物权而称之为法定物权。此种法定物权之规定分别对于契约自由有所影响。例如"民法"第422条之一所定之法定地上权限制基地土地所有人关于地上权、"民法"第425条之一所定之法定租赁权限制基地土地所有人关于租赁权、"民法"第445条所定之法定留置权限制承租人关于置于承租之不动产上的动产是否设定留置权之缔约自由,第426条之二所定之法定优先承

---

① 参见"最高法院"1991年台上字第1257号民事判决。

买权限制基地或房屋所有人关于交易对象之选择自由。其中"民法"第 422 条之一就基地用益权最后并具有类型强制的作用。盖该条规定适用之结果等于排斥了基地之单纯用益债权的存在空间。

(一)基地租赁之法定地上权

为避免在租赁物交付承租人占有后,因出租人处分其租赁物,致影响到承租人之租赁利益,"民法"除肯认买卖不破租赁原则,在第 425 条及第 426 条分别针对租赁物之移转或设定负担,规定其租赁契约对于受让人或他项物权人仍继续存在外,并在本次(2000 年 4 月 26 日)债编修正增订"民法"第 422 条之一规定:"租用基地建筑房屋者,承租人于契约成立后,得请求出租人为地上权之登记。"依买卖不破租赁原则,租赁之债取得一定之对世效力,具有物权性质。然即便如此,租赁基本上还是一种债的关系,其发展尚在债之物权化的阶段,但尚未真正转为物权。直到增订第 422 条之一关于基地承租人之地上权登记请求权后,基地租赁进入实质之物权化的发展阶段。只要承租人依该规定请求出租人为地上权之登记,单纯之基地租赁之债将丧失其存在余地。这种法定地上权在何范围内,其效力应受其原因(租赁)关系的影响,值得探讨。其间基本上应有类似于信托关系或运送提单之证券效力与运送契约之债的效力间的关系。就租赁物,在租赁当事人间,其地上权应受租赁关系之约束;①在租赁当事人与第三人间,其关系以公示之地上权的内容为准。承租人关于地上权之权利的行使,如有逾越租赁关系的情形,应依租赁契约对于出租人负债务不履行的责任。至于第三人对于经以登记公示的地上权之信赖,应受保护。且其保护无所谓以善意或恶意为要件的问题。在此意义下,关于基地用益权,第422条之一具有类型强制的作用:强制以地上权,而不以基地租赁的契约类型作为基地用益权之规范依据。唯即便如此,基地租赁仍是第422条之一所定法定地上权之设定上的原因关系。租赁契约如果自始无效,或嗣后经撤销或解除,该法定地上权之登记使承租人无法律上原因受有利益。出租人得请求承租人协力办理该法定地上权登记之涂销("民法"第179条)。该地上权之登记请求权虽以该条规定为其直接之法律依据,但不因该条规定,而不待于登记便已发生。是故,承租人后来如未依该条规

---

①　关于有益费用之偿还及工作物之取回,"民法"对于租赁及地上权分别有下述对应的规定。"民法"第431条:"承租人就租赁物支出有益费用,因而增加该物之价值者,如出租人知其情事而不为反对之表示,于租赁关系终止时,应偿还其费用。但以其现存之增价额为限(第1项)。承租人就租赁物所增设之工作物,得取回之,但应恢复租赁物之原状(第2项)。"第840条:"地上权人之工作物为建筑物者,如地上权因存续期间届满而消灭,土地所有人应按该建筑物之时价为补偿。但契约另有订定者,从其订定(第1项)。土地所有人于地上权存续期间届满前,得请求地上权人于建筑物可得使用之期限内,延长地上权之期间。地上权人拒绝延长者,不得请求前项之补偿(第2项)。"因其规定内容不完全相同,如何整合,颇费思量。比较可行的做法,当是利用相当于请求权规范竞合说的观点。按在基地租赁,其租赁目的为在基地上兴建建筑物,所以可谓出租人自始即知承租人将在租赁物为有益费用之支出,从而依"民法"第431条第1项除有反对之表示外,"于租赁关系终止时,(出租人)应偿还其费用。但以其现存之增价额为限"。有疑问者为在规定土地与定着物为互相独立之物的情形,可否认为在基地上兴建建筑物系对于基地为有益费用之支出,以及在这种情形承租人是否得不依第1项请求出租人偿还其费用,而依同条第2项主张恢复租赁物之原状,取回其对租赁物所增设之工作物?第一个问题应采肯定的看法,第二个问题应采否定的看法。盖土地与定着物虽为互相独立之物,但建筑物之兴建终究是土地之用益行为,地利因之展现,而既肯定了第1项,自当否定承租人第2项的请求权,盖非如是,依第1项,以出租人对于有益费用之支出未为反对之表示为理由,课出租人于租赁关系终止时,应偿还其费用的义务即失应有之规范立场。关于类似问题,"民法"第840条就地上权人之工作物的规定比较明朗而且合理:除契约另有订定外,土地所有人可以在按该建筑物之时价为补偿或延长地上权之期间两者间做选择,地上权人拒绝延长者,不得请求前项之补偿。换言之,依"民法"第840条保护地上权人之利益的同时,不因此强课土地所有人按时价补偿之义务。然无论如何,这种问题之圆满解决主要还是系于事先之约定。

定请求出租人协同完成地上权之登记,其间之关系将停留在单纯之基地租赁关系。[①] 唯除未经公证之不动产租赁契约,其期限逾五年或未定期限者外,只要租赁物在承租人占有中,仍有买卖不破租赁原则之适用("民法"第 425 条)。是否办理地上权登记并无大碍。

在买卖不破租赁原则的保护下,承租人是否依"民法"第 422 条之一请求登记地上权,对于原承租人之实质利益的影响固然不大。但对于应受买卖不破租赁原则适用之保护的受让人便有重要的意义。按买卖不破租赁原则使租赁之债具有一定之对世效力,所以必须透过一定之公示,以防止第三人不知租赁物有租赁关系,而就租赁物为交易时,受到不利。其公示方法,"民法"第 425 条原来所定者为:承租人之占有租赁物,或将不动产租赁契约公证。"民法"第 422 条之一规定,"租用基地建筑房屋者,承租人于契约成立后,得请求出租人为地上权之登记"。鉴于为买卖不破租赁原则之适用,占有及公证亦经肯定为具有公示效力,所以究诸实际,该条规定之意义,首先为进一步提供以地上权登记,为基地租赁关系之公示方法。然因为地上权之内容,依物权法定主义,依法律,而不依租赁双方之意思定之,所以对于租赁双方,该法定地上权之行使,仍应受租赁契约中

[①] "最高法院"1954 年台上字第 454 号判例:"被上诉人租用系争基地建筑房屋,就令如上诉人所称未依土地法第一百零二条规定为地上权之登记,亦不过不生地上权之效力而已,究不得以此指为影响于租赁契约之成立。""土地法"第 102 条规定:"租用基地建筑房屋,应由出租人与承租人于契约订立后两个月内,声请该管直辖市或县(市)地政机关为地上权之登记。"核其规定内容与"民法"第 422 条之一所规定者在实体关系上基本相同。所不同者为:前者,有声请登记之期间的限制。不过,后来"最高法院"判例还是认为"依'土地法'第 102 条规定,只须当事人双方订有租地建屋之租赁契约,承租人即有随时请求出租人就租用土地为地上权设定之权利"("最高法院"1978 年台上字第 1014 号判例)。然"此项请求权,仍有'民法'第 125 条消灭时效规定之适用"("最高法院"1973 年台上字第 3012 号判例),"其请求权时效应自基地租赁契约成立时起算"("最高法院"1979 年台上字第 1627 号判例)。问题是:只要租赁期间尚未届满,如何认为承租人请求出租人协同办理地上权登记之请求权会因消灭时效期间之经过而消灭?关于这类请求权之时效期间应认为:只要出租人已履行其交付租赁物之义务,且租赁物继续在承租人之占有中,在租赁期间届满前不完成。盖其登记请求权因租赁关系之存续而不断发生。另基于基地租赁而得请求为地上权登记,表面上看来,似为单纯有利于承租人之请求权,但论诸实际,其实比较多的是保护租赁物将来可能之受让人的规定。盖对承租人而言,只要有买卖不破租赁原则之规定,其租赁利益基本上已不会受到租赁物后来之让受的影响。交易安全真正受到租赁之威胁者为,基地租赁如未经适当公示,租赁物之受让人可能买到有租赁负担之带有权利瑕疵之物。而就基地租赁而言,单凭交付所构成之占有状态来公示基地之用益权的负担情形显然是不充分的。盖至少在基地交付后,兴建房屋前,第三人不能从基地之占有的外观认识该基地是否有得对抗受让人之租赁的负担。是故,在基地租赁期间届满前,不适当地认为其地上权的登记请求权可因时效期间届满而消灭。

之特约的拘束。例如在租赁契约中如约定,据该基地租赁所兴建之建筑物,只可供兴办图书馆或经营书店使用。该租赁契约上之特约,是否能拘束该基地租赁权之受让人?容有疑问。因为如无地上权之设定,受让人据买卖不破租赁原则,所受保护之权利范围,应不超过原承租人,所以基地租赁权之受让人应同受该使用特约之限制。反之,当单纯以"民法"第 422 条之一所定之法定地上权为依据,则该特约对于基地租赁权之受让人,是否有拘束力,容易以该限制未经公示为理由,予以否定。因此,为贯彻租赁关系之相对性,在以租赁为登记原因之地上权,其登记应提供注记其租赁契约上之特约的字段,以杜争议。至其登记究采登记生效主义或登记对抗主义,该条虽无明文规定。但从其规定,承租人得请求出租人为地上权的登记观之,自以论为登记生效主义较贴近于其文义。

要之,贯彻有对世效力之权利应予公示的原则,为买卖不破租赁原则之适用,其租赁关系应经公示。虽然"民法"第 422 条之一规定:"租用基地建筑房屋者,承租人于契约成立后,得请求出租人为地上权之登记。"且地上权登记有公示基地租赁权之作用,但仍不因该条规定,而使地上权登记成为基地租赁之唯一的公示方法。"民法"第 425 条所定承租人之占有租赁物及不动产租赁契约之公证,亦有公示效力。倒是"民法"第 425 条第 2 项虽然规定:"前项规定,于未经公证之不动产租赁契约,其期限逾五年或未定期限者,不适用之。"但该项规定所排斥者应仅限于同条第 1 项之"占有",不含"民法"第 422 条之一规定之"地上权登记"的公示效力。反之,"民法"第 422 条之一规定之"地上权登记"的规定,亦不排斥"民法"第 425 条规定之占有或公证之公示方法。

(二)对于房屋基地之推定租赁权

"民法"第 66 条第 1 项规定:"称不动产者,谓土地及其定着物。"依该规定,土地及其定着物固皆为独立之不动产。然定着物之定着于土地必须有一定之权源。否则,其定着即构成无权占有。土地所有权人得请求拆屋还地。因此,当原同属于一人之土地及定着于其上之房屋(建筑物)后来因让与,而发生不属于同一人所有时,必须就该房屋之定着的权源加以安排、规范。其可能之权源为基地租赁或地上权。对此,"民法"第 425 条之一规定,以推定有基地租赁为其定着权源。

关于基地之推定租赁权,本次修正增订了二个条文:①(1)"民法"第 425 条之一"土地及其土地上之房屋同属一人所有,而仅将土地或仅将房屋所有权让与他人,或将土地及房屋同时或先后让与相异之人时,土地受让人或房屋受让人与让与人间或房屋受让人与土地受让人间,推定在房屋得使用期限内,②有租赁关系。其期限不受第 449 条第一项规定之限制(第 1 项)。③ 前项情形,其租金数额当事人不能协议时,得请求法院定之(第 2 项)"。(二)"民法"第 426 条之一"租用基地建筑房屋,承租人房屋所有权移转时,其基地租赁契约,对于房屋受让人,仍继续存在"。以上为由于土地或其土地上之房屋的任意移转,导致土地及其土地上之房屋分属不同人所有时,推定其所有人间有租赁关系。

与此类似的情形,"民法"第 838 条之一规定:"土地及其土地上之建筑物,同属于一人所有,因强制执行之拍卖,其土地与建筑物之拍定人各异时,视为已有

---

① 对于这个问题,"最高法院"1996 年台上字第 1293 号民事判决原即采与"民法"第 425 条之一及第 426 条之一增订内容相同之见解:"土地与房屋为各别之不动产,各得单独为交易之目标,且房屋性质上不能与土地使用权分离而存在,亦即使用房屋必须使用该房屋之基地,故土地与房屋同属一人,而将土地及房屋分开同时或先后出卖,其间虽无地上权设定,然除有特别情事,可解为当事人之真意,限于卖屋而无基地之使用外,均应推断土地承买人默许房屋承买人继续使用土地,固经本院 1959 年台上字第 1457 号著有判例。又此所谓继续使用土地,参照该判例之全部裁判意旨,系认为使用土地之房屋所有人对土地所有人应支付相当之代价,则其法律关系之性质,当属租赁,至其租金数额,如当事人间不能协议决定,当可诉请法院裁定,其再因转让而承受土地所有权之人,应有'民法'第 425 条之适用,其再因转让而继受房屋所有权之人,则除有反对之特约外,应推断土地所有人对之默许其继续承租,故不问其后为转让土地或转让房屋,其土地所有权之承受人对房屋所有人或房屋所有权之承受人对土地所有人,均继续其原来之法律关系。"

② 在此之房屋得使用期限,如非以税法上所定之耐用年数为其标准,则在事实上势必属于不确定之期限,从而在具体案件容易引起争议。特别是依该规定承租人得否为必要之修缮,以延长其得使用之期限,易起争议。由此观之,该条规定该"期限不受第 449 条第 1 项规定之限制",显然不妥,有点过度迁就承租人之利益。其实,自目前行政机关多方鼓吹之兴建营运移转(BOT)契约可见,基地租赁实无以"房屋得使用期限"为其当然或原则上之期限的理由。盖正因约定之基地租赁期限短于房屋得使用期限,才使以基地租金为价金购买其上之房屋的 BOT 互易契约有成交之可能。

③ 关于租赁之最长期限,"民法"第 449 条原规定:"租赁契约之期限,不得逾 20 年,逾 20 年者,缩短为 10 年(第 1 项)。前项期限,当事人得更新之(第 2 项)。"本次修正增订第 3 项:"租用基地建筑房屋者,不适用第一项之规定。"因依该条第 3 项规定,建筑物之基地租赁已无同条第 1 项所定最长期限的限制,所以,"民法"第 425 条之一第 1 项关于依该项规定发生之法定基地租赁的最长期限不受第 449 条第 1 项规定之限制的规定仅具重申该条第 3 项规定的意义。是故,在"民法"第 425 条之一之实际的应用,其应注意者为:关于租赁期限如有与该条所推定者相异之意思,应予清楚地表示出来,以防止争议。

地上权之设定,其地租、期间及范围由当事人协议定之;不能协议者,得请求法院以判决定之。其仅以土地或建筑物为拍卖时,亦同(第1项)。前项地上权,因建筑物之灭失而消灭(第2项)。"亦即在由于土地及其土地上之建筑物的强制执行拍卖,导致土地及其土地上之建筑物分属不同人所有时,该条规定,拟制其所有人间已有地上权之设定。

此为泛就强制执行之拍卖而增订之规定。在其增订前,"物权法"本来还就因抵押物之拍卖,而引起之类似情形,在第876条规定:"土地及其土地上之建筑物,同属于一人所有,而仅以土地或仅以建筑物为抵押者,于抵押物拍卖时,视为已有地上权之设定,其地租由当事人协议定之;协议不谐时,得申请法院定之(第1项)。土地及其土地上之建筑物,同属于一人所有,而以土地及建筑物为抵押者,如经拍卖,其土地与建筑物之拍定人各异时,适用前项之规定(第2项)。"其规定内容与"民法"第838条之一所定者基本上相同,仅少了"该地上权,因建筑物之灭失而消灭"[1]。

在上开为任意移转及强制执行之拍卖规定之两种情形,由于其皆系因土地及(或)其土地上之建筑物(房屋)嗣后之移转,导致土地及其土地上之建筑物分属不同人所有,而引起肯定该建筑物或房屋对其定着之土地之定着权源的规范需要。在任意移转的情形,因土地及其土地上之建筑物(房屋)的所有人间,就其移转有任意契约之关系,所以适合规定推定其间有租赁关系,以让其所有人得视个别之具体情形,约定其用益关系之内容。反之,在强制执行拍卖的情形,因土地及其土地上之建筑物(房屋)的所有人间,就其移转,无任意契约之关系,所以适合由法律直接拟制其间已有地上权之设定。在此种情形,虽与"民法"第425条之一所定情形,同样有"其地租、期间及范围"之协议的问题,但没有超出该范围之个别项目(例如建筑物或房屋之使用限制)的约定问题。

有谓既然"民法"第422条之一规定:"租用基地建筑房屋者,承租人于契约成立后,得请求出租人为地上权之登记。"针对上开情形,比较适合之规定应是:对任意移转及强制执行拍卖的情形,统一规定。亦即在第425条之一所定情形,直接规定房屋或建筑物受让人(所有人)对于房屋基地有法定地上权,不须经由"民法"第422条之一,才使房屋受让人(所有人)嗣后对于房屋基地取得地上权,以消除该两项规定间,在法律效力上之不一致。单就地上权而论,这固言之成理。盖不统一规定,对于建筑物(房屋)所有人之实益的差异仅为:该地上权之登记,在第422条之一所适用者为登记生效主义("民法"第758条第1项),在第876条所适用者为登记对抗主义("民法"第759条)。然如考虑在任意移转的情

---

[1]　参见"最高法院"1996年台上字第447号民事判例。

形,租赁双方可能对于租赁关系之内容,特别是关于租赁物之使用,另有特别约定之需要,而依物权法定主义,该特别约定之需要,并非法律关系之内容应依法律规定之法定地上权所能满足。是故,"民法"第 425 条之一舍"直接拟制房屋受让人(所有人)对于房屋基地有法定地上权",而"推定在房屋得使用期限内,有租赁关系",其规范规划与租赁之债在内容上之相对性,还是比较契合的。

同理,租用基地建筑房屋,而后来承租人将其房屋所有权移转于他人时,其基地租赁契约所以引起问题,乃因租赁系债的关系,其效力在主体上有相对性。是故,倘欲以债之移转的方法,由受让人继受其债权并承担其债务,法律如无特别规定,应有土地所有权人的承认。为化解这个问题,本次债编修正增订第 426 条之一规定:在这种情形,"其基地租赁契约,对于房屋受让人,仍继续存在"。其规划的基础在于:肯认基地租赁契约之让与性及其对于定着于其上之房屋所有权的从属性①。

(三)法定优先承买权

关于基地之法定优先承买权,②本次修正增订了一个条文:第 426 条之二规定"租用基地建筑房屋,出租人出卖基地时,承租人有依同样条件优先承买之权。承租人出卖房屋时,基地所有人有依同样条件优先承买之权(第 1 项)。前项情形,出卖人应将出卖条件以书面通知优先承买权人。优先承买权人于通知达到

---

① 在"民法"增修条文第 426 条之一规定的情形,其相关权利的主从关系到底是:因先有基地租赁权或地上权,而后有房屋所有权;或因先有房屋所有权,而后有基地租赁权或地上权?亦即到底是:房屋所有权为基地租赁权或地上权之成分,或基地租赁权或地上权为房屋所有权之从权利?《德国民法典》明文采第一个见解(Baur, Lehrbuch des Sachenrechts, 6. Aufl., S.467; Soergel-Baur, Kommentar zum BGB, §95 Bem. 9, 15; Max Kaser, Roemisches Privatrecht, 7. Aufl., S.105)。台湾地区"民法"倾向于采第二个见解。盖土地上之定着物既然独立于其所定着之土地成为独立之物,则作为其定着权源之对于土地的用益权自应论为定着物之从权利。该用益权虽不因定着物之消灭而消灭,但应随定着物之移转而移转。对此,"最高法院"1996 年台上字第 384 号民事判决采肯定的见解:"'最高法院'1959 年台上字第 1457 号判例固谓:土地与房屋同属一人,而将土地及房屋分开同时或先后出卖,其间虽无地上权设定,然除有特别情事,可解释为当事人之真意限于卖屋而无基地之使用外,均应推断土地承买人默示房屋承买人继续使用土地。唯同院 1968 年台上字第 1303 号判例亦谓:'民法'第 876 条第 1 项之法定地上权,须以该建筑物于土地设定抵押时业已存在,并具相当之经济价值为要件。是适用'最高法院'1959 年台上字第 1457 号判例,除房屋与土地须同属一人外,尚须以房屋具有相当之价值为必要。否则非但有害基地之利用,对社会经济亦属无益。"本次"民法"债编修正并依该见解增订"民法"第 425 条之一第 1 项。

② 关于对不动产之优先承买权,详请参考黄茂荣:《买卖法》,台湾植根法学丛书编辑室 2015 年增订第 7 版,第 84 页以下。

后十日内未以书面表示承买者,视为放弃(第 2 项)。出卖人未以书面通知优先承买权人而为所有权之移转登记者,不得对抗优先承买权人(第 3 项)"①。所谓

---

① "民法"第 426 条之二为本次债编修正参照"土地法"第 104 条所增订之条文。"土地法"第 104 条规定:"基地出卖时,地上权人、典权人或承租人有依同样条件优先购买之权。房屋出卖时,基地所有权人有依同样条件优先购买之权。其顺序以登记之先后定之(第 1 项)。前项优先购买权人,于接到出卖通知后十日内不表示者,其优先权视为放弃。出卖人未通知优先购买权人而与第三人订立买卖契约者,其契约不得对抗优先购买权人(第 2 项)。"该条第 2 项规定之效力"其契约不得对抗优先购买权人"与"民法"第 426 条之二第 3 项规定之效力"(其登记)不得对抗优先承买权人"略有不同:前者,将公权力之介入点置于买卖契约(债权契约);后者,将介入点置于移转登记(物权契约)。鉴于债权契约在效力上本来便具有主体上的相对性,亦即当事人以外之人原则上不因此享有权利或负有义务。所以规定"其契约不得对抗优先购买权人"是没有规范意义的。是故,在规范上如真要以优先购买权强力介入租赁土地及其定着物之交易,其介入点置于其移转契约或移转登记,亦即赋予优先购买权所谓物权效力,使其移转登记相对无效,或得撤销其物权契约涂销其移转登记。反之,如只想轻度介入,则不需介入违反优先购买权之债权契约的效力,而只需直接明白地规定其违反者应视情形,对于优先购买权人赔偿其为维护利益所增加之费用,或因其违反所致履行利益之损害。关于"土地法"第 104 条所定优先承买权的效力,"最高法院"1970 年台上字第 2264 号民事判决认为:"'土地法'第 104 条之优先承买权,乃将来之买卖契约订立请求权,在未为预告登记之前,仅为出租人与承租人间之权利义务,并无对抗第三人之效力,如土地承租人违反义务,将房屋卖与他人,未经登记优先承买权之土地出租人,仅得请求其承租人赔偿因此所生之损失,不得主张第三人承买房屋无效。"亦即仅具债权效力,只可对于相对人请求债务不履行的赔偿责任。与"土地法"第 104 条规定类似之规定为:"耕地三七五减租条例"第 15 条。该条规定:"耕地出卖或出典时,承租人有优先承受之权,出租人应将卖典条件以书面通知承租人,承租人在十五日内未以书面表示承受者,视为放弃(第 1 项)。出租人因无人承买或受典而再行贬价出卖或出典时,仍应照前项规定办理(第 2 项)。出租人违反前二项规定而与第三人订立契约者,其契约不得对抗承租人(第 3 项)。"该条第 3 项规定之效力"其契约不得对抗承租人",与"土地法"第 104 条第 2 项规定者类似。然关于"耕地三七五减租条例"第 15 条所定优先承买权的效力,"最高法院"1963 年台上字第 2467 号判例认为:"按耕地出租人出卖耕地时,如不依'耕地三七五减租条例'第 15 条第 1、2 项所定,以出卖条件书面通知承租人优先承买,而与第三人订立契约者,依同条第 3 项规定,其契约不得对抗承租人,所谓不得以契约对抗承租人,系指该项以买卖为原因而成立之移转物权行为,对于承租人不生效力而言。故被上诉人等本于优先承买权存在之确定判决诉请涂销上诉人与(案外人)间所为所有权移转之登记并非无据。"亦即认为有物权效力,可对抗相对人之受让人,诉请涂销其间所为所有权移转之登记。这个效力比较接近于"土地法"第 426 条之二第 3 项规定之内容。不过,何谓其登记不得对抗优先承买权人? 采无效说,指其移转为相对无效,从而可诉请涂销其移转登记呢? 或采撤销说,指其移转为诈害债权,得声请法院撤销其移转登记之履行行为呢? 鉴于"土地法"第 426 条之二第 3 项所规定者,类似于"民法"第 244 条所定之诈害债权的情形,且优先承买权人后来不一定行使其优先承买权,所以准其视规范上之需要,决定是否诉请撤销,应比自始认定为无效,准其诉请涂销为合理。

不得对抗优先承买权人,指该所有权之移转登记对于优先承买权人,相对无效,而不只是使优先承买权人对于出卖人得请求因此所受之损害。[①] 故称该优先承买权具有物权效力。

关于土地的使用,为避免纷争,其规范只要有机会即应避免发生基地与房屋分属不同人所有的情事。本次增修条文第 426 条之二关于法定优先承买权的规范意旨在此。在法定优先承买权人有效果地行使其权利后,关于基地租赁权之债权与债务将因同归于一人,而发生混同的效力,从而租赁权因被基地所有权吸收而消灭("民法"第 344 条)。

(四)法定留置权

为担保不动产之出租人,就租赁契约所生之债权,"民法"第 445 条第 1 项规定,出租人对于承租人之物置于该不动产者,有留置权。[②] 但禁止扣押之物,不在此限。唯据该留置权,仅于已得请求之损害赔偿及本期与以前未交之租金之限度内,得就留置物取偿(同条第 2 项)。另"承租人得提出担保,以免出租人行使留置权,并得提出与各个留置物价值相当之担保,以消灭对于该物之留置权"("民法"第 448 条)。"民法"第 445 条第 2 项及第 448 条关于该留置权之限制的规定属于留置权这种法定担保物权之一般的限制规定。盖此种担保物权既非以双方之合意为其发生依据,担保权人自无权主张执着于其已留置之物,或为超额之留置。如有此种情事,其留置便构成对于债务人之所有权的侵害,应负赔偿责任。

(五)买卖不破租赁原则

买卖不破租赁原则中所称之租赁,含各种有偿用益之债务关系。例如土地之交换使用的关系,此为两个租赁之对向的混合契约。[③] 买卖不破租赁原则系

---

① 在"民法"第 426 条之二规定的情形,优先承买权人可能为该条所定权利之行使而发生费用。这些费用如系因义务人未遵守该条所定之通知义务而发生,则仅使出卖人未以书面通知优先承买权人而为之所有权的移转登记,不得对抗优先承买权人,尚不足以完全保护优先承买权人之利益。除此之外,还必须加上因此所生费用的赔偿。

② 详请参考黄茂荣:《租赁关系中之留置权》,载《植根杂志》第 17 卷第 5 期。

③ 参见"最高法院"2000 年台上字第 1494 号民事判决。

最早关于租赁之物权化的规定。① 首先规定于"民法"第 425 条:"出租人于租赁物交付后,承租人占有中,②纵将其所有权让与第三人,③其租赁契约,对于受让人仍继续存在(第 1 项)。前项规定,于未经公证之不动产租赁契约,其期限逾五年或未定期限者,不适用之(第 2 项)。"这适用于租赁物所有权让与的情形。因共有物分割而依其应有部分取得共有物一部分之单独所有权者,亦同。例如仅承租土地之一部分建屋,而后该土地变为数人共有,且由其中之一共有人在分割后取得该屋基地之单独所有权者,该租赁关系继续存在于承租人与分割后该基地之单独所有权人或其受让人间。④ 此为买卖不破租赁原则所适用之最典型的类型。而后延伸至就租赁物设定足以妨碍承租人之使用收益的物权("民法"第426 条)。在本次债编修正并增订"租用基地建筑房屋,承租人房屋所有权移转时,其基地租赁契约,对于房屋受让人,仍继续存在"("民法"第 426 条之一)。该增订将买卖不破租赁原则的适用对象,从租赁物之转让扩张至租赁物上之定着物的转让。

租赁本来仅是一种由双务契约建立之债的关系,在效力上具有主体的相对性,只对契约相对人享有权利,并负担义务。在履行后固因租赁物之交付,使承

---

① 买卖不破租赁原则为关于租赁之规定。使用借贷虽亦系用益之债,但因不是有偿,所以其当事人间之属人的关系益显重要。是故,"使用借贷非如租赁之有'民法'第 425 条之适用,故讼争土地纵经前业主无偿提供被上诉人使用,亦不能以之拘束嗣后取得其所有权之人"("最高法院"1981 年度台上字第 1981 号民事判决)。"主张其与原所有人间之使用借贷契约继续存在"("最高法院"1987 年台上字第 2314 号民事判决)。因此,"除已得该他人即现在之所有人同意允予继续使用外,纵经前所有人无偿提供或允许借用人使用,亦不能……对现在之所有人主张有使用该土地之权利(参见本院 1970 年台上字第 2490 号判例意旨)"("最高法院"2002 年台上字第 278 号民事判决)。要之,租赁为有偿,使用借贷为无偿契约,有重要之类型差异,所以,关于租赁之买卖不破租赁原则不得类推适用于使用借贷。

② "民法"第 425 条之所以规定,买卖不破租赁原则以租赁物在承租人占有中为其适用要件,乃因买卖不破租赁原则使租赁权具有对世效力,必须对外公示。而其公示方法在动产即为占有。是故,"出租人于承租人中止租赁物之占有后,将其所有权让与第三人,第三人既无从知有租赁契约之存在,自无使其租赁契约,对于受让人继续存在之理,'民法'第 425 条即应解为不能适用。但上述承租人中止租赁物之占有,必须出于其意志,否则仍有上开规定之适用"("最高法院"1969 年台再字第 27 号民事判决)。这是出自信赖保护之建制原则所做的规定。按信赖保护以一个人(本人或真正权利人)造成一件表见事实,引起善意第三人对于该表见事实之信赖,并以该信赖为基础从事法律规划为其要件,用以解决本人或真正权利人与善意第三人间之利益冲突。当最后基于信赖保护原则决定优先保护善意第三人之利益,本人或真正权利人因此所受之不利益应向因之取得不正当利益者请求返还。

③ 参见"最高法院"1995 年台上字第 163 号民事判例。

④ 参见"最高法院"1995 年台上字第 2386 号民事判决。

租人得对于第三人主张其基于租赁物之占有而享有的权利,但还不到可以对于任何第三人行使其租赁权的程度。这在出租人后来将租赁物移转于第三人的情形造成困难。盖基于前述债之相对性,在这种情形,承租人本来仅得以出租人因可归责于自己之事由致就租赁关系之保持义务的履行,有主观给付不能为理由,请求不履行之损害赔偿,而不得就租赁物,对于受让人主张其租赁权。纵使承租人得以受让人在受租赁物之指示交付时,其受让之租赁物返还请求权在租赁存续期间带有租赁抗辩,然因该抗辩仅是使承租人得继续占有租赁物,并就租赁物为使用收益,而不使受让人对于承租人负出租人在交付以外之其他义务,所以,该抗辩对于承租人之帮助并不完全。还是需要利用买卖不破租赁原则,使受让人概括继受该租赁契约之关系,方能周全保护承租人原来享有之租赁利益。

在租赁契约之概括继受还是会引起几个不容易处理的问题:(1)其有押租金之约定及交付者,押租金应如何继受。(2)如有租金之先缴,其先缴对于受让人之效力。[①] 第一个问题应分两点说明。首先是押租金之现金担保系一种从权利应随同租赁契约移转于受让人。这对于让与人的意义是应将收自承租人之押租金交付受让人;对于受让人的意义是得向让与人请求交付押租金担保出租人依租赁契约对于承租人享有之债权;对于承租人的意义是在让与人将押租金交付受让人的限度,对于受让人有依约请求返还的权利。第二个问题当无法律之明文规定,其规范上的说明容易产生争议。盖租金之清偿期原则上属于当事人可以协议的事项,所以如有租金先缴的约定,其先缴之结果自然使与之对应之租金请求权消灭,租赁物之受让人自不得对于承租人重复请求。在此理解下,在物之交易,双方应就有无租赁之债务负担予以厘清。唯鉴于租赁之假债权容易被用为妨碍租赁物之强制执行的手段,对于租金先缴之约款有以强行规定加以限制的必要,至少应由主张租金已先缴者负举证责任。另有一种情形与租金先缴之租赁类似,即消费借贷与租赁之对向混合契约:以利息抵租金;以金钱之用益交换租赁物之用益。在此种混合契约之缔结并履行后,如果出租人将租赁物让与他人,受让人依买卖不破租赁之规定所概括继受者应限于租赁契约或含消费借贷? 当以解释为限于租赁契约为妥。从而受让人自得向承租人(贷与人)请求相当于利息数额之租金的给付,而承租人则得向让与人请求支付利息。在利率大幅下降的情形,承租人应得以情事变更为理由,请求变更租金数额之计算方法。

---

① 关于租金之先缴在买卖不破租赁存在的问题,详请参考 Larenz, Lehrbuch des Schuldrechts, Band Ⅱ · Halbband 1, Besonderer Teil, 13., Aufl., 1986, S.245ff.

这是承租人不利用典权,而利用消费借贷与租赁之对向混合契约所应担负的风险。[①] 依该见解,承租人可能遭受之不测的损失,应利用债权之担保的手段化解:例如就租赁物设定抵押权担保其消费借贷债权。

在消费借贷与租赁对向混合的情形,该消费借贷契约对于与其混合之租赁契约的机能有时类似于高额之押租金。换言之,具有出租人之租赁债权的担保机能。是故,是否得因此将该消费借贷契约解释为仅是该租赁契约内容的一部分,不是完全没有疑问的。另如果让与人与受让人能够获致协议,连消费借贷并同租赁物一起移转于受让人,亦即由受让人承担让与人对于承租人所负之消费借贷债务,该债务承担是否与押租金之授受一样不需要承租人之承认? 为尽可能不波及租赁物之移转关系,在让与人与受让人能够获致前述协议的情形,宜类推适用"民法"第 305 条关于财产或营业之概括承受的规定,使生并存之债务承担的效力。受让人因对于承租人(债权人)为承受该消费借贷债务之通知或公告,而生并存之承担债务的效力。但让与人(债务人)关于到期之债权,自通知或公告时起,未到期之债权,自到期时起,两年以内,与承租人连带负其责任。

---

① "行政法院"1961 年判字第 63 号判例:"原告之被继承人与林某所订立之契约,虽名曰出典,但据原告自承,并未为设定典权之登记,按'民法'第 758 条之规定,自不能认为已有典权设定。观乎该项契约书之内容,可信该项契约实非就耕地为典权之设定,而系耕地租赁与金钱消费借贷之混合契约,以消费借贷应支付之利息,抵充耕地租赁之租金。此项行为,显与'实施耕者有其田条例'第 30 条第 2 款规定之情形相当。"依该判例意旨当事人就土地为出典之约定而未办理典权登记者,其约定将被定性为租赁与金钱消费借贷之混合契约。

第三章

危险负担或情事变更之调整租金的起效时点

租赁为继续性契约,在其存续中如有得请求增减或诉请调整租金的法定正当事由发生,由于事由发生之时点与请求增减或诉请调整之时点原则上不在同一时点,所以在其事后之请求或起诉有理由时,引起其增减或调整时点究竟应从何时起效的问题。

一、得请求增减或诉请调整租金的事由

关于租赁"民法"有两个规定容许承租人请求减少租金或当事人申请法院增减其租金。前者,以租赁关系存续中,因不可归责于承租人之事由,致租赁物之一部分灭失为要件,这属于租金之危险负担的问题,应在诉外以意思表示的方法为之("民法"第 435 条);后者,以租赁物为不动产,且缔约后其价值有升降为要件,这属于情势变更的问题,应在诉讼上提起形成之诉的方式为之("民法"第 442 条)。以上两个条文所规定者皆是法定的形成权,[①]而非请求权。该两种形成权之成功的行使皆引起变更租金的结果。至其变更应以何时为其起效时点?

---

① 此与当事人以特约约定在一定的情况下,得按一定之标准为租金之调整者不同。是故,"租赁契约依'民法'第 451 条规定更新后,仅发生期限变更之效果,其余内容(如租金及其他条件)并未随同变更。不动产租赁契约就增减租金所为之约定,并不因'民法'第 442 条已有得申请法院增减租金之规定而失其效力,或认于定期租赁不能有此约定。再果有合于增减租金约定之情事发生时,当事人即得直接依该约定方法增减租金,殊无待双方当事人之另行协议"("最高法院"1975 年台上字第 1579 号判例)。然该特约是否排除了"民法"第 442 条关于情事变更原则的适用性?"最高法院"2001 年台上字第 482 号民事判决采肯定的见解:"查未定期限之不动产租赁,如契约当事人就租金之给付,已明确约定按不动产价值之固定比率计算,则该不动产之价值倘有升降之情事发生,当事人即得直接依是项约定增减租金,自无依'民法'第 442 条规定诉请法院调整之必要。"

应按其要件事实之存在特征所引起的规范需要定之。

二、危险负担与增减租金的起效时点

按租赁之给付与对待给付为：一方以物租与他方使用、收益，他方支付租金。因为租赁非让与之债，所以在出租人以合于所约定使用、收益之租赁物，交付承租人时，租金之危险负担并不移转于承租人。是故，出租人应于租赁关系存续中，保持其合于约定使用、收益之状态（"民法"第 421 条），包括积极以修缮的方法（"民法"第 429 条、第 430 条）。唯保存义务及修缮义务仅及于毁损，而不含灭失部分的恢复。在出租人无恢复灭失部分之义务的前提下，不论灭失部分之修复是否可能，租赁物之灭失皆属于给付不能。因为租金系租赁物之使用收益的对价，所以，如果租赁物因不可归责于出租人之事由而灭失，出租人即免给付义务（"民法"第 225 条），从而无租赁物之重置义务。如亦不可归责于承租人，则承租人依"民法"第 266 条亦可免对待给付，含租金及押租金之义务。由之可见，"民法"第 435 条第 1 项只是重申"民法"第 266 条之规范意旨。另承租人就其存余部分不能达租赁之目的者，并得终止契约（同条第 2 项）。不过，租赁物之灭失如果是因可归责于承租人之事由，承租人对于出租人首先应就租赁物之灭失所造成的损害负赔偿责任固不待言，有疑问者为承租人是否继续负租金之给付义务。就此司法实务采否定说。① 如果是因可归责于出租人之事由,则承租人得依"民法"第 226 条对于出租人请求损害赔偿。所谓租赁物灭失虽不含其孳息之灭失,②但在耕地租赁因天灾而欠收仍构成减租事由("耕地三七五减租条例"第 11 条)。基于以上的认识,承租人依"民法"第 435 条第 1 项按灭失之部分减少租金之请求的起效时点应该是租赁物一部分灭失时,而非承租人请求时。盖非如是,"民法"第 435 条与第 266 条之法律效力会不一致。唯司法实务采请求时说。③

租赁物为共有物者,其出租固应由共有人全体或经共有人全体同意为之,但其调整之申请各共有人得单独为之;④唯对于共有人为调整租金之诉仍应以共有人全体为共同被告。共有人之一未经共有人全体同意,而出租非基于分管而

---

① "司法院"1994 年厅民一字第 22746 号函:"〔法律问题〕因承租人之普通过失而失火,致租赁物全部灭失,该租赁关系是否消灭? 承租人是否得拒绝支付租金?〔讨论意见〕甲说(肯定说):租赁物全部灭失,无论其原因如何(即不论可否归责于承租人或出租人之事由),则租赁之客体既不存在,租赁关系当然终了,嗣后承租人自无支付租金之义务(参见司法院 1940 年院字第 1994 号、1945 年院解字第 2979 号解释,以及郑玉波:《民法债编各论》,第 213 页、第 215 页注 19、第 259 页)。况租赁系继续性之法律关系,租金乃继续使用收益租赁物而生之对价,兹使用收益既已全部不能,如仍令承租人支付租金,即与损害赔偿之债务相对立,徒增法律关系之复杂,而无补于实际,自应解为租金债务不发生,租赁关系当然消灭,仅以损害赔偿问题处理之。乙说(否定说):若因可归责于承租人之事由,致租赁物全部灭失,则出租人依'民法'第 225 条第 1 项固免其义务,但承租人依同法第 267 条规定,仍有支付租金之义务,租赁关系亦不当然消灭。〔决议〕采甲说。"该号函释有几点值得说明:(1)可归责于承租人之事由,在一般情形指承租人就租赁物之保管未尽善良管理人之注意("民法"第 432 条),在租赁物因承租人之事由致失火而毁损、灭失的情形,指承租人有重大过失("民法"第 434 条)。(2)在租赁物因可归责于他人之事由而灭失的情形,出租人到底有哪些损害? 首先是该租赁物之重置费用,此即租赁物之灭失本身所造成之损害。属于"民法"第 216 条所定之所受损害(积极损害)。其次是在重置期间减少之租金收入。此即"民法"第 216 条所定之所失利益(消极损害)。重置期间短于原租赁期间者,出租人为另觅承租人并为租赁契约之缔结所发生之缔约费用。这亦属于积极损害。必须赔偿上述三个损害,始能完全填补因租赁物在租赁期间中灭失,对于出租人所造成之损害。是故,该号解释甲说认为只要以损害赔偿问题处理之即可固属允当,但仍应就其得请求赔偿之损害的项目稍加说明,以释疑惑。这当中得请求赔偿之损害的项目虽含租金之损失,但非如乙说,直接以继续负租金之给付义务为其方法,而是以在重置期间减少之可能的租金收入所构成的损害为其项目。最后在重置费用的计算上,必须注意利用重置恢复原状,在具体案件其恢复如有超过或不及的情形,就其超过或不及应予找补。

② 参见"最高法院"1984 年台上字第 825 号民事判决。

③ 参见"最高法院"1996 年台上字第 808 号民事判决。

④ 参见"最高法院"1997 年台上字第 336 号民事判决。

得单独使用之共有物者,该租赁在为出租之共有人及承租人间虽然有效,但非经其他共有人承认,该租赁对其不生效力,是故,其他共有人如因而就租赁物主张其权利,就租赁物承租人仍可能因此不能为约定之使用、收益。① 这时候,依"民法"第 436 条准用第 435 条之规定,承租人依然得按不能为约定之使用、收益的范围,请求减少租金,其因此不能达租赁之目的者,并得终止契约。

三、情事变更与调整租金的起效时点

"民法"第 442 条虽然规定:"租赁物为不动产者,因其价值之升降,当事人得申请法院增减其租金。"该条虽仅规定关于租金之调整,但应类推适用至该租金之押租金。然何谓租赁物价值有升降? 如何认定租赁物之价值有升降及其升降数额? 就第一个问题,最高法院 1937 年沪上字第 4 号判例称:"民法第 442 条所谓价值之升降,系指租赁物本身之价值,于租赁契约成立后有升降者而言。"然租赁物本身如无交易,其价值之升降将只是一个推估值。此外,当事人关于租金之约定当初取向于法定租金限额者,"最高法院"还将后来法定租金限额之调高论为得据以申请法院调整租金的事由。② 唯其规范基础应不再是"民法"第 442条,而是情事变更原则之一般规定("民法"第 227 条之二、"民事诉讼法"第 397条)。③ 就第二个问题,最高法院 1931 年上字第 283 号判例称:"至所加租额之多寡,应以土地繁荣之程度及邻地租金之比较等情形为标准。""最高法院"1992年台上字第 3062 号民事判决要旨更清楚地指出:"按租金为承租人使用、收益租

---

① "最高法院"2001 年台上字第 187 号民事裁定:"查原审以上诉人主张其整地后,遭土地共有人出面阻止,因而未能达租赁目的云云,未能举证以实其说,并为被上诉人所否认,(判决)上诉人不得依'民法'第 436 条准用第 435 条第 2 项规定终止系争租赁契约。……并无违背法令情事。"该号判决显然认为,只要上诉人能证明其他共有人出面阻止其就租赁物为使用收益,便可依"民法"第 436 条准用第 435 条第 2 项规定终止系争租赁契约。亦即"民法"第436 条规定中所称之第三人含未同意出租并进而主张权利的共有人。有疑问者为,承租人为避免开发后因其他共有人出面反对可能造成之投资风险,得否请求出租之共有人,在相当期间内协力使其他共有人承认该租赁契约,并主张如不能于所定相当期间内获得其他共有人之承认,得终止契约。要之,类此案件,以其他共有人出面阻止为终止之要件虽看似与"民法"第 436 条之文义较为接近,但在事实上这不能满足承租人之避险的规范需要。因此,在共有物之出租的情形,该条之解释或适用应稍加变通,使之包含请求出租人积极协力排除第三人可能主张权利之不安。

② 参见"最高法院"1999 年台上字第 2347 号民事判决。

③ 关于情事变更原则,请参考黄茂荣:《债法总论》(第二册),台湾植根法学丛书编辑室2002 年版,第 409 页以下。

赁物应支付之对价,故法院于依'民法'第 442 条之规定,调整不动产租赁之租金时,除应斟酌不动产之价值、所处位置及其四周工商业繁荣情形,暨与邻地租金为比较外,更应注意承租人利用该租赁物之经济价值与所得之利益,与应调整之租金数额是否平衡。"该判决所示应斟酌的事项已超出不动产之价值。另依该条规定仅得请求增减租金,不得请求变更原来约定之租金的种类。[①] "民法"第 442 条之规定于永佃权准用之。

在未申请法院增减其租金以前,原约定之租金额,并不因租赁不动产价值之升降,而失其拘束双方当事人之效力,[②]固无疑问。有疑问者为法院准许增减之判决,最早于何时可以起算?

"民法"第 442 条所定申请法院增减租金之请求属于以情事变更为理由,而事后提起关于对价关系的调整请求。此与契约当事人事先约定按不动产价值之升降而(自动)机动调整者不同。[③] 唯在该约定中如无自动调整的协议,则与"民法"第 442 条一样,必须经请求而后调整之。这时皆会引起应从何时起调整的问题。有几个调整的重要时点可能被提出:(1)情事变更时说:租赁物价值升降时;(2)请求时说:当事人对于相对人请求调整时;(3)起诉时说:起诉申请法院判决调整时。情事变更时说符合双方对价关系之实质基础,起诉时说符合"民法"第442 条之权利行使方式的规定,请求时说可以疏减讼源,各有所本。鉴于何时请求或起诉系于请求调整之权利人的自由决定,经由该决定能够使请求时或起诉时尽最大的可能接近情事变更时,是故,纵以请求时或起诉时为准,亦不至于违反当事人之意思,过度减损其利益。倒是为疏减讼源应在一定的要件下,于起诉后容许回溯的以请求时为起效时点,值得考虑。

由于"民法"第 442 条规定,增减租金的请求应以诉的方法为之,所以其请求的起效时点应当是起诉时。盖以当事人在缔约时未预见事由干扰约定之对价关系为理由,而依情事变更原则有关规定请求调整继续性契约(例如租赁)之对待给付的额度以回复正确之对价关系时,其请求只能向将来发生效力,以便其相对

---

①　参见"最高法院"1986 年台上字第 2126 号判例。

②　参见"最高法院"1958 年台上字第 1152 号判例。

③　参见"最高法院"1991 年台上字第 10 号民事判决。

人能为改变的对价关系做好准备或终止契约。[①] 唯司法实务上认为：起诉前已按原约定租额付清者，经受领后固不得以法院事后准许增减之判决为依据，请求返还或追补其差额，[②]其增减租金之判决的调整效力应自起诉时起算；但未付清，并在起诉前已对相对人为应调整租金之意思表示者，认为应自当事人为调整租金之意思表示时起算准予调整。[③] 至于起诉前未为此项意思表示者，仍不得溯及请求调整。[④] 在前述情形，为何有限度容许自请求时起调整租金，在相关判决中并无说明。其适合的理由应是：为疏减讼源，仿照消灭时效的规定，认为在诉讼外请求调整而无圆满结果后六个月内起诉者，以其诉讼外请求调整时为判决准予调整之生效时点。换言之，也不适当以当事人曾在起诉前对于相对人为请求为理由，便不论其请求时与起诉时之间隔的长短，无限度的一概都认为应以请求时为准。这有碍于法的安定性之维持。

约定之租金额数，因法律变更致超过法定限度者，就超过部分出租人无请求

---

① 在因契约基础不存在或变更而影响到对价关系之正确性时，如尚可经由调整对价关系恢复其公平，其发生在继续性契约者（例如租赁），除必须探究其妥当之调整幅度外，还必须决定其调整之生效时点。其调整之生效时点，其应诉外请求者，以自请求时起，其应诉讼上请求者，以自起诉时起为宜。唯为疏减讼源，可仿照消灭时效的规定，认为在诉讼外请求调整而无圆满结果后六个月内起诉者，以其诉讼外请求调整时为判决准予调整之生效时点。请参考 Larenz, Geschäftsgrundlage und Vertragserfülung, 3. Aufl., 1963, S.176。反之，其发生在一次给付，但需要长期之给付准备者（例如承揽或营造契约），其问题主要存在于原来约定之对价关系的应调整幅度，而不在于其调整时点。在营造契约，如因当事人之市场地位不对等，而就情事变更构成之契约风险的归属有过度不利于一方之约定时，在后来果有约定之种类的情事变更时，有德国学者认为应依诚信原则，将契约中对于弱势当事人课以不利之契约风险的约款论为契约基础而非契约内容，不得排除关于情事变更原则之规定之适用，从而不受其将情事变更所构成之契约风险归属于弱势一方之约款的拘束，而应客观地论断其正当之归属，以公平调整双方之对价关系。其道理除在于市场地位之滥用的禁止外，并在于承揽或营造契约之定作人比较容易转嫁或分散因情事变更引起的财务风险。盖当营建费用因情事变更而增加时，完成之工作物的市场价格或租金原则上亦随之升高。换言之，不但从资产之账面价值或从预期之收益观之，定作人皆不因情事变更增加营建费用而必然招致损失；反之，承揽人或营建业者并无将因情事变更增加之营建费用转嫁或分散出去的机会，必然因负担情事变更增加之营建费用而遭受财务上的不利。这不利于营建产业的稳定发展。请参考 Fikentscher, Die Geschäftsgrundlage als Frage des Vertragsrisikos, 1971, S.74ff.,106.

② 参见"最高法院"1993年台上字第1877号民事判决。

③ "最高法院"1959年台上字第521号判例："房屋或土地出租人，依'民法'第442条提起请求增加租金之诉，如起诉前之租金并未按原约定租额付清，则法院准许增加之判决，得自出租人为调整租金之意思表示时起算。""最高法院"1959年第一次民、刑庭总会会议决议之二同此意旨。

④ 参见"最高法院"1984年度第九次民事庭会议决议之一。

权。如有租金超过法定限额的情形,承租人在结果上虽然亦得主张减少租金之给付数额,但仍非以"民法"第442条为其规范基础。① 在此情形,承租人如有不知情而给付超出限额的租金,其给付仍构成不当得利,得请求返还。这与有"民法"第442条所定之调整事由,而承租人在申请法院调整前即为清偿给付,事后不得请求返还者,不同。

---

① 参见"最高法院"1959年台上字第1536号判例。

租赁契约之移转与押租金之随同移转

　　在租赁契约,出租人为担保其租赁债权,或隐藏的提高其租金数额,常有押租金之约定。该押租金之返还请求权的清偿期,于租赁期间届满或终止时届至。① 不论是将押租金的约定论为租赁契约的一部分,还是其从契约,在租赁契约由他人依约或依法概括继受时都会引起一个问题,押租金约款或契约是否随同移转,② 及其与押租金给付与返还的关系。

　　在租赁契约之概括继受的情形,就其押租金约款或契约是否包含在内随同移转,实务上的意见不是很精准,除约定押租金视为租金之预付而于租期内不再交付租金者,虽受让人未受押租金之交付,承租人亦得以之对抗受让人外,其他

---

　　① "最高法院"1959 年台上字第 1196 号判例:"房屋租赁保证金(即押租金)之返还,当然为租期届满时,出租人与保证人所负恢复原状之义务。如出租人与保证人于租期届满时未履行此义务,纵租赁关系于租期届满时消灭,而其返还保证金之义务,要难认为随同失其存在。""最高法院"1994 年台上字第 2108 号判例亦采相同见解认为:"押租金在担保承租人租金之给付及租赁债务之履行,在租赁关系消灭前,出租人不负返还之责。本件租赁关系既已消灭,承租人且无租赁债务不履行之情事,从而其请求出租人返还押租金,自为法之所许。""最高法院"称租赁契约消灭后,以押租金与租金债权抵销有余额为其返还的停止条件(同院 1970 年台上字第 302 号民事判决)。要之:"押租金系以担保承租人之租赁债务为目的。是押租金返还请求权,应于租赁关系终了,租赁物交还,承租人已无债务不履行情事,且押租金尚有余额时,始能产生"("最高法院"1988 年台上字第 2213 号民事判决)。

　　② 实务上采否定的见解。参见"最高法院"1988 年台上字第 2177 号民事判决。

情形一般说来,采否定的见解。① 必须押租金经交付于受让人方始随同移转。②
于是,争议点转至受让人如何取得其押租金之担保利益,③以及该担保利益的取
得方法(押租金之交付)是否受有法律保障。让与人未自承租人受领押租金者,
受让人得依约请求承租人给付,固不待言。让与人已自承租人受领押租金者,受
让人有无权利请求其转付,或者仅承租人可向让与人请求返还押租金,受让人还
是应向承租人请求给付? 换言之,在租赁契约移转时,让与人是否应即将押租金
返还承租人,或应转付于受让人? 其答案为:受让人有权利请求转付,但自实务
见解观之,让与人对于受让人显无转付义务,而可依其选择直接返还于承租人。
受让人未从让与人受押租金之转付者,是否得向承租人请求给付押租金? 这视
让与人是否已将押租金返还承租人而定。④ 因之,受让人倘直至租赁契约终止

---

① 参见"最高法院"1962 年台上字第 1428 号民事判决。

② "最高法院"1970 年台上字第 804 号民事判决:"依'民法'第 425 条,承租人对于受让
人继续存在之租赁契约,系指同法第 421 条第 1 项所定意义之契约而言。其因担保承租人之
债务而授受之押租金,不包含在内。故押租金未交付受让人时,不随同所担保之债权移转于
受让人。"该见解立基于动产担保或现金担保物权之占有要件,而忽略在将处分行为(物权行
为)与负担行为(债权行为)区分的前提,在处分行为(物权行为)之外,必须有一个负担行为
(债权行为)为其原因行为。押租金契约或租赁契约中之押租金约款首先其实是关于押租金
担保之设定的原因约定,基于该约定之押租金的授受才是其设定之物权行为。押租金契约在
债务层面的意义为:承租人有义务依约定交付押租金于出租人作为担保。这与在融资契约
中同意设定抵押权担保所负之融资债务者,有义务为抵押权之设定的道理是一样的。"民法"
第 295 条第 1 项前段规定:"让与债权时该债权之担保及其他从属之权利,随同移转于受让
人。"如何将该规定落实到各种之担保,必须根据各种担保物权之存在特征说明或规划之,但
原则上不宜由于说明的困难,而甚至在债务的层次,认为原来据之课以设定义务的约款不随
同债权之让与而移转,而必须依赖另一个设定契约。按在物权行为的层次,由于依该项规定
所发生之担保物权的移转为一种法定的移转,其为抵押权者,登记已不再是生效要件,而仅是
对抗要件("最高法院"1998 年台上字第 576 号民事判决);其为动产质权或权利质权,且其权
利之移转不以占有之交付为必要,而以登记或一定之记载为必要者,可适用与抵押权相同之
观点。反之,其权利之取得以占有之交付为必要者,可借助于将让与人论为受让人之占有辅
助人。比较复杂者为以现金为目标之让与担保。例如押租金。在此情形,基于现金之特征,
使现金保实质上转为以押租金之返还义务为目标之债权质权。然因该债权质权之债务人与
质权人相同,以致在其让与时,不像其他担保物,适宜由让与人担负为受让人占有担保物的角
色,而必须待让与人事实上将押租金转付受让人时,受让人始取得以押租金为内容之让与担
保。然即便如此,其物权行为之设定要件上的需要亦不应影响到其债权行为之存在,认为押
租金契约不能依"民法"第 295 条第 1 项前段规定,随同租赁契约法定移转。

③ 参见"最高法院"1954 年台上字第 114 号民事判决、1954 年台上字第 932 号民事判
决、1962 年台上字第 1251 号民事判决。

④ 应采否定的见解,参见"最高法院"1962 年台上字第 2858 号判例。

时,尚未从让与人或承租人受领押租金之给付,则对于承租人自亦无返还押租金的义务。[1] 承租人已向让与人给付押租金,而让与人未转付给受让人者,承租人固得向让与人请求返还,[2]但得否以押租金返还请求权为主动债权对于受让人主张抵销,[3]或基于其与租赁物间之牵连关系,于让与人返还押租金前主张同时

---

[1]　司法院 1935 年院字第 1266 号解释:"依民法第 425 条规定,应继续存在之租赁契约,其让与人对于承租人契约上之权利义务,即皆移转于受让人,承租人当日所交之押租金,系原约内容之一部,自得向受让人请求返还。"该解释并未述及受让人之返还义务是否系于让与人之转付。受让人为保护自己的利益,应依司法院 1938 年院字第 1816 号解释的意旨办理:"耕佃或大佃之押租金,如系交纳于不动产原所有人者,依租赁契约对于受让人仍继续存在之法则,则取得该不动产之所有人,对于此项押租金,自均得就卖价内扣除,以为给付。"唯后来"最高法院"1976 年台上字第 156 号判例改变其关于受让人之返还义务的看法,认为:"按'民法'第 425 条所谓对于受让人继续存在之租赁契约,系指'民法'第 421 条第 1 项所定意义之契约而言,若因担保承租人之债务而授受押租金,则为别一契约,并不包括在内,此项押租金虽因其所担保之债权业已移转,应随同移转于受让人,但押租金契约为要物契约,以金钱之交付为其成立要件,押租金债权之移转,自亦须交付金钱,始生效力,此与债权移转时,为其担保之动产质权非移转物之占有,不生移转效力者无异,出租人未将押租金交付受让人时,受让人既未受押租金债权之移转,对于承租人自不负返还押租金之义务。"该判例从要物契约立论。相同见解另见"最高法院"1988 年台上字第 1567 号民事判决。

[2]　"最高法院"1952 年台上字第 366 号民事判决:"押租金系担保承租人之债务,乃别一契约,并非当然随租赁契约而移转于受让人,当时既由上诉人收取,则其返还之责自不因此而免除。"

[3]　参见"最高法院"1964 年台上字第 658 号民事判决。

履行，①或留置租赁物？② 以上问题实务上概采否定的见解。然该见解不但与"民法"第334条关于抵销要件之规定，而且亦和租赁契约移转时，承租人所需之保护不符。此为从权利随同主债权移转（"民法"第295条）时所引起之特殊问题。③

法定移转，本来不待于当事人另立书据，④在以登记为公示方法之从权利（例如抵押权），亦不待于登记即可发生移转之效力，与意定移转须经登记始发生移转效力者有异。⑤ 这亦适用于主债之关系或主债权法定移转的情形。例如租赁契约移转时，其押租金契约之随同移转。至其押租金担保在其转付于受让人前是否亦已随同移转，则有疑问。

由于押租金这种让与担保与动产质权类似，而与抵押权不同，其取得以所有

---

① "最高法院"1980年台上字第3985号民事判决："承租人交付押租金与出租人，在于担保其租赁债务之履行，诸如租金之给付，租赁关系终了后租赁物之返还，以及迟延返还租赁物所生之损害赔偿债务均是。故在租赁关系终了后，承租人于租赁物返还前，尚不得请求出租人返还押租金，自亦无从主张其租赁物之返还应与出租人押租金之返还同时履行。"在担保物权之涂销或担保物之返还固当以债务人已清偿其债务为要件，从而担保债务人就担保物权之涂销或担保物之返还，不得主张与债务之清偿同时履行。然倘系争担保为现金担保，则至少在具体情势有令债务人不安之可能存在时（例如租赁契约因买卖不破租赁，而在租赁物让与时法定移转，改变出租人及押租金之所有人），应先为结算，以定债权人应返还之押租金的数额，并容许债务人主张同时履行，较为允当。盖除了不安抗辩为"民法"第255条所肯认外，押租金之给付之目的原在于担保租金，而在租赁契约，租金为用来交换租赁物之交付的对待给付，所以过多押租金之返还，具有过多租金之给付的返还意义。从而于租赁契约终止时，押租金之返还义务与租赁物之返还义务间，带有类似于契约解除时当事人双方所负恢复原状义务的特征（"民法"第259条），而该恢复原状义务准用双务契约之规定（"民法"第261条），终止权之行使方法及效力准用解除之规定（"民法"第263条）。因之，关于契约之终止，允宜目的性扩张"民法"第263条所定得准用（类通适用）之解除规定的范围，使之包括"民法"第259条及第261条。

② "最高法院"采否定的看法，参见1954年台上字第114号民事判决。

③ "民法"第295条规定："让与债权时该债权之担保及其他从属之权利，随同移转于受让人。但与让与人有不可分离之关系者，不在此限（第1项）。未支付之利息，推定其随同原本移转于受让人（第2项）。""最高法院"1956年台上字第1808号民事判决参照。已到期之利息系一独立之债，故"民法"第295条不将之列入该条第1项从权利之内，认其当然移转于受让人，而于第2项另作独立之规定。仅推定其随同原本移转于受让人。关于该条第2项是否得准用于债务承担的情形，"最高法院"1959年台上字第1107号民事判决要旨认为："承担债务时关于未到期之利息是否亦随同移转，法律既未定有明文，自不能推定其必随同原本移转于承担人。"

④ 参见"最高法院"1953年台上字第248号判例。

⑤ 参见"最高法院"1998年台上字第576号民事判决。

权之移转或占有之交付为必要,不若抵押权因以登记为其公示方法,得依法律规定其在法定要件满足时,即生移转的效力。[①] 所以,受让人最后是否能实现其押租金的让与担保设定请求权,实务上认为尚视让与人是否将押租金转付于受让人而定。如有转付,受让人因此取得该押租金之担保利益,对于承租人负返还押租金的义务,关于押租金之返还债务等于因此发生债务承担,由受让人承担让与人之返还债务;反之,如让与人不为转付,受让人不但还是不能请求承租人再次给付押租金,最后于租赁契约终止时,还可能引起承租人是否可将该押租金用来抵销对于受让人所负租赁债务,以及是否还可据以留置租赁物,使受让人对于让与人所负之押租金返还义务,实质上负担保责任的问题。这些问题之适当说明与解决,遭遇仅能系于让与人后来究竟如何处置该押租金之偶然的事实:让与人将之转付于受让人或返还于承租人。对于受让人而言没有一个可靠的依据,可以对于让与人有所主张。这与"民法"第 295 条第 1 项前段规定担保应随同其所担保之债权移转的意旨不符。可能的解套方法当是,认为在随同法定移转时,该押租金让与担保转为以承租人对于让与人之押租金返还请求权为目标之权利质权,并以受让人为质权人,直到让与人将押租金转付受让人时,该权利质权才又转为以现金为内容之让与担保。

　　总而言之,租赁关系依买卖不破租赁的规定("民法"第 425 条)由买受人法定继受时,如有从属于该租赁契约之押租金契约,该押租金契约依其约定之存在目的,自亦当法定随同移转于受让人。就此实务上虽无疑义,然因押租金为现金

---

① "民法"第 295 条第 1 项前段规定:"让与债权时该债权之担保及其他从属之权利,随同移转于受让人。"其中与担保有关者即为担保之法定的移转。然各种担保依该规定于让与债权时是否皆无障碍的移转于受让人?经登记之抵押权依"民法"第 758 条之反面解释,固可即因债权之让与,而随同移转于受让人。但动产质权或权利质权("民法"第 901 条),因"民法"第 885 条规定:"质权之设定,因移转占有而生效力(第 1 项)。质权人不得使出质人代自己占有质物(第 2 项)。""民法"第 898 条规定:"质权人丧失其质物之占有,不能请求返还者,其动产质权消灭。"使得动产质权或权利质权是否能依"民法"第 295 条第 1 项前段规定,在让与债权时即自动法定移转于受让人,产生疑问。如果关于质物之占有,在这种情形可将让与人解释为受让人之占有辅助人("民法"第 942 条),则动产质权或权利质权之法定移转亦无疑问。至于让与担保,如其目标为物,而非金钱,"民法"第 295 条第 1 项前段规定之适用,当亦无疑问。作为担保物者在这种情形一样的可法定地移转于债权之受让人。反之,目标物如为金钱,则因作为担保物之金钱已与担保权人之其他金钱混合,这种让与担保后来实际上只能暂以该金钱之返还之债作为质权目标之权利质权的形态存在。然在让与人将该作为担保之金钱给付受让人,将该权利质权转化成让与担保前,其法定移转尚不能达到使受让人取得与让与担保相同的担保利益。这是租赁契约因买卖不破租赁而移转时,其相关押租金契约之法定移转所以造成说明上之困惑的道理所在。

的让与担保,非经现实交付不能取得。该担保类型及担保目标之特殊性,在法定移转上产生受让人如何实现其关于押租金之担保利益的难题。可能的见解为:(1)重为设定说。该说认为租赁关系既已移转,则让与人继续保有其受领押租金之利益已失其目的,所以让与人(原出租人)应将押租金返还承租人,而承租人则应依押租金契约对于受让人为押租金之给付,以担保受让人之租赁债权。让与人之返还义务与承租人再为押租金之给付义务间无时序之先后或依存关系。此为以债之效力的相对性为基础,所建立的见解。其主要弱点为:未充分考虑"民法"第 295 条第 1 项前段规定:"让与债权时该债权之担保及其他从属之权利,随同移转于受让人。"以及押租金契约对于租赁契约之从属地位。(2)法定移转说。该说认为基于依"民法"第 295 条第 1 项前段,押租金担保应随同租赁债权移转的观点,让与人应将其受领自承租人之押租金转付受让人,①以符合该项之规范意旨。此际,由于租赁契约虽有法定移转,但尚未终止,所以承租人对于让与人之押租金返还请求权并未届清偿期,在让与人将押租金转付受让人前,该押租金

---

① 法律关系之发生、移转、变更或消灭,有以法律行为,有以法律为其规范基础者。其以法律行为为基础者,为意定或约定的法律关系,其以法律为基础者,为法定的法律关系。以法律为基础的法律关系,有时依该法之规定,于满足所定之构成要件时,即发生、移转、变更或消灭,有时尚待于践行一定的的程序。在这种情形,所谓法定,其意义常仅止于一定法律关系之设定的强制,其义务之发生不需要义务人之同意。例如法定地上权("民法"第 422 条之一:请求出租人为地上权之登记)或法定抵押权("民法"第 513 条:请求定作人为抵押权之登记;或请求其预为抵押权之登记)。因之,在押租金所构成之让与担保物权的法定移转,由于其担保利益之掌握有赖于押租金之交付,所以其物权层次之移转,依情形固可能尚待于让与人将押租金转付于受让人,但这不表示在债权的层次,不能因租赁契约之移转,而依"民法"第 295 条第 1 项前段规定,即随同课让与人以转付押租金的义务,以满足物权性从契约或从权利应随同债权性之主契约或主权利移转的规范需要。否则,债权行为与物权行为之划分,在因买卖不破租赁而发生租赁契约之法定移转时,必会造成如实务所示,关于押租金契约及押租金担保的畸形发展。至于在这种情形是否导入债权质权的担保作为桥梁的观点,先将以押租金为目标之让与担保,在其随同租赁契约法定移转时,转化为以押租金返还请求权为目标之债权质权,而后于让与人将押租金转付于受让人时,再将该债权质权转化为以该押租金为目标之让与担保。应采肯定的见解。

之担保暂以该押租金返还请求权为目标所构成之权利质权的形态存在，①以替代的满足承租人对于受让人之押租金的给付义务。采取该见解，首先可以使押租金之授受所构成之担保上的从权利，在租赁关系因买卖不破租赁而移转于租赁物之受让人时，即随同移转于受让人，不至于在让与人将押租金交付受让人前，造成从权利之继受的中断，引起担保上的空窗期。该空窗期在承租人于租赁物让与后破产时会产生不利于受让人的结果。盖这时如认为受让人就承租人对于原来出租人之押租金返还请求权有权利质权，则受让人就之可行使别除权，从而就该押租金有优先于承租人之其他债权人满足自己之租赁债权的利益；反之，如果认为必须等到原来出租人（经由或不经由承租人）将押租金交付受让人时，受让人始能取得该押租金所构成之担保，则因受让人在该空窗期就该押租金尚不得主张别除权，承租人之其他债权人可以主张与受让人平等的就该押租金取偿。

在采权利质权之法定移转说，让与人仍负有义务，积极通过将押租金转付于受让人的方法，将该权利质权再转化为以现金为内容之让与担保。承租人于受让人自让与人取得押租金时，对于受让人取得押租金返还请求权。如果采取这个见解，而让与人却将押租金返还承租人，而不转付于受让人，则因其清偿对于

---

① 当押租金之让与担保因租赁契约之法定移转而随同移转时，该担保依其存在特征首先应转化为权利质权，以让与人为债务人，承租人为债权人（出质人），受让人为质权人。依"民法"第902条适用债权让与规定之结果为，经其让与人或受让人通知债务人后对于债务人发生效力（"民法"第297条）。然因该租赁契约之法定移转系因出租人（亦即该权利质权目标之债务人），将租赁物让与受让人而发生，所以其相关权利质权之移转无通知债务人（出租人）始生效力的问题。至于在该权利质权法定随同移转时，出租人所得对抗承租人之抗辩事由或抵销的主张，准用"民法"第299条，固皆得以之对抗租赁物之受让人。但准用"民法"第296条，于租赁契约缔结时，出租人应将该等情事告知受让人，否则，可能由于缔约上过失而不得对于受让人主张抗辩或抵销。在该权利质权发生后，承租人处分质权目标物之权限即受到限制，依"民法"第903条非经质权人之同意，出质人（承租人）不得以法律行为，使作为质权目标物之权利（押租金返还请求权）消灭或变更。因该权利质权本来为以现金为目标之让与担保，所以应认为，作为质权目标之债权在随同移转时已届清偿期，且其清偿期先于其所担保之租赁债权的清偿期。是故，准用"民法"第905条，质权人（受让人）得请求债务人（让与人：原出租人）给付押租金，而非仅得请求债务人，提存其为清偿之给付物而已。因之，债务人（让与人：出租人）于向质权人（受让人）清偿时，并不须得出质人（承租人）的同意。反之，债务人如向出质人清偿，应得质权人之同意。未经其同意之清偿，对其不生效力（"民法"第907条）。

受让人不生效力,①该权利质权仍然存在,让与人还是有义务将押租金交付于受让人,承租人之受领构成不当得利,应返还于让与人,唯必要时受让人可代位向承租人请求返还。纵使让与人不因承租人或受让人之请求,而将押租金转付于受让人,承租人之押租金返还请求权将来还是可以用来抵销受让人之租赁债权,或作为留置租赁物的理由的。② 前述二说中以法定移转说较能契合"民法"第295条第1项前段关于担保之法定移转的规定。

---

①　"最高法院"1992年台上字第2860号民事判决:"按权利质权之设定,除有特别规定外,应依关于权利让与之规定为之,此为质权设定之通则,对债权质权自有其适用。又为质权目标物之债权,其债务人受质权设定通知者,如向出质人或质权人一方为清偿时,应得他方之同意,以保障质权人之权益,'民法'第902条、第907条规定甚明。"唯因该以承租人对于让与人享有之押租金返还请求权为目标之权利质权的取得,只是该押租金转付受让人(质权人)前之权宜的安排,所以其债务人(让与人)仅于向债权人(承租人)清偿时,应得他方之同意,反之,于向质权人(受让人)清偿时,则不必。

②　然"最高法院"1960年台上字第307号判例要旨认为:"因担保承租人之债务而授受之押金,未经交付于租赁物之受让人者,受让人既未受有押金权利之移转,则承租人即得径向原出租人为返还押金之请求,无待租赁契约终止而后可。"按论诸实际,押租金为承租人租赁债务之现金的让与担保,虽因其为现金而不以担保的形式存在,但实质上仍具有担保之从权利的地位。是故,其返还请求权的行使自当以租赁契约已终止为要件。在租赁物于租赁期间让与的情形,贯彻买卖不破租赁原则,除租赁契约不因租赁物之移转而终止外,押租金契约自亦当继续有效,并与租赁契约同样的为受让人所法定继受。其结果,让与人(原出租人)之继续保有押租金所有权丧失其法律上原因。有疑问者为谁(受让人或承租人)对其有返还请求权及其法律依据为何? 承租人及受让人分别基于押租金契约皆对于让与人有返还请求权,所不同者为:承租人之返还请求权带有抗辩,让与人得以其应将押租金转付受让人为理由,拒绝返还,然承租人如为受让人之利益而行使,请求让与人直接向受让人给付,让与人即应对于受让人给付。反之,让与人如不为抗辩,而直接对于承租人给付,其给付对于受让人不能生清偿之效力("民法"第902条、第903条、第905条、第907条)。盖押租金之让与担保,于依"民法"第295条第1项前段法定移转时,应解释为已以承租人对于让与人之押租金返还请求权为目标,先暂转为权利质权,以让与人为债务人,承租人为债权人,受让人为质权人。只是在这种情形,承租人对于受让人应负返还押租金的义务,如果后来受让人因承租人不即为押租金之返还,致不能完全享受其依"民法"第295条本来可享有之利益,而受到损害,让与人对于受让人应负债务不履行的责任。至于受让人所享有之返还请求权则不带有前述抗辩,受让人据之得向让与人请求移转押租金,唯在让与人未将押租金返还承租人的情形,受让人不得向承租人请求另行交付押租金。倘让与人不因承租人或受让人之请求,而将押租金移转于受让人,承租人之押租金返还请求权将来还是可以用来抵销受让人之租赁债权,或作为留置租赁物的理由。盖押租金返还请求权为承租人在租赁关系法定移转时即已存在之债权,可用为抵销之主动债权,亦可用以留置与之有牵连关系之物("民法"第928条)。要之,受让人应为其受让租赁物所有权,介入租赁关系,而就押租金之返还负担保责任。是故,在租赁物之转让,配合买卖不破租赁,受让人应小心处理押租金之让受问题。

第五章

租赁关系中之留置权

一、先为给付与法定留置权

在双务契约,其债权之保障首先借助于同时履行抗辩。然在劳务契约,不论其为人的或物的劳务,由于劳务之给付需要一段期间始能完成,所以皆有双方事实上不能同时给付的特征,于是,或者基于法定,或者基于约定终有一方当事人负先为给付的义务或事实上先为履行。从而如有需要,只好在同时履行抗辩外另寻债权之保障的方法。其常见之方法为设定担保物权。在法律规定当事人之一方负先为给付之义务时,通常也规定法定担保物权,以提供保障。其属于一般规定者为"民法"第 928 条所定之留置权。① 其在有名契约中规定者,例如"民法"第 445 条为租赁所定之留置权、第 513 条为承揽所定之法定抵押权。此为在规范规划上所作利益权衡的结果:利用法定担保物权之利益,衡平债务人因先为给付而丧失同时履行抗辩之保障的不利益。

"民法"第 445 条为租赁所定之留置权即为"民法"第 939 条所称之法定留置权。因"民法"第 928 条所定之留置权亦依法律,非依法律行为而发生,亦即也是法定留置权,所以"民法"第 939 条规定"法定留置权,除另有规定外,准用本章之规定。"容易引起误解,以为"民法"第 928 条所定者是意定留置权。适当的规定应是:"本章以外所定之法定留置权,除另有规定外,准用本章之规定。"

按租赁为以物之劳务为给付义务之内容的双务契约。基于劳务给付之特征,在当事人就清偿期无特别约定之情形,法律必须规定哪一方当事人应先为给付。因之,"民法"第 439 条规定:"承租人应依约定日期,支付租金;无约定者,依习惯;无约定亦无习惯者,应于租赁期满时支付之。如租金分期支付者,于每期届满时支付之。如租赁物之收益有季节者,于收益季节终了时支付之。"亦即原

---

①　关于动产质权之定义,"民法"第 884 条规定:"称动产质权者,谓因担保债权,占有由债务人或第三人移交之动产,得就其卖得价金,受清偿之权。"依该定义,质权之规范基础原则上应为当事人间之合意,而非法律。亦即质权原则上为意定的担保物权,此与留置权原则上为法定担保物权者,不同。唯"民事诉讼法"第 103 条第 1 项规定:"被告就前条之提存物,与质权人有同一之权利。"同法第 106 条前段又规定"第 102 条至前条之规定,于其他依法令供诉讼上之担保者准用之"。因之,只要是因诉讼而提供之担保皆有"民事诉讼法"第 103 条第 1 项规定之适用。亦即担保利益人对于为诉讼担保而提存之物与质权人有同一之权利。此为现行法中唯一之法定质权的态样。因之,"最高法院"1999 年台抗字第 118 号民事裁定认为:"按供担保之提存物固得由供担保人依'民事诉讼法'第 106 条、第 105 条第 1 项规定申请法院裁定许其变换。唯受担保利益人依同法第 106 条准用第 103 条第 1 项规定就供担保之提存物与质权人有同一之权利。此项法定质权目标之效力范围应及于提存物之孳息,该受担保利益人于受有损害后,依法得收取孳息并对该提存物暨其孳息有优先受偿之权利(参照'民法'第 884 条、第 889 条、第 901 条)。是法院裁定此类许其变换提存物事件时,自当权衡变换后之新提存物与变换前供担保之原提存物暨其孳息,在经济上是否具有相当之价值而后定之。如提存物为有价证券者,尤应对供担保后之有价证券所生之法定孳息(如可转让定期存单利息、公司股票之现金股利、盈余及增资配股……等是)并为斟酌其客观价值,此乃法定质权应为之当然解释。"担保人得请求更换担保物为法定担保物权之效力特征之一。例如"民法"第 448 条规定:"承租人得提出担保,以免出租人行使留置权,并得提出与各个留置物价值相当之担保,以消灭对于该物之留置权。"

则上出租人负先为给付之义务。[①] 于是,出租人之租金债权丧失同时履行抗辩上的保护,从而引起其确保的问题。针对该确保上的需要,"民法"第445条以下循例利用法定担保物权提供补救性的保障。[②] 因其担保物为动产,所以最后选择之担保物权的类型为留置权。此为担保租赁债权之留置权。[③]

因为留置权是法定担保物权,所以不但其发生,而且包括其担保物、应担保之债权的范围、实行方法等皆依法律之规定。至其应为占有质,则是从其客体是动产,而为公示之需要所导出之存续的要件要素。

二、租赁留置权之特别规定的实益

"民法"第928条以下既已有留置权之一般规定,在租赁何以尚须为租赁债权之担保,另予关于留置权之特别规定? 其规定的实益为何?

按依"民法"第928条之规定,为留置权之成立,债权人除必须占有属于债务

---

① 民事法中关于双务契约之先为给付的规定,原则上固为任意规定,但亦有例外经规定为强行规定的情形。例如"民法"第457条之一第1项规定:"耕作地之出租人不得预收租金。"亦即出租人负有先为交付耕地,供承租人使用、收益的义务。

② 纵使在具体案件约定承租人应按期先为给付租金,还是由于出租人已将租赁物交付承租人而有为全部租期先为给付的意义,只是承租人依事务之性质必须随时间之经过始能为使用、收益而已。何况,后来不但承租人如果不履行租金债务,出租人即陷于下述不利境地:已给付之物的劳务不能收回;即便可因之即为终止契约,租赁物之腾空返还仍然可能迁延时日。此外,尚有承租人如违反租赁物之保管义务而发生损害赔偿义务时,没有对应之保障的问题(Larenz, Lehrbuch des Schuldrechts, Band Ⅱ, Halbband 1, Besonderer Teil, 13. Aufl., 1986, S.249f.)。

③ 法定担保物权有双重意义:相对于债务人可降低强制取偿的障碍,提高其自动清偿的意愿;相对于债务人之其他债权人,就担保物享有优先受偿权。Larenz, aaO. S.249f.

人之动产外，①并应具有下列各款之要件："一、债权已至清偿期者。二、债权之发生，与该动产有牵连之关系者。三、其动产非因侵权行为而占有者。"为放宽其

---

① "民法"第445条第1项前段规定："不动产之出租人，就租赁契约所生之债权，对于承租人之物置于该不动产者，有留置权。"所以，在租赁留置权，其留置物以承租人所有者为限。然如承租人将他人之物带进其承租之不动产上来，出租人是否可准用"民法"第886条关于质权（意定担保物权）之善意取得的规定，善意取得该他人之物的留置权？应采否定的看法。盖动产占有质之公示方法为占有，而租赁留置权这种法定担保物权的成立并不以出租人占有留置物为要件，且于承租人将物带进租赁物上来时，其发生亦不以出租人在场为必要。是故，在此情形，关于租赁留置权之取得，与出租人对于所带进之物是否属于承租人所有之信赖无关。从而应无以占有公示之表见事实为基础之善意取得规定的适用（Esser, Schuldrecht，2. Aufl.，1960，S.549）。相同见解另见 Larenz, aaO. S.250.有疑问者为：承租人带进之物虽属他人所有，但承租人对之享有一定之利益者，在其所享之利益的限度内，是否亦可肯任出租人对之享有租赁留置权？例如承租人因（交付时）附（保留所有权之）条件的买卖、设质或担保信托（让与担保），而占有系争目标物。按"附条件买卖为动产担保交易法"第2条所称的动产担保交易之一。在附条件买卖，承租人除对于买卖目标物随给付价金之多寡，而享有一定之权利外，在将来并有因停止条件成就而取得其所有权之期待权；在担保信托与质权，承租人按各该担保物权所担保之债权的数额而享有其权利。要之，在这三种情形，承租人对于系争目标物享有之权益皆系于一定之债权。于是，延伸出租赁留置权的客体是否应包括有物上担保物权担保之债权的问题。以形式论，因担保信托之信托物在名义上属于承租人所有，应可包括在内；以实质论，该见解会导出相当于，占有担保物者可优先自其担保之债权取偿的结论。这是否妥当，值得探讨。关于附条件买卖，Larenz 教授采肯定的见解，认为承租人依附条件买卖而取得之期待权，因其将目标物带进不动产租赁物，而在租赁留置权之发生要件满足时，带有该留置权的负担。Larenz, aaO. S.250.

中关于占有及牵连关系之要件，①"民法"第 445 条第 1 项乃为不动产之租赁特为规定："不动产之出租人，就租赁契约所生之债权，对于承租人之物置于该不动产者，有留置权。但禁止扣押之物，不在此限。"②盖出租人对于承租人置于该不动产之物是否有取得占有，③留置物与租赁债权间是否有该条第二款意义下之

---

① 何谓"民法"第 928 条第 2 款意义下之牵连关系，"最高法院"1973 年台上字第 1186 号判例要旨称："本件上诉人既将出卖之冷气机交付被上诉人，依'民法'第 761 条第 1 项规定，其所有权已移转于被上诉人。嗣后冷气机因须修护而由上诉人卸回占有，其与有牵连关系之债权，唯为修护费用。兹上诉人所主张者为原买卖契约之价金债权，与其占有之冷气机，即难认有牵连关系存在。上诉人主张基于价金债权，而将被上诉人交付修护之冷气机予以留置不还，自非正当。"解析之，该判例认为修护费用与修护之目标物间始有牵连关系，反之，价金与买卖目标物间并无牵连关系。然其实并不适当认为双务契约中之给付与对待给付间有对价关系，而无牵连关系。盖对价关系乃是牵连关系中最密切的形态。在让与之债，例如买卖，其价金债务与买卖目标物的给付义务间所以不构成牵连关系的理由为目标物给付前，尚属出卖人所有，没有肯认出卖人对之有留置权的意义。因之如有暂时拒绝给付以确保债权之需要，应借助于同时履行抗辩，而非留置权。及至出卖人将目标物所有权移转于买受人后，其动产之留置，……则因可认为"与债权人所承担之义务，或与债务人于交付动产前或交付时所为之指示相抵触"而不构成留置权（第 930 条）。例如利用占有改定移转所有权后，买卖目标物之返还依买卖双方与占有改定相关之约定定之，事后不得再以有对价关系之价金尚未清偿为理由，主张同时履行抗辩，或以买卖目标物与价金有牵连关系，而主张留置。至于"商人间因营业关系所生之债权，与因营业关系而占有之动产，即可视为有牵连关系而成立留置权。纵其债权与占有，系基于不同关系而发生，且无任何因果关系，亦无不可"，则是基于依"民法"第 929 条之规定（"最高法院"1971 年台上字第 3669 号判例）。

② "民法"第 446 条第 2 项关于"承租人如因执行业务取去其物，或其取去适于通常之生活关系"，出租人不得提出异议的规定，即为"民法"第 445 条第 1 项但书所称禁止扣押之物的具体规定。在这种情形与禁止扣押之物一样，不论承租人所留之物是否已足以担保租金之支付，出租人皆不得提出异议。与之类似而不同的情形是，承租人为营业之需要而进进出出于不动产租赁物的商品。该商品的取去，纵在有积欠租金的情形，原则上固仍不须通知出租人，但出租人如对于承租人表示依法留置的意思，承租人之取去置于租赁物上的动产仍应受所留之物已足以担保租金之支付的限制。取去超出容许的部分，不但不生消灭租赁留置权的效力，而且出租人得行使自助权，径行阻止。不及阻止或阻止而无效果者，出租人并得请求承租人带回，以防止他人善意取得；其已由第三人占有，而未善意取得者，亦得请求第三人返还承租人，由其带回。唯尚不得请求直接对于自己给付。请参考 Larenz，aaO. S.252.

③ Esser，aaO. S.548："租赁留置权直接因将属于承租人之物，带进其承租之不动产上来之事件而发生。出租人并无因此取得对于该物之占有。这当中亦不假定承租人有明示或默示之设定担保的意思表示，亦不需要求有该意思表示。"

牵连关系,[①]皆易滋疑义。透过该项之明文规定可使该二要件不再成为其成立上的争点。[②]

三、租赁留置权之物的范围

租赁留置权为一种具有费用性担保之法定的占有质。[③] 所以,出租人得留置之物的范围,不但在量上受到双重限制:在债权方面限于出租人已得请求之损害赔偿及本期与以前未交之租金的限度(第445条第2项),[④]在担保物方面以

---

① 留置权之发生,以留置物与系争债权间有牵连关系为要件。在甲向乙租房屋置放冰箱的情形,租金债权与置放之冰箱间有牵连关系;反之,在甲向乙租屋居住的情形,假如将其生活上所用之冰箱置于该屋内,租金债权与置放之冰箱间是否有牵连关系就可能有不同的看法。因之,"民法"第445条第1项之规定在系争留置权之成立要件上有厘清的作用。依该项规定,或者解释为其间当然有牵连关系,或者认为在这种情形,其留置权之发生不以留置物与租赁债权间有牵连关系为其要件。另在委任关系,受任人依"民法"第541条负交付其所收取之金钱、物品及孳息,移转其为委任人取得之权利于委任人的义务,如有使用应交付于委任人之金钱或使用应为委任人利益而使用之金钱,依"民法"第542条,对于委任人应自使用之日起,支付利息;如有损害,并应赔偿。至于委任人则依"民法"第546条,对于受任人负偿还费用、代偿债务及赔偿其因处理委任事务,非因可归责于自己之事由所受损害的义务。受任人与委任人分别依前述规定所负给付义务间虽无对价关系,从而对其给付之请求,无"民法"第264条所定同时履行抗辩权之适用(Esser, Schuldrecht, 2. Aufl., 1960, S.623)。但因其基于同一委任关系而发生,所以认定为有"民法"第928条第2项所定之牵连关系,有留置权之适用。

② 为避开牵连关系之举证的困难或有无的疑义,"民法"第929条利用拟制的方法规定:"商人间因营业关系而占有之动产,及其因营业关系所生之债权,视为有前条所定之牵连关系。"该规定之机能与"民法"第445条第1项所定者类似。

③ 参见"最高法院"1951年台上字第1659号民事判决。

④ "民法"第445条第2项所定者为租赁留置权所担保之债权的范围问题。鉴于租赁留置权这种法定担保物权之肯认,在于衡平因出租人先为给付,并容许承租人占有租赁物对其所造成之不利益,所以其担保之债权的范围自当限于依租赁关系所发生之债权,包括租金及因债务不履行或积极侵害债权而发生之损害赔偿请求权。但不包括与租赁契约同向联立或对向混合之其他契约所发生之债权。例如承租人因租赁契约之缔结,而同时缔结向出租人购买家具或为出租人装潢、改建租赁物之契约者,出租人因后二契约所取得之债权不属于租赁债权,从而非租赁留置权担保之债权。出租人如因之贷款给承租人,其消费借贷债权,亦同(Larenz, aaO. S.252)。

所留置之物足以担保租金之支付为度（"民法"第 446 条第 2 项），[①]而且在质上，以承租人之物中置于承租之不动产上者为限（"民法"第 445 条第 1 项）。[②] 此外，承租人还得提出担保，以免出租人行使留置权，或提出与各个留置物价值相当之担保，以消灭对于该物之留置权（"民法"第 448 条）。[③] 另承租人将留置物取去，离开租赁物者，出租人之留置权消灭。[④] 但其取去系乘出租人之不知，或出租人曾提出异议者，不在此限（"民法"第 446 条第 1 项）。此为占有质之存续的要件。

然由于在具体情形，不但出租人已得请求之损害赔偿及本期与以前未交之租金的数额可能随时而异，而且承租人置于所租不动产上之物亦可能进进出出，所以关于租赁留置权，留置物之范围的界定在实务上便成为一件重要而不易厘清的问题。这主要表现在可供留置之物的取去（"民法"第 446 条）及其阻止（"民法"第 447 条）上。

四、留置物之取去及其阻止

按承租人将物置于其承租之不动产上时原无以之为其所负租赁债务之特别担保的意思。只是因有租赁债务给付迟延而依法成为该债务之担保物，并使出租人为维持其担保权而必须留置之。于是构成取去与留置之间的冲突。

---

① 然"民法"第 932 条规定："债权人于其债权未受全部清偿前，得就留置物之全部，行使其留置权。"该所谓关于留置权之不可分性的规定，因与"民法"第 446 条第 2 项关于留置范围之限制的精神不符，对于租赁留置权应无适用。

② 置于不动产租赁物上之物中，出租人得就其主张租赁留置权者限于承租人之物，不含承租人之家属或同居人所有之物，纵使其居住于租赁物上，亦然。Larenz, aaO. S.250.

③ 关于一般留置权，"民法"第 937 条亦有类似的规定：债务人为债务之清偿，已提出相当之担保者，债权人之留置权消灭。就法定担保物权所以有上述担保权人仅得留置为担保债权所需适量之物，以及担保人得请求替换担保物等权限的理由为，该担保物权之发生既以法律，而非以当事人之约定为依据，则如有其目标超出担保所需之数量，或担保人愿意提供其他等值之担保物替代原来之担保的情形，自当容许担保人取去超过的部分。将之明文规定，在担保权人拒绝担保人取去超额之担保物或替换担保物时，可以节省担保人关于担保权人之拒绝是否违反诚信原则的论辩。

④ 关于一般留置权，"民法"第 938 条亦有类似的规定：留置权因占有之丧失而消灭。

　　首先是禁止扣押之物，①含承租人执行业务，②或通常之生活关系上所需要之物，因不在得留置之范围内，承租人可自由取去，出租人不得提出异议（"民法"第 445 条第 1 项但书、第 446 条第 2 项）。其次为在出租人得留置之范围承租人不得乘出租人之不知，或虽经出租人提出异议，而仍径行取去。如有这种情形，除其取去不使出租人之留置权消灭（"民法"第 446 条第 1 项）外，③对于其取去，出租人有提出异议权者，并得不申请法院，径行阻止承租人取去其留置物；④如承租人离去租赁之不动产者，并得占有其物。承租人乘出租人之不知或不顾出租人提出异议而取去其物者，出租人得终止契约。此即出租人关于租赁留置权之自助权（"民法"第 447 条）。唯倘承租人后来还是成功的取去一部分其不得取去之物，则因出租人对于取去之物的留置权并不因其遭承租人取去而消灭，而可能造成一个状态：即带有留置权负担之物的所有权人占有其所有物。就该留置权而言，该状态构成该物无留置权之负担的表见事实。因之，在取去后，产生承租人之其他债权人如以该留置物为目标物申请强制执行时，出租人是否还享有优先受偿权，承租人如果破产，出租人是否享有别除权，第三人如以该留置物为目标物与承租人缔结买卖契约，或甚至因之受其所有权之移转，该买卖契约或所有权之让与行为对于出租人之效力为何？

　　基于债权效力之相对性，承租人之债权人之取得债权不论是否由于对该表见事实的信赖，皆不得引为对抗出租人之留置权的权利基础，是故，出租人不但

---

　　①　禁止扣押之财产，其与物有关者，指"强制执行法"第 53 条第 1 项所定不得查封之物："一、债务人及其共同生活之亲属所必需之衣服、寝具及其他物品。二、债务人及其共同生活之亲属职业上或教育上所必需之器具、物品。三、债务人所受或继承之勋章及其他表彰荣誉之物品。四、遗像、牌位、墓碑及其他祭祀、礼拜所用之物。五、未与土地分离之天然孳息不能于一个月内收获者。六、尚未发表之发明或著作。七、附于建筑物或其他工作物，而为防止灾害或确保安全，依法令规定应设备之机械或器具、避难器具及其他物品。"其中第 7 款与租赁留置权无关。其与债权有关者，指同法第 122 条所定不得为强制执行之债权，例如"债务人对第三人之债权，系维持债务人及其共同生活之亲属生活所必需者"。又禁止扣押之财产亦不属于破产财团（"破产法"第 82 条第 2 项）。

　　②　参见"最高法院"1986 年台抗字第 164 号民事裁定。

　　③　有疑问者为，在此情形承租人之债权人得否为强制执行而取去留置物？答案虽为肯定，但其取去并不使租赁留置权因而消灭。是故，就执行所得之价金出租人仍享有优先于该执行债权人之债权的受偿权。Larenz, aaO. S.252.

　　④　出租人依"民法"第 447 条，不申请法院，径行阻止承租人取去其留置物，属于一种私力的救济行为。该自助权之行使虽有该条规定为其依据，但由于涉及承租人关于留置物之管理权，如有过当，容易引起是否因正当防卫过当（"刑法"第 23 条），而触犯剥夺他人行动自由罪（同法第 302 条第 1 项）或强制罪（同法第 304 条）的疑义。

在以债权为基础之强制执行程序中可据该留置权优先受偿[1]，而且在承租人之破产程序中享有别除权。[2] 唯第三人基于对该表见事实的信赖所从事之投入，如已发展至受该留置物之所有权的移转，或以之为客体设定担保物权的程度，则第三人取得之权利是否得对抗出租人，应依善意取得有关规定定之。至于存在于租赁留置权发生前之担保物权，例如动产抵押，其清偿顺位在租赁留置权之前。盖该留置物进入租赁物上时已带有该担保物权的负担。唯承租人带进租赁物之动产所有权的取得附有停止条件，且在带进时条件尚未成就者，在条件成就前承租人如以该物为担保物设定担保物权给第三人，则该担保与租赁留置权应同其顺位。盖在此情形，该两个互相竞合之担保物权应论为同时发生。[3]

关于动产所有权之善意取得，"民法"第 801 条规定："动产之受让人占有动产，而受关于占有规定之保护者，纵让与人无移转所有权之权利，受让人仍取得其所有权。"关于质权之善意取得，"民法"第 886 条规定："质权人占有动产而受关于占有规定之保护者，纵出质人无处分其质物之权利，质权人仍取得质权。"该两条规定中所称关于占有之规定，即指"民法"第 948 条至第 951 条之规定。

"民法"第 948 条规定："以动产所有权或其他物权之移转或设定为目的，而

---

① 如有承租人之其他债权人乘出租人之不知，或不顾出租人之异议，而取去出租人享有留置权之物，事后并就之申请强制执行，而出租人未优先受到分配者，则在出租人之租赁债权因之而未获清偿的限度，该执行债权人因强制执行所获得的给付，相对于出租人构成不当得利。因执行债权人之取得执行给付，有其对于承租人之债权为其法律上原因，所以其不当得利应在出租人之租赁债权因之不能获得清偿见之。亦即其债权之满足的利益，以出租人之租赁债权不能获得满足为其代价，在此意义下出租人受到损害，从而其间因强制执行而有财产利益之移动。因该利益之移动违反了出租人基于租赁留置权之优先受偿权，所以相对于出租人应论为无法律上原因。然则其间移动之利益应如何返还？倘恢复为出租人之租赁债权受满足，而执行债权人之债权再回归于未清偿的状态。则该状态固与原来应有之发展最为贴切，但可能较为周折，牵涉到承租人与执行债权人间本来已因清偿而消灭之债务关系复活。比较单纯的处理当是，由执行债权人将其因有效无权处分留置物所受领之执行给付的利益，在出租人因此受到不利的限度返还于出租人，而出租人则在其受返还的限度，将其租赁债权移转于执行债权人。在这种情形，执行债权人受让之租赁债权因同受租赁留置权之保障（"民法"第 295 条第 1 项），而可能比其原先拥有之债权变得较为有利。该利益之取得，因以该经承租人及其债权人参与之强制执行所形成的利益状态为基础，无再调整的必要。请参考 Esser, aaO. S.551f.

② "在破产宣告前，对于债务人之财产有质权、抵押权或留置权者，就其财产有别除权（第 1 项）。有别除权之债权人，不依破产程序而行使其权利（第 2 项）"（"破产法"第 108 条）。但"有别除权之债权人，得以行使别除权后未能受清偿之债权，为破产债权而行使其权利"（第 109 条）。

③ 请参考 Esser, aaO. S.552.

善意受让该动产之占有者,纵其让与人无让与之权利,其占有仍受法律之保护。"唯"占有物如系盗赃或遗失物,其被害人或遗失人,自被盗或遗失之时起,两年以内,得向占有人请求恢复其物"("民法"第949条)。但"盗赃或遗失物,如占有人由拍卖或公共市场或由贩卖与其物同种之物之商人,以善意买得者,非偿还其支出之价金,不得恢复其物"("民法"第950条)。此外,"盗赃或遗失物,如系金钱或无记名证券,(亦)不得向其善意占有人请求恢复"("民法"第951条)。有疑问者为:承租人强行取去之留置物者,在善意取得有关规定的适用上,是否与盗赃同视? 或谓在这种情形,承租人虽为留置物之所有权人,但其不得取去,而强行取去留置物的事实所当该当者,较之窃盗实有过之。[①] 然因承租人终究是该留置物之真正所有权人,所以将其擅行取去等同窃盗似乎过当。是故,租赁留置权在这种情形还是应论为:可因第三人之善意取得留置物所有权,而消灭;可因第三人善意取得质权,而在优先受偿的顺位上相应退缩。[②]

五、租赁留置权之实行

"民法"第三编第九章,亦即第928条以下关于留置权之规定,于该章以外所定之法定留置权,准用之。唯其他法律另有规定者,不在此限("民法"第939条)。关于留置权之实行"民法"第936条规定:"债权人于其债权已届清偿期而未受清偿者,得定六个月以上之相当期限,通知债务人,声明如不于其期限内为清偿时,即就其留置物取偿(第1项)。债务人不于前项期限内为清偿者,债权人

---

① "司法院"1981年厅民三字第154号函复"台高院":"某甲珍藏之古画一幅,为古董商某乙所窃,经对之起诉请求某乙返还。诉讼系属中,某乙却将该幅古画高价售与不知情之某丙。某甲获得胜诉确定判决后,据以申请向某乙强制执行。执行中始知某乙在诉讼系属中,已将古画售与某丙,请问某丙有无返还该古画与某甲之义务?("司法院第一厅"研究意见)按确定判决除当事人外,对于诉讼系属后为当事人之继受人者,亦有效力。唯所谓继受人,如以债权之法律关系为诉讼目标者,必继受该法律关系中之权利或义务人始当之。如以物权之法律关系为诉讼目标者,则包括单纯受让诉讼目标物之人在内(参见"最高法院"1972年台再字第186号判例)。本题应以某甲对某乙之胜诉确定判决,系基于何种法律关系请求返还其古画为断,如系基于侵权行为之债权法律关系请求,则某丙仅系单纯受让诉讼目标物,并非继受该诉讼目标之法律关系,故非该既判力所及,某甲自不得根据该确定判决请求某丙返还。反之,如系基于所有权人之物上返还请求权,以某乙侵夺其古画为理由请求返还("民法"第767条),因系以物权为诉讼目标,其既判力自及于单纯受让诉讼的物之某丙,唯动产之善意让人某丙,得依'民法'第801条、第950条规定,主张其权利,以排除该判决之既判力。"

② Esser, aaO. S.553.

得依关于实行质权之规定,拍卖留置物或取得其所有权(第 2 项)。[1] 不能为第 1 项之通知者,于债权清偿期届满后,经过两年仍未受清偿时,债权人亦得使前项所定之权利(第 3 项)。"所谓实行质权之规定即指"民法"第 893 条而言。依该条规定第 1 项,质权人于债权已届清偿期而未受清偿者,固得拍卖质物,就其卖得价金而受清偿。但约定于债权已届清偿期而未为清偿时,质物之所有权移属于质权人者,其约定仍为无效(同条第 2 项)。此即流质之禁止。此外,因拍卖对于债务人的利益大有影响,所以,租赁留置权人应于拍卖前,通知承租人。但不能通知者,不在此限(准用"民法"第 894 条)。再则"民法"第 895 条规定:"第 878 条之规定,于动产质权准用之。"而"民法"第 878 条规定:"抵押权人于债权清偿期届满后,为受清偿,得订立契约,取得抵押物之所有权,或用拍卖以外之方法,处分抵押物。但有害于其他抵押权人之利益者,不在此限。"该规定亦得准用于留置权。此与债权人依"民法"第 936 条第 2 项,得按实行质权之规定,拍卖留置物或取得其所有权的规定近似。由于以拍卖的方法实行留置权或质权相当烦琐,费时费事,所以,规定得准用"民法"第 878 条所定之拍卖外的实行方法,深具实务上的意义。

比较前述关于留置权与质权之实行的规定,最主要之差异在于:依"民法"第 936 条第 1 项之规定,为留置权之实行,除必须满足债权已届清偿期而未受清偿的要件外,债权人并应定 6 个月以上之相当期限,通知债务人,声明如不于所定期限内为清偿,即就留置物取偿。亦即其实行需要一个长达 6 个月以上之预告期间。此为依"民法"第 893 条第 1 项实行质权,所不须具备的要件。

六、租赁留置权之替代:押租金

由于租赁留置权在实行上有前述诸多不便,不易产生预期之圆满的效果,所以在实务上出租人多转求比较简单有效之押租金的约定。

押租金,论诸实际本属现金担保。其所有权仅系为担保之信托目的而由承租人移转于出租人,为一种担保信托。由之引起一些规范上的重要问题:例如(1)出租人得否支用押租金,或应专户为承租人之利益存放于银行;(2)就押租金,出租人是否应支付利息;(3)为维持其担保属性,或为避免引起混合,致承租人之债权人误认其为承租人之财产,而强制执行之,出租人是否应将押租金自其

---

[1]　这里所谓债权人得依关于实行质权之规定取得其所有权,指于债权人得就其留置物取偿时,得以协议的方法移转留置物之所有权,以清偿债务。此为嗣后而非自始关于留置物之所有权的移转约定。是与"民法"第 893 条第 2 项所禁止之流质不同。

他财产分开保管。合理的要求应是：出租人应将押租金自其他财产分开，以专户为承租人之利益存放于银行，其利息归属于承租人。[①] 然习惯上皆没有这样的要求，也没有这样做。[②]

---

① 该利息应属于承租人，在这里并没有什么特别，盖"民法"第 890 条第 2 项原则上即规定：质权人有收取质物所生孳息……者，该孳息，应先抵充收取孳息之费用，次抵原债权之利息，次抵原债权。换言之，该孳息之收取系为出质人的利益。此外，同法第 935 条亦规定"债权人得收取留置物所生之孳息，以抵偿其债权"。关于住屋之租赁，《德国民法典》第 550b 条第 2 项、第 3 项明文规定，出租人应将押租金自其财产分开，并附以经 3 个月前之预告，得为终止之通常利率的约款存放于金融机构。该利息属于承租人，但充为租赁债权之担保。不利于承租人之不同约定，无效（Larenz, aaO. S.253）。

② 相沿成习，"所得税法"第 14 条第 1 项就租赁所得规定："财产出租，收有押金或任何款项类似押金者，或以财产出典而取得典价者，均应就各该款项按当地银行业通行之一年期存款利率，计算租赁收入。但财产出租人或出典人能确实证明该项押金或典价之用途，并已将运用所产生之所得申报者，不在此限。"依该项规定，出租人不但得利用因租赁而收取之押金，且其利用之应有或实有收入应论为出租人，而非承租人之所得。基于这种积非成是的见解，在一些金额较大的消费性销售，乃有将一部分价金，以保证金的名目收取的安排，以试图减缩税基（销售额或所得额），规避营业税及所得税的课征。例如在高尔夫球证的买卖，有将其价金分称为入会费或保证金的安排。因之，"财政部"1990 年 6 月 4 日台财税字第 790661303 号函乃释称："高尔夫球场（俱乐部）于筹备中或兴建中（尚未开业），向入会会员收取不退还之入会费或保证金，或于契约订定届满一定期间退会，准予退还入会费或保证金者，均应于收款时开立统一发票课征营业税及娱乐税。……迨……实际发生退会而退还入会费或保证金时，准予检附有关文件向主管稽征机关申请核实退还已纳税款。"容许债权人支用供担保之现金，不但对于提供担保之债务人之利益的保护有所不周，而且会过度扩张债权人之信用，造成来日财务的困难。深究之，目前存在之金融问题，与该不切实之财务行政的理念当不无关系。

第六章

使用借贷

一、借贷的概念及其种类

在法律规范的意义下,借贷系一种以契约为规范基础之用益之债。所谓以契约为基础,指其并非一种无法律拘束力之社交上的示惠关系。借贷本以物之用益为其客体,所以,贷与人不移转目标物之所有权于借用人。借用人于无偿使用之后应将原物返还贷与人。[①] 这称为使用借贷("民法"第464条)。其与租赁之区别为:使用借贷系无偿,而租赁为有偿。所谓有偿,在租赁指承租人为租赁物之用益应对于出租人给付租金作为对价。借贷之目标物如系金钱或其他代替物,且双方约定,贷与人应移转其所有权于借用人,而借用人负以种类、质量、数量相同之物,而非原物之返还义务者,为消费借贷("民法"第474条)。与使用借贷不同,消费借贷可以约定为无偿,亦可以约定为有偿。所谓约定为有偿,指借

---

① "最高法院"2002年台上字第2455号民事裁定:"双方就系争土地之使用并未订立书面契约,亦无收取租金,应认双方就系争土地之使用成立使用借贷关系。又土地所有人将土地交付他人使用,仅由使用人于收受税单后代缴税捐,并非以之为使用土地之代价,乃属无偿之使用借贷。"此为自"民法"第469条第1项延伸出来的看法。盖在该项所定限度内,借用人之给付尚无构成对价的意义。唯在同院1997年台上字第1326号民事判决一案,该院持相反的见解,认为:"称租赁者,谓当事人约定,一方以物租与他方使用、收益,他方支付租金之契约,'民法'第421条第1项定有明文。是当事人所支付者是否为租金应以其支付是否为使用租赁物之对价而定,苟当事人合意以此等给付作为使用租赁物之对价,即应成立租赁关系,不以其给付数额确定,且与承租物之使用、收益相当为必要。……倘若(使用人以执有盖用收取章之田赋缴纳通知单为证,关于代缴田赋之)所述非虚,上诉人之缴纳田赋就令不能认与被上诉人间有租赁关系存在,是否亦有附有负担之使用借贷关系存在,即有进一步推求之余地。"后一判决相信持有他人之纳税收据者关于代缴税捐之主张,并据以发展出附负担之使用借贷的类型值得检讨。按该二见解,一个涉及证据与待证事实之相干,一个涉及契约类型之新创,皆容易制造纠纷,有害于法的和平,恐不妥当。

用人为目标物之用益,应对于贷与人支付利息。这是一种典型的双务契约。反之,使用借贷或无偿之消费借贷则不是双务契约。唯在此情形双方通常仍互负给付的义务,特别是贷与人有义务将借用物交付或甚至移转其所有权给借用人,而借用人于契约关系终了时则有义务返还借用物。然因该二主要义务间并无对价关系,所以使用借贷或无偿之消费借贷还是不因此而可称为双务契约。借用人因使用借贷而对于贷与人所负义务不限于借用物之返还,还包括借用物之保管义务、不得依非约定方法或非依物之性质而定之方法使用借用物的义务、亦不得未经贷与人同意而允许第三人使用借用物(“民法”第 468 条、第 472 条)。供为使用借贷之物不限于动产,道路、铁道、建筑物及车厢之内部、外部皆无不可。一件契约所该当的有名契约为何? 属于契约之解释的问题,应依双方约定之内容定之,并不能由当事人之一方片面以契约一般约款①或由双方无视于具体约定内容为何,擅为归类。

关于使用借贷“民法”虽无最长期限之限制,但如约定为永久或以借用物之堪用期限为其期限,则其性质趋向于赠与。所不同者为,不论所约定之期间有多长,贷与人如有因不可预知之情事,自己需用借用物的情形,贷与人即得终止契约(“民法”第 472 条)。

目标物不必为贷与人所有。如不属于贷与人所有,引起他人之物之使用借贷的问题。然因在使用借贷并不移转借用物之所有权于借用人,所以其履行不构成无权处分。另基于使用借贷之债权性,在借用人善意时,也无所谓有善意取得制度的适用。其善意及其量只是使借用人就借用物之用益对于所有权人不构成侵权行为或不当得利。至于借用人因就借用物为使用收益所取得之利益,以

---

① “最高法院”1995 年台上字第 749 号民事判决:“按上诉人受配使用被上诉人管理之系争房屋,双方间固成立使用借贷关系,但宿舍系政府为照顾公务员之福利措施,政府兴建宿舍供多数不特定公务员依‘行政院’颁布之事务管理法规申请借用,故在宿舍管理机关与受配人间,有依事务管理规则订立使用借贷契约之合意,则于双方缔约前‘行政院’所订有关规章无论借用人知或不知,均为双方使用借贷契约之条款,双方均应受其拘束。”该判决所持见解有两点不妥:(1)事务管理规则如不具备法源地位,则极其量仅系契约一般约款,必须经引用于具体契约中始能成为其约定的一部分。是故,所谓“双方缔约前‘行政院’所订有关规章无论借用人知或不知,均为双方使用借贷契约之条款,双方均应受其拘束”的见解是否成立,系于该规则是否属于经授权制订之法规命令。(2)纵其属于法规命令,宿舍之配住究为使用借贷或租赁与公务员之任用关系相混合,还需视具体约定之内容定之。实务上显然因为未注意到宿舍配住关系对于公务员之任用关系的从属性,而在租赁规定前有所犹疑,以至于强力否认其配住之有偿特征。

其与贷与人之使用借贷契约为其法律上原因。[①] 这时应对所有权人负责者限于贷与人。

物之无偿的交付用益,在非业务性的场合,通常是出于单纯之示惠,了无因此负契约上义务的意思。反之,在业务性的场合,又多不是为了使用借贷,而是为了其他契约关系之缔结(例如汽车之试乘及其他应返还样品之试用的寄送)。这与食品之试吃一样的可能单纯的只是属于商品的广告关系,也可能属于试验买卖之具体契约的缔约协商活动。然有时使用借贷可能与其他契约相混合(例如职务宿舍的配住),成为他契约之从契约。这对于决定双方关系所应适用之法律有重要性。[②] 所以,使用借贷在实务的应用上其实不多。

使用借贷虽仅是债之用益关系,但因借用物之交付使借用人取得对于借用物之直接占有,而非仅是贷与人之占有辅助人,所以,借用人对于第三人还是得行使其基于占有所得主张的利益。

二、使用借贷契约之缔结

使用借贷因为无偿,所以"民法"第 464 条将之规定为要物契约(derRealvertrag):为其缔结当事人之一方必须以物交付他方,然后约定他方于无偿使用后返还其物。将之规定为要物契约的规范目的在于赋予借用人以悔约权,使其在履行前得随时不具理由,拒绝履行契约。关于契约之要物要件的规定方法,可将之建入

[①] 关于他人之物的用益之债,就租赁,"最高法院"1995 年台上字第 1126 号民事判决认为:"租赁系使承租人得就租赁物为使用收益之债权契约,故出租人不以租赁物之所有人或其他权利人为限,倘就租赁物有事实上之管理权者,亦非不得为出租人。"他人之物的租赁或使用借贷所以有效系因其为债务契约,仅对于当事人发生效力。纵使贷与人已将借用物交付于借用人,使其取得对于借用物之直接占有,其占有亦不因"民法"第 943 条规定"占有人于占有物上行使之权利,推定其适法有此权利",而对于所有权人有拘束力。盖"善意占有人,依推定其为适法所有之权利,得为占有物之使用及收益"("民法"第 952 条),系针对所有权人或其他真正权利人以外之人而言。所有权人或其他真正权利人在证明其为所有权人或其他真正权利人时,"民法"第 943 条之推定即被推翻。然为何在借用人为善意的情形,借用人就借用物之用益对于所有权人不构成侵权行为或不当得利? 不构成侵权行为系因无故意或过失,不构成不当得利系因该用益有其与贷与人之使用借贷契约为其法律上原因。唯贷与人倘因以其所受者,无偿提供借用人使用,而因此免其不当得利之返还义务,则借用人于其所免返还义务之限度内,仍应对于因其用益而受有损害之所有权人或其他真正权利人负返还责任("民法"第 183 条)。

[②] Esser, Schuldrecht, 2., Aufl. 1960, § 127,3; Esser/Weyers, Schuldrecht Band Ⅱ, Besonderer Teil Teilband 1, 8., Aufl. 1998, S.209.

成立要件或效力要件。经删除之原"民法"第 465 条的规定方法为建入效力要件：使用借贷，因借用物之交付，而生效力。前述修正后之"民法"第 464 条的规定方法为建入成立要件。以契约关系之发展论，建入于成立要件的介入强度大于建入于效力要件。盖建入于成立要件时，如不具备要物要件，契约根本不成立，除非法律有像"民法"第 166 条之一，以履行来治愈方式欠缺的明文规定，其合意是不能产生契约效力的；反之，建入于效力要件介入者，其契约纵不备要物要件还是成立的。只是债务人得利用不履行来阻止契约生效。自始使契约因不满足要物要件而不成立，或容许债务人得利用不履行来阻止契约生效，是要物契约所以具有赋予悔约权之作用的机制所在。其中尤以建入于效力要件之悔约的意味最为清楚。容许契约当事人在缔约后悔约固与契约应予严守的原则有违，但在政策上一旦决定对于使用借贷这种无偿契约的债务人赋予悔约权，[①]则在其相关规定便应贯彻该意旨，不得出现出尔反尔的矛盾规定。所谓矛盾规定最为凸显者为：在"民法"第 464 条将要物要件建入成立要件时，旋于"民法"第 465 条之一即肯认不备要物要件之使用借贷的预约，[②]并规定预约贷与人虽得撤销其约定。但预约借用人已请求履行预约而预约贷与人未实时撤销者，不在此限。盖相对于要物规定，不备要物要件之预约即是该要物规定之脱法行为，必须在要物规定已被证明为不合时宜而有漏洞的情形，其脱法行为才可被引为填补漏洞的方法。为何会有"民法"第 465 条之一的规定？其缘由当是：在要物契约给予悔约权的方法，除规定为要物契约外，尚有在履行前无条件给予撤销权的方法。

---

①　是否像在赠与的情形一样赋予贷与人以悔约权，并将之规定为要物契约是属于政策问题。例如《德国民法典》第 598 条规定："透过使用借贷契约，物之贷与人有义务，容许借用人为物之无偿使用。"该条将使用借贷规定为诺成契约。关于使用借贷契约之要物或诺成的问题，请参考 Larenz, Lehrbuch des Schuldrechts Band Ⅱ · Halbband 1, Besonderer Teil, 13. Aufl., 1986, S.293f.唯这不表示，依《德国民法典》贷与人必然负比较重的义务。义务之轻重在此还要看其终止契约之难易。关于使用借贷契约之终止事由，《德国民法典》第 605 条的规定内容与"民法"第 572 条所定者几无两样。最后其适用当系于司法机关对于其第 1 款关于"贷与人因不可预知之情事，自己需用借用物"之事由的解释与认定。在该款之解释与认定如采比较宽松的见解，则其适用之结果等于肯认贷与人交付借用物后之任意的终止权。这与任意撤销权一样，具有赋予悔约权的作用。

②　如果将使用借贷定性为要物契约，且就其缔结另无要式的要求，则只要双方就由一方提供他方无偿使用一定之物的意思一致，即推定其契约为成立（"民法"第 153 条）。此为一般的诺成契约，而非预约。反之，如将之规定为要物契约，则只要要物要件尚未满足，则契约便视具体规定情形，或为未成立，或为未生效。除非要物规定已被实务上认定为不切实际，构成法律漏洞，应利用预约加以补充，否则，并无预约的存在余地。请参考 Esser/Weyers, (aaO.FN4), § 25 Ⅱ.

然因撤销权是一种形成权,而为稳定当事人间之法律关系,法律除就形成权有除斥期间之规定外,通常并容许其相对人在除斥期间经过前即定相当期限催告形成权人行使形成权,其不在该期间内行使者,形成权消灭。然此种关于形成权之一般规定并不适合于要物契约。盖在使用借贷所以肯认贷与人之悔约权,乃因其系无偿契约,没有勉强其债务人履行债务之价值,从而其悔约权也就无所谓因不于相对人在催告中所定相当期限内行使,而消灭的道理。

数人共借一物者,为共同借用人,所以应对于贷与人,连带负责("民法"第471条)。此为一种法定的连带债务("民法"第272条第2项)。这使贷与人得对于借用人中之一人或数人或其全体,同时或先后请求其履行全部或一部分之债务("民法"第273条第1项)。另在解除权或终止权之行使,应由借用人之全体或向其全体为之("民法"第258条第2项)。

三、贷与人的义务

为使借用人能达到使用借贷之目的,借用人原则上固有必要取得借用物之占有。但因使用借贷是无偿行为,"民法"第464条将使借用人占有借用物之交付,规定为使用借贷之成立要件。是故,借用物之交付不以贷与人之给付义务,而以要物要件的型态表现出来。[①] 同理,贷与人就借用物,对于借用人也不负维持义务、修缮义务及物之瑕疵担保。唯贷与人如故意不告知借用物之瑕疵,而致借用人受损害,仍应负赔偿责任("民法"第466条)。该瑕疵给付后来如对于借用人之人身或财产造成衍生的损害,则构成有害给付,这同时引起积极侵害债权的损害赔偿责任。[②] 这种情形亦可构成侵权行为,并因之构成请求权规范竞合。有疑问者为:II"民法"第466条关于贷与人注意义务之减轻规定的适用范围,究竟含物之瑕疵所引起之履行利益及固有利益的损害赔偿,或仅限于其中之一:履行利益或固有利益?从文义论,应皆包括在内。如采皆包括在内的看法,则其积极侵害债权的规定将使侵权行为之主观要件被修正为:以故意为要件。反之,如要采不含固有利益的见解,则必须目的性限缩该条规定之适用范围,使之不包括

---

① "最高法院"2014年台上字第814号民事判决:"按使用借贷为无偿契约,原属贷与人与使用人间之特定关系,除当事人另有特约外,自无移转其权利于第三人之可言(参见本院1960年台上字第381号判例)。"本判决之意旨在于说明,为使用借贷契约之履行,贷与人之交付借用物于借用人,没有超出使用借贷目的,将一定权利移转于借用人之意思。该特征特别与为消费借贷契约之履行目的,而交付借用物于借用人的情形不同。在消费借贷,其交付使借用物之所有权移转于借用人。

② Esser,(aaO.FN4),§127,4.

积极侵害债权、缔约上过失,从而也不波及侵权行为。这样的见解与"民法"第410条关于赠与人之责任的修正规定较为接近。该条于2000年4月26日修正后规定:"赠与人仅就其故意或重大过失,对于受赠人负给付不能之责任。"此与修正前规定相比:"赠与人仅就其故意或重大过失,对于受赠人负其责任。"已将其适用对象限缩至债务不履行中之给付不能,而不及于积极侵害债权、缔约上过失。[①] 鉴于无偿契约的债务人并不应该受到通融,可以轻忽其相对人之安全,所以关于减轻其注意义务之规定的适用范围应限制在与给付利益有关的项目,上述"民法"第410条关于赠与人之责任的修正规定当也反应该考虑的趋势。是故,"民法"第466条关于贷与人注意义务之减轻规定的适用范围应限于履行利益,而不包括固有利益。

借用人就借用物支出有益费用,因而增加该物之价值者,准用"民法"第431条第1项之规定。唯借用人就借用物所增加之工作物,得取回之。但应恢复借用物之原状("民法"第469条第2项、第3项)。其返还义务与无因管理类似,[②]所不同者为,至契约终止时,借用人尚有该条第3项所定之选择权。

四、借用人的义务

使用借贷系无偿契约,故借用人无租金义务。除此之外,借用人所负之义务与承租人大同小异。其中最重要者为借用人应依约定方法,使用借用物;无约定方法者,应以依借用物之性质而定之方法使用之。非经贷与人之同意,借用人不得允许第三人使用借用物("民法"第467条)。此外,借用人并应以善良管理人之注意,保管借用物。借用人违反该项义务,致借用物毁损、灭失者,负损害赔偿责任。但依约定之方法或依物之性质而定之方法使用借用物,致有变更或毁损

---

① Esser/Weyers认为:"一时将物授与他人用益之契约的无偿性并非降低侵权行为法所保护之基本法益的正当理由"(Esser/Weyers,(aaO.FN4),§ 25 III)。Larenz亦持相同的见解,认为"如果贷与人将一辆其明知因有瑕疵,而行车不再安全之汽车无偿借给借用人,而不提醒后者注意该瑕疵,则倘借用人因此遭受健康损害,那么依正确的见解,贷与人既不得主张依第600条,亦不得主张依第599条定其责任。纵使贷与人仅有轻过失,他也应依积极侵害债权及侵权行为的规定,为该瑕疵之衍生损害(der Mangelfolgeschaden)负责。"(Larenz,(aaO.FN5),S.294f.)。《德国民法典》第599条规定:"贷与人仅应就其故意及重大过失负责。"第600条规定:"贷与人恶意不告知借用物之物或权利之瑕疵者,对于借用人因此所受之损害负赔偿义务。"

② 《德国民法典》第601条规定:"借用人应负担借用物之通常维护费用,在动物之借贷特别是其饲养费用(第1项)。贷与人之其他费用的补偿义务依无因管理之规定定之。借用人有权取回其增添之设备(第2项)。"

者,不负责任("民法"第468条)。其因意外事件而变更或毁损,亦同。① 这与承租人在租赁所负之义务类似。然借用物之通常保管费用,由借用人负担。借用物为动物者,其饲养费亦同("民法"第469条第1项)。此为对应于使用借贷之无偿性所做之衡平双方利益的规定。因为使用借贷系用益之债,所以,借用人应于契约所定期限届满时,返还借用物;未定期限者,应于依借贷之目的使用完毕时返还之。但经过相当时期,可推定借用人已使用完毕者,贷与人亦得为返还之请求。借贷未定期限,亦不能依借贷之目的而定其期限者,贷与人得随时请求返还借用物("民法"第470条)。该返还之请求如以诉的方式为之,该诉与基于所有权或占有提起之请求返还之诉的诉讼目标并不同一。②

　　有疑问者为,贷与人如非借用物之所有人,是否还是得对借用人请求返还借用物,或就因借用人保管义务的违反所引起之借用物的毁损、灭失,对于借用人请求赔偿?应采肯定的见解。盖"使用借贷,乃债权契约非物权契约,贷与人对借用物纵无所有权,亦可本于贷与人地位请求借用人返还,亦即使用借贷之成立与所有权之有无,并无牵连关系"("最高法院"1961年台抗字第166号民事判例)。另"民法"第943条规定:"占有人于占有物上行使之权利,推定其适法有此权利。"今借用人既从贷与人取得借用物之占有,则在贷与人与借用人间,自当依该条规定推定,贷与人对于借用物适法有其所行使之权利,亦即贷与人得以其本来行使之权利的权利人地位,对于借用人请求赔偿("民法"第468条第2项)。除非借用人能证明自己才是真正权利人,否则,不得光凭经由反证证明贷与人不是真正权利人,便否认贷与人依该条规定推定为适法享有之权利。③ 至于真正

---

　　① Larenz,(aaO.FN5),S.295.

　　② 参见"最高法院"1958年台上字第101号民事判例。

　　③ 最高法院1940年上字第378号判例认为:"确认土地所有权存在之诉,原告就所有权存在之事实,固有举证之责任。唯原告如为占有该土地而行使所有权之人,应依'民法'第943条推定其适法有所有权者,依'民事诉讼法'第281条之规定,除被告有反证外,原告即无庸举证。"依该判例,好像任何人皆得举反证,来推翻占有人依"民法"第943条推定其适法享有之所有权。但这其实是不正确的。得举反证推翻者应限于:证明自己才是依该条规定所推定为存在之权利的权利人,而不是任何能证明占有人不是真正权利人之人。盖非如是,因占有所构成及发展之法律关系将陷于混乱。

权利人因此所受损害,应由贷与人单独向真正权利人负责,与善意之借用人无涉。[①]

五、使用借贷契约之终止

使用借贷为一种继续性契约。所以除规定其因存续期间届满而消灭外,另需要终止规定以定其存续的分际。使用借贷之存续期间首先取决于约定之期限;未定期限者,取决于依借贷目的使用完毕的时点。[②] 虽未使用完毕,但经过相当时期者,亦同("民法"第 470 条第 1 项)。在后一情形,该条第 1 项后段虽规定,"经过相当时期,可推定借用人已使用完毕"亦为使用借贷关系之消灭的要

[①]　在他人之物的使用借贷,如果发生借用人违反保管义务,导致借用物毁损、灭失造成损害的情事,其真正权利人固得依侵权行为的规定请求损害赔偿。唯其请求对象,除贷与人外,是否含借用人? 就贷与人非为真正权利人,借用人善意者,应仅得对于贷与人,借用人恶意者,应得兼对借用人请求损害赔偿。贷与人对于所有权人赔偿后,得请求所有权人让与其基于所有权对于加害人之赔偿请求权("民法"第 218 条之一)。这在借用人否认贷与人依"民法"第 468 条第 2 项之损害赔偿请求权时,有其积极的意义。请参考 Larenz,(aaO.FN5),296 Anm.8.

[②]　"最高法院"1996 年台上字第 1849 号民事判决:"因任职关系获准配住房屋,固属使用借贷关系,然既经离职,依借贷之目的,当然应视为使用业已完毕,按诸'民法'第 470 条之规定,贷与人自得据以请求交还房屋。"如该判决所示,实务上最常被论为使用借贷关系者为职务宿舍之配住。在这种情形,司法实务并以离职作为按使用借贷目的,使用业已完毕的认定基础。然问题是:离职究系配住原因之丧失或配住目的之达成? 不论从贷与人或借用人的角度观之,都很难以借用人之离职为其目的之达成事由,贷与人所以请求返还的真正理由,应在于配住原因丧失。盖其既已离职,贷与人对之即不再有住房之照顾义务。从而其适合之规范基础应是"民法"第 472 条第 1 款:以贷与人因不可预知之情事,自己需用借用物为理由,终止契约。然因任职关系获准配住房屋,究竟是使用借贷或租赁? "最高法院"1995 年台上字第 1464 号民事判决采使用借贷说:"按因任职关系获准配住系争房屋,因属使用借贷之性质,然其既经离职,依借贷之目的,当然应视为使用业已完毕,依'民法'第 470 条之规定,被上诉人自得据以请求返还系争房屋。又按房租津贴为受雇人或受任人报酬之一部,其获准配住房屋者,亦同。故获准配住房屋者,当然不得再支领房租津贴,自不得以不支领之房租津贴,认系受配住房屋之对价,而谓与雇用人或委任人间发生租赁关系。"不过,获准配住房屋既与房租津贴同样论为受雇人或受任人报酬之一部分,则其配住便非无偿。既非无偿,自属租赁。剩下来的问题是,该租赁与雇佣或委任对向混合时,互相混合之契约间在效力上的依赖或主从关系。显然,房屋之配住系从属于雇佣或委任而发生的从契约或从权利。自从契约或从权利之存续,原则上应与主契约或主权利同其命运的观点论之,不论该配住权系以使用借贷或租赁为其存在的法律形式,受配住人之离职均应构成其配住权的丧失事由。该意旨为"民法"第 307 条所明定:债之关系消灭者,其债权之担保及其他从属之权利亦同时消灭。

件,但只要相当期间已经过,借用人并不得经由反证证明其事实上尚未使用完毕,来阻止该要件的成就。借贷未定期限,亦不能依借贷之目的而定其期限者,贷与人得随时终止契约。除期间届满的情形外,其他三种情形,于其要件具备时,使用借贷关系仍非当然消灭。其消灭仍待于当事人之终止的意思表示。唯"最高法院"认为在"民法"第470条第1项前段规定之情形,于依借贷之目的使用完毕之时,使用借贷关系实时终了。自斯时起,使用借贷关系归于消灭,此与借用人是否已受返还之请求无关。反之,在同条第1项但书以及同条第2项所定情形,需经贷与人请求返还借用物时,借贷关系始行终了。① 其中因借用物返还请求权的发生当以终止契约为其前置行为,所以应解释借用物之返还的请求含有终止契约之意思表示,亦即借用人同时为契约之终止及借用物之返还的请求。因借用人离职而致使用借贷关系消灭的情形,司法实务上将之归类于"民法"第470条第1项前段,于其离职时即得依该项规定请求返还,无待乎贷与人另为终止使用借贷契约之意思表示。② 在具体案件应以何为标准③认定借贷目的是否已达成或应已达成,易起争议。④ 其争议之防止,最好借助于事先的约定,不得已时贷与人只好求助于,以因不可预知之情事,自己需用借用物为理由,终止契约("民法"第472条第1款)。其终止之成功可能性系于司法实务上关于情事之不可预知性的认定。至于同条第2款、⑤第3款之终止事由系以借用人违约为要件,自适用于一切使用借贷契约。

因使用借贷是无偿契约,所以有终止之利益者,原则上为贷与人。是故,"民法"第472条所定者,概为贷与人得终止之事由。该条规定有下列各款情形之一者,贷与人得终止契约:"一、贷与人因不可预知之情事,自己需用借用物者。二、借用人违反约定或依物之性质而定之方法使用借用物,或未经贷与人同意允许第三人使用者。⑥ 三、因借用人怠于注意,致借用物毁损或有毁损之虞者。四、借用人死亡者。"其中第1款及第4款为配合其无偿性所做之规定:第1款之意旨为,不适当强人所难,舍己为人。该款之比较宽松的解释与认定有助于缓和使

---

① 参见"最高法院"1986年台上字第2374号民事判决。
② 参见"最高法院"1996年台上字第816号民事判决。
③ 参见"最高法院"1997年台上字第2552号民事判决。
④ 参见"最高法院"1996年台上字第1952号民事判决。
⑤ 参见"最高法院"1981年台上字第2706号民事判决。
⑥ 参见"最高法院"1960年台上字第381号民事判例。

用借贷之紧张关系。[①] 第 4 款之意旨为,无偿之债的当事人间有高度之属人的恩给考虑,因此,借用人死亡时,应让贷与人有重新考虑的机会。唯这不但仍无碍于使用借贷债权之继承性,而且使用借贷债权也不因借用人死亡,而当然终止。该条规定适用于定期及未定期之使用借贷。其适用于定期之使用借贷者,借用人因贷与人期前终止契约而丧失其期限利益。当贷与人有终止权,其终止权之行使并不需得到使用人之同意。[②] 不过,有时因为寄托人同意受寄人自己使用或使第三人使用寄托物("民法"第 591 条),而使寄托带有使用借贷之性质,成为寄托与使用借贷之混合契约。然因为寄托原非为使用借贷之目的,所以,在此情形,关于其使用及返还,原则上应依使用借贷之规定。

受寄人非经寄托人之同意,不得自己使用或使第三人使用寄托物。

用益之债务契约有时与其他有名契约,例如雇佣或委任契约对向混合。于是,一方面产生其究为使用借贷或租赁的争议,一方面产生其间有无主从关系的问题。当无视于用益契约对于雇佣或委任契约之从属性,为方便提供用益之当事人终止契约,司法实务上倾向于将之认定为使用借贷契约。[③] 这在职务宿舍之配住显然构成待遇之一部分的情形显然是不妥当的。另即便是职务宿舍之配住,其终止事由仍应视具体约定之内容为何定之,并不能想当然地认为离职必为其充分之终止事由。[④]

使用借贷因契约所定期限届满,或因有权之终止的意思表示而消灭时,借用人不但因此丧失其就借用物继续为使用收益的权利,而且应将借用物返还贷与

---

①　"最高法院"1969 年台上字第 788 号判例:"贷与人因不可预知之情事自己需用借用物者,得终止契约,为'民法'第 472 条第 1 款所明定。本条之适用,不问使用借贷是否定有期限,均包括在内。所谓不可预知之情事,指在订立使用借贷契约以后所发生之情事,而非订立契约时所能预见者而言。而所谓自己需用借用物,只须贷与人有自己需用借用物之原因事实为已足,其是否因正当事由而有收回之必要,不必深究。被上诉人有自己需用系争土地以供建屋之事实,而为出借系争土地时所不能预知,在原判决既已详为阐明,则被上诉人所为终止借贷关系之意思表示,于法自非无据。""而所谓自己需用借用物,只须贷与人有自己需用借用物之原因事实为已足,不以贷与人别无其他与借用物同类之物存在为必要"(同院 1988 年台上字第 1111 号民事判决),或"其是否因正当事由而有收回之必要,即非所问"(同院 1996 年台上字第 122 号民事判决)。盖"使用借贷系无偿性质,不能附苛刻条件之故"(同院 1981 年台上字第 182 号民事判决)。后来同院 1981 年台上字第 4591 号、1988 年台上字第 692 号民事判决并将"不问使用借贷……依借贷之目的使用是否完毕,……包括在""民法"第 472 条第 1 款之适用范围内。

②　参见"司法院"释字第 727 号解释。

③　参见"最高法院"1995 年台上字第 1076 号民事判决。

④　参见"最高法院"1999 年台上字第 482 号民事判决。

人。唯其返还义务,在使用借贷契约定有存续期限的情形,以期限届满时为其清偿期,这是给付义务定有确定期限者("民法"第229条第1项)。在其他情形,不但其契约之消灭待于终止之意思表示,而且其借用物之返还义务亦属于"民法"第229条第2项所定给付义务无确定期限者。是故,非经贷与人催告借用人返还借用物,借用人就其返还义务之履行不会构成给付迟延。[①]

六、消灭时效期间

针对因保管义务的违反、有害给付之提供及有益费用之支出而发生之损害赔偿或费用偿还请求权,"民法"第473条有以下特别消灭时效期间及其起算的规定:"贷与人就借用物所受损害,对于借用人之赔偿请求权、借用人依第466条所定之赔偿请求权,第469条所定有益费用偿还请求权及其工作物之取回权,均因六个月间不行使而消灭(第1项)。前项期间,于贷与人,自受借用物返还时起算。于借用人,自借贷关系终止时起算(第2项)。"该短期消灭时效之规定系基于物之质量状态之快速变动的特征,而非基于使用借贷之无偿性。[②] 至于借用物返还请求权之消灭时效期间应适用"民法"第125条所定之一般时效期间,并自得请求返还时起算。唯何时贷与人有权利请求返还? 这与借用人实际上能否为返还无关。[③] 定有存续期间者,应自期限届满时起算;其经依"民法"第472条终止者,自终止时起算;其未定期限,而以依借贷之目的已使用完毕,[④]或借用物

---

① "民法"第315条虽然规定:"清偿期,除法律另有规定或契约另有订定,或得依债之性质或其他情形决定者外,债权人得随时请求清偿,债务人亦得随时为清偿。"但给付无确定期限者,债务人于债权人得请求给付时,经其催告而未为给付,自受催告时起,始负迟延责任,其经债权人起诉而送达诉状,或依督促程序送达支付命令,或为其他相类之行为者,与催告有同一之效力。催告定有期限者,债务人自期限届满时起始负迟延责任("民法"第229条)。要之,在未定清偿期之债,债务人必须经催告而未为给付,始负迟延责任。

② Esser,(aaO.FN4),§127,5.

③ "最高法院"1974年台上字第1885号判例:"'民法'第128条规定,消灭时效自请求权可行使时起算,所谓请求权可行使时,乃指权利人得行使请求权之状态而言。至于义务人实际上能否为给付,则非所问。"不能为给付是给付不能,能给付而不为给付是给付迟延的问题。除有"民法"第139条所定,因天灾或其他不可避之事变,致不能中断其时效等妨碍事由,致在其妨碍事由消灭时起一个月内,时效不完成外,消灭时效之进行不受债务人方之履行障碍事由的影响。从而消灭时效之起算与债务人之给付迟延不但系两回事,而且其成立要件亦不相同。前者,以请求权人已有权利行使请求权,而未行使请求权为要件;后者,以债务人非因不可归责于自己之事由,而于应履行债务时,未为债务之履行为要件。

④ 参见"最高法院"1970年台上字第926号民事判决。

交付后已经过相当时期,可推定借用人已使用完毕,定其应返还时者,自其据之所定应返还时起算;未定期限,亦不能依借贷之目的定其返还期限者,自契约成立时起算(参照"民法"第470条第2项)。

七、法定物权

因为使用借贷仅是无偿的用益之债。所以"民法"对之并无像对于租赁一样,给予一些法定物权效力的规定。因此,基于债之效力在主体上的相对性,借用人并不得对于借用物之受让人主张其用益权、[①]优先承买或承租权。在借用物为建筑基地的情形是否得对于贷与人请求设定地上权,这是一个值得探讨的问题。这涉及以使用借贷的方法同意他人使用建筑基地的法效意思,是否含为其设定地上权之解释问题。

---

① 参见"最高法院"1968年台上字第2926号民事判决:"上诉人既未再从事件耕作邻地,其借贷之目的,早已使用完毕,借贷关系即应归于消灭、况且系争土地已经归被上诉人所有,被上诉人又无同意继续借贷之情形,上诉人自不得以其与原业主间之借贷关系,对抗被上诉人新取得之所有权。"本号判决所示意见主要为:买卖不破租赁原则对于使用借贷无适用。唯同院亦有肯认买卖不破使用借贷者。例如同院1980年台上字第2912号民事判决称:"讼争房屋原由前所有人张惠出借与参加人陈光龄及其家属使用,被上诉人买受讼争房屋后,虽承受原有之使用借贷关系,但原使用借贷既未定期限,亦不能依借贷之目的定其期限,则被上诉人终止使用借贷关系,请求返还讼争房地,自属正当。"

第七章

消费借贷

一、消费借贷的概念

"称消费借贷者,谓当事人一方移转金钱或其他代替物之所有权于他方,而约定他方以种类、质量、数量相同之物返还之契约"("民法"第 474 条第 1 项)。依该项规定,消费借贷与使用借贷固同属借贷意义下之用益之债,但因其借贷目标之所有权后来移转于借用人,而借用人于契约终止时,亦负以种类、质量、数量相同之物,而非原物之返还义务,凸显了消费借贷与其他用益之债不同之授信的本质。[①] 所以,关于消费借贷之规范内容的探讨主要应从其授信,而非用益的性质出发。当贷与人基于授信目的将借用物的所有权移转给借用人后,借用物之毁损或灭失的危险转由借用人负担,贷与人对于目标物所享有之权益由物权性转为债权性。该债权之命运在借用人无资力或破产时是不确定的。从而为贷与人之利益的保护,无借用人就借用物应负保管义务,而有贷与人就其替代物之返还请求权的确保问题。[②] 鉴于授信本来便充满风险,所以如何确保授信债权为消费借贷乃实务上之重要课题。用来确保消费借贷债权之方法除保证外,尚有

---

① 关于何谓授信,"银行法"第 5 条之二规定:"本法称授信,谓银行办理放款、透支、贴现、保证、承兑及其他经中央主管机关指定之业务项目。"

② 请参考 Esser, Schuldrecht, 2. Aufl., 1960, S.644；Larenz, Lehrbuch des Schuldrechts Band Ⅱ · Halbband 1, Besonderer Teil, 13. Aufl., 1986, S.297；Esser/Weyers, Schuldrecht Band Ⅱ, Besonderer Teil Teilband 1, 8., Aufl. 1998, S.214.

各种担保物权。① 此外,还有由债务人自己②或第三人签发票据由债权人收执的票保。③ 基于票据债务之人的债务性质,票保在发票人与该票据所担保之债务的债权人间应论为以所签票据之面额为限之定额保证。此与保证人对于所保证之债务负人的无限责任者不同。至于票据由债务人自己签发者,应论为仅是方便债权人收账的支付工具。民间借贷实务上有要债务人签发实际借贷金额数倍之本票作为担保者。该实务亟待司法机关将超出借贷金额以上部分论为通谋的

---

　　① 关于放款之担保的类型,"银行法"第 12 条规定:"本法称担保授信,谓对银行之授信,提供左列之一为担保者:一、不动产或动产抵押权。二、动产或权利质权。三、借款人营业交易所发生之应收票据。四、各级政府公库主管机关、银行或经政府核准设立之信用保证机构之保证。"另第 30 条所定之反面承诺亦有担保的作用。该条规定:"银行办理放款、开发信用状或提供保证,其借款人、委任人或被保证人为股份有限公司之企业,如经董事会决议,向银行出具书面承诺,以一定财产提供担保,及不再以该项财产提供其他债权人设定质权或抵押权者,得免办或缓办不动产或动产抵押权登记或质物之移转占有。但银行认为有必要时,债务人仍应于银行指定之期限内补办之(第 1 项)。借款人、委任人或被保证人违反前项承诺者,其参与决定此项违反承诺行为之董事及行为人应负连带赔偿责任(第 2 项)。"

　　② 如消费借贷契约因违反重利规定而部分无效("民法"第 205 条),或最后因经成功诉请撤销而无效("民法"第 74 条)其无效是否波及为担保该本息债务所签发之票据? 鉴于票据行为之无因性,其原因行为之无效虽不立即使票据行为随之无效,但贷与人为执票人时,仍可构成可对抗贷与人之抗辩事由。对此,"最高法院"1980 年台上字第 1184 号民事判决采肯定的见解:"支票固为无因证券,票据债务人不得以自己与发票人或执票人前手间所存抗辩事由对抗执票人,然发票人要非不得以自己与执票人间所存抗辩事由对抗执票人,此观票据法第十三条上段规定自明。上诉人主张,系争支票系被上诉人因借款而直接签交上诉人,但被上诉人否认有收到借款,而消费借贷,因金钱或其他代替物之交付,而生效力,'民法'第 475 条定有明文。上诉人就交付借款之事实,既不能举证,支票复不足为业已交付金钱之证明,上诉人请求被上诉人连带给付票款,被上诉人非不得以此直接抗辩事由,对抗上诉人。"请参考 Peter O. Mülbert, Das Darlehen in der höchstrichterilichen Rechtsprechung 1988—1991-Teil 2, JZ 1992, 402.

　　③ 参见"最高法院"2003 年台上字第 593 号民事判决。

虚伪意思表示,无效("民法"第 87 条)。[①] 为防止其透过背书转让他人来行使,以避开其因系通谋虚伪意思表示而无效的论断,应禁止,保证票脱离于其所保证之债权而独立转让。盖担保权人一方面本来即不得非为清偿之目的而处分担保物,另一方面即便系为清偿之目的,亦应循一定之程序("民法"第 873 条:抵押权之实行方法;第 878 条:以拍卖之外的方法实行抵押权;第 893 条:质权之实行方法;第 909 条:证券债权质之实行方法;第 936 条:留置权之实行方法)。

　　消费借贷可以约定为有偿或无偿。约定为有偿者,指借用人应为借贷而支付利息为其对价。这是典型的双务契约。其对价关系存在于:在一定期间将充为原本之借用物提供用益的义务与利息义务之间,而非存在于原本之交付、移转

---

　　① 按消费借贷之借用人签发本票给贷与人有多重功能:(1)方便在借贷期间届满时收账;(2)方便贷与人必要时在借贷期间届满前,向第三人贴现;(3)方便执票人向本票发票人申请法院裁定后强制执行("票据法"第 123 条)。就该申请"法院(仅)就本票形式上之要件是否具备予以审查……。至该本票债务是否已因清偿而消灭,应依诉讼程序另谋解决,殊不容于裁定程序中为此争执"("最高法院"1967 年台抗字第 714 号判例)。另"发票人纵对于签章之真正有所争执,法院仍应为准许强制执行之裁定"("最高法院"1963 年台抗字第 163 号判例)。鉴于以上的方便,在消费借贷的实务上,贷与人乃多要求借用人开立本票。这论诸实际本当属于间接给付的安排,故其面额不适当超出借贷本金及其利息。如有超过,其性质一部分或可定性为违约金。再超出这个限度,其意义便在于:提高其依强制执行或破产程序申请参与分配时之债权额。该提高之部分涉及假债权之通谋虚伪意思表示,不利于其他债权人。在消费借贷,其违约金约款构成重要的问题。《德国民法典》第 309 条第 6 款规定:"约定相对人应为不受领、迟延受领给付,迟延付款等情形,或为其解除或终止契约情事,对于一般契约条款之使用人支付违约金之约款无效。"详请参考 Ralf Kilimann, Der Schaden des Raten-kreditgebers beim Zahlungsverzug im Konsumentenkredit, NJW 1987, 618ff.

义务与其返还义务间。① 然在消费借贷,贷与人虽将充为原本之借用物交付、移转给借用人,且借用人将来不用返还原物,但其替代物之返还依然是有期限的。② 此与让与之债中之债务人所为之权利的出让,系属终局,其受让人不用再返还者,不同。该期限之长短反映授信利益之暂时性及大小,作为其对价之利息,也因之按借贷期间之长度计算之。其效力虽非像租赁一样以不断之维持及

_____

① 依上述的看法,虽将利息债务定性为构成消费借贷之对价关系的主债务,但利息债权实务上有将之归类为本金债权(返还请求权)之从权利者。例如,"最高法院"1980 年台上字第 4163 号民事判决称:"从权利以主权利之存在为前提,原则上与主权利同其命运,故主权利之移转或消灭,其效力原则上及于从权利。债权请求权如已罹于时效而消灭,则其利息请求权,虽尚未罹于时效,亦应随同消灭,此观'民法'第 146 条之规定甚明。查本件上诉人等关于返还白砂糖 100 包之主权利既已罹于时效,并经确定判决认其请求权不存在,则其自 1974 年 5 月 26 日起至清偿日止按年息 20%计算之利息请求权,自亦无存在之可言,从而上诉人所为强制执行之申请,显失依据。"这主要是从利息债权在发生上,而非其存续上,对于本金之交付,以及对于本金债权之存在的依赖性出发,所产生的论断。利息债权一旦随本金之用益期间的经过而发生,其存在即不再依附于本金债权。实务上其间所以时有之命运上的共同,不是因为事理之当然,而是因为事务发展上之常有的关连。然亦有采否定见解者,例如,"最高法院"1959 年台上字第 1107 号民事判决称:"已到期之利息系一独立之债,故'民法'第 259 条不将之列入该条第 1 项从权利之内,认其当然移转于受让人,而于第 2 项另作独立之规定。至于承担债务时关于未到期之利息是否亦随同移转,法律既未定有明文,自不能推定其必随同原本移转于承担人。"按"民法"第 259 条规定"让与债权时该债权之担保及其他从属之权利,随同移转于受让人。但与让与人有不可分离之关系者,不在此限(第 1 项)。未支付之利息,推定其随同原本移转于受让人。"该条第 2 项仅提及"未支付之利息",而未提及"未到期之利息"。所以,由该条第 2 项规定所得适当推出之见解究竟是:利息债权系本金债权之从权利,所以应推定其随同原本移转于受让人。或系独立于本金债权之外的权利,所以在第 1 项之外尚须为第 2 项之推定的明文规定。这尚属见仁见智。自逻辑论之,既然尚待于推定,即表示不是从权利。另,如要将利息论为从权利,则应将利息与债之担保并列,例示为从权利。至于"民法"第 325 条第 2 项规定"如债权人给与受领原本之证书者,推定其利息亦已受领"的道理,亦非因利息债权系从权利,而系因为第 323 条规定,清偿人所提出之给付,不足以清偿全部债者,应先抵充费用,次充利息,次充原本。该抵充顺序虽得以特约变更之,但如不能证明有关于抵充之特约存在,则应以该条所定顺序定其抵充顺序。是故,债权人给与受领原本之证书者,推定其利息亦已受领。请参考 Peter O. Mülbert, Das verzinsliche Darlehen, Konsensualvertrag statt Realkontrakt – oder: synallagmatisches Entgelt statt akzessorischer Zinsen,AcP 192(1992),460f.,491ff.

② 借用物之替代物的返还义务附有期限,使借用人因此享有消费借贷之期限利益,使贷与人之返还请求权因此受到期限的限制。该限制使贷与人依消费借贷契约所负之给付义务具有继续性的特征,而非仅存在于借用物之一次性的交付与移转。Larenz,(aaO.FN2),S. 299f.

修缮义务的型态表现出来。① 但在此还是展现出消费借贷之继续性契约的典型特征。约定为无偿者，无利息或其他报偿之约定。唯即使如此，在无偿的消费借贷，借贷双方还是互负给付义务：贷与人负交付、移转原本给借用人之义务，借用人负返还原本给贷与人的义务。然因为该二给付义务间并无交换的对价关系，所以无偿的消费借贷契约还是不因此成为双务契约。在有偿的消费借贷另有一个与之对应的疑问：在将消费借贷规定为要物契约，以原本之交付、移转为其成立或生效要件者，在契约成立或生效时，贷与人方已履行其在有偿消费借贷中所负之给付义务，只剩下借用人有原本及利息之给付义务。于是，造成仅当事人之一方负有给付义务的状态。因之，有所谓仅一方负给付义务之双务契约的疑惑。② 要之，在消费借贷，贷与人真正终局给付于借用人者为对于借用物在一定期间之用益，而非借用物之本体利益。这在消费借贷因其目的违反法律或公序良俗而无效，致其给付被论为因存在于双方之不法原因而为给付时，对于贷与人是否得依不当得利的规定请求返还交付之借用物有重要的意义。盖在不法之消费借贷，贷与人依约之终局给付的范围被界定于借用物之一时之用益，而非其本体时，贷与人依"民法"第180条不得请求返还之不当得利便限于其一时之用益，而不包括其原物或代替物。③

　　在生活上，消费借贷虽是一个重要而复杂的契约类型，然为何"民法"对之仅有简约规定的情事，且如此简约的规定并没有引起批判？④ 这主要是因为当事人之契约内容的形成自由填补了因之产生的规范欠缺，特别是利用定型化契约填补该规范欠缺的一方正是经济地位强势的一方：贷与人。制定法的欠缺不但没有带来业者的不便，反而提供强势一方一个自由形成符合其交易需要之规范环境。是故，关于消费借贷，所面对的规范问题比较多的是：定型化契约约款之滥用的禁止，以及其他必要之禁止规定的增定。为满足该规范上的需要，在消费

---

① Esser/Weyers，（aaO.FN2），S.215.

② Joachim Gernhuber，kurze Anmerkung zum Urteil von OLG Nürnberg JZ 1959，313ff.；Zunft，Werkföderungsverträge，NJW 1958，1330ff.

③ Esser，（aaO. FN2），S.644. 与此类似的问题是：为不法目的而为租赁。因在租赁，虽有租赁物之交付，但无租赁物之所有权的移转，所以纵使租赁契约因违法而无效，致为履行该契约而交付租赁物供用益构成不当得利，其返还请求权亦不因"民法"第180条第4项的规定而引起疑惑。

④ Esser/Weyers，（aaO.FN2），S.212.

借贷之外渐渐有特别规定对之加以规范。[①] 这特别表现在与消费融资、分期付款或信用卡、金融卡有关的借贷关系上。

消费借贷不但在相同当事人间，常与其他契约混合缔结，而且也常对于借用人与第三人间之交易扮演融资的角色。这时候存在之共同问题为：其他契约之履行障碍是否会波及消费借贷契约的效力。[②] 在此，其他契约之于消费借贷契约的意义通常是借贷之目的。而借贷目的除非借贷当事人将之约定为契约内容的一部分，否则，只是对于双方皆无拘束力之缔约动机。这对于借贷双方各有其利益。例如贷与人要求贷款应使用于融资计划中预定之用途，并确实支付给完成融资计划中所载交易或工作之人，以确保其债权不因借用人之不正常营运而受到危害；借用人之非执行业务股东期望经由确实依融资计划拨款，敦促执行业务股东忠于职守，并防止其挪用贷款。[③] 在消费借贷由出卖人为买卖之目的而安排的情形，借用人之法律地位是否应论为与分期付款买卖之买受人相同，特别是其瑕疵担保请求权应该可以对抗贷与人，这是第三人融资之分期付款买卖的重要问题。[④]

此外，还有在补贴措施的范畴内，以公法为依据之消费借贷。此种消费借贷本来即应适用特别规定。依通说，其管制应适用二阶段说（Zweistufentheorie）：至贷款之核准及准备提供为止，适用公法；其后，自消费借贷契约之缔结起，适用私法。[⑤]

"最高法院"1998 年台上字第 939 号民事判决："按'民法'第 475 条规定之交付，并不限于亲手授受，若借用人与贷与人另有合意，由贷与人将借款存入借用人之活期存款户，并已存入时，固发生交付之效力；唯此系指约定金钱消费借

---

① "银行法"第 12 条之一规定："银行办理自用住宅放款及消费性放款，已取得前条所定之足额担保时，不得以任何理由要求借款人提供连带保证人（第 1 项）。银行办理授信征取保证人时，除前项规定外，应以一定金额为限（第 2 项）。未来求偿时，应先就借款人进行求偿，其求偿不足部分得就连带保证人平均求偿之。但为取得执行名义或保全程序者，不在此限（第 3 项）。"其第 1 项之意旨为禁止银行在办理自用住宅放款及消费性放款时过度征取担保。第 2 项为禁止过度加重保证人之责任。第 3 项为否认自用住宅放款及消费性放款之连带保证，规定应先向借款人进行求偿。这可减少保证人事后向借款人求偿的需要，对于减少争讼有积极的意义。

② Esser/Weyers，（aaO.FN2），S.213：第三人对于"消费及通常交易之融资有许多法律问题。其主要者为交易业务之障碍对于消费借贷之履行的追溯效力。这些问题直到消费贷款法生效前，几乎全赖，即便在今日也还大部分靠司法及学说解决"。

③ 这个问题在学说上尚无定论（Peter O. Mülbert，（aaO.FN4），JZ 1992，409）。

④ 详请参考 Esser/Weyers，（aaO.FN2），§ 9 III.

⑤ Esser/Weyers，（aaO.FN2），S.212.

贷之'贷与人'与'借用人'间关于金钱之交付问题而言。若'借用人'与其设立活期存款之'银行'间之存款关系,则为消费寄托性质,须银行有此消费寄托之合意,并收受存户即'借用人'之存款,方能发生消费寄托要物契约之效力。易言之,就'借用人'与'银行'之消费寄托关系,'贷与人'依其与'借用人'间之合意,将其款项以'借用人'名义存入'借用人'之活期存款账户时,虽'借用人'与'银行'间亦发生消费寄托物交付之效力,然前者为'贷与人'与'借用人'间消费借贷关系之交付,后者为'借用人'与'银行'间消费寄托关系之交付,二者并不相同,于分别论断其法律关系时,不可混为一谈。"

二、消费借贷契约之缔结

　　就契约之缔结除法律有特别规定外,当事人本来享有方式自由。唯为兼顾消费借贷可能为无偿,所以"民法"依循传统在第 474 条第 1 项规定"称消费借贷者,谓当事人一方移转金钱或其他代替物之所有权于他方,而约定他方以种类、质量、数量相同之物返还之契约"。亦即将之规定为要物契约(derRealvertrag),以贷与人将充为借用物之金钱或其他代替物的所有权移转于他方的履行行为作为其成立要件。是故,贷与人主张双方有消费借贷契约存在者,就其已为借用物之给付负举证责任。[①]

　　将之规定为要物契约的规范目的在于赋予贷与人以悔约权,使其在履行前得随时不具理由,拒绝履行契约。为以要物要件为成立要件之消费借贷契约的缔结,当事人双方除必须就主要给付义务有一致之意思表示外,贷与人还必须移转作为借用物之金钱或其他代替物的所有权于借用人。所谓主要给付,在消费借贷契约指借用物之交付及移转,有偿者并指其利息。充为借用物之金钱或其他代替物在缔约时得已在借用人之占有中。在这种情形,其约定究诸实际为"当

---

　　① "最高法院"2014 年台上字第 2698 号民事判决:"按金钱借贷契约,系属要物契约,本应由贷与人就交付金钱之事实负举证之责,倘执票人主张票据系发票人向其借款而签发交付,以为清偿方法,发票人复抗辩其未收受借款,消费借贷关系并未成立,则就借款之已交付事实,即应由执票人负举证责任。""最高法院"2015 年台上字第 610 号民事判决:"金钱消费借贷为要物契约,须当事人间互相表示借贷之意思一致,且贷与人将金钱之所有权移转于借用人,始生效力。票据执票人倘主张其执有票据之原因为消费借贷,而经他造当事人否认时,对其已交付借款事实,自应负举证责任。"然"交付金钱之原因甚多,金钱之交付并不当然成立消费借贷契约。故当事人主张金钱消费借贷契约存在,应就借贷意思表示合致及借款业已交付之事实,负举证责任,其仅证明金钱之交付,未证明借贷意思表示合致者,仍不能认金钱借贷契约存在"("最高法院"2014 年台上字第 1469 号民事判决)。

事人之一方对他方负金钱或其他代替物之给付义务而约定以之作为消费借贷之目标"("民法"第474条第2项)。也就是将一个已存在之他种债务转化为消费借贷。例如经由双方合意,将价金债务转化为消费借贷。① 其债之种类的转化,原则上应以契约的方式为之。双方就债之缓期给付有应附加利息之约定时,是否即已将原来之债的种类转化为消费借贷,在实务上,易起争议。这特别会影响到其旧债物之存续,及其消灭时效之应准据的规定。另还有先将货物或有价证券折算成金钱而为借贷者("民法"第481条)。其折算标准为:纵有反对之约定,仍应以该货物或有价证券按照交付时交付地之市价所应有之价值,为其借贷金额。② 这与前述直接将一个金钱或其他代替物之债务转化为消费借贷之不同在于:在后者还必须先将其他目标折算为金钱,然后以折算所得之金钱为借用物成立消费借贷关系。在新旧债务之转化,有旧债务在新债务履行前是否消灭的问题。不消灭者,其转化属于间接给付,旧债务之担保继续存在;消灭者属于更改,旧债务之担保随之丧失。有疑义时,应解释为旧债务不消灭。在前述情形,倘旧债务不存在或无转化能力(例如旧债务原系赌债),则其转化无效。不过,仍得预

---

① "最高法院"1972年台上字第2177号民事判例:"金钱借贷契约,固属要物契约,但所谓要物,并不以交付现物为必要,如因买卖或其他原因,借用人以其对于贷与人所负之金钱债务,作为金钱借贷所应交付之金钱,而合意成立消费借贷,亦应解为已具要物性。"另最高法院1929年上字第90号判例:"货款到期因无力归缴转账生息,如为该地通行之商业习惯,债权人自可请求转账以后之利息。"该判例所示情形,非以双方之合意,而以商业习惯为债务关系之转化的依据。这与债之更改除法律有明文规定外(例如因债务不履行而使债之内容由原来约定之给付转为损害赔偿),应有当事人之合意的契约原则不符。

② 先将货物或有价证券折算成金钱而为借贷通常发生在贷与人比较偏好金钱,而又不容易脱手的情形。盖要非如是,贷与人尽可自己先将系争货物或有价证券变现,而后直接以金钱贷与借用人。所以,在此情形,贷与人为取得最大的利益,往往会尝试在缔结消费借贷契约时,与借用人约定一个较之当时市场行情有利的折算标准。此所以"民法"第481条规定,纵有反对之约定,仍应以该货物或有价证券按照交付时交付地之市价所应有之价值,为其借贷金额。亦即应以市场之客观标准,而不得以背离市场行情之主观标准折算。与之类似而相反的情形是,在贷与人偏好货物或有价证券的情形,为消费借贷契约之缔结,双方会尝试约定先将借贷金额按当时之市场行情折算为一定种类、质量、数量之代替物作为借贷目标物,于到期时再将加计利息后之借用物按当时之市场行情折算为现金。如是约定,贷与人除可避免通货膨胀的损失外,还可在先后两次折算时,利用操纵约定之折算标准巧取额外利息。另有一种折算方法是比较公正的,那就是以借用人实际卖得之价额为借贷金额。这时有两个问题必须处理:(1)货物或有价证券交付后卖出前之毁损、灭失或失窃的危险应由谁负担? 由贷与人负担。盖既以实际卖得金额为借贷金额,则其卖出应论为出卖人之事务。(2)买受人在处理卖出事务时应尽之注意义务? 应尽善良管理人之注意。请参考 Esser/Weyers,(aaO.FN2),S218.

以将来之债转化为消费借贷。纵使旧债务不存在，双方当事人亦愿意创设一个新债权者，其消费借贷之合意应以债务承认（dasSchuldaner-kenntnis）的形式为之。盖债务之承认才有原始的创设作用，而债务之转化必须有可供转化之旧债务为其基础。[1]

在约定以金钱为客体之消费借贷，贷与人依约实际给付者，如果不是现行流通之货币时，便会有折价的问题。此外，给付者，如为银行兑换券，亦有类似的问题，必须按其在借贷时，实际得兑得之价额计算该消费借贷之金额。

关于契约之要物要件的规定方法，可将之建入成立要件或效力要件。经删除之原"民法"第475条的规定方法为建入效力要件：消费借贷，因金钱或其他代替物之交付，而生效力。前述"民法"修正后之第474条第1项的规定方法为建入成立要件。以契约关系之发展论，建入于成立要件的介入强度大于建入于效力要件。盖建入于成立要件时，如不具备要物要件，契约根本不成立，除非法律有以履行来治愈要物欠缺的明文规定，其合意是不能产生契约效力的；反之，建入于效力要件者，其契约纵不备要物要件还是成立的。只是债务人得利用不履行来阻止契约生效。自始使契约因不满足要物要件而不成立，或容许债务人得利用不履行来阻止契约生效，是要物契约所以具有赋予悔约权之作用的机制所在。其中尤以建入于效力要件之悔约的意味最为清楚。容许契约当事人在缔约后悔约固与契约应予严守的原则有违，但在政策上一旦决定对于消费借贷的债务人（贷与人）赋予悔约权，[2]则在其相关规定便应贯彻该意旨，不得出现出尔反尔的矛盾规定。所谓矛盾规定最为凸显者为："民法"债编于2000年4月26日修正时，一方面在第474条将要物要件建入消费借贷之成立要件，另一方面于第475条之一规定："消费借贷之预约，其约定之消费借贷有利息或其他报偿，当事人之一方于预约成立后，成为无支付能力者，预约贷与人得撤销其预约（第1项）。消费借贷之预约，其约定之消费借贷为无报偿者，准用第465条之一之规

---

① 　Esser，（aaO.FN2），S.685.

② 　是否像在赠与的情形一样赋予贷与人以悔约权，并将之规定为要物契约是属于政策问题。例如《德国民法典》第598条规定："透过使用借贷契约，物之贷与人有义务，容许借用人为物之无偿使用。"该条将使用借贷规定为诺成契约。关于使用借贷契约之要物或诺成的问题，请参考Larenz，（aaO.FN2），293f.唯这不表示，依《德国民法典》贷与人必然负比较重的义务。义务之轻重在此还要看其终止契约之难易。关于使用借贷契约之终止事由，《德国民法典》第605条的规定内容与"民法"第572条所定者几无两样。最后其适用当系于司法机关对于其第一款关于"贷与人因不可预知之情事，自己需用借用物"之事由的解释与认定。在该款之解释与认定如采比较宽松的见解，则其适用之结果等于肯认贷与人交付借用物后之任意的终止权。这与任意撤销权一样，具有赋予贷与人悔约权的作用。

定(第 2 项)。"依该条规定不论是有偿或无偿的消费借贷契约,其预约皆属有效,只是在有偿的消费借贷,其撤销受有借用人于预约成立后,成为无支付能力之法定撤销事由的限制,[①]而在无偿的消费借贷,贷与人得任意撤销。唯该任意的撤销权准用第 465 条之一,有该条所定之消灭事由的适用。规定要物契约之预约在履行前即发生效力或预约之撤销权受有消灭事由的限制等皆与要物规定的意旨冲突。

由于在有偿的消费借贷,其撤销受到前述法定撤销事由的限制,所以,其预约可能因不得撤销,而得引为请求贷与人缔结主契约的基础。然后依主契约请求贷与人交付、移转承诺贷与之金钱或代替物。[②]唯借用人并不得直接依该预约对于贷与人请求交付、移转承诺贷与之金钱或代替物。其结果,在有偿消费借贷之诉讼,其诉之声明便很容易犯错。司法实务上是否应予谅解地放松该技术上要求,值得考虑。[③]

按有偿的消费借贷是否适当被规定为要物契约,长久以来已受到质疑,所以"民法"债编在其修正时大可不必一方面将其规定为要物契约,另一方面又强力肯认其预约之效力,规定仅在借用人于预约成立后,成为无支付能力的情形始得撤销该预约,而应直接将之规定为诺成契约。[④]至于无偿的消费借贷应回归关

---

① "民法"第 475 条之一第 1 项所定之撤销事由与同法第 265 条所定之不安抗辩的事由相同。都是法律明文规定,应受情事变更原则适用的类型。关于《德国民法典》,请参考 Esser,(aaO.FN2),S.645.

② 上述两个阶段的诉之声明德国联邦法院认为可以在同一个诉讼中完成(BGH NJW 1975,443);原告在诉状中依双方之预约,对于被告为缔结本约之要约,并请求判令被告以给付约定数额之贷款为方法承诺该要约,以成立本约。

③ 请参考 Esser/Weyers,(aaO.FN2),§ 26 II 2.

④ 政策上既要肯认消费借贷之预约,即无再将其规定为要物契约的意义。勉强为之,只会使法律系统的建构发生冲突。认为"因承贷这种许诺而取得权利者,仅得诉请缔结本约,而不得诉请贷款是没有意义的"[Esser,(aaO.FN2),S.645]。如将消费借贷规定为诺成契约,则借用物之交付、移转不再是其契约之成立或生效要件,而单纯是其履行行为。然不论是否规定为要物契约,借用物的返还请求权皆待其交付、移转方始发生,而非因契约之缔结即自始存在。这与价金债权因买卖契约之缔结自始发生,只是已发生之价金债权纵使已届清偿期,如无买受人应先给付价金之约定,他原则上有同时履行抗辩权者,不同。借用物返还请求权以借用物之交付为其发生上的实质基础系该债权类型之存在特征,对其当为之规范内容有重要意义。请参考 Esser/Weyers,(aaO.FN2),S.214.

于一般无偿契约的基本立场：①容许债务人任意撤销。"民法"第 475 条之一第 2 项的规定虽采此观点。但因其准用之第 465 条之一的规定内容与要物规定冲突，而使存在于使用借贷的问题波及无偿的消费借贷。

在消费借贷契约的缔结上，如果贷与人是一个以放款为其业务之银行或其他金融机构，则依诚信原则贷与人是否应对于借用人负一定之说明义务，固不能一概而论，但仍不失为实务上一个需要小心处理的重要问题。②

三、贷与人的义务

在消费借贷，如果以之为诺成契约，则贷与人在给付义务方面，因消费借贷契约之缔结而负：(1)交付、移转借用物，并容许借用人在一定期间后始返还其替代物之义务；(2)其为有偿者，并负另易以无瑕疵之物的义务；(3)借用人因瑕疵给付而受有损害者，仍得请求损害赔偿（"民法"第 476 条第 1 项）。这里所称因瑕疵给付而受之损害，应指履行利益上之损害。至于固有利益的损害，其赔偿之规范基础应在于积极侵害债权与侵权行为。这在无报偿之消费借贷的情形，亦同。所不同者为，仅在贷与人故意不告知其瑕疵的情形，借用人始得请求履行利

---

①　关于无偿契约之规范的基本立场，就让与之债中的赠与，以"民法"第 408 条关于赠与之任意撤销及其例外的规定为代表："赠与物之权利未移转前，赠与人得撤销其赠与。其一部已移转者，得就其未移转之部分撤销之（第 1 项）。前项规定，于经公证之赠与，或为履行道德上之义务而赠与者，不适用之（第 2 项）。"该规定相对于第 465 条之一及第 475 条之一，因无像第 465 条之一但书关于"……但预约借用人已请求履行预约，而预约贷与人未实时撤销者"，不得撤销其预约的规定，而相对合理。第 465 条之一但书之规定的由来应是参考下述关于解除权之行使的催告与失权规定。(1)第 257 条规定："解除权之行使，未定有期间者，他方当事人得定相当期限，催告解除权人于期限内确答是否解除；如逾期未受解除之通知，解除权即消灭。"(2)第 361 条规定："买受人主张物有瑕疵者，出卖人得定相当期限，催告买受人于其期限内是否解除契约（第 1 项）。买受人于前项期限内不解除契约者，丧失其解除权。"悔约撤销权与解除权虽同属形成权，但其规范意旨有根本的区别。在悔约撤销权其意旨在于赋予债务人悔约权，其债权人之法律地位应低于契约尚待于当事人一方之承认始生效力之效力未定的情形，而在效力未定的情形，承认权人之沉默原则上拟制为拒绝承认，而非承认。例如第 170 条关于无权代理行为、第 302 条关于债务承担、第 386 条关于试验买卖就沉默规定视为拒绝承认；第 387 条关于试验买卖就沉默规定视为承认目标物可说是唯一的例外。反之，在解除权的行使，从正当法秩序之规范立场论，对于解除前后之利益状态并无偏好，只是由于有一定之解除事由发生，让当事人之一方可以单方决定是否解除契约关系。而让当事人之一方得以单方行为改变双方的法律关系与契约原则不符。是故，针对解除权适当规定：解除权人不在除斥期间或相对人催告之期间内为解除者，解除权即消灭。

②　Peter O. Mülbert，(aaO.FN4)，JZ 1992，406ff.

益之损害赔偿("民法"第 476 条第 3 项)。然如以之为要物契约,则借用物之交付、移转不以贷与人之给付义务,而以其成立要件或生效要件的型态呈现。

借用物之交付、移转不一定皆由贷与人直接对于借用人为之,也有可以由第三人依贷与人之指示对于借用人给付,或经贷与人授权,由借用人自己向第三人收取,或依借用人之指示由贷与人对于第三人给付(请参考 BGHNJW1978,2294ff.)。另有由贷与人签发票据交由借用人向第三人贴现者。唯贷与人不得以抵销的方法履行其移转借用物之义务。盖这与消费借贷之目的在于使借用人获得对于借用物之支配力有违。以抵销的方法履行其移转借用物之义务与前述将旧债务更改为消费借贷之协议相较,其差异存在于:抵销是单方行为,转化协议是契约行为。例如在买受人迟延给付价金债务的情形,如果出卖人先佯装与买受人缔结一个有偿的消费借贷契约,然后再以抵销的方法履行其给付贷款债务,则等于使买受人不明不白的被迫将价金债务更改为消费借贷的贷款债务。①此种抵销之设计已涉及诈欺。另在更改的安排上也并不就全无疑问。由于在贷与人与借用人内部利用更改(interneUmschuldung),规避复利或旧债务之其他不法原因之法律规定的适用,通常会被论为无效,贷与人有时转而尝试,利用外部的更改(externeUmschuldung),即利用由借用人对第三人负新债务的方法,消灭旧债务。无论是内部的或外部的更改,既存之旧债务的消灭应是借用人所以愿意负担新债务的原因,如果旧债务不存在或范围小于双方为更改之合意时的认识,至少应认为借用人之意思表示有错误或双方之缔约基础不存在,应准予撤销或调整新债务之范围至与旧债务之存在状况对应的情形。这是银行或其他金融业者要以外部更改的方法承接他人之消费借贷关系时,应特别注意的情事。②此外,贷与人要完成贷与物之交付,必须使借用人或其指示之人取得对于贷与物之支配力。这当中贷与人如为交易安全,而保留其对于贷与物之支配力,

---

① 请参考 Esser/Weyers,(aaO.FN2),S.217f.

② 德国学者 Peter O. Mülbert 认为在内部的更改,借用人得以存在于旧债务的事由请求调整新债务,反之,在外部的更改,因其债权人为另一个银行,所以,不可(Peter O. Mülbert, Das Darlehen in der höchstrichterilichen Rechtsprechung 1988—1991-Teil 1, JZ 1992,405)。该见解易启贷与人与他银行串通,规避关于旧债务之禁止规定,并不妥当。或谓非如是不足以保护善意之第三银行。然其实在外部的更改,为何前后银行间不以债权之买卖,而要以外部更改的方法为之?其目的就在于根据前开见解,切断新旧债务间之原因关系。而为何要切断该原因关系?正因为担心,债务人就旧债务在移转时对于旧债权人有抗辩事由存在。该担心之防护的正规做法应当是:要旧债权人善尽说明义务,必要时,并要其担保无担心之抗辩事由存在。或谓借用人在为外部更改之合意时,已有机会,利用拒绝同意,保护自己。然虑及借用人之经济地位的相对劣势,当可想见:这是不切实际的想法。

则尚不得谓贷与人已完成交付。[①]

贷与人交付、移转借用物（金钱或其他代替物）之债务的反面即为借用人请求交付、移转借用物的债权。该债权系借用人之财产的一部分是没有疑问的。于是，引起该债权之可扣押性的问题。既为财产，其可扣押性是没有疑问的。问题是其扣押有无价值？盖借用物之移转义务与其返还义务之关系虽不被论为对价关系，但该移转义务事实上带有该返还义务的负担。因为一旦为借用物之移转，则与借用物相同种类、质量及至少相等数量的返还义务便因此发生。是故，其扣押对于执行债权人并无助于满足其债权的积极意义。[②]

四、借用人之义务

在消费借贷，不论有偿与否，借用人所负之义务主要为"应于约定期限内，返还与借用物种类、质量、数量相同之物，未定返还期限者，借用人得随时返还，贷与人亦得定一个月以上之相当期限，催告返还"（"民法"第478条）。该规定系指该催告应附以"一个月以上之相当期限"[③]，该催告纵未附以该期限，只要催告后经"一个月以上之相当期限"，贷与人即得依该条规定请求返还贷与物？[④] 实务上有不同看法。如为有偿，则更进一步负有利息或其他报偿的给付义务。在这种情形，借用人"应于契约所定期限支付之；未定期限者，应于借贷关系终止时支付之。但其借贷期限逾一年者，应于每年终支付之"（"民法"第477条）。

在消费借贷之返还借用物的债务属于种类之债，原则上无给付不能的情事。[⑤] 唯如例外而有此情事，发生借用人不能以种类、质量、数量相同之物返还的情形，则他应以该物在返还时、返还地，所应有之价值偿还之。返还时或返还地未约定者，以其物在订约时或订约地之价值偿还之（"民法"第479条）。由于消费借贷之借用物的返还之债是种类之债，原则上无给付不能的情事。在具体

---

① Peter O. Mülbert,（aaO.FN4），JZ 1992，406.

② 请参考 Esser/Weyers,（aaO.FN2），S.218.

③ 参见"最高法院"2008年台上字第2654号民事判决。

④ 参见"最高法院"2013年台上字第665号民事判决。

⑤ 最高法院1943年上字第2150号判例："民法第479条第1项所谓不能以种类、质量、数量相同之物返还，系指依社会观念其返还种类、质量、数量相同之物已属不能者而言。若依社会观念其返还种类、质量、数量相同之物，并非不能，自无同条项之适用。"该判例所示是一种客观不能。这在种类之债原则上不会发生。是故，"最高法院"1958年台上字第793号判例认为："水泥系属代替物之一种，而代替物之借贷，原则上应返还种类、质量、数量相同之物，例外如借用人不能以此返还时，始得以时价折还现款，此观'民法'第474条、第479条第1项规定自明。原判就系争水泥，径命借用人即上诉人折付现金与被上诉人，显非适法。"

案件所谓之不能给付,究诸实际并非给付不能,而只是债务人尚未尽其准备给付之义务时所造成的状态。只要种类之债在客观上尚属可能,同样不承认其有主观不能的情事。盖其所谓之不能可经由采购克服。是故,只要给付客观上还可能,即尚无"民法"第479条之适用。这充其量仅是支付不能的问题。在这种情形,如果在言词辩论终结前,借用人还是不为采购返还,贷与人还是应请求判令给付借用物,至于借用人之不返还借用物的问题应在强制执行时,始由执行法院以债务人之费用命第三人代为采买交付,此项费用由执行法院斟酌该代替物现时价格及其他情事定其数额,命债务入预先支付。换言之,原审法院并不得直接预为判命给付代为采买所需费用的判决。[①]

　　利息为本金乘利率乘借贷期间之积。利率通常以一定期间为单位(例如以日、周、月或年为借贷期间之单位),按本金之一定比例约定之(例如年利5％)。[②]利率按其规范依据可区分为意定利率与法定利率。意定利率之约定得以明示或默示的方式为之。然按法定利率计算之利息不一定是法定利息("民法"第203条);反之,法定利息也不一定按法定利率计算之。例如"民法"第233条所定之迟延利息虽为法定利息,但其适用之利率视情形可能是意定利率或法定利率。"民法"第203条固规定:应付利息之债务,其利率未经约定,亦无法律可据者,周

---

　　① 参见"最高法院"1993年台上字第570号民事判决。
　　② 关于何谓利息Canaris将之定义为:"称利息者,指不系于借用人之利润、销售额,而系于期间之经过,并以金钱或其他代替物支付之对于使用本金可能性的报酬"(Claus-Wilhelm Canaris, Der Zinsbegriff und seine rechtliche Bedeutung, NJW 1978, 1892)。

年利率为 5％。此即法定利率之一般规定。唯其他法律尚另有其法定利率的规定。① 法定利率之适用顺位在意定利率之后。其道理为,关于利率之规定,除利

① 例如"票据法"规定票据债权之利率未经载明时,定为年利六厘(第 28 条第 2 项、第 97 条第 1 项第 2 款、第 133 条)。另"土地法"第 98 条规定:"以现金为租赁之担保者,其现金利息视为租金之一部(第 1 项)。前项利率之计算,应与租金所由算定之利率相等(第 2 项)。""土地法"第 112 条规定:"耕地出租人,不得预收地租,但因习惯以现金为耕地租用之担保者,其金额不得超过一年应缴租额四分之一(第 1 项)。前项担保金之利息,应视为地租之一部,其利率应按当地一般利率计算之(第 2 项)。"该二条规定之标准并不一致。租率之难以客观认定的缘故为:租赁物之价值或资金成本因而不同。公法上债务之迟延利息通常规定按"依邮政储金一年期定期存款利率按日计算利息"("全民健康保险法"第 30 条第 5 项,"空气污染防制法"第 55 条第 2 项,"水污染防治法"第 44 条,"土壤及地下水污染整治法"第 33 条,"海洋污染防治法"第 44 条,"货物税条例"第 31 条第 2 项,"规费法"第 16 条第 3 项、第 18 条第 2 项、第 19 条第 2 项、第 20 条第 2 项,"税捐稽征法"第 38 条第 2 项、第 48 条之一第 2 项,"所得税法"第 68 条、第 100 条之二第 1 项、第 112 条第 2 项、第 125 条之一第 1 项,"遗产及赠与税法"第 30 条第 3 项、第 51 条第 2 项,"加值型及非加值型营业税法"第 50 条第 2 项,"烟酒税法"第 18 条第 2 项,"关税法"第 42 条第 2 项、第 59 条第 3 项,"证券交易税条例"第 13 条第 2 项)。其中有些像"证券交易税条例"第 13 条第 2 项规定:依当地银钱业通行之存款利率,按日加计利息者。然所谓当地银行业通行之存款利率,即指邮政储金汇业局一年期定期储金固定利率("所得税法"第 123 条)。

率之限制("民法"第204条、第205条、①第207条)及巧取利益之禁止("民法"第

---

①　关于最高利率之限制,"民法"第205条规定:"约定利率,超过周年百分之二十者,债权人对于超过部分之利息,无请求权。"所以,债务人依约对于债权人给付超过该条所定利息限制之利息者,其给付所构成之财产利益的移动构成不当得利。如认为那是一个因不法之原因而为之给付,且不法原因仅于受领人(贷与人)一方存在时,借用人纵使于给付时知该不法原因,还是得请求返还。反之,如不认为那是一个因不法之原因而为之给付,则由于借用人系因清偿债务而为给付,所以,其于给付时如明知其依"民法"第205条无给付之义务,便不得请求返还("民法"第180条第3项、第4项)。应认为那是一个存在于贷与人之不法原因的给付。为规避第205条之适用,有利用更改将包含超过周年百分之二十部分之延欠利息滚入原本者。对此,"最高法院"2002年第14次民事庭会议决议:"'民法'第205条既已限制最高利率,明定债权人对于超过周年百分之二十部分之利息无请求权。则当事人将包含超过周年百分之二十部分之延欠利息滚入原本,约定期限清偿,其滚入之利息数额,仍应受法定最高利率之限制。故债权人对于滚入原本之超过限额利息部分,应认仍无请求权,以贯彻'防止重利盘剥,保护经济弱者'之目的。""又债之更改,固在消灭旧债务,以成立新债务,唯超过限额部分之利息,法律既特别规定债权人对之无请求权,债权人自不能以债之更改方式,使之成为有请求权,否则无异于助长脱法行为,难以保护经济上之弱者"("最高法院"2002年台简抗字第49号民事裁定)。唯后来尚有下级审法院"认债权人于利息到期后,就超过限额利息部分,仍可以债之更改方式,使之成为有请求权,进而为不利于上诉人之判决",而后才由"最高法院"以"其适用法规显有错误"为理由,判决"原判决废弃,发回台湾云林地方法院"(同院2003年台简上字第14号民事判决)。重利的禁止固为一个古老的问题,但因其规避的方法陈出新,其对抗自有赖于司法机关就重利要件的适当掌握。最主要的问题存在于利息以外之费用以及多高的利率可认定为给付与对待给付已显失公平。请参考 Ronald Kessler, Anmerkung zum Urteil von Oberlandesgericht Stuttgart BB 1979, 1423ff.; Harro Otto, Neue Tendenzen in der Interpretation der Tatbestandsmerkmale des Wuchers beim Kreditwucher, NJW 1982, 2745ff.; Peter O. Mülbert, (aaO.FN29), JZ 1992, 292ff.

206条)①属于强行规定外,其余为任意规定。② 其中以巧取利益方法来规避利息限制之规定逐渐成为一个严重且亟待克服的问题。在消费借贷,贷与人实务上可能对于借用人收取的费用名目繁多,具代表性的例如:贴水或折扣、账务处理费、中介费、贷款保险费等。③ 这些费用是否皆应与以利息名目收取者并计,以认定其是否超过法定之利息的限制,值得探讨。④ 上述费用之共同特征为不直接与借贷期间相连结,从而避开利息与借贷期间成比率之概念特征,以规避关于利息之限制规定的适用。鉴于上述法律事实之形成上的规划系针对利息之限制规定的规避而来,因此其规范上的对策必须从法律规避,亦即脱法行为之对抗的观点出发,而不适当因此脱离利息之概念,不再守住利息的概念特征:利息系借用人使用本金之机会,而不是贷与人交付本金的对价。唯在具体案件如何认

----

① 关于"民法"第206条所定之巧取利益的方法,过去多发生在利用预扣利息,使名目利率看起来较低,以规避最高利率之限制规定。然目前特别是在小额消费贷款或信用卡融资的情形,多发生在巧立名目,收取利息以外之各种费用。这是亟待遏阻之不诚实的经营手段。关于信用卡之消费借贷为何可以收取较高之利息,在德国学说上曾被提出的理由有:广告与中介费用以及较高之坏账风险。这是纯从成本出发之经济的观点。反之,从规范伦理之法律的观点出发,消费信用之借贷的违约常肇因于不可归责于借用人之因素。所以这个问题不能纯从经济的观点,也必须从社会的政策考虑。此外,对于银行从事信用卡借贷业务之开发的方法、目标市场(例如未成年之学生)以及其实际获利的情形皆应给予适当之了解,以便形成比较符合事理的法律意见。请参考 Hermann Josef Bunte, Rechtsanwendungsprobleme im Bereich des Konsumentenkredits, NJW 1985, 705ff.

② 分期付款买卖本来即带有买卖契约与消费借贷契约之混合的特征。为保护借用人,关于消费借贷之利率的规范,除利息最高限额的限制外,以"消费者保护法"第21条的规定最具意义。该条规定:"企业经营者与消费者分期付款买卖契约应以书面为之(第1项)。前项契约书应载明下列事项:一、头期款。二、各期价款与其他附加费用合计之总价款与现金交易价格之差额。三、利率(第2项)。企业经营者未依前项规定记载利率者,其利率按现金交易价格周年利率百分之五计算之(第3项)。企业经营者违反第二项第一款、第二款之规定者,消费者不负现金交易价格以外价款之给付义务(第4项)。"可惜该条规定在实务上并没有获得主管机关及消费者的重视。该条规定之意旨重点在于:利率之透明化的强制。此即有效年利(der effective Jahreszins)之表示义务。这是经证明为可靠的管理工具。请参考 Reinhard Boest, Die Neuregelung der Preisangabe für Kredite, NJW 1993,40ff.类似的问题亦存在于分期偿还借贷(der Ratenkredit)。基于分期偿还的借贷结构,使一般借用人像在分期付款买卖的情形一样不容易认知实际的利率究竟为何。是故,在此情形,除了要禁止其过高之约定利率外,贷与人还应对借用人说明该借贷特有之不利与风险。如未为说明,德国联邦法院的判决认为,借用人就因此所受损害得依缔约上过失的规定,请求贷与银行赔偿(BGH JZ 1991,147ff.)。

③ Claus-Wilhelm Canaris, (aaO.FN39), NJW 1978, 1891.

④ Claus-Wilhelm Canaris, (aaO.FN39), NJW 1978, 1893ff.

定利息以外之费用的约定系属于隐藏之利息，构成关于利息限制规定之脱法行为，这跟所有的脱法行为一样，在实务上都是不容易的问题。[①]

关于金钱借贷之返还，"民法"第 480 条特别规定："金钱借贷之返还，除契约另有订定外，应依左列之规定：一、以通用货币为借贷者，如于返还时已失其通用效力，应以返还时有通用效力之货币偿还之。二、金钱借贷，约定折合通用货币计算者，不问借用人所受领货币价格之增减，均应以返还时有通用效力之货币偿还之。三、金钱借贷，约定以特种货币为计算者，应以该特种货币，或按返还时，返还地之市价，以通用货币偿还之。"

在以金钱为借贷目标之消费借贷，其约定之利息虽不必须是金钱，得约定为其他种类之给付。但仍受"民法"第 205 条关于利息限额之限制。为该条之适用，应将所约定之给付按约定应给付时之价额，折算为金钱，除以其本金，以计算其是否超过该条所定之利息限额。另在本金未还清前，借用人不足以清偿原本及利息之部分的给付，是否已含对于超过法定限制之利息的任意给付？在这种情形，因为借用人受迫于融资需要，不能为正确决定，所以应采否定之见解。[②]但亦有采肯定见解之判决。[③]

五、消费借贷契约之终止

因为消费借贷契约是继续性契约，所以，有终止之规范上的需要。在有偿的消费借贷，因双方互为债权人与债务人，所以，如果定有期限，原则上既不是借用人得任意随时终止契约，返还借用物，亦非贷与人得任意随时终止契约，请求返还借用物。双方皆享有期限利益。唯必须注意，借用人于约定利率逾周年百分之十二者，经一年后，得随时清偿原本。但须于一个月前预告债权人。该项期前清偿之权利，不得以契约除去或限制之（"民法"第 204 条）。除此而外，"民法"对于消费借贷并无终止事由之规定，仅"民法"第 475 条之一第 1 项所定关于有偿消费借贷之预约的撤销事由，可类推适用充为终止事由。其结果，实务上便让诸当事人自定义，特别是由贷与人以定型化契约的方式规范之。其最突出的案例

---

① Claus-Wilhelm Canaris，（aaO.FN39），NJW 1978，1892f.

② 参见"最高法院"2013 年台上字第 809 号民事判决。

③ 参见"最高法院"1984 年台上字第 3883 号民事判决。

就是所谓的加速到期条款，①贷与人可据以期前终止契约。不论由哪方当事人以何种理由终止契约，都可能对于他方当事人带来损失。就该损失是否得请求赔偿，视其终止事由是否可归责于一方当事人而定。② 在不可归责于双方的情形，有一点必须注意的是：对经缩短期间后之消费借贷而言，原来约定之利率是否变得过高，而应降低原来约定之利率退还或少算部分利息？③ 这应采肯定的见解。就利率如非约定为固定利率，则在贷与人事后变更利率时，借用人得终止契约。关于利率之变更应有相当之预告期间，契约之终止应在该期间内为之。④

在契约终止后如果借用人迟延返还本息，究竟应按法定利率或应按原来约定之利率计算迟延利息？如无针对终止后之迟延返还本金约定其迟延利息的利率，应按法定利率计息。⑤ 盖在终止契约的情形，原来之契约如无针对个别事项之保留，已自终止起，向将来失其效力。同理，贷与人因放款而向借用人收取之各种费用，至少亦应按实际拨款之数额及其贷放期间占原定数额及期间之比例定借用人之应负担额，其超过部分构成不当得利，应予返还。⑥ 其自始无效者，

---

① 关于加速到期条款，"行政院公平交易委员会"第169次委员会议决议："银行借贷契约七项约款修正方向：……(4)'债务人债信不足时，强制抛弃期限利益，且债权人免除通知义务'；银行行使加速条款事由，以左列情形为限：1.任何一宗债务不依约清偿本金时。2.依'破产法'申请和解、申请宣告破产、申请公司重整、经票据交换所通知拒绝往来、停止营业，清理债务时。3.依约定原负有提供担保之义务而不提供时。4.因死亡而其继承人声明为限定继承或抛弃继承时。5.因刑事而受没收主要财产之宣告时。6.任何一宗债务不依约付息时。7.担保物被查封或担保物灭失、价值减少或不敷担保债权时。8.立约人对银行所负债务，其实际资金用途与该银行核定用途不符时。9.受强制执行或假扣押、假处分或其他保全处分，致银行有不能受偿之虞者。银行依前开第6项至第9项事由行使加速条款应于事先以合理期间通知或催告立约人"（"行政院公平交易委员会"1995年公壹字第00499号函）。相对于贷与人得引用约定之加速到期条款终止契约，借用人之法定终止事由显然较为不足。针对这个问题《德国民法典》第489条、第490条第2项特别规定一些借用人得终止消费借贷契约之法定事由。该法第489条修正自原第609a条。而原第609a条则在于替代原第247条（相当于"民法"第204条）。请参考 Ekkehardt von Heymann, Neuregelung des Kündigungsrechts nach § 247 BGB, BB 1987, 415ff.

② Claus-Wilhelm Canaris, (aaO.FN39), NJW 1978, 1897.

③ 请参考 Joachim Gruber, § 610 BGB und das valutierte Darlehen, NJW 1992, 419ff.

④ 请参考 Hellmut Kollhosser/ Ursula Schweitzer, Das neue gestzliche Kündigungsrecht bei Darlehen, JA1987, 347f.

⑤ 《德国民法典》在此情形其司法实务尚有其迟延损害，究竟存在于本金之利息或再贷放费用的争论，以及该损害应如何抽象计算。请参考 Joachim Gruber, Der Zinsanspruch beim gekündigten Geschäftsdarlehen, NJW 1992, 2274f.；Franz Häuer/Reinhard Welter, Neues Recht der Darlehenskündigung Von § 247 BGB zu § 609a BGB, NJW 1987, 17ff.

⑥ Peter O. Mülbert, (aaO.FN4), JZ 1992, 402.

应全额退还。另在借用人方为系争消费借贷而设定物上担保或投保信用保险而支付之设定费用或保险费等,其因消费借贷契约无效或终止而落空致构成之损害时,如其发生系可归责于贷与人,可依缔约上过失或债务不履行的规定请求贷与人赔偿。

六、危险负担与情事变更

消费借贷本来虽仅是一个借贷关系,唯基于借用物之可替代性及借贷目的之消费性,其履行不止于交付借用物以供使用收益,而达到其所有权之移转。此外,在借贷期间届满或契约终止时,借用人所负之返还义务原则上亦不以原物,而以与原物种类、质量、数量相同之物为其内容。其应返还者虽非原物,但终究是原物已不能返还后之其等值等量的代替物,是故,仍具有仅在一定之期间内就一定之物容许借用人暂时为使用收益之借贷的性质。因为借用物之所有权在交付时已移转为借用人所有,所以其危险负担在交付时自当随同移转于借用人。因此,交付后,交付之借用物如有毁损灭失,不论是否可归责于借用人,其危险皆由其负担。另在消费借贷还有因货币升值或贬值,因通货膨胀或通货紧缩而引起之特别的危险。其变动除非达到构成“民法”第227条之二所定情事变更的程度,否则,依名目价值原则(Nominalwertprinzip)应只按约定种类、质量、数量定返还义务之目标,所以,在金钱之债,通货膨胀的危险由贷与人,通货紧缩的危险,由借用人负担。在其他代替物之借贷,跌价的危险由贷与人,涨价的危险由借用人负担。[①]

七、消灭时效期间

消费借贷而发生之债权,“民法”债编无特别消灭时效期间之规定。所以,应依“民法”总则关于消灭时效之一般规定。其中利息债权依第126条,因5年间不行使而消灭;本金债权依第125条,因15年间不行使而消灭。

---

① Esser,(aaO.FN2), S.645.

第八章

雇佣契约

一、劳务给付之类型问题

可作为交易客体者主要有：劳务、物和权利。劳务通常指利用人的劳动力所提供之劳务，这是最原始可供交易的客体。劳动成果后来可能变成物或权利。劳务之债务契约直接以人之劳务，而让与之债务契约则以物或权利的移转作为债之给付目标。至于物或权利之用益的债务契约，则以使用收益权之授予作为债之给付目标。[①] 劳务契约虽以人的劳务为其给付目标，但不像罗马法那样认为这就是人的租赁。[②] 债务人自己并不因此丧失其主体地位，成为劳务契约的客体。

雇佣契约为重要之基本劳务契约之一。在劳务契约之规范规划上，依循有

[①] 　用益之债的类型特征在于以对于物或无体财产含有用益权之权利为基础，授予他人权利，就该物或无体财产为使用收益。他人就因此取得之用益权，可以负担义务，移转他人，此为让与之债务契约（例如租赁权之买卖或赠与），或以之为基础负担义务，授权第三人使用收益，此为用益之债务契约（例如转租）。这是关于物或权利之用益权的取得或授予上的重要类型区别。

[②] 　将劳务兼指人之劳务与物之劳务，这主要是"营业税法"的分类法（"营业税法"第1条、第3条）。所谓物之劳务主要指租赁和借贷。这是将物之劳务模拟为人之劳务的规定。物之劳务在民法上不但有其自己之契约类型，而且在罗马法的法制史上甚至将人之劳务等同于物之劳务规范之，并统称为劳务之授予关系（das Überlassungsverhältnis）。这是受到奴隶制度之影响，将奴隶物化的看法。在此观点下，认为雇佣便是租赁人之劳动力或其劳动价值。这种看法只注意到雇佣与用益契约按时计酬或计租的共同特征，但忽略了人的人格，及人之劳务与人格的关连。人之劳务与其提供者间之人格的关连强度在不同的契约类型容有不同，但这是劳务契约之一个主要的因素。至少在现代法上这是一个不得轻忽的价值立场。请参考 Esser, Schuldrecht, 2. Aufl., 1960, § 128, 1; Esser/Weyers, Schuldrecht, Bd. II, BT, Teilband 1, 8. Aufl., 1998, S.229f.

名契约之规划格式,初步按其有偿与否分为两类:有偿者为雇佣,无偿者为委任。唯关于劳务之提供,因为传统上有以委任称呼高阶劳务之提供关系的习惯,所以规定委任也可以约定为有偿。这与消费借贷之发展类似。针对劳务关系之交易需要的多样性,后来其契约类型有进一步之分化。首先自委任分化出承揽,用以规范以一定工作之完成为其目标之有偿的劳务契约。归纳高阶劳务之提供关系,其提供者不但在如何处理事务或完成工作时常常必须根据自己之专业判断,不得盲从于委任人或定作人之指示,而且必须自己担负企业风险。这构成委任、①承揽②分别与雇佣之重要区别。雇佣契约、承揽契约和委任契约合为三个基本的劳务契约。劳务契约可谓是债法中最为多样的契约类型。其涵盖之债的目标及债务人,可从协助处理家务之家佣,从事生产在线之装配工作的劳工,推销货物或服务之业务员、媒介业务之居间或行纪,到从事法律顾问的律师、财务顾问的会计师、器官移植的医师、建筑设计之建筑师、主持各种基础建设之巨大

---

① 参见"最高法院"1992 年台上字第 230 号民事判决、1996 年台上字第 2727 号民事判决。

② 承揽人应依自己之专业判断完成工作,除有内部效力,例如"民法"第 509 条:"于定作人受领工作前,因其所供给材料之瑕疵或其指示不适当,致工作毁损、灭失或不能完成者,承揽人如及时将材料之瑕疵或指示不适当之情事通知定作人时,得请求其已服劳务之报酬及垫款之偿还,定作人有过失者,并得请求损害赔偿。"亦有外部效力,例如第 189 条规定:"承揽人因执行承揽事项,不法侵害他人之权利者,定作人不负损害赔偿责任。但定作人于定作或指示有过失者,不在此限。"关于其内部效力,"最高法院"2000 年台上字第 1966 号民事判决要旨称:"唯查被上诉人(按指:定作人)提供予上诉人(按指:承揽人)按图施工之设计图,系被上诉人委由诉外人一心公司规划设计,为原审确定之事实,而证人即该公司股东翁福居证称:规划设计时并无钻探土质数据,且上诉人于原审亦辩称:其未参与系争工程之土壤分析及工程设计等语……,由是以观,上诉人是否知悉上开设计图系假设砂质土壤而为,殊非无疑。倘上诉人不知该设计图所凭之土质为何,则依其专业知识,即令于施工中能发现现场之土质为沈泥黏土,并知悉土质为砂土与沈泥黏土之施工方法有异,似亦难认上诉人已知设计图有缺失。乃原审对于上诉人是否知悉设计图所凭之土质为砂质土壤,未遑调查审认澄清,即以前揭理由,遽认上诉人未事先及时将被上诉人之指示不当通知被上诉人,而为上诉人不利之判断,自属可议。""最高法院"2000 年台上字第 19 号民事判决要旨称:"查依证人庄坤泰之证言,系争预垒桩之施作,功能在于挡土……而上诉人提出系争工程之工程图说附注记载:'1.本工程挡土及排水措施,其费用已列入施工费内。承包商应确实勘查工地,依照本工程合约施工。唯得依实际需要选用更佳挡土施工法,但须在不加价及依程序报奉核准后始可选用……本工程施设预垒桩,位置由工地工程司指示办理'等语……依上开约定,系争预垒桩施设之位置,固系由上诉人指定,唯被上诉人似应于施工前确实勘查工地,依实际需要,以决定究系依合约约定施作预垒桩或用其他更佳之施工法施作,以达本件工程所需之挡土功能。果尔,被上诉人在上诉人指定之位置上施作之预垒桩未成桩,纵系因地质之缘故,能否据此即认系因上诉人之指示不适当所致,尚非无疑。原审未详加研求,徒以系争预垒桩位置系由上诉人指定,即认应由上诉人事先就地质为探勘,进而为不利于上诉人之判决,非无可议。"该二判决所涉法律事实类似,相同者为施工后始知定作人之指示不当,不同者为在第二个判决中,其工程图说有附注记载:承包商应确实勘查工地。亦即事先有对自己之指示的正确性加以保留。然在工程之成败或工程费之高低系于地质之差异的情形,关于地质所构成之风险究竟应如何归属,始符契约本旨,值得探讨。在这种工程之发包,不事先探勘地质,却又指定桩位,增加相对人难以预测之工程风险,事后才以特约避开定作人关于给付不能或危险负担的风险,该特约是否违反诚信原则,非无疑义。

工程规划的工程师及提供其他各种专业服务的专门职业人员。[①]

　　劳务契约有按时,亦有按件计酬者。前者例如雇佣,后者例如承揽。但"最高法院"实务上也有肯认完全按绩效计酬之劳动关系为雇佣者。[②] 另也有基本上以事务来界定债务人应提供之劳务的范围者,例如委任。[③] 这虽是劳务契约之重要的分类标准,但其类型界线,正像一切类型化的标准,皆不是绝对一成不变的。特别是在雇佣契约也有约定其一部分之薪资按件计酬或按绩效给予奖金者,在委任也有必须将约定之事务处理完毕者,例如当将外科手术的医疗契约定性为委任契约,并不表示医师可以在手术中途中止手术,擅行离去或请第三人接手。[④] 委任与承揽之区别特别显现在因不可归责于受任人或承揽人之事由致不能将事务处理完毕或将工作完成的情形。依"民法"第548条第2项之规定,在委任关系,因非可归责于受任人之事由,于事务处理未完毕前已终止者,受任人得就其已处理之部分,请求报酬;反之,依该法第512条,在承揽关系,承揽之工作以承揽人个人之技能为契约之要素者,如承揽人死亡或非因其过失致不能完成其约定之工作者,其工作已完成之部分,必须于定作人为有用者,定作人始有受领及给付相当报酬之义务。

　　劳务契约不论是以低阶或高阶之劳务为目标,基于作为其给付目标之劳务

---

　　① 在各种劳务契约中,其以高阶劳务为其给付内容,且在组织上不纳入劳务接受者之编制内者,倾向于定性为委任。基于劳务提供者在组织上、经济上及工作上的自由度,其所属行业习称为自由业,此种劳务契约也被称为自由劳务契约(der freie Dienstvertrag)。请参考 Gottfried Schiemann, der freie Dienstvertrag, JuS 1983, 649ff.

　　② 参见"最高法院"1964年台上字第2480号民事判决。

　　③ 参见"最高法院"1987年台上字第790号民事判决。

　　④ 当是基于外科手术特别有不得中途停止或换手的问题,所以德国联邦法院在医师自由执业的情形,有应将外科手术之医疗契约论为承揽契约,将内科之医疗契约论为委任的看法。请参考 Esser, Schuldrecht, 2.Aufl., 1960, S.579; Larenz, Lehrbuch des Schuldrechts, Bd.Ⅱ Halbband1 13.Aufl.1986, S.310f.唯医师或其他专门职业人员也有可能受雇于他人以执行业务。这时候他们仍是受雇人,不是其雇用人之当事人的债务人,而是其雇用人之履行辅助人。

与人格的关联，[1]有下列重要的规范需要：(1)其给付之授受具有高度的属人性，除不得随意移转或委请他人替代外，履行辅助人之引用亦可能受到限制（"民法"第 484 条）；[2](2)其劳动收入在经济上往往是劳务提供者生活之所寄，所以对于劳动条件、劳动福利（含工作时间、报酬、退休及劳保等）及劳务契约之维系（含终

---

[1]　关于劳务之提供与提供者之人格间的关连首先表现在劳务之高度的属人性上，其次是其有时被纳入劳务接受者之组织中来，或信托管理业主的利益。在承揽契约亦不乏这种情形。例如在外科手术的医疗契约，病人可谓将其最重要的事情都付托给了医师。要之，决定其与人格之关连程度者，不是其法律上之契约形式，而是其社会的给付内容。唯医疗契约所属契约类型比较无疑问者为将之归类于委任契约，而不归类于承揽契约。其理由为，医师是否适宜包医包治的伦理问题。这涉及承揽医疗时双方所期待之成果究竟为何？仅指尽应尽之注意义务做完双方约定之疗程，或含治愈在内？鉴于疾病治疗后是否能够痊愈，并不全系于医师的医术，尚系于病人自己之诸多条件，所以有认为在医疗之承揽所承诺完成之工作并不含治愈在内，而只含操诸医师之医疗行为的完成。超出该限度的期待已是给付之可能性的问题。有此期待之医疗契约是否有"民法"第 246 条所定之自始客观给付不能的情事，非无疑问。请参考 Esser，Schuldrecht，2.Aufl.，1960，§ 128，2；S.578f.

[2]　禁止使用履行辅助人而使用之，其使用之人应论为违约使用之第三人。债务人就该第三人之行为，类推适用"民法"第 538 条第 1 项，应与自己之行为，负同一责任。

止事由及时期之限制与买卖不破雇佣①等）等生存及赡养上的照顾必须有最低基准的规定提供保障；（3）为劳务之提供，势必增加人之往来接触，所以不但人员、设备与场地的安全防护极为重要（"民法"第 483 条之一），而且一旦发生职业灾害（"民法"第 487 条之一第 1 项），更必须有适当的照顾。以上问题在各种劳务契约之规范规划上皆必须针对其类型的规范需要，妥为安排。总括而言，当劳务提供者对于接受者之经济上的依赖越高（例如雇佣契约或劳动契约），该劳务关系之规范所需要之社会考虑就越行迫切（例如关于劳动契约之终止的限制、事实上劳动契约的承认②）。这与接受劳务者与提供劳务者间之信息不对称的情势越明显（例如医疗关系），劳务接受者之法定的保护便成为不可或缺类似。由

---

① 基于债务契约之效力在主体上的相对性，在租赁契约因租赁物，在雇佣契约或劳动契约因企业之移转引起各该契约不利于承租人或劳务提供者之存续上的问题。为克服该问题，在租赁，已发展出买卖不破租赁原则（"民法"第 425 条以下）。在雇佣，《德国民法典》第 613a 条并且将买卖不破雇佣原则予以明文化。该条规定："企业之全部或一部经以法律行为移转于他人者，该他人进入在移转时已存在之劳动关系的权利与义务中。这些权利或义务如由团体协约中的约款，或由企业劳资协议所规定，则这些权利与义务成为新企业主与劳工间之劳动关系的内容，在移转后一年内不得有不利于劳工之变更。在新企业主，该权利及义务系由其他团体协约中的约款，或由其他企业劳资协议所规定者，第二句不适用之。该团体协约或企业劳资协议已失其效力或在另一团体协约之施行领域内尚无对于双方有拘束力之协约，而双方同意受其适用者，则在第二句所定之期限届满前得变更该权利及义务（第 1 项）。只要第一项所定义务发生在移转前且在移转后一年内届清偿期，则原雇主与新企业主为该义务负连带债务人的责任。该义务在移转后届清偿期者，原雇主仅就计算期间中在移转时已经过之部分所相当的范围内负责（第 2 项）。法人或商务合伙因改组而解散者，第二项不适用之（第 3 项）。原雇主或新企业主因企业之全部或一部的移转而终止一个劳工之劳动契约者，其终止无效。基于其他理由终止劳动契约的权利不受影响（第 4 项）。原雇主或新企业主应在移转前对于受移转波及之劳工以书面告知下列事项：（1）移转时点或计划移转时点，（2）移转原因，（3）对于劳工之法律的、经济的或社会的结果及，（4）关于该劳工将采取的措施（第 5 项）。劳工在该依第五项之告知到达后一个月内就该劳动关系之移转得以书面表示异议。该异议得对于原雇主或新企业主表示之（第 6 项）。"上述买卖不破租赁原则或买卖不破雇佣原则中所称之买卖只是一个造成租赁物或企业移转之各种可能的法律上原因的代表，规范要件上并不以此为限。在企业之移转原因，除买卖、合并、赠与、信托等可能造成财产权之归属的移转类型外，并可含租赁、委托经营等态样。其中信托论诸实际与委托经营类似。只是在信托有移转对于信托财产之权利，而在委托经营的情形则无而已。另不论是信托或委托经营，由于在前者实质上企业主没有变更，在后者连形式亦无变更，原劳动关系的内容与存续更当不因信托或委托经营而受到影响。至于因其他理由之变更，则基于管理的需要仍当视具体情况定之。买卖不破雇佣一定的程度上降低了雇佣契约之属人性在雇用人方之主体相对性上的考虑。这是劳动关系之发展本来即不易处理的部分。

② 请参考 Esser, Schuldrecht, 2. Aufl., 1960, § 128, 4.

之在双方引起的风险或紧张最后必须借助于危险责任及其强制保险的制度将之归属并予以缓和。[①] 为确保针对各种给付之特征所需要之特别考虑能够获得贯彻,不但基于私法自治之契约的形成自由受到一些强行规定的限制,而且还不乏以公法的方式加以规范,以确保其服务之提供或接受上的安全。[②]

在劳务关系的规范上,劳务给付之下述属性在其类型之归属、保护需要之大小有重要性:有偿或无偿、报偿与工作成果的关系、一次性或继续性的办理、定期或不定期、组织性或个别性、独立性或依从性。[③]

在各种劳务契约间固无所谓类型之混合的问题,但当劳务给付与其他非劳务给付相混合时,混合后之契约究竟是数个有名契约之联立、一个混合契约或应

---

① 关于医疗损害之危险责任,请参考黄茂荣:《债法总论》(第一册),台湾植根法学丛书编辑室2002年版,第1页以下。

② Esser/Weyers, Schuldrecht, Bd.II, BT, Teilband 1, 8.Aufl., 1998, S.229.劳工法中有相当多的规定具有明显之公法上的特征:主管机关得依据公权力,对于事业进行与劳工法之执行有关的行政检查,或对于不遵守劳工法上之规定者课以行政责任(例如"劳动基准法"第72条以下关于监督与检查的规定、第75条以下关于罚则的规定)。

③ 请参考 Esser, Schuldrecht, 2. Aufl., 1960, § 128, 5.其中独立性或依从性兼指经济上及工作上之独立性或依从性。所谓经济上之独立性在此特别指担负财务风险,工作之依从性指其劳务之提供应听接受者之指挥监督,或应依自己之专业判断。如果不负财务风险并应听指挥监督,其所属契约类型原则上为雇佣契约。雇佣契约中,其劳务提供者纳入劳务接受者之企业组织内者,论为劳动契约。究诸实际,雇佣契约与劳动契约并无实质上的差别,其区别存在于劳务接受者之组织规模。盖必须其组织规模达到一定程度始有必要之财务能力,担负照顾其受雇人之社会责任。

统一划归其中一个主要给付所属的契约类型？[1] 这属于契约联立或混合的问题，必须就具体情形经由解释认定之。[2]

二、雇佣契约的概念

何谓雇佣契约，"民法"第482条将之定义为"当事人约定一方于一定或不定之期限内，为他方服劳务，他方给付报酬的契约"。其中一定或不定之期限所指者为定期或不定期之雇佣而言。此为继续性契约以期间为标准所做之分类。这类似于非继续性契约之定有清偿期或未定清偿期之债。在雇佣，这不属于受雇

---

[1] 请参考 Esser, Schuldrecht, 2. Aufl., 1960, § 128, 6；§ 17；Esser/Weyers, Schuldrecht, Bd.II, BT, Teilband 1, 8.Aufl., 1998, S.237.属于对向混合型者例如家教与租赁。属于同向混合型者例如以一个契约购买计算机软硬件，或购买软件与软件的教学服务。当同向混合之契约属于同种类时，在形式上有可能被论为一个契约，例如数物之买卖（"民法"第363条）。同向混合契约中互相混合之契约如有主从之别，其从属契约可能被主要契约所吸收，从而可将之称为吸收型，例如出租车之运送单纯属于运送、带司机之汽车租赁属于单纯之租赁、附随清洁服务之房屋分租契约单纯论为租赁、附随操作训练购买整厂设备或机器单纯论为买卖。在吸收型之混合契约中被吸收之从属契约的给付，可能被论为主要契约之附随给付。劳工之分红入股虽带有合伙或公司法的因素，但通常不因之将该劳动契约论为与合伙契约或认股契约混合的契约。而将其分红入股取得的利益单纯的解释为其工资报酬的一部分。基于亲属或婚姻关系在亲属间或配偶间互相提供之劳务，纵有金钱上之补偿亦不论为雇佣关系。为精神病之医疗目的或为犯罪之矫正目的，使病患或受刑人提供劳务并给予报偿，亦同。公务员领取薪水而服公务虽具有雇佣契约之类型特征，但原则上不适用与雇佣契约或劳动契约有关之民事规定。然近年由于公有营业机关、公有事业机关（"会计法"第4条第2项），或公务机关、公有事业机关、公有营业机关之作业组织（"会计法"第7条第4项）之公司化为公营事业，或甚至进一步民营化为民营事业等改制，引起劳工兼具公务人员身份者之劳务契约的归属问题。这在实务上所以演变成不容易处理的问题，乃因现行法关于劳工或公务人员之劳动条件及劳动福利的规定互有出入，因此有是否容许选择适用及割裂适用的争议。改制时，其劳工兼具公务人员身份者之劳动福利部分应予结算，并在改制前后分别适用其该当之规定，或在一定的期间内容许其选择适用关于劳工或公务人员的规定皆属可行。但割裂分别择其有利者适用之，则不妥当。其中又以改制前后分别适用其该当之规定最为适当。这当中涉及改制时既得劳动福利之保障、新制对于旧关系之溯及效力及如何使新制顺利推动的问题。关于公务员兼具劳工身份时法令之适用，"劳动基准法"第84条规定："公务员兼具劳工身份者，其有关任（派）免、薪资、奖惩、退休、抚恤及保险（含职业灾害）等事项，应适用公务员法令之规定。但其他所定劳动条件优于本法规定者，从其规定。"该条规定有容许割裂适用的可能。关于法律不得任意割裂适用，请参考大法官会议释字第385号解释。

[2] Esser, Schuldrecht, 2.Aufl., 1960, § 17；Esser/Weyers, Schuldrecht, Bd.II, BT, Teilband 1, 8.Aufl., 1998, § 12 II.

人之主要给付义务为为他方服劳务,以及其应提供之劳务的范围,基本上以时间加以区划之问题的层次。[①] 属于该层次者为:以每日、每周或每月应工作多少小时为方法,约定受雇人应给付之劳务的数量。因为受雇人应提供之劳务的数量主要以时间长度表示,所以为具体化受雇人应执行之职务的内容及其执行方法,雇用人之指挥监督便极重要。这亦使雇用人对于受雇人因执行职务而发生之侵权行为原则上应负连带赔偿责任("民法"第 188 条)。但这不表示约定执行之职务的内容在雇佣契约不重要,而是该约定与一个契约之是否为雇佣契约之认定,不占决定性之地位而已。因此,在雇佣契约或劳动契约原则上无所谓因受雇人给付之劳务不良,而应补服劳务或雇用人得请求减少工资。[②] 这固与当事人关于给付和对待给付之对价性[③]和相关性的合意应受尊重与保障的法律思想不符,但却是基于社会政策的考虑,在雇佣契约不得不接受的规范内容。[④] 至于如因不良之劳务的给付而致雇用人之固有利益受到损害,雇用人仍得请求损害赔偿。此为积极侵害债权。受雇人给付之劳务如长期有不良的情形,雇用人并得终止契约。[⑤]

此为与以劳工之固有利益为保护对象之保护规定类似的问题。唯劳工所从

[①]　参见"最高法院"1956 年台上字第 1619 号民事判例。

[②]　参见"最高法院"1995 年台上字第 2201 号民事判决。

[③]　所谓对价,在雇佣契约指劳动劳务与工资间之交换。由之乃发展出"无工作即无工资"(Ohne Arbeit kein Lohn)的原则。唯在雇佣或劳动契约,基于社会政策上的考虑,劳务与工资间之交换关系受到一定程度的调整。例如关于病假、产假之支薪。此外,在劳工因外部因素而未为工作时,管领说(Sphärentheorie)意义下之营运危险(das Betriebsrisiko)的观点,亦影响到其究竟应论为给付不能或受领迟延判断。其论断决定工资危险在受雇人与雇用人间之归属。在营运障碍(die Betriebsstörung)尚未被界定为雇主应负担之营运危险前,此为《德国民法典》学者至 20 世纪 20 年代初关于给付不能说(Unmöglichkeitslehre)与受领迟延说(Annahmeverzugslehre)的争论。在被界定为雇主之营运危险后,雇主如因其管领范围之营运危险而不能受领劳工之劳务给付,即构成受领迟延,应负薪资危险。在此所谓管领范围其实并不一定达到雇主真正能够控制的程度。有些情形其工作条件,例如场地、设备、水、电、物料等虽由雇主提供,但其不能圆满提供,有时却是因为不可归责于雇主之第三人的事由或甚至像地震、洪水或瘟疫等天灾。而所以将之论为雇主之营运危险,其意旨在于促使雇主自己或利用保险分散该风险,以照顾其劳工。详请参考 Alfred Söllner, "Ohne Arbeit kein Lohn", AcP 167(1967) 132ff.(140); Rudolf Bruns, Das Synallagma des Dienstvertrages, AcP 178 (1978), 34ff.; Eduard Picker, Fristlose Kündigung und Unmöglichkeit, Annahmeverzug und Vergütungsgefahr im Dienstvertragsrecht - Teil 1, JZ 1985, 641ff.; Tei; 2, JZ 1985, 693ff.

[④]　Esser/Weyers, Schuldrecht, Bd.II, BT, Teilband 1, 8.Aufl., 1998, S.243ff.

[⑤]　Larenz, Lehrbuch des Schuldrechts, Bd. II Halbband1 13. Aufl.1986, S.315f.

事者如为易于引起损害之危险工作,其因从事此种工作而对于第三人造成损害时,其赔偿责任应当如何。对此,"民法"第188条第3项规定:"雇用人赔偿损害时,对于为侵权行为之受雇人,有求偿权。"鉴于越来越多的工作可能对于他人造成巨额的损害,其赔偿势必危及肇事劳工之生存,而劳工之待遇通常并不一定对应于其工作可能对于他人引起之损害而提升,所以适当强化其雇主的责任及减轻劳工之责任渐成劳工职务责任的重要课题。[①] 至于雇用人或雇主因此而必须担负之损害赔偿责任应设法利用责任保险加以分散。[②]

(一)雇佣契约与劳动契约

后来由雇佣契约分化出劳动契约,并在"劳动基准法"第2条第6款将劳动契约定义为:"约定劳雇关系之契约。"雇佣契约与劳动契约在现行法中虽分别有其解释,但二者究竟有无区别,法律及实务文献对之并未详予表示其见解。[③] 按雇佣契约与劳动契约之存在及规范状态,概念上可以将雇佣契约论为上位概念,包含劳动契约。[④] 亦即劳动契约必为雇佣契约,但雇佣契约则不一定是劳动契约。[⑤] 是故,纯粹之雇佣契约,应适用"民法"第482条以下关于雇佣之规定;劳动契约,固应适用劳工法的规定,然因兼具雇佣契约之属性,所以在劳工法无规定而雇佣有规定时,仍得适用雇佣之一般规定。这当中,于雇佣契约不是劳动契约的情形,劳工法与"民法"雇佣之规定间并无特别法与普通法之关系;于雇佣契约是劳动契约的情形,如劳工法与"民法"所定之构成要件要素间有包含的关系,

---

① York Schnorbus, Entwicklung und aktuelle Probleme der Arbeitnehmerhaftung, MDR 10/94, 961ff.; Peter Hanau/Christian Rolfs, Abschied von der gefahrgeneigten Arbeit, NJW 1994, 1439ff.; BAG NJW 1993, 1732ff.:"1.联邦劳工法院之大法庭想采下述见解:关于劳工责任之限制的原则适用于一切因业务而引起并基于劳动关系而提供之工作,纵使该工作不具有危险倾向,亦然。2.该法律见解与联邦法院(BGH)之判决不同。因此,应促成依判决统一法第2条组成之联邦最高法院共同大法庭作出判决。"BAG, NJW 1994, 856:"关于劳工责任之限制的原则应适用于一切因业务而引起并基于劳动关系而提供之工作,纵使该工作不具有危险倾向,亦然。该由联邦劳工法院大法庭所持法律见解在结果上亦为联邦法院民事庭所赞同。唯工作之危险倾向性在依第254条(与有过失)之权衡的范围内,对于一边是过失,另一边是营运危险之权衡因素的份量而言,是重要的。"BAG, NJW 1995, 210ff.:"关于劳工责任之限制的原则适用于一切因业务而引起并基于劳动关系而提供之工作,纵使该工作不具有危险倾向,亦然。"

② 详请参考 Larenz, Lehrbuch des Schuldrechts, Bd.ⅡHalbband1 13.Aufl. 1986, S.327ff.

③ 参见"司法院"1985年司法业务研究会第七期之三。

④ Esser/Weyers, Schuldrecht, Bd.II, BT, Teilband 1, 8.Aufl., 1998, S.232:劳动契约是雇佣契约之下位类型。大部分之雇佣契约为劳动契约。

⑤ Larenz, Lehrbuch des Schuldrechts, Bd.Ⅱ Halbband1 13. Aufl. 1986, S.308.

且其效力内容不能并存,则劳工法原则上是"民法"雇佣规定的特别法。当法律对于劳动契约有特别规定时,"民法"关于雇佣之对应规定在此限度内便失去其适用性,例如依"民法"第 488 条第 2 项规定,雇佣契约未定期限者,原则上各当事人皆得随时终止契约,[①]而依"劳动基准法"第 11 条及第 12 条之规定,不定期劳动契约无该二条所定之法定终止事由者,雇主不得终止劳动契约。此外,在劳动契约,劳工除可以享有"劳动基准法"及团体协约中有关劳动条件及劳动福利的最低保障外,还可以享有与劳工有关之强制社会保险的利益。因此,雇佣契约与劳动契约之区别,在实务上有重要意义。

至其区别标准,在形式上以雇用人是否为事业,以及是否为该事业之经济活动,而聘雇他方于一定或不定之期限内为其服务,并在组织上将其纳入雇用人的编制内而定。换言之,因家庭服务上之必要而雇佣者,其契约始论为雇佣契约,而非劳动契约。在实质上取决于受雇人在经济上对于雇用人之依赖性。唯这种区分可能会随着受雇人之保护(最低工资、终止之保障、社会保险)的加强而渐次淡化。其结果,有一天民法上关于雇佣之规定,可能走入法制史,而不再有现行法的意义。

在德国学说上,由于其雇佣契约类型必须涵盖有偿之处理事务的契约,所以涵盖一部分台湾地区"民法"称之为有偿委任契约的类型。至其雇佣契约与劳动契约之区别,应自其劳动契约系从雇佣契约分化出来之契约类型掌握之。其分化之目的在于:针对在劳务的提供上或经济上对于雇主有依赖性雇佣契约的受雇人,提供特别之社会照顾。以独立之劳务工作为内容之雇佣契约,不受劳工法之适用,盖其比较有可能在契约内容的形成上维护自己的利益。[②] 是故,德国学说上通常以其劳务之独立性或依赖性作为标准区别雇佣契约与劳动契约。[③] 区别后在类型上之归属为:劳动契约必为雇佣契约,而雇佣契约则未必为劳动契

---

① "民法"第 513 条规定:"清偿期,除法律另有规定或契约另有订定,或得依债之性质或其他情形决定者外,债权人得随时请求清偿,债务人亦得随时为清偿。"此为关于未定清偿期之债的清偿原则。唯基于社会政策的考虑,在劳动关系("劳动基准法"第 10 条、第 11 条)及租赁关系("土地法"第 114 条)该原则受到修正,规定不定期限劳动契约或耕地租约,仅得于有法定终止事由时始得终止契约。"耕地三七五减租条例"第 20 条甚至规定:"耕地租约于租期届满时,除出租人依本条例收回自耕外,如承租人愿继续承租者,应续订租约。"而该条例第 19 条第 1 项规定:"耕地租约期满时,有左列情形之一者,出租人不得收回自耕:一、出租人不能自任耕作者。二、出租人所有收益足以维持一家生活者。三、出租人因收回耕地,致承租人失其家庭生活依据者。"

② Larenz, aaO., S.308f.

③ Larenz, aaO., S.308, Esser/Weyers, Schuldrecht, Bd.II, BT, Teilband 1, 8.Aufl., 1998, S.232.

约。何谓独立之劳务？Larenz以负提供劳务之义务者所应提供之劳务是否应遵守他人（雇主或雇主指定之人）之指挥而定，如应遵守他人之指挥，则该劳务之提供不具有独立性，应论为劳动关系，对之不但民法中关于雇佣契约之规定，而且劳工法上之规定对之皆有适用。从而对劳动关系而言，不仅关于其职务之执行方法，而且其应执行之职务的活动本身在某种限度内皆应受雇主或其代理人之指挥。要之，在雇佣契约中，其受雇人允诺从事他人指定之劳务工作者，为劳动契约；反之，仅允诺为雇主之利益，从事自己指定之劳务工作者，为雇佣契约。此外，受雇人在组织上纳入雇用人之编制内也是区别雇佣契约与劳动契约之重要的形式。鉴于受雇人在执行职务时虽应受雇用人之监督，但受雇人对于如何执行职务还是有相当的自主性的，所以"民法"第188条第1项但书规定："选任受雇人及监督其职务之执行，已尽相当之注意或纵加以相当之注意而仍不免发生损害者，雇用人不负赔偿责任。"该责任轻于债务人依第224条所负之履辅责任。①

　　关于劳动契约与雇佣契约之区别，Esser/Weyers认为应从劳工法之意旨探求。劳工法中将那些透过市场机制不能对之提供社会伦理上、健康上等最低保障的法律关系，从"民法"债编之私法自治的领域划分出来，特别加以规范。因此，劳工法适用于需要劳工法加以规范的地方。职务活动之倚赖或不独立和独立间之区别为雇佣契约与劳动契约在私法上的区别标准。关于职务的种类及其执行的方法受雇用人之指挥者，其职务活动为倚赖的或不独立的职务活动，适用劳工法。鉴于其区别有难以避免之困难，应随时间之经过，时时就其标准和目的加以检讨。例如有就其组织或时间之分配而言固然是独立的，但在经济上却可能完全倚赖于其交易对象，从而跟一般劳工一样有受保护之需要者；有在企业组织层中，一个受雇人之地位可能高到即使其还是受有一些指示或方针上的拘束，但还是看起来不像劳工者，例如资合公司之执行业务股东。② 由以上的说明观之，Esser/Weyers在前揭书中虽然看似亦以职务之执行的独立性作为雇佣契约与劳动契约之区别，但论其实际，似乎偏重于各该雇佣契约中，其受雇人在生存上之重要事项有无保护上的需要。对于同一个问题，Esser在其前揭书第二版

---

　　① 关于"民法"第224条所定债务人之履辅责任轻于第188条所定雇用人之连带责任的比较基础在于其应负责之事由的范围。在前者，债务人应就其履行辅助人在债务之履行上的一切故意或过失行为负责；在后者，雇用人固应就受雇人执行职务之侵权行为负责，但以选任受雇人或监督其职务之执行未尽相当之注意者为限。该免责事由为前者所无。如从各该条文所定应对之负责之主体范围论之，在前者，仅对于债权人；在后者，应对于一般人负责。亦即后者的范围大于前者。在此意义下，后者重于前者。

　　② Esser/Weyers, Schuldrecht, Bd.II, BT, Teilband 1, 8.Aufl., 1998, S.232.

固同样以职务之独立及依赖作为区别标准,但就依赖,其另以是否将受雇人纳入雇用人之企业组织中作为标准认定之,并认为受雇人在人格上受到如此程度之拘束有民法所未予体认之强度,所以债法中关于自由雇佣契约之规定,不适合于受雇人因经济因素从属于雇用人,并纳入雇佣人组织内的依赖关系。因此,不仅劳动契约之成立,而且其内容皆应依带有公法原则之社会的劳工法,而不依民法中之雇佣契约加以规定。[①]

(二)劳力派遣与雇佣契约或劳动契约

就某一种劳务,例如办公室之清洁工作、小规模企业之账务作业,有时候企业之劳务需求的量还不到一个专职人员能提供的工作量。在这种情形,劳务提供者可能以部分工作时间的方式提供劳务。这原则上无碍于其与雇主成立雇佣契约。有疑问者为,该劳务提供者如为数雇主提供劳务时,是否因此丧失其受雇人的身份,而成为自由工作者? 为合理化营运这种无固定雇主的作业,有时这些劳务提供者由自己或由他人组织起来成为一个团体,由该团体分别先与各个需要少量服务的对象接洽。于是,该实际提供劳务者究竟与谁成立雇佣关系或劳动关系乃成问题。这要看实际提供劳务者所属团体之组织强度的高低而定。其强度达到自己直接与接受劳务者缔约,使其成员仅担任其履行辅助人者,提供劳务者与其所属团体有雇佣契约或劳动契约。该安排使实际提供劳务者与接受劳务者间之劳动关系变成间接(mittelbaresArbeitsverhältnis:间接劳动关系),而直接与接受劳务者缔约之人自己并不提供劳务,而只是派遣劳务。该团体与实际接受劳务者间之关系应论为委任关系。唯其强度如仅至媒介其成员与实际接受劳务者缔结雇佣契约或劳动契约,则该团体仅是前述契约关系之中介者。上述团体所从事者即是与雇佣契约或劳动契约有关而不同之劳力派遣契约(der-Dienstverschaffungsvertrag)。在这当中,比较为难者是:(1)该团体是否应为其派出提供劳务者之故意或过失行为负债务人之履辅责任("民法"第 224 条)或仅应就派出提供劳务者之选任及指示负责("民法"第 538 条第 2 项);[②](2)如何使劳工从实际接受其劳务者处获得相当于直接劳动关系之照顾义务或社会保险上的保障。[③] 盖劳力派遣者自己常常仅是劳务提供者之合作性的组织,本身既非该劳务之真正的接受者,亦无担负雇主责任的财务能力。以上问题之圆满解决,

---

① Esser,Schuldrecht,2.Aufl.,1960,S.579.

② 请参考 Larenz,aaO. S.312.

③ 请参考 Esser,Schuldrecht,2. Aufl.,1960,§ 128,7.

必须立基于该当事人间之经济的实质,而不拘泥于其法律的形式。[①]

经由此种劳动团体派遣劳力亦存在于营建业为特定营建工程所需之计划型劳务供给的情形。其劳务需求的特征为:在营建计划进行中,随工程进度在各阶段需要大量各种劳工;待计划结束后可能不知何时才再需要这些劳工。该工作即是"劳动基准法"第9条第1项所称特定性工作。其劳动契约得约定为定期契约。因之,从事此种工作之劳工的工作便陷于不安定状态,不容易招募或管理。于是,营建业常因事因地制宜,随需要透过组织程度强弱不一之劳务派遣团体购买劳务。这在劳工法[②]及税捐法都引起应就其实质或就其形式加以规范的问题。有疑义时,应容许劳方选择就其实质或就其形式规范之。盖此种团体论诸实际仅属劳动合作社,并不具备雇用人或营业人的经济实质,没有必要的市场地位或财务能力,对其社员提供社会安全保障或分散危险责任。

---

① 请参考 Esser/Weyers, Schuldrecht, Bd. II, BT, Teilband 1, 8.Aufl., 1998, S.236.

② Esser/Weyers, Schuldrecht, Bd. II, BT, Teilband 1, 8.Aufl., 1998, S.236:"借出之劳工在其与借入劳工之企业的关系上无论如何应享有劳工法规定之保护。纵使其与后者无劳动契约之拘束,亦然。"

（三）雇佣契约与承揽契约

就像其他劳务契约间之区分一样，雇佣契约与承揽契约之区别亦极具争议性。[①] 纵使在承揽契约所完成之工作表现在有体物上，承揽人所负之债务还是在于制造工作的完成，亦即其给付与雇佣一样都还是工作的劳务。在以有体物之制造为工作内容的情形，因为提供制造劳务的结果最后存在于有体物，所以其制造成果与工作劳务之提供的完成同在，无所谓有工作而无成果的争议。反之，在以无体工作之完成为应提供之劳务的内容时，预期之成果是否发生可能系于其他非承揽人所能控制之因素（例如医疗给付之于治愈，教学之于通过考试），所

[①]　请参考 Esser, Schuldrecht, 2. Aufl., 1960，§ 128，8。其间有一些对比性的特征：（1）受雇人提供之工作在经济上或技术上对于雇用人有依赖性；反之，承揽人所提供者具有独立性。技术上之依赖性存在于指示的拘束上。（2）原则上雇佣契约按时计酬，承揽契约按件计酬。唯前者亦有补充的按件计酬，后者也有按时计酬的情形。（3）原则上雇佣契约的给付为继续性的劳务，而承揽契约则为一次性的劳务给付。唯在具体情形可能约定为长期的承揽契约，例如汽车之长年维修契约。（4）原则上受雇人不负担工作成败的企业风险，而承揽人则负担之。但这不表示承揽人必为一定之承揽工作设立为企业。关于台汽公司客车清洗作业，发包给个人劳务承揽是否构成劳动契约关系的疑义，"行政院劳工委员会"1991 年台劳资二字第 14043 号函释："一、查承揽契约，依'民法'第 490 条之规定，系指当事人约定，一方为他方完成一定之工作，他方俟工作完成，给付报酬之契约；而劳动契约依'劳动基准法'第 2 条第 6 款规定，系约定劳雇关系之契约，两者并不相同。二、另现行劳工法令对于个人从事劳务承揽业务，并无限制规定。""劳委会"在该函释中所持见解对于劳动契约与承揽契约的区别并无足够的说明意义。倒是其关于"现行劳工法令对于个人从事劳务承揽业务，并无限制规定"的见解，特别值得重视。因为"个人从事劳务承揽业务"很容易被滥用为劳动关系之规避方法，所以有必要针对个人从事劳务承揽业务的实际情形，探讨其报酬与"劳动基准法"所定之最低劳动条件间有无不利的落差。如有不利，便有可能存在以个人从事劳务承揽业务契约规避劳动契约之脱法行为。其理由为：在承揽，承揽人就承揽工作应负劳工不负之企业风险；既负企业风险，依交易习惯，相同劳务之对价，在承揽应当高于雇佣或劳动契约。此外，在指定工作时间，于劳务债权人指定之地点完成工作，以及该劳务之提供是否已耗用劳务债务人正常劳动时间（每天八小时）之全部劳动力，亦可引为重要之判断标准。上述说明显示：类型标准之流动性或开放性。必须取向于建构类型之目的才能有适切的判断。劳工法之规范目的在于，对经常职业的规律向特定人提供劳务，并在经济上依赖于该特定人之劳务提供者，提供最低劳动条件的保障。

以在这种情形,所谓工作之完成是否当包含该工作可能引起之预期成果,便存有疑义。① 此种不能控制之成果的规范应划归成果担保(dieErfolgsgarantie)的领域,而非一般的承揽。在承揽,承揽人所负之义务应仅在于有始有终依一定之工作规范完成约定之工作,否则,除非已完成之工作对于定作人有用,纵其不能完成非可归责于承揽人,亦无报酬请求权("民法"第 512 条)。一件工作之完成是否必须有始有终对于定作人才有用固可客观认定之,但也应尊重当事人的特别约定。②

三、雇佣契约之缔结及其给付义务

雇佣契约系适用民法规定之一种不要式的诺成契约(einformfreierKonsensualvertrag)("民法"第 482 条)。③

在契约的缔结上,雇佣契约之意思表示如有瑕疵,除有关于雇佣契约之特别规定外,原则上适用含无效及得撤销事由等关于法律行为及契约之一般规定。

---

① Larenz, Lehrbuch des Schuldrechts, Bd. Ⅱ Halbband1 13.Aufl.1986, S.310:在德国,"其通说认为医师与病人之医疗契约应属于雇佣契约(der Dienstvertrag),而非承揽契约(der Werksvertrag),盖医师所允诺者仅为正确的治病,也就是认真的医疗行为,而非治好病。正因为治好病这件事系于医师不能完全控制的因素,所以以非医师所能理性的允诺。"Esser/Weyers 亦认为医疗契约原则上应归类为雇佣契约(Esser/Weyers, Schuldrecht, Bd.Ⅱ, BT, Teilband 1, 8.Aufl., 1998, S.235)。不过,在这里要注意《德国民法典》所称之雇佣契约含"民法"第 528 条以下所定之有偿的委任契约。依"民法"第 482 条以下,医师受雇于医疗机构者固可能与其成立雇佣契约,但医师如独立执行业务,其与病人的医疗关系通常定性为委任。

② 其所涉利益状态与清偿期之绝对或相对的问题类似。"定期行为,有绝对的定期行为与相对的定期行为之分,前者经过给付期,固即成为给付不能,而后者则不因经过给付期而成为给付不能"(最高法院 1941 年沪上字第 1 号判例)。"'民法'第 255 条所谓依契约之性质,非于一定时期为给付不能达其契约之目的者。系指就契约本身,自客观上观察,即可认识非于一定时期为给付不能达其契约目的之情形而言。又所谓依当事人之意思表示,非于一定时期为给付不能达其契约之目的者,必须契约当事人间有严守履行期间之合意,并对此期间之重要(契约之目的所在)有所认识,如定制手工艺品一套,并告以系为本月五日赠送亲友之用。必须于本月四日交付是。本件再审原告应为之给付,系买卖价金,自客观上观察殊无非于一定时期为给付不能达其契约目的之情形,而双方间又无从证明有严守六个月履行期限之合意,并对此期限之重要已有所认识,自无'民法'第 255 条之适用"("最高法院"1975 年台再字第 177 号判例)。

③ "劳动基准法"中虽有两条关于劳动契约之缔结(第 65 条第 1 项:技术生契约)或部分约款(第 84 条之一:关于特定职务人员之工作时间)的书面规定。但劳动契约还是不因此而成为要式契约。不备前述书面之劳动契约,除去该约款所涉事项的约款,其余约款依然有效。

"民法"第 485 条规定:"受雇人明示或默示保证其有特种技能者,如无此种技能时,雇用人得终止契约。"该条所规定者究竟是:关于因当事人之资格错误而构成之意思表示的瑕疵,或关于劳务之债之履行障碍的问题? 如果论为意思表示的瑕疵,则因受雇人明示或默示保证其有特种技能,而致雇用人就受雇人之特种技能陷于错误者,论为诈欺("民法"第 91 条前段);非因受雇人明示或默示保证其有特种技能,而因雇用人就受雇人之特种技能有自发性之认识错误者,则论为错误("民法"第 88 条第 2 项)。这两种情形,雇用人皆得依上述规定撤销其意思表示。不过,如以错为理由撤销之,表意人对于信其意思表示为有效而受损害之相对人或第三人,应负赔偿责任。但其撤销之原因,受害人明知或可得而知者,不在此限("民法"第 91 条)。如果论为是劳务之债的履行障碍,则应依债务不履行(给付不能)的规定,解除或终止契约或请求不履行的损害赔偿。为如要请求不履行的损害赔偿,必须是可归责于受雇人? 参酌"民法"第 360 条关于物之瑕疵的规定,在保证有特种技能,而事实上无该技能的情形,应得采可归责于受雇人的看法。尚有疑问者为:"民法"第 485 条的规定对于上述规定的关系为何? 在于肯认该条所定情形属于劳务之债的履行障碍? 或是另有规范规划上的构想?

然鉴于其与人之特别密切的关联,人之资格的错误虽得引为撤销事由,但因为雇佣契约是一种继续性债务契约,所以正如其他意思表示之瑕疵一样,只要契约已开始履行,溯及之一般的撤销效力便不再适合于其规范需要,而必须类似于终止,仅使其在撤销后,向将来失其效力,亦即肯认已履行部分之法律效力;在其已履行相当长的期间后,甚至应认为其瑕疵已经治愈。其理由为:如使之溯及至缔约时失其效力,则就已履行部分必须依不当得利有关规定回复原状,而这时雇用人可能以其受领之劳务的利益已经不存在,或该利益小于原约定之报酬为理由,主张免除或减少其应返还之利益的价额("民法"第 182 条)。至于已履行相当长之一段时日的情形,意味着该人的资格之欠缺事实上,非如形式上之约定具有重要性,从而应不构成撤销事由。①

关于人之资格,其与受雇人之特种技能有关者,如涉及受雇人以明示或默示加以保证,而后却发现其无此种技能时,这本属于诈欺。此为一种撤销事由,但

---

① 请参考 Esser/Weyers,Schuldrecht,Bd.Ⅱ,BT,Teilband 1,8.Aufl.,1998,S.238;理由或容有不同,但德国学说与司法判决首先就劳动契约认为,在契约已履行的限度,其撤销不应再有溯及效力,而应仅向将来使契约失其效力。该见解后来也正确地被转用到以聘雇为基础之雇佣契约。

"民法"第 485 条规定,此种情形,雇用人得终止契约。[①] 该规定对于已开始履行者原则上固为妥当,但对于未开始履行者,利用撤销使之溯及失其效力当仍为必要之规范手段。此外,如已履行一段期间,仍当视其发现之难易决定其是否还可终止契约。至少"民法"第 93 条之除斥期间的规定应类推适用之;撤销应于发现诈欺或胁迫终止后,一年内为之。但自意思表示后,经过十年,不得撤销。

因雇佣系有偿契约,所以报酬与劳务之提供应同属其缔结上双方应有一致之意思表示的必要之点。然"民法"第 483 条规定:"如依情形,非受报酬即不服劳务者,视为允与报酬。未定报酬额者,按照价目表所定给付之;无价目表者,按照习惯给付。"亦即依该条规定,为雇佣契约之缔结,双方有可能就是否应为约定之劳务给付报酬,或就其报酬额未加约定。依"民法"第 153 条,在这种情形契约本当尚未成立,然如符合第 483 条之规定,雇佣契约还是被认为已成立。该价目表是否限于官方或同业公会,或含雇用人制订者?[②] 双方如不能依价目表或习惯圆满共同认定应给付之报酬额,最后只好由当事人诉请法院以裁判的方法定之。第 483 条前段规定属于拟制,后段规定属于推定。在具体情形如连习惯亦付诸阙如,则系争劳务是否属于非受报酬即不服劳务的情形,可能产生疑问。

雇佣虽为双务契约,但基于劳务之给付的特征,双方并不能同时履行。因此,"民法"第 486 条规定:"报酬应依约定之期限给付之;无约定者,依习惯;无约定亦无习惯者,依左列之规定:一、报酬分期计算者,应于每期届满时给付之。二、报酬非分期计算者,应于劳务完毕时给付之。"亦即如无约定或习惯,原则上受雇人负先为给付之义务。这使受雇人之报酬债权的实现陷于不利。针对这种情形,法律应有法定担保(物权)或其他补救的规定。

"劳动基准法"第 28 条规定:"雇主因歇业、清算或宣告破产,本于劳动契约所积欠之工资未满六个月部分,有最优先受清偿之权(第 1 项)。雇主应按其当月雇用劳工投保薪资总额及规定之费率,缴纳一定数额之积欠工资垫偿基金,作

---

① 按两个规定之要件如有包含的情形,且其效力不并存,则要件多者为要件少者之特别规定。在此意义下,"民法"第 485 条可谓是第 92 条之特别规定。盖其逻辑上之构造为:前者系针对雇佣契约,而后者系针对一般法律行为之诈欺。亦即前者要件多,包含后者。至其效力:前者为得终止,后者为得撤销。该二效力不并存。

② 价目表,其由同业公会制订者涉及"公平交易法"所禁止之联合行为的问题("行政院公平交易委员会"1992 年公处字第 030 号、1996 年公处字第 100 号、1996 年公处字第 172 号、1996 年公处字第 173 号、1997 年公处字第 009 号处分书);其由雇用人在缔约时已自定义者,属于契约一般约款的问题,在缔约后才由雇用人自定义或改订者,属于事后片面调整薪资的问题。雇用人事后片面调整薪资固然屡见不鲜,但因通常是调升而非调降,所以一般说来其调整平安无事。倒是雇用人事后片面调降薪资,是否构成违约? 这应有适当之个别的正当理由(例如绩效不佳,纪律不好),或有情事变更的事由。

为垫偿前项积欠工资之用。积欠工资垫偿基金，累积至规定金额后，应降低费率或暂停收缴（第2项）。前项费率，由中央主管机关于万分之十范围内拟订，报请'行政院'核定之（第3项）。雇主积欠之工资，经劳工请求未获清偿者，由积欠工资垫偿基金垫偿之；雇主应于规定期限内，将垫款偿还积欠工资垫偿基金（第4项）。"该条第1项所定最优先受清偿之权具有担保物权的意义。然何谓最优先受清偿之权？其所优先之其他债权为何？相关部门关于"劳动基准法"第28条

第 1 项之行政解释认为仅优先于无担保之普通债权。① 在公司重整的情形,该

---

①　关于积欠之工资之债权,依"劳动基准法"第 28 条第 1 项,究竟优先于哪些种类之债权,首先"财政部"1984 年台财税第 61150 号函释:"'税捐稽征法'第 6 条第 1 项明定:'土地增值税之征收,就土地之自然涨价部分,优先于一切债权及抵押权。'而'劳动基准法'第 28 条第 1 项之规定为:'雇主因歇业、清算或宣告破产,本于劳动契约所积欠之工资,未满六个月部分,有(最)优先受清偿之权。'仅优先一切债权,并未包括抵押在内。因此,两者在适用上,仍应以'税捐稽征法'规定之土地增值税,最为优先。"而后"内政部"1985 年台内劳字第 294903 号函跟进释称:"'劳动基准法'第 28 条规定,雇主因歇业、清算或宣告破产,本于劳动契约所积欠之工资未满六个月部份,有最优先受清偿之权。其优先顺位除法律另有规定外,仅次于抵押权,优先于其一切债权受偿。""财政部"1991 年台财税第 800259657 号函释:"二、本案经'法务部'会商'行政院劳工委员会'及本部等有关机关获致结论如左:按'劳动基准法'第 28 条第 1 项规定:'雇主因歇业,清算或宣告破产,本于劳动契约所积欠之工资未满六个月部分,有最优先受清偿之权。'系指该工资优先于普通债权及无担保之优先债权而言。上开工资与税捐,何者优先受偿?端视该税捐就其受偿顺序有无特别规定以为区别。例如土地增值税之征收,就土地之自然涨价部分,优先于一切债权及抵押权('税捐稽征法'第 6 条第 2 项);应缴或应补缴之关税,就应缴关税而未缴清之货物优先于抵押权(参见'关税法'第 31 条第 2 项、第 3 项及'司法院'大法官会议释字第 216 号解释)等,自当依其规定优先于上开工资而受偿。至于受偿顺序未有特别规定之税捐,自当依'税捐稽征法'第 6 条第 1 项规定,优先于普通债权而受偿。唯该税捐债权与上开同属优先于普通债权之工资债权并存时,基于保障劳工之基本生存权及维护社会安定,以工资('劳动基准法'第 28 条第 1 项)较无特别规定之税捐优先受偿为宜。"关于积欠劳工之工资之优先顺位,财政部在上述函释中采取该见解可以理解,但当时之"内政部"竟亦附合之,则有失立场。按对于雇主,积欠劳工之工资之优先权属于费用债权之担保权,故其担保应优先于融资性担保物权,例如抵押权。所以,认为抵押权优先于积欠劳工之工资之优先权是没有道理的。关于工资之优先权的位次应先于抵押权,"海商法"第 24 条规定:"下列各款为海事优先权担保之债权,有优先受偿之权:一、船长、海员及其他在船上服务之人员,本于雇佣契约所生之债权(第 1 项)。前项海事优先权之位次,在船舶抵押权之前(第 2 项)。"至于土地增值税或关税的顺位所以优先于积欠劳工之工资之优先权系因:土地交易价格必须减除土地增值税后之余额始属于土地所有人可支配之财产,进口货货价必须先上关税始得通关交易。接下来,关于其他税捐与工资何者优先受偿的问题,应同此道理逐一检讨。例如货物税或营业税等消费税或销售税皆应优先于工资债权。其理由为:货物税系货物要进入市场,营业税系货物要在市场流通之税捐,非先依法完纳该税捐,货物不能流转;不能流转,则无从将之变现为金钱,以偿还积欠之工资。至于营利事业所得税及财产税(地价税、房屋税)则应后于积欠之工资债权,盖营利事业之年度收入总额必须减除各项成本费用、损失及税捐后,其纯益额始为当年度之所得额("所得税法"第 24 条),而工资为取得营利所得之费用。另财产税因论诸实际为孳息所得税,其道理自当与营利事业所得税相同。

项规定之适用甚至被排除。①

基于雇佣契约之高度的属人性,"民法"第 484 条规定:"雇用人非经受雇人同意,不得将其劳务请求权让与第三人,受雇人非经雇用人同意,不得使第三人代服劳务(第 1 项)。当事人之一方违反前项规定时,他方得终止契约(第 2 项)。"其中,关于雇用人非经受雇人同意,不得将其劳务请求权让与第三人的规定,属于雇佣债权之让与性的限制。于营业或企业移转时或在关系企业之人事调度间,该规定之适用,在实务上遭遇到困难。就前者,"劳动基准法"第 11 条倾向于利用雇主得以转让为理由,预告劳工终止劳动契约解决之,唯尚可考虑发展买卖不破雇佣原则寻求适当的解决方案。② 就后者,实务上倾向于认为雇主无在关系企业间调动劳工之权利,因此,如有此种调动情事即构成"劳动基准法"第 14 条第 1 项第 6 款之规定的违反,劳工得不经预告终止契约。

---

① 另在公司经司法机关裁定重整的情形,"内政部"1985 年台内劳字第 318597 号函释:"公司经司法机关裁定重整,其积欠劳工之工资(包括劳工留职停薪前之积欠工资),在未歇业、清算或宣告破产前,尚不适用'劳动基准法'第 28 条第 1 项之规定。唯如经法院裁定终止重整,并依职权宣告公司破产,除依上开法条规定办理外,俟积欠工资垫偿基金有关办法发布实施后,劳工并得依有关规定向积欠工资垫偿基金请求垫偿。""经济部"1985 年商字第 29080 号函释:"公司经司法机关裁定重整,其积欠劳工之工资(包括劳工留职停薪前之积欠工资),尚不适用'劳动基准法'第 28 条第 1 项之规定,故其性质应属无担保之一般重整债权,唯公司如经法院裁定终止重整,并依职权宣告公司破产,除依'劳动基准法'第 28 条第 1 项规定办理外,俟积欠工资垫偿基金有关办法发布实施后,劳工并得依有关规定向积欠工资垫偿基金请求垫偿。至于职工福利金,依职工福利金条例第九条规定,其性质乃属优先重整债权。"该二函释认为积欠劳工之工资应属无担保之一般重整债权的看法显然拘泥于"劳动基准法"第 28 条第 1 项之文字,无视于积欠劳工之工资之实现保障对于劳工之生活上的重要性及该条规定之社会意义。盖裁定准予公司重整,有停止该公司之破产、和解、强制执行及因财产关系所生之诉讼等程序的效力("公司法"第 294 条)。对公司之债权,在重整裁定前成立者,为重整债权,其依法享有优先受偿权者,为优先重整债权,其有抵押权质权或留置权为担保者,为有担保重整债权,无此项担保者,为无担保重整债权,各该债权,不但非依重整程序,均不得行使权利("公司法"第 296 条第 1 项),而且公司重整完成后,有左列效力:一、已申报之债权未受清偿部分,除依重整计划处理,移转重整后之公司承受者外,其请求权消灭;未申报之债权亦同。二、股东股权经重整而变更或减除之部分,其权利消灭。未申报之无记名股票之权利亦同。三、重整裁定前,公司之破产、和解、强制执行及因财产关系所生之诉讼等程序,即行失其效力("公司法"第 311 条第 1 项)。公司法上这些与重整有关的规定皆不适合于积欠之工资债权。为贯彻"劳动基准法"第 28 条第 1 项之规范意旨,应将该项规定修正为:"雇主因歇业、清算、宣告破产或裁定准予公司重整,本于劳动契约所积欠之工资未满六个月部分,有最优先受清偿之权。"在其修正前,就公司重整的情形应认为有漏洞,先以目的性扩张的方法将裁定准予公司重整的情形包括到该项之适用范围内来。

② Larenz, Lehrbuch des Schuldrechts, Bd. II Halbband1 13.Aufl. 1986,S.316f.

关于受雇人非经雇用人同意,不得使第三人代服劳务的规定,属于使第三人为替代履行的限制。该第三人在雇佣劳务之履行上的地位究属于履行辅助人或第三人?如经同意,视情形属于履行辅助人(eineHilfsperson)或替代人(einEr-satzmann)。其属于履行辅助人者,受雇人就其履行上之故意或过失行为应负债务人之履辅责任("民法"第 224 条);其属于替代人者,受雇人类推适用"民法"第 538 条仅就其选任及指示,负其责任。如未经同意,属于第三人,受雇人就其履行上之行为应类推适用"民法"第 538 条第 1 项负无过失责任。[①] 这是一种积极侵害债权责任。当其有故意或过失并可成立侵权行为。在劳动关系,同事间常有代班的互助。这到底应解释为劳工请假时之补充性的职务代理或劳工所负劳务之代履行?这应视该请假劳工是否因有人代理,而仍然论为到班而定。论为未到班者,属于补充性的职务代理;论为到班者,属于代履行。后一情形,由他人代班之劳工就代班者之(故意或过失)行为视情形负"民法"第 224 条或第 538 条第 2 项的责任。原则上以解释为负"民法"第 538 条第 2 项所定的责任为宜。盖劳工与一般债务人不同,没有充分资力负担债务人之履辅责任。

四、受领迟延与受领义务

按劳务之提供者单纯以劳务换取报酬时,各时段之劳务有特定时空之独特性,正像时间一去不复返,一旦错过,如要补服,便另有机会成本。此与事务之处理或工作之完成虽亦属于劳务契约,但以事务或工作之处理或完成为导向者不同。是故,"民法"第 487 条规定:"雇用人受领劳务迟延者,受雇人无补服劳务之义务,仍得请求报酬。但受雇人因不服劳务所减省之费用,或转向他处服劳务所取得,或故意怠于取得之利益,雇用人得由报酬额内扣除之。"究其规范内容,等于将雇用人之受领迟延论为可归责于债权人之给付不能。从而债权人仍应负对待给付之义务,但有损益相抵原则之适用(请参照"民法"第 267 条)。在雇佣契约或劳动契约,受雇人有时对于雇用人主张雇用人有受领劳务之义务,对此,"最

---

① 在《德国民法典》,因其雇佣契约含相当于民法所定之有偿委任,所以其关于引用替代人或履行辅助人履行债务所存在的问题与委任的情形无异。请参考 Larenz, Lehrbuch des Schuldrechts, Bd. II Halbband1 13. Aufl. 1986, S.315;Esser/Weyers, Schuldrecht, Bd. II, BT, Teilband 1, 8.Aufl., 1998, S.239.

高法院"采否定的见解。[①]

五、危险负担

在双务契约如果债务人嗣后因不可归责于双方之事由致给付不能,即引起危险负担的问题。在此所提之危险负担通常指价金或报酬危险之负担。其规范基础为:依"民法"第 225 条,因不可归责于债务人之事由,致给付不能者,债务人免给付义务。依第 266 条,因不可归责于双方当事人之事由,致一方之给付全部不能者,他方免为对待给付之义务;如仅一部不能者,应按其比例,减少对待给付(第 1 项)。前项情形已为全部或一部之对待给付者,得依关于不当得利之规定,请求返还(第 2 项)。依该二条规定,因不可归责于债务人之事由,致给付不能时,债务人固免给付义务,但也因此丧失其对待给付的请求权。是故,认为债务人在这种情形负担价金或报酬危险。此为关于价金或报酬危险的一般规定。该一般规定并不完全适合雇佣或劳动契约的规范需要,所以关于危险负担,另外发展出一些具有雇佣契约特色的归属原则。

在此首先提出企业风险(dasBetriebsrisiko)的概念:双方各自负担落在其典型管领范围内之劳动障碍所引起之价金或报酬危险。例如水、电、物料等应由雇主提供之工作环境或条件如有短缺,以致受雇人必须停工等待,其报酬危险由雇主负担。是故,在此情形,雇主虽然不能受领劳务,但是还是应该负薪资的给付

---

① "最高法院"2000 年台上字第 2267 号民事判决:"按债权人有受领给付之权利,除法律有如'民法'第 367 条、第 512 条第 2 项等特别规定,契约有特别订定外,不负受领给付之义务。故债权人对于已提出之给付拒绝受领者,通常只负迟延责任,债务人不得强制其受领给付(本院 1940 年上字第 965 号判例参照)。雇佣契约依'民法'第 482 条之规定,系以约定受雇人于一定或不定之期限内为雇用人服劳务,雇用人给与报酬为其成立要件。就此项成立要件言之,雇佣契约在受雇人一方,仅止于约定为雇用人供给一定之劳务,即除供给一定劳务之外,并无其他目的,在雇用人一方,亦仅约定对于受雇人一定劳务之供给而与以报酬,纵使受雇人供给之劳务不生预期之结果,仍应负给与报酬之义务;同法第 487 条亦规定,雇用人受领劳务迟延者,受雇人无补服劳务之义务,仍得请求报酬;是雇用人仅负给付报酬之义务,并无受领劳务给付之义务。"所谓雇用人有义务受领受雇人提供之劳务涉及受雇人之工作(表现)权的问题。按工作经历不但是受雇人之重要的历练机会,而且有时也是受雇人后来要争取其他工作机会之重要的资历。工作经历对于受雇人可能有之这些利益,是否为受雇人基于雇佣关系得对于雇用人主张之应受保护的权益,值得探讨。鉴于劳务契约具有为他人处理事务之性质,并不适当要求雇用人非受领受雇人提供之劳务不可。至于雇用人是否应为其拒绝受领之劳务负给付报酬的义务则是另一个问题。如该判决要旨所示,这原则上应采肯定的见解("民法"第 487 条)。

义务。但不包含客观之情事变更或不可抗力所造成之给付障碍或受领障碍。例如地震、瘟疫、水灾等天灾,以及战争或公权力之干预所造成的人祸。反之,因部分劳工罢工以致全部劳工皆不能正常工作的情形,应论为劳方的风险,雇主因此免除对于其他愿意上工之劳工,给付薪资的义务。[①] 这是从管领说(Sphärentheorie)发展出来的观点。[②]

与一般双务契约不同者为,在雇佣契约雇用人如果受领迟延,等于论为因可归责于债权人之事由致给付不能,受雇人无补服劳务之义务,仍得请求报酬。但受雇人因不服劳务所减省之费用,或转向他处服劳务所取得,或故意怠于取得之利益,雇用人得由报酬额内扣除之("民法"第 487 条)。例如因雇用人生病而不能受领教学劳务。与之相反者为,受雇人生病致一时不能为给付者,该事由虽存在于劳方,但这在劳工法上有特别规定,在法定之一定日数范围内,雇主仍应给

---

① 请参考 Esser, Schuldrecht, 2.Aufl., 1960, § 131, 2.
② Esser/Weyers, Schuldrecht, Bd.II, BT, Teilband 1, 8.Aufl., 1998, § 29 II 1.

付薪资。[1]　其给付不得低于法定最低标准。[2]　雇主不得因劳工请婚假、丧假、公伤病假及公假，扣发全勤奖金（"劳工请假规则"第9条）。这是具有劳工法特色的规定。[3]

六、忠实义务及保护或照顾义务

　　债之核心目标在于通过给付达到无偿给与、信托或交换的目的。这是债的关系以给付义务为其主要内容的道理所在。然，一方面，为了圆满达到债之目的，需要有辅助性之附随义务以资配合；另一方面，为防止，因债之来往引起之人的或财产的接触带来之危险造成损害，在各种债之关系，还在不等的程度课债之相对人以忠实义务、照顾义务或保护义务。这些义务就其义务内容特征虽各有

---

[1]　为确保劳工在伤病期间之部分工资的给付，雇主依劳工保险条例所投保之劳工保险的保险给付含伤病给付。"劳工保险条例"第35条规定："普通伤害补助费及普通疾病补助费，均按被保险人平均月投保薪资半数发给，每半个月给付一次，以六个月为限但伤病事故前参加保险之年资合计已满一年者，增加给付六个月。"该伤病给付固以劳工为受益人，但其给付之性质仍在于代履行雇主之工资的给付义务。因此，就已自保险人领取普通伤害补助费及普通疾病补助费的部分，劳工不得对于雇主重复请求。是故，"劳工请假规则"第4条规定："劳工因普通伤害、疾病或生理原因必须治疗或休养者，得在左列规定范围内请普通伤病假。一、未住院者，一年内合计不得超过三十日。二、住院者，二年内合计不得超过一年。三、未住院伤病假与住院伤病假二年内合计不得超过一年（第1项）。普通伤病假一年内未超过三十日部分，工资折半发给，其领有劳工保险普通伤病给付未达工资半数者，由雇主补足之。"就上述规定，"内政部"1982年台内社字第81300号函释："（一）工人因职业伤害或职业病不能工作，以致未能领取原有薪资，正在治疗中，如未能请领伤病劳保给付时，原有工资应照发，如可领伤病劳保给付而与原有工资发生差额时，其差额部分雇主应予补偿，上述期间均以二年为限。（二）工人因患普通伤病全年未超过一个月之病假期中，自不能工作日起前三日原应发给工资二分之一津贴及第四日起所领普通伤病给付与原应发工资二分之一津贴之差额部分，雇主仍应予以补偿。补偿其间以一个月为限。（三）'劳工保险条例'第33条及第34条所称原有薪资，系指劳工原应获得之全部薪资。被保险人如符合请领伤病给付要件，有关其给付之发给标准，应依同条例第35条及第36条规定办理。"请参考 Larenz, Lehrbuch des Schuldrechts, Bd.Ⅱ Halbband1, 13. Aufl. 1986, S.320ff.

[2]　"劳动基准法"第43条："劳工因婚、丧、疾病或其他正当事由得请假；请假应给之假期及事假以外期间内工资给付之最低标准，由中央主管机关定之。"请假期间之工资的给付标准主要规定于依该条规定订定之劳工请假规则中。但产假及工资定于"劳动基准法"第50条："女工分娩前后，应停止工作，给予产假八星期；妊娠三个月以上流产者，应停止工作，给予产假四星期（第1项）。前项女工受雇工作在六个月以上者，停止工作期间工资照给；未满六个月者减半发给（第2项）。"

[3]　Esser/Weyers, Schuldrecht, Bd.Ⅱ, BT, Teilband 1, 8.Aufl., 1998, §29 Ⅱ3.

所偏,但在称呼上其实互有替代性①。被论以忠实义务者主要有保密义务、不正竞业之禁止、接受雇主之交易相对人或竞争者的贿赂之禁止、维护雇主的商誉、维护企业内的和平。被论以照顾义务者主要有合理的作息、劳动福利(医疗保险、职业伤病的危险责任保险)、派给工作之义务(die Beschäftigungspflicht)。② 被论以保护义务者主要有场所、设施的安全。③ 这些义务之实际实践的情形,与当地之社会主义意识思潮的强弱、经济景气及劳工团体的自律有相当密切的关联。例如企业和平之维护已渐受劳工在团体协约的谈判或罢工上之团结权所修正。至于派给工作之义务如适用于技术生或建教合作的学生是比较无疑问的。然如要一般的适用于各种职位,是比较不容易与企业之指挥权相契合的。这个问题发展到后来,如果真正僵住,最后会演变为资遣的问题。

　　受雇人为服劳务,除必须服从雇用人之指挥监督外,并有必要接近于雇用人或其提供之场地与设备。这些接触使受雇人暴露于一定之危险下,为避免其因此受到损害,雇用人应确保受雇人之工作环境的安全。此即雇用人对于受雇人所负之保护义务。其故意或过失之违反构成积极侵害债权及侵权行为。④ 因此,"民法"第 483 条之一规定:"受雇人服劳务,其生命、身体、健康有受危害之虞者,雇用人应按其情形为必要之预防。"

---

　　① 　相对于主要给付义务,忠实义务、照顾义务及保护义务等也被合称为附随义务。附随义务虽属于对他义务,但原则上不得独立起诉请求履行,而只能在因其不履行而造成损害时请求赔偿,或因不履行而有加损害于债权人之虞时,终止契约("劳动基准法"第 14 条第 1 项第 3 款、第 6 款)。有一种附随义务特别具有特色,那便是医师制作病历之文件义务。病历在法律上,究竟仅是供医师备忘之用,或也有保护病人之意义? 病人向医师请求给予病历复印件时,医师得否基于著作权之发表权拒绝之? 德国学说与实务有认为,医师不制作或提出病历,仅影响到证据方法的提出及与之相随之事实的认定,其本身尚不导致医师应就因此所生之损害负赔偿责任。请参考 Esser/Weyers, Schuldrecht, Bd.II, BT, Teilband 1, 8.Aufl., 1998, S.241.

　　② 　雇用人或雇主对于受雇人或劳工所负之照顾义务是否包含就职权,极具争议性。传统上会认为这仅涉及雇用人或雇主之受领迟延而已。在此情形,雇用人或雇主极其量仅丧失其迟延受领部分之劳务请求权,并负工资或报酬的给付义务,不至于引起雇用人或雇主应为受雇人或劳工安排与契约内容相对应之工作的义务。唯亦有谓工作的安排关连到受雇人或劳工之业务历练及交往的机会。这些将会影响到受雇人或劳工,在职业上实现自己并增益所得的可能性,所以应予保障。请参考 Esser/Weyers, Schuldrecht, Bd.II, BT, Teilband 1, 8. Aufl., 1998, S.242;Larenz, Lehrbuch des Schuldrechts, Bd.Ⅱ Halbband1 13. Aufl. 1986, S. 325f.

　　③ 　请参考 Esser, Schuldrecht, 2.Aufl., 1960, § 131, 3ff.

　　④ 　关于积极侵害债权,请参考黄茂荣:《债法总论》(第二册),台湾植根法学丛书编辑室 2002 年版,第 381 页以下。

在忠实义务及照顾义务的实践上,后来的发展还将平等待遇的义务(einePflicht-zurGleichbehandlung)①包括进来。这本来是讨论已久的,关于基本权利对于私人是否亦有适用之基本权利的第三效力(dieGrundrechtsdrittwirkung)的问题。这在劳工法主要承认于两性平等的规范要求上。② 为此,在 2002 年 1 月 16 日制定了"两性工作平等法"。③

七、职业灾害之照顾责任

针对因雇佣关系引起之职业灾害,"民法"第 487 条之一规定:"受雇人服劳务,因非可归责于自己之事由,致受损害者,得向雇用人请求赔偿(第 1 项)。前项损害之发生,如别有应负责任之人时,雇用人对于该应负责者,有求偿权(第 2 项)。"第 1 项规定之意旨为雇用人就因雇佣引起之职业灾害应负无过失之照顾责任。第 2 项所定之求偿权的意旨为,如别有应负责任之人,则因该损害系由他人引起,所以应由该他人负主要之赔偿责任。该求偿权与"民法"第 312 条关于有利害关系之第三人清偿,及第 281 条关于连带债务之一先为清偿所定者类似。与之类似者在劳工法中另有特别规定。

劳工在工作中时有因为职业灾害而致死亡、残废、伤害或疾病的情事,为对于因此而遭受损害的劳工提供必要之照顾,"劳动基准法"、"职业灾害劳工保护法"及"劳工安全卫生法"对此做了一系列的规定。这些规定有一个共同的特色,即其补偿责任不以雇主或事业单位就职业灾害之发生有故意或过失为要件。因之,可将其责任之性质定位为:照顾性的无过失责任。其次为,除雇主应为其雇用之劳工的职业灾害负补偿责任外,事业单位在以其事业或工作招人承揽,或虽非以其事业或工作招人承揽,但提供工作场所供承揽人工作,或有共同作业或共同承揽之情事者,事业单位与承揽人、中间承揽人及最后承揽人皆应就该职业灾

---

① 请参考 Larenz, Lehrbuch des Schuldrechts, Bd.ⅡHalbband1 13. Aufl. 1986, S.323ff.(326).

② 法律之前人人平等为当今社会普遍肯认的原则。唯除法律有特别规定外,与其他的基本权利一样,只适用于私人与公权力机关间,而不适用于私人间。肯认基本权利对于私人之直接效力的理论德国学者称为第三效力说(Theorie der Drittwirkung)。请参考 Dürig in Maunz-Dürig, Komm. z. Art. 3 abs.1 Rdnr.505ff.

③ 现行法中关于违反平等原则之禁止规定通常以不得为或不得有差别待遇规范之,除"两性工作平等法"第 7 条至第 11 条以及"心理师法"第 19 条第 2 项以契约相对人之交易利益为保护对象外,其余主要以竞争秩序之维持为其规范目的,例如"政府采购法"第 6 条第 1 项,"电子签章法"第 4 条第 2 项、第 6 条第 2 项、第 9 条第 2 项,"电信法"第 16 条、第 26 条之一第 1 项第 8 款,"航业法"第 27 条,"卫星广播电视法"第 32 条,"公平交易法"第 19 条第 2 款。

害所致死亡、残废、伤害或疾病的情事所造成的损害负连带补偿责任。因为职业灾害的照顾责任不以故意或过失为要件,所以其损害之补偿范围亦受到法定的限制,并非只要有具相当因果关系之损害即应予补偿。负职灾补偿责任,而违反"劳动基准法"第 59 条规定不予补偿者,依"劳动基准法"第 79 条,得处二千元以上二万元以下罚款。借助于行政秩序罚,而非借助于责任保险,来支撑基于分配正义所建立之无过失的照顾责任,在损害补偿之法律体制上并不是一件适当的安排。以下兹先按职业灾害之照顾责任的构成要件,将之分成下述几种态样后,再说明其适当之政策手段:

(一)雇主之职灾照顾责任

劳工因遭遇职业灾害而致死亡、残废、伤害或疾病时,雇主应依"劳动基准法"第 59 条之规定予以补偿。此为雇主所负之职业灾害的补偿责任。该责任为一种照顾责任,而非侵权行为或积极侵害债权的损害赔偿责任。故不但其发生不以雇主有故意、过失或其他可归责事由存在为必要,而且其补偿亦不以劳工事实上所受之损害为范围,而以该条所定者为限。此外,该条并规定其继承之顺位。[①]

(二)事业单位以其事业或工作招人承揽的职灾照顾责任

本类型首先规定在"劳动基准法"第 62 条中。该条规定:"事业单位以其事业招人承揽,如有再承揽时,承揽人或中间承揽人,就各该承揽部分所使用之劳工,均应与最后承揽人,连带负本章所定雇主应负职业灾害补偿之责任(第 1 项)。事业单位或承揽人或中间承揽人,为前项之灾害补偿时,就其所补偿之部分,得向最后承揽人求偿(第 2 项)。"适用本条之关键要件要素为,何谓事业单位以其事业招人承揽?就此,"行政院劳工委员会"在实务上认为水泥业将其运输劳务工作,招由他实业社承揽系属于以其事业招人承揽。[②] 与该条规定类似者为:"劳工安全卫生法"第 16 条"事业单位以其事业招人承揽时,其承揽人就承揽部分负本法所定雇主之责任;原事业单位就职业灾害补偿仍应与承揽人负连带责任。再承揽者亦同"。上述两条规定,"劳动基准法"第 62 条的规范构造并不明确。看起来首先像是:(1)始作俑者之事业单位与最后承揽人无论如何皆应负连带责任,且在赔偿义务人之内部关系,以最后承揽人为主要债务人。此与各阶段之承揽人应为其承揽部分,以行为人的身份负最后责任的原则不符。"劳工安

---

① 参见"劳动基准法"第 59 条。
② 参见"行政院劳工委员会"1987 年台劳动字第 2895 号函。

全卫生法"第16条之规定在逻辑上比较明确。综合该两条规定,其意旨当是:(1)事业单位以其事业招人承揽时,该事业应与其承揽人负连带责任;(2)至于其承揽人则只应为其承揽部分负该法所定之雇主责任。至其缺失则为,未就谁应负最后责任加以规定。

与之类似者为"职业灾害劳工保护法"第31条规定:"事业单位以其工作交付承揽者,承揽人就承揽部分所使用之劳工,应与事业单位连带负职业灾害补偿之责任。再承揽者,亦同(第1项)。前项事业单位或承揽人,就其所补偿之部分,对于职业灾害劳工之雇主,有求偿权(第2项)。前二项职业灾害补偿之标准,依'劳动基准法'之规定。同一事故,依'劳工保险条例'或其他法令规定,已由雇用劳工之雇主支付费用者,得予抵充(第3项)。"与前面"劳动基准法"第62条及"劳工安全卫生法"第16条两条规定相比,本条规定最为周全:(1)承揽人仅就自己承揽部分所使用之劳工负责;(2)仅始作俑者之事业单位应与承揽人连带负职业灾害之补偿责任;(3)以职业灾害劳工之雇主为最后应负责者;(4)关于职业灾害之补偿责任,将各种劳工法规之规定定性为请求权规范竞合,不重蹈"劳动基准法"与"劳工保险条例"关于退休金及老年给付得并同请求之制度设计的错误;(5)本条将事业单位以其工作交付承揽,规定为其应与承揽人连带负责的要件,有进一步放松前面两条关于"以其事业招人承揽"之要件的趋势。唯"职业灾害劳工保护法"第7条显然又将职灾责任从无过失之照顾责任,拉回到中间的照顾责任:"劳工因职业灾害所致之损害,雇主应负赔偿责任。但雇主能证明无过失者,不在此限。"该规定与前述数个关于无过失之职灾照顾责任的规定构成规范冲突。此外,以上规定亦与"民法"第189条关于定作人不为承揽人之加害行为负责的原则不符:"承揽人因执行承揽事项,不法侵害他人之权利者,定作人不负损害赔偿责任。但定作人于定作或指示有过失者,不在此限。"不过,该不符的规定尚可从劳工职灾之特别照顾的观点自圆其说;不像,关于职灾责任的部分,在政策上其实是应该有一贯的决定,不应时而规定为无过失责任,时而规定为中间责任。这种冲突在实务上难以适从。

就一定之工作之从事,一个事业与他事业所缔结之契约是否论为承揽,以将部分工作委交他人施工者,本身是否仍保留有监督、指挥、统筹规划之权为断。保留之者,为非承揽关系。不保留者,为承揽关系。其不但不保留,而且其工程完全交由营造厂商办理,本身并未有劳工参与施工时,应以该营造厂商为原事业单位。在交给他事业承揽的情形,如该承揽工作非其经营范围,或为新设施之增建,①即非以其事业招人承揽。另纵使该承揽工作非其经营范围,或为新设施之增建,该事业尚必须无雇用劳工于同一工作场所与承揽人之劳工共同作业,始不以该事业,而以向其承揽工作之承揽人为原事业单位。这当中由谁来支付实际从事工作者之薪资,亦曾被引为认定之依据。

"事业单位以其事业之全部或一部分交付承揽时,应于事前告知该承揽人有关事业工作环境、危害因素暨本法及有关安全卫生规定应采取之措施(第1项)。承揽人就其承揽之全部或一部分交付再承揽时,承揽人亦应依前项规定告知再承揽人(第2项)。"("劳工安全卫生法"第17条)此为事业单位以其事业之全部或一部分交付承揽时之事前的告知义务。该告知义务之意义在于协助承揽人防止职业灾害之发生,属于原事业单位与承揽人间,而非原事业单位与承揽人所雇之劳工间的义务关系。唯该存在于原事业单位与承揽人间的义务关系可能被解释为具有保护第三人(承揽人所雇之劳工)的效力。

由以上规定可见,关于职业灾害,规定制定者对于其劳工政策之适当政策手段的认识并不明朗。

(三)原事业单位之场所的照顾责任

"劳动基准法"第63条规定:"承揽人或再承揽人工作场所,在原事业单位工作场所范围内,或为原事业单位提供者,原事业单位应督促承揽人或再承揽人,对其所雇用劳工之劳动条件应符合有关法令之规定(第1项)。事业单位违背劳工安全卫生法有关对于承揽人、再承揽人应负责任之规定,致承揽人或再承揽人所雇用之劳工发生职业灾害时,应与该承揽人、再承揽人负连带补偿责任(第2项)。"该条规定第1项与第2项之关系究竟如何,实在不容易理解。合理的解释应当是,第2项为第1项所定督促义务之违反的效力规定:事业单位提供承揽人

---

① 关于发包之工作是否为发包事业之事业或工作,实务上的见解宽严不一。"内政部"1984年台内劳字第266280号函释:"台电公司施工队将'电容器贮存仓库新建甲乙型围墙工程',交付均茂营造工程公司承揽,而该工程已完全由承揽人员负责施工,且台电公司亦未雇用劳工与承揽之劳工共同作业,应认定该承揽人(均茂营造公司)为原事业单位,并自行报备劳工安全卫生管理人员。"本例是比较宽的看法。反之,"内政部"1985年台内劳字第309051号函释:"一、台湾省自来水公司新埋设之管线、新建净水场、新凿深井以及高架水塔等营建工程,如系新建且施工亦非在该公司工作场所范围内者,可认定非其经营范围。唯如于该公司工作场所范围内所新增设之工程自属其经营范围。"本例是比较严的看法。盖在第二例,系争工程必须是新建,且施工亦非在该公司工作场所范围内,始认定为非其经营范围。此与在第一例,只要系新建,且无共同作业之情形,即认定为非其经营范围,不计较其是否在定作人工作场所范围内者,不同。

或再承揽人工作场所者,应督促承揽人或再承揽人,对其所雇用劳工之劳动条件应符合有关法令之规定,如有违反,而致承揽人或再承揽人所雇用之劳工发生职业灾害时,应与该承揽人、再承揽人负连带补偿责任。如是解释,"劳动基准法"第62条与第63条之规定始有体系上的关联。前者,因以其事业招人承揽;后者,虽非以其事业招人承揽,但因提供工作场所,而应就各该承揽部分所使用之劳工,与最后承揽人,连带负本章所定雇主应负之职业灾害的补偿责任。[①] 另关于前者,第62条第2项有"事业单位或承揽人或中间承揽人,为前项之灾害补偿时,就其所补偿之部分,得向最后承揽人求偿"之规定。此为后者所无。唯后来仍应依各自行为与损害之发生间的因果关系,个别认定其求偿关系。

(四)共同作业或共同承揽者应采取法定安全措施

事业单位与承揽人有分别雇用劳工共同作业之情形时,应采取"劳工安全卫生法"第18条所定之法定的安全措施:"事业单位与承揽人、再承揽人分别雇用劳工共同作业时,为防止职业灾害,原事业单位应采取左列必要措施:一、设置协议组织,并指定工作场所负责人,担任指挥及协调之工作。二、工作之联系与调整。三、工作场所之巡视。四、相关承揽事业间之安全卫生教育之指导及协助。五、其他为防止职业灾害之必要事项(第1项)。事业单位分别交付两个以上承揽人共同作业而未参与共同作业时,应指定承揽人之一负前项原事业单位之责任(第2项)。""两个以上之事业单位分别出资共同承揽工程时,应互推一人为代表人;该代表人视为该工程之事业雇主,负本法雇主防止职业灾害之责任。"(同法第19条)所谓雇主防止职业灾害之责任与前述雇主之职灾照顾责任似同而实异。前者属于过失责任的范畴。

上述规定的意旨在于:在共同作业或共同承揽的情形,必须有一个事业单位

---

① "劳动基准法"第63条第2项规定之适用的关键要件要素本当为提供工作场所。"行政院劳工委员会"1992年台劳动三字第22262号函对于第63条第2项规定之适用释称:"事业单位以其事业招人承揽时,对于交与他人承揽之工作所生职业灾害,事业单位、承揽人及中间承揽人,均应与最后承揽人负连带补偿责任,前经'内政部'主管劳工事务以1987年内劳字第506902号函释在案。'劳工安全卫生法'第16条亦明定事业单位以其事业招人承揽时,其承揽人就承揽部分负本法所定雇主之责任;原事业单位就职业灾害补偿仍应与承揽人负连带责任。再承揽者亦同。至于'劳动基准法'第63条第2项规定旨在要求事业单位以其事业招人承揽时,应督责承揽人与再承揽人依'劳工安全卫生法'之规定办理,若劳工不幸发生职业灾害,事业单位应负补偿之连带责任。"该函释非但未针对"提供工作场所"的要件要素提出说明,而且只强调"以其事业招人承揽"之要件。这混淆了第62条与第63条之规定的分际。场所之安全责任为积极侵害债权的重要态样之一。请参考 Soergel-Wiedemann, Kommentar zum BGB, 11. Aufl., 1986, Rz 342 vor § 275.

担负"劳工安全卫生法"第18条所定之联系、调整、指挥及协调的工作。实务上有疑问者为,以何为标准认定两个以上之事业有共同作业或共同承揽的情事?这个问题类似于:在何种情形可认为,原事业单位以其事业或其工作招人承揽。关于何谓一起作业,是否含派有监工人员监督施工?实务上虽曾采否定说,认为只要交付承揽之工作不在其经营范围,而仅派有监工人员监督施工者,即可视为未雇用劳工于同一工作场所与承揽人所雇劳工共同作业。唯关于"劳工安全卫生法"第16条之"共同作业"后来又称:"'共同作业'系指事业单位与承揽人、再承揽人分别雇用劳工于同一段期间一起作业,且其作业有相互牵涉,影响者之事实上关系。"①

(五)职灾之照顾责任及其责任保险

鉴于职灾之照顾责任系基于分配正义所发展出来之无过失责任,其制度的设计理念应在于分配风险,而不在于追究责任,且其危险之分配的方法应重在于利用保险。是故,在其施行之政策工具的规划,只要课事业以义务,投保相关之责任保险即可,不需要复杂的过度规划其连带赔偿责任。盖这样做,不但容易忘却职灾补偿其实是一种无过失的照顾责任。就近之事业基于该责任所担负的角色,仅是借助于其市场地位分散危险而已。是故,大可不必莫须有地平添相关事业单位或承揽人之无谓的法律连带责任,造成不当有之紧张与不该有之不安。至于事业单位应为因其过失引起之职业灾害负损害赔偿责任则是另一个问题。② 不过,在这种情形,其规范规划仍应以"民法"第189条之规范原则,亦即自己责任主义做基础,不应当有过度的株连。

基于以上的认识,在职业灾害之照顾责任的规范规划,当可比较宽心的,回归"民法"第189条之规范精神,只对于承揽人课以无过失的照顾责任,并为该责任之履行的确保,课其投保责任保险的义务,而不需要过度膨胀与系争承揽工作

---

① "内政部"1984年台内劳字第223953号函:"'劳工安全卫生法施行细则'第22条规定之报备系指交付承揽之事业单位办理报备。但如交付承揽之工作非其经营范围,且其亦未雇劳工于同一工作场所与承揽人及其劳工共同作业,则承揽该工作之承揽人应以原事业单位认定,并自行报备安全卫生管理人员,此时交付承揽之事业单位可免予指导承揽人。(如贸易公司或政府机关兴建办公大楼,全部交营造厂兴建,本身并未参与施工则以负责之营造厂为原事业单位而自行报备安全卫生管理人员。)"该函所释其实包含两种情形:(1)交付承揽之工作非其经营范围,及(2)未雇劳工于同一工作场所与承揽人及其劳工共同作业。如具备前者应适用,事业单位以其事业或工作招人承揽的规定("劳动基准法"第62条或"职业灾害劳工保护法"第31条),如具备后者,应适用"劳工安全卫生法"第18条。如兼具二者之要件,则应并同适用。盖该两套规定所课义务内容及功能并不相同。

② 参见"劳工安全卫生法"第31条。

先后有关之事业的连带责任,或针对所谓事业单位将其事业或工作之全部或一部分招商承揽的情形,对之课以超出其实际担负之角色所应负的责任。另"劳动基准法"第59条规定:"劳工因遭遇职业灾害而致死亡、残废、伤害或疾病时,雇主应依左列规定予以补偿。"违反该条规定不予补偿者,处二千元以上二万元以下罚款(同法第79条第1项)。该责任可改以不投保法定责任保险为其要件。这对于受害劳工的保护应当比较实际。

八、受雇人之债务不履行责任

因雇佣契约之缔结,受雇人对于雇用人,于约定之一定或不定之期限内,固负有为他方服劳务之义务。但如有可归责于受雇人之事由,而致受雇人给付迟延或给付不能,"民法"雇佣节并无明文之特别规定。由于雇用人受领迟延时,极其量仅负报酬的给付义务("民法"第487条),因此对应的,受雇人如果不依约为劳务之给付,极其量亦当仅失其报酬请求权,不另负其他债务不履行责任。

唯倘受雇人有为劳务之给付,但因在其劳务之给付时,未尽应尽之注意义务,[①]或因不具备受雇人明示或默示保证其具有之特种技能("民法"第485条),而致雇用人受有损害时,仍应负积极侵害债权的责任。

九、契约之终止

雇佣契约为继续性契约。继续性契约之存续有定期与不定期之别。因此,"民法"第488条规定:"雇佣定有期限者,其雇佣关系,于期限届满时消灭(第1项)。雇佣未定期限,亦不能依劳务之性质或目的定其期限者,各当事人得随时终止契约。但有利于受雇人之习惯者,从其习惯(第2项)。"然即使定有期限,"当事人之一方,遇有重大事由,其雇佣契约,纵定有期限,仍得于期限届满前终止之"。这是劳务契约或继续性契约通常必须有的权变规定。唯该项重大事由,如因当事人一方之过失而生者,他方仍得向其请求损害赔偿("民法"第489条)。何谓该条所定之重大事由?其属于主观因素者有当事人一方之履约能力、足以

---

① 参见"最高法院"2010年台上字第1017号民事判决。

破坏双方之信赖关系之违约行为,[①]其属于客观因素者有情事变更。[②]

十、劳动契约之终止与退休

(一)劳动契约之消灭原因

劳动契约为继续性契约,除基于终止权,因终止之通知而消灭外,其为定期者,并因期限届满而消灭。此外,基于劳动契约之终身雇用的假定,其为不定期者,最后因退休或劳工死亡而消灭。[③] 归纳之,劳动契约之消灭原因计有终止、退休及死亡。雇主死亡、[④]破产、解散、清算则未经明定为终止事由,但因其必引起歇业之结果,所以有该等情事存在时,最后雇主或清算人还是得依"劳动基准

---

①　参见"最高法院"1965 年台上字第 316 号民事判决。

②　"民法"第 227 条之二第 1 项规定:"契约成立后,情事变更,非当时所得预料,而依其原有效果显失公平者,当事人得声请法院增、减其给付或变更其他原有之效果。"增、减其给付的目的在于调整因情事变更而受到干扰之对价关系,使之复归于正确。变更其他原有之效果主要指解除或终止契约。其适用应后位于对价关系之调整。

③　在不定期之继续性契约,当事人本来原则上可以不具理由,随时终止契约("民法"第513 条、第 754 条)。极其量只要求其应在一定期间前预告终止之意思("民法"第 450 条、第460 条、第 619 条)。唯在像婚姻这种期待其继续至终生,劳动契约这种期待其继续至一定年龄或丧失工作能力的情形("劳动基准法"第 11 条、第 12 条、第 14 条),法律例外规定其终止应具法定终止事由始得终止契约,在婚姻的情形,甚至要求必须以诉的方法请求裁判离婚,而不赋予无责的一方以终止权("民法"第 1052 条)。此外,还有基于社会政策的考虑而就不定期限租用耕地契约规定,仅于有"土地法"第 114 条所定法定事由之一时,始得终止契约。"土地法"该条规定的内容已被移植至"民法"第 459 条,造成特别法与普通法对于同一事项重复为相同规定的情形。另虽然常言道,事业应永续经营,但"民法"第 686 条第 1 项规定:"合伙未定有存续期间,或经订明以合伙人中一人之终身,为其存续期间者,各合伙人得声请退伙,但应于两个月前通知他合伙人。"

④　这里所谓雇主死亡,指自然人作为雇主的情形。唯如认为劳动关系在雇主这一方有可继承性,则雇主死亡时,该劳动关系即为其继承人继受。但基于劳动契约之高度属人性,其继承性应采否定的见解。不过,"行政法院"1994 年判字第 2032 号判决采肯定的看法:"雇主死亡,雇农并非当然丧失被保险人资格。本件原告之父黄总镇系持其雇用人郭国安之土地所有权状以雇农身份由原投保单位台南市农会于 1990 年 6 月 29 日申报加入农民健康保险,其保险契约业已合法生效,被告未查明郭国安之继承人于郭国安死亡后有无与黄总镇合法终止雇佣关系,遽认郭国安死亡后依'从事农业工作农民认定标准及资格审查办法'第 10 条规定黄总镇之雇农资格随之丧失,核定自 1991 年 1 月 8 日起取消黄总镇农保被保险人资格,所请丧葬津贴及住院诊疗费用不予给付,不无速断,一再诉愿决定未加详察,递予维持,俱嫌疏略,原告据以指摘,即非全无理由。"

法"第 11 条第 1 款之规定预告终止劳动契约。唯歇业与其他终止事由一样并非劳动契约之当然消灭事由，必须经终止权人之终止的表示到达相对人时，始于其通知到达时因终止而消灭。

（二）消灭原因之竞合

一个劳动契约只要有前述消灭事由之一，即当消灭，固无疑问，有疑问者为如有消灭事由竞合的情形，其劳动关系当如何发展？

定期劳动契约因期限届满而自然消灭，所以无所谓在其届满后，该消灭事由又与其他消灭事由竞合的问题。在以当事人之死亡为消灭事由的情形，亦同。只要发生死亡事故，劳动契约即归消灭，不再有其后之终止或等待期限届满始消灭之问题可言。剩下来比较可能发生问题者为，劳工死亡或终止事由发生前，依"劳动基准法"第 53 条，因劳工工作 15 年以上年满 55 岁，或工作已满 25 年以上而得自请退休时，劳工或其继承人可否得以自请退休为理由自请退休，从而主张排除与死亡或雇主之终止有关规定的适用？特别是雇主已抢先在劳工自请退休前，对于劳工为终止之表示者，劳工是否还得自请退休？

（三）职灾、死亡与退休

由于职业灾害可能导致之损害程度不一，所以并非劳动关系之当然的消灭事由。其最后之影响为何，视其发展情形而定。劳工因遭遇职业灾害而致死亡、残废、伤害或疾病时，雇主应依"劳动基准法"第 59 条规定予以补偿。其补偿科目依具体情形有医疗费用（第 1 款）、工资补偿（第 2 款）、残废补偿（第 3 款）、死亡补偿（第 4 款）。[①] 其中工资补偿与残废补偿间有竞合关系。亦即经给付残废补偿后可不再给付工资补偿。唯除非雇主依"劳动基准法"第 54 条第 1 项第 2 款的规定，以劳工心神丧失或身体残废不堪胜任工作为理由，强制其退休，并依同法第 55 条第 1 项第 2 款加给 20％ 之退休金，否则，雇主还是会因劳动关系之继续而对于劳工负有工资的给付义务。至于劳工在职业灾害后，回复工作者，纵使领有残废补偿，其后如因同一职业灾害死亡，其遗属仍可请领死亡给付。"劳动基准法"第 54 条第 1 项第 2 款规定不分劳工所以发生心神丧失或身体残废不堪胜任工作的原因，是否由于职业灾害所引起，雇主皆得强制其退休，且实务上认为即便雇主系因劳工职灾致残，而强制其退休，雇主对于退休劳工还是不再有死亡补偿之给付义务。该看法尚值得检讨。鉴于同法第 59 条所定之补偿金具有损害赔偿之性质，所以得抵充雇主就同一事故所生损害之赔偿金额（同法第

---

① 关于职业灾害之补偿，参见"劳动基准法"第 59 条。

60条)。

　　劳工死亡为劳动契约之消灭事由之一,劳动契约因劳工死亡而自然终止。因此引起劳工在退休前死亡者,如其在死亡时已符合自请退休要件,引起雇主是否应发给退休金的疑问。对此实务上采肯定的见解。

(四)终止与退休

　　雇主得终止劳动契约之事由中,其不可归责于劳工者规定于"劳动基准法"第11条:"一、歇业或转让时。二、亏损或业务紧缩时。三、不可抗力暂停工作在一个月以上时。四、业务性质变更,有减少劳工之必要,又无适当工作可供安置时。五、劳工对于所担任之工作确不能胜任时。"在这种情形,依该条规定雇主应附以不短于法定之期限预告劳工,[①]始得终止劳动契约。这本来是法定应附以始期之意思表示。唯雇主如不附以法定期限而为劳动契约之终止,并不使该终止的通知不生效力或无效,而只是使雇主依同法第16条第3项规定"应给付预告期间之工资"而已。其可归责于劳工者规定于"劳动基准法"第12条第1项:"一、于订立劳动契约时为虚伪意思表示,使雇主误信而有受损害之虞者。二、对于雇主、雇主家属、雇主代理人或其他共同工作之劳工,实施暴行或有重大侮辱之行为者。三、受有期徒刑以上刑之宣告确定,而未谕知缓刑或未准易科罚金者。四、违反劳动契约或工作规则,情节重大者。五、故意损耗机器、工具、原料、产品,或其他雇主所有之物品,或故意泄漏雇主技术上、营业上之秘密,致雇主受有损害者。六、无正当理由继续旷工三日,或一个月内旷工达六日者。"在此情形,雇主得不经预告终止契约。唯雇主依该项第1款、第2款及第4款至第6款规定终止契约者,应自知悉其情形之日起,三十日内为之(同法同条第2项)。

　　终止与退休区分之实益为:雇主依"劳动基准法"第12条或第13条但书规定终止劳动契约者,应依同法第17条规定之标准发给劳工资遣费;依同法第12条或第15条规定终止劳动契约或因定期劳动契约期满而离职者,劳工不得向雇主请求加发预告期间工资及资遣费(第18条)。此外,劳动契约经终止者,不得请求给付退休金。

　　由于如前所述,"劳动基准法"有时在一定之期间禁止雇主行使其终止权,因此在强制退休之要件具备时,引起雇主是否得以强制退休反制终止之禁止的问题。同理,在雇主得为终止,而劳工自请退休之要件已具备的情形,引起劳工是否得以自请退休反制雇主之终止的问题。

---

　　①　关于雇主终止劳动契约时应预留之预告期间,参见"劳动基准法"第16条第1项。

1.雇主以强制退休反制终止之禁止

不论是依"劳动基准法"第 11 条或第 12 条所定之终止事由,于"劳工在第 50 条规定之停止工作期间或第 59 条规定之医疗期间,雇主不得终止契约。但雇主因天灾、事变或其他不可抗力致事业不能继续,经报主管机关核定者,不在此限(第 13 条)。"① 有疑问者为,在第 13 条所定情形,雇主于具备第 54 条所定要件时,得否强制劳工退休?② 关于这个问题劳委会先后曾采否定③ 及肯定④ 之见解。如采肯定的见解,雇主在不得终止劳动契约时,便得利用强制退休加以反制。唯纵使采肯定之见解,应仅使雇主因此免其在强制劳工退休后之薪资的给付义务,尚不得因此认为雇主可不再为该职业伤病负其本来应负之责任。盖雇主对于该职业伤病之责任,于该职业伤病发生时,即因相关构成要件之满足而成立,有其自己之规范基础,不受该劳动契约后来是否消灭而受到影响。这犹如保险事故在保险期间发生时,保险人即应负保险给付之责任,不因被保险人在保险

---

① "劳动基准法"第 13 条,不区分第 11 条或第 12 条所定之终止事由,一概规定在第 50 条规定之停止工作期间或第 59 条规定之医疗期间,雇主不得终止契约,对于第 12 条所定情形,似乎不甚妥当。至于第 13 条但书规定的意义虽看似仅限于停止该条前段所定之消极要件的适用,无改于第 11 条或第 12 条原来规定之适用。其实不然。盖同法第 16 条第 1 项规定:"雇主依第 11 条或第 13 条但书规定终止劳动契约者,应依该项各款之规定附以预告期间。"其结果在有第 13 条前段规定之情形,雇主纵使以第 12 条所定事由为其终止事由,其终止还是应附以第 16 条第 1 项规定之预告期间。

② 参见"劳动基准法"第 54 条。

③ "行政院劳工委员会"1987 年台劳动字第 2301 号函认为在劳工公伤复健期间,不得强制退休:"一、'劳动基准法'第 59 条所称医疗期间系指'医治'与'疗养'而一般俗称'复健'系指后续之医治行为。是故所谓复健期间应视为医疗期间。二、'劳动基准法'第 13 条规定,劳工在第 50 条规定之停止工作期间或第 59 条规定之医疗期间,雇主不得终止契约。另同法第 59 条第 2 款规定,劳工在医疗中不能工作时,雇主应按其原领工资数额予以补偿。本案台湾中京公司劳工陈君尚在复健期间,依前开规定厂方自不得强制其退休,并仍应照给工资。三、雇主强制劳工退休,法未明定预告期间,唯雇主宜依'劳动基准法'第 16 条规定之期间事前预告劳工。"对于同一问题,该委员会在该会 1989 年台劳动三字第 12424 号函又释称:"'劳动基准法'第 59 条所称医疗期间系指'医治'与'疗养'。一般所称'复健'系属后续之医治行为,但应至其工作能力恢复之期间为限。……但于医疗期间内劳工所为之恶意行为,应不在该条(第 54 条)保护范围之内。"

④ 关于劳工于职业灾害医疗期间之强制退休,参见"行政院劳工委员会"1991 年台劳动三字第 14427 号函。

事故发生后不再续保而受到影响。①

2.劳工以自请退休反制雇主之终止

当雇主依"劳动基准法"第 13 条或第 13 条但书规定终止劳动契约者,应依同法第 17 条规定之标准发给劳工资遣费,依第 12 条终止劳动契约者,依第 18 条,劳工不得向雇主请求加发预告期间工资及资遣费。不论是否应发给资遣费,与退休金相比,终止之效力皆较不利于劳工。因此,在得终止的情形,如果劳工已具备"劳动基准法"第 53 条规定之自请退休要件,其是否得申请退休,对于劳工具有实益。"劳委会"认为在第 12 条所定之终止事由尚未具备前,自请退休要件如已具备,则纵使后来终止事由已具备,劳工还是得自请退休。换言之,在此情形,劳工得以自请退休反制雇主之终止。值得注意者为,如果雇主先为终止之表示,而后劳工才自请退休,来得及吗? 应认为来得及。亦即在适用上如有冲突,当以要件先满足者优先。盖认为终止后即不再有劳动契约可供退休的观点,仅是借用有机体说所导引出来之逻辑上的形式看法,并非事理上的当然。而在要件先具备者之形成权发生时,本来只有其权利人享有形成权,如其为该权利之行使,相对人事后并无取得与之抗衡之形成权的机会。

有疑问者为这时候其自请退休之表示从何时开始发生效力? 应解释为溯及自雇主终止之通知到达时,而非自最初得为自请退休时发生效力。盖在最初得为自请退休时,劳工并未为自请退休之表示,所以其自请退休之意思表示的效力,最早只得溯及雇主终止之通知到达时,因为在终止时雇主才有消灭劳动契约的意思。② 反之,如雇主得为终止的要件具备在先,而劳工得自请退休的要件具备在后,则除非雇主之终止权后来因除斥期间经过而消灭("劳动基准法"第 12 条第 2 项),否则,仅雇主得终止契约,劳工不得以事后自请退休的要件已具备为理由,以自请退休反制雇主之终止。

---

①　"强制汽车第三人责任保险条款"(自用汽车适用或营业汽车适用)第 14 条约定:"保险期间届满前之通知义务本公司应于被保险汽车保险期间届满前一个月以书面通知被保险人,如怠于通知而发生保险事故者,本公司在保险期间届满一个月内仍负赔偿责任,但被保险人应办妥一年期续保手续,其始期追溯自原保险期间届满之时。"此为迁就在保险事故发生时,被保险人尚未续保的约定。应不适用于保险事故发生在保险期间内的情形。

②　与这里所涉情形有类似之处者,例如关于抵销的效力,"民法"第 335 条第 1 项规定:"抵销,应以意思表示,向他方为之。其相互间债之关系,溯及最初得为抵销时,按照抵销数额而消灭。"盖以该时点为准,无须处理得抵销而尚未为抵销之期间的不履行问题。从而可减少应善后的问题。关于请求权已因时效而消灭之债的抵销,"民法"第 337 条规定:"债之请求权虽经时效而消灭,如在时效未完成前,其债务已适于抵销者,亦得抵销。"本条规定的意旨为,当事人双方本来如有可以互相抵销的债务,维护其得为抵销之利益,较符合当事人之利益当有的状态。这适用到要件具备在先之形成权的意义为,维护其先手的利益。

（五）终止之效力

关于终止一个继续性契约的效力，通常拿契约之解除的效力与之对比：终止使契约向将来失其效力，而解除则使契约溯及缔结时失其效力。[①] 该效力虽看似简单明了，但在具体案件中真要将其效力定于恰如其分的状态，还有一些细致的善后的工作必须处理。在契约之解除，其善后集中在已因履行而完成之给付的回复原状（"民法"第 259 条），以及因契约溯及失效而或有之损害的赔偿（同法第 260 条）；在契约之终止，其善后集中在为终止后时段先为之给付的回复原状，以及因契约向将来之时段失效或有之损害的赔偿。这些赔偿责任类似于缔约上的过失，都是因为不能如计划有一个全部有效的契约而造成损害。这当中，其解除或终止事由是否可归责于一方，对于责任之有无及其归属具有重要性。此外，在契约之终止还有如何维持有效部分之给付的问题：属于契约后效力。

雇佣契约为继续性契约，其终止本来仅使契约向将来失其效力，换言之，终止前双方为履行所做之给付仍有其法律上之原因，不需回复原状。唯终止事由如系可归责于受雇人之违约行为，且受雇人已从事之给付对于雇用人如无利益，雇用人就该部分之工资如已给付，得否请求返还；如未给付，得否拒绝给付，成为问题。这等于是就该部分得否为部分之契约的解除？[②] 因雇佣契约之终止，雇用人如必须停工待人及另行征聘人员，则就因此所减少之利益及增加之征聘费用是否得对于受雇人请求赔偿？关于工资之返还或拒绝给付部分，从对价的观点固得采肯定的见解，但对于因停工待人或另行征聘所失利益或所生损害，基于社会保护的观点，是否宜采肯定的见解，则有疑义。[③]

在劳动契约，雇主非因可归责于受雇人之事由而预告终止契约时，应给予劳工带薪之寻职假（"劳动基准法"第 16 条第 2 项）。这是否亦当类推适用于雇佣契约，从社会照顾的观点，宜采肯定的见解。[④] 另经受雇人之请求，雇用人并应如实发给服务证明。

受雇人或劳工之守密义务不因离职而消灭。至于雇主如担心终止后之不当

---

① 参见"最高法院"2002 年台上字第 1215 号民事判决。

② 关于部分解除，就数物之买卖"民法"第 363 条采肯定之见解："为买卖目标之数物中，一物有瑕疵者，买受人仅得就有瑕疵之物为解除，其以总价金将数物同时卖出者，买受人并得请求减少与瑕疵物相当之价额（第 1 项）。前项情形，当事人之任何一方，如因有瑕疵之物，与他物分离而显著损害者，得解除全部契约（第 2 项）。"

③ 对于以上问题 Larenz 皆采肯定的看法，Larenz, Lehrbuch des Schuldrechts, Bd. Ⅱ Halbband1 13. Aufl. 1986, S.339.

④ Larenz, Lehrbuch des Schuldrechts，Bd.Ⅱ Halbband1 13.Aufl.1986，S.340.

竞争,得以约定的方法,使离职劳工负义务,不得在一定的地区、就一定之业务、在一定之期间,为自己或他人之利益对于雇主从事竞争的行为。为保护离职劳工的就业机会及生活上的需要,该限制的时间不得过长,范围亦不得过度超出其原来负责的工作。此外,并应视限制的程度给予适当的补偿。这特别适用于业务或研发人员。[1]

十一、雇主之雇用人之责任

"民法"第 188 条规定:"受雇人因执行职务,不法侵害他人之权利者,由雇用人与行为人连带负损害赔偿责任。但选任受雇人及监督其职务之执行,已尽相当之注意或纵加以相当之注意而仍不免发生损害者,雇用人不负赔偿责任(第 1 项)。如被害人依前项但书之规定,不能受损害赔偿时,法院因其申请,得斟酌雇用人与被害人之经济状况,令雇用人为全部或一部之损害赔偿(第 2 项)。雇用人赔偿损害时,对于为侵权行为之受雇人,有求偿权(第 3 项)。"依该条第 1 项规定,首先必须受雇人因执行职务,不法侵害他人之权利,成立侵权行为,负侵权行为责任,[2]而后雇用人始依该项规定,对于受害人负连带损害赔偿责任。雇用人不能以其与受雇人间之免责的特约,免除其对于受害人之连带损害赔偿责任。[3]

因为雇用人不是因自己对于第三人之侵权行为,负侵权行为责任,所以相对于为侵权行为之受雇人,其连带赔偿责任为一种不真正的连带债务。雇用人赔偿损害时,对于为侵权行为之受雇人,有求偿权(同条第 3 项);反之,受雇人赔偿损害时,对其雇用人,并无求偿权。从自己责任主义的观点来看,这固言之成理。唯从受雇人工作之危险的观点来看,如该损害非因受雇人之故意或重大过失而发生,并不适合规定,雇用人赔偿损害时,对于为侵权行为之受雇人,有求偿权。

---

[1]　Larenz, Lehrbuch des Schuldrechts, Bd. Ⅱ Halbband1 13. Aufl. 1986, S.341.

[2]　"最高法院"2011 年台上字第 1314 号民事判决:"'民法'第 188 条第 1 项所定雇用人之连带赔偿责任,除须与行为人有指挥、监督关系外,尚须该行为人执行职务之行为有故意或过失不法侵害他人之权利,始克成立。"然由于"民法"第 188 条第 1 项规定:"受雇人因执行职务,不法侵害他人之权利者,由雇用人与行为人连带负损害赔偿责任。"当中仅规定"受雇人因执行职务,不法侵害他人之权利",而未如"民法"第 184 条将故意、过失规定为其赔偿责任之构成要件。因此引起疑问,雇用人之连带赔偿责任,是否以受雇人就其侵害他人权利有故意或过失为要件? 今雇用人之责任既以连带责任称之,则应采肯定的见解。此外,在理论上,尚有不法之概念,是否含行为人之故意或过失的有责性在内。如采肯定说,"民法"第 188 条第 1 项在要件上虽未明文包含故意或过失之主观有责要件,但适用之结果并无不同。请参考 Esser/Weyers, Schuldrecht, Bd. Ⅱ, BT, Teilband 2, 8. Aufl., 2000, S.211.

[3]　参见"最高法院"1967 年台上字第 1612 号民事判例。

受雇人所执行之职务,如果同时是为雇主对其债权人履行债务,则就该债务之履行,受雇人兼为雇主关于该债务之履行辅助人。在该债务之履行上,受雇人如有故意或过失,致债权人受到损害,除雇主与其债权人另有订定外,雇主(债务人)应与自己之故意或过失负同一责任("民法"第224条)。此为积极侵害债权之损害赔偿责任。这是一种债务不履行的责任。在此情形,因为受雇人不是该雇主对于其债权人所负债务之债务人,所以即使因受雇人是造成该损害之行为人,在其构成侵权行为时,也应负侵权行为之赔偿责任,但仍不依积极侵害债权有关规定对于雇主之债权人负债务不履行责任之赔偿义务。唯受雇人之侵权责任要件中的违法性,原则上以雇主对其债权人所负之个别的保护义务的违反为其论据。①

---

① 参见"最高法院"2013年台上字第745号民事判决。

第九章

委　任

一、管理他人事务与委任概说

事务需要管理，才不会荒废，所以管理他人事务原则上对于他人会有利益。唯为他人[①]管理事务，因必然介入他人受法律保障之领域，所以还是需要有一定之管理权源。倘无权源而管理他人之事务即构成无因管理（"民法"第 172 条）。该权源有以法律，亦有以契约为其规范基础者。

依法律之规定而取得权源者，例如法定代理人（监护人）之于其所监护之限制行为能力人（"民法"第 13 条第 2 项、第 3 项：含满 7 岁但未满 20 岁者中之未结婚者）或无行为能力人（第 13 条第 1 项、第 15 条：含未满 7 岁之未成年人及受

----

① 　该他人即为委任关系中之委任人，无因管理关系中之本人。本人之称谓可适用于一切为他人管理事务的法律关系。其与管理人间之法律关系定性为内部关系，用以与本人或管理人因该管理关系而与第三人（相对人）发生之外部的法律关系相区别。

监护宣告之人)。① 基于职务地位②（遗嘱执行人、破产管理人、依行政处分指定之信托关系的受托人)或法人之机关地位③（例如公司之董事、④监察人、⑤人民团

---

① 父母为其未成年子女，监护人为受监护人之法定代理人（"民法"第 1086 条、第 1098 条)。同法第 76 条规定："无行为能力人，由法定代理人代为意思表示，并代受意思表示。"就法定代理人得代限制行为能力人为意思表示，"民法"虽无相当于第 76 条之规定，但该条规定原则上仍当可类推适用之。不过，就法定代理人允许限制行为能力人处分之财产（"民法"第 84 条)或独立经营之营业（"民法"第 85 条)的部分，法定代理人在将其允许撤销或限制前，是否尚有法定代理权非无疑问。应采否定的见解。关于法定代理人之允许的撤销或限制虽仅于"民法"第 85 条第 2 项针对营业之独立经营加以规定，但应认为可类推适用至其他各种允许的态样。唯法定代理人就"纯获法律上之利益，或依其年龄及身份，日常生活所必需"之意思表示，不得加以限制（"民法"第 77 条但书)。盖如得为限制，等于容许法定代理人宣告其监护之限制行为能力人禁治产。与之相反者为，法定代理人对于限制行为能力人不得就一切意思表示概括的允许之，盖如得为概括允许，等于容许法定代理人宣告其监护之限制行为能力人成年。这些皆与现制有违。"民法"第 96 条虽一般的规定："向无行为能力人或限制行为能力人为意思表示者，以其通知达到其法定代理人时，发生效力。"但该条规定之适用应限于法定代理人有法定代理权的情形。

② "遗嘱人得以遗嘱指定遗嘱执行人，或委托他人指定之"（"民法"第 1209 条)。"遗嘱未指定遗嘱执行人，并未委托他人指定者，得由亲属会议选定之；不能由亲属会议选定时，得由利害关系人申请法院指定之"（第 1211 条)。又"民法"第 60 条第 3 项规定："以遗嘱捐助设立财团法人者，如无遗嘱执行人时，法院得依主管机关、检察官或利害关系人之申请，指定遗嘱执行人。""破产法"第 64 条规定，法院为破产宣告时，应选任破产管理人。由上述规定可见遗嘱执行人或破产管理人之指定皆非以契约为其基础。此外，"'信托法'第 46 条规定：'遗嘱指定之受托人拒绝或不能接受信托时，利害关系人或检察官得申请法院选任受托人。但遗嘱另有订定者，不在此限。'"依该条规定选任之受托人对于受益人而言，非以契约为其发生之基础。此所以说，在上述情形，其管理他人事务之权源来自于其依法就任之职务地位。

③ 机关原来所指者，其实是器官（Organ)。这是从有机体说导出的比喻。将组成法人之不同职司的部门比拟为组成生物体之各种器官。该比喻的说明意义在于：一个生物体为维持其生存，有不同器官职司不同的机能。各器官虽因属于同一生物体，而在主体上有同一性，但其机能还是不同的。此为同中有异。从而各机关在法定机能范围内有管理该法人事务的权源。在机关管理其所属法人之事务的情形，相对于其所属之法人，充为机关者仍不失其独立于该法人之主体性；相对于第三人，机关依其职务所从事之行为在法律行为法上固属于该法人之行为，但在损害赔偿法上该行为首先还是论为该机关自己之行为，由该机关以事实上之行为人的地位依侵权行为法的规定负损害赔偿责任。而后其所属之法人始依"民法"第 28 条，对于其董事或其他有代表权之人因执行职务所加于他人之损害，与该行为人连带负赔偿之责任。请参考 Medicus, Allgemeiner Teil des BGB, 2. Aufl., 1985, Rdnr.1134ff.

④ 参见"公司法"第 108 条第 1 项。

⑤ 参见"公司法"第 213 条，第 218 条第 1 项、第 2 项，第 223 条。

体之理事、监事①)而有管理他人事务之权源者,亦以法律为其依据。② 唯这不含以公法上之法律关系为基础之事务的处理关系。③

依契约而取得权源者,其所依据之契约形形色色,一切以劳务为给付内容之契约皆具有管理他人事务的任务。④ 所不同者为其界定劳务债务之范围的方法(以事务别、以时间长度、以一定工作之完成)、任务内容(为事务之管理、为一定工作之完成、为运送、为物之保管、为一定交易之中介)、义务的强度。另其管理人在事务之处理及财务风险的独立程度亦可能有高低。其中以雇佣、委任及承揽为其基础类型。其特征在于:雇佣以时间长度(例如一周四十小时),委任以一定之事务,承揽以一定工作之完成界定债务人应负之劳务的范围。由于雇佣单纯以时间长度定其劳务范围,所以,其工作如何进行尚须接受雇用人之指挥监督,与之相随,受雇人不但在工作上欠缺独立性,而且在财务上不分担风险。不论受雇人之劳务报酬是否含分红,皆不分担其工作所属业务之财务损失。此与委任及承揽不同。受任人或承揽人不但在组织上,而且在财务上皆独立于委任人或定作人。唯因该事务之处理或工作之完成,终究系为委任人或定作人而作,所以其处理或完成还是必须依委任人或定作人之指示,以最大限度符合其利益。不过,其指示如有不妥,在委任事务或承揽工作具有专业性的情形,受任人或承

---

① 关于人民团体之理事、监事的职务,在外部关系上,"人民团体法"并未规定其对于人民团体之代表的问题,而仅于该法第18条规定:"人民团体理事会、监事会应依会员(会员代表)大会之决议及章程之规定,分别执行职务。"此为关于其内部关系的规定。

② Karl Larenz, Lehrbuch des Schuldrechts, Band Ⅱ · Halbband 1, Besonderer Teil, 13. Aufl., 1986, S.408.

③ 其影响所及最明显者为,有关机关基于公法关系而处理人民之事务时,不得准用"民法"第546条请求返还费用,必要时只能依法征收规费,以支应因此发生之费用。请参考 Soergel-Mühl, Kommentar zum BGB, 11. Aufl., 1980, Rz 14 vor § 662.

④ "民法"第358条规定买受人对于出卖人从异地送到之物视情形有保管、通知、变卖之义务。此为附属于让与之债的劳务规定。

揽人尚非可盲从为之,①而应依其专业知识,虑而后从之。② 是故,关于定作人之责任,"民法"第189条规定:"承揽人因执行承揽事项,不法侵害他人之权利者,定作人不负损害赔偿责任。但定作人于定作或指示有过失者,不在此限。"虽然雇佣、承揽与委任可谓并列为三种基本的劳务契约,但要注意"民法"第529条规

---

　　① 在承揽,"民法"第496条规定:"工作之瑕疵,因定作人所供给材料之性质或依定作人之指示而生者,定作人无前三条所规定之权利。但承揽人明知其材料之性质或指示不适当,而不告知定作人者,不在此限。"定作人指示不妥,除构成承揽人之瑕疵担保责任的免除事由外,"于定作人受领工作前,因其所供给材料之瑕疵或其指示不适当,致工作毁损、灭失或不能完成者,承揽人如及时将材料之瑕疵或指示不适当之情事通知定作人时,(并)得请求其已服劳务之报酬及垫款之偿还,定作人有过失者,并得请求损害赔偿"(第509条)。关于委任,第535条规定:"受任人处理委任事务,应依委任人之指示,并与处理自己事务为同一之注意,其受有报酬者,应以善良管理人之注意为之。""受任人非有急迫之情事,并可推定委任人若知有此情事亦允许变更其指示者,不得变更委任人之指示"(第536条)。此即受任人处理委任事务,应依从指示,并尽一定之注意义务的规定。关于运送,第633条亦有类似的规定:"运送人非有急迫之情事,并可推定托运人若知有此情事亦允许变更其指示者,不得变更托运人之指示。"第650条还规定:"受货人所在不明或对运送物受领迟延或有其他交付上之障碍时,运送人应即通知托运人,并请求其指示(第1项)。如托运人未即为指示,或其指示事实上不能实行,或运送人不能继续保管运送物时,运送人得以托运人之费用,寄存运送物于仓库(第2项)。运送物如有不能寄存于仓库之情形,或有易于腐坏之性质或显见其价值不足抵偿运费及其他费用时,运送人得拍卖之(第3项)。运送人于可能之范围内,应将寄存仓库或拍卖之事情,通知托运人及受货人(第4项)。"关于信托,"信托法"第16条第1项规定:"信托财产之管理方法因情事变更致不符合受益人之利益时,委托人、受益人或受托人得申请法院变更之。"依该项规定受托人没有自行权变的权限。

　　② 这样的服从要求,德国学说上称为有思虑的服从(denkender Gehorsam)(Esser/Wyers, Schuldrecht Band Ⅱ, Besonderer Teil, Teilband, 8. Aufl., 1998, S.316)。这与盲目的服从(blinder Gehorsam)相反。服从在实务上一直是一件不容易落实的要求。实务上有疑问的首先是有无应改变指示之急迫情事存在,其次是有无权变处理的权利或义务。在有急迫情事存在时,劳务之债的债务人当有权利权变处理固无疑问,至于权变处理是否为其注意义务所包含? 容有疑义。其理由为,如为权变处理,债务人首先必须担负是否有急迫情事发生之认定上的风险,其次是其为债权人决定之权变的处理方法是否能满债权人的意。这与在正常情形,债务人只要依本人之指示为之即可的风险,显然不同。

定:"关于劳务给付之契约,不属于法律所定其他契约之种类者,适用关于委任之规定。"①其道理应在于:首先委任可以是有偿或无偿,其次是在有偿的情形,双方如就劳务契约所属类型未予界定,提供劳务者之提供劳务应自负财务风险,所以不适当归属于雇佣;又双方如无应完成一定工作始有报酬请求权的意思,自也

---

① 关于劳务给付之契约,"民法"第 529 条不但适用于无名契约,有适用于有名契约,例如董事、监察人之于公司("公司法"第 192 条第 3 项、第 216 条第 3 项)或财团法人,理事、监事之于人民团体,清算人之于法人("公司法"第 97 条:清算人与公司之关系),执行业务之合伙人之于合伙团体等虽各有有名契约规范之,其未尽事宜仍应适用关于委任之规定补充之。遗嘱执行人及破产管理人之于遗产或破产财团的管理,亦同。请参考 Soergel-Mühl, aaO. § 665 Rz 17.至于经理人,其与所服务之公司、商号的关系虽应属于雇佣关系或劳动关系,然可能基于白领或蓝领工作的意识,现行"公司法"及劳工法实务将其间之关系定性为委任。例如"最高法院"1998 年台上字第 376 号民事判决:"按公司与经理人之关系为委任关系。而'民法'第 553 条规定:称经理人者,谓有为商号管理事务,及为其签名之权利之人。查严定川在山河森公司之职位为副总经理,为原审所认定之事实。倘严定川之职务系凭其知识、经验为山河森公司管理事务,及有权为山河森公司签名,其于职务范围内之事项有相对之自主性,则纵前此曾受雇为公司之员工,其职位系由员工升任而来,仍不得谓其非山河森公司之经理人,其与山河森公司间之关系非委任关系而系雇佣关系,有劳基法规定之适用。原审未审究双方契约之内容及严定川工作之种类、性质,资为判定双方间之关系究系委任关系,抑系雇佣关系,竟以严定川之职位系由基层作起而升任为由,认其系受山河森公司之雇用获取工资,非公司之经理人,本件诉讼有劳基法规定之适用,据以山河森公司败诉之判决,尚嫌速断。"唯从"公司法"第 29 条所使用之文字论之,该条规定是否已将经理人与公司间的关系定性为委任,其实还不是那么明确。盖该条第 1 项仅是关于经理人之任用的规定,而在任免上使用"委任、解任"之用语,可能指示日常习惯的描述,不必然已虑及其应该当之有名契约。

不宜归类于承揽。①

　　劳务之债固然样态繁多,但归纳之,因其系处理他人之事务,有下列基本事项需要规范:(1)处理权限之授予,以界定其有无及范围,这与契约之缔结有关;(2)如何处理,这含应依本人之指示及视具体情况尽一定之注意程度,及是否得使用履行辅助人或转使独立之第三人处理;(3)处理成果之归属;(4)处理费用之负担;(5)契约义务之违反的责任;(6)契约之终止事由及其终止;(7)此外,如因事务之处理而致债权人、债务人自己或第三人遭受损害,其损害之归属。劳务之

---

　　①　按事务之处理便是一种工作,而工作也正是事务之处理,是故,就给付之内容论之,委任与承揽其实并无真正之区别。因之,在实务上其区别原则上应系于:双方是否约定以达到一定之成果为其报酬请求权之要件;肯定者为承揽,否定者为委任。倒是在有些事务之处理,如果半途而废,对于债权人可能未受一部给付其利,而反受其害,例如运送、理发、裁缝、营建或土木工程;或至少没有利益,例如建筑设计、软件程序设计。事务之处理半途而废有害者,在规范规划上适宜将之规定为当然的承揽契约。另有一情形是虽然也具有不得半途而废的性质,但在规范上基于伦理之考虑而认为不宜将之与一定之成果连结,约定为承揽者,例如医疗契约及诉讼代理契约。由于"印花税法"第5条第4款规定:"承揽据:指一方为他方完成一定工作之契约;如承包各种工程契约、承印印刷品契约及代理加工据等属之。"第7条第3款规定:"承揽据:每件按金额千分之一,由立约或立据人贴印花税票。"而委任据免贴印花税票,使得承揽与委任之区别在印花税法上有重要的区别意义。大量税捐争讼因此发生。其实就劳务契约论之,约定为承揽或委任对于其负担税捐之能力并无影响。所以,承揽据之印花税显然违反量能课税原则。由之亦显现,凭证税之落伍的一面。另如果不得为印花税之课征,而强制缔约人书立承揽据,对于承揽据课征印花税还有促使缔约人,就重要交易避免书立凭证的副作用。这显然与正当法律秩序之建立的需要相违。

债可能有偿,亦可能无偿,委任契约亦然。① 有偿与否,除系同时履行抗辩权之

---

① "民法"第 528 条规定:"称委任者,谓当事人约定,一方委托他方处理事务,他方允为处理之契约。"依该条规定委任契约虽可约定为无偿,但不仅也可约定为有偿,而且"民法"第 547 条还规定:"报酬纵未约定,如依习惯或依委任事务之性质,应给与报酬者,受任人得请求报酬。"这与《德国民法典》规定者不同。依《德国民法典》第 662 条规定:"受任人允受委任者,有义务无偿的为委任人处理其委任之事务。"此外,"民法"第 535 条并规定:"受任人处理委任事务,应依委任人之指示,并与处理自己事务为同一之注意,其受有报酬者,应以善良管理人之注意为之。"亦即受任人之注意义务因有偿与否而有不等程度之要求。关于有偿处理他人事务之契约,《德国民法典》本来在委任章中第 675 条其实也有一条简约的规定:"以管理事务为其内容之雇佣或承揽契约,准用第 663 条、第 665 条至第 670 条、第 672 条至第 674 条之规定;义务人有权不经预告而终止契约者,第 671 条第 1 项亦准用之。"唯因该规定首先将管理事务之有偿契约定性为雇佣或承揽契约,而后因其以事务之管理为内容,与委任契约类似,而规定应准用委任之相关规定。有偿之管理事务的契约,在《德国民法典》并没有因该条规定而取得其独立的地位。学说对之亦有所批评(Esser, Schuldrecht, 2. Aufl., 1960, S.615f.)。Esser/Weyers 认为委任之类型特征不适当置于无偿性,而应置于信托性上:"与《德国民法典》草案第一委员会的看法相反,并与所有欧洲现代大法典不同,《德国民法典》的体系最后再次立基于罗马法之传统中。其关于雇佣及承揽契约之规定要涵盖所有有偿的活动。而事实上它基本上仅规范到不具有信托性质及不直接介入债权人财产领域之劳务与工作。对于典型之信托关系仅委任可供引用为完整的范例。……然法律用为委任之标志特征者,可惜不是其信托性质,而是无偿处理事务。其结果有两个领域没有自己之规定。首先是强调其信托性质之有偿关系。该关系仅于委任法中于第 675 条以准用雇佣及承揽法的方式加以规定。其次是不具管理事务性质之简单的无偿雇佣(劳务)或承揽契约"(Esser/Weyers, Schuldrecht, Band Ⅱ, Besonderer Teil, Teilband 1, 8. Aufl., 1998, § 35 Ⅰ 1 c)。该是回应《德国民法典》上述体系上之缺点,在 2002 年 1 月 2 日公布之《德国民法典》已将第 675 条及第 676 条自委任契约分离出来,另辟一章名为"事务管理契约"(Geschäftsbesorgungsvertrag)。下分总则、划拨契约(Überweisungsvertrag)、付款契约(Zahlungsvertrag)、转账契约(Girovertrag)。其总则之规范意义主要在于宣示有偿事务管理契约之类型的独立性,使之取得民法体系中自己的地位,而不再没有名分地依附于传统之委任契约。由于民法并未否认有偿之委任契约,所以并无类似于《德国民法典》之前述问题。不过,倒是有一点可能受到牵连影响的是:"民法"也相当程度地忽视了在各种委任中,其财产之管理,有因财产之移转而带有信托性质,并直接介入委任人之财产领域的类型。该忽视事实上也在相当程度上给信托法制的理解与发展带来了相当的困难。信托法制所显现之破绽,在一定的程度上显示台湾地区法律学的水平尚不易形成共识,独立发展具有理论基础,足以解决问题,并与国际接轨的法制。

发生基础外,也影响到债务人对于债权人应负之注意程度的要求。①

二、示惠行为、示惠契约与委任契约

"民法"第 528 条规定:"称委任者,谓当事人约定,一方委托他方处理事务,他方允为处理之契约。"该条虽未明定,委任应为有偿或无偿,但从第 547 条规定"报酬纵未约定,如依习惯或依委任事务之性质,应给与报酬者,受任人得请求报酬"观之,委任显然得为有偿或无偿契约。② 于是,引起无偿委任契约(Auftrags-vertrag)或示惠契约(Gefälligkeitsverträge)与示惠行为(Gefälligkeits-handlun-

---

① 《德国民法典》中以劳务为给付义务内容之有名契约,固然亦以雇佣、承揽与委任为其基本类型。但因其以有偿为雇佣及承揽,以无偿为委任之类型特征,造成有偿之事务管理契约及无偿之雇佣及承揽契约的漏洞。其中以有偿之事务管理契约的漏洞与交易规范需要之落差最为不便。因此,德国学界建议其立法者为有偿之事务管理契约制定其专属之有名契约,规定下列重要问题,以满足交易上之规范需要:(1)事务之处理的高度属人性及其处理权之复委任;(2)因受任人之死亡而当然终止或由其继承人继续处理;(3)处理权之撤回或委任之终止事由;(4)注意程度。在具体委任契约各该给付规划之典型的动态性引起关于委任人之指示的拘束性、受任人之判断余地及报告义务的问题。在信托关系,由于受托人以自己的名义直接管理信托人之财产,要求受托人应将其自己及信托人之财产明白划分("信托法"第24 条第 1 项:受托人应将信托财产与其自有财产及其他信托财产分别管理。信托财产为金钱者,得以分别记账方式为之)。与之相应者为:一方面规定委任人方之费用的预付或返还义务,另一方面规定受任人方之处理成果的交付或移转义务。该二义务间固无对价关系。唯在其有偿,亦即在有处理报酬之约定的情形,该报酬请求权在具体案件除可能与一定工作之完成或一定劳务之提供有交换性之挂钩外,该处理成果的交付或移转义务亦与该报酬义务构成对价关系(Esser/Weyers, Schuldrecht, Band Ⅱ, Besonderer Teil, Teilband 1, 8. Aufl., 1998, §35 Ⅰ1 b)。

② 母亲甲带其子乙至丙医生处就医,甲委任丙为乙医治病。丙为乙医治疾病,乙之疾病因而痊愈,除本身受有利益外,同时甲已尽其扶养义务,也受有利益。在甲与丙之委任契约中,乙之法律地位为何? 乙固为该契约之受益的第三人,但非缔约当事人,所以对于受任人不负契约债务;至其与委任人之关系,应按其与委任人间之基础关系定之。其基础关系若为甲向第三人丙购买医疗劳务,无偿提供给乙,并不论为赠与。唯若往前推演,将之论为无因管理,而后免除该无因管理产生的费用,则免除该债务是否构成赠与? 实务对此,除了"遗产及赠与税法"第 5 条第 1 项第 2 款,对于免除债务拟制为赠与,课赠与税外,并无认定为赠与之相关见解。

gen)间之区别问题。[1] 在概念的层次,其区别存在于:表示愿意为他方之利益提供劳务者,有无因其表示而在法律上负给付义务,并在不履行时负赔偿责任之法效意思。[2] 有者为委任契约或示惠契约,无者为示惠行为。[3] 这虽看似清楚,但在实务上,由于表示愿意给付的一方,原则上并不特别明白表示,其是否有负义务的意思,所以其认定尚有困难。如有争议,最后皆必须借助于法院的裁判。[4] 然并不是在一切具有委任意义之劳务契约,受任人皆有义务处理受委任之事务,例如居间与行纪。在这两种情形,由于系争居间或行纪事务之成功与否,系于居间人或行纪人不能掌控之第三人的缔约意愿,所以只要其就居间或行纪事务之

---

[1]　请参考 Karl Larenz, Lehrbuch des Schuldrechts, Band Ⅱ · Halbband 1, Besonderer Teil, 13. Aufl. 1986, S.411f.:无偿的委任契约(示惠契约)或单纯之示惠行为之辨,常见于请托邻居在其外出时代为浇花、养狗,团体旅行中请同行团员暂时看管其行李,请朋友代为寄信,或预约惠允翌日搭乘便车到车站。在这些常见的案例中,答应对他人提供帮助者,是否有负法律上义务之意思,待于参酌交易习惯,就个案具体情形认定之。答应者如果爽约,必然引起损害者,宜采肯定之见解,例如答应代养动物,而未给予喂养;不必然,而又容易疏忽者,宜采否定之见解,例如答应代为寄信。其间最能够避免双方关于法效意思之有无的争议者莫如:欲请托他人提供无偿之服务者,在请托时即清楚告知受托人,其请托之事务在答应之后如果落空,对其将有造成财产损害的危险。更重要的是请托者应让受托人认识到,如果受托人未守住诺言,请托者将向其请求损害赔偿,以及受托人知悉此情时通常是否还愿意答应所托。关于示惠契约与示惠行为之分辨,在具体情形 Esser 倾向于认定为示惠契约。其引以为例者为托婴、医师无偿为同事看病等(Esser, Schuldrecht, 2. Aufl., 1960, S.616, 620)。其共通的看法仍在于:系争事务之处理如有闪失对于委任人之利益的危害及依交易习惯双方对于赔偿责任的立场为何。

[2]　负担义务的意思通常与一定之目的相结合。该目的也就是罗马法所称之原因(causa)。该原因是促使一个人缔结契约的理性理由。依缔约自由原则,只要不是违法的或违背公序良俗之目的皆可选择来充为所以缔约的原因。原则上,一个债务契约本身含有其原因,此与物权行为或准物权行为之原因存在于外的结构特征不同。如果没有存在于外之原因支持因物权行为或准物权行为发生之财产利益的移动,该移动将因欠缺法律上原因而构成不当得利。请参考 Soergel-Manfred Wolf, Kommentar zum BGB, 11. Aufl., 1986, § 305 Rz 5.关于法律行为之原因详请参考黄茂荣:《债法总论》(第一册),台湾植根法学丛书编辑室2002年版,第 24 页以下。

[3]　委任契约中之无偿者,德国学说上也有将之归属于示惠契约(Gefällig- keitsvertrag)。请参考 Soergel-Teichmann, Kommentar zum BGB, 11. Aufl., 1986, § 241 Rz 3.

[4]　在一个具体案件,当事人之所为是否是一个意思表示及其内容为何,其认定既非取决于表意人之意思,也非取决于其相对人事实上之了解,而取决于相对人按法院之见解依诚信原则所当有之理解。在其认定上,系争行为之重要性、与之相随之风险及双方转嫁或负担该风险的认真态度肯定是关键的。可惜,其确切之解决方案迄今还是没有发现(Esser/Weyers, Schuldrecht, Band Ⅱ, Besonderer Teil, Teilband 1, 8. Aufl., 1998, § 35 Ⅰ 3 b)。另请参考 Soergel-Mühl, Rz 3 vor § 662.

成功,未表示愿负担保义务,在缔约后,其如消极的根本不为居间或行纪的努力,亦不构成债务不履行。此与典型之委任情形不同。另在典型之委任,其实也应分别按有偿或无偿,异其拘束力的强度。[1]

有一种劳务,例如顾问意见之给与,在授受者之间究竟构成委任契约、示惠契约或仅是示惠行为,特别值得注意。顾问意见往往以无偿的方式,在无直接契约基础的情形下提供之。常见者例如私下提供建议、在大众传播中公开对于不特定人见证或推荐药品、金融商品、投资商品、信托商品或其他商品的好处,或甚至出具专家意见给予签证,满足其公开上市必须具备的要件。在这些情形如因其意见不实、不真,而对其信赖者基于信赖而做之投入造成损害时,由于提供顾问意见者与信赖该意见者间并无直接契约关系,不能依据契约;因所损害之客体非权利,而仅系财产利益,所以不能依"民法"第184条第1项前段之一般侵权行为的规定请求赔偿。在有偿、无偿之投资顾问服务渐次兴起之时,相关机关不能不慎谋其适当之规范对策。初步只能暂时借助于"民法"第184条第1项后段、同条第2项及缔约上过失、积极侵害债权的规定。其中第184条第2项的引用,尚须保护他人之法律有关规定的补强,始能构成完全的规定。[2]

示惠行为虽不具有法律上的拘束力,但仍有可能因此负侵权行为责任。在受害法益属于单纯的,不具权利地位之财产利益时,只有在故意以背于善良风俗之方法,加损害于他人的情形,始得依"民法"第184条第1项后段,请求损害赔偿。[3]

三、委任契约之缔结

"民法"第528条规定:"称委任者,谓当事人约定,一方委托他方处理事务,他方允为处理之契约。"依该规定,委任之缔结原则上应系诺成契约,而非要式契约。唯"为委任事务之处理,须为法律行为,而该法律行为,依法应以文字为之者,其处理权之授予,亦应以文字为之。其授予代理权者,代理权之授予亦同"(第531条)。在此限度内,其委任契约之缔结应以文字为之。亦即系一种要式契约。此外,"民法"第166条之一第1项还针对一般,以负担不动产物权之移

---

[1]　请参考 Karl Larenz, Lehrbuch des Schuldrechts, Band II · Halbband 1, Besonderer Teil, 13. Aufl., 1986, S.413.

[2]　请参考 Esser/Weyers, Schuldrecht, Band II, Besonderer Teil, Teilband 1, 8. Aufl., 1998, § 35 I 3 c.

[3]　请参考 Karl Larenz, Lehrbuch des Schuldrechts, Band II · Halbband 1, Besonderer Teil, 13. Aufl., 1986, S.411.

转、设定或变更之义务为目标之契约,规定"应由公证人作成公证书"①。于是,引起为委任事务之处理,有必要缔结此种契约者,其委任契约之缔结是否亦应经公证?依"民法"第531条应采肯定的见解。亦即在此情形,不但为委任事务之处理所必须缔结之以不动产物权之移转、设定或变更之义务为目标之契约应经公证,而且该委任契约也应经公证。②

在委任契约之缔结,双方原则上固然必须有一方委托他方处理事务,他方允为处理之要约与承诺的表示("民法"第528条),唯受任人如有承受委托处理一定事务之公然表示,则其对于该事务之委托,倘不即为拒绝之通知,即视为允受

---

① "民法"第166条之一第1项所规定者为以负担不动产物权之移转、设定或变更之义务为其目标债权契约,而非履行该契约之物权行为。履行该契约之物权行为之要示性的规范基础为第760条:不动产物权之移转或设定,应以书面为之。委任事务如仅涉及不动产物权之移转或设定,则其委任契约仅需以书面为之,而无须经公证。

② Karl Larenz, Lehrbuch des Schuldrechts, Band Ⅱ·Halbband 1, Besonderer Teil, 13. Aufl., 1986, S.409:"委任他人为其计算,但以自己之名义——亦即以间接代理的方式——取得一笔土地,则该契约需要第313条之公证方式(相当于'民法'第166条之一)。盖该契约使受任人负有取得土地之义务。经将该土地在土地登记簿上登记于受任人可治愈其方式之欠缺。受任人将该土地进一步移转于委任人之义务源自第667条,从而是一个法定义务,依通说,这不使委任因此具有要式性。唯委任契约如使受任人对于受任人负有义务,受让该土地,则该受让义务使该委任契约具有要式性。唯受任人如主张该要式性(之欠缺),可能违反诚信原则。"Larenz所举前述二例中,分就受任人与第三人及委任人所缔结之契约立论。当适用民法之规定论之。其与第三人所缔结者为不动产之买卖契约时,其要式与否自当依"民法"第166条之一第1项,而非与委任有关的规定("民法"第531条)定之。反之,其与委任人所缔结者为委任契约。其要式与否自当依委任之规定,亦即依"民法"第531条。如果该委任契约未依"民法"第531条遵守"民法"第166条之一第1项关于公证之要式,自当无效。如以履行的方法治愈其方式之欠缺,该履行应指受任人对于委任人之移转,而非第三人对于受任人之移转。

委托("民法"第 530 条)。此为承诺之拟制。①

四、处理权与代理权之授予

处理权与代理权固皆属于为他人处理事务之权限,但二者所指涉之权限并

---

① "民法"第 530 条所定之承诺的拟制与"民法"第 161 条所定之意思实现,除其前提有"承受委托处理一定事务之公然表示"与"依习惯或依其事件之性质,承诺无须通知"之不同外,其成立亦有"对于该事务之委托,不即为拒绝之通知"与"在相当时期内,有可认为承诺之事实"之区别。就论承诺之行为而言,在前者,为单纯之沉默;在后者,尚有可论为承诺之表示,只是该表示无须到达于要约人而已。对于相同的问题,《德国民法典》第 663 条规定:"受任人不欲承诺委任人之委任者,应即对于委任人为拒绝之通知。"依《德国民法典》该条规定,在德国受任人不因其单纯之沉默而成立委任契约,而只会因此依缔约上过失的规定对于委任人负信赖利益之损害的赔偿责任(Esser, Schuldrecht, 2. Aufl., 1960, S.620; Karl Larenz, Lehrbuch des Schuldrechts, Band Ⅱ・Halbband 1, Besonderer Teil, 13. Aufl., 1986, S.414)。鉴于"民法"第 549 条第 1 项规定,当事人之任何一方,皆得随时终止委任契约。该拟制之效力的实益事实上便可能转为:除非有非可归责于该当事人之事由,致不得不于不利于他方之时期终止契约,否则,应负履行利益损害赔偿责任(同条第 2 项)。司法实务上就依该损害赔偿请求权可请求赔偿之范围究竟为何,在"最高法院"1973 年台上字第 1536 号判例要旨表示:"委任契约依'民法'第 549 条第 1 项规定,不论有无报酬,或有无正当理由,均得随时终止。上诉人等之被继承人对被上诉人终止委任契约,无论于何时为之,均不能谓被上诉人原可获得若干之报酬,因终止契约致未能获得,系受损害。同法条第 2 项规定:'于不利于他方之时期终止契约者,应负损害赔偿责任'其所谓损害,系指不于此时终止,他方即可不受该项损害而言,非指当事人间原先约定之报酬。"按在有偿契约之任意终止如非配以履行利益之赔偿,此种契约将等于了无保障。合理的效力当是:得请求原来约定之报酬,但得扣除因免给付义务而节省之费用。然以该效力适用于拟制承诺的情形似乎适当。由是可见,在"民法"第 530 条所定的情形,课以即为拒绝之通知义务应比拟制承诺来得妥当。关于委任契约之终止,Esser, Schuldrecht, 2. Aufl., 1960, S.624:"任意终止不适用于有偿之委任契约(《德国民法典》第 675 条);唯即使在无偿委任也不得在不妥当的时候终止,而只可以在委任人能够另觅助力时为之。违反该忠实义务,构成第 671 条第 2 项明文肯认之积极侵害债权的情形。终止权固得事先抛弃,但基于重大事由之终止权还是不得事先抛弃。"

不相同。[1]　以委任为例,处理权所指涉者为,受任人关于委任人之事务的管理权限,其所涉法律关系属于委任人与受任人间之内部关系;反之,代理权所指涉者为,受任人是否有权,以委任人之名义与第三人从事法律行为或缔结契约,其所涉法律关系属于委任人与第三人间之外部关系。[2]　由于处理权所涉者为内部关系,受任人有义务,为委任人处理委任事务,所以其授予必须以双方行为,亦即以契约为之;反之,代理权所涉者为外部关系,代理人并不因此而对于本人负有义务,从事代理行为,所以其授予得以单独行为为之。[3]　唯不但在实务上委任人常以一个契约,同时为处理权及代理权之授予;法律也有为如是之规定者,例如经

---

①　在委任及代理关系,清楚区分其规范对象之内部与外部关系为德国法及民法之重要建制原则。在代理权之授予,委任关系通常是代理人与本人内部的基础关系,也是本人所以愿意将代理权授予代理人的原因(Soergel-Mühl, Rz 5 vor § 662)。唯为保护交易安全,在制度的设计上将代理权之授予行为与委任契约间之原因关系切断,使之无因化,纵使该代理权之授予采内部授权方式("民法"第 167 条),并定于委任契约中者,亦然。不过,这不表示,代理权之存续不受代理人与本人之内部基础关系的影响。这是为何在肯认代理权之授予行为之无因性的情形下,"民法"第 108 条还可规定:"代理权之消灭,依其所由授予之法律关系定之(第 1 项)。代理权,得于其所由授予之法律关系存续中,撤回之。但依该法律关系之性质不得撤回者。不在此限(第 2 项)。"然鉴于在代理权之撤回之情形,代理人终究曾一度享有系争之代理权,所以为保护交易安全,"民法"第 107 条规定"代理权之限制及撤回,不得以之对抗善意第三人。但第三人因过失而不知其事实者,不在此限"。请参考 Esser/Wyers, Schuld-recht Band Ⅱ, Besonderer Teil, Teilband, 8. Aufl., 1998, S.311f.

②　受任人如无代理权,而以委任人之名义与相对人为法律行为,则其所为构成无权代理,除非具备表见代理之要件,否则,该代理行为须经委任人承认,对委任人始生效力("民法"第 170 条第 1 项)。这是因为法律行为之效力之归属,以其名义人为准时,基于规范经济之考虑,适用私法自治原则后所得的结果。然倘该法律行为之从事为委任事务之处理所必须,则鉴于"民法"第 546 条第 2 项规定:"受任人因处理委任事务,负担必要债务者,得请求委任人代其清偿,未至清偿期者,得请求委任人提出相当担保。"委任人拒绝承认该无权代理行为在内部关系上恐无多大实益。盖其拒绝承认之结果为,受任人对于相对人负损害赔偿责任("民法"第 110 条),而就如何赔偿,倘受任人主张以自负当事人债务的方法为之,相对人应无拒绝的理由。其结果与受任人以自己名义缔结契约无异。而在后一情形,受任人可依"民法"第 546 条第 2 项请求委任人代偿必要债务。要之,委任人拒绝承认所争者最后将仅是,不使自己直接对于相对人负债务而已。

③　Esser, Schuldrecht, 2. Aufl., 1960, S.621f.; Karl Larenz, Lehrbuch des Schul-drechts, Band Ⅱ・Halbband 1, Besonderer Teil, 13. Aufl., 1986, S.413.

理权及代办权之授予。①

"民法"第531条规定,在为委任事务之处理,须为法律行为,而该法律行为,依法应以文字为之的情形,其处理权之授予,亦应以文字为之。其授予代理权者,代理权之授予,亦同。亦即处理权与代理权之区别对于各该权限之授予的要式性不再有差别的意义。②

处理权泛指为本人处理事务之权限,至其处理的手段不限于法律行为或事实行为,可包含二者,亦可限于其中之一。其含法律行为者,不一定含代理权之授予。在为委任事务之处理有从事法律行为之必要的情形,其委任不当然表示同时授予代理权。是否有授予代理权应就具体案件认定之,不可一概而论。授予代理权者,表示委任人指示受任人,应以委任人之名义,从事必须从事之法律行为;未授予代理权者,表示委任人指示受任人,应以受任人之名义,从事必须从事之法律行为。不授予代理权之实益:首先在于隐秘,不让第三人知悉,该法律行为之实质上的当事人;其次是委任人可避免直接对于第三人负债务。缺点是:

---

① 关于事务之处理权及法律行为之代理权的授予,现行法为交易安全之保护,原则上固多分别规定之,但亦有并同加以规范者。例如,"民法"第553条第1项规定:"称经理人者,谓由商号之授权,为其管理事务及签名之人。"第554条第1项规定:"经理人对于第三人之关系,就商号或其分号,或其事务之一部,视为其有为管理上之一切必要行为之权。"其中所谓一切必要行为含事实行为与法律行为。是故,在经理权之授予首先必含代理权之授予。此外,经理人,就所任之事务,还视为有代理商号为原告或被告或其他一切诉讼上行为之权(第555条)。如果商号主人有意限制经理权,其限制除第553条第3项(关于按分号或事务别划分经理权限之范围)、第554条第2项(关于不动产买卖或设定负担之书面方式)及第556条(关于共同经理)所规定者外,不得以之对抗善意第三人(第557条)。另关于代办商之权限,第558条规定:"称代办商者,谓非经理人而受商号之委托,于一定处所或一定区域内,以该商号之名义,办理其事务之全部或一部之人(第1项)。代办商对于第三人之关系,就其所代办之事务,视为其有为一切必要行为之权(第2项)。"该条规定同样具有同时授予处理权及代理权的意义。

② 关于意定代理权之授予,见"民法"第167条:"代理权系以法律行为授予者,其授予应向代理人或向代理人对之为代理行为之第三人,以意思表示为之。"基于该条规定,在"民法"第531条(2000年4月26日)修正前,"最高法院"1955年台上字第1290号判例认为:"'民法'第167条所称之代理权,与同法第531条所称之处理权,迥不相同,盖代理之授予,因本人之意思表示而生效力,无须一定之方式,纵代理行为依法应以书面为之,而授予此种行为之代理权,仍不必用书面。原审适用'民法'第531条及第760条各规定,谓被上诉人应以书面为代理权之授予方为合法云云,自难谓当。"这是基于单一法条,而非从体系及功能的观点所导出的见解。按代理行为要式者,其代理权之授予行为如不要求亦应循相同之方式为之,该代理行为之要式的功能必然失效。其道理与处理权之授予相同。盖就同一事务,在授权阶段先不要求要式,而后才于行使所授权限的阶段要求要式,已不能产生该要式规定对于本人所要达到之警示及法律行为之内容的存证机能。

因该法律行为自第三人取得之权利,先归属于受任人,而后再利用移转的方法,转属于委任人("民法"第 541 条第 2 项)。在该转折中,受任人如有不当企图或有第三人就该权利,申请强制执行或受任人经宣告破产时,委任人不能提起第三人异议之诉("强制执行法"第 15 条)或行使取回权("破产法"第 110 条)。[①]

五、处理权之范围

委任为以契约为基础之劳务契约,所以,受任人之权限,自当依委任契约之订定;必须未订定者,始依其委任事务之性质定之。关于委任之处理权的授权,按其授权的方法可区分为特别委任及概括委任。委任人就一切事务委任者,系概括委任;就一项或数项事务委任者,系特别委任("民法"第 532 条)。唯特别委任者,在特别中有概括:"受任人受特别委任者,就委任事务之处理,得为委任人为一切必要之行为"("民法"第 533 条);概括委任者,在概括中仍有特别:"受任人受概括委任者,得为委任人为一切行为"。[②] 但为左列行为,须有特别之授权:一、不动产之出卖[③]或设定负担。二、不动产之租赁,其期限逾二年者。三、赠

---

① Esser 认为委任人如果既不肯授予代理权,又想在受任人从事间接代理行为时,即取得受任人基于该代理行为从第三人取得之权利,可利用下述方法:(1)要受任人在受让后以自己代理的方法即将该权利移转于委任人;(2)事先即与受任人缔结以占有改定为方法,移转将从第三人受让之权利;(3)在现金现货交易的情形,要受任人与第三人缔结仅表明代理意旨,而不显示本人名义之代理行为。唯如何公示以上三种安排,以免在权利的归属上产生争议仍有重要的意义。在上述安排,系争权利之移转仍会经由受任人。亦即在其移转流程中,受任人仍一度成为其权利人。这在破产法及强制执行法上特别有重要的意义,盖在其成为受任人之财产的那一瞬间,其债权人可能对之主张权利,以致影响到委任人之利益。请参考 Esser, Schuldrecht, 2. Aufl., 1960, S.622; Soergel-Mühl, aaO. § 667 Rz 5.

② 关于概括委任之处理权限的范围,"民法"第 534 条原规定:"受任人受概括委任者,得为委任人为一切法律行为。"后来修正为"得为委任人为一切行为"。该修正之意义在于:呼应为委任事务之处理可能必须从事之行为并不限于法律行为,也可能兼及于事实行为。

③ 参见"最高法院"1967 年台上字第 2302 号民事判决。

与。四、和解。五、起诉。① 六、提付仲裁"。("民法"第 534 条)

六、如何处理

关于受任人应如何处理委任事务,"民法"第 535 条规定:"受任人处理委任事务,应依委任人之指示,并与处理自己事务为同一之注意,其受有报酬者,应以善良管理人之注意为之。"该条规定包含两个部分:依本人之指示② 及尽一定之

---

① 为委任事务之处理必须为法律行为者,有依法即应以委任人之名义为之的情形,例如诉讼行为。"最高法院"1983 年台上字第 1072 号民事判决:"受任人受管理财产之概括委任者,虽就财产之管理,得为委任人为一切法律行为,但依'民法'第 534 条第 5 款之规定,起诉,非有特别之授权不得为之。且其起诉应以委任人之名义为之,业经'司法院'院字第 2478 号解释有案。本件上诉人主张系争 17 笔土地为伍妇所有,经托伊管理,并授有处分之特别代理权等情,虽提出民事委任状及特别委托书以证明伍妇确已依'民法'第 534 条第 5 款之规定为特别之授权,唯依上揭解释意旨,仍应以委任人伍妇名义起诉,兹上诉人竟以自己名义提起本件诉讼,于法自有未合。"

② "最高法院"2000 年台上字第 1628 号民事判决:"持卡人依其与发卡机构所订立之信用卡使用契约,取得使用信用卡向特约商店签账消费之资格,并对发卡机构承诺偿付账款,而发卡机构则负有代持卡人结账,清偿签账款项之义务。此种持卡人委托发卡机构付款之约定,具有委任契约之性质,倘持卡人选择以循环信用方式缴款,就当期应偿付之账款仅缴付最低应缴金额,其余应付款项由发卡机构先行垫付,持卡人则依约定给付循环利息者,又具有消费借贷契约之性质。信用卡使用契约既具有委任契约之性质,则发卡机构处理信用卡签账款之清偿债务事务时,依'民法'第 535 条规定,应依持卡人之指示为之。而持卡人在签账单上签名,可为请求代为处理事务之具体指示,若特约商店就签账单上之签名是否真正,未尽核对之责,发卡机构竟对之为付款,其所支出之费用,尚难谓系必要费用,自难依'民法'第 546 条第 1 项规定向持卡人请求偿还,从而持卡人如主张信用卡系因遗失、被盗而被冒用、盗用,除发卡机构能证明持卡人有消费行为,或就其签名之真正,特约商店已尽核对责任外,尚不得请求持卡人偿还垫款。"从冒用人所从事之冒用行为观察,这是一种未表明代理意旨之无权代理行为。持卡人是否应为该无权代理行为负授权人之责任,视其是否满足"民法"第 169 条关于表见代理的要件而定。关于表见代理之构成要件,第 169 条规定其样有二:(1)由自己之行为表示以代理权授予他人;(2)或知他人表示为其代理人而不为反对之表示。信用卡之冒用原则上并不该当于前述要件之一。其可能有关之事实为:因持卡人之过失而使他人占有信用卡,造成表见事实,得以对于发卡机构指示付款,并使特约商店相信其经发卡机构授信而与其交易。此为因过失而造成表见事实之信赖保护问题。在利用信用卡交易的情形,持卡人之遗失信用卡或第三人之盗录卡号皆可能导致信用卡之冒用。上引判决要旨以就其签名之真正,特约商店是否已尽核对责任,作为是否得请求持卡人偿还垫款之标准。该标准与盗用印鉴冒领存款的情形类似,可谓是"最高法院"一贯的见解。唯这是否系相关交易风险之最适的分配标准,值得探讨。其可能之替代方案为:由发卡机构经由保险分散,以避免将该风险集中到持卡人,由其单独负担。

注意程度。其中依本人之指示,系从为他人处理事务所延伸出来之当为的要求;尽一定之注意程度,系按有偿与否,所定之不同注意程度的要求。

关于依本人之指示处理委任事务,可能遭遇之实践上的问题为:事后如有急迫情事,该怎么办?对此,"民法"第 536 条规定,"受任人非有急迫之情事,并可推定委任人若知有此情事亦允许变更其指示者,不得变更委任人之指示"①。有疑问者为,在何种情况可谓为有急迫之情事,以及在有急迫之情事时,受任人是否仅是有权变更委任人之指示,而无变更委任人之指示,处理委任事务的义务?面对这些虞虑,最平安的做法是:尽最大的可能,请示委任人根据最新的情况,重为指示。唯这可能在一定的程度上耽误事机。这是勇于任事与事事请示间的矛盾。其最佳的解决方案自是:忠诚与信赖。②唯还是有一些情形是肯定的不应依委任人原来之指示处理委任事务,例如在委任人基于其对于相对人之先为给付的义务,委任受任人付款给相对人的情形,如他方之财产,于订约后显形减少,有难为对待给付之虞时,受任人如知悉此情事,则于他方未为对待给付或提出担保前,受任人应行使不安抗辩权,拒绝自己之给付("民法"第 265 条、第 536 条);同理,如经审查单据,已从单据看出货物与信用状之付款条件不符时,亦应拒绝付款。受任人如果不知有不安抗辩权之事由,而为付款,或信用状之开状银行(die Akkreditivbank)未仔细审查单据,而在从单据已可看出货物与信用状之付款条件不符时,亦为付款,则如因其付款而造成损害,系属于是否未尽应尽之注意程度的过失问题("民法"第 535 条、第 544 条)。③

所谓"一定之注意程度"中之一定(certain,bestimmt),实指"视具体情况",定其注意程度之意。这与"民法"就有些损害赔偿之债的主观要件规定为"可归责",而不规定为"故意或过失",或"故意或重大过失"的情形类似。就主观要件其所以规定为"可归责"之目的即在于:适应各种具体之债务关系,对于当事人之

---

①　司法实务上少有关于因急迫情事而变更指示的判决。仅有"最高法院"1960 年台上字第 577 号判例要旨称:"按运送人应照托运人之指示,将运送物运交所指定之受货人,除托运人有变更指示外,不得自将应行送达之货物交与指示以外之第三人,至受货人所在不明或竟无其人,亦应通知托运人请求指示,此就'民法'第 624 条、第 633 条、第 650 条对照观之自明。"请参考 Esser, Schuldrecht, 2. Aufl., 1960, S.621.

②　这是为何一个社会,在教育上应培养,在制度上应保护人与人间之忠诚与信赖,使之成为其生活与文化之一部分的道理。

③　Soergel-Mühl, aaO. § 665 Rz 7.

不等注意程度的要求。① 按关于应尽之注意程度,"民法"对其违反,虽然通常以过失称之,但是其过失之样态尚可依其未具备之注意程度的标准,区分为:欠缺一般人之注意程度的重大过失、欠缺与处理自己之事务为同一注意之程度的具体轻过失,以及欠缺善良管理人之注意程度的抽象轻过失。原则上善良管理人之注意程度的要求,适用于有偿契约;与处理自己之事务为同一注意之程度的要求,适用于无偿契约("民法"第535条);一般人之注意程度的要求,适用于救助关系("民法"第175条)或额外义务。②

　　关于尽一定之注意程度处理委任事务,其所依据者为有偿与否。有偿者所以应以善良管理人之注意为之的道理为,如无以从事系争事务之处理为职业之注意能力,即不应允诺有偿,才愿处理系争事务。反之,如允诺无偿处理系争事务,则因系推己及人,只要尽与处理自己事务为同一之注意即可。由是可见,相对于善良管理人之注意,与处理自己事务为同一之注意,可谓是低于善良管理人,高于一般人之注意程度的要求。所以,应与处理自己事务为同一注意者,如

---

　　① 例如"民法"第226条(给付不能之损害赔偿责任)、第227条(不为完全给付之损害赔偿责任)、第230条(给付迟延之损害赔偿责任)、第249条(定金之效力)、第383条(负买回条件之买受人的给付不能责任)、第409条(赠与人的给付不能责任)、第495条(承揽人之瑕疵的损害赔偿责任)、第502条(承揽人之迟延责任)、第503条(承揽人之期前的解约权)。

　　② 例如"民法"第237条(受领迟延时债务人责任)、第245条之一第1项第2款(缔约人泄漏知悉或持有他方之秘密)、第410条(赠与人之责任)、第434条(承租人之失火责任)、第638条第3项(运送人就运送物之丧失、毁损或迟到的完全赔偿责任)。

有重大过失,仍应负责("民法"第 223 条);①反之,平日处理自己事务所用注意,高于善良管理人之注意者,如其履行债务,已尽善良管理人之注意,则虽未与处理自己事务为同一之注意,亦应认为无过失。

七、委任事务请求权之让与及复委任之禁止

相对于一个债之关系,习惯上称其债权人及债务人为当事人,以外之人为他人。他人底下可分为履行辅助人及第三人。他人只是别于债权人及债务人;而第三人则有特定债务关系外之意。在债务的履行上,其清偿者首先有债务人及债务人以外之人为清偿的区别。所谓债务人为清偿,含债务人自己或引用履行辅助人清偿的情形;而债务人以外之人清偿,则指第三人清偿的情形。在第三人清偿债务中,有债务人经债权人同意或未经其同意,使第三人清偿债务者,有第三人自己起意清偿者。在具体情形,如何区分履行辅助人或第三人之清偿? 其区分标准在于:依债务本旨,债务人得否利用履行辅助人辅助其履行债务。肯定者,债务人利用以履行债务之人为其在该债务之履行上的履行辅助人。否定者,

---

①　"最高法院"1973 年台上字第 1326 号判例:"查所谓重大过失,依普通情形言,固指欠缺一般人之注意而言。但委任关系中之受任人,依'民法'第 535 条前段之规定,虽未受有报酬,其处理委任事务,仍应与处理自己事务为同一之注意,亦即对于具体之轻过失仍须负责,同法第 544 条第 2 项之规定,如解为此种受任人仅以有重大过失为限始负责任,则与同法第 535 条之规定未免抵触,故应参照同法第 223 条,认为此种受任人除应与处理自己事务为同一之注意,欠缺此种注意,即应就具体过失负责外,如显然欠缺一般人之注意而有重大过失,仍应负责。"该判例就"民法"第 535 条及原第 544 条第 2 项之规定,从体系的观点去除其间之矛盾,固有其道理。但关于注意义务,"民法"针对无偿契约另有类似于第 544 条第 2 项,减轻债务人之注意义务的规定。例如第 410 条规定:"赠与人仅就其故意或重大过失,对于受赠人负给付不能之责任。"第 175 条规定:"管理人为免除本人之生命、身体或财产上之急迫危险而为事务之管理者,对于因其管理所生之损害,除有恶意或重大过失者外,不负赔偿之责。"第 544 条第 2 项之规定在 2000 年 4 月 26 日修正债编时已经删除。其第 1 项并经修正为:"受任人因处理委任事务有过失,或因逾越权限之行为所生之损害,对于委任人应负赔偿之责。"该项除将关于注意程度的问题隐藏于"因处理委任事务有过失"的要件中,使之可以视情形适应有偿或无偿之不同注意程度的规范需要外,尚可将受任人应尽之注意程度调整至轻过失的水平。这相对于第 175 条是有其类型谱上的道理的。盖关于注意程度之要求的考虑因素,除无偿之外,尚有急迫危险的因素。对于无偿之急难救助给予较诸一般无偿的劳务为多的体谅显然合理。另第 544 条第 2 项及第 410 条之适用对象其实并不限于履行利益,还及于固有利益。第 410 条修正后,因赠与而发生之有害给付所构成之积极侵害债权的主观要件,从此可能被认为只要轻过失即可。其相异的见解,势必涉及第 410 条之目的性的扩张。这是一种法律补充。

为第三人。债务人使第三人清偿债务者中,其经债权人同意者,该债务事实上已由第三人承担,债权人对于第三人有直接请求给付的权利("民法"第539条)。其不同于典型之债务承担者为,债务人就第三人之选任及指示上的过失所致损害还应负赔偿责任("民法"第538条第2项)。其未经债权人同意者,债务人使第三人清偿债务,论为未依债务本旨为债务之履行的给付,为一种债务不履行的行为。债务人就因此所生损害应负无过失责任("民法"第538条第1项)。然最后该债务如果还是因第三人之清偿给付而获得满足,这时其圆满的清偿结果治愈清偿手段不完全符合债务本旨的瑕疵,从而还是能生清偿之效力的。至于由第三人自己起意清偿者,第三人是否论为债务人之履行辅助人视下述具体情况认定之:

就债务之清偿,如第三人为有利害关系人。则因其清偿之效力为,债权法定移转于清偿人(§312),所以债务人不负履辅责任(不适用§224)。如其为无利害关系人,则在其清偿因债务人不为异议,而构成适法无因管理;或虽经异议,构成不适法无因管理,但债务人事后主张享受管理利益者,债务人有履辅责任(适用§224)。唯倘其事后不主张享受管理利益者,其因此实际上享受之利益,应依不当得利的规定,偿还第三人,从而债务人不负履辅责任。

基于委任契约,委任人对于受任人有处理委任事务之请求权。非经受任人之同意,委任人不得将处理委任事务之请求权让与第三人("民法"第543条)。与之对应者为:非经委任人之同意或另有习惯或有不得已之事由,受任人应自己处理委任事务,不得使第三人代为处理("民法"第537条)。这些规定皆与劳务契约之高度属人性有关。

从事实上履行债务者观之,债务可能由债务人自己亲自履行,也可能由债务人以外之人履行之。非由原债务人亲自履行者,其样态按债务人应为其履行行为负责之程度,由低至高依序可分为:债务承担人、债务人依债务本旨选任之第三人(适法之委任清偿)、履行辅助人、债务人违反债务本旨选任之第三人(不适法之委任清偿)。在债务承担,其经债权人承认者,债务人不但不再负履行义务,而且不用为承担人之履行行为负责;在适法之委任清偿,债务人仅就清偿人之选任及对其所为之指示负责;在履行辅助人,关于债之履行的辅助,有故意或过失时,债务人应与自己之故意或过失负同一责任;在不适法之委任清偿,债务人就清偿人之行为,应与自己之行为,负同一责任,亦即应负无过失责任。

其中比较不容易分辨者为,在委任契约是否容许受任人使用履行辅助人或第三人代为处理,以及使用履行辅助人辅助履行债务与使第三人代为处理有何不同?其间的区别存在于:(1)依双方之约定或事务之性质,就事务之全部或一部分债务人是否应亲自履行,连使用履行辅助人亦不可;(2)受任人使用之人在系争委任事务之处理上的自主性及财务上的独立性。比较容易分辨的形式标准是：该人与受任人之关系为雇佣关系或委任关系。该关系为雇佣关系者，不构成复委任，原则上只是使用履行辅助人。唯系争债务如应亲自履行，则不论其基础关系是雇佣或委任，不但所使用之人皆论为第三人，而且论为不适法使用第三人。反之，该关系为委任关系或使用人就系争事务之处理自己负财务之成败责任者，皆构成复委任，原则上固论为委任人使第三人代为处理委任事务，[①]但依委任人与受任人之约定或事务之性质，仍有可能认为该第三人系受任人之履行辅助人，受任人应就其处理委任事务之行为负履行辅助人的责任。这常发生在律师诉讼代理之复委任及工程之分包（次承揽）的情形。在这些情形，纵使委任人或定作人同意委任事务之复委任或工程之分包，通常不因此同意受任人或承揽人不用为次受任人或次承揽人履行债务之行为负履辅责任。在具体案件到底如何，属于契约之解释问题。唯除法律（"民法"第 538 条第 2 项）或契约另有明定外，纵使相对于委任人，第三人独立负财务责任，该第三人原则上仍应解释为履行辅助人，为其履行上之故意或过失行为，债务人应负履辅责任。只有在例外的情形，始解释为适法复委任，受任人仅就其选任及指示负责（限制的履辅责任）。

"民法"第 539 条规定："受任人使第三人代为处理委任事务者，委任人对于该第三人关于委任事务之履行，有直接请求权。"依该条规定复委任为法定之利益第三人契约。唯正像其他利益第三人契约，纵然受任人使第三人独立的代为处理委任事务，亦不使受任人脱离其与委任人订立之委任契约关系。至于委任人之于第三人则是该利益第三人契约中的受益人，对于第三人（次受任人）只享有请求权，而不负债。次受任人如因该复委任事务之处理而发生费用，只得向原受任人请求返还。倒是委任人对于次受任人享有之直接请求权应含处理成果之交付与移转的请求权，无须迂回经由原受任人始得对于次受任人请求之。

使用履行辅助人或使第三人代为处理委任事务时，如果委任人因为履行辅助人或代为处理之第三人的行为而受到损害，委任人分别依下列规定负责：

就违约使用之第三人的故意过失，"民法"第 538 条第 1 项规定："受任人违反前条之规定，使第三人代为处理委任事务者，就该第三人之行为，与就自己之行为，负同一责任。"此为不适法复委任之加重的履辅责任。这是一种不适法行

---

① 高度属人性虽为委任关系之重要的类型特征，但不因此当然不准受任人使用履行辅助人。唯受任人仍不得违反债本旨使第三人就系争事务之处理，自外于受任人负独立的责任（Esser, Schuldrecht, 2. Aufl., 1960, S.620f.；Karl Larenz, Lehrbuch des Schuldrechts, Band Ⅱ·Halbband 1, Besonderer Teil, 13. Aufl., 1986, S.414f.）。使第三人负独立责任的重要类型为利用复委任。

为之无过失责任。① 唯复委任纵使不适法,如果后来委任事务还是顺利完成,或受任人表示愿意填补因违反指示而对于委任人造成之损害时,委任人并不得以其不适法或违反指示为理由,拒绝承认其效力。其拒绝可论为违反诚信原则。②

就履行辅助人之故意或过失,"民法"第224条规定:"债务人之代理人或使用人,关于债之履行有故意或过失时,债务人应与自己之故意或过失负同一责任。但当事人另有订定者,不在此限。"此为债务人之典型的履辅责任,适用于债务人依约定或事务之性质可解释为得使用履行辅助人的情形。因此,这可称为债务人之适法履辅责任。

就依约使用之第三人的故意或过失,"民法"第538条第2项规定:"受任人依前条之规定,使第三人代为处理委任事务者,仅就第三人之选任及其对于第三人所为之指示,负其责任。"此为相当于雇佣人对受雇人之侵权行为所负的责任。所不同者为,不以监督之疏懈,而以指示之不当为其负责事由。此为适法复委任之限制的履辅责任。其与适法使用履行辅助人的区别不在于选择之契约类型所构成的形式,而在于委任人与受任人之约定,交易习惯或委任事务的性质。要之,其区别为契约解释的问题。

就受任人之责任论之,上列三个规定依序减轻,构成一组值得参考的类型谱。该类型谱显示,为配合交易需要,债务人之适法的履辅责任,分别有针对适法复委任减轻及针对不适法复委任加重的需要。兹将受任人利用履行辅助人或第三人处理委任事务时可能引起之第三人责任或义务表示如下。

八、报告义务

由于受任人所处理者为他人(委任人)之事务,所以"民法"第540条规定:"受任人应将委任事务进行之状况,报告委任人,委任关系终止时,应明确报告其颠末。"③受任人应受报酬者,除契约另有订定外,非于委任关系终止及为明确报告颠末后,不得请求给付("民法"第548条第1项)。依该项规定,报告义务相对于报酬请求权构成应先为给付的关系。这等于是将之定性为受任人依委任契约

---

① 与之相同者有"民法"第174条第1项所定不适法无因管理的无过失责任:"管理人违反本人明示或可得推知之意思,而为事务之管理者,对于因其管理所生之损害,虽无过失,亦应负赔偿之责。"

② Soergel-Mühl, aaO. § 664 Rz 3; Soergel-Mühl, aaO. § 665 Rz 14.

③ 代办关系亦为一种委任关系。关于代办商之报告义务,"民法"第559条也有类似的规定:"代办商就其代办之事务,应随时报告其处所或区域之商业状况于其商号,并应将其所为之交易,实时报告之。"

对于委任人所负之主要的给付义务。然报告义务,因受限于记忆,应有合理期间之限制。[①]

九、受任人违约之损害赔偿责任

受任人处理委任事务,如有违约的情事,"民法"第544条原来规定:"受任人因处理委任事务有过失,或因逾越权限之行为所生之损害,对于委任人应负赔偿之责(第1项)。委任为无偿者,受任人仅就重大过失,负过失责任(第2项)。"该条后来经于2000年4月26日修正为:"受任人因处理委任事务有过失,或因逾越权限之行为所生之损害,对于委任人应负赔偿之责。"换言之,即删除该条原第2项之规定。其意义在于:使"民法"第544条关于无偿委任的规定与第535条的规定相匹配。唯这时必须注意:第544条中所称之过失,适用于有偿委任时是抽象的轻过失,适用于无偿委任时是具体的轻过失。另其中关于因逾越权限之行为所生之损害的部分,受任人所应负之赔偿责任为相当于第174条所定之不适法无因管理的无过失责任。修正后之第544条虽仅剩一项,但事实上规定受任人两种责任样态。前段为积极侵害债权,后段为不适法无因管理。后段所定情形所以论为不适法,乃因逾越权限而为管理者,其管理自然"违反本人明示或可得推知之意思"("民法"第174条)。受任人是否逾越权限的疑义容易发生在受任人自认为因急迫情事,而变更指示处理委任事务的情形("民法"第536条)。如认为遇有急迫情事,受任人既有权限,亦有义务变更指示,处理委任事务,则其判断如有不正确,是否适宜即依"民法"第544条课以无过失责任,值得商榷。这种情形应将其所为论为还是属于该条前段规定之情形:应按其判断不正确是否有过失,论其责任。

十、处理费用之负担

按在委任,受任人所处理者为委任人之事务,因此其处理费用自当由委任人

---

① 参见"最高法院"2013年台上字第2457号民事判决。

负担。委任费用之负担并非委任事务之处理的对价，构成其对价者为报酬。[①]是故，在受任人依"民法"第 541 条之规定对于委任人负有处理成果之交付或移转债务的情形，处理费用之返还与处理成果之交付或移转债务间并无同时履行抗辩的适用。此即学说上所称之不完全的双务契约。[②] 这当中于委任人返还处理费用前，受任人为确保其费用返还请求权，就应交付之部分，系争之物属于委任人所有者，固可以引用留置权（"民法"第 928 条）确保之。但就应移转之权利的部分，因系争之物或权利属于受任人所有，不该当"民法"第 928 条所定之留置权的成立要件，受任人在留置权的主张上势必遭遇困难。可否循在其属于委任人所有者，肯认受任人有法定担保物权（留置权）的道理，在其属于受任人所有的情形，肯认受任人有让与担保之法定担保物权。此外，于受任人交付或移转处理成果前，委任人要如何确保其处理成果之交付或移转请求权？因费用债权为受任人对于委任人之债权，而非受任人所有之物，所以亦无留置权之适用。由是可见，留置权并不能完全取代同时履行抗辩权的功能。为克服上述债权之确保问题，就因同一契约关系所发生之债权，有利用目的性扩张将同时履行抗辩权之适用对象，从有对价关系之债权，扩大至有牵连关系之债权的必要。

关于受任人之费用返还请求权，"民法"第 546 条规定："受任人因处理委任事务，支出之必要费用，委任人应偿还之。并付自支出时起之利息（第 1 项）。受任人因处理委任事务，负担必要债务者，得请求委任人代其清偿，[③]未至清偿期

---

① 唯在约定有报酬的情形，当事人常不一定将处理费用与处理报酬明确区分列账，而只就全部事务之处理约定一个总额。例如在律师之诉讼的委任，律师与其当事人可能只就特定案件之一个审级概括约定每审新台币若干元，而不就劳务部分约定一个数额及就处理费用部分约定核实计付。与之类似之问题表现在承揽者为包工不包料或包工包料，以及与之相随之工料分计的问题。当约定为包工不包料，而承揽人却还为定作人购料的情形，关于料款之给付，在税捐法上定性为代收代付。唯在此情形，承揽人必须注意以定作人之名义从事相关之法律行为，否则，其代收代付的主张便可能被否定。同样的问题亦存在于处理报酬与处理费用分计的情形。

② Esser, Schuldrecht, 2. Aufl., 1960, S.623; Soergel-Mühl, Rz 1 vor § 662.

③ "最高法院"1982 年台上字第 5053 号民事判决："上诉人出卖土地时，如经授有代理权者，固得依代理行为，以本人名义为之；即如上诉人以自己名义出卖上开土地，其所负出卖人之债务，亦得依'民法'第 546 条第 2 项规定，请求被上诉人代其清偿；至若上诉人征得买受人之同意后，引介与被上诉人订立买卖契约者，与委任意旨亦不违背。此与因居间而为订约之媒介，仅以介绍双方订立契约为目的者，尚有不同。"在受任人尚未将价金交付，或未将其对于第三人之价金债权移转于委任人前，委任人应得拒绝代受任人清偿让与土地之债务。这时第三人如主张同时履行抗辩权，第三人应直接对于委任人给付价金，而土地则应由委任人经由受任人移转于第三人。该须如是，委任人所享有关于价金的利益状态才接近于授予代理权的情形。

者,得请求委任人提出相当担保(第2项)。受任人处理委任事务,因非可归责于自己之事由,致受损害者,得向委任人请求赔偿(第3项)。前项损害之发生,如别有应负责任之人时,委任人对于该应负责者,有求偿权(第4项)。"其中第1项所定者为必要费用,第2项所定者为必要债务。必要费用指受任人依指示并尽应尽之注意程度处理委任事务时所需要之费用,即便该费用之支出对于委任人有价值上之增益,客观上具有有益费用之性质者,亦然。反之,如超出委任之意旨而支付费用,则利用该费用之支付所处理的事务已非系争委任关系所能涵盖,不论该费用客观上依其性质系属必要费用或有益费用,皆应论为无因管理。这是为何在委任依"民法"第546条仅能请求必要费用,而不得请求有益费用,而在无因管理有可能请求有益费用之返还的道理所在。①

必要费用与必要债务间有替代性。受任人为委任事务而与第三人交易时,其以现金支付对价时发生必要费用,其赊账交易时发生必要债务。另必要债务清偿后亦转为必要费用。此为狭义之费用范围。第3项所定者为无辜损害之赔偿请求权。② 这是从代罪观点所导引出来的看法。此为广义之费用返还请求权。在该项所定情形,就系争损害之赔偿,如别有应负责任之人,构成不真正连

---

① 关于必要费用与有益费用之区分,在委任采主观说,亦即以双方约定处理之事务及委任人指示之处理方法为准。反之,在无因管理采客观说,亦即其支出系为保存或维护物之存在,使其价值或效用免于预期外之减损者,为必要费用。超出该目的,其支出系为增益其价值或效用者,为有益费用。在无因管理虽容许请求有益费用之返还,唯应注意因无因管理而支出有益费用者,其管理可能被定性为不适法无因管理。盖这犹如超出委任目的,支出有益费用以处理委任事务,其处理将被论为不适法无因管理,同其道理。

② 在"民法"第546条第3项之适用,有两个重要问题点:(1)如何界定受该项保护之损害的范围;(2)受任人与有过失的问题。其中特别是:损害之发生受任人与有过失的情形,如一概认为委任人即无赔偿义务,对于受任人其实是有点过苛。比较合理的规范内容当是:准用与有过失的规定,酌减委任人之赔偿责任。从受任人与第三人之分担关系观之,亦可得到相同的结论:按受害人(受任人)与有过失者,加害人所负之赔偿责任经依"民法"第217条减轻后,其范围与受害人无过失时相当。是故,就该部分要委任人负赔偿责任,并不违反"民法"第546条第3项之规范意旨。请参考 Karl Larenz, Lehrbuch des Schuldrechts, Band Ⅱ · Halbband 1, Besonderer Teil, 13. Aufl., 1986, S.417ff.

带债务。① 因该应负责者为最后应负责之人，所以委任人对于该应负责者，有求偿权。② 第 3 项所定之损害应不含因可归责于委任人之事由而发生之损害。这种损害之赔偿的规范基础应当是积极侵害债权。③

因受委任而为保证者，保证人之代为清偿因系委任事务之处理，所以可生债权之清偿的效力，所保证之债务因保证人之清偿而消灭，而非仅是法定的移转于保证人而已("民法"第 312 条)。④ 是故，在委任保证，受任人于清偿后，就因清

---

① 连带债务人间就连带债务仅有"民法"第 273 条所定之外部连带，而无"民法"第 280 条至第 282 条所定之内部连带者为不真正连带债务。其特征为：在内部关系，有一部分连带债务人不负分担责任。连带债务虽可能以约定或法定为其规范基础("民法"第 273 条)，但以法律为其规范基础，该法律并不一定明白以连带债务称之，例如"民法"第 546 条第 4 项所定者，其明白以连带债务称之者，亦不一定是真正连带债务，例如"民法"第 188 条第 1 项所定者。

② 参见"最高法院"1967 年台上字第 2958 号民事判决。

③ 此为债权人违反其对于债务人所负之作为或不作为义务致损及债务人之固有利益时，而构成之积极侵害债权。积极侵害债权为基于附随之保护义务所建立起来的制度。鉴于在债的关系，不仅债务人，而且债权人对于相对人皆负有附随之保护义务，因此皆有可能因该义务之违反，而对于相对人负损害赔偿义务。唯因积极侵害债权首先系针对因有害之履行行为造成债权人固有利益之损害的案件，陪衬给付不能及给付迟延(消极侵害债权)所发展出来之制度，所以在其适用于债权人之违反行为的场合，在语意上有些扞格。关于债权人之积极侵害债权责任，请参考 Esser, Schuldrecht, 2. Aufl., 1960, S.343.

④ "民法"第 739 条规定："称保证者，谓当事人约定，一方于他方之债务人不履行债务时，由其代负履行责任之契约。"依该条规定，保证契约之当事人固限于债权人与为保证之第三人。但第三人所以愿意保证，原则上系基于其与债务人间之基础关系。所以"民法"第 749 条虽然规定："保证人向债权人为清偿后，于其清偿之限度内，承受债权人对于主债务人之债权。但不得有害于债权人之利益。"但保证人之保证如系基于其与债务人间之委任保证契约，就因清偿所发生之费用，应依第 546 条向债务人请求返还，而非依第 749 条受让其所清偿之债权。对此，最高法院 1929 年上字第 1561 号判例要旨称："保证人受主债务人之委任而为保证者，对于主债务人即有受任人之权利，除依一般委任法则，保证人因受任保证而代偿之数额，应由委任之主债务人偿还外，并应偿还自支出时起之利息。"该判例还谓"保证人向债权人代偿后，债权人对于主债务人之债权即移转于保证人，因之保证人得就实际代偿之数额，向主债务人求偿。"该见解在委任保证的情形并不成立。盖代偿既可生清偿效力，在清偿后即不再有所清偿之债权可移转于保证人。同理，"甲出典于乙之不动产，由丙得甲之同意代为乙赎出，是丙系为甲之代理人向乙回赎典物，乙之典权既已因回赎而消灭，在乙丙间即无所谓转典或让与典权之关系，甲如别无出典于丙之行为，则丙并未取得典权，甲与丙之关系为委任关系，不生可否回赎典物之问题，其委任关系发生于民法债编施行后者，依民法第 541 条第 1 项之规定，丙应将该不动产及其历年孳息交付于甲，依民法第 546 条第 1 项之规定，甲亦应将回赎及管理之必要费用连同自丙支付时起之利息偿还于丙，双方订有甲不得请求孳息丙亦不得请求管理费用及利息之特约者，从其特约"(司法院 1941 年院字第 2208 号解释)。

偿债务对于债权人所作之给付,应论为"民法"第546条第1项所定之必要费用,得依该项规定对委任人请求返还。保证人之保证非基于债务人之委任者,其清偿的效力依"民法"第749条之规定:所清偿之债务不因之消灭,而只是于其清偿之限度内,由保证人承受债权人对于主债务人之债权。但不得有害于债权人之利益。

因为处理委任事务之必要费用应由委任人负担,且原则上受任人并无为委任人垫付费用之义务,是故,"委任人因受任人之请求,应预付处理委任事务之必要费用"("民法"第545条)。其经受任人请求而不为预付者,受任人固得拒绝为其处理委任事务。有疑问者为,委任人经请求而不预付费用应作如何之解释? 受任人得终止委任契约? 如有急迫情事,受任人有无代垫之义务? 应采受任人得终止契约及无代垫义务的见解。实务上比较棘手者例如,上诉之法定期限即将届满,而委任人迟迟不"预付处理委任事务之必要费用"("民法"第545条)。

十一、处理成果之归属

按委任事务之处理系为他人处理事务,所以其处理成果自当归属于委任人。该处理成果主要以两种形态表现出来:非权利之目标及权利之目标。非权利之目标以交付,权利之目标以移转为改变其归属的方法。

非权利之目标之归属的改变必须借助于事实行为,使委任人取得对于该目标之事实上的管领。对此,"民法"第541条第1项规定:"受任人因处理委任事务,所收取之金钱、物品及孳息,应交付于委任人。"其中所谓"物品",法条虽未明示其种类及范围,然不外凡与委任事务有关,且为委任人为明了事务本末或行使其权利所必要之对象、文书,均应包括在内。[1] 本条规定主要适用于受任人收取天然孳息或以委任人之名义自第三人处收取之金钱、物品及法定孳息的情形。依该项所作之交付的作用在于使委任人取得对于该金钱、物品及孳息的占有,而

---

[1]　参见"最高法院"1994年台上字第64号民事判决。

不在于使其对之取得权利。① 其以受任人之名义取得者,应依同条第 2 项的规定,移转其权利。在此种委任,虽有与借名取得财产相同之外观,但仍有不同。其差异在于:借名取得权利之委任,在委任期间,双方并无即透过移转,将该财产正名为委任人所有之意思。是故,受任人之移转义务,原则上直至委任关系终止时,方始届清偿期;反之,在委任,受任人除另有约定,原则上应尽快将以自己名义取得之权利,移转于委任人。② 在此情形,其占有之交付如不构成其权利之移转行为的一部分(“民法”第 758 条、第 761 条),受任人除依第 2 项规定移转权利外,并应依第 1 项交付占有。③ 在依委任本旨交付受领之金钱、物品及孳息的过程中,如果发生因不可归责于受任人之事由,致其毁损或灭失的情事,该移动或寄送之危险归委任人负担。④

　　权利目标之移转必须借助于物权或准物权的行为,使受任人以自己的名义自第三人取得之权利移动至委任人。事实行为虽有经由灭失权利客体以消灭对于该客体之权利的作用,但并不能使权利因事实行为而在主体间移动。即便添

---

　　① “最高法院”1996 年台上字第 1932 号民事判决:“查被上诉人为证券商,上诉人王博在被上诉人处设有 8348 之一号账户,上诉人王赖玉凤在被上诉人处设有 834615 号账户,上诉人交易股票自 1990 年 2 月至同年 4 月,为原审认定之事实。而上诉人曾于 1988 年 11 月 30 日分别与被上诉人订立委托买卖证券受托契约,约定上诉人委托被上诉人‘在证券交易所市场内买卖证券’,此有被上诉人提出之委托买卖证券受托契约复印件可证,被上诉人又系将其客户交易取得之证券受托保管登载于客户之账户内,则双方间显有委任及寄托关系,上诉人为委任人及寄托人,被上诉人为受任人及受托人,无论购买股票之资金由何人所提供,凡存于上诉人账户内之股票,上诉人即得据以对被上诉人主张权利。”“民法”第 541 条第 1 项通常适用于受任人利用直接代理,以委任人之名义取得金钱、物品及孳息的情形。其中物品自含股票在内。在此情形,对于该等金钱、物品及孳息委任人已取得间接占有。受任人所当交付于委任人者为其直接占有。正像在信托的情形一样,该等财产应与受任人自己或其他客户之财产分别保管,未经委任人之同意,应避免有混藏的情事:“寄托物为代替物,如未约定其所有权移转于受寄人者,受寄人得经寄托人同意,就其所受寄托之物与其自己或他寄托人同一种类、质量之寄托物混合保管,各寄托人依其所寄托之数量与混合保管数量之比例,共有混合保管物(第 1 项)。受寄人依前项规定为混合保管者,得以同一种类、质量、数量之混合保管物返还于寄托人(第 2 项)”(“民法”第 603 条之一)。

　　② “最高法院”1952 年台上字第 1011 号民事判例:“受任人以自己名义,为委任人取得之不动产所有权,依‘民法’第 541 条第 2 项之规定,虽应负移转于委任人之义务,然此仅为受任人与委任人间之权利义务关系,在受任人移转其所有权于委任人以前,要难谓委任人已取得该不动产所有权。”此为间接代理对于本人之风险。

　　③ “民法”第 541 条的规定,以人的行为,移转财产利益,使委任人取得处理利益的方法。解析之,为移转具权利地位之处理利益,应以处分行为(物权行为或准物权行为)为之;为交付不具权利地位之其他财产利益,应以处分行为以外之事实行为为之。

　　④ 请参考 Soergel-Mühl, aaO. § 667 Rz 17.

附具有使一人之权利丧失,另一人之权利的客体内容因而获得增益的作用,但其利益之推移的机制仍不是借助于移转权利之继受取得,①而是先消灭一个权利,而后由另一个权利吸收其客体成为其成分,②以原始取得的方式取得之。③ 至于因添附而丧失权利,致受损害者,依"民法"第816条,仍得依不当得利之法则向受利益者请求偿金。④

委任人就其依"民法"第541条享有之权利得与受任人特约,另循该条所定

---

① "最高法院"1998年台上字第546号民事判决:"上诉人既主张本件增建部分系完成于1993年间,因添附之完成即产生权利移转变动之效果,上诉人于添附完成之时即受有损害,因添附而受有利益者则为当时之房屋所有人王朝英,并非被上诉人。被上诉人系于1996年2月间始因拍卖取得系争目标(含增建部分),并支付相当之代价,其取得上诉人所称之增建部分并非因'民法'第810条之规定,而系因标买而来,非无法律上之原因而受利益,自无同法第816条规定之适用,上诉人依该条规定对被上诉人请求返还不当得利,自乏依据。"该判决要旨将因添附而发生之财产利益的移动定性为权利移转。

② "最高法院"1995年台上字第2625号民事判决要旨称:"动产附合于不动产,而归不动产所有人取得动产所有权者,须以动产因附合而成为不动产之重要成分为要件。所谓成为不动产之重要成分,系指此种结合具有固定性、继续性,而未成为另一独立之定着物而言。"建筑物改建者,改建前后之建筑物具有同一性,所以,为改建而用之于建筑物之建材添附于建筑物,变为其成分,不具有独立性。反之,邻接既有之建筑物增建者,其增建部分如具有独立性,可构成区分所有之目标物者,不因邻接于既有建筑物而成为其成分,可成为独立之物。鉴于建筑物之区分所有的可能性,若增建所发生之空间不在既有建筑物之外,而在其内,则其增建自当论为改建,以堵争议。就改建或增建,"最高法院"1998年台上字第546号民事判决要旨称:"动产因附合而为不动产之重要成分者,不动产所有人取得动产所有权。其因而丧失权利受损害者,得依关于不当得利之规定请求偿金,固为'民法'第811条、第816条所明定。唯查本件系争建物,上诉人主张之增建部分,系就原有建物为改建,并非于原有建物外另增独立建物,为上诉人所自承,亦经第一审法院勘验属实,有勘验笔录可按,上诉人所增建之部分,于完成加工后,依上揭'民法'第811条规定,其所有权应归属于当时之系争房屋所有权人,亦即诉外人王朝英所有。"

③ 在添附虽无权利之移转,但仍有财产利益之移动,所以,该移动如无法律上原因,仍可构成不当得利。只是依添附之性质,因添附而丧失权利,致而受损害者,仅得依关于不当得利之规定,请求偿金,而不得请求返还受领之利益。这相当于"民法"第181条但书所定,依其利益之性质或其他情形不能返还,应偿还其价额的情形。盖移动之财产利益已因添附而不适宜再从其添附之客体分离。

④ 参见"最高法院"1998年台上字第419号民事判决。

以外之其他方法实现之,含特约与委任人之费用返还债务抵销。①

与"民法"第 541 条所定类似但不同者为,"民法"第 542 条规定:"受任人为自己之利益,使用应交付于委任人之金钱或使用应为委任人利益而使用之金钱者,应自使用之日起,支付利息;如有损害,并应赔偿。"该条所定者为受任人挪用委任人之金钱时之不当得利的返还问题。② 所以,其效力内容基本上与"民法"第 182 条第 2 项规定者相同。而该二条规定之效力又基本上与"民法"第 233 条关于金钱之债的迟延给付相同:"迟延之债务,以支付金钱为目标者,债权人得请求依法定利率计算之迟延利息。但约定利率较高者,仍从其约定利率(第 1 项)。前二项情形,债权人证明有其他损害者,并得请求赔偿(第 3 项)。"

十二、委任报酬

委任得为无偿或有偿。其为有偿者,委任报酬不但与委任事务之处理,而且与委任成果之交付、移转间皆构成对价关系。双方互有同时履行抗辩权。③ 委任报酬之规范基础并不限于约定,"报酬纵未约定,如依习惯或依委任事务之性质,应给与报酬者,受任人得请求报酬"("民法"第 547 条)。委任报酬请求权固于委任契约缔结时即已发生,但"除契约另有订定外,非于委任关系终止及为明确报告颠末后,不得请求给付"("民法"第 548 条第 1 项)。此为其清偿期之届至的要件。不过,明确报告颠末因构成受任人所负之主要给付义务的内容之一,亦可构成委任报酬之同时履行的抗辩事由。

因为依委任契约,受任人对于委任人虽有完毕处理委任事务的义务,但其报酬请求权并不以完成一定工作为要件。所以,委任关系,因非可归责于受任人之事由,于事务处理未完毕前已终止者,不论已处理之部分对于委任人是否有用,受任人皆得就其已处理之部分,请求报酬("民法"第 548 条第 2 项规定)。此与

---

① 司法院 1941 年院字第 2208 号解释:"依民法第 541 条第 1 项之规定,丙应将该不动产及其历年孳息交付于甲,依民法第 546 条第 1 项之规定,甲亦应将回赎及管理之必要费用连同自丙支付时起之利息偿还于丙,双方订有甲不得请求孳息,丙亦不得请求管理费用及利息之特约者,从其特约。"该特约之性质属于抵销之特约。抵销之特约因有双方之合意为依据,所以不受"民法"第 334 条第 1 项关于抵销适状之规定的限制:二人互负债务,而其给付种类相同,并均届清偿期者,始各得以其债务,与他方之债务,互为抵销。

② 参见"最高法院"1999 年台上字第 1455 号民事判决。

③ 在双务契约,双方如无一方应向他方先为给付之约定,他方不得主张以提出担保,而不同时履行的方法对抗相对人之同时履行上的抗辩("民法"第 265 条)。盖担保并不等于原来约定之给付。

承揽之工作,以承揽人个人之技能为契约之要素,而因承揽人死亡或非因其过失致不能完成其约定之工作时,其契约终止的情形,定作人仅于工作已完成之部分,对其有用者为限,始有受领及给付相当报酬之义务者,不同("民法"第512条第2项)。关于委任契约之任意终止的效力,"民法"第549条第2项不但以损害赔偿责任为其法律效力,而且其损害赔偿之请求系于两个要件:(1)"于不利于他方之时期终止契约";(3)有可归责于为终止者之事由。请求人就该当于第一个要件之要件事实,其相对人就该当于第二个要件之要件事实负举证责任。然何谓"于不利于他方之时期终止契约"?当指因于该时终止契约,而致相对人受到损害而言。何谓非可归责于受任人之事由?"民法"第549条第1项既然规定:"当事人之任何一方,得随时终止委任契约。"则在此所谓非可归责于为终止者之事由,除情事变更外,当指非可归责于该当事人之不得已之重大事由。①

任意终止委任契约之法律效力究当如何?其规范规划有采对待给付说或损害赔偿说的可能性。采对待给付说者,其道理为:在委任人为终止时,将任意终止论为可归责于债权人(委任人)之给付不能,从而债务人(受任人)得请求原来约定之对待给付,只是委任人得类推适用"民法"第267条主张损益相抵。采损害赔偿说,其道理为:契约既经终止,对待给付已不再存在,剩下者仅如何以损害赔偿的方法,补偿因终止而受到不利之相对人的损害。如该损害,在委任人方,以其委任他人完成委任事务之处理所增加之费用为其计算基础;在受任人方,以其不能利用原来计划,用以处理委任人之事务之劳务,从第三人取得报酬时所招致之预期利益上的损失为其计算基础。② 采对待给付说或损害赔偿说的实益,首先差别在:关于损益相抵之利益的举证责任,在委任人;关于预期利益之损失的举证责任,在受任人。

唯委任契约与承揽契约之终止一样,终止后之剩余工作还是有完成之必要

---

① 与之不同者为,在承揽,因承揽人负完成一定工作之义务,所以工作未完成前,定作人虽得随时终止契约。但应赔偿承揽人因契约终止而生之损害("民法"第511条)。此外,承揽之工作,以承揽人个人之技能为契约之要素者,如承揽人死亡或非因其过失致不能完成其约定之工作时,其契约固然当然终止。但工作已完成之部分,必须于定作人为有用者,定作人始有受领及给付相当报酬之义务("民法"第512条)。要之,在承揽,除终止事由必须不可归责于承揽人外,尚必须已完成之部分,对于定作人有用,定作人始有受领及给付相当报酬之义务;反之,在委任,只要终止事由不可归责于受任人,不论已处理之事务对于委任人是否有用,受任人就已处理之部分,即得请求报酬。不过,如该已完成之工作对于定作人有利益,而定作人愿意享受,或其拒绝享受违反诚实信用原则,承揽人仍得依不当得利的规定对于定作人请求返还其享有之利益。这时定作人应返还之利益的内容原则上为该利益之价额,而非该利益之本身(参考"民法"第816条、第181条但书)。

② 参见"最高法院"1973年台上字第1536号民事判例。

者,为完成该剩余工作所须之报酬额,常会超过原约定之报酬额乘以未完成工作比例之数额。其超过之差额应准自受任人已完成之工作报酬中扣除。

十三、委任关系之终止

与所有劳务契约一样,委任事务之完成需要一定之时间,首先就其劳务之给付论之,具有继续一定期间的特征。因此在其履行遭遇障碍,而危及其存续时,其适当之规范手段便不限于解除,特别是契约如果已开始履行,必须借助于终止,以便仅向将来使该契约失其效力,而不影响其已履行部分之效力。这是劳务契约之一般的规范需要。其道理为:鉴于劳务给付之原状的不可回复性,其回复原状只能以受领时之劳务价额,以金钱偿还之("民法"第259条第3款)。然其价额的标准为何?在劳务契约与其求诸市场,不如按诸系争契约之具体约定。

当一件契约有终止之规范上的需要时,不但法律对之必须有关于终止事由及终止效力方面的规定,而且当事人也必须慎重思考必须之终止事由,以及终止后之善后事宜。虽然"民法"第549条第1项规定:"当事人之任何一方,得随时终止委任契约。"唯这只是从私法自治原则的观点挑明,关于劳务契约之存续,双方都不宜太勉强;并不表示该条所定是劳务契约之最高指导原则。即便如此,该条规定还是透露了一个信息:关于劳务契约之不履行,原则上将透过损害赔偿,而不透过约定之给付的直接强制给予保护。是故,在个别的劳务契约,双方还是必须针对自己之具体需要规划其终止事由及其效力,避免约定成:相对人随时得几乎不具理由终止契约,且不论终止事由为何,自己皆应对相对人为系争契约之投入或甚至预期之利益负赔偿责任。

法定终止事由现行法所定者,按其终止效力之发生是否需要终止权人为终止之意思表示,可分成两类:一种是因终止事由之发生而使当事人之一方或双方取得终止权,契约于终止权人对于相对人为终止之意思表示时向将来失其效力,这可称为一般终止事由;一种是在终止事由发生时,契约即当然终止,[①]因此,这种终止事由也可称为当然终止事由,这等于是一种终止条件。在意定之终止事由的约定,当事人同样可以为如上之效力的规划。其未为规划者,原则上解释为只是使其当事人取得终止权。

---

① 该二效力之区别与解除权事由及解除条件类似。解除权事由发生时,因为只是使当事人取得解除权所以尚待于解除权人对于相对人之解除的表示才能生解除的效力;反之,在解除条件成就时,不待于当事人之欲消灭契约效力之意思表示,契约即当然失其效力。

(一)一般终止事由

关于一般终止事由之具体内容为何,"民法"并无明文规定。而首先只在"民法"第 549 条第 1 项中规定:"当事人之任何一方,得随时终止委任契约。"依该项规定,当事人之任何一方要终止委任契约并不需要任何理由。唯除非系"因非可归责于该当事人之事由,致不得不终止契约",否则,其如"于不利于他方之时期终止契约者,应负损害赔偿责任"(同条第 2 项)。① 换言之,即便是不具理由之任意终止,只要不是在不利于他方之时期终止契约,还是不负损害赔偿责任。

(二)当然终止事由

法定之当然终止事由为"当事人之一方死亡、②破产或丧失行为能力"("民法"第 550 条第 1 项)。该项并非强制规定。如契约另有订定或因委任事务之性质不能消灭者,③则委任契约仍不因前述事由发生而终止。唯当事人之一方如果死亡,该委任关系应由其继承人继承。从而死亡者如为委任人,且受任人为委任事务之处理,有以法律行为行使委任人权利之必要时,应以委任人之继承人的

---

① "最高法院"1973 年台上字第 1536 号判例:"委任契约依'民法'第 549 条第 1 项规定,不论有无报酬,或有无正当理由,均得随时终止。上诉人等之被继承人对被上诉人终止委任契约,无论于何时为之,均不能谓被上诉人原可获得若干之报酬,因终止契约致未能获得,系受损害。同法条第 2 项规定:'于不利于他方之时期终止契约者,应负损害赔偿责任'其所谓损害,系指不于此时终止,他方即可不受该项损害而言,非指当事人间原先约定之报酬。"唯该号判例"仅在阐释'民法'第 549 条第 2 项所称之损害,不包括当事人间原先约定之报酬在内,非谓一切预期利益之损失,均在不得请求赔偿之列"("最高法院"1995 年台上字第 107 号民事判决)。

② 参见"司法院"1984 年厅民一字第 438 号函复"台高院"。

③ 参见"最高法院"1970 年台上字第 3122 号民事判决。

名义为之。① 其中关于因委任事务之性质而不能消灭的情形,②应指在此情形,当事人纵无约定不终止,还是不当然终止,③但并不是说当事人不得约定纵有该等事由发生,契约还是不终止。关于委任契约因当事人死亡而终止的规定应可类推适用于法人之解散的情形。④

不过,"民法"第 550 条所定"情形,如委任关系之消灭,有害于委任人利益之虞时,受任人或其继承人或其法定代理人,于委任人或其继承人或其法定代理人能接受委任事务前,应继续处理其事务"("民法"第 551 条)。⑤ 在受任人应继续处理委任事务的限度,委任关系应视为存续。"民法"第 552 条所定情形,应论为法定必须继续处理委任事务的情形:"委任关系消灭之事由,系由当事人之一方发生者,于他方知其事由或可得而知其事由前,委任关系视为存续。"

---

① "最高法院"2000 年台上字第 96 号民事判决:"按委任关系,因当事人一方死亡、破产或丧失行为能力而消灭。但契约另有订定,或因委任事务之性质,不能消灭者,不在此限,固为'民法'第 550 条所明定。唯此时当事人既已死亡,自系由继承人承继当事人在委任关系中之地位。又依同法第 103 条第 1 项规定代理人应以本人之名义为意思表示,故于受有代理权之委任,受任人于本人死亡后,应以其继承人之名义为法律行为。上诉人主张其系依高笑之授权委任请求被上诉人依决议给付高笑应得之分配款,然高笑已死亡,上诉人即应以其继承人之名义起诉,乃竟以受任人自己名义提起本件诉讼,自有未合。上诉人虽主张依'民法'第 541 条第 1 项规定,受任人得以自己名义为委任人向第三人收取金钱云云,但本件上诉人并非以自己名义为高笑与被上诉人成立契约,取得债权,且'民法'第 541 条第 1 项规定:'受任人因处理委任事务,所收取之金钱、物品及孳息,应交付于委任人',旨在规范委任人与受任人之内部关系,非谓受任人于行使代理权之际得径以自己名义为之。综上所述,上诉人基于高笑之委任授权,以自己名义请求被上诉人依祭祀公业高三合派下全员联席会之决议,给付分配款 4546689 元,并加付法定迟延利息,为无理由,不应准许。"本判决的意旨应在于:委任人仅授予代理权以行使本人之权利,而未为委任事务之处理将该权利移转于受任人者,受任人行使该权利之法律行为,应以委任人,而不得以自己之名义为之。这与为委任事务之处理不须行使委任人之权利,而单纯与第三人缔结契约的情形不同。在后一情形,受任人纵使受有代理权之授予,还是得以自己之名义与第三人从事必要之法律行为。只是如果有此情事,容易引起所从事之法律行为究竟系为受任人或委任人之利益为之的争议。这在风险性之交易特别容易引起争议,例如接受委任得以委任人之名义在证券集中交易市场进出有价证券,而受任人以自己之名义挂进或挂出相关之有价证券。是故,在这种委任,应解释为:限于以委任人名义进出之交易始论为受任人为委任人进出之交易。

② 参见"最高法院"1960 年台上字第 2457 号民事判决。

③ 参见"最高法院"1970 年台上字第 3122 号民事判决。

④ Esser, Schuldrecht, 2. Aufl., 1960, S.625.

⑤ 参见"最高法院"1996 年台上字第 4789 号刑事判决。

(三)终止之效力

继续性契约经终止者,该契约仅向将来失其效力。当事人在契约终止前依该契约所做之给付,不因该契约之终止而事后丧失其法律上之原因,仍然是有法律上原因之给付。是故,不因此构成不当得利,无所谓不当得利之返还问题。[①]唯在终止契约的情形,当事人间可能有已发生之给付义务尚未履行,这些给付义务以该契约终止前之效力为依据,不因终止而消灭。例如受任人依"民法"第541条所负交付金钱物品孳息及移转权利之义务,依第542条因挪用委任人之金钱所负支付利息及损害赔偿的义务;委任人依第546条所负偿还费用、代偿债务及损害赔偿的义务等。此外,契约系因可归责于当事人之一方的事由而终止者,还可能以终止为要件,产生新的损害赔偿义务(第549条第2项:"当事人之一方,于不利于他方之时期终止契约者,应负损害赔偿责任。但因非可归责于该当事人之事由,致不得不终止契约者,不在此限。")。

十四、居间或行纪与委任

居间与行纪虽与委任类似。但其介入他人事务之处理的程度不等:在居间较浅,在行纪较深。不过,因在居间与行纪,其缔约机会之报告、缔约之媒介,或介入以间接代理的方式,为委托人之计算,从事买入或卖出,皆有较高为居间人或行纪自己从事业务之性质,并为自己之业务自负盈亏,因此相对于委任,在业务上有较高之独立性。是故,通常居间人或行纪,应自负居间或行纪之费用;自己承担,执行业务时,因自己不小心,或因他人之加害行为,所遭受之损害。

(一)居间

"称居间者,谓当事人约定,一方为他方报告订约之机会或为订约之媒介,他方给付报酬之契约。"("民法"第565条)不论是报告订约之机会或为订约之媒介,其履行皆不涉及以自己或以委托人之名义为意思表示。反之,"称行纪者,谓以自己之名义,为他人之计算,为动产之买卖或其他商业上之交易,而受报酬之

---

① "最高法院"2004年台上字第2279号民事判决:"委任契约之终止与解除,其法律性质并不相同,且'民法'第541条就受任人因处理委任事务所取得之金钱、物品、孳息及权利应如何返还,已有特别规定,自无再类推适用'民法'第259条第1款之余地。本件双方间之委任契约既经上诉人合法终止,则被上诉人为上诉人处理事务所得之金钱、物品或权利,即与'民法'第179条后段所称'虽有法律上之原因,而其后已不存在者'相符,上诉人自得依不当得利之法律关系,请求被上诉人返还。"在该判决中,关于不当得利的见解,显无依据。

营业"("民法"第 576 条)。不论是为动产之买卖或其他商业上之交易,其履行皆涉及以自己之名义为意思表示。"称委任者,谓当事人约定,一方委托他方处理事务,他方允为处理之契约"("民法"第 528 条)。为委任事务之处理,受任人可能需要从事意思表示,可能仅需从事事实行为。此与居间仅从事事实行为,行纪必须从事意思表示,且必须以自己之名义为之者,不同。唯遗嘱执行人就遗产之买卖不得担任居间人,向交易相对人索取佣金。盖这与索取贿赂无异。①

"'民法'第 529 条规定,关于劳务给付之契约,不属于法律所定其他契约之种类者,适用关于委任之规定。居间契约系指当事人约定,一方为他方报告订约之机会,或为订约之媒介:他方给付报酬之契约而言('民法'第 565 条)。是居间契约为劳务给付契约之一种,其与委任契约不同者(一)居间之内容限于他人间行为之媒介,且以有偿为原则。(二)居间人报酬之请求,以契约因其报告或媒介而成立者为限。(三)所支出之费用非经约定,不得请求偿还('民法'第 568 条),从而居间契约之有关规定应优先于委任契约之规定而适用("最高法院"1990 年台上字第 579 号民事判决)。"②

"'民法'第 565 条所定之居间有两种情形:一为报告订约机会之报告居间,一为订约之媒介居间。所谓报告居间,不以于订约时周旋于他人之间为之说合为必要,仅以为他方报告订约之机会为已足,而居间人之报酬,于双方当事人因居间而成立契约时,应许其请求。③ 至于居间行为就令自始限于媒介居间,而仅为报告即已有效果时,亦应许居间人得请求报酬之支付"("最高法院"1963 年台上字第 2675 号判例),纵使"其后契约因故解除,于其所得报酬并无影响"("最高法院"1960 年台上字第 1646 号判例)。但委托人在经居间而缔结之买卖契约中,保留在一定期间内之解除权者,委托人在该期间中没有行使其解除权时,居间人之佣金报酬请求权方始发生。④ 另所居间之买卖契约,如因委托人之意思表示有瑕疵,例如因受诈欺而撤销者,居间人无佣金报酬之请求权。然诈欺所涉者如为物之瑕疵,而委托人不撤销该买卖契约,而选择依物之瑕疵担保有关规定,解除契约、请求减少价金或损害赔偿者,在此情形,因委托人尚得依"民法"第359 条、第 360 条等规定,享有经居间而缔结之买卖契约的利益,所以居间人仍有佣金报酬请求权。⑤

在居间,居间人原则上并无积极为委托人从事居间工作之义务:报告订约之

---

① Walter Dehner, Die Entwicklung des Maklerrecht seit 2000, NJW 2002, 3752.

② 参见"最高法院"2015 年台上字第 221 号民事判决。

③ 参见"最高法院"1993 年台上字第 420 号民事判决。

④ Walter Dehner, Die Entwicklung des Maklerrecht seit 2000, NJW 2002, 3752.

⑤ Walter Dehner, Die Entwicklung des Maklerrecht seit 2000, NJW 2002, 3751f.

机会或媒介订约,而只有委托人在居间成功时,对于居间人负报酬之给付义务
("民法"第 568 条)。[①] 所以称居间契约为非双务契约。[②] 因此,关于居间契约之
发展,居间人不发生因可归责于自己,而有给付迟延或给付不能之消极的债务不
履行的责任。但当委托人因其居间,而与其媒介之相对人缔约时,如因居间人违
反其依"民法"第 567 条所负,"关于订约事项,应就其所知,据实报告于各当事
人。对于显无履行能力之人,或知其无订立该约能力之人,不得为其媒介(第 1
项)。以居间为营业者,关于订约事项及当事人之履行能力或订立该约之能力,
有调查之义务(第 2 项)",则对于委托人因此所受损害,应负债务不履行之赔偿
责任。[③] 此为积极侵害债权之责任(积极的债务不履行责任)。另所约定之居间
如为独家居间(einAlleinauftrag)之委托,[④]则必须同时有居间人应从事哪些缔
约媒介之努力的约定,依诚实信用原则,其独家之排他约款,方始有效。[⑤] 由于

[①] 所谓居间成功,指委托人因居间人报告订约之机会或媒介订约,而就所媒介之对象
与所媒介之相对人,缔结契约。此即中介给付与缔结之契约间的因果关系(Vgl. Peter Schw-
erdtner, Erfolg und Arbeiterfolg Neue Entwick-lungen in der Rechtsprechung des BGH zur
Kausalität der Maklerleistung, NJW 1989, 2987ff.)。在居间契约的争讼,关于媒介之契约的
缔结与居间劳务间之因果关系的争议,含委托人主张在居间人报告前,其已知悉该缔约机会
或与交易目标有关,足以影响缔约之决定的信息等,其证据与判断,皆相当棘手(Detlev Fis-
cher, Nachweis-und Vermittlungsleistung im Lichte der maklerrechtlichen Rechtsprechung,
NJW 2007, 185ff.)。

[②] Medicus, Schuldrecht II, Besonderer Teil, 14. Aufl., 2007, Rn. 436, 438; Herbert
Schäfer, Der Maklerwerkvertrag – ein ungeeigneter Vertragstyp, NJW 1989, 209.

[③] "最高法院"2011 年台上字第 1188 号民事判决:"查居间人关于订约事项,如买卖目
标物之价值、效用、质量、瑕疵等,应就其所知,据实报告于各当事人;其以居间为营业者,对于
上开事项并有调查之义务,此观'民法'第 567 条之规定自明。居间人如违反上述据实报告及
调查之义务,致委托人因此受损害者,应负债务不履行责任。"Walter Dehner, Die
Entwicklung des Maklerrecht seit 2000, NJW 2002, 3753:因中介而有契约之缔结时,居间人
有讯息义务。如有非因过失而提供不正确之信息时,在发现错误时,有更正之义务。

[④] 在居间关系,委托人为能够比较快地找到合适的交易对象,往往倾向于委托多数的
居间人,平行为其"报告订约之机会或为订约之媒介"("民法"第 565 条)。这样的形势,对于
居间人自然不利,大有可能白费努力。为克服该不利,居间人可能寻求,透过独家委托的约
款,来保障自己的利益。该独家委托之约款可能还包括,委托人自己也不得自寻缔约对象。
在这种情形,居间人之利益还可能因委托人终止委托,而丧失。因此进一步有委托期间之约
定(der Festauftrag)(Medicus, Schuldrecht II, Besonderer Teil, 14. Aufl., 2007, Rn. 439f.)。

[⑤] Esser/Weyers, Schuldrecht, Band Ⅱ, Besonderer Teil, Teilband 1, 8. Aufl., 1998,
§ 36 II 2.

居间契约是债务契约,其效力有主体的相对性,[①]即使委托人不是交易目标之权利人(他人之物的居间委托),也不影响居间契约之效力。[②]

居间固属于委任的一种,但居间人为居间事务支出之费用、负担之债务或遭受之损失,因有"民法"第 569 条明文规定:"居间人支出之费用,非经约定,不得请求偿还(第 1 项)。前项规定,于居间人已为报告或媒介而契约不成立者适用之(第 2 项)。"而不得主张准用"民法"第 546 条关于委任的规定,对委托人请求偿还、代偿或赔偿。[③]

另"民法"第 549 条第 1 项规定:"当事人之任何一方,得随时终止委任契约。"其在居间之准用,引起一些问题。因为委托人对于居间人表示之意向的契约内容尚非要约,委托人还保留改变之自由。因此,首先有委托人是否有无论如何不与居间人所媒介之相对人缔约之契约自由。这虽原则上采肯定之见解,[④]亦即等于采得随时终止的看法。至于其终止是否有"于不利于他方之时期"为之的问题? 衡诸居间契约之意旨,因委托人有不为缔约之自由,所以,其以不缔约所为之"终止"的表示本身,并不引起"于不利于他方之时期终止"的问题。然仍不得违反诚实信用原则,利用任意终止居间契约,作为规避其报酬义务的手段。

因为委托人与居间人间有居间契约,所以,委托人之契约自由的行使,不得违反诚信原则。委托人不得一方面对居间人表示,拒绝与其媒介之相对人缔约,

---

① 关于债之主体的相对性,请参考黄茂荣:《债法总论》(第一册),台湾植根法学丛书编辑室 2009 年增订三版,第 3 页以下。

② "最高法院"1991 年台上字第 689 号民事判决:"居间契约为债权契约,唯事事人间受其拘束,因居间而成立买卖之目标物,纵非居间契约委托人所有,居间人亦仅得向委托人请求报酬。经查系争买卖契约系被上诉人受上诉人之委托为其媒介而成立,并由上诉人与饶双莲签订契约,为上诉人所自承。从而出卖之不动产即使如上诉人辩称系上诉人与其妻邱黄不碟共有,本件居间契约对于非委托人之邱黄不碟,仍无拘束力,应由上诉人负给付报酬之义务。"在此情形,委托人与交易目标之权利人间可能成立无因管理的关系。委托人(管理人)固可能视情形,依无因管理的规定,对于该权利人(本人),请求偿还管理费用;或依不当得利的规定,请求返还不当受领之利益。但该权利人除非承认该居间关系,否则,对于居间人无报酬之给付义务。

③ Medicus, Schuldrecht II, Besonderer Teil, 14. Aufl., 2007, Rn. 447.

④ BGH NJW 1967, 1225:"一个居间人不得单纯依据其一般约款,要求其委托人,在拒绝与其媒介之有兴趣者缔约,或在其委托人于委托期间内,终止定有期限之独家委托时,即应对其支付佣金。"据该判决意旨,Medicus 认为,"契约一般条款中,关于委托人拒绝缔约时,仍应给付佣金之约定:不缔约条款(eine Nichtabschluß-klausel)无效"(Medicus, Schuldrecht II, Besonderer Teil, 14. Aufl., 2007, Rn. 443)。在德国,上述关于一般约款(定型化契约)之看法,以《德国民法典》第 307 条关于约款内容之控制、第 309 条关于损害赔偿请求权之最低概数(第 5 款)及违约金(第 6 款)之禁止规定为基础。

而后来却绕过居间人,与该相对人缔约。如有违反诚信原则,绕过居间人缔约的情形,委托人仍有给付居间报酬之义务。

此种突出的案例是:先后为"最高法院"1969 年台上字第 2929 号判例及同院 1973 年台上字第 1536 号判例审判之同一案件。该案件之法律事实为:"本件被上诉人主张:上诉人等之被继承人白清水于 1967 年 10 月 22 日将其承领坐落屏东县恒春镇网纱段 25815 号田 0.4868 公顷托伊出卖,约定总价新台币(下同)115000 元,溢出部分归伊作报酬,受委后于期限内办理缴清地价完成所有权登记手续,并与中国石油公司台湾营业处高雄储营所(下简称石油公司)达成买卖协议,出卖 520 坪,每坪 580 元,可得价 295808.7 元,溢出定价 180808.7 元为伊应得之预期利益,乃白清水为阻却给付报酬条件之成就,于伊不利之时期终止委任,应负赔偿责任等情,求为命上诉人如数连带赔偿并附加法定迟延利息之判决。"

就该案件,"最高法院"1969 年台上字第 2929 号判例要旨认为:"按双方委任之主旨在处理事务,上诉人虽于 1968 年 1 月 4 日与石油公司高雄储营所为初步协议,但被上诉人嗣派其子偕同上诉人与石油公司高雄储营所协商土地买卖之价格,似上诉人至是已变为订约之媒介,自其服劳务之点言,即与委任有别,居间人固以契约因其媒介而成立时为限,始得请求报酬,但委任人为避免报酬之支付,一度拒绝准备完成之契约订立,而再由自己致力于新约之成立者,依诚实信用原则,仍应支付报酬,又委托人虽得自由决定,不经居间人之辅助,而订立契约,或随时终止居间契约,然契约之终止,究不应以使居间人丧失报酬请求权为目的而为之,否则,依'民法'第 101 条第 1 项规定之精神,仍应支付报酬。"该判例要旨显然认为,媒介之契约的缔结之于居间报酬相当于停止条件。因此,委任人如为避免报酬之支付,而拒绝准备完成之契约的订立者,依"民法"第 101 条第 1 项规定之精神或诚实信用原则,仍应支付报酬。

就同一案件同院 1973 年台上字第 1536 号判例要旨却认为:"查委任契约,依'民法'第 549 条第 1 项规定,不论有无报酬,或有无正当理由,均得随时终止,故白清水对被上诉人终止委任契约,无论于何时为之,均不能谓被上诉人原可获得若干之报酬,因白清水终止契约致未能获得系受损害,而得请求赔偿,同法条第 2 项所谓:'于不利于他方之时期终止契约者',系指不于此时终止,他方即可不受该项损害而言(如受任人已与第三人约定,如能于五日内办毕受任事务,第三人即赠受任人 10000 元,而委任人于受任人行将办毕之第五日,突然终止委托契约是)该项损害,非当事人间原先约定之报酬,而系指其他损害而言。本件系有报酬之委任契约,并非附条件之法律行为,自无'民法'第 101 条第 1 项规定之适用,原审竟依该条项及第 549 条第 2 项判命上诉人赔偿,用法显有错误。"该院在后一判例除不再引用前判例所引之诚实信用原则外,还认为媒介契约之缔结非居间报酬之停止条件。只要所媒介之契约已成功缔结,纵使后来因遭遇履行障碍,而经解除,亦不使已发生之报酬请求权,复归于消灭。① 这固适用于嗣后给付不能,但是否适用于自始客观不能? 因"民法"第 246 条第 1 项前段规定:"以不能之给付为契约目标者,其契约为无效。"可能采否定之见解。②

不过,后来在别的案件,该院于 1995 年台上字第 2925 号民事判决又认为:"媒介居间人固以契约因其媒介而成立时为限,始得请求报酬。但媒介居间人倘已媒介就绪,而委托人故意拒绝订约,依诚信原则,仍应支付报酬。"当中,在实务上往往还涉及关于系争契约是否因居间人之媒介而缔结的认定。③

其次,居间关系还常有关于报酬请求权之有无或是否过高,而请求法院酌减的争议。就此,因"民法"第 572 条规定:"约定之报酬,较居间人所任劳务之价值,为数过巨失其公平者,法院得因报酬给付义务人之请求酌减之。但报酬已给付者,不得请求返还。"所以其争议除存在于报酬本身,是否过高外;还存在于该条之适用,是否限于约定之报酬,而不及于依"民法"第 566 条第 2 项,按照价目表所定,④或按照习惯,给付之报酬。

关于报酬请求权之有无,首先固系于双方有无该居间劳务应为有偿之合意。但除双方有反对之意思表示外,因"民法"第 566 条第 1 项规定:"如依情形,非受报酬,即不为报告订约机会或媒介者,视为允与报酬。"是故,在此情形,首先应经由解释,认定,依情形,非受报酬,居间人是否即不为报告订约机会或媒介。如属肯定,委托人即有报酬义务。在此情形,若双方就报酬之计算方法或数额曾有协商,则其协商中之表示应可引为认定报酬之计算方法或数额的依据。盖其就该

---

① 参见"最高法院"1960 年台上字第 1646 号民事判例。

② 然在《德国民法典》于 2002 年 1 月 2 日修订前,自始主观不能与自始客观不能,分别规定。自始主观不能之契约有效,因此,负有给付约定之佣金的义务。但在修订后,关于自始主观及客观给付不能,其第 311a 条一体规定:"债务人依第 275 条第 1 项至第 3 项不须履行,或其给付障碍在缔约时已存在,并无碍于其契约之效力(第 1 项)。债权人得选择请求不履行之损害赔偿第 284 条所定范围内之费用的赔偿。债务人在缔约时不知且其不知非可归责者,不适用之。第 281 条第 1 项第 2 句及第 3 句,以及第 5 项准用之(第 2 项)。"是故,自始主观不能之佣金义务,与自始客观不能的佣金义务相同,明知及因可归责而不知时,应负佣金之给付义务,因不可归责而不知时,不负佣金之给付义务。是故,"该条所定之费用,不仅包含债权人在缔约后,因信赖其履行而支付之费用,于自始不能的规定修订后,也包含由于契约之缔结而发生之财务负担,亦即包含媒介之契约缔结后,才发生之佣金的给付义务"(Walter Dehner, Die Entwicklung des Maklerrecht seit 2000, NJW 2002, 3747f.)。

③ 参见"最高法院"2009 年台上字第 568 号民事判决。

④ 参见"最高法院"1997 年台上字第 2522 号民事判决。

计算方法或数额虽未获致协议,但既让居间工作继续进行至缔约,则应认为该虽未获致协议之计算方法或数额还是可为双方所接受的。①

关于"民法"第 572 条规定之适用,是否及于依"民法"第 566 条第 2 项,按照价目表所定,或按照习惯,给付之报酬。"最高法院"向采否定见解。例如"最高法院"1990 年台上字第 847 号民事判决认为:"原审(认为),'民法'第 572 条规定:'约定之报酬,较居间人所任劳务之价值,为数过巨,失其公平者,法院得因委托人之请求酌减之',虽曰'约定之报酬',然依习惯之报酬较居间人所任劳务之价值,为数过巨,失其公平者,自应类推适用本条规定,得因契约当事人之请求酌减之。(而'最高法院'认为),按'民法'第 572 条前段规定:约定之报酬较居间人所任劳务之价值为数过巨失其公平者,法院得因委托人之请求酌减之。旨在防止居间人乘委托人之无知或无经验,约定不当高额之报酬。故居间人报酬之数额,虽得由契约当事人自由约定,若报酬数额过巨,显失公平者,法院得因委托人之请求酌减之。原审认定台湾地区关于不动产买卖之介绍费,习惯上为买三卖二,即买受人应负担买卖价金总额百分之三,出卖人应负担百分之二。因双方间就本件居间未定报酬额,复无价目表可按,依'民法'第 566 条第 2 项规定应按照习惯给付。然既云习惯,系指在社会上普通一般人多年惯行之事实,确信具有法之效力,并不违背公共秩序及善良风俗者而言。委托人或相对人既应依'民法'566 条第 2 项规定,按照习惯给付居间之报酬,自不发生有失公平情事。乃原审一方面认上诉人得依习惯请求被上诉人给付居间报酬,一方面竟类推适用'民法'第 572 条前段规定酌减报酬,与伦理法则不无违背。究竟买三卖二,是否为不易之法则?有无酌情加减之习惯?原审就其公平性既滋疑义,自有进一步调查审认之必要。原审未遑详究,遽依上揭理由,为上诉人不利判决,难谓已尽审理能事,上诉论旨,执以指摘,求予废弃关于其败诉部分之原判决,为有理由。"

本案的争点在于:关于居间之报酬及报酬额,当法律规定,"如依情形,非受报酬,即不为报告订约机会或媒介者,视为允与报酬(第 1 项)。未定报酬额者,按照价目表所定给付之;无价目表者,按照习惯给付(第 2 项)"("民法"第 566 条)。就价目表或习惯所定报酬,委托人得否主张类推适用"民法"第 572 条,请求法院酌减之?对此,"最高法院"显然一贯持否定之见解。这值得检讨。

按"民法"第 566 条所定价目表可能是由从事居间之事业或其同业公会单方面所定,向将来对居间契约一般适用之价目表。姑不论其若为同业公会所定时,

---

① 参见"最高法院"1995 年台上字第 569 号民事判决。

涉及应先经公平交易委员会事先许可的问题。[1] 另纵其系由单一居间事业,为其将来之居间契约所预定,类推适用"民法"第 154 条第 2 项,该价目表极其量仍不失其关于定价劳务之要约的性质,在缔约时成为居间契约内容的一部分,从而具有约定之价格的性质。同理,当其由同业公会议定,提供会员引用的情形,亦然。是故,关于居间报酬,法院依"民法"第 572 条所为之衡平管制,没有因其以价目表定之,而应有所例外的道理。其次,当其依"民法"第 566 条,以习惯为依据,习惯之引用纵有法律为其依据,习惯之法源资格,一直应置于法院之审查底下,以确保其符合法秩序之伦理规范的要求。"民法"第 566 条并非使习惯当然取得法源地位的充分条件。特别是,正如法律之适用,在规范内容上,应随时间之经过而演进,以确保其符合公平正义之要求。习惯之适用,更当如此。关于以"民法"第 566 条为依据,适用习惯时,"最高法院"认为,"习惯,系指在社会上普通一般人多年惯行之事实,确信具有法之效力,并不违背公共秩序及善良风俗者而言。委托人或相关人既应依'民法'第 566 条第 2 项规定,按照习惯给付居间之报酬,自不发生有失公平情事"("最高法院"1990 年台上字第 847 号民事判决)。"最高法院"在尚未就系争习惯审查其是否为普通一般人"确信具有法之效力,并不违背公共秩序及善良风俗"时,即认定,系争习惯当然不受"民法"第 572 条之衡平制约的见解,与习惯之适用,应先审查,普通一般人是否"确信具有法之效力,并不违背公共秩序及善良风俗"的基本要求不符,应予检讨。

居间利益由两个以上之委托人分享时,因居间报酬为可分之金钱之债,所以,应由该等委托人按其享有之利益的比例分担。[2]

(二)行纪

在行纪,行纪人虽以自己的名义,为动产之买卖或其他商业上之交易,但因其系为委托人之计算而为之,所以其所为具有以间接代理之方式,为委托人处理事务之特征,为一种典型之特种的委任关系。所以其事务之处理,应依委托人之指示;处理费用,应由委托人负担;处理利益应归属于委托人。

关于指示部分,行纪人以低于委托人所指定之价额卖出,或以高于委托人所指定之价额买入者,因不依委托人之指示,所以,应补偿其差额("民法"第 580 条)。关于费用之偿还部分,行纪人于完成行纪事务之处理时,除得依约定或习惯请求报酬外,并得请求寄存费及运送费,如有代垫之情形,并得请求偿还其为

---

[1] 同业公会订定此种价目表,实务上向被认定为违反"公平交易法"第 14 条第 1 项之联合行为,并给予处分。请参见"行政院公平交易委员会"公处字第 098016 号处分书。

[2] 参见"最高法院"1994 年台上字第 1577 号民事判决。

委托人之利益而支出之费用及其利息("民法"第 582 条)。该规定之内容,相当于"民法"第 546 条第 1 项。既有相当于第 1 项之规定,在行纪人为委托人,因处理行纪事务,而负担必要债务时,自当有第 2 项之准用,得请求行纪人代其清偿,未至清偿期者,得请求委托人提出相当担保。然因行纪人系以行纪业务为其营业之独立营业人,应自负相关业务之执行的风险,所以,行纪人处理行纪事务,因非可归责于自己之事由,致受损害者,应无同条第 3 项之准用,不得向委托人请求赔偿。关于处理利益之归属部分,"行纪人以高于委托人所指定之价额卖出,或以低于委托人所指定之价额买入者,其利益均归属于委托人"("民法"第 581条)。

在行纪,即使行纪人应以自己之名义与他人为与行纪有关之交易(间接代理),并因此,为将其取得之利益移转于委托人,必须以自己的名义,对委托人为相关利益之交付及移转行为。但因行纪仍系委任之本质,相对于委托人,行纪人本来应非与行纪有关之交易关系的当事人,而是其间接代理人,所以就行纪人为委托人之计算,与他人所定契约,于该契约之他方当事人不履行债务时,对于委托人,行纪人原则上应不负直接履行契约之义务。然"民法"第 579 条规定,除契约另有订定或另有习惯者外,在上开情形,应由行纪人负直接履行契约之义务。依行纪之为委任之性质,就上开情形,照说"民法"第 579 条应该规定:"除契约另有订定或另有习惯者外,就行纪人为委托人之计算,与他人所定契约,于该契约之他方当事人不履行债务时,对于委托人,行纪人应不负直接履行契约之义务。"亦即行纪人以不负直接履行契约之义务为原则,而非为例外。必须行纪人得自为买受人或出卖人时,而仅将订立契约之情事通知委托人,而不以他方当事人之姓名告知者,始得视为行纪人自己负担该方当事人之义务("民法"第 588 条)。所谓行纪人得自为买受人或出卖人的情形,除在"民法"第 587 条所定,关于行纪人受委托出卖或买入货币、股票或其他市场定有市价之物的情形,行纪人原则上得"自为买受人或出卖人,其价值以依委托人指示而为出卖或买入时市场之市价定之"外,必须委托人与行纪人有特约容许的情形,行纪人始得自为买受人或出卖人,以避免行纪人之介入与委托人的利益发生冲突。当行纪人得为介入,纵使其自为买受人或出卖人,仍有"民法"第 582 条所定之报酬及费用请求权。

在居间,与之类似之情形为,"民法"第 575 条所定:"当事人之一方,指定居间人不得以其姓名或商号告知相对人者,居间人有不告知之义务(第 1 项)。居间人不以当事人一方之姓名或商号告知相对人时,应就该方当事人由契约所生之义务,自己负履行之责,并得为其受领给付(第 2 项)。"鉴于在居间关系,当事人约定,居间人仅为委托人报告订约之机会或为订约之媒介,而不以自己或委托人之名义为契约之缔结,最后委托人自己必须与相对人缔结居间人所媒介之契约,所以直到该契约缔结时,如何能够要"居间人不以当事人一方之姓名或商号告知相对人"? 在相对人与委托人互相都不知道对方为谁时,如何能为契约之缔结,并产生该条第 2 项所定契约之履行义务,显有疑问。是故,除非为居间人所媒介之契约的缔结,依委托人与居间人之意思,该居间关系后来转化为委任或行纪,否则不能发展出"民法"第 575 条第 2 项所定之阶段。

因为在行纪,行纪人系为委托人处理事务,所以,"行纪人为委托人之计算所买入或卖出之物,为其占有时,适用寄托之规定(第 1 项)。前项占有之物,除委托人另有指示外,行纪人不负付保险之义务(第 2 项)"("民法"第 583 条)。"委托出卖之物,于达到行纪人时有瑕疵,或依其物之性质易于败坏者,行纪人为保护委托人之利益,应与保护自己之利益为同一之处置"("民法"第 584 条)。"委托人拒绝受领行纪人依其指示所买之物时,行纪人得定相当期限,催告委托人受领,逾期不受领者,行纪人得拍卖其物,并得就其对于委托人因委托关系所生债权之数额,于拍卖价金中取偿之,如有剩余并得提存(第 1 项)。如为易于败坏之物,行纪人得不为前项之催告(第 2 项)"("民法"第 585 条)。另"委托行纪人出卖之物不能卖出,或委托人撤回其出卖之委托者,如委托人不于相当期间取回或处分其物时,行纪人得依前条之规定,行使其权利"("民法"第 586 条)。

(三)不动产中介

不动产市场之交易多透过中介为之,因此在台湾地区有兴盛的不动产中介业。在不动产之中介,其所谓之中介主要为:居间而非行纪。通常约定有一定之期间。唯不一定约定为独家居间。由于买卖不动产,对大部分的人一生难得几次,多无经验,而且不动产交易所涉足以影响买受人之权益的事项繁多,而买方又多不熟悉,所以其信息不对称的情况较为严重。而法律透过买卖之一般规定,难以照顾周全。是故,如有中介者居中协助,对于买受人会大有帮助。问题是:在制度上并没有朝这个方向发展、要求,以致不动产中介业除报告交易机会之信息外,对必要交易信息之提供少有帮助。这方面其实相关主管机关之行政管理亦极有改进空间。今后可以努力的方向主要为不动产信息之标准项目及其计价基础之合理化。例如雨遮、花台是否计价,阳台及室内面积是否应有分别计价标准,而不应加总在一起,适用同一价格。其次为关于法定空地、公设之范围及其所有权及使用权之归属,应具体标示。已计入价格计算基础之部分,例如巷道,应登记为区分所有权人所有,其持分应与区分所有权人之建物面积成正比。此外,在一栋建筑物或小区不应有无土地持分之建筑物,特别是停车位应有其独立之基地,不应有使用区分所有权人之建筑物的基地之情形。

依契约自由原则,在居间关系,委托人在任何情况下,本得自由决定,是否与居间人所媒介之人缔约。因此,居间人在居间所受之拘束亦极为有限。居间人在居间契约缔结后,尽可不对他方报告订约之机会或为订约之媒介,或甚至就同一目标之订约机会,反而报告或媒介于他人,且不因此而对委托人应负债务不履行责任。[①] 居间人对委托人报告订约之机会或为订约之媒介的诱因完全来自,其如为之,且有成果,委托人将对其给付约定之报酬。是故,居间人为对委托人报告订约之机会或为订约之媒介所生之花费,极可能血本无归。由于不动产中介费用不低,含人事费、房租、广告及水电交通等各种开销,所以,中介业者为降低其风险,保护其中介利益,多年来在缔约时,有所谓斡旋金之约定,以在缔约前,即已拘束委托人。由于民法中并无斡旋金之规定,因此,其性质需要厘清。

关于斡旋金,"行政院公平交易委员会"所下之行政解释为:"称'斡旋金',限指购屋人交付一定金钱予不动产经纪业者,委其代为向卖方协议交易"(同会2008年公壹字第0970000190号函)。该定义并不能显示斡旋金在缔约上之意义。至于应如何约定,始不违反"公平交易法","公平交易委员会"在其所颁之"公平交易法"对房屋中介业之规范说明中规定:"2.房屋中介业足以影响交易秩序之欺罔或显失公平行为态样(1)……房屋中介业者倘利用交易信息不对称之特性,隐匿斡旋金契约与'内政部'版'要约书'之区别及其替代关系,在向购屋人收取斡旋金之同时,未同时告知购屋人亦得选择采用'内政部'版'要约书'及斡旋金契约与'内政部'版'要约书'之区别及其替代关系,将有违反'公平交易法'第24条规定之虞。故房屋中介业者宜以另份书面告知购屋人有选择采用'内政部'版'要约书'之权利,且该份书面之内容宜扼要说明'要约书'与'斡旋金'之区别及其替代关系,并经购屋人签名确认,以厘清中介业者之告知义务(书面告知之文字实例如附)。另若中介业者约定交付斡旋金,则宜以书面明订交付斡旋金之目的,明确告知消费者之权利义务。"

该函中关于如何约定之规定,对于拉近委托人与不动产中介业者间之信息不对称的积极意义,少有实益。盖签订要约书或交付斡旋金之差异,对于委托人之风险的降低并无作用。所以,"行政院公平交易委员会"关于收受斡旋金之处分案件(例如"行政院公平交易委员会"2010年公处字第099097号)之主文中的论断,不明所以:"一、被处分人于从事房屋中介交易,提出斡旋金要求时,未告知购屋人斡旋金契约与'内政部'版'要约书'之区别及其替代关系,为足以影响交易秩序之欺罔行为,违反'公平交易法'第24条规定。"倒是其理由之一的论述:"本案被处分人于不动产中介交易过程中,掌握买卖双方之交易信息,相较于交易相对人处于信息上之优势地位;而其从事之中介服务主要在提供交易信息,以

---

① Arnd Weishaupt, Der Maklervertrag, im Zivilrecht, JuS 2003, 1167.

撮合买卖双方进行交易,原为业务范围内之工作,在未完成服务提供前即向购屋人收取斡旋金(以本案为例,检举人交付 20 万元斡旋金),将使购屋人在交易关系中受有拘束,形成不当压抑,迫使其与之交易,若有目标物瑕疵或信息未充分揭露,将使购屋人之权益受损,因而衍生购屋纠纷。是以,被处分人于中介交易过程,未告知购屋人前揭选择交易方式之权利与内容,为消极隐匿重要交易信息之行为,妨碍购屋人自由决定是否交易及交易方式,不仅欺罔购屋人,亦对其他有竞争关系之不动产经纪业为不公平竞争,而有使其丧失中介机会之虞。"始道出在中介业者所媒介之交易有关事项,双方意思一致的程度尚未至仅剩价金时,即要委托人交付斡旋金,有迫使委托人缔结内容非其所愿之契约的可能,值得认定为,违反"公平交易法"第 24 条。

十五、借名登记与信托

借名登记与信托之财产归属的外观相同,因此有其实质如何区别的问题。归纳言之,就以登记公示其权利之归属的财产,如其目的,仅在于形成形式与实质不相一致之财产归属的状态,为单纯之借名登记。如有使形式上所归属之权利人,就该财产,代为管理、投资或取得担保者,则按其目的,定性为:管理信托、投资信托或担保信托。

(一)借名登记

所谓借名登记,指借名者,经出名者同意,将需要以登记公示其权益之归属的财产,登记于出名者之名义下。[1] 当其有真正之意思,该财产在法律形式上公示为出名者之财产,而在经济实质上仍属于借名者之财产。在信托关系,委托人为信托目的,而将信托财产移转于受托人,使信托财产在法律形式上归属于受托人,而在经济实质上仍归属于委托人或受益人。该财产之归属状态与借名登记的情形相同。信托因其信托目的,为一种特别的委任关系,而借名登记则通常为非委任关系。

如果该财产因此也委由出名者管理,依前开规定,这是一种典型的"积极的"信托关系。[2] 反之,倘该财产事实上仍由借名者管理,则这是一种"消极的"信托行为。其目的通常是为隐匿财产,或为规避经济管制法规,或为分散财产以规避税捐法之规范。因此,多以其为规避相关管制规定之脱法行为,而认为"消极的"

---

① 参见"最高法院"2014 年台上字第 1244 号民事判决。

② 参见"最高法院"2015 年台上字第 357 号民事判决。

信托行为,至少相对于其所规避之管制规定,无效。该所谓有效或无效,其实对于借名者与出名者,含其各自之债权人在内之内部关系,并无意义。① 盖在内部关系,不论信托关系有效或无效,该(信托)财产之归属,皆以其经济上之实质的归属为准。其法律上之形式归属并不影响其权益。反之,在外部关系,亦即受托人如将该信托财产移转或设定担保,处分于他人,在信托关系无效时,其受让人或担保权人,在受让或设定担保时,就受托人或出名人之处分权,必须有善意的信赖,其取得之权利始受善意取得制度之保护。② 反之,在积极的信托行为,其受托人就信托财产之处分为有权处分,其受让人或担保权人无须借助于善意取得制度,即可取得其受让或为其设定之权利。不过,亦有认为不论是积极的或消极的信托,③其处分皆一概论为有权处分。④ 然一件信托行为,究为积极的或消极的信托行为,在具体案件容易引起争论。是故,为保护交易安全,信托行为应

---

① "最高法院"2007 年台上字第 1958 号民事判决虽然认为:"信托与借名登记之无名契约,性质迥然不同,本件消极信托得否径认其效力相当于借名登记之无名契约,洵非无疑。"但其在实务上之意义为何,并不明了。

② 参见"最高法院"2010 年台上字第 2448 号民事判决。

③ 参见"最高法院"2007 年台上字第 1958 号民事判决。

④ "最高法院"2000 年台上字第 1525 号民事判决:"信托契约之受托人在法律上为信托财产之所有人,其就信托财产所为之一切处分行为完全有效,倘其违反信托本旨处分信托财产,仅对委托人或受益人负契约责任而发生债务不履行之损害赔偿问题,自无不当得利可言。"本于相同意旨,"最高法院"2007 年台上字第 1958 号民事判决认为:"……经查,系争土地原即登记在上诉人名下,即使其与王素女系消极信托之借名登记法律关系,上诉人依法仍有处分之权,系争土地遭拍定之价金抵充上诉人之债务,系本于其所有权而有所得,为有法律上之原因,并不构成不当得利,是被上诉人另主张依据'民法'不当得利之法律关系,得请求上诉人返还所受不当得利等语,诚属无据。"唯"信托法"第 18 条规定:"受托人违反信托本旨处分信托财产时,受益人得申请法院撤销其处分。受益人有数人者,得由其中一人为之(第 1 项)。前项撤销权之行使,以有左列情形之一者为限,始得为之:一、信托财产为已办理信托登记之应登记或注册之财产权者。二、信托财产为已依目的事业主管机关规定于证券上或其他表彰权利之文件上载明其为信托财产之有价证券者。三、信托财产为前二款以外之财产权而相对人及转得人明知或因重大过失不知受托人之处分违反信托本旨者(第 2 项)。"该条规定之适用遍及积极的及消极的信托行为。由此可见,相关规定尚未根本厘清,对积极的及消极的信托行为的规范立场。

借助于信托登记,^①来公示其信托关系,并由法律赋予该登记之公信力。

(二)信托

新生事务总是在既有的存在基础上演进而出的,在这当中,即便有外来法律或文化之继受的情形,亦然。然在学说与实务上,总是对新生事务或契约类型披上神秘的面纱,或甚至过度强调其与日常熟悉之事务或契约类型的差异,以致在其承前启后之理解上发生断裂,使得既有的知识或经验,在其理解上,一时提供不了任何帮助。例如信托本来就是一种典型的委任。只是由于为该委任事务之处理,或为其委任之目的(管理财产、担保债务、投资),超出其本来经济目的上之需要,将所涉财产或资金(信托财产)的所有权,移转于受任人,以方便受任人之操作,以致法律手段之形式,超过经济目的之实质而已。委托人对于信托财产之物权或准物权的权利转为对于受托人之债权。但该债权之存在形式,类似于在隐名合伙,隐名合伙人对于合伙财产之股份。因此,关于该债权,除非有违反信托本旨之行为,受托人只就信托财产对于委托人负责,不真正的负人的责任。该手段与目的间之经济实质或利益的落差,导引出其异于一般委任之规范上的需要,因此在契约类型上发展出信托这种特别委任的态样,并针对该态样之特征,分别对委托人或受益人与受托人间之内部关系,以及受托人与第三人间之外部关系,规划出一些具体的规定,以使相对于该落差之经济利益,在实质上正确的归属于其所当归属之人。

"信托法"第 1 条规定:"称信托者,谓委托人将财产权移转或为其他处分,使

---

① "最高法院"2014 年台上字第 1973 号民事判决:"按信托行为,乃委托人以设立信托之意思,与受托人订定信托契约,并将财产权移转或为其他处分,使受托人依信托本旨,为受益人为特定之目的,管理或处分信托财产之行为。是委托人与受托人意思表示一致,并移转信托财产于受托人或为其他之处分,信托行为即为成立;至信托之财产权办理信托登记,仅为对抗第三人之要件,与信托行为之成立无涉。又信托行为有害于委托人之债权人权利者,债权人得申请法院撤销之;另受托人因信托财产之处分或其他事由取得之财产权,仍属信托财产,此观'信托法'第 1 条、第 4 条第 1 项、第 6 条第 1 项及第 9 条第 2 项之规定自明。准此,苟信托行为有害于委托人之债权人权利者,其信托财产嗣后虽因法院之拍卖而涂销信托登记,唯仍应许该债权人行使撤销权,俾使受托人返还基于信托财产之拍卖而分配取得之价金于委托人,以保全债务人(委托人)之共同担保,寻绎上开'信托法'规定,并参照本院就'破产法'第 78 条有关破产管理人行使撤销权所著之 1984 年台上字第 2696 号判例意旨,尤为灼然。"后一判决认为:"至信托之财产权办理信托登记,仅为对抗第三人之要件,与信托行为之成立无涉"的见解是否成立,应视是否将信托定性为要物行为,以及系争信托财产之移转,依法是否以登记为生效要件而定,尚不能一概而论。

受托人依信托本旨,为受益人之利益或为特定之目的,管理或处分信托财产之关系。"①关于信托之定义,由于该条将"委托人将财产权移转或为其他处分"规定

---

① "最高法院"1997 年台上字第 796 号民事判决:"本院 1977 年台再字第 42 号判例所论:'信托行为,系指委托人授予受托人超过经济目的之'权利',而仅许可其于经济目的范围内行使权利之法律行为而言……'等意旨,其所称之'权利',自应包括'债权'或'物权'或其他一切之财产权利在内,均得作为'授予'之目标。且该'授予',解释上,亦不以委托人须'直接'移转权利与受托人或以书面契约予以公示者为限。苟因占有改定、简易交付、请求权让与等等情形,而得'使受托人成为权利人,以达一定目的'之信托本旨,应无予以排斥之理。""最高法院"1999 年台上字第 247 号民事判决:"'信托法'于 1996 年 1 月 26 日公布前,'民法'虽无关于信托行为之规定,然因私法上法律行为而成立之法律关系,非以'民法'有明文规定者为限,苟法律行为之内容不违反强行规定或公序良俗,即应赋予法律上之效力。斯时实务上认为信托行为,系指委托人授予受托人超过经济目的之权利,而仅许可其于经济目的范围内行使权利之法律行为而言。其受托人取得信托财产之方式,由委托人就自己所有之财产为移转者有之;由委托人使第三人将财产移转与受托人者有之;由受托人原始取得受托财产者亦有之。"上开判决意旨为,关于如何将契约归属于一定契约类型的看法。

为其类型特征之一,而认为信托是一种要物行为。① 然同法第 4 条既然规定:"以应登记或注册之财产权为信托者,非经信托登记,不得对抗第三人(第 1 项)。以有价证券为信托者,非依目的事业主管机关规定于证券上或其他表彰权利之文件上载明为信托财产,不得对抗第三人(第 2 项)。以股票或公司债券为信托者,非经通知发行公司,不得对抗该公司(第 3 项)。"在该条所定情形中,有仅以其移转为对抗要件,而不尽然以信托财产之移转为信托之生效要件者。例如"民法"第 758 条第 1 项固规定:"不动产物权,依法律行为而取得、设定、丧失及变更者,非经登记,不生效力。"但因"信托法"第 4 条第 1 项规定,"以应登记或注册之财产权为信托者,非经信托登记,不得对抗第三人"。是故,如果真因"信托法"第 1 条之规定,而将信托行为定性为要物行为,上开规定间便会有规范冲突:就同一种类之财产的移转登记,依"民法"第 758 条第 1 项为生效要件,依"信托法"第 4 条第 1 项为对抗要件。其实,为呈现信托之类型特征,"为信托目的,而将信托

① "最高法院"2006 年台上字第 500 号民事判决:"契约信托行为须委托人以设立信托之意思,与受托人订定契约,并将财产权移转或为其他处分予受托人,使受托人依信托本旨,为受益人之利益或为特定目的,管理或处分信托财产之要物行为。易言之,契约信托行为除须具备意思表示等法律行为为一般成立要件外,尚须有目标物之财产权移转及现实交付等处分行为,信托契约始能成立。是信托物权之移转为信托契约之特别成立要件。"类似的情形,并没有因"民法"第 406 条规定:"称赠与者,谓当事人约定,一方以自己之财产无偿给与他方,他方允受之契约。"而认为赠与契约是要物契约。赠与契约之要物性,原先规定于 2000 年 5 月 5 日修正施行前之"民法"第 407 条:"以非经登记不得移转之财产为赠与者,在未为移转登记前,其赠与不生效力。"唯自"最高法院"1951 年台上字第 1496 号民事判例要旨认为:"赠与契约之成立,以当事人以自己之财产,为无偿给与于他方之意思表示,经他方允受为要件。此项成立要件,不因其赠与目标之为动产或不动产而有差异。唯以动产为赠与目标者,其成立要件具备时,即生效力。以不动产为赠与目标者,除成立要件具备外,并须登记始生效力。此就'民法'第 406 条,与第 407 条之各规定对照观之甚明。故'民法'第 407 条关于登记之规定,属于不动产赠与之特别生效要件,而非成立要件,其赠与契约,苟具备上开成立要件时,除其一般生效要件尚有欠缺外,赠与人应即受其契约之拘束,就赠与之不动产,负为补正移转物权登记之义务,受赠人自有此项请求权。"由该判例要旨可见,"最高法院"并不了解,要物契约,指"以债务人履行债务为债务契约之生效要件的契约"。致有所谓赠与人有"补正移转物权登记之义务",以实现要物要件的看法。按"要物要件"与"停止条件"不同,依诚实信用原则,赠与人并无阻止其成就之义务。该判例虽经"最高法院"2001 年 4 月 17 日、2001 年第四次民事庭会议决议删除,但其见解仍为"最高法院"继续沿用:"按以非经登记不得移转之财产为赠与者,在未为移转登记前,其赠与不生效力。2000 年 5 月 5 日修正施行前之'民法'第 407 条固定有明文。唯当事人间对于无偿给与不动产之约定,如已互相表示意思一致,依'民法'第 153 条第 1 项之规定,其契约即为成立,纵未具备赠与契约特别生效之要件,要难谓其一般契约之效力亦未发生,债务人仍负有移转登记使生赠与效力之义务"(同院 2014 年台上字第 2190 号民事判决)。

财产超出目的之必要,移转或处分于受托人",只需在债务关系的层次规定,信托人与受托人约定,为信托目的,信托人负有将信托财产移转或处分于受托人之义务;受托人有依信托目的,管理或处分信托财产之义务。而没有将设立信托之债务契约,规定为要物行为之必要。盖所谓要物行为,指以债务人履行债务,为该债务行为之生效要件。其所以规定为要物行为之理由,在于给予债务人以悔约权。这通常利用为无偿契约(例如赠与、使用借贷)之悔约权的规范方式。然委托人(信托人)与受托人在信托契约之债务关系,不一定是无偿,所以在信托契约本身,在信托人与受托人间并无给予悔约权,以保护信托人,避免因急迫或轻率之决定,而受害的必要。[①] 如鉴于他益信托带有赠与之无偿性质("遗产及赠与税法"第 5 条之一),而要给予信托人悔约权,因其无偿给付存在于信托人与受益人间,所以只需肯认,在受托人将信托利益给付受益人前,信托人得随时改变其关于受益人之指定的约款即可,[②]无须将信托契约规定为要物行为。

在信托关系,委托人对于信托财产基于信托关系,仍享有具债权性质之一定应有部分。委托人得像对于债权之应有部分一样,加以处分,移转于他人。此为基于信托关系之债权的让与。[③]

---

① 委托人,在自益信托,得随时终止信托("信托法"第 63 条);在他益信托,于信托行为保留其变更受益人或终止其信托之权利,得为变更或终止("信托法"第 3 条)。该等规定已具有悔约权的作用,不再需要借助于要物行为之规定。

② 对此,"信托法"第 3 条规定:"委托人与受益人非同一人者,委托人除信托行为另有保留外,于信托成立后不得变更受益人或终止其信托,亦不得处分受益人之权利。但经受益人同意者,不在此限。"依该条规定,在具有赠与性质之他益信托,委托人在信托行为中,必须积极的另有保留得变更受益人(悔约权)的表示,于信托成立后,始得变更受益人。与之类似之悔约权的规定,例如"民法"第 408 条第 1 项规定:"赠与物之权利未移转前,赠与人得撤销其赠与。其一部已移转者,得就其未移转之部分撤销之。"该项并不要求赠与人在赠与时必须积极的先有撤销权之保留,始得为悔约,而撤销。另同条第 2 项规定:"前项规定,于经公证之赠与,或为履行道德上之义务而为赠与者,不适用之。"亦即在第 2 项所定情形,赠与人事后不得再为悔约,而撤销赠与契约。

③ 参见"最高法院"1998 年台上字第 4277 号刑事判决。

第十章

无因管理

一、无因管理之概念

　　未受委任,并无义务,而为他人管理该他人之事务,构成无因管理。该他人称为本人,管理者称为管理人。[①] 由于事务之管理,势必发生费用,同时视情形,可能对于本人产生管理利益或管理损害。所以,如果没有无因管理的规定,管理利益应依不当得利,管理损害应依侵权行为的规定,处理该利益之返还或损害之赔偿问题。无因管理在补偿责任之体系上的存在意义为,在一定的要件下优先于不当得利或侵权行为受适用:在适法无因管理,管理人得请求返还管理费用,

---

　　[①]　所谓"未受委任,并无义务,而为本人管理事务",含未受本人及第三人之委任,及对于本人及第三人无义务,为本人处理系争事务。处理事务者基于其与第三人之契约关系而为本人管理事务者,其所为论为对该第三人履行契约债务。这时倘该第三人未受本人委任,并无义务为本人处理该事务,则该第三人才是该无因管理关系的管理人。"最高法院"1996年台上字第2362号民事判决即采此意旨:"按第三人与他人订定契约而负担处理本人事务之义务者,如第三人履行其义务而对于本人为给付,其给付行为并不成立无因管理。本件上诉人与诉外人众城建设公司约定,众城建设公司应另成立被上诉人公司管理系争大楼,为原审确定之事实。倘众城建设公司成立被上诉人公司后,曾与被上诉人订立契约约定由被上诉人管理系争大楼,则被上诉人管理系争大楼系在履行其与众城建设公司所订契约债务,其与上诉人间自不成立无因管理。"另"民法"第172条虽仅提及未受委任,其实该要件所涉及者含一切意定的授权关系。盖其他授权关系纵属委任以外之有名的劳务契约,仍不失其为委任之特别类型。是故,无义务之要件所涉及者应系以法律为规范基础之权源。请参考 Larenz, Lehrbuch des Schuldrechts, Band II, Halbband 1, Besonderer Teil, 13. Aufl., 1986, S.436.

本人不得通过拒绝享受管理利益,豁免返还费用的义务;[①]反之,在不适法无因管理,本人得选择是否依无因管理的规定享受管理利益。其选择拒绝享受管理利益者,无费用之返还义务,但已享受管理利益者仍应依不当得利的规定返还所受之利益;其选择享受管理利益者,虽有费用返还义务,但以所受利益为其返还之上限。此与在适法无因管理的情形,纵使费用高于利益,本人亦应返还费用者不同。然这与不当得利又有何不同? 其差异首先存在于返还给付之内容:不当得利原则上以返还受领之利益为内容,而无因管理以返还所发生之费用为内容。至于应返还之范围,如管理费用大于管理利益,则两者事实上并无大异,盖在不当得利,义务人所负之返还义务的范围,以其所受利益及权利人所受损害之低者为准。这里所称之所受利益相当于管理利益,所受损害相当于管理费用。然倘管理利益大于管理费用,则依不适法无因管理的规定主张享受管理利益对于本人便比较有利。这在"民法"第177条第2项修正规定不法管理得准用不适法无因管理之规定后,取得了积极的意义。该项规定对于擅自就他人之物或权利为使用收益的情形,有重大的实益。在该修正规定之前,除法律例外另有得以擅用者之不法利益作为损害之计算依据的特别规定外,[②]此种问题通常必须借助于不当得利或侵权行为的规定,依该等规定,真正权利人并不得请求分享他人因擅用而取得的管理利益。在"民法"第177条第2项修正规定施行后,在擅用他人

[①] "最高法院"1950年台上字第1553号民事判决:"上诉人如确曾就契约外增加修理机件,而其修理之机件又确有利于被上诉人,并不违反被上诉人明示或可得推知之意思者,则上诉人为被上诉人支出之有益费用依'民法'第176条第1项之规定即非不得请求偿还。"然在该判决所示情形,当事人间原有委任或承揽关系存在,故如无急迫情事,纵使增加修理机件可提高其安全性或减少其将来必须修理之费用,受任人或承揽人在契约外增加修理机件,是否不违反本人明示或可得推知之意思,即非无疑问。这亦是"民法"第546条所以规定,委任人应偿还受任人因处理委任事务支出之必要费用,而未及于有益费用的道理。盖只要是委任事务之范围所及,其处理费用即是必要费用;反之,即属越权。其越权管理事务,因违反本人明示之意思,应论为不适法无因管理。此为针对个别契约之相对意义下的必要费用。

[②] 以加害人所受利益作为赔偿之范围的计算方法,较早适用于债权人就债务人违反忠实义务之所得的归入权。例如"民法"第536条第1项(经理人或代办商违反竞业禁止之义务),"信托法"第24条第3项(受托人违反将信托财产与其自有财产及其他信托财产分别管理的义务)。而后引用到事业因违反"公平交易法"之规定,致侵害他人权益的情形。该法第32条第2项规定:"侵害人如因侵害行为受有利益者,被害人得请求专依该项利益计算损害额。"近年则普遍的引用到与知识产权之侵害有关的损害赔偿上。例如"商标法"第66条第1项第2款、"专利法"第89条第1项第2款、"著作权法"第88条第2项第2款、"集成电路电路布局保护法"第30条、"营业秘密法"第13条第1项第2款。以上可谓是归入权的特别规定。而修正后之"民法"第177条第2项则为归入权之一般规定。德国法上的规定情形,请参考 Soergel-Mühl, Kommentar zum BGB, 11. Aufl., 1980, §687 Rz 7-10.

之物或权利的情形,本人得在侵权行为、不当得利及不法管理中选择对于自己最有利的规定,请求赔偿损害、返还利益或归入管理利益。唯该规定可能与物之恶意①或善意占有②的规定冲突("民法"第 952 条、第 958 条)。关于恶意或善意占有,物权法就管理费用之返还亦有特别的规定。其规定之要件重在于费用之必要性,而不在于占有人支出费用之主观意思,这与无因管理以管理人为他人管理事务的主观意思为构成要件者不同。③

二、无因管理之种类

无因管理的类型特征首先在于虽无权源,而为他人管理他人之事务。鉴于管理他人事务终究是介入他人私法自治权的行为,所以,无因管理原以"为他人

---

① 参见"最高法院"1953 年台上字第 1213 号判例。

② 物之占有的管理利益为收取孳息。关于善意占有之孳息的收取权,"最高法院"1988 年台上字第 1208 号民事判决要旨称:"占有人于占有物上行使之权利,推定其适法有此权利。又善意占有人依推定其为适法所有之权利,得为占有物之使用及收益。分别为'民法'第 943 条、第 952 条所明定。是占有人因此项使用所获得之利益,对于所有人不负返还之义务,此为不当得利之特别规定,不当得利规定于此无适用之余地。不动产占有人于其完成物权取得时效并办毕登记时,就时效进行期间之占有,亦应解为有上述规定之适用,方能贯彻法律保护善意占有人之意旨。"该判解认为,即便相对于所有权人,善意占有人亦得主张:自享误想管理之管理利益。然该见解显然没注意到第 943 条、第 952 条所明定者仅是:推定其适法有其于占有物上行使之权利。而该推定是可以经所有权人通过证明其始是该物之真正权利人来加以推翻的。换言之,善意占有人依第 943 条、第 952 条仅得对于能证明自己是所有权人以外之人,而不得对于所有权人主张其适法有其于占有物上行使之权利。"最高法院"1995 年台上字第 46 号民事判决有类似的看法:"占有人其占有被侵夺者得请求返还其占有物。占有被妨害者得请求除去其妨害。占有有被妨害之虞者,得请求防止其妨害。'民法'第 962 条定有明文。占有人对于占有物所有人以外第三人之占有请求权,并不因其系善意占有或恶意占有而有差异。占有人对于不动产出产物之取得,虽受限制。唯占有人既受占有规定之保护,亦不容许所有人以外之第三人对于该占有不动产之出产物加以破坏。"

③ 关于必要费用之返还请求权,就善意占有,"民法"第 954 条规定:"善意占有人,因保存占有物所支出之必要费用,得向回复请求人请求偿还。但已就占有物取得孳息者,不得请求偿还。"就恶意占有,"民法"第 957 条规定:"恶意占有人,因保存占有物所支出之必要费用,对于回复请求人,得依关于无因管理之规定,请求偿还。"依上述规定,有疑问者为,在恶意占有,其必要费用之支出究竟要论为适法或不适法无因管理之费用的支出。如论为适法,第 957 条之异于第 954 条之规定的意旨何在？请参考 Esser, Schuldrecht, 2. Aufl., 1960, § 183, 3.

管理事务之意思"为要件。① 具有该意思而管理他人事务者称为真正的无因管理,不具有该意思而为管理者称为不真正的无因管理。在真正的无因管理中,其管理事务不违反本人明示或可得推知之意思,且以有利于本人之方法为之者,为适法无因管理("民法"第 176 条第 1 项);管理事务不合于该项规定之前述要件者为不适法无因管理("民法"第 177 条第 1 项)②。③ 在不真正之无因管理中,有

---

① "最高法院"1997 年台上字第 1820 号民事判决:"按无因管理固须有为他人管理之意思,唯为他人之意思与为自己之意思不妨并存,故为图自己之利益,若同时具有为他人利益之意思,仍不妨成立无因管理。"与之类似,但不论为无因管理者为:有利害关系之第三人清偿债务("民法"第 312 条)。盖依该条规定,有利害关系之第三人清偿之债务既由其法定承受,则其清偿对于债务人自无为其处理事务的意义。

② 关于适法及不适法无因管理之分类,"民法"对之并无明文之区别标准的规定。"民法"第 174 条第 1 项规定:"管理人违反本人明示或可得推知之意思,而为事务之管理者,对于因其管理所生之损害,虽无过失,亦应负赔偿之责。"如以该项规定为准,适法及不适法无因管理之区别标准只含符合"本人明示或可得推知之意思",而不含"以有利于本人之方法"管理事务。盖以有利于本人之方法管理事务属于"如何",而非"是否"的问题。即便在委任,受任人亦不因不以利于委任人之方法处理委任事务,而使其事务之处理转为非委任,而只是使其所为构成积极侵害债权而已。唯为管理费用之返还要件,"民法"第 176 条就适法无因管理的要件显然规定应含:以有利于本人之方法管理事务。至于"管理系为本人尽公益上之义务,或为其履行法定扶养义务,或本人之意思违反公共秩序善良风俗"的情形,本人明示或可得推知之意思虽不再是区别适法与不适法无因管理的标准,但以有利于本人之方法管理事务,应该还是管理人应满足的要件。这与《德国民法典》的规定不同。关于适法及不适法无因管理之区别标准,《德国民法典》置于他人事务之处理的开始(Geschäftsführungsübernahme),而不置于他人事务之处理(Geschäftsausführung)或其处理结果。事务之处理的开始符合本人之利益及其明示或可得推知之意思者,即论为适法之无因管理(《德国民法典》第 683 条)。并认为只有在这种情形,管理人与本人间始因事务之管理而成立一个法定的债务关系。依该关系,管理人负有义务,斟酌本人明示或可得推知之意思,以利于本人利益的方法管理事务(《德国民法典》第 677 条)。管理人在开始管理时,其能通知者,应即通知本人;如无急迫之情事,并应等候本人之指示(《德国民法典》第 681 条第一句)。在适法无因管理,本人应依委任之规定返还管理费用。不适法无因管理经承认者,适用《德国民法典》第 683 条关于适法无因管理的规定。未经承认者,本人应依不当得利的规定对于管理人负所受领利益之返还义务。《德国民法典》第 683 条所定事务之处理的开始是否符合本人之利益,因事务才刚开始处理,所以仅能一般的客观认定,而尚不能就实际处理情形具体认定之。详请参考 Karl Ludwig Batsch, Aufwendungsersatzanspruch und Schadensersatzpflicht des Geschäftsführers im Falle berechtigter und unberechtigter Geschäftsführung ohne Auftrag, AcP 171(1971), 218ff.

③ 适法无因管理及不适法无因管理,学者亦有将之称为"正当的无因管理"及"不当的无因管理"者,详参王泽鉴:《债法原理》(一),作者自刊 1999 年版,第 368 页。

不知系他人之事务而当成自己之事务管理之者,此为误想管理;[①]有明知为他人事务而当成自己之事务管理之者,此为不法管理。"民法"第177条第2项规定不法管理得准用不适法无因管理之规定。其中何谓以有利于本人之方法的要件,司法实务并无明确判解对之表示意见。比对无因管理与委任之相关规定,与有利于本人之方法相对应的要件为应尽一定之注意义务("民法"第535条),而非必使本人因事务之处理,得到超出管理费用之管理利益。只是如发生管理费用超出管理利益的情事,可能表征管理人未尽应尽之注意义务。唯是否如此,仍非可一概而论,尚须视具体情况认定之。兹图列如下:

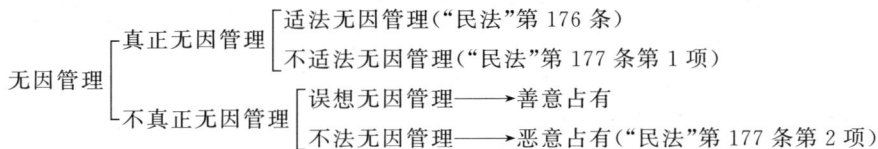

```
         ┌ 真正无因管理 ┌ 适法无因管理("民法"第176条)
         │              └ 不适法无因管理("民法"第177条第1项)
无因管理 ┤
         │              ┌ 误想无因管理──→善意占有
         └ 不真正无因管理┤
                        └ 不法无因管理──→恶意占有("民法"第177条第2项)
```

图 10-1

---

① 误想管理,亦有学者称为"误信管理",详参王泽鉴:《债法原理》(一),作者自刊1999年版,第368页;黄立:《民法债篇总论》,元照出版有限公司1996年版,第171页。

三、无因管理之要件

(一)未受委任,并无义务

未受委任,[①]并无义务[②]所涉者为管理权源的问题。所谓"未受委任",乃无契约上义务之例示,故因雇佣、承揽、合伙等契约而管理他人事务者,自不成立无因管理;而所谓"并无义务",则指无民事法上之义务而言,例如因亲权、监督权而负之管理义务。[③] 这不含履行不成立或无效之法律行为的情形。不成立或无

---

　　① 这里所称未受委任,含未受本人及第三人之委任。管理人基于第三人对于自己之委任而处理本人之事务者,其所为论为对于该第三人履行债务之行为,而非对于本人之无因管理行为。如果该第三人并无为本人管理该事务之权源,则仅该第三人与本人间因该事务之处理而构成无因管理。盖非如是,可能引起管理人既可对于该第三人请求委任费用,又可对于本人请求管理费用之返还的情事。这显然构成同一费用之重复请求。另其对于本人之管理费用的请求权亦势必干扰该第三人对于本人之费用的返还请求权。关于《德国民法典》与本问题有关之讨论,有谓在管理人与委任人所约定要处理的委任事务,如事实上同时涉及他人之利益,而该他人因此应共同负担费用时,该事务之处理,在委任人明白表示,其仅愿其按受益比例负担费用,其余部分管理人(受任人)应自行向其他利害关系人请求时,该委任事务之处理对于未参加委任契约之缔结的利害关系人便可能构成无因管理。例如为防堵可能危害相邻土地之土石流,相邻土地所有人之一以自己名义与他人缔结兴建档土墙之委任或承揽契约,并言明其仅愿意按自己受益土地面积之比例负担费用者,就其余受益土地而言,该档土墙之兴建构成无因管理。该见解有助于解决部分地主不在,或不愿配合时引起的问题。唯在部分地主不愿配合的情形,如不该当"民法"第175条的要件,勉强为之,且事后若本人不依"民法"第177条主张享有因管理所得之利益,则管理人将只能循不当得利的规定请求返还管理利益,而不得依无因管理的规定,直接请求管理费用之返还。换言之,管理人应负担管理成果之风险。详请参考 Karl-Heinz Gursky, Der Tatbestand der Geschäftsführung ohne Auftrag, AcP 185 (1985), 36ff.

　　② 基于公法规定而管理他人之事务,其管理在"民法"上是否论为"无义务"("民法"第172条)而为管理的情形,从而构成无因管理? 应采肯定的见解。对于这个问题,Esser / Weyers 认为:"法院目前审理的案件中基于助人而发生之无因管理相对上已比较稀少。事实上无因管理目前所适用的法律事实大多是:管理人并非基于助人的意思,而是至少也基于某一个(经常是公法上的)义务或也为了自己之利益而为管理"(Esser/Weyers, Schuldrecht Band Ⅱ, Besonderer Teil, Teilband,, 8., Aufl. 2000, S.1f.)。

　　③ 王泽鉴:《债法原理》(一),作者自刊1999年版,第381~382页;黄立:《民法债篇总论》,元照出版有限公司1996年版,第161页。然有谓法定义务包括私法上义务及公法上义务,从而认为:无法律上义务,包括无法定及约定义务而言,故"民法"第172条"未受委任"用语,似属赘词,应无强调依据。是无因管理所称之无因云者,即无义务之意,例如邱聪智:《新订民法债篇通则(上)》,作者自刊2000年版,第88~89页。

效法律行为之履行给付的返还请求，应依不当得利，①而非无因管理的规定。②

---

①　"民法"特别针对自始无效及嗣后经撤销而无效之法律行为，规定其当事人应负回复原状的责任（第113条、第114条第2项），第259条针对契约因解除而无效时，其当事人双方应负回复原状的义务，第179条再一般的针对无法律上之原因而受利益，致他人受损害者规定：应返还其利益。虽有法律上之原因，而其后已不存在者，亦同。从上述规定可见，无效法律行为之履行给付的返还请求，应依不当得利，而非无因管理的规定。所以应如是之要件上的理由是：欠缺为本人管理事务之意思；在法律效力上的考虑是：维持第182条关于不当得利返还范围之限制规定的适用〔同样见解，在《德国民法典》请参考 Larenz，aaO.(FN1)，S.441；MünchKomm/Seiler，41 zu § 677；Medicus，Bürgerliches Recht，15. Aufl.，1991，Rdz.410-412；Karl-Heinz Gursky，aaO.(FN9)，AcP 185 (1985)，31ff.；Eberhard Schwark，Der Fremdgeschäftsführungswille bei der Geschäftsführung ohne Auftrag，JuS 1984，326；Werner Schubert，Der Tatbestand der Geschäfts- führung ohne Auftrag，AcP 178(1978)，451ff.〕。唯诚如第259条及第179条所示，不当得利之返还义务并不以受领利益者有可归责事由为必要，而以有财产利益之移动及其移动无法律上原因为要件。是故，第113条及第114条第2项，以当事人于行为当时知其无效或得撤销，或可得而知，作为其所定回复原状义务的要件，显然不妥。如谓其回复原状系损害赔偿意义下之回复原状，不但与同条所定之损害赔偿责任重复，而且限制了第213条以下关于损害赔偿方法之规定的适用。在委任契约不成立之情形，台湾地区学者亦认为应成立不当得利，详参王泽鉴：《债法原理》（一），作者自刊1999年版，第380～381页。

②　在一个将满十八岁之洲际无票乘客案，该乘客于到达时因无签证而遭立时遣返。为该遣返，该乘客虽应原航空公司之要求，签章同意支付回程机票。但在抵达后拒绝付款。于是，引起该航空公司得以何为规范基础，向谁请求票款的问题。该乘客所签关于回程机票的契约，因其尚为未成年人，且事后其法定代理人拒绝承认而无效。该回程运送因而成为无效契约之履行，从而不构成无因管理，其管理费用应依不当得利的规定请求返还。这对于该航空公司显然不利。本案之特征为：该未成年人因有返还出发地之客观需要或利益，而必须为相关契约的缔结；因此，他自己有无必要之行为能力，或其法定代理人得否拒绝承认其缔结之契约，引起疑问。盖限制行为能力人为意思表示及受意思表示，虽应得法定代理人之允许。但纯获法律上之利益，或依其年龄及身份，日常生活所必需者，不在此限（"民法"第77条）。姑不论所以陷入该窘境，是否可归责于该未成年乘客，今其既已陷入，便应有合理的退出之策。是故，只要事后退出窘境的方法允当，即应论为依其日常生活所必需，限制行为能力虽未得法定代理人之允许还是得以为之；或认为其法定代理人之不承认违反诚信原则。Hans Berg 因而认为，在这种情形，如其法定代理人拒绝承认其缔结之契约，该航空公司之所为应可构成无因管理，得据之向该未成年人及其法定代理人请求按一般费率计算之票价（Hans Berg，Hauptprobleme der Geschäftsführung ohne Auftrag，JuS 1975，682f）。这从结果论上看虽称合理，但在规范依据上，与之较接近之德国制度应是事实上的契约关系。事实上契约关系的理论常被用以规范当事人之一方，享受契约之履行好处后，却不当拒绝缔约的案件。或谓这在这里会与监护制度的精神相违。然因该未成年人已有返还出发地之客观需要或利益，其监护人若知此情事，除付钱购票遭遣返外，并无较为周全的处置可能。其拒绝承认为遣返而缔结之购票契约，显然违反诚信原则。在此情形，所以借助于事实上契约理论，引用契约法赋予必要效力的道理在于：依不当得利回复原状，不能满足规范需要〔Esser，aaO.(FN6)，§ 10，4〕。

在肯认事实上契约关系的情形,其履行固当适用经认定为或拟制为存在之契约关系的相关规定,但在逾越权限或违反指示而为事务之处理的情形,究应依系争契约或债务不履行的规定,[①]或论为无因管理,[②]引起争议。与之相类似之问题为:承租人违约将租赁物转租他人应适用债务不履行而非无因管理的规定。[③]盖转租属于承租人的事务,其租金利益属于承租人而非出租人。

管理事务之行为,在对于第三人之外部关系上可能是事实行为或法律行为。例如管理人自第三人窃取或购买饲料,喂养本人之宠物。至于相对于本人,无因管理行为并非法律行为,所以其成立,并不以管理人在从事管理行为时有行为能力为必要。

(二)为他人管理事务

无因管理上所称之"管理事务",与委任契约上所称之"处理事务"("民法"第528条)相当。[④]　其手段按管理上之需要得为事实行为或法律行为。但不包含不作为。盖不作为虽可充为债之给付的内容("民法"第199条第3项),但无管理一定事务的作用。在事务之管理上,其给付固以劳务之提供的型态表现出来,但不表示为事务之管理不需要任何物质为其基础或配合。当其需要一定之物质,该物质之使用所产生之花费构成管理费用。

为满足为他人管理事务之要件,首先必须管理人在主观上有为本人管理事

---

①　就该问题,关于《德国民法典》采该见解者例如 Esser/Weyers，aaO.（FN10）S.7；Karl Ludwig Batsch，aaO.（FN8），AcP 171(1971),.233.唯 Batsch 称德国实务上也偶有认为管理人应依《德国民法典》第678条负不适法无因管理之责任者（Karl Ludwig Batsch，aaO.（FN8）S.233 FN53）。

②　关于此种问题,"民法"第375条规定:"目标物之危险,于交付前已应由买受人负担者,出卖人于危险移转后,目标物之交付前,所支出之必要费用,买受人应依关于委任之规定,负偿还责任(第1项)。前项情形,出卖人所支出之费用,如非必要者,买受人应依关于无因管理之规定,负偿还责任(第2项)。"

③　关于《德国民法典》之相同见解,例如 Soergel-Mühl，aaO.（FN3），§687 Rz 5；不同看法例如 Hans Berg，aaO.（FN12），JuS 1975，689.

④　请参考王泽鉴:《债法原理》(一),作者自刊1999年版,第376页。

务之意思，其次是管理之事务属于他人之事务。① 为他人管理事务系主观要件，为无因管理所以被论为准契约关系的存在基础；②管理他人事务系客观要件，为无因管理关系所以得归属于本人的存在基础。

关于为他人管理事务之要件，是否含管理人必须有所管理之事务系他人事务的意识，及为他人管理事务的主观意思，或只需要有管理他人事务之客观事实？自"民法"第172条之规定观之，自当采肯定之见解。盖所谓为他人，以行为人（管理人）在行为时内心之一定的行为意识及目的等心理因素为基础。无该意识不成其为行为，无该目的之导向，即无所谓为他人。③ 剩下的问题是该为他人之意思，是否应如意思表示一样，对外表示出来？鉴于无因管理虽号称为准契约，但并不真以当事人间之意思表示，而以管理事务之事实行为，为其成立基础。是故，其成立虽以管理人有为本人管理事务之意思为要件，但并不以管理人将其管理意思对外或对于本人表示为必要。其表示与否，事后仅具证明其为事务之管理时，有无为本人管理事务之意思之证据方法上的意义。④ 事前或在管理中，管理人如未将其为本人管理事务之意思表示出来，因该意思属于内心世界的事项，事后其有无之证明便只能借助于一些指标（Indizien）所构成之外部的表见事实（表见证据：derAnscheinsbeweis），通过推论间接证明之。这是以生活经验为基础之类型的观察方法。⑤

事务可能由于其属性在客观上即属于他人之事务，此即事务之客观的他人性（dieobjectiveFremdheitdesGeschäfts）。具有该属性者为客观的他人事务（diesog.objektivfremdenGeschäfte）。有些事务依其性质自始即具有客观之他

---

① 《德国民法典》第677条规定："未受委任，亦无权为他人管理事务，而为其管理事务者，应顾及到其事实上或可得推知之意思，以如业主之利益所要求的方法管理事务。""民法"与之相当之规定为第172条："未受委任，并无义务，而为他人管理事务者，其管理应依本人明示或可得推知之意思，以有利于本人之方法为之。"该规定在要件上存在之问题为"为他人"的要件要素偏重于管理人之主观的管理意思，而忽略掉所管理之事务是否属于"他人事务"之客观上的属性。从而有使适法无因管理之适用范围过于宽广的疑虑。有鉴于此，德国学说与实务在适法无因管理规定的适用上，引入事务之他人性的要件加以节制。有疑问者为：在何前提下可肯认管理人关于事务之主观的他人性？该问题最后可能还是必须借助于本人之意思及管理方法该二要件回答之。请参考 Karl-Heinz Gursky，aaO.(FN9)，AcP 185（1985），19ff.

② 请参考 Karl-Heinz Gursky，aaO.(FN9)，AcP 185（1985），26f.

③ 请参考 Larenz，aaO.(FN1)，§ 57 I S.438；Karl-Heinz Gursky，aaO.(FN9)，AcP 185（1985），28f.

④ 请参考 Karl-Heinz Gursky，aaO.(FN9)，AcP 185（1985），34.

⑤ 请参考 Karl-Heinz Gursky，aaO.(FN9)，AcP 185（1985），35f.

人性,例如为人疗伤、修屋,为他人尽扶养义务或赔偿义务。[1] 但也有必须等到事情发展到一定程度始显现出其他人性者,例如在购买建材为他人修屋的情形,在购买阶段,该买卖契约之他人性并不明显。必须等到所购建材运至修屋现场,或甚至将之用到系争房屋上,使之因附合而成为房屋之成分时,方始明了。在这之前,该建材之购买是否因管理人之主观的意思,而提前认定其具有他人性? 此即主观之他人性的肯认问题。当采肯定的见解,具有该属性者为主观的他人事务(diesog.subjektivfremdenGeschäfte)。[2] 为合理对待行善的管理行为,纵宜采肯定的见解,但实务上仍有该主观意思之有无举证问题。管理人管理之事务具客观之他人性者,推定管理人有为他人管理事务之意思;反之,如仅具主观的他人性,管理人应举证证明其有为他人管理事务之意思。[3] 苟欠缺为他人管理事务之意思,在具客观他人性的情形,构成不真正无因管理;在不具客观他人性的情形,不构成无因管理。然除系代为履行他人基于物或亲属所生义务,代为维修物品,或代为履行他人之债务,一件事务是否具有他人性,尚难依据一般标准,而必须就具体情况认定之。在其认定上,宽严皆难以周全。[4]

下述情形是否属于管理他人事务,引起疑义:

连带债务人自动或因受债权人请求而清偿债务。按不论是真正或不真正连带债务,皆具有外部连带的效力。其债权人"得对于债务人中之一人或数人或其全体,同时或先后请求全部或一部之给付"("民法"第273条第1项)。由于连带债务人有为全部清偿之义务,引起其清偿,就超出自己依内部关系应分担之部

---

[1]　一件具有客观他人性的事务,纵使同时具有管理人自己事务的性质,亦无碍于其客观的他人性。此种事务德国学说上称之为 "也是他人事务"(die auch-fremden Geschäfte)。这与单纯客观他人事务同视,其管理推定有为本人之意思。请参考 Karl-Heinz Gursky, aaO. (FN9), AcP 185 (1985), 15.

[2]　台湾地区学者有认为:事务本身系属中性,无法依其在法律上之权利归属,判断究属何人时,该事务是否属于 "他人",客观上无从判断,应依管理人的主观意思定之,因管理人有为他人管理的意思,而成为他人事务(主观的他人事务),请参考王泽鉴:《债法原理》(一),作者自刊1999年版,第376~377页;郑玉波著、陈荣隆修订:《民法债篇总论》,三民书局2002年修订2版,第101~102页。

[3]　请参考 Karl-Heinz Gursky, aaO.(FN9), AcP 185 (1985), 28ff.这种问题普遍存在于间接代理。管理人以直接代理的方法与第三人缔结契约者,固可将其为他人管理事务之意思客观的表现出来,但这对于是否构成适法无因管理仍无影响。盖为适法无因管理的构成,该事务之管理还必须符合本人之意思与利益。请参考 Esser, aaO.(FN6), §183, 6 c, §184, 1 f).另即便在适法的无因管理,本人亦无义务,承认管理人为事务之管理所从事之无权代理行为。唯管理人得请求本人清偿其所负担之债务("民法"第176条)。请参考 Soergel-Mühl, aaO.(FN3), Rz 11 vor §677.

[4]　Esser /Weyers, aaO.(FN10)S.8ff.; Larenz, aaO.(FN1), S.438ff.

分,是否属于管理他人事务的疑问。针对这个问题,^①"民法"在第 281 条中规定:"连带债务人中之一人,因清偿、代物清偿、提存、抵销或混同,致他债务人同免责任者,得向他债务人请求偿还各自分担之部分,^②并自免责时起之利息(第 1 项)。前项情形,求偿权人于求偿范围内,承受债权人之权利。但不得有害于债权人之利益(第 2 项)。"该条第 1 项虽然规定其他债务人因该项所定事由而同免责任,但因同条第 2 项又规定,求偿权人于求偿范围内,承受债权人之权利,亦即求偿权人所清偿之债务对于其他债务人并未消灭,而只是换了债权人。^③ 所以,相对于其他债务人,不宜将连带债务人之一的清偿论为无因管理。^④

　　扶养义务人为其扶养权利人支付因第三人之加害行为发生的医疗费用。该费用之支付具有两个意义:为自己履行扶养义务,为加害人履行损害赔偿义务。

---

　　① 此外,连带债务人之清偿亦可论为有利害关系之第三人的清偿。依"民法"第 312 条规定:"就债之履行有利害关系之第三人为清偿者,于其清偿之限度内承受债权人之权利,但不得有害于债权人之利益。"亦即在清偿后,得法定承受债权人之权利。此与"民法"第 281 条第 2 项规定之内容相同。

　　② 关于连带债务人相互间之分担义务,"民法"第 280 条规定:"连带债务人相互间,除法律另有规定或契约另有订定外,应平均分担义务。但因债务人中之一人应单独负责之事由所致之损害及支付之费用,由该债务人负担。"该条但书规定之情形主要指,为他人之侵权行为或危险行为负不真正连带债务的情形。真正连带债务之分担义务的内部连带效力为:"连带债务人中之一人,不能偿还其分担额者,其不能偿还之部分,由求偿权人与他债务人按照比例分担之。但其不能偿还,系由求偿权人之过失所致者,不得对于他债务人请求其分担(第 1 项)。前项情形,他债务人中之一人应分担之部分已免者,仍应依前项比例分担之规定,负其责任(第 2 项)。"(第 282 条)

　　③ "民法"第 281 条第 1 项所称"致他债务人同免责任"与第 2 项所定之法定承受,在效力上是互相矛盾的。盖各连带债务人之履行责任既因连带债务人中一人之清偿、代物清偿、提存、抵销或混同而同免,则该债务自当因该等事由而消灭("民法"第 309 条、第 335 条、第 343 条、第 344 条)。从而不能再由清偿人于求偿范围内,承受债权人之权利。关于这个问题,《德国民法典》第 426 条第 2 项使用了比较平铺直叙的语法,直接规定:"连带债务人中之一人满足债权人,并得向其他债务人求偿时,债权人对于其他债务人之债权由其承受。该承受权不得不利于债权人行使之。"该语法避开了"民法"第 281 条第 1 项与第 2 项间之前述矛盾。

　　④ 台湾地区相同见解请参照王泽鉴:《债法原理》(一),作者自刊 1999 年版,第 379~380 页。但有不同见解,认为可以成立无因管理者,请参照郑玉波著、陈荣隆修订:《民法债篇总论》,三民书局 2002 年修订 2 版,第 104 页。有关于《德国民法典》,相同见解请参考 Esser/Weyers, aaO.(FN10)S.15; Larenz, aaO.(FN1), S.441; Vgl. Medicus, aaO.(FN11), Rdz. 415; Hans Berg, aaO.(FN12), JuS 1975, 684f.不同的见解,请参考 Soergel-Manfred Wolf, Kommentar zum BGB, 11. Aufl., 1986, § 426 Rz 13:"多数债务人间之求偿权亦可从无因管理或不当得利产生。《德国民法典》第 426 条第 1 项原则上并不排斥这些请求权。"

从而该医疗费用之支付兼具为自己及为他人处理事务的性质。扶养义务人固不得对于扶养权利人,但得对于加害人,依无因管理的规定请求返还其支付之医疗费用。[①] 这适用于管理人依契约对于本人负给付义务,而其给付之必要系由他人应负责之事由引起的情形。[②] 不过,这种费用之求偿问题,通常已多可依法借助于代位行使或法定承受本人对于加害人之损害赔偿请求权的方法达到相同之目的,没有引用无因管理之规范上的需要。此外,在此种情形,因为基于其他法律关系就加害人对于受害人造成之损害负填补义务者,在填补损害时,并无免除加害人对于受害人之损害赔偿义务的意思,所以加害人之损害赔偿义务原则上不因之而消灭。是故,其填补对于加害人自亦不构成无因管理,而只得循不真正连带债务或有利害关系之第三人清偿有关的规定,依据承受自受害人之损害赔偿请求权("民法"第281条、第312条),请求加害人支付其为回复原状所付之必要费用("民法"第213条第3项)。[③]

　　汽车驾驶人为防止撞及路人而在闪避时导致自己受损,或损及第三人。[④]其闪避是否可论为对于路人之无因管理,该损害是否得论为管理费用,对该路人请求返还? 为回答这个问题首先必须确认该交通危险是否由该驾驶人引起。如然,则其闪避系在防止自己之侵权责任的发生或损害之扩大,而非为路人管理事务,驾驶人应自己负担闪避引起之损害,其为之有投保责任保险者,可向保险人请求赔偿;如不然,则系为路人管理事务,这时只有其闪避,在客观上是否需要,亦即路人自己是否能够及时避开危险,以及驾驶人之闪避是否已尽应尽之注意义务,以有利于路人之方法为之,能影响该请求权之有无。至于该交通危险是否由路人或由第三人引起,则非无因管理之要件。为闪避而对于第三人造成损害另涉及紧急避难,路人自己是否能够及时避开危险涉及假设之因果关系[⑤]或误想避难的问题。

　　民间业者协助行政机关为在公法上负有义务者代履行其义务时,其代履行

---

　　① 请参考 Eberhard Schwark,aaO.(FN11),JuS 1984,323ff.;Werner Schubert,aaO.(FN11),AcP 178(1978),447ff.

　　② 请参考 Werner Schubert,aaO.(FN11),AcP 178(1978),440ff.

　　③ 请参考 Werner Schubert,aaO.(FN11),AcP 178(1978),449ff.

　　④ 汽车驾驶人为防止撞及路人而在闪避时损及第三人者,其闪避如系紧急避免该路人之损害所必要,且未逾越危险所能致之损害程度,不负损害赔偿之责。但其危险之发生,如行为人有责任者,仍应负损害赔偿之责("民法"第150条)。其赔偿支出所构成之费用,应论为非管理所必要,从而亦不得依无因管理之规定向本人请求返还。

　　⑤ 请参考 Esser/Weyers,aaO.(FN10),S.15ff.;Larenz,aaO.(FN1),S.450f.;Hans Berg,aaO.(FN12),JuS 1975,685.

是否构成无因管理？例如违规停车之车辆所有人有义务,依命令自行移置其车辆至合法处所停放,其因不在场而不能,或拒绝实时自行移置者,该管机关得指派拖吊业者以强制拖吊的方式直接强制或代履行("行政执行法"第 28 条)。[1]在此种情形,拖吊业者与该管机关间虽有行政契约存在,并以该契约为基础接受拖吊任务之指派。但其与违规车辆之所有人间仍无私法上之拖吊契约关系。所以,拖吊业者必要时如要依私法上的规定对其请求移置费及保管费的返还,当仍以无因管理为其规范基础。[2]唯在此情形,拖吊业者必须证明其有为车主处理移置及保管事务之意思。[3]如果是公务人员单纯因执行公务,而介入私人事务之管理,应不论为无因管理。在这当中如有费用之返还问题,应依征收规费之有关规定,例如监狱管理员对绝食之受刑人强制灌食[4]或消防服务。[5]这当中涉及公法上服务项目或范围之界定问题。其类型界线是流动的,各国和地区状况皆

---

[1]　民间拖吊业者依交通勤务警察或依法令执行交通稽查任务人员之指派,拖吊违规停车之车辆。此种服务学说上虽多将之定性为:仅是民间机构为协助行政机关执行公务,而从事事实行为之行政助手的服务(Stelkens/Bonk/Sachs, Verwaltungsverfahrensgesetz, 5. Aufl., 1998, § 1 Rn 236；Kopp/Ramsauer, Verwaltungsverfahrensgesetz, 7. Aufl., 2000, § 1 Rn 54；Dirk Ehlers, Verwaltung in Privatrechtsform, 1984, S.450, 504 FN 454)。但就其拖吊费用,"停车场法"第 32 条之一规定:"……前项停车场经营业于实施违规停车拖吊业务时,……向汽车所有人收取所需之移置费及保管费。"亦即民间拖吊业者对于汽车所有人有直接收取所需之移置费及保管费的权利。反之,"道路交通管理处罚条例"第 56 条第 2 项规定:"前项情形,交通勤务警察或依法令执行交通稽查任务人员,应责令汽车驾驶人将车移置适当处所;如汽车驾驶人不予移置或不在车内时,得由该交通勤务警察或依法令执行交通稽查任务人员为之,或得于举发其违规后,使用民间拖吊车拖之,并收取移置费。"及同条例第 85 条之三第 1 项规定:"……第 56 条第 2 项……之移置,得由交通勤务警察、依法令执行交通稽查任务人员径行移置或使用民间拖吊车拖离之,并收取移置费及保管费。"依该二条规定,移置费及保管费当以该管机关,而非以拖吊业者之名义收取之。这符合其仅系行政助手的身份。依该见解,拖吊业者接受该管机关之指派而为拖吊时,其拖吊事务之执行应解释为:无为车主管理事务之意思。从而不构成无因管理。

[2]　请参考 Esser/Weyers, aaO.(FN10), S.14；Werner Schubert, Grenzen der Geschäftsführung ohne Auftrag, NJW 1978, 688.

[3]　请参考 Eberhard Schwark, aaO.(FN11), JuS 1984, 328.

[4]　请参考 Werner Schubert, aaO.(FN34), NJW 1978, 688；Eberhard Schwark, aaO. (FN11), JuS 1984, 327.

[5]　请参考 Werner Schubert, aaO.(FN11), AcP 178(1978), 444ff.

有不同,并非一成不变的概念。①

有关机关执行其依公法所负之职务的同时,防止或避免可归责于他人之事件引起损害。最常见的案例是消防队所提供,像灭火、清理翻倒之油罐车或溶剂车的现场等形形色色的消防服务。② 此种职务之执行具有兼具处理他人事务的机能。因此,对于应为该等事件负责之人,含肇事者及其责任保险人,可构成无因管理。消防机关可以对其请求返还管理费用。肯认其为一种无因管理的意义为,必要时可化解关于征收规费之法律漏洞。③

(三)谁是本人

未受委任,并无义务,而为他人管理事务("民法"第 172 条),即是无因管理。该他人便是无因管理关系中之本人。无因管理之成立,虽以管理人有为他人管理事务的意思为要件,但管理人在开始管理时并不需要确知本人为谁,④即使对于本人为谁有所误认,亦无碍于无因管理之构成。⑤ 该无因管理关系仍归属于

---

① 流动于私人服务或公共服务间者例如医疗服务、年金保险、汽车强制责任保险。有关部门对于这些服务之提供或购买的介入,皆具有社会安全之政策上的考虑。此外,公用事业或与基础建设有关之产业例如自来水、瓦斯、电力、交通、电信、大众传播、证券金融交易市场等。其管制对于私经济活动亦产生来自于公法的影响。

② 请参考 Hans Berg, aaO.(FN12), JuS 1975, 683f.

③ 即使有相关规费之征收的规定,因规费之征收通常以人民申请特定行政服务在先为要件,所以,如果没有针对行政机关主动提供服务之情形加以规定,一样会遭遇类似于无因管理的问题。由此可见,在公法上不但有不当得利,而且有无因管理之规范的需要。针对该公法上之规范需要,就不当得利,"行政程序法"第 127 条规定:"授予利益之行政处分,其内容系提供一次或连续之金钱或可分物之给付者,经撤销、废止或条件成就而有溯及既往失效之情形时,受益人应返还因该处分所受领之给付。其行政处分经确认无效者,亦同(第 1 项)。前项返还范围准用'民法'有关不当得利之规定(第 2 项)。"就无因管理,"预算法"第 25 条规定:"政府不得于预算所定外,动用公款、处分公有财物或为投资之行为(第 1 项)。违背前项规定之支出,应依'民法'无因管理或侵权行为之规定请求返还(第 2 项)。""预算法"该条规定应并引不当得利,以备不成立适法无因管理时之规范所需。自该条规定观之,预算对于行政机关之控管堪称严格。关于公法上的无因管理在德国立法例的肯认,请参考 Soergel-Mühl, aaO.(FN3), Rz 4ff. vor § 677.

④ 请参考 Eberhard Schwark, aaO.(FN11), JuS 1984, 322.

⑤ 郑玉波著、陈荣隆修订:《民法债篇总论》,三民书局 2002 年修订 2 版,第 103 页。

该事务客观归属之人。① 然在具体案件谁是本人? 这应就系争事务经管理后,其利益之客观的归属状态认定之。

本人事务之管理的需要系因第三人对于本人之侵权行为而发生者,管理人管理该事务的机能,不论是在于填补损害或在于防止损害扩大,皆同时具有为加害人管理事务的意义。是故,该管理如充分未受委任,并无私法上义务的要件,对于本人与加害人皆可构成无因管理。被害人为未成年人者,并可同时构成为其法定代理人履行扶养义务的无因管理。例如甲开车不小心撞伤乙之四岁儿子丙,丁路见将丙送医,共支出交通费三百元及医疗费用新台币伍万元。其所为构成对于甲、乙、丙之无因管理。除得依无因管理对于甲、乙、丙请求返还外,② 并

---

① 就管理人关于本人之人别的认识错误,《德国民法典》第 686 条规定:"管理人关于本人之人别认识错误者,其事实上之本人因该事务之管理享有权利并负担义务。"按在无因管理,重要的是管理人为他人管理事务,以及其管理是否"依本人明示或可得推知之意思,以有利于本人之方法为之"。至于他人为谁,有时在开始管理时不得而知,有时可能认识错误,这在无因管理之构成上皆无关紧要,只要最后按该事务事实上之归属,认定其法律关系之归属即可。请参考王泽鉴:《债法原理》(一),作者自刊 1999 年版,第 378 页。唯要注意,本人改变时,管理行为所当符合之本人的意思或利益的标准,可能随之而异,从而影响到其适法性。

② 在上例所示情形,甲、乙、丙三人固同依无因管理的规定,对于丁连带负管理费用的返还义务,但其内部之分担仍有先后位的关系。甲系加害人,故为主要应负责之人;丙为受害人,故为最后位应负责之人。乙因系未成年人丙之监护义务人,所以应先位于丙负责。至于乙相对于甲,就丙所受损害,二人违反之保护义务的规范基础虽有不同,但属于共同导致丙受害之人。从而应水平的按其对于损害之发生的过失或原因力的比例分担责任。是故,在该例中,假设先由丙对于丁返还管理费用,而后再由丙向甲、乙请求赔偿,甲不得将乙之过失主张为丙之与有过失,而应依共同侵权行为的规定,主张甲、乙间之责任的分担比例,以符监护制度对于未成年人之保护的意旨。是故,"最高法院"1984 年台上字第 2201 号判例要旨虽谓:"'民法'第 224 条所谓代理人,应包括法定代理人在内,该条可类推适用于同法第 217 条被害人与有过失之规定,亦即在适用'民法'第 217 条之场合,损害赔偿权利人之代理人或使用人之过失,可视同损害赔偿权利人之过失,适用过失相抵之法则。"但该要旨适用之对象应限于:与监护义务之违反对于受监护人构成侵权行为无关的类型。依与有过失或共同侵权行为的规定分担赔偿责任的区别实益在于:与有过失系针对未成年之被害人,而共同侵权行为系针对其法定代理人。假设未成年之被害人丙只对于连带债务人之一的加害人甲请求全部赔偿("民法"第 273 条),则甲就乙之过失如可对丙主张与有过失,丙不能从甲得到全部赔偿;反之,甲就乙之过失如仅得对乙主张共同侵权行为,则丙得从甲得到全部赔偿,而甲只能在赔偿后向乙求偿。这在乙无资力时,对于丙特别有意义。

得以第三清偿人的地位对于加害人甲或扶养义务人乙请求返还。① 其所清偿之债务具有过失共同侵权行为的属性。② 唯因丁就该债务之清偿并无利害关系，

---

① 与之类似而不同者为，病人不依医疗契约履行其医疗费用之债务时，医疗机构并不得主张依无因管理的规定对其扶养义务人请求返还管理费用（医疗费用）。盖"对于不参与契约之第三人请求契约对价之给付与契约秩序不符"（Larenz, aaO.（FN1）, S.441; Vgl. Medicus, aaO.（FN11）, Rdz.414.）。

② "司法院"1977 年例变字第 1 号变更判例："民事上之共同侵权行为，（狭义的共同侵权行为即共同加害行为……）与刑事上之共同正犯，其构成要件并不完全相同，共同侵权行为人间不以有意思联络为必要，数人因过失不法侵害他人之权利，苟各行为人之过失行为均为其所生损害之共同原因，即所谓行为关连共同，亦足成立共同侵权行为。""依'民法'第 185 条第 1 项前段之规定，各过失行为人对于被害人应负全部损害之连带赔偿责任"（"最高法院"1978 年台上字第 1737 号判例）。依该等判例之意旨，要构成过失共同侵权行为，仅以行为关连共同为要件，而不要求其行为之违法性的依据必须相同。亦即各行为人所以对于受害人负保护义务之规范基础可以各异。在认为：违反基于（契约）债务关系所负之个别保护义务，除可作为积极侵害债权，并可充为侵权行为之违法性基础的观点下［关于一般保护义务、个别保护义务与侵权行为，请参考黄茂荣：《债法总论》（第二册），台湾植根法学丛书编辑室 2002 年版，第 337 页以下、第 383 页］，就其他法定照顾义务（例如监护义务）之违反，当亦可采取相同的见解。

所以其请求之规范基础,后来视情形还是回归至无因管理或不当得利。① 清偿者就系争之债的清偿必须有利害关系,依"民法"第 312 条始得法定承受所清偿之债务。至于代位求偿,在该条经于 2000 年 4 月 26 日修正后,"民法"中已不存在,而仅存在于民事特别法中("保险法"第 53 条、"全民健康保险法"第 82 条、"强制汽车责任保险法"第 31 条、"药害救济法"第 18 条、"证券投资人及期货交

---

① "最高法院"2002 年台上字第 2544 号民事判决:"查'民法'第 312 条所谓第三人就债之履行有利害关系云者,固指第三人因清偿而发生法律上之利害关系而言,如仅有事实上之利害关系,并无该条之适用。唯实务上就前开'利害关系'之解释,采从宽立场,对于借款时在场之中人,纵非保证人,若约定该中人有催收借款之责任者,就借款之返还,亦有利害关系(本院 1940 年上字第 1354 号判例)。又法律并未明文规定,第三人须以一定之方式向债权人表明系清偿他人之债务,即以言词为之或其他足令债权人知悉之方式,均无不可。……次查第三人清偿,若系误认他人之债务为自己之债务而为清偿,即属非债清偿,若该他人确有是项应负责之债务,因第三人之清偿而受利益,该第三人自得依不当得利法则请求返还;若第三人明知无清偿之义务而为他人清偿,且不违反该他人之本意并利于本人,虽以自己名义为之,如具有管理之意思,亦不妨成立无因管理。"该判决要旨虽采类似见解,但所以应当如此的理由稍有差异:(1)如成立适法无因管理,即不成立不当得利,二者是在适用上非处于可选择之竞合状态。在实务上其所以状似可选择,乃因第三清偿人不主张其系适法无因管理债务人之清偿事务,从而适用不当得利。(2)第三人误认他人之债务为自己之债务而清偿之,其清偿给付因无法律上原因,构成不当得利固无疑问。唯因该清偿给付所构成之利益的受领人系债权人而非债务人,应以债权人,而非债务人为该不当得利之返还义务人。(3)成立不适法无因管理,对于不当得利无当然之排斥效力。是否优先适用"民法"第 177 条,而不适用不当得利之规定,取决于本人之意思。请参考 Karl-Heinz Gursky, aaO.(FN9), AcP 185 (1985), 21,40. 所谓就他人债务之清偿有利害关系之第三人,依《德国民法典》第 268 条之规定,指因债权人对于债务人之目标为强制执行而会丧失其对于该目标之权利或占有之第三人。为保护其对于该目标之上述权益,该条规定该第三人为避免该目标被强制执行,得对于债权人以清偿、提存或抵销的方法满足债权人。只要该第三人满足了债权人,该债权移转于该第三人。但不得为不利于债权人而行使该移转的权利。该规定值得参考。依该规定有利害关系之第三人为避免债权人就债务人之目标为强制执行,而代为满足债权人时,除该债权之移转外,不另引起无因管理的费用返还请求权,盖该第三人系为自己之利益而为之;亦无不当得利返还请求权,盖债务人依然负其原来之债务。请参考 Soergel-Manfred Wolf, aaO.(FN27), § 268 Rz.10. "民法"第 312 条所定之利害关系所指态样如超出《德国民法典》第 268 条所定范围,是否应容许第三人在法定移转与无因管理之费用返还请求权间自由选择,便有考虑的余地。

易人保护法"第21条)。① 医疗费用由被害人之扶养义务人给付者,对于加害人仍得依"民法"第312条法定承受被害人之损害赔偿请求权,或以代加害人赔偿为理由,依无因管理对于加害人请求赔偿或返还,②这不因后来被害人死亡,清偿人继承被害人而改变其效力。盖在这里扶养义务人虽亦负有为被害人支付医药费用的义务,但就该医疗债务扶养义务人与加害人仍仅构成不真正连带债务。扶养义务人先为清偿者,对于加害人有全额的求偿权。其因混同而消灭者,亦同("民法"第281条第1项)。反之,加害人先为清偿者,对于扶养义务人无求偿权。这当中非赔偿义务人如无代为清偿之意思,而仅是对于被害人为道德上之

———————————

① "最高法院"1978年第14次民事庭推总会议决定之二:"被害人因伤致死,其生前因伤害所支出之医药费,被害人之继承人得依继承关系,主张继承被害人之损害赔偿请求权,由全体继承人向加害人请求赔偿。其由无继承权之第三人支出者,对于被害人得依无因管理或其他法律关系主张有偿还请求权,并得代位债权人(被害人之继承人)向加害人请求赔偿。"该号议决中所称"并得代位债权人(被害人之继承人)向加害人请求赔偿",依"民法"第312条,清偿人本来必须是有利害关系之第三人方始成立。否则,清偿人只得依无因管理或不当得利之规定请求返还。唯因针对加害他人生命权的情形,"民法"第192条第1项规定:"不法侵害他人致死者,对于支出医疗及增加生活上需要之费用或殡葬费之人,亦应负损害赔偿责任。"所以,支付该医疗费用者对于加害人得直接请求损害赔偿,不必迂回依据关于第三人清偿的求偿规定。鉴于该医疗费用之支出对于死者原则上当可构成适法无因管理,所以,"民法"第192条第1项与第176条之规定应可构成竞合。该支出,在侵权行为系因侵害而增加之生活上需要所构成的损害,在无因管理系管理费用。科目虽有不同,目的则一。

② "民法"第312条所定之法定承受与第172条所定之无因管理在效力上互相冲突。在前者,因第三人清偿不生清偿效力,债务人并未获利,所以不能论为无因管理;在后者,因第三人清偿生清偿效力,债务人获有利益,所以可论为无因管理。在具体案件到底应适用何者,在不真正连带债务中之后位的债务人先为清偿者,原则上应容许其有选择权。请参考Soergel-Manfred Wolf, aaO.(FN27), §426 Rz.13:"数债务人间之补偿请求权应也得自无因管理(§§677ff.)或不当得利(§§812ff.)产生。这些请求权原则上不被第426条第1项所排除。"

给付,则该给付因无清偿加害人所负该损害赔偿的意思,自不生清偿效力。①

(四)符合本人之意思与利益

符合本人明示②或可得推知之意思,③并以有利于本人之方法管理事务,系

---

① "最高法院"1990 年台上字第 1262 号民事判决:"唯查被上诉人因李洪章受伤为之支出医药费 228738 元,固可本于无因管理之法律关系请求李洪章返还该项费用,然被上诉人为李洪章之配偶,于李洪章死亡后,依法应继承此项债务,则债权债务同归被上诉人一人,依'民法'第 344 条之规定,债之关系消灭,被上诉人已无债权可供代位行使,原审就被上诉人所主张代为支出医药费依无因管理及代位求偿之法律关系准许被上诉人之请求,已有未合。次查上诉人在原审及第一审一再抗辩本件肇事之后,屋主赖松元已赔偿被上诉人 22 万元和解了事,被上诉人就同一事件,岂能双重索赔云云……而被上诉人亦自认曾收取该 22 万元无异……原审就被上诉人此项防御方法,何以不足采,恝置不论,遽为上诉人不利之认定,亦有判决不备理由之违法。"按本件之被上诉人(扶养义务人)为被害人对于医疗机构清偿医疗费用之给付,除有对于该医疗机构清偿医疗费用债务的意义外,被上诉人如兼有为加害人清偿损害赔偿债务的意思,则可因此从被害人承受其对于加害人之损害赔偿请求权("民法"第 312 条),或直接对于加害人取得无因管理之管理费用的返还请求权。该请求权不因被上诉人继承被害人而有混同的情事。另即便被上诉人在清偿时无为加害人赔偿债务之意思,从而其清偿仅单纯对于医疗机构生清偿医疗费用债务的效力,且其因此对于被害人取得之无因管理费用返还请求权由于继承而混同,亦不因此而使被害人依侵权行为规定("民法"第 193 条)对于加害人之医疗费用的赔偿请求权消灭。与"民法"第 195 条所定之非财产上损害赔偿请求权不同,第 193 条所定之财产上损害赔偿请求权是得继承的。由上述说明可见,"最高法院"所以不利于被上诉人将原审判决废弃,乃因其主张之请求基础不妥所致。该判决尚称:被上诉人自第三人(业主)取得与该医疗费用相当之和解给付后,又对于上诉人(加害人)请求医疗费用。上诉人质疑这有无就同一事件所生损害双重索赔的情形。原审应对该质疑表示其判断意见,始备理由。这个问题涉及业主与被害人之和解,有无为加害人清偿损害赔偿债务之意思,并使之成为和解内容而定。如无该意思,而纯系基于履行自己对于受害人之道德上义务而为和解给付者,其给付不生代加害人清偿损害赔偿债务的效力。盖除定作人(业主)于定作或指示有过失外,承揽人因执行承揽事项,不法侵害他人之权利者,定作人不负损害赔偿责任("民法"第 189 条)。

② 关于管理事务违反本人明示之意思的要件,最为凸出者为营救自杀者。认为营救自杀者亦可构成适法无因管理的理由为:在规范上授予考虑之本人的意思限于合法或不违反公序良俗的意思。本人明示之意思如有不法或违反公序良俗的情形,在适法无因管理的认定上当成不存在。因此,自杀之营救也就无所谓有违反本人明示之意思的问题。请参考 Hans Berg, aaO.(FN12), JuS 1975, 686f.

③ 可得推知之意思的内容究竟为何?在具体案件管理人之认知如有错误,其危险由管理人负担。在汇票之付款,如付款人已尽应尽之注意义务,Esser 认为汇票系属伪造者,危险应由付款人负担;反之,属于变造者,应由发票人负担。盖在第二种情形,其危险来自于发票人。请参考 Esser, aaO.(FN6), §185, 1 c.

适法无因管理的要件要素("民法"第 172 条),除非因有"民法"第 174 条第 2 项所定情事之一,[①]而得违反本人之意思("民法"第 176 条第 2 项),否则,缺一不可。特别是不得以虽不符合本人之意思,但客观上符合其利益为理由,主张仍不失其为适法的无因管理。[②] 由于并不以本人明示之意思为限,在实务上提供了相当的解释空间。鉴于无因管理的规范功能本应在于救急,[③]所以其解释仍以趋严为宜,以免过度扩张之适法无因管理压缩了本人自私法自治权具体化下来之缔约自由。[④] 此外,管理人开始管理时,如有通知之可能,应即通知本人。如无急迫之情事应俟本人之指示("民法"第 173 条)。至于以有利于本人之方法管理事务,除涉及注意义务外,学说上也有从事务之管理对于本人是否有利的观点论之。其中比较突出而多争议的案例是:抢救自杀病人或为浪费成性者购买其可能喜欢之收藏物是否符合其利益? 在前者,其抢救显然不符自杀者明示之意思,从而也当不符合其利益,然实务上认为抢救有理;在后者,其购买至少符合本人可得推知之意思,但是否符合其利益,[⑤]倾向于采否定的看法。在上述论断中显然皆含有价值判断的因素在内,而非单纯的就事论事。[⑥]

四、无因管理之效力

管理人之无因管理的结果,势必引起管理费用,视情形并可能引起管理利益及管理损害。由于无因管理系从他益行为的观点发展出来的制度,所以管理人

---

① 在"民法"第 175 条所定紧急救助的情形,虽减轻管理人之注意义务,但除非其还满足第 174 条第 2 项所定情事之一(例如抢救投河自杀者),就适法无因管理之构成,仍不排除其应符合本人之意思的要件。请参考 Esser,aaO.(FN6),§ 184,4.

② 请参考 Esser, aaO.(FN6),§ 184,2.

③ 关于无因管理的规范功能究竟应在于救助或在于补偿,德国学说上有热烈的论辩。救助说(die Theorie der Menschenhilfe)的论点重在维护私法自治权,而补偿说(die Theorie der Ausgleichsregelung)的论点重在修正不正确之财产状态。将救助说推到极点,否定"也是他人事务"(die auch-fremde Geschäfte)之他人性。这固不相宜,但将补偿说推到极点,则会在相当程度上压缩本人之缔约自由。比较合宜的观点当是真意说(参照"民法"第 98 条)。亦即应就具体情况参酌交易习惯,探求本人之规范上当有的真意,以认定管理事务是否符合本人之意思,俾以确保无因管理制度之操作与意思表示的制度相契合。请参考 Soergel-Mühl,aaO.(FN3),Rz 1 vor § 677.

④ 请参考 Werner Schubert,aaO.(FN11),AcP 178(1978),428ff.

⑤ 在无因管理规定的适用上,关于何谓"利于本人之方法"实务的见解并不明朗。

⑥ 请参考 Larenz,aaO.(FN1),S.444f.;Esser/Wyers,aaO.(FN6),§ 46 II 3a.

不得就无因管理请求管理报酬。[①] 于是,因无因管理,在管理人与本人间有管理费用之返还、管理利益之归属及管理损害之赔偿,而原则上无管理报酬之给付的问题。[②] 当针对管理行为引起之财产利益的移动,在管理人与本人间无个别法律关系,该财产利益的移动原则上应依不当得利的规定规范之,必须在满足无因管理之特别规定的情形,始改依无因管理之规定。这里所发生之财产利益的移动,自管理费用转化为管理利益,由管理人移动至本人。所以管理费用之返还与管理利益之归属问题可谓相随而生。当管理利益应归属于本人,本人应负管理费用之返还义务;当管理利益不归属于本人,则本人应返还者为管理利益而非管理费用,其依据为不当得利。在效力上具有无因管理特色者为:在适法无因管理,管理费用之返还不以本人享有管理利益为要件。[③] 只是在无管理利益或管理费用大于管理利益的情形,其管理是否符合适法无因管理关于应以利于本人之方法管理事务的要件,存有疑义。[④] 在不适法无因管理,管理费用之返还以本人主张享有管理利益为要件,且其返还义务之范围,以所受管理利益为度。至于管理损害所引起的问题,视受害人为谁而异。以管理人为受害人者,这属于管理

[①] 这与在委任,"报酬纵未约定,如依习惯或依委任事务之性质,应给与报酬者,受任人得请求报酬"的情形不同("民法"第 547 条)。

[②] 管理人所从事之无因管理行为如系管理人本来收取报酬之业务上行为,例如医师对于路倒病人提供医疗救助之服务。在这种情形应例外的采肯定的见解。关于路倒病人之医疗救助及其费用,"医疗法"第 43 条规定:"医院、诊所遇有危急病人,应即依其设备予以救治或采取一切必要措施,不得无故拖延(第 1 项)。前项危急病人如系低收入病患或路倒病人,其医疗费用非本人或其扶养义务人所能负担者,由直辖市或县(市)政府社会行政主管机关依法补助之(第 2 项)。"路倒病人如为健康保险之被保险人,医疗机构不论是否为其保险人之特约医疗机构,皆得向其保险人请求含报酬之医疗费用。请参考 Larenz, aaO.(FN1), S.448.

[③] Karl Ludwig Batsch, aaO.(FN8), AcP 171(1971), 220;在适法无因管理,其管理费用之成果的风险由本人而非由管理人负担。

[④] Karl Ludwig Batsch, aaO.(FN8), AcP 171(1971), 219f.:如果管理人只要尽交易上通常之注意程度,即可预见其管理措施客观上将不会有期望之管理结果时,其虚掷之管理费用即非必要之费用。因此,即便在适法无因管理的情形,亦不得请求该费用之返还。

费用的问题；[①]以本人为受害人者，如果成立适法无因管理，这类似于积极侵害债权；[②]如果不成立适法无因管理，这属于单纯之侵权行为，不过，"民法"第 174 条第 1 项对之课以无过失责任；[③]以第三人为受害人者，视第三人与无因管理事件之关系，定其法律性质。首先这是一件管理人之侵权行为。唯倘无因管理系为防卫该第三人对于本人之现时不法的侵害，则只要其防卫未逾越必要程度，管理人就不负损害赔偿之责（"民法"第 149 条：正当防卫）；倘系为避免本人生命、

---

①　学者有谓，通常费用具有自愿支出的特征，而损害则原则上是非自愿的遭遇。请参考 Hans Berg, aaO.（FN12），JuS 1975, 685.不过，有时也不尽然。盖管理人亦有明知可能有危险，而为本人冒险犯难的情形。是故，将管理损害论为管理费用，在说明上仍不失为方便简约的看法。

②　在债的履行上，如构成积极侵害债权，原则上即可能同时构成侵权行为。且积极侵害债权与侵权行为间有请求权规范竞合的关系。关于积极侵害债权，请参考黄茂荣：《债法总论》（第二册），台湾植根法学丛书编辑室 2002 年版，第 383 页以下；关于请求权竞合或请求权规范竞合，请参考黄茂荣：《债法总论》（第一册），台湾植根法学丛书编辑室 2002 年版，第 75 页以下。这样的见解亦可适用于适法无因管理的情形。盖在适法无因管理，管理人与受任人一样的对于本人负有尽一定之注意程度，以利于本人之方法管理事务的义务。此为管理人依适法无因管理所构成之法定的债务关系，对于本人所负之义务。在事务之管理中，如有违反该义务而致本人受到损害，即构成积极侵害本人依该法定债务关系所享有之债权。此为一种积极侵害债权的态样。这时候，如果满足侵权行为之要件，可同时构成侵权行为。这不因适法无因管理可阻却违法而成为问题。其理由为：仅在符合适法无因管理意旨的范围内，适法无因管理始有阻却违法的效力。这犹如在外科手术之医疗契约，仅于符合医疗本旨的范围内，医师侵入病人身体之开刀行为方始不构成侵权行为。《德国民法典》上相同见解请参考 Karl Ludwig Batsch, aaO.（FN8），AcP 171(1971),221ff.此种竞合问题亦可能发生在公务员因执行职务而同时构成适法无因管理的情形。在适法无因管理，管理人应尽之注意程度原则上为与处理自己之事务同等，例外在"民法"第 175 条所定情形，仅就故意或重大过失负责。这影响到该管理行为构成侵权行为之责任要件的内容。在此情形，除无因管理（积极侵害债权）与侵权行为和"国家赔偿责任"的要件规定间有规范竞合的调和问题必须处理外，公务员之积极侵害债权及侵权行为责任并受"民法"第 186 条关于公务员侵权行为责任之缓和规定的限制。请参考 Hans Berg, aaO(FN12), JuS 1975, 687f.

③　依"民法"第 174 条第 1 项，管理人违反本人明示或可得推知之意思，而为事务之管理者，对于因其管理所生之损害，虽无过失，亦应负赔偿之责。因之，称管理人依该项所负的损害赔偿责任是一种无过失责任。唯该项规定所涉及者究竟是该损害赔偿责任之构成要件中的过失要件，或是因果关系？值得探讨。就《德国民法典》与该问题相关之规定，Karl Ludwig Batsch 认为："如果在侵权行为法之关联中观察《德国民法典》第 678 条（相当于'民法'第 174 条）的规定，显示：以该条规定为基础所以引起加重管理人之责任的原因，不是过失原则之减弱，而是较诸《德国民法典》第 823 条以下远为扩大之责任范围的要件。"［Karl Ludwig Batsch, aaO.（FN8），AcP 171(1971), 231］。在此前提下，虽然"民法"第 174 条第 1 项不以过失为其损害赔偿请求权之成立要件，该项所定之责任仍不失其为侵权行为责任。

身体、自由或财产上急迫之危险所为之行为,则只要系避免危险所必要,且未逾越危险所能致之损害程度,亦不负损害赔偿之责("民法"第150条:紧急避难)。这属于阻却违法的问题。就管理人因无因管理而对于第三人引起的损害,本人是否亦应负赔偿责任?这视该无因管理是否即在于辅助本人履行对于该第三人所负之债务,或就该无因管理事件,管理人是否具有类似于受雇人的地位定之。辅助履行债务有可能,具有类似于受雇人的地位不大可能。兹将无因管理之上述基本的利益冲突图列如下:

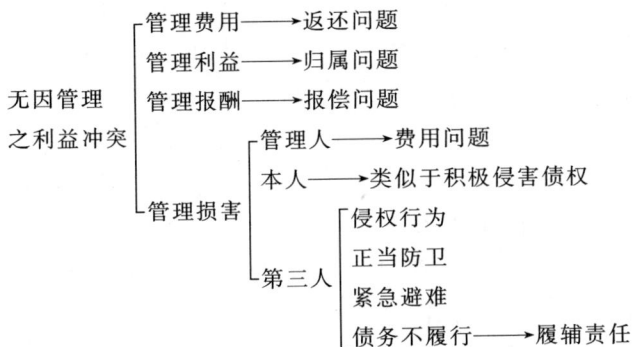

图 10-2

关于无因管理之规范,"民法"分就管理利益之归属、管理费用之负担及管理损害之赔偿加以规定。关于管理利益之归属,"民法"第176条第1项规定"管理事务利于本人,并不违反本人明示或可得推知之意思者",不论本人事实上之意思为何,皆归属于本人;管理如系为本人尽公益上之义务,①或为其履行法定扶养义务,或本人之意思违反公共秩序善良风俗者("民法"第174条第2项),管理

---

① "最高法院"1997年台上字第3812号民事判决:"按无因管理,其管理系为本人尽公益上之义务,管理人虽违反本人之意思而为事务之管理,仍得请求本人偿还其费用,'民法'第176条、第174条第2项分别定有明文。被上诉人代缴税款及罚款,既属无因管理,且税捐及罚款之缴纳,亦系尽公益上之义务,自属必要及有益费用,管理人即被上诉人对于本人即上诉人取得该必要及有益费用偿还请求权。"《德国民法典》第679条规定:"不为事务之管理,本人之公益上义务或法定扶养义务即会不如期履行者,本人与事务之管理相反的意思不予考虑。"其与"民法"第174条第2项规定有一个重要差别:《德国民法典》以如不代为管理事务,与该事务有关之义务的履行即有迟延之虞为要件。何谓公益上之义务?形式上之特征为以公法为其义务之规范基础。至于私法上义务是否亦具有公益上义务的性质,视其是否亦有保护公共利益之功能而定。肯定例如:收尸掩埋并代做宗教告别仪式。因此所生费用对于其家属或加害人得依无因管理请求返还,对于加害人并得依"民法"第192条第1项请求赔偿。请参考 Soergel-Mühl, aaO.(FN3), § 679 Rz 2.

人管理事务虽违反本人之意思,亦同("民法"第 176 条第 2 项)。此即适法无因管理。反之,则本人得自由决定是否享受因管理所得之利益。本人决定享受者,[①]本人以其所得之利益为限,负"民法"第 176 条第 1 项所定之管理费用的返还义务("民法"第 177 条第 1 项)。此与在"民法"第 176 条第 1 项所定情形,不论本人是否愿意享有管理利益,该管理利益皆归属于本人,且即便该管理费用大于管理利益,本人亦无论如何,皆应负管理费用之返还义务者,不同。本人虽已受有管理利益,而决定不享受者,应依不当得利之规定,将管理利益返还管理人;[②]其若因不适法无因管理而受有损害,得依"民法"第 174 条或侵权行为之规定请求管理人赔偿损害。[③] "民法"第 177 条第 1 项所定之效力内容与不当得利之效力类似而有些许差异。其类似存在于:在不当得利,义务人所负返还义务之范围,以其所受利益及权利人所受损害低者为准,其中所受损害与无因管理中之管理费用对应。其差异存在于:在不当得利应返还者首先是受领之利益,而后在依其利益之性质或其他情形不能返还的情形,才偿还其价额("民法"第 181 条)。要之,无所谓费用之返还。反之,在无因管理,不但本人已享有管理利益者,不负返还管理利益之义务,而且其尚未享有者,并得请求管理人交付或移转管理利益("民法"第 173 条第 2 项规定,"民法"第 540 条至第 542 条关于委任之规定,于

[①] 在"民法"第 177 条第 1 项所定情形,因为是否依该条规定,规范管理人与本人间之不适法无因管理,尚系于本人表示愿意享受管理利益的意思。所以在此意义下,不适法无因管理对于本人而言尚不尽然是法定的债务关系。

[②] 就不适法无因管理,"民法"对于本人已受有管理利益,而决定不享受的情形,并未明文直接加以规定,其因此所发生之管理利益的移动,自当依不当得利的一般规定规范之。此与《德国民法典》第 684 条对此明文规定如下者不同:"如不具备第 683 条之要件,则本人应将其因事务之管理而取得者,依不当得利之返还规定返还管理人。本人承认该事务之管理者,管理人取得第 683 条所定之请求权。"关于不适法无因管理的承认,"民法"第 178 条的规定亦不若《德国民法典》第 684 条第二句利落:直指其因此转依适法无因管理之规定。至于适法无因管理之效力,《德国民法典》第 683 条第一句亦简明引用委任之规定。此种法律体系之安排的技术,值得参考。其主要的机能为:除可化繁为简外,并可避免法律价值判断之冲突。请参考 Karl Ludwig Batsch, aaO.(FN8), AcP 171(1971), 226f.

[③] 在不适法无因管理,在本人表示承认或愿意享受管理利益前,因为当事人间并无法定之债务关系存在,所以管理人如因管理行为而加损害于本人,无积极侵害债权规定之适用,而仅可依"民法"第 174 条或侵权行为之规定请求赔偿。唯在第 174 条之无过失责任效力所及,侵权行为规定之适用的意义将限于非财产上损害之赔偿。至于第 174 条是否得引为侵害人格权所致财产上损害的赔偿依据,视该条是否被定性为"民法"第 184 条第 2 项所称保护他人之法律而定。目前尚未发现有司法判决对此表示意见。请参考 Karl Ludwig Batsch, aaO.(FN8), AcP 171(1971), 227ff.

无因管理准用之),①只是分别视其管理是否适法,而异其费用之返还义务的范围而已。这里所谓管理利益固与不当得利中所受之利益相当,但不是在无因管理中本人所当返还的内容,其应返还者为管理费用。因为管理利益可能含有经营利益,从而大于不当得利中返还义务人所应返还之利益,所以对于义务人,依无因管理请求交付管理利益,可能较之依不当得利请求返还所受领之利益有利。例如甲窃取乙所有时值新台币(以下同)600元之鹅一只,并将之加工为茶鹅后卖得1800元。设为该加工,除甲自己之工时外,甲耗费加工费用100元。则其中600元为甲在不当得利所受之利益,100元为管理费用,1800元减去600元,再减100元后之余额1100元为其管理利益或经营利益。所以,乙如依不当得利之规定,对甲仅得请求返还其所受600元之利益,如依无因管理得依第173条第2项准用"民法"第541条请求给付,管理收入(1800元)减去管理费用(100元)后之余额,含该鹅之时值(600元)及管理利益(1100元),合计1700元。"民法"债编于2000年4月26日修正增订"民法"第177条第2项规定:"前项规定,于管理人明知为他人之事务,而为自己之利益管理之者,准用之。"亦即管理事务不

---

① "最高法院"1956年台上字第637号判例:"上诉人基于继承其父之遗产关系而取得系争房屋所有权,原与其叔某甲无涉,某甲之代为管理,曾用自己名义出租于被上诉人,如系已受委任,则生委任关系,依'民法'第541条第2项之规定,受任人以自己名义为委任人取得之权利,固应移转于委任人,如未受委任则为无因管理,依同法第173条第2项之规定,关于第541条亦在准用之列,均不待承租之被上诉人同意而始生效,从而某甲将其代为管理之系争房屋,因出租于被上诉人所生之权利移转于上诉人,纵使未得被上诉人之同意,亦难谓为不生效力,上诉人自得就系争房屋行使出租人之权利。"因出租房屋而对于承租人取得之权利(例如租金债权)的移转,属于债权之移转,只要债权人与受让人有移转之合意即可,其效力并不系于债务人之同意。出租系基于委任或无因管理仅与出租人对于房屋所有人之移转租赁债权的义务有关,而与其移转之效力是否应经承租人同意无关。承租人之同意的必要来自于租赁双方限制租赁权之让与性的特约。"民法"第297条第1项前段固规定:"债权之让与,非经让与人或受让人通知债务人,对于债务人不生效力。"但应通知债务人与应经债务人同意,仍有重要区别。通知之目的主要在于厘清债务人得对于债权之受让人主张之抗辩与抵销事由在存在上之时间的界线("民法"第299条)。该条所谓"对于债务人不生效力",论诸实际仅是不得对抗债务人。未为通知对于债务人之效力上的意义来自于抗辩权或抵销权之行使的作用,而非由于债权之移转未经债务人同意。另纵使债之当事人双方特约,债权不得让与,其不得让与之特约,亦不得对抗善意第三人("民法"第294条)。是故,若受让之第三人不知有此特约,其让与仍应为有效("最高法院"1961年台上字第539号判例)。受任人或管理人为使自己对于委任人或本人,能履行其依"民法"第541条第2项所负义务,将其以自己之名义为委任人取得之权利移转于委任人,不应与相对人缔结不得让与债权之特约。这属于另一个问题。这是在商务契约中,纵有限制债权之让与性的需要,亦常保留得移转于特定对象的道理。

合于"民法"第 176 条之规定时,本人仍得享有因管理所得之利益,唯本人依该条第 1 项对于管理人所负之义务,以其所得之利益为限。此即不法管理之效力。在该项增定后,就不法管理所构成之不真正的无因管理,本人得选择依不当得利、侵权行为或无因管理,规范其间之利益的冲突。该项规定之贯彻,将在相当的程度压缩侵权行为或不当得利的适用空间。误想管理不构成无因管理,其效力原则上视情形,依不当得利或侵权行为之规定。其与不法管理相较,效力出入较大者为,管理利益归属于管理人,不过,应依不当得利之规定,返还其无法律上原因自本人获得之利益,并依侵权行为之规定,赔偿其因过失对于本人引起之损害。[①] 唯该损害如为管理人所以获得利益之原因,其交集部分构成请求权规范竞合,不得分别依不当得利及侵权行为之规定,重复请求返还利益及赔偿损害。

　　然"民法"第 176 条及第 177 条规定之必要或有益费用所指者究竟为何? 就恶意占有构成之不法无因管理,"民法"第 957 条规定,占有人依关于无因管理之规定,得向所有权人请求偿还者限于因保存占有物所支出之必要费用。[②] 因之,所涉费用究为必要费用或有益费用的分辨,[③]对于管理费用的返还,便有重大实益。实务上曾有关于由"木造房屋",改建为"砖造建物",或在面积扩大之增建时,其支出者究为必要或有益费用的争议。此为维护之质与量的超过问题。

　　其超过部分或范围不论是质的或量的超过,皆只能论为有益费用,固不待言。至于原来部分或范围内的维护究为必要或有益费用,除视其维护之客观的必要性及主观的计划而定外,其因维护而发生之质或量的变更虽有可能还仅是

---

　　① 　请参考 Esser／Weyers, aaO.(FN10)，§ 46 Ⅳ；Larenz, aaO.(FN1)，S.452f.(FN62).

　　② 　"最高法院"1954 年台上字第 433 号判例:"上诉人就其占有之系争房屋,关于建筑未完工部分出资修建,系被上诉人向原所有人某甲买受之后,业经双方因本权涉讼,上诉人受败诉之判决确定在案。依'民法'第 959 条之规定,上诉人自本权诉讼系属发生之日起,即应视为恶意占有人,固不得依同法第 955 条,以改良占有物所支出之有益费用为原因,请求偿还。唯恶意占有人因保存占有物所支出之必要费用,对于回复请求人,依关于无因管理之规定请求偿还,仍为同法第 957 条之所许。""民法"第 957 条的规定对于恶意占有人之费用返还请求权的项目虽设有限制,但就适用无因管理或不当得利的选择而论,相较于第 177 条关于无因管理之规定还是比较有利于恶意占有人的。盖在不适法无因管理是否适用无因管理,其选择权或承认权属于本人。所以,即便有容许不法管理可准用不适法无因管理的规定,其是否准用无因管理的选择权仍应属于本人(所有权人),而非管理人。然依第 957 条,其选择权属于管理人(恶意占有人)。这并不适当。适当的规定为:恶意占有人,因保存占有物而支出必要费用者,准用"民法"第 177 条第 1 项之规定。亦即回复请求人得选择依关于不适法无因管理之规定,享有因管理所得之利益,其所负对于恶意占有人之费用的返还义务,以其所得之利益为限。其不选择依不适法无因管理的规定享有管理利益者,回复请求人如因恶意占有人支出费用而受有利益,应依不当得利的规定返还所获之利益。

　　③ 　参见"最高法院"1955 年台上字第 21 号判例要旨。

单纯之附合或加工,但也有可能已引起物之同一性的变更。如客观上并无维护的必要性(例如暂不维护并无损于其安全或效用),或主观上尚无或再无维护的计划(例如已准备拆除或抛弃),则其维护费用皆非属必要,或纵有必要,但无利益。必须其维护有客观的必要性并符合主观的计划,其维护在单纯之附合或加工的限度内始论为必要。纵有客观的必要性及主观的计划,但其维护如已改变维护目标之物的同一性,则其所为是否还在维护的范畴内,不是没有疑问的。因质的变更而引起同一性之改变者主要指动产因加工所增之价值显逾材料之价值的情形。在这种情形,其加工物之所有权,属于加工人("民法"第 814 条)。依该规定丧失权利而受损害者,仅得依关于不当得利之规定,请求偿金("民法"第 816 条),并不得依"民法"第 177 条第 2 项主张准用同条第 1 项规定,以返还管理费用(加工费用)为代价,换取管理利益,请求移转加工物之所有权。盖"民法"第 814 条及第 816 条①显系"民法"第 177 条第 2 项之特别规定。

另将旧有建筑物拆除改建者,其改建前后之建筑物在物权法上是否具有同一性,亦值得推敲。按拆除为使建筑物灭失的行为,在拆除后原来之建筑物的所有权当已灭失,后来再建者应系一栋新建筑物,应由其出资兴建者原始取得。是故,其改建费用之支出不得论为系对于原来之建筑物支出必要或有益费用。另鉴于建筑物系独立于土地之物,其建筑费用之支出亦不得论为系对于其定着之土地支出必要或有益费用。因之,其土地所有人原则上得依侵权行为的规定请求拆屋还地("民法"第 184 条、第 213 条),或依物上请求权的规定,请求返还其所有物或除去对于其所有权之妨害("民法"第 767 条)。"最高法院"实务上认为,将木造房屋改建为砖造建物,或将其面积扩大之增建,在其原来建筑面积之规模的范围内皆可论为对于原来建筑物之修建的必要费用,超出之部分方始论

---

① 添附之不当得利返还义务有两个特色:(1)返还价额,不返还所受领之利益的原形;(2)添附如系因得到利益者之意思而发生,应将受领时所得之利益,附加利息,一并偿还,如有损害,并应赔偿("民法"第 181 条、第 182 条)。

为有益费用①。这自明的当以,将系争改建或扩建定性为对于原来建筑物之添附为其前提。盖必须是添附,就其改建或扩建之费用始得主张,或者依关于无因管理之规定,请求偿还其属于必要费用的部分("民法"第957条),或者依关于不当得利之规定,请求偿金("民法"第814条及第816条)。

　　鉴于"民法"第957条规定恶意占有人得主动选择依关于无因管理之规定,请求偿还必要费用,而不当得利规定之适用仅考虑在当事人间是否无法律上原因而有财产利益的移动,而不考虑其移动是否违反诚信原则。所以,目前的规范状态显然是:恶意占有人就该二请求权得选择其一,据以规范双方与改建或扩建费用之返还有关的法律关系。不过,衡诸"民法"第177条第1项关于不适法无因管理之规范意旨,在不法管理诚如修正后同条第2项所示,应让本人(所有权人)有权选择,究竟依无因管理或不当得利的规定,规范其间关于改建或扩建费

---

　　①　"最高法院"2002年台上字第887号民事判决:"按1999年4月21日修正2000年5月5日施行前之'民法'债编第177条,固未如修正后之第2项增设有'准无因管理'之规定而得准用同条第1项'未尽义务人无因管理'(按:指不适法无因管理)之规定向本人请求其所得之利益,且该准无因管理人明知他人之事务而以自己之利益为管理,如属恶意之不法管理,衡诸诚信原则,亦不得径依同法第816条按关于不当得利之规定请求偿金。唯该准无因管理人若为恶意占有人,其因保存占有物不可欠缺所支出之必要费用,自仍得依关于无因管理之规定对本人请求偿还,此观同法第957条规定甚明。查原审既认定上诉人为不法管理之恶意占有人,鸠工整建系争房屋经添附新建材并增建面积后其残存价值达1507600元,竟又谓上诉人上述整建仅属改良房屋之行为而非保存该房屋所必要之支出,不得依'民法'第957条之规定为请求云云,显然忽略该'改良费用'之中在系争房屋原面积范围内者似仍含有其'必要费用'在内。果尔,则能否径认上诉人不得请求该整建房屋所支出之必要费用,已非无疑。本件上开整建后之房屋残值1507600元,其中因保存系争房屋在客观不可或缺所支出之必要费用究有若干? 原审未遑进一步调查审认,遽行判决,未免速断。""最高法院"在该判决中未明白指出,仅本人得选择是否依"民法"第177条享受管理利益,支付管理费用。管理人(恶意占有人)并无该选择权。这是"民法"第957条与第177条之规定互相冲突之处。另该判决似乎认为,不当得利之返还请求权以系争财产利益之移动不违反诚信原则为要件。这与法律之规定不符。该判决对于法制发展有积极意义者当是其旨指出:在房屋之整建,以原面积为界线划分整建之必要费用及有益费用。这虽非一个周全的标准,但至少是一个重要的出发点。该判决如果能够清楚表示,超出原来面积者为有益费用;在原来面积范围内者视其是否为保存所必须,区分其为必要费用或有益费用,将更有意义。至于为整建而将原来的房屋拆平重建,是否还在修缮范围内,也值得"最高法院"表示其法律意见。

用的返还关系。① 当所有权人选择依不当得利的规定,引起其得否利用下述方法消灭其返还义务的问题:请求占有人取回其添附的工作物,以去除其强加于所有权人之利益。

就该问题,针对租赁及地上权"民法"设有明文规定。此为关于有权占有之非自愿性受益的情形。例如基于租赁权或地上权。为增益之添附者系承租人时,依"民法"第431条,必须出租人知其情事而不为反对之表示,于租赁关系终止时,应偿还其费用。但仍以其现存之增价额为限。唯承租人就租赁物所增设

---

① "最高法院"1999 年台上字第 1427 号民事判决:"按'建筑法'第 86 条第 1 款规定,违反第 25 条之规定,擅自建造者,处以建筑物造价千分之五十以下罚款,并勒令停工补办手续,必要时得强制拆除其建筑物。唯前述上诉人及周玉珍建造之系争房屋,是否已有必要予以强制拆除之情事,原审胥未调查说明,仅泛谓该房屋依上开第 86 条规定,于必要时得强制拆除,即认被上诉人无从就该房屋受有任何利益,已嫌率断。又目前系争房屋之承重墙、梁柱及屋顶改为砖造水泥结构,由原面积仅 52.89 平方公尺之木造房屋,增建为 90 平方公尺之砖造建物,为原审确定之事实。则砖造建物,其耐用年限当较木造房屋为长……,再参诸被上诉人与农民银行复就系争房屋换订租约,租期至 2001 年 12 月 31 日……等情观之,被上诉人似尚无将系争房屋报废拆除之计划,则上诉人主张被上诉人除就系争房屋仍租赁与农民银行,获有租金利益外,复由伊及周玉珍雇工整修系争房屋,该材料等动产因附合于系争房屋,由被上诉人取得所有权而获有利益,致伊受有损害,依'民法'第 816 条规定,伊得请求被上诉人返还偿金,并称纵不以伊支出之 2317000 元为准,亦应以现仍残存之价值为据等语……,是否毫无足取,亦有斟酌之余地。末查被上诉人虽一再抗辩上诉人占有系争房屋为恶意占有,但为上诉人所否认,并称纵令为恶意占有,唯伊所支出之修缮费,依当时系争房屋损坏情况,乃为保存系争房屋所支出之不可或缺之必要费用,为'民法'第 957 条之所许,伊自得依无因管理之规定,请求被上诉人返还云云……,自属重要之攻击方法,原审未于判决理由说明其取舍之意见,遽凭前揭理由为上诉人败诉之判决,尚有可议。"房屋所有权人将改建或扩建之房屋出租他人固可证明其因恶意占有人之改建或扩建而受益,唯其受益范围,仍应视其后来通过出租实现之情形定之。是否得以改建或扩建后所有权人曾为出租为理由,认为所有权人已完全享受该改建或扩建的利益?所有权人得否主张逐年按其出租或其他利用之情形计算可归属于改建或扩建的利益?按一栋建筑物可能有的现值,主要可以从三个标准衡量:(1)修建成本减折旧后之余额,(2)现状的重置成本,(3)按其目前年(平均)收益将之资本化。至其费用之返还方法则可能是:(1)按其现值一次返还,(2)按其年收益逐年返还,(3)由修建者支付租金使用收益一定年限后,无偿归土地所有人所有。在认为土地所有人不得请求拆屋还地时,上述返还方法,应让谁有选择权?显然应是土地所有人。

之工作物,得选择取回之,但应回复租赁物之原状。① 反面解释,出租人如不知其情事,或虽知而已为反对之表示,则除出租人(基地所有人)自愿留买该房屋或法律上别有规定外,承租人(房屋所有人)当然有回复原状,交还基地之义务。出租人如表示不愿留买,则在承租人迟延回复原状并交还基地时,出租人当得无偿取得该房屋,或自行拆除而后请求承租人偿还其费用。为增益之添附者系地上权人时,"民法"第840条规定:"地上权人之工件物为建筑物者,如地上权因存续期间届满而消灭,土地所有人应按该建筑物之时价为补偿。但契约另有订定者,从其订定(第1项)。土地所有人于地上权存续期间届满前,得请求地上权人于建筑物可得使用之期限内,延长地上权之期间。地上权人拒绝延长者,不得请求前项之补偿(第2项)。"但地上权因解除条件成就或地上权因抛弃而消灭者,不在同条规定之列,地上权人自无请求土地所有人收买建筑物之权。另纵使土地所有人应按该建筑物之时价为补偿。此与土地所有人请求涂销地上权登记系属二事,互无对价关系,地上权人不得执此主张同时履行抗辩权。② 归纳上述规定,在无权之恶意占有,所有权人原则上应得请求占有人限期取回增建之工作物,以免除其不当得利的返还义务。唯在非毁损增建之工作物不能取回,而增建部分之利用并不违反所有权人之用益计划者,其执意请求取回可能被论为违反诚信原则。这是诚信原则对于无相邻关系者间之物上请求权的行使,是否亦有

---

① "民法"第431条所规定之内容与无因管理并不相同。有疑问者为:改良租赁物是否系出租人之事务,以及承租人改良租赁物时有无管理出租人事务之意思。鉴于承租人就租赁物所增设之工作物,于租赁关系终止时得取回之("民法"第431条第2项),其改良依其性质自非客观之他人事务。至于承租人改良租赁物时有无管理出租人事务之意思,非经其表示出来亦不明了。是故,"民法"第431条之规定当系从添附所构成之不当得利立论("民法"第816条)。其效力特征为:返还价额,而不返还所受领之利益("民法"第181条参照)。如无"民法"第431条之规定,因该条第1项以出租人就承租人要对租赁物支出有益费用,知其情事而不为反对之表示为要件,可能引起该有益费用之支出符合出租人之意思,构成适法无因管理的争议。"民法"第431条或第181条规定之效力虽与不适法无因管理类似,但仍有重要差异:现存之增价额的结算时点不同。在前者,为法律规定之结算时点;在后者,为不适法无因管理完成后,本人事实上主张享受管理利益之时点。

② 参见"最高法院"1990年台上字第2623号判例。

适用的问题。^①为遏阻恶意占有之不当蔓延，应采否定的见解。

在无因管理，如因管理行为而使本人遭受损害，其损害赔偿义务之主观要件视情形而有三个不同层次的规定：(1)管理人为免除本人之生命、身体或财产上之急迫危险而为事务之管理者，对于因其管理所生之损害，除有恶意或重大过失者外，^②不负赔偿之责("民法"第175条)。(2)管理人不违反本人明示或可得推知之意思，而为事务之管理者，就因此对于本人所生之损害，"民法"对之虽无直接之明文规定，但参酌"民法"第174条及第175条，应类推适用"民法"第544条关于受任人之损害赔偿责任的规定：受任人因处理委任事务有过失，或因逾越权限之行为所生之损害，^③对于委任人应负赔偿之责。亦即管理人应负轻过失之损害赔偿责任。^④(3)管理人违反本人明示或可得推知之意思，而为事务之管理

---

①　诚信原则本为针对既存之个别债务关系，规范其如何行使权利与履行义务的一般原则。因此，在德国学说上向有将之类推适用至其他个别关系的看法：例如相邻关系、用益物权、担保物权等物权上之实体法的关系、诉讼关系及公法关系。至于像物上请求权之物权的一般关系是否应包括在其适用的范围内则有疑问[关于诚信原则之功能及其适用范围，请参考 Esser, aaO.(FN6)，§31, 4]。在"民法"将诚信原则的规范基础，于体系上自债编(第219条)，改列至"民法"总则(第118条第2项)，并将其规范内容自"行使债权，履行债务，应依诚实及信用方法。"修正为"行使权利，履行义务，应依诚实及信用方法"后，显然已基本上采取诚信原则对于任何法律关系皆有适用的立场。

②　异于刑法，在民事法上，关于过失之认定标准虽有类型化、客观化的看法，但在"民法"第175条所定紧急适法无因管理的情形，管理人有无重大过失之认定标准是否还当不考虑管理人之主观上的注意能力，非无疑问。盖"民法"第175条的规范目的应不在于为损害寻求一个客观的归属标准，而在于决定一个人之主观的责任要件，而在管理事务时一个人之注意能力，本来就因人而异，在紧急救助引起之损害的归属上，该个别差异不宜继续置之不顾。请参考 Peter Dietrich, Auftraglose Hilfeleistung in gefährlichen Situationen, JZ 1974, 537。

③　在委任关系中，受任人逾越权限之所为是否仍属处理委任事务之行为，或已是无因管理的行为？在逻辑上，虽因其已具备未受委任，并无义务，而为他人管理事务的要件，而可论为无因管理，但因其可能尚有是否逾越权限之疑义，所以仍以将之论为委任，而后视具体情况适用该当之规定处理之为妥。唯要注意受任人之所为，如不满足"民法"第536条所定得变更委任人之指示的要件，其对于不依指示而为事务之处理所造成之损害，依"民法"第544条对于委任人应负无过失之赔偿责任。这与"民法"第174条所定之不适法无因管理所生之损害赔偿责任的主观要件相同。

④　有疑问者为：具体的轻过失或抽象的轻过失。由于管理人在无因管理原则上无管理报酬，所以原则上亦只负具体轻过失的责任。唯管理人如可请求管理报酬，则例外的应负抽象轻过失的责任。然即便在管理人得请求报酬的情形，因在开始或甚至完成事务之管理时，管理人可能尚未表示其要享有管理报酬的意思，所以，管理人应尽之注意程度究竟如何，有时要直到事后受损害赔偿之请求时，方因其选择是否请求管理报酬而确定下来。例如关于路倒病人的医疗救助("医疗法"第43条)。

者,除其管理系为本人尽公益上之义务,或为其履行法定扶养义务,或本人之意思违反公共秩序善良风俗者外,对于因其管理所生之损害,虽无过失,亦应负赔偿之责("民法"第 174 条)。在上述应负损害赔偿责任的情形,其有过失者,皆可同时构成侵权行为;[①]反之,如不负损害赔偿责任,则纵有过失,基于法条竞合时无因管理规定对于侵权行为规定之排斥性,亦不构成侵权行为。

　　无因管理而不构成侵权行为,这主要指在适法无因管理时对于本人事务之介入。按在无因管理而有以下情形之一者,其事务之管理不论为侵权行为,其因此造成之财产利益的移动不论为不当得利:(1)其管理不违反本人明示或可得推知之意思("民法"第 176 条),(2)虽违反本人明示或可得推知之意思,而其管理系为本人尽公益上之义务,或为其履行法定扶养义务,或本人之意思违反公共秩序善良风俗("民法"第 174 条),或(3)事后经本人承认("民法"第 178 条)。此为适法无因管理对于侵权行为及不当得利之要件的阻却作用。关于侵权行为所阻却者为"违法性",[②]关于不当得利所阻却者为"无法律上原因"之要件。[③] 仅单纯的表示要享有因管理所得之利益,而不承认管理事务者,是否亦有前述之阻却的作用? 应采否定的见解。否则,"民法"第 177 条与第 178 条之效力将无所区别。

------

　　① "最高法院"1966 年台上字第 228 号判例:"无因管理成立后,管理人因故意或过失不法侵害本人之权利者,侵权行为仍可成立,非谓成立无因管理后,即可排斥侵权行为之成立。"该判例所适用之情形应不含在适法无因管理或经承认之不适法无因管理中,为事务之管理所采取之必要的管理行为。唯关于事务之管理如有未尽应尽之注意义务,仍可构成积极侵害债权及侵权行为。这与有委任关系的情形并无不同。例如基于委任关系或无因管理,而为医疗目的对于病人开刀时,其侵入病人之身体的行为固然不构成侵权行为。但其开刀如有因未尽应尽之注意义务而造成损害,仍可构成侵权行为。

　　② 请参考 Soergel-Mühl, aaO.(FN3), Rz 10 vor § 677. Larenz, aaO.(FN1), S.448:适法无因管理是法定的违法阻却事由,唯仍以管理人在处理事务时,已尽应尽之注意者为限。其未尽应尽之注意而对于本人造成损害时,仍可构成积极侵害债权及侵权行为。在无因管理肯认积极侵害债权的可能性,在《德国民法典》存在于其第 683 条将适法无因管理的认定时点置于:无因管理之开始,而非其处理过程。

　　③ Esser /Weyers, aaO.(FN10), S.20f. Esser /Weyers 还指出:适法无因管理虽是管理利益自管理人向本人移动之法律上原因,但管理人并不因此取得对于本人之财产的处分权。管理人因管理利益之移动而遭受之不利益,以管理费用请求权补偿之。唯正像无偿委任中之处理成果与处理费用间的关系一样,该管理利益与管理费用间并不具有对价关系,而是在其发展过程中各具其法定要件之满足而发生。所以,学说称此为一种不完全之双务之债(ein unvollkommen zweiseitiges Schuldverhältnis)。按其功能属于一种补偿之债的关系(ein Ausgleichsschuldverhältnis),盖管理费用与管理利益间虽无对价关系,但为弥补管理人为本人之管理利益所做的付出,特肯认管理费用请求权补偿之。此种补偿关系亦存在于"民法"第 541 条所定之委任利益移转或交付请求权与第 546 条所定之委任费用返还请求权间。

与之类似者为正当防卫或紧急避难与无因管理之可能的竞合关系。按正当防卫或紧急避难与"民法"第175条所定之法律事实交集。不同者为,"民法"第175条所定损害之受害人为本人,[①]而正当防卫或紧急避难所定损害之受害人为第三人。如因正当防卫或紧急避难过当而应负赔偿义务,其赔偿义务人为管理人("民法"第149条但书、第150条第1项但书)。至于管理人自己因事务之管理所受之损害,其不可归责于管理人者,构成广义之管理费用的一部分,[②]视情形得依"民法"第176条、第177条向本人请求返还。

五、无因管理与不当得利或侵权行为之竞合

未受委任,并无义务,而为他人管理事务,从正面观之,属助人之行为;从负面观之,为介入他人事务。一般虽泛称无因管理为准契约行为,优先于侵权行为及不当得利受适用,唯该观点仅无保留地适用于适法无因管理。在不适法无因管理,其适用之优先性仍视本人是否承认或主张享受管理利益而定。盖无权源而介入他人事务,原为一种侵权行为,如对于本人引起损害,本来应负赔偿责任;如因此自本人取得利益,亦可构成受自本人之不当得利。[③]同理,如因此而给本人带来利益,且管理人并无赠与或无偿给予之意思,则该利益之受领或取得因无法律上原因,本来亦应构成受自管理人之不当得利。这是无因管理与不当得利或侵权行为可能竞合的道理。然在无因管理,因管理人有为本人管理事务之意思,所以倘已满足适法无因管理之要件,不但其适法性阻却其管理行为之违法性而不构成侵权行为,而且适法无因管理亦是因该管理行为而发生之财产利益之

---

① Peter Dietrich,aaO.(FN82),JZ 1974,535ff.

② 关于是否可归责于管理人之认定,应与本人受损害的情形适用同一标准,按所涉无因管理之为紧急适法("民法"第175条)、适法(类推适用"民法"第535条)或不适法("民法"第174条)定之。不能一概而论。所以,在紧急适法无因管理,管理人自己如因事务之管理而受损害,就该损害之发生管理人必须有重大过失,始可论为可归责于管理人。当其可归责于管理人,该损害即不得计为管理费用的一部分,从而应由管理人自己负担。其结果固和适用与有过失之规定类似,但并非以管理人有过失为理由。Peter Dietrich,aaO.(FN82),JZ 1974,536.

③ 因无因管理而对于本人造成损害或自本人取得利益时,如管理人系无行为能力人或限制行为能力人,则其损害赔偿责任及不当得利之返还义务,仍应分别依侵权行为及不当得利之规定定之。对此"民法"无直接明文规定,《德国民法典》第682条之规定可为参考。至于无因管理的部分,对于本人之费用返还请求权并不因管理人系无行为能力人或限制行为能力人而受到影响。唯其如为事务之管理而与第三人从事法律行为,该法律行为仍应经其法定代理人承认,始生效力。请参考Larenz,aaO.(FN1),S.446.

移动的法律上原因,从而该财产利益之移动不构成不当得利。① 反之,如系不适法无因管理,则只要本人不愿承认,该管理行为之违法性即不能除去,而构成侵权行为。是故,如有损害应负侵权行为责任。不过,在财产利益之移动的部分,在不适法无因管理,本人享有选择权:(1)选择享有管理利益,但在所受利益限度内负管理费用之返还义务;(2)拒绝享受管理利益,其已受领或获得者返还之,从而免负管理费用之返还义务。其如表示享受管理利益,则不适法无因管理仍为其法律上原因;如表示不享受管理利益,则该利益之享有即无法律上原因。② 然纵使在具体案件,不适法无因管理与不当得利亦可能竞合。但在行使上其当事人仅得择一,而不得并同行使。至其选择权,因涉及不适法无因管理,应属于本人。

---

① 参见"最高法院"1997 年台上字第 229 号民事判决。

② "民法"第 177 条与第 178 条所定之情形在效力上是否应有区别属于政策问题。关于不适法无因管理,《德国民法典》第 684 条规定:"如不备第 683 条之要件,则本人应将其因事务之管理而取得之利益,依不当得利关于返还之规定,返还管理人。本人承认事务之管理者,管理人有第 683 条中所定之请求权。"第 683 条所定者即为适法无因管理之管理人的请求权。其内容依该条规定适用委任之规定。这是简单明了,又可避免法律漏洞或冲突的规范方法。同法第 687 条第 1 项规定不真正无因管理不适用第 677 条至第 686 条关于真正无因管理之规定。唯同条第 2 项规定,在不法无因管理,本人主张享受自 677 条、第 678 条、第 681 条、682 条所生之请求权者,依第 684 条第一句对于管理人负不当得利之返还义务。唯不适法无因管理经承认时,依《德国民法典》第 684 条转为适法无因管理。其管理人享有第 683 条所定关于适法无因管理的权利。请参考 Larenz, aaO.(FN1), S.437,448.

第十一章

医疗契约

一、公法上之医疗行为的概念及其特征

　　由于医疗关系以医疗行为为轴心，所以为说明医疗关系必须先说明医疗行为。然医疗行为一词正像其他法律用语一样，不但并非单义，而且显然还随不同法律，特别是公、私法之规范目的，而必须有不同的定义。其中比较重要者：在公法上为医疗行政管理之目的及在私法上为医病间医疗之目的。[①] 前者之规范重点置于医师资格之取得及非医师不得从事医疗业务之取缔，后者重在医病间之医疗的权利义务关系。是故，在医政上认定为医疗行为者，在医病医疗关系上可能认定为非医疗行为；反之，在医政上认定为非医疗行为者，在医病医疗关系上可能认定为医疗行为，例如药师不诊断而给药。

　　[①]　规范因公权力之行使而构成之关系的法律称为公法，规范非因公权力之行使而构成之关系的法律称为私法。要之，其区别系于所规范之关系的发生是否以公权力的行使为基础。这当中在发生上存在一个问题，即先有公法的规定，然后公权力机关基于该规定行使公权力才使一定之公法关系发生，或是先有公权力之行使，而后才有规范因公权力之行使而发生之法律？这个问题有若先有鸡，还是先有蛋的问题。以公权力为基础之法律关系有一个特色，即必要时公权力机关得依法律之规定，基于公权力以行政处分对于私人单方形成一定之法律关系，使之发生、变动或消灭。由之可见，在公法关系之形成上，公权力具有相当于私法上之形成权的作用。因此，"行政程序法"第92条第1项规定："本法所称行政处分，系指行政机关就公法上具体事件所为之决定或其他公权力措施而对外直接发生法律效果之单方行政行为。"该项虽已将行政处分是一种单方行政行为的特征表现出来，但其定义相对于公法，有循环论证之谬误的问题。比较适当的定义应是："本法所称行政处分，系指行政机关基于公权力就具体事件所为，并能对外直接发生法律效果之单方的决定或其他措施。"至于行政处分系一种行政行为宜另立条文将一切行政行为规定在一起。例如在"行政程序法"第2条增订1项规定"本法所称行政行为，系指行政处分、行政契约之缔结、法规命令与行政规则之订定、行政计划之确定、行政指导之实施及陈情之处理等行为"。

(一)公法上之医疗行为的定义

医疗卫生法规对于医疗行为虽未以解释的方式加以定义,但"行政院卫生署"还是为医政之管理上的需要,在许多函释中对于医疗行为给予定义。其中最具代表性者为,该署在 1993 年卫署医字第 8251156 号函释所持的看法:"称医疗行为系指凡以治疗、矫正或预防人体疾病、伤害、残缺为目的,所为的诊察、诊断及治疗;或基于诊察、诊断结果,以治疗为目的,所为的处方、用药、施术或处置等行为的全部或一部的总称。"[①]该解释可谓为"行政院卫生署"之一贯见解。由于该函释系基于医政管理之需要,所以,其定义的取向,首先以尽可能将有医疗意义或作用之行为包括进来作为出发点,而后再衡量习惯上及一些生活上的需要,将一些案型,以例外的方式排除出去。以符合医疗卫生法规关于医疗关系或医疗行为之规范目的重在于无医师资格者之执业的禁止与取缔的需求。

以该行政解释为基础,卫生署并对于一些具体的措施表示其是否为医疗行为的看法。

该署首先指出单纯为疾病之检查,[②]而不涉及诊断者,不构成医疗行为。例如量血压而未涉及诊断、[③]未涉及诊断而单纯调配成药及其加减处方,尚难认属医疗行为、[④]中药商依"固有成方制剂"调制者,不属于医疗行为。[⑤] 而后表示注射、[⑥]以灯光照射腹部并用导电物品电击(疗)及穴道按摩治疗性无能、[⑦]推拿、[⑧]妇产科医师接生、[⑨]牙医洗牙、[⑩]针灸、[⑪]装配隐形眼镜[⑫]或其他矫正视力的行

[①]　该函所释医疗行为之定义可谓为目前权威行政解释所持之一贯的见解。就医疗行为,在下述函示亦提到相同的定义内容:"行政院卫生署"1994 年卫署医字第 83031201 号函、同署 1994 年卫署医字第 83030737 号函。

[②]　参见"行政院卫生署"1994 年卫署医字第 83031201 号函。

[③]　参见"行政院卫生署"1994 年卫署医字第 83031201 号函。

[④]　参见"行政院卫生署"1978 年卫署医字第 655286 号函。

[⑤]　参见"行政院卫生署"1977 年卫署医字第 168487 号函。

[⑥]　参见"行政院卫生署"1976 年卫署医字第 134684 号函。

[⑦]　参见"行政院卫生署"1992 年卫署医字第 8128741 号函。

[⑧]　参见"行政院卫生署"1992 年卫署医字第 8108329 号函。

[⑨]　参见"行政院卫生署"1993 年卫署医字第 8216135 号函。

[⑩]　参见"健康保险局"1996 年健保医字第 85025816 号函。

[⑪]　参见"行政院卫生署"1996 年卫署医字第 85062110 号函。

[⑫]　参见"行政院卫生署"1977 年卫署医字第 143365 号函。

为、①隆鼻、隆乳、②双眼皮、拉皮等业务项目等皆是医疗行为。③ 药剂师开设药局,为了正当用药,使用血压计替患者量血压,属于医疗行为。④ 其中药剂师依《中华药典》《国民处方调剂》给药⑤或非医师而临时施行急救,虽具医疗机能,但仍以将之拟制为非医疗行为的方式豁免于医师法的规范。⑥ 上述实务上所持见解主要系为了禁止密医从事医疗业务之管理上的需要,因此,不一定切合于医疗责任之规范上的需要。为医疗责任之归属,关于医疗行为之定义应重在于一个行为是否以治疗为目的,以及该行为对于病人之身体或健康有无侵入性。

基于以上的认识,试将医疗行为定义为:以回复病患之健康、除去其身体上之伤害,或以矫正其身体之缺陷、残障为目的(治疗目的),利用药物、器材、手术或其他处理所从事的行为。包括为前述目的所从事之问诊、检查、检验、诊断等准备或辅助行为。整形、堕胎,⑦或为移植或实验之目的,而对身体所采取,足以影响其健康或身体之完整状态的措施视为医疗行为。

为改变既存的状态,必须对其相关之客体直接或间接施以影响之力。因之,以回复健康,或改变身体状态使其回复完整或达到期望之状态为目的之医疗行为对于身体必带有侵入性。其侵入按其使用之方法,可分为信息性、接触性、器械性、药物性、手术性、处理性之侵入。要之,不论所使用之方法为何,医疗行为对于人的身体或健康必有侵入。此为医疗行为之重要的特征。因之,医师及其对之施以医疗行为之相对人(例如病人、器官提供者、接受人体实验者)间如无医疗关系,则其医疗行为势必构成侵害人格权的侵权行为("民法"第19条、第192条至第195条)。反之,虽有医疗契约之关系,而其履行有害者,除可能构成侵权

---

① 参见"行政院卫生署"1993年卫署医字第8215024号函。

② 参见"行政院卫生署"1992年卫署医字第8107797号函。

③ 参见"行政院卫生署"1993年卫署医字第82078101号函。

④ 参见"行政院卫生署"1975年卫署医字第86991号函。

⑤ 参见"行政院卫生署"1989年卫署医字第785323号函。

⑥ 参见"行政院卫生署"1977年卫署医字第168486号函。

⑦ 按同一用语为不同之规范目的可能有范围广狭不一的定义。本研究之目的在于界定医师或医疗机构对于其医疗行为应负之责任,因此,医疗行为之定义不但应采较为广义的方式。以涵盖一切直接或间接为治疗目的而对于身体或健康之侵入的行为,还应利用拟制的方法将一些容易引起争议之类型包括进来。例如"优生保健法施行细则"第15条第1项规定:"人工流产应于妊娠二十四周内施行。但属于医疗行为者,不在此限。"由该项规定可见,人工流产(堕胎)有属于医疗行为及非医疗行为者。为杜争议,爰以拟制的方式将之定性为医疗行为。反之,为禁止非医师从事医疗行为所作之规定中的医疗行为在定义上应采狭义的观点。

行为外,还可能构成积极侵害债权("民法"第 227 条之一)。[①] 至于医师或医疗机构是否应就医疗损害负危险责任,属于另一个问题,容后详论。

(二)公法上医疗行为之类型

医疗行为可以根据不同的标准进行分类。

医疗行为按其目的可分为治疗目的与非为治疗目的之医疗行为。非为治疗目的之医疗行为中又可分为对于捐赠器官者、接受实验者或整形者之侵入的医疗行为。装设义肢、假牙等究竟是以治疗为目的与非以治疗为目的,见仁见智。应采肯定的见解。

应由医师亲自执行的与得由辅助人员执行的医疗行为。"行政院卫生署"实务上认为"医疗工作(中)之诊断、[②]处方、[③]手术、[④]病历记载、[⑤]施行麻醉等医疗行为,[⑥]应由医师亲自执行,其余医疗工作得在医师亲自指导下,由辅助人员为之,但该行为所产生之责任应由指导医师负责"[⑦]。由该解释可将医疗行为区分为主要的医疗行为及辅助的医疗行为。 主要的医疗行为应由医师亲自为之,辅

---

① 因人格权受侵害,而要请求财产上或非财产上之损害赔偿,依"民法"第 18 条第 2 项必须法律有特别规定。现行法上与人格权之侵害有关之损害赔偿的规范基础,其与财产上之损害有关者,例如第 19 条(关于姓名权)、第 192 条(关于生命权)、第 193 条(关于身体、健康)及第 227 条之一(因债务不履行而侵害债权人之人格权);与非财产上损害(精神上损害)有关者,例如"民法"第 19 条、第 194 条(关于生命权)、第 195 条(关于身体、健康、名誉、自由、信用、隐私、贞操或不法侵害其他人格法益而情节重大者)("最高法院"1987 年台上字第 2550 号民事判决)及第 227 条之一(因债务不履行而侵害债权人之人格权)。与人格权之侵害类似者为身份权之侵害。例如第 195 条第 3 项规定:"前二项规定,于不法侵害他人基于父、母、子、女或配偶关系之身份法益而情节重大者,准用之。"无法定事由而不履行婚约者,对于他方应负财产上(第 978 条)及非财产上损害之赔偿责任。但非财产上损害之赔偿以受害人无过失者为限(第 979 条)。"因结婚无效或被撤销而受有损害者,得向他方请求赔偿。但他方无过失者,不在此限(第 1 项)。前项情形,虽非财产上之损害,受害人亦得请求赔偿相当之金额。但以受害人无过失者为限(第 2 项)"(第 999 条)。

② 参见"行政院卫生署"1994 年卫署医字第 83030737 号函。

③ 参见"行政院卫生署"2001 年卫署医字第 0890035304 号函。

④ 参见"行政院卫生署"1980 年卫署医字第 299302 号函。

⑤ 参见"行政院卫生署"1979 年卫署医字第 226906 函。

⑥ 参见"行政院卫生署"1978 年卫署医字第 178936 号函。

⑦ 参见"行政院卫生署"1976 年卫署医字第 116053 号函。该解释之内容,"行政院卫生署"在该署 1994 年卫署医字第 83030737 号函中除再予重申外,并增加相当于"民法"第 224 条之规定:"三、诊断、处方、手术、病历记载、施行麻醉等医疗行为,应由医师亲自执行,其余医疗行为得在医师指示下,由辅助人员为之,但该行为所产生之责任应由指示医师负责。书写病历表属应由医师亲自执行之医疗行为。"

助的医疗行为在医师亲自指导下,得由辅助人员为之。至于所谓医师之辅助人员,系指在医师指导下协助医师为医疗行为之人员。其资格尚无特别限制("行政院卫生署"1976 年卫署医字第 116053 号函)。该规定厘清了医疗契约之履行上的重要疑问:就哪些医疗债务之履行行为,①债务人得使用不具医师资格②之履行辅助人。③ 由无医师资格之助手执行应由医师亲自执行之医疗行为,构成密医行为。④ 在此情形,医师除应负"医师法"第 25 条及第 28 条规定之行政责任及刑事责任外,⑤如因该医疗行为致病人受有损害,并应负积极侵害债权及侵权行为的损害赔偿责任。

医疗行为是否得由辅助人员协助为之? 就西医,除主要之医疗行为外,可以。就中医,因尚无辅助人员的制度,因此,实务上认为全部不可以。⑥ 这是否妥当非无疑问。

关于西医就那些医疗行为得由辅助人员为之,如前所述在实务上以负面表列的方式规定之,所以,医师之辅助人员得从事之医疗行为具有多样性。然由于万一有所违反,其法律责任重大,"行政院卫生署"还是先后从正面做了不少重要的解释。例如:

---

① 参见"行政院卫生署"1976 年卫署医字第 107880 号函。

② 就"医师法"第 28 条所称之合法医师,参见"行政院卫生署"1976 年卫署医字第 107880 号函。

③ 这个分类另有"医师法"第 28 条关于密医之禁止的意义。参见"行政院卫生署"1976 年卫署医字第 107880 号函。

④ 参见"行政院卫生署"1979 年卫署医字第 256248 号函。

⑤ 未取得合法医师资格,擅自执行医疗业务者,为密医。依"医师法"第 28 条得"处 1 年以上 3 年以下有期徒刑,得并科新台币 3 万元以上 15 万元以下罚金,其所使用之药械没收之。但合于左列情形之一者,不在此限:一、在'中央'卫生主管机关认可之医院,于医师指导下实习之台湾医学院、校学生或毕业生。二、在医疗机构于医师指示下之护士、助产士或其他医事人员。三、合于第 11 条第 1 项但书规定者。四、临时施行急救者(第 1 项)。犯前项之罪因而致人伤害或死亡者,应依刑法加重其刑至 1/2,并负损害赔偿之责(第 2 项)"。容留密医在自己负责之诊所执行医疗业务者,其所为除构成密医行为之共犯,得依"医师法"第 28 条规定课以刑责外,该行为并论为"医师于业务上如有违法或不正当行为",依"医师法"第 25 条"得处一个月以上一年以下停业处分或撤销其执业执照"。唯在此情形,第 28 条规定之刑事责任与第 25 条规定之行政责任是否得并罚,非无疑问。对此,"行政院卫生署"1987 年卫署医字第 665892 号函采肯定的见解:"案内刘增祥医师容留密医执行堕胎及其他医疗业务,经判刑确定,应依'医师法'及医院诊所管理规则有关规定处罚;张建伟医师(非案内违规诊所之负责医师)意图营利,为怀胎妇女堕胎,经判刑确定,应认属医师业务上不正当行为,依'医师法'第 25 条规定论处。"

⑥ 参见"行政院卫生署"1996 年卫署医字第 8506211 号函。

"行政院卫生署"1977年卫署医字第148422号函:"医师之辅助人员,其资格尚无特别限制,如依照医师之处方,在医师亲自指导下可为患者注射、换药、洗眼等医疗行为。"即使辅助人员属于非合法护士,亦同("行政院卫生署"1978年卫署医字第206463号函)。例如会计人员("行政院卫生署"1979年卫署医字第231879号函)。辅助人员协助从事医疗行为,不限于是医师眼睛能见度范围以内。①

"行政院卫生署"1979年卫署医字第256248号函:"二、私立内外科医院之助手(非医师),在医师亲自指导下,可对伤员打针、灌输氧气、消毒伤口及拍摄X光照片。至于X光透视则需由医师亲自为之。唯拍摄X光照片及透视等医疗业务,仍受'原子能法'第26条之限制。三、实施手术时,除拉钩(拉开切口肚皮)可由助手协助外,其余麻醉、穿线缝合切口均需由医师亲自为之。"

"产妇因待产急诊入院,应由医师亲自诊察,给予适当之处置。其后待产过程有关产程进展之观察、胎儿状况之监测、产前常规准备工作、给药或其他处置等,得由护产人员依医师指示为之。唯若发现产妇或胎儿有异状时,应立即通知医师诊治,并予必要之急救处置;尚无须医师全程亲自到场诊察"("行政院卫生署"1993年卫署医字第8216135号函)。

此外,像为患者喉咙点药水、擦药或抽口水、②病理按摩或脚底按摩、③换药④等亦皆属得由辅助人从事之医疗行为。

(三)实务上肯认之医疗行为的案例

一个行为是否属于医疗行为,应就行为之实质,而非就行为人之名义是否为医院院长定之。⑤在此所谓实质,主要指是否以诊断、治疗为目的或是否对于人的身体有侵入性。只要有其中之一个特征,在实务上即论为医疗行为。

虽不属于治疗行为,但对于人体有侵入之行为者,原则上论为医疗行为。例如抽血、⑥验血、⑦打疫苗、⑧X光机摄影检查、⑨心电图检查、尿液、血液检验等为

---

① 参见"行政院卫生署"1978年卫署医字第206463号函。
② 参见"行政院卫生署"1987年卫署医字第668914号函。
③ 参见"行政院卫生署"1987年卫署医字第689341号函。
④ 参见"行政院卫生署"1986年卫署医字第577947号函。
⑤ 参见"行政院卫生署"1993年卫署医字第8251156号函。
⑥ 参见"行政院卫生署"1990年卫署医字第905628号函。
⑦ 参见"行政院卫生署"1992年卫署医字第8133727号函。
⑧ 参见"行政院卫生署"1992年卫署医字第8178661号函。
⑨ 参见"行政院卫生署"1991年卫署医字第931587号函。

检验而对于身体之侵入性行为[①]论为医疗行为。侵入性之整形、[②]美容、[③]药物除斑、注射消皱纹。[④] 唯为人"文眉"之际,先予擦拭局部麻醉剂于下眼皮部者,有认为既非以医疗为目的,尚难认属"医师法"第 28 条所称之医疗业务。[⑤] 又虽非侵入性检查,例如量血压是否论为医疗行为,以其是否涉及诊断、治疗为断,[⑥]涉及者为医疗行为,[⑦]不涉及者为非医疗行为。[⑧] 归纳之,检查、检验等治疗之前置行为如具有侵入性即论为医疗行为。另纵无侵入性,但已涉及诊断或治疗者,亦论为医疗行为。

涉及治疗,例如关于内科,注射,[⑨]其纵由病患自备并受病患之托而注射亦论为医疗行为;[⑩]关于眼科,治疗近视或其他视力问题;[⑪]关于皮肤科,以激光治疗皮肤病;[⑫]关于一般科的所谓磁气治疗;[⑬]关于以外治法治神经痛、[⑭]外敷药

---

① 参见"行政院卫生署"1992 年卫署医字第 8133727 号函。
② 参见"行政院卫生署"1991 年卫署医字第 986000 号函。
③ 参见"行政院卫生署"1992 年卫署医字第 8101863 号函。
④ 参见"行政院卫生署"1985 年卫署医字第 557278 号函。
⑤ 参见"行政院卫生署"1986 年卫署医字第 612904 号函。
⑥ 参见"行政院卫生署"1985 年卫署医字第 568233 号函。
⑦ 参见"行政院卫生署"1991 年卫署医字第 929233 号函。
⑧ 参见"行政院卫生署"1987 年卫署医字第 651697 号函,1988 年卫署医字第 710804 号函。
⑨ 参见"行政院卫生署"1985 年卫署医字第 558917 号函。
⑩ 参见"行政院卫生署"1981 年卫署医字第 313822 号函,1985 年卫署医字第 557280 号函。
⑪ 参见"行政院卫生署"1993 年卫署医字第 8215024 号函,1988 年卫署医字第 768023 号函,1991 年卫署医字第 999139 号函,1992 年卫署医字第 8162846 号函。
⑫ 参见"行政院卫生署"1992 年卫署医字第 8171777 号函。
⑬ 参见"行政院卫生署"1993 年卫署医字第 8201433 号函。
⑭ 参见"行政院卫生署"1989 年卫署医字第 815774 号函。

膏；①关于中医针对穴道②从事之推拿、③针灸、④按摩、⑤拔罐、⑥刮痧、⑦气功治病。⑧ 属于治疗之行为者，不论其只是接触、⑨按摩、推拿、⑩为病人洗牙、拔牙及蛀牙之磨牙、填补⑪或有进一步之侵入，⑫例如药物之外敷、⑬内服，皮肤之研磨，激光之照射、外科手术皆论为医疗行为。但也有虽不涉及诊断但有给药之治疗行为，但因系依药典给药，⑭或依患者之口述，调剂供应中药浓缩制剂，而依习惯不论为医疗行为者。⑮

　　不涉及诊断、治疗，且无侵入性之行为原则上应论为非医疗行为。⑯ 所以无诊断、治疗或其他侵入性之诊断的预备行为，而单纯翻阅医学资料书籍，获得配药药方共同研究后，由各该人自行配药服用者，不论为医疗行为。⑰ 其反面解释本来应是无诊断而有侵入性治疗者，应论为医疗行为。唯实务上却认为药师不诊断而给药者系非医疗行为。⑱

　　然非为治疗之目的，但有典型为医疗而做之检查行为者，实务上在为保险之

---

　　① 参见"行政院卫生署"1983年卫署医字第424760号函。

　　② 参见"行政院卫生署"1992年卫署医字第8161352号函，1992年卫署医字第999294号函，1986年卫署医字第571069号函。

　　③ 参见"行政院卫生署"1992年卫署医字第8159353号函，1986年卫署医字第615049号函。

　　④ 参见"行政院卫生署"1988年卫署医字第732889号函，1990年卫署医字第883759号函。

　　⑤ 参见"行政院卫生署"1990年卫署医字第888022号函。

　　⑥ 参见"行政院卫生署"1992年卫署医字第8105810号函。

　　⑦ 参见"行政院卫生署"1989年卫署医字第782132号函。

　　⑧ 参见"行政院卫生署"1989年卫署医字第775340号函。

　　⑨ 参见"行政院卫生署"1992年卫署医字第8136311号函。

　　⑩ 参见"行政院卫生署"1993年卫署医字第8201433号函。

　　⑪ 参见"行政院卫生署"1992年卫署医字第8156514号函。

　　⑫ 参见"行政院卫生署"1992年卫署医字第8153463号函。

　　⑬ 参见"行政院卫生署"1989年卫署医字第815774号函。

　　⑭ 参见"行政院卫生署"1981年卫署医字第310958号函，1988年卫署医字第734559号函。

　　⑮ 参见"行政院卫生署"1987年卫署医字第675504号函，1988年卫署医字第711471号函。

　　⑯ 参见"行政院卫生署"1992年卫署医字第8162846号函。

　　⑰ 参见"行政院卫生署"1993年卫署医字第8207337号函。

　　⑱ 参见"行政院卫生署"1986年卫署医字第624998号函。

目的而为检查时，将之论为医疗行为，[1]必须具医师资格者，始得担任。[2]

贩卖医疗器材(血压测定器、尿液测定器、有氧眼镜)，[3]皮肤保健器材[4]为单纯之买卖，不构成医疗行为。

二、私法上医病间的医疗关系

(一)医疗关系之概念及其特征

所谓医疗关系，系指以医疗为目的，在医疗机构或医师与病人间所构成之法律关系。原则上以契约为其发生原因。例外的可能基于无因管理。该契约称为医疗契约。医疗契约并非有名契约。他可能该当之一般契约类型主要为委任关系。唯保险契约如直接以医疗给付作为保险给付的内容，则亦可能以保险契约的型态表现出来。然无论其依附于委任关系或保险契约，在这些契约都还有其作为医疗契约特有之类型特征及规范上的需要。因此，关于医疗契约之探讨，首先还是应将之当成一个自成一格的契约类型看待。[5]

---

①　参见"行政院卫生署"1989 年卫署医字第 823422 号函。

②　参见"行政院卫生署"1990 年卫署医字第 906832 号函。

③　参见"行政院卫生署"1990 年卫署医字第 895808 号函、1990 年卫署医字第 903863 号函。

④　参见"行政院卫生署"1990 年卫署医字第 906201 号函。

⑤　医疗契约的性质或该当之有名契约的类型应当为何，尤清在其博士论文中有详细的讨论。请参考 Ching You, Der Zivilrechtliche Schutz der Persönlichkeit bei der Verletzung derärztlichen Schweigepflicht, 1978, S.109ff.如不深究，德国法上与之该当之有名契约通常认为首先是劳务契约(Dienst-vertrag)，相当于"民法"所称之雇佣契约。这是从其主要给付之内容为劳务所导出的观点。至于装配假牙则论为承揽契约或为二者之混合契约。在个别案件到底如何，应视当事人具体约定的内容，特别是约定医师所应提供之给付内容为何而定。其重在于医疗劳务之给付(Arbeitsleistung)者论为劳务契约；其重在于工作成果(Arbeitserfolg)者论为承揽契约。在为医疗之目的而有可以无害的与身体分合自如之有体工作物的制作场合，该工作物之制作与完成定性为承揽契约。例如假牙、义肢、眼镜等(Adolf Laufs, Arztrecht, 2. Aufl., 1978, S.14f.)。虽然委任契约(Auftragsvertrag)亦以劳务为给付内容，为何不将之论为委任契约的道理为，《德国民法典》所定之委任契约是无偿的，而医疗契约原则上是有偿的。不过德国学说上并不满意将医疗契约定性为劳务契约或承揽契约的看法。学者一般强调医师与病人之关系超出单纯之法规范的层次。包含病人对于医师的信赖及医师对于病人之爱的关怀。欠缺信赖与关怀，医师的治疗难以真正恢复病人的健康。自法律上能够掌握的义务立论，该信赖因素主要表现在：医师就从病人获得之医疗信息负有保密义务。该关怀因素主要表现在：医师对于病人所负之说明义务(S.117)。

(二)医疗业务与医疗机构

就医疗业务,卫生医疗法规并无相关解释。对之,"卫生署"在1993年卫署医字第8251156号函释称:"医疗业务系指以医疗行为为职业而言。不问是主要业务或附属业务,凡职业上予以机会,为非特定多数人之医疗行为均属之。且医疗业务之认定,并不以收取报酬为其要件。"[1]由前述关于医疗行为之定义及其在实务上之适用情形可见该定义可谓是配合密医之禁止与取缔所作的规定。

按职业通常用来描述自然人为获取收入所从事之继续的经济活动。当其不具独立性,属于受雇的关系;当其具有独立性,则属于事业,通常称之为执行业务。至于用以从事该经济活动之组织,通常称为机构。于是,该业务活动如以医疗为目的,即可称之为医疗业务;机构以医疗为其业务项目者,可称之为医疗机构。[2]由于医疗法不承认医疗业务是一种营业,所以,医疗机构固得单独或共同以非法人之组织的形式经营,这时称之为执行业务者。但其以法人的方式经营者,原则上必须以财团法人的方式为之。这是有点过度膨胀医疗业务之社会服务功能的观点。只要其由两位以上之医师共同经营,不论其有无设立为法人,其共组之医疗机构在医疗法上皆具有权利能力。此与独资或合伙商号在民商法上虽无权利能力,但无碍于其在税捐法上有权利能力者,同一道理。这都是配合相关行政上的需要,在民商法之外所创设出来的权利能力(类型)。

一个医疗机构可能由一个医师单独经营,在这种情形医师与医疗机构可谓是一体之两面,诊所通常以这种型态出现。这时该医师称为该诊所之负责医师。唯医疗机构有时与营利事业或营业人一样,在卫生医疗法规上将之当成独立于

---

① 在该号函释之前"行政院卫生署"在该署1992年卫署医字第8159353号函亦曾作出内容完全相同之函释。

② 所谓医疗机构,"医疗法"第2条规定:"系指供医师执行医疗业务之机构。"依其资本主要可区分为由政府机关、公营事业机构或公立学校所设立之公立医疗机构(第3条)、由医师或依有关法律规定办理医疗业务之公益法人及事业单位所设立之私立医疗机构(第4条)、由捐助人捐助一定财产,经许可设立,以从事医疗业务为目的之财团法人的医疗机构(第5条)及教学、研究、训练设施,经依法评鉴可供医师或其他医事人员接受训练及医学院、校学生临床见习、实习之医疗机构(教学医院)(第6条)。

其负责医生外的一个主体,课以卫生医疗法规上的义务,各自负责。[①]

(三)医疗契约之缔结

典型的医疗契约由病人与医师缔结,为一种委任契约,主要以病人委托医师为其检查、诊断、处方、治疗,他方允为该医疗事务之处理为其内容之契约("民法"第528条)。[②] 由于开业医师或医疗机构通常有承受委托处理一定事务之公然表示,所以对于该事务之委托,不即为拒绝之通知时,依"民法"第530条即视为允受委托。[③] 但这仍非一种缔约强制。所谓缔约强制,指在当事人之一方于他方对其为要约时,他方有义务为承诺。例如"医师法"第21条规定:"医师对危

---

① 例如为传染病之防治,"传染病防治法"第29条规定:"医师诊治病人或检验尸体,发现传染病或疑似传染病时,应视实际情况立即指示实行必要之感染控制措施,并报告该管主管机关。……医师对外说明相关个案病情时,应先完成报告,并经证实,始得为之。"但就其因业务知悉传染病病人之姓名及病历有关数据者,对于该数据,不得无故泄漏(第31条)。医师违反第29条或第31条规定者,处新台币9万元以上45万元以下罚款;医疗(事)机构所属人员违反第29条至第31条规定,经依前项规定处罚者,并处该医疗(事)机构新台币30万元以上150万元以下罚款(第40条)。该法第40条未区分法人医院或单独开业之诊所,一概并罚医师及诊所(医疗机构)。自传染病防治法显然肯认医疗机构在该法之权利能力立论,该规定虽然言之有据,唯究诸实质,在一个医师单独开业一家诊所的情形,该条规定显然有一事二罚的情事。

② 在医疗业务上由于专业分工上的需要,有时检查、诊断、处方、治疗等工作分别由不同的医师或医疗机构从事,不一定由一个医师或医疗机构一贯作业执行到底。例如由检验所检验、由医师参考检验数据诊断开处方、由药剂师主持之药局按照处方调剂供药。

③ 此为将沉默视为承诺的规定。与"民法"第161条所定之意思实现相比更进一步。在意思实现,承诺虽无须对于要约人通知,但受要约人在受要约后之相当时期内,还是必须从事有可认为承诺之事实以为承诺之表示。是故,在意思实现受要约人并不是未为承诺之表示,而是依该条规定,该承诺之表示无须达到要约人即能生承诺之效力。由于一个典型意思表示必须包含法效意思及表示行为两个要素,而需要相对人之表示行为必须到达相对人始能生效。所以,在此意义下,可谓意思实现属于只有法效意思而无表示行为之意思表示。这是一种例外的态样。

急之病症，不得无故不应招请，或无故迟延。"①这才是对于医师之缔约强制。②要之，医师虽得拒绝一般病人求诊，③但不得无故拒绝危急病人之求诊。④ 关于危急病人的急救、治疗，全民健康"保险法"第 60 条规定："保险医事服务机构于保险对象发生保险事故时，应依专长及设备提供适当医疗服务，不得无故拒绝。""医疗法"第 43 条第 1 项规定："医院、诊所遇有危急病人，应即依其设备予以救治或采取一切必要措施，不得无故拖延。""医疗法"第 50 条规定："医院、诊所因限于设备及专长，无法确定病人之病因或提供完整治疗时，应建议病人转诊。但危急病人应依第 43 条第 1 项规定，先作适当之急救处置，始可转诊（第 1 项）。前项转诊，应填具转诊病历摘要，交予病人，不得无故拖延或拒绝（第 2 项）。"

在各种医疗行为中，手术或麻醉一般有比较高之危险，因此"医疗法"第 46 条规定，除医疗契约之缔结外，并应专就手术或麻醉再为特别约定：⑤"医院实施手术时，应取得病人或其配偶、亲属或关系人之同意，签具手术同意书及麻醉同意书；在签具之前，医师应向其本人或配偶、亲属或关系人说明手术原因，手术成功率或可能发生之并发症及危险，在其同意下，始得为之。但如情况紧急，不在此限（第 1 项）。⑥ 前项手术同意书及麻醉同意书格式，由中央卫生主管机关定之（第 2 项）。"

医疗关系在大多数的情形固以契约为其发生原因，但在路倒病人或第三人

---

① 与之类似者为死亡诊断书之交付。就此，"行政院卫生署"1984 年卫署医字第 472697 号函释："二、查医师不得拒绝死亡诊断书之交付，虽为'医师法'第 3 章所定医师义务之一，唯据'立法'之精神，该义务之发生应在医病关系存在之时，俾能同时维医师之权益。至于该关系未发生时，具体之权利义务关系尚不存在，自无强制之效力。三、卫生所医师对无医病关系之死者，依规定办理行政相验，应系执行公务之广义解释（即维护公共卫生）及便民措施，如强制一般医师就无医病关系之死者参与行政相验工作，似宜再加斟酌。"

② 在有缔约强制之规定的情形，也不是只要有要约，契约便成立；倘受要约人拒绝承诺，契约还是不成立。至于受要约人是否因拒绝承诺，而应对于要约人负损害赔偿责任，或该缔约强制规定所属法律之主管机关得否对其课以行政责任，或命其为契约之缔结是另一回事。

③ 参见"行政院卫生署"1978 年卫署医字第 206463 号函，1988 年卫署医字第 750420 号函。

④ 有关妇产科诊所施行适用表别以外之妇科手术，应依规定办理申请跨表等相关事宜，参见"健康保险局"1995 年健保医字第 84018507 号函。

⑤ "医疗法"第 46 条之规定的意旨与"民法"第 534 条所定者类似。该条规定："受任人受概括委任者，得为委任人为一切行为。但为左列行为，须有特别之授权：一、不动产之出卖或设定负担。二、不动产之租赁其期限逾二年者。三、赠与。四、和解。五、起诉。六、提付仲裁。"此即委任之授权在概括中有特别的特征。

⑥ 参见"行政院卫生署"1991 年卫署医字第 928091 号函。

送至之危急病人之急救的情形,该病人纵使非无行为能力人,但其可能因在无意识或精神错乱中,而根本不能为意思表示,或不能为健全之意思表示,从而不能为有效之医疗契约的缔结("民法"第 75 条)。其结果,在有效契约缔结前医疗机构如已开始采取必要之医疗行为,则该医疗行为因无契约为其规范基础,将只能视情形论为无因管理。[①] 如不构成无因管理,则医疗机构只能依不当得利的规定,请求病人返还因医疗费用之节省所得之利益。唯依"民法"第 175 条之规定,危急病人之急救应不至于会发展成必须借助于不当得利的规定。倒是如果肯认医疗关系之危险责任,这是否亦适用于危急病人之急救所构成之无因管理或紧急避难的情形,值得探讨。从危险责任系属法定的赔偿责任立论,急救关系之欠缺契约基础固无碍其成立,但从危险责任系一定之危险所造成之损害的分散制度立论,则无有偿契约即当无危险责任。盖无有偿契约之收入,即无分散损害所需要之财务基础。所以在无因管理或紧急避难皆不适宜肯认管理人或行为人之危险责任。

关于危急病人之救治的医疗费用,"医疗法"第 43 条第 2 项规定:"前项危急病人如系低收入病患或路倒病人,其医疗费用非本人或其扶养义务人所能负担者,由直辖市或县(市)政府社会行政主管机关依法补助之。"[②]在全民健保实施

---

　　① 　"民法"第 175 条规定:"管理人为免除本人之生命、身体或财产上之急迫危险而为事务之管理者,对于因其管理所生之损害,除有恶意或重大过失者外,不负赔偿之责。"由该条规定可见,在病人不能为医疗契约之缔结的情形,医师对于危急病人的急救应可构成适法的无因管理。请参考 Adolf Laufs, Arztrecht, 2. Aufl., 1978, S.21 ,45.
　　② 　参见"行政院卫生署"1991 年卫署医字第 928091 号函。

后,该条规定与全民健保规定间会有竞合的问题。①

无意识之危急病人的医疗关系一般固然都将之定性为无因管理。② 唯该病人如为全民健康保险之被保险人,对其从事医疗之医师或医疗机构如为全民健

---

① "医疗法"之意旨在于"促进医疗事业之健全发展,合理分布医疗资源,提高医疗质量,保障病人权益"("医疗法"第1条),而"全民健康保险法"的意旨在于增进全民健康,办理全民健康保险,提供医疗保健服务,以增进全民健康("全民健康保险法"第1条)。其目的并不相同。其中"医疗法"所指涉者重在于医疗伦理,而"全民健康保险法"所指涉者始重在于社会保险,从而与社会补助行政在功能上有相通之处。目前除有针对不同身份,但承保之危险相同之数种社会保险,例如劳工保险、农民保险、全民健康保险外,还有一般之社会补助。结果同一个人可能因身份之变更改变其参加之保险,而发生重复理赔的问题。"全民健康保险法"第41条第1款规定:"保险对象依其他社会保险法令领取残废给付后,以同一伤病申请住院诊疗者,不予保险给付"("健康保险局"1995年健保医字第84001130号函)。但属该疾病之并发症或继续给疗者,应不在此限("行政院卫生署"1995年卫署健保字第84056020号函)。唯残废给付与医疗给付在机能上其实不适当规划成有竞合的情事。残废给付的机能应重在对于因伤病致残之精神的抚慰及生活的救助,而医疗给付的机能则应重在医疗需要的满足。制度机能既然不同,即无所谓领取残废给付后,不得以同一伤病申请住院诊疗的道理。目前各种社会保险中关于残废给付的争议皆源于:残废给付之机能的错误设定。"农民健康保险条例"第31条亦有相同的规定。其实,在保险的情形,这种问题比较合理的处理依据应在于,保险事故发生在后一保险之保险效力开始前者(请参考"农民健康保险条例"第16条),不得依该条例,请领保险给付("内政部"1993年台内社字第8287206号函)。至于在社会补助与社会保险竞合的情形,"健康保险局"1997年健保医字第86019699号函释:"保险对象已向社会福利机构申请补助,另以复印件申请紧急伤病自垫医疗费用核退时,若该社会福利机构所核付之医疗补助金额,低于本保险审核后应核付之金额时,可就其差额办理医疗费用核退。"其不得重复请领的理由应在于:受领社会保险给付时,在该限度内无请领社会补助的资格。换言之,就保险的部分,照理被保险人还是得请领其本来依保险关系得请领之全额的给付,只是当初发给社会补助的机关得事后追回原发之社会补助款。唯为方便计,其追回得以抵销的方式为之。追回后保险机构仍应将追回之款项解缴先前发给该社会补助的机关。否则,保险机关就平白受利益。与之相反者为,保险机关为保险效力开始前之事故为保险给付。例如,"健康保险局"1997年健保医字第86018608号函释:"身心障碍之保险对象于全民健康保险开办前实施截肢手术,未获社会保险给付亦未申领省(市)、县(市)政府社政单位义肢补助者,其首次义肢装配同意先由全民健康保险给付,其后如耗损须再装配,则由社政单位补助;至十八岁以下保险对象因成长因素,对同一部位得每二年申请全民健康保险义肢给付一次,唯须依医师处方为之。"类似的问题存在于,被保险人享有之保险给付请求权有不真正连带的情形。在这种案件,先为保险给付者对于应负最后给付责任者有求偿权。这在保险通常明文以代位请求权规定之。例如"全民健康保险法"第82条规定:"保险对象因汽车交通事故,经本保险提供医疗给付者,本保险之保险人,得向强制汽车责任保险之保险人代位请求该项给付。"

② Adolf Laufs, Arztrecht, 2. Aufl., 1978, S.21.

保之特约医师或医疗机构,则该医疗关系仍以定性为因对于病人为医疗保险给付所发生之契约关系为妥。该契约之缔结方法为意思实现。[①] 不过,如认为全民健康保险之保险给付非以医疗服务,而以一部分之医疗费用的理赔为内容,则全民健康保险之保险人不是该医疗关系的当事人。从而,无意识之危急病人的医疗关系便只能定性为无因管理。唯这与"全民健康保险局"目前依法事实上所扮演的角色并不相称。与无意识危急病人之医治相反而又相似者为,因病人自杀、绝食而发生之医疗上的需要。其相反在于病人之意识清楚及无意于医治,从而无缔结医疗契约之意思,勉强对其医治,构成违反病人(本人)明示之意思的无因管理或侵权行为。该问题之规范上的解决取决于法秩序对于生命自主权在自杀、自伤方面的评价。[②] 这首先必须在公法上寻求其规范依据。

除无意识之危急病人外,无行为能力人或限制行为能力人亦可能有医疗契约之缔结上的困难。在日常生活上,这原则上应经由其法定代理人为其缔结。[③] 在这种情形该无行为能力人或限制行为能力人仍不失其为该医疗契约之当事人。唯此种契约也可能由其法定代理人以自己之名义,为其利益而缔结。如果是这样则该无行为能力人或限制行为能力人仅是该医疗契约之受益的第三人。[④] 这个问题在全民健保实施后,应已单纯化为仅是由其法定代理人代理缔结医疗契约。

医师基于公法上之目的(例如役男或特种营业人员之体检)而从事医疗行为者,不与其医疗行为之相对人成立契约上之医疗关系。[⑤]

[①] 关于意思实现,"民法"第 161 条规定:"依习惯或依其事件之性质,承诺无须通知者,在相当期时内,有可认为承诺之事实时,其契约为成立(第 1 项)。前项规定,于要约人要约当时,预先声明承诺无须通知者准用之(第 2 项)。"在无意识之危急病人的诊治,可解释为依习惯或依其事件之性质,其承诺无须通知。然其要约何来? 可解释为全民健保局对其所有特约医师或医疗机构有救治其被保险人之要约。该见解以将健保局与病人解释为该医疗契约之当事人的见解为基础。类似的见解请参见 Ching You, Der Zivilrechtliche Schutz der Persönlichkeit bei der Verletzung der ärztlichen Schweigepflicht, 1978, S.125f.唯他将该医疗关系定性为法定之债的关系。该见解以医师或医疗机构对于无意识危急病人之法定的急救义务为依据("医疗法"第 43 条第 1 项)。

[②] Adolf Laufs, Arztrecht, 2. Aufl., 1978, S.31f.

[③] 在无行为能力人或限制行为能力人为未成年人时,其法定代理人通常为父母。唯其代理得由父或母之一,或共同为之。仅父母之一有监护权者,由有监护权之一方代理("民法"第 1055 条至第 1055 条之二)。请参考 Adolf Laufs, Arztrecht, 2. Aufl., 1978, S.18, 44f.

[④] Ching You, Der Zivilrechtliche Schutz der Persönlichkeit bei der Verletzung der ärztlichen Schweigepflicht, 1978, S.126f.

[⑤] Ching You, Der Zivilrechtliche Schutz der Persönlichkeit bei der Verletzung der ärztlichen Schweigepflicht, 1978, S.128.

(四)医疗契约之当事人

医疗契约在医方之当事人究竟为医师、医疗机构或医疗强制保险机关在医疗责任之归属上有重要的意义。

传统上医疗契约固由医师与病人缔结，并以医师为医方的当事人。但由于医疗机构事业化或机构化的结果，使医疗关系或医疗行为的可能主体，除传统以自然人之地位充之的医师外，还有医疗机构。在公法上两者皆是医疗法所规范的对象。然在私法上，医方究竟以谁为医疗关系之主体对于病人负医疗债务之履行或不履行之责任，应视具体情况认定之。病人至具有法人地位之医院(医疗机构)就医者，以医疗机构为医疗契约之当事人，其受雇医师与其他护理人员一样都仅是依该医疗契约所生医疗债务的履行辅助人，[①]医疗机构应为其履行辅助人关于医疗债务之履行的故意或过失行为与自己之故意或过失负同一责任("民法"第 224 条)。[②] 反之，在医疗机构未组织为财团法人或其他法人，而由个别医师独自开业，或由数名医师以相当于合伙之非法人团体的地位执行业务的情形，医方之缔约人究竟为实际为病人医疗之医师或是其所属之医疗机构则不是全无疑问。不论在公法上是否一般的认为任何组织之医疗机构皆有权利能力，在私法上充其量只能认为数名医师共同开业的情形，其医疗机构有准法人的地位，可以作为医疗契约之当事人。不过，这时候共同开业之医师应连带为其共同所开之医疗机构的医疗债务负责。该不具法人地位之医疗机构因无独立之权利能力不能阻断共同开业之医师对于病人的医疗关系。至于个别医师独立开业的情形则大可不必认为其个别独立所开之医疗机构(诊所)亦有私法上的权利能力。该医疗关系存在于个别开业之医师与病人间。

一个医疗服务虽然常常非一个医师所能独立完成，而必须借助于履行辅助人，但履行辅助人并非医疗契约之债务人，所以，不为其履行行为所引起之损害

---

① Ching You，Der Zivilrechtliche Schutz der Persönlichkeit bei der Verletzung der ärztlichen Schweigepflicht，1978，S.120.

② 一方面由于在个别医疗关系，引起医疗损害者，可能并非该医疗服务之履行辅助人，而仅系该医疗机构之受雇人；一方面引起医疗损害者即便是履行辅助人，也可能因为双方事先之特约，而被排除。为避免在医疗关系处于弱势之病人不因此受到不利，德国联邦法院利用将在医疗机构就管理、监督、训练及决定等医务活动享有相当于董事之广泛权限的主任医师(der Chefarzt)，定位为其所属医疗机构之机关。从而依《德国民法典》第 31 条，该医疗机构应为主任医师因执行职务而对于第三人引起损害负赔偿责任。就该赔偿责任既无关于雇佣人责任之免责事由的适用，亦不得以特约免除。请参考 Adolf Laufs，Arztrecht，2. Aufl.，1978，S.94ff.(97).

负债务不履行或积极侵害债权的责任。唯仍有可能为其行为负侵权行为责任。至于身为履行辅助人之医师，是否亦应为其医疗行为负危险责任则是一个值得探讨的问题。

上述关于医疗契约之当事人的问题因全民健康保险之介入而转为复杂。这时至少有"全民健康保险局"、医疗机构、医师与病人等四个方面的主体牵涉其中，构成所谓的四方关系。[1] 其中最重要必须予以厘清者为该医疗关系之主要的当事人究竟为谁？医师与病人间究竟还存在着何种直接的法律关系。这首先系于对健康保险给付之内容的看法。认为其内容为医疗服务者，直接之医疗关系存在于保险人（健保局）与被保险人（病人）间。至于医疗机构与医师皆仅是履行辅助人。唯在此情形，医疗机构与医师基于其与健保局所签之全民健康保险特约医事服务机构合约，在特约医师事实上对于病人从事诊治行为时，是否即在医师（医疗机构）与病人间引起一个直接之法定的债务关系？

采肯定说者，为说明这个问题有从利益第三人契约立论，将健保局与医疗机构或医师间之特约服务合约定性为以病人为受益人之利益第三人契约。从而病人依该契约对于医疗机构或医师取得直接请求权。基于该请求权医疗机构或医师对于病人不但负有诊治的给付义务，而且与之相随还负保护与照顾义务（Schutz-undObhutspflichten）。[2] 为了能够比较利落的说明，医师应为其履行辅

---

① 关于保险医事服务机构，"全民健康保险法"第 55 条规定："保险医事服务机构如下：一、特约医院及诊所。二、特约药局。三、保险指定医事检验机构。四、其他经主管机关指定之特约医事服务机构（第 1 项）。前项保险医事服务机构之特约及管理办法，由主管机关定之（第 2 项）。"在健康保险给付的提供上，该条所定之保险医事服务机构皆系可能之履行辅助人。

② Ching You，Der Zivilrechtliche Schutz der Persönlichkeit bei der Verletzung der ärztlichen Schweigepflicht，1978，S.121ff.（123）.另外一个观点为借助于契约对于第三人之保护效力（Verträge mit Schutzwirkung für Dritte）。这可简称为保护第三人契约。此种契约不是真正的利益第三人契约，盖依该契约受益人对于债务人并不取得请求约定之给付的请求权，而仅取得在法律上受保护的地位。基于该地位受益人可以与债权人同样的享受该契约之注意义务（Sorgfaltspflichten）。因受益人亦享有该契约上之注意义务的保护，所以债务人如违反该义务致损害于受益人，受益人虽非缔约人，但除依侵权行为之规定外，还可依积极侵害债权之规定对于债务人请求赔偿。保护第三人契约在德国实务上常被引用于租赁契约、承揽契约、（邀友人共乘出租车之）运送契约。盖在这些契约，债权人虽未将其契约请求权移转于第三人（家人、朋友、宾客），但基于债权人之允许而接近租赁物、工作物或交通工具之第三人常可能由于债务人未尽其应尽之注意义务而受损害。请参考 Esser，Schuldrecht，2. Aufl.，1960，S.409；ders. Grundlagen und Entwicklung der Gefährdungshaftung，2. Aufl.，1969 S.39ff.

助人之(故意或过失)行为负责有关的问题,①德国学说上有主张将健康保险人之特约医院或医师与病人之关系定性为准契约关系,②使特约医院或医师对于病人直接负准契约上的义务,含秘密义务及说明义务,③直接适用相关之契约法上的规定,以在因医师之辅助人的行为致病人受损害的情形,避开关于特约医院或医师之责任依据的说明困难。

(五)医师或医疗机构之医疗义务及其附随义务

医师当其为医疗契约之当事人负有债务,为其病人之健康,采取依当时之医术水平所必要之医疗措施。亦即按当代医学水平诊断、提供意见、说明并以最简单、最快速及最为关怀的方式处方、诊治,以期能够治愈其疾病,减轻其难过。唯其详细内容与范围,仍应按当事人之具体约定及疾病之类型而定。依医疗契约,医师或医疗机构对于病人虽负有提供上述医疗给付的义务,但并不负实现治愈成果之义务。例如在外科手术医师只负以符合当时医术水平的方法完成手术,但并不负治愈成果的义务。④ 这当中自然可能涉及何谓完成的争议。以肿瘤之开刀为例,其与割盲肠就大不相同。由于肿瘤所处部位及其与其他组织黏连的纠结程度,在具体病例不一定能够或可以无立即危险地割除干净。这时虽未如愿或如所约定,将肿瘤全部割除,还是不能认为医师未完成预定之外科手术。最出乎意外的情形可能甚至会是一切开身体,即已发现根本不适合进一步动手术。这当中手术即使中止,契约并未终止。是否有权终止以及何时终止尚须视具体情况而定。关于医疗契约之终止,与委任契约之终止一样,当事人之任何一方,

---

① 所涉及之责任如果是侵权行为或积极侵害债权的责任,则特约医院或医师所应负责者为其辅助人之故意或过失的行为;反之,如果是危险责任,则就其无过失之行为亦应负责。此外,特约医院或医师如果使用不适格之第三人为辅助人,则依"民法"第538条,特约医院或医师应"就该第三人之行为,与就自己之行为,负同一责任"。亦即应负无过失责任。

② Ching You, Der Zivilrechtliche Schutz der Persönlichkeit bei der Verletzung der ärztlichen Schweigepflicht, 1978, S.123ff.

③ 该秘密义务的作用在于保护病人之隐私,该说明义务的作用在于防止病人做不明了之治疗方法上的同意,或误为不正确之配合医疗的行为。其中秘密义务之履行以不作为行之,说明义务之履行以作为行之。因此,相对于诊治之给付义务,秘密义务及说明义务固可合称为附随义务(Neben-pflichten)。但仅说明义务适当称为附随的给付义务(Nebenleistungs-pflichten)。至于是否将秘密义务及说明义务界定为保护义务,当以其对于病人之固有利益是否有保护的作用而定。在这里应采肯定的见解。不过,Ching You认为应将秘密义务定性为附随的给付义务(Der Zivilrechtliche Schutz der Persönlichkeit bei der Verletzung der ärztlichen Schweigepflicht, 1978, S.125, 129ff.)。

④ Adolf Laufs, Arztrecht, 2. Aufl., 1978, S.14f.

固得随时终止委任契约(第 1 项),但当事人之一方,于不利于他方之时期终止契约者,应负损害赔偿责任。不过,因非可归责于该当事人之事由,致不得不终止契约者,不在此限("民法"第 549 条)。[①] 以上是关于医疗给付之义务的问题。然为使医师或医疗机构提供之医疗服务确是病人所愿,并为防止与医疗服务相随引起但本能避免之损害发生,该医师对于其诊治之病人除负为其医疗之主要义务(Hauptpflichten)外,为达到预期或约定之医疗目的,并负有建议、说明义务及其他防止不当损害之保护义务[②]等附随义务(Nebenpflichten)。[③] 为履行这些义务医师应尽善良管理人之注意。

鉴于医疗措施对于病人之身体或健康有侵入性,因此,如非为医疗之目的并经病人之同意,原则上应论为对于身体或健康的加害行为。而病人要对于医疗措施表示同意,必须对于医疗措施有正确的认识,否则,其所谓之同意的表示便可能带有足以构成错误之瑕疵。于是,如何使病人对于医师将采取之医疗措施有正确的认识成为化解该难题的关键。其答案显然系于医师的说明与建议。说明之目的在于使病人明了其身体及健康之现状,以及其不治疗或采取不同治疗方法可能有之转机、不治疗之恶化可能性及其可预见之结果、采取不同治疗方法

---

①　Adolf Laufs,Arztrecht,2. Aufl.,1978,S.18f.

②　Esser 首先称有一种义务是一般的注意义务(Allgemeine Sorgfalts-pflichten)。其内容为不得侵入他人之权益、干扰他人之占有、对于自己之危险源采取安全措施。这些义务固不属于债务。但其违反可能引起债之关系。一个债务超出一般的注意义务,以只有债权人才能对于债务人请求之给付义务为其内容。至于保护义务可分为一般的保护义务及特别的保护义务。在契约法上,一般的保护义务指自双方开始从事缔约协商之接触时起,对于相对人在契约范围内可能遭遇之危险的保护义务。特别保护义务则指由于契约之履行所产生之危险的防范义务。该保护义务可能以警告义务、教示义务、必要时甚至以投入额外费用投保保险的形态表现出来。其违反如造成损害,构成积极侵害债权(Esser,Schuldrecht,2.Aufl.,1960,S.111)。

③　主要义务与附随义务为债务之重要分类。在契约之债,主要义务指依契约目的所定之内容的给付义务,在双务契约该给付构成用以与相对人提出之对待给付互相交换的对价。附随义务指为确保主要义务之给付的成果或防止有害给付所负之义务。因此,关于主要义务原则上得以诉的方式请求给付,最后并得申请强制履行,或至少得选择请求赔偿履行利益。反之,原则上不能独立诉请履行附随义务。只有在因其不履行而致债权人受有损害时,得依积极侵害债权的规定请求赔偿。附随义务虽不得独立移转,但因其违反所生之损害赔偿请求权则得独立移转。唯附随之行为义务中有超出确保主要义务之给付成果,得请求依其契约目的所定之附随给付者。在这种情形,该附随的给付义务具有独立性,得诉请履行。其不履行除可能构成积极侵害债权外,亦可构成一部不能、一部迟延或一部之瑕疵给付。例如承揽契约中之建议义务,租赁契约中之竞争的禁止(Esser,Schuldrecht,2.Aufl.,1960,S.90,§32)。医疗契约中之病历复本的给付义务当属此种附随的给付义务。

时其治愈的概然率、可能的后遗症及危险。[①] 因为当中尚有一些不一定可逆之选择，所以，在选择上病人相当依赖医师之良心的、专业的建议，以便最后决定，对于一定之治疗措施表示同意。这当中由于该决定对于病人可能是生死攸关，而对于医师可能只是一件个案之成败，所以，在说明义务之遵守的评价，法界与医界不免有一些不同。法界比较重视外部能够验证之说明义务的实践，而医界比较重视其实际提供之医疗措施的质量。[②] 然一旦病人不满意医师提供之医疗服务所带来之治疗成果，则病人是否经适当说明并同意该医疗措施将成为该医疗纠纷之重要争点。盖医师不得对于病人从事未经其同意之医疗措施，否则，构成对于身体或健康之侵害。[③] 采取未经病人同意之医疗措施对于身体所构成之侵害有民事与刑事两个方面的责任。其中民事责任固以有损害为要件，[④]但刑事责任则以对于病人身体之侵入为已足。所以，在该医疗措施对于病人确实有利的情形，可因无损害而不生民事责任，而刑事责任是否得因此而认为有阻却违法事由，非无疑问。

　　然医师应如何对其病人说明？这在候诊半小时，看病五分钟的医疗实务是不大容易真正实践的，此为目前一般不足的情形。究其原因乃在于：医师与病人皆无医疗行为在未经同意时，是一种有刑事责任之身体伤害行为的认识。另一方面倘真要认真遵守说明义务，医师应如何说明，特别是事后如何证明其已尽说

----

　　①　Adolf Laufs，Arztrecht，2. Aufl.，1978，S.40f.

　　②　当依说明义务应说明之内容涉及处方或甚至诊断的方法，在实务上还可能引起知识产权上的纠葛。医师认为这是其著作权应受保护，没有告知病人的义务。处方签之释出以及病历之副本的给予所以引起争议，道理在此。在医药未分业，以及病人能够无医师处方，而自药局购得处方用药的情形，医师的权益不能受到适当的照顾。

　　③　Adolf Laufs，Arztrecht，2. Aufl.，1978，S.36f.，42.

　　④　在医疗损害案件，病人就医师之医疗行为有瑕疵、该行为违法、有过失并引起系损害负举证责任。盖这些事实系对于病人有利之法律规定的要件事实，依规范说如无任何人证明其存在，病人将不得主张该规定所定之法律效力，请求赔偿所受损害。由于这些事实证明不易，德国法院有时利用肯认情况证据（der Anscheinsbeweis）或移转举证责任的方法来减轻病人之举证的困难。其举证责任之移转的方法为：将争点从医疗行为之瑕疵移至说明义务之欠缺。盖就医疗行为是否有瑕疵病人应负举证责任，而就是否已尽说明义务及病人系在经适当说明后而为引起损害之医疗行为的同意，医师应负举证责任。举证责任之移转使医师的赔偿义务趋近于危险责任。在实务上导致举证责任之移转的事由还有：医师拒绝提供其管领之病历、X光照片或其他检验资料，医师之医疗行为有重大违反义务的情形。学者有担心，该过度严格的责任可能压抑医师的活力、阻碍医术的进步并导致防卫性的医疗。不过，学者也指出，必须注意法院该实务上的发展有一部分源自医事鉴定机构对于医疗过错之一再的过度呵护。只要法院不能确信可自医事鉴定机构获得可靠的鉴定结果，即不能避免不利于医师之举证责任的移转。请参考 Adolf Laufs，Arztrecht，2. Aufl.，1978，S.100ff.

明义务？这在需要外科手术或从事人体实验或试验医疗的情形，实务上倒是有利用定型化一般约款让病人或受试者签名表示同意的做法。这虽非无懈可击，但总是一个比较明确的办法。当然，也不能忽略，如果是看小病、急病，或者已是多年的熟病人，而每次看病都要签署医疗同意书，可能会使医病关系趋于紧张，是福是祸，值得考虑。① 此外，说明义务的范围也应就病人的程度考虑其信息的需要。再则，在转诊时，医师原则上应可信赖先前医师给予的信息，不用重复询问或说明。

唯病人有的时候会讳疾忌医，不一定能够接受自己患有重病或不治之症的事实。在这种情形医师如果明白告知病人实情，以便对其说明治疗方案及病情可能之发展，病人身心可能无法承受，而导致危险或更不利于其健康之情况。这个问题的规范必须经过公开讨论后在政策上予以决定。其规范之最大的困难首先在于谁来决定病人可能承受不了实情的打击，所以可以不对其说明；其次为一旦规定得以病人不能承受实情为理由，免于对其告知真相，实务上很可能引起不容易验证、防范之滥用。从而使说明义务的实践大受影响。② 在个案这个问题可能利用病人放弃说明的方式解决。③ 唯这时该放弃声明应具备与要证明业经说明相同的方式为之。

以上是说明义务之消极的意义，其积极的意义为如何通过说明，让病人配合医师，正确的展开治疗计划，以便最圆满的达到回复健康之医疗目的。④

---

① Adolf Laufs，Arztrecht，2. Aufl.，1978，S.39,41.

② Adolf Laufs，Arztrecht，2. Aufl.，1978，S.43.

③ Adolf Laufs，Arztrecht，2. Aufl.，1978，S.42.

④ 医师的说明在医疗实务上有多重意义。一以作为取得病人关于医疗侵入之同意的基础，二以尽其依相关法律对于病人所负之告知或教示义务。第一种情形，其说明内容之意义在于认定病人关于医疗行为之目的、内容、范围之同意的内容。第二种情形，以"消费者保护法"第 7 条第 2 项规定者为例，在于经由警告标示或提供紧急处理危险之方法的信息，以协助消费者避免损害的发生。唯同一个说明的表示，按其内容仍可能同时满足该两个不同之规范上的要求。例如在不同的治疗方法，其术后所需要之病人或其看护人员的配合难度不同时，如果不警告说明于先，而待术后才告知，其术前之说明相对于其同意，是否充分便有疑问。像在不同之洗肾的方法，其感染之危险程度不同，所以，病人在选择接受某种洗肾方法前，即需要预知其术后如何配合，以防止发生感染危险的信息。如谓该二信息可以先后提供，亦即待选择洗肾方法之术后，始提供其护理的信息，显不相宜。是故，该二说明虽有目的上的不同，在概念层次强调该二说明义务之区别，或甚至主张其间无关联并不必要。侯英泠：《谈医疗意外的风险分担问题——消费者保护法对纯粹医疗行为与医院提供相关医疗服务的企业式服务行为之适用》，载《民法研究会第 26 次学术研讨会（2001 年 11 月 17 日）报告》，第 18 页："这里所谓之说明义务属于同意权的说明义务与'消费者保护法'第 7 条第 2 项的安全说明义务无关。"

三、造成医疗损害之事由:瑕疵

一个完整的医疗服务由医疗行为、药品及医疗器材之提供或使用所构成。这当中只要有其一带有瑕疵即可能给病人带来医疗损害。

(一)有瑕疵之医疗行为

医师所采取之医疗行为如果不及于当代医疗水平,[①]即属于有瑕疵之医疗行为。其病人倘因此受到损害,构成有害给付,于有故意或过失时应负侵权行为、积极侵害债权或其他法律(例如"消费者保护法"[②])所定之损害赔偿责任。医疗行为有瑕疵存在时通常固推定为有过失,但医疗行为是否有瑕疵与医师就医疗损害之发生是否有过失仍属不同层次的问题。[③] 不过,在一个具体的案件中要认定一个医师所采取之医疗行为,是否有瑕疵并不是一件对错分明之容易的事务。盖一个医疗方案本来就有一定之向愈与向恶的风险,不是万全的。这当中还受许多未知因素的影响,包括对于病人之身体与健康状况、对于疾病、药物之病理与药理之机转。医师在决定采取一定之医疗方案时,只能在已知之范围内权衡其向愈的概然率与药物或手术可能引起之损害。这是两害相权取其轻的选择,而非全无风险的选择。治疗后,病人的健康恶化时,其恶化究竟是本来存在的危险或因医疗行为之瑕疵的危险所引起的,往往难以划分。是故,并非病

---

① 参见"最高法院"2001 年台上字第 709 号民事判决。

② 参见"最高法院"2001 年台上字第 709 号民事判决。

③ "消费者保护法"第 7 条虽然规定,企业经营者就其从事设计、生产、制造商品或提供服务应负无过失责任。但因"消费者保护法施行细则"第 5 条规定:"商品于其流通进入市场,或服务于其提供时,未具通常可合理期待之安全性者,为本法第 7 条第 1 项所称安全或卫生上之危险。但商品或服务已符合当时科技或专业水平者,不在此限(第 1 项)。商品或服务不得仅因其后有较佳之商品或服务,而被视为有安全或卫生上之危险(第 3 项)。"使该无过失责任事实上经缓和为中间责任。只要企业经营者能够证明其提供之商品于其流通进入市场,或其提供之服务于其提供时,具有通常可合理期待之安全性,即可因其提供之商品或服务经论为不具该法第 7 条第 1 项所称安全或卫生上之危险,而免负赔偿责任。此即商品或服务有欠缺或有瑕疵即应负责的规定。这虽看似属于无过失责任,然鉴于"通常可合理期待之安全性"本属规范上要求之客观的门槛,为企业经营者应致力达成的安全水平。无能力达成者既没有资格,也不应将其商品或服务提供于市场。如竟为提供,其所为即具有应注意能注意而未注意之客观意义下的过失。其中在民事责任的归属上,不但应注意的要求,而且其能注意的标准基本上都是客观的。关于"安全性欠缺"与"过失"之区别问题请参考陈忠五:《医疗事故与消费者保护法服务责任之适用问题(初稿)》,第 25 页以下,发表于《台湾大学法律学院民事法研究中心第六次裁判研究会》,2002 年 3 月 9 日。

人没有治愈或没有因治疗而带来期待的医疗成果即可认为有医疗行为上的瑕疵。[①] 另有一个因素也必须予以充分考虑,即临床上之时间的压力问题。然因为熟练与经验可以有效提高临床反应的敏捷性,所以如何经由研习及交流提高一般的医术水平,不但对于事前之避免,而且对于事后医疗行为瑕疵有无之鉴定皆当有积极的帮助。

(二)有瑕疵之药品

医师不是药品供货商,而病人所以因服药而发生药害,有时不是出自于医师所能控制之事由。其中包括药品成分或剂量出错、不明副作用、不周全之使用说明或警示、出状况时之处理指南等。当药品因各种可能之因素而有害于服用者时,只要不是出自于医师之过失,即可能论为药品之瑕疵。在具体案件,其中有些系属可归责于药品供货商之事由,有些系属不可归责者。但无论何者,皆可能是不可归责于医师或医疗机构之事由。如何归属因之发生在服用者之损害,为药害之归属上之重要问题。该问题向来隐藏在医师或医疗机构与病人之医疗纠纷中。在检讨医疗关系之危险责任时,这是一个必须并予考虑的因素。

(三)有瑕疵之医疗器材

"药事法"第 13 条规定:"本法所称医疗器材,系包括诊断、治疗、减轻或直接预防人类疾病,或足以影响人类身体结构及机能之仪器、器械、用具及其附件、配件、零件。"与药品合称为药物("药事法"第 4 条)。当医师在疾病之检验、诊断或治疗使用到医疗器材时,医疗器材与药品一样,都可能直接或间接对人体造成侵入。是故,若医疗器材在其流通进入市场,或在医师据以对于病人提供医疗服务时,如未具通常可合理期待之安全性者,即有"消费者保护法"第 7 条第 1 项所称安全或卫生上之危险,构成瑕疵。倘因该瑕疵而造成医疗损害,其医疗给付即属有害给付,医师或医疗机构应负赔偿责任。唯医疗服务不得仅因其后有较佳之医疗服务,而被视为不符合同法第 7 条第 1 项所定之安全性。医师或医疗机构主张其提供之医疗服务于提供时,符合当时科技或专业水平可合理期待之安全性者,就其主张之事实负举证责任("消费者保护法"第 7 条之一)。

(四)受强制保险章则限制之医疗方法

受限于财务条件,全民健康保险局就各种疾病之治疗有一些关于药品、医疗器材、手术方法或其他治疗方法上的限制或事前的审核要求。倘因该限制或要

---

① 　Adolf Laufs,Arztrecht,2. Aufl.,1978,S.38.

求以致病人之健康不能获得本来应该可以办到的改善,或甚至使健康发生本来可以避免之恶化,这些所受之健康损失或所失之健康利益是否论为医疗损害,极具争议。从这些损害有可能避免论,其为损害固然明显,然从保险给付随其保险费率自有一定之限度论,难以无限数额、无限范围地将其论为应由保险人负担之损害。这是财务形势所造成的无奈,在医疗措施上暂时只能经由自费分担的方式予以缓和。至于因有人无力负担自付额,以致只能得到较低或较为危险之医疗服务的事实,属于市场经济之残酷的现象。如何克服系政策上应予慎重考虑的课题。然无论如何,就医疗个案论,在这种情形应利用医师之说明义务,协助病人避开因医疗方法之限制可能造成之损害极为重要。倘医师就此未尽其说明义务,而使病人误以为强制健康保险所提供之保险给付已充分,以致造成损害,仍非不能论其有医疗过失。

四、医疗损害与医疗责任

医疗关系之首要特征在于一方为治病或防病之医疗目的而求医于他方,而他方则为医疗目的而对其从事医疗行为。然由于人之身体与健康的系统本来便极复杂,现代医学对之虽有一定程度的掌握,但关于人之身体或健康,也不是一切的谜团都已经解开。于是,一方面双方对于医疗成果的期待本来即可能存有差距,一方面极可能由于一些当时一般已能掌握而未为个别医师所掌握,或当时一般还不能掌握之因素而发生不利的结果。该结果倘经评价为不是该疾病在当时本来即会有,且不能经由治疗有效防止的发展结果,该发展结果即构成客观意义下之医疗损害。此与病人因治疗结果之主观期待的差距所认识之主观意义下的医疗损害不一定相同。

按疾病在人类之有机体中,与病人之免疫系统相作用有一定之病程的发展,侵入所造成之器质损伤囿于病人身体之修复机能,其复原有一定的限制。该病程或复原有些可能经由适当之医疗行为加以改变,使之缩短、向愈,有些可能不能改变,而只能减轻其症状或防止并发症的发生,等待其自然痊愈或修复。不过,有些情形可能永远不会因医疗而痊愈或修复。其间,治愈或修复通常固然是医病双方共同的期待与努力的目标,但显然不是一直都可以实现的。此外,由于医疗行为对于身体或健康之必然的侵入性,不但有医疗行为之后遗症(例如开刀留下疤痕)、药物之副作用(例如药物过敏[①]或因药物的作用而附带的伤肝、伤

---

① 参见"最高法院"2000 年台上字第 1834 号民事判决。

胃、伤肾等），①而且还可能因感染、误治（含诊断错误、施药或施术错误：例如引起药物过敏、未立断剖腹生产导致难产、延误治疗）而对于病人造成损害。这当中，是否有医疗损害的判断基准通常置于：系争疾病之治愈及其治疗手段之后遗症或副作用的避免或防止的可能性，亦即其发展结果之控制可能性。能治愈或能防止（能控制）而未治愈或有效防止（控制）时，其造成之结果与如获得治愈或有效防止（控制）时当有之结果的差距即论为医疗损害。② 其中，后遗症与副作用的容许度应从其不利益与所患疾病之治疗利益的相对比例衡量之。此为治疗手段是否过当的问题。显而易见的例子是，为治疗癌症所使用之治疗手段的副作用，不论是化疗或放射线治疗都相当大，有时甚至除了短时间即掉光全部头发外，并有采取一定疗法通常不能超过的生存预期。是否因为癌症在实务上常常被断为不治之症，而得不顾其治疗方法之一切后遗症与副作用，不是全无疑问。由于以上诸多因素，所谓疾病本来内在的危险以及医疗行为内在或由于医疗结果控制之不完全而带来之外在危险的分辨固然易滋疑义，但若谓医疗之侵入行为对于病人不构成新增的危险亦非持平之论。实务上适当努力的是：将医疗行为必然引起之后遗症或副作用等不利的结果解说清楚，以事先征得病人或其代理人关于医疗行为之侵入的同意，而非概括地将一部分医疗行为自始排除于危

---

① 后遗症为医疗行为侵入后之必然结果，而副作用则或许是必然，或许是可能发生之附随的结果。不论属于何种情形，该等结果之发生皆非病人所愿。是故，除非有急迫情形，在医疗关系的发展上，医师有义务事先对于病人说明其计划从事之医疗行为对其可能引起之后遗症或副作用，于不适于对于病人说明时，应对于其家属为之，以征得其关于医疗计划之同意。如果未为说明即径为医疗行为，其医疗行为是否事先受到同意，待于就具体情况认定之。同意之意义为阻却侵入性医疗行为之违法性。王泽鉴老师："按说明义务所涉的是'阻却违法'，违反说明义务时，不阻却违法，医生应负侵权责任。医生是否尽其说明义务，不以有无过失作为判断标准。……所谓'可容许的危险'一般多认为是'违法阻却'，'最高法院'则认为得'免其过失责任'。……是否妥适，颇值深思。"王泽鉴：《侵权行为法（一）》，作者自刊1998年版，第309～310页。

② 关于医疗损害的概念及其损害发生原因，请参考陈忠五：《医疗事故与消费者保护法服务责任之适用要件（上）》，载《台湾本土法学杂志》第17期；侯英泠：《谈医疗意外的风险分担问题——消费者保护法对纯粹医疗行为与医院提供相关医疗服务的企业式服务行为之适用》，载《民法研究会第26次学术研讨会（2001年11月17日）报告》，第5页以下。

险责任的适用范围外。[①] 这与危险责任之建制重在于分散损害的意旨不符。

归纳之,引起医疗损害之事由的态样如下:能治愈而未治愈或延迟治愈、能防止而未防止之副作用、过大之后遗症、能防止而未防止之并发症、误治、感染。其中,能与不能之认定应采依当时医学科技水平是否办得到为其标准(客观说),此与规范上对于医师(或医疗机构)所要求之能力或注意程度尚有不同。建立规范上要求之能力或注意程度时,基于专业伦理及实践上之期待可能性的考虑,应斟酌该行业之一般的科技水平,以善良管理人之抽象的能力或注意程度为标准。因不具备善良管理人之能力或注意程度而导致之医疗损害,应论为因医疗过失所导致之医疗损害,属于过失的结果。至于依医疗行为发生时之医疗科技,客观上虽可能治愈或防止其不利结果,但只要该医疗科技还不是已为一般专业医师所具备之技能,则其实践所需能力或注意程度即非规范上所要求。[②] 从而因不具备该技能而导致之结果虽论为医疗损害,却不得论为因医疗过失所导致之医疗损害,而应论为危险的结果。所以在规范上如要对其课以赔偿责任,以分散损

---

① 侯英泠:《谈医疗意外的风险分担问题——消费者保护法对纯粹医疗行为与医院提供相关医疗服务的企业式服务行为之适用》,载《民法研究会第 26 次学术研讨会(2001 年 11 月 17 日)报告》,第 5 页以下。将医疗行为区分为纯粹医疗行为、技术性医疗行为及企业式医疗服务。并认为医师为其纯粹医疗行为仅负过失责任,而不负危险责任;反之,技术性医疗行为及企业式医疗服务有"消费者保护法"之适用,医疗机构应为之负危险责任(第 32 页)。其中医疗机构应为技术性医疗行为及企业式医疗服务负危险责任的规范机能除在于分散损害外,并用以避开"民法"第 188 条第 1 项但书关于雇用人之免责事由的适用。

② 因为传统上以"应注意能注意而未注意"作为过失之有无的认定标准,所以将损害(例如医疗之不利结果)的控制或防止可能性引为过失之有无的考虑因素。唯所谓控制或防止可能性之有无的认定,不但注意能力因人、因地不同,也因时代之进步而异。当时当地任何人根本不可能控制或防止者,属于不可抗力;虽有人能够控制或防止,但该能力尚非可期待于善良管理人者,其不利结果之发生不论为造因于抽象轻过失,不得课以过失责任。至于是否对之课以危险责任属于政策的问题。但所以仅得课以危险责任,不是因为该危险之控制或防止客观上根本不可能,而是类型上(例如医疗行为)之应注意程度,在"立法"上之决策或司法上之权衡的结果。

害,其负责依据必须转求于危险责任的制度。[①] 至于误治或感染,其发生原则上固会论为医师(或医疗机构)有过失,但也不能一概而论,例如在急救时由于事出仓促,其消毒及诊断之周全的要求标准自然比较宽容。

客观上根本不可能治愈或防止者,其结果因系该疾病本来会有之必然发展,所以不认定为医疗损害。唯该所谓不能防止之结果如系由医疗行为所引起,由于从事后之明论之,往往会被论为能防止,所以该结果虽不论为因其过失,还是可能论为因其危险医疗行为所引起。由以上的说明可见,一个疾病之医疗行为的过失结果、危险结果或必然结果的界线并非一成不变,可能随不同时空之医疗

---

① 请参考侯英泠:《谈医疗意外的风险分担问题——消费者保护法对纯粹医疗行为与医院提供相关医疗服务的企业式服务行为之适用》,载《民法研究会第 26 次学术研讨会(2001年 11 月 17 日)报告》,第 13 页以下。她称"危险责任所要规范的危险⋯⋯仍有抽象控制的可能性。⋯⋯如果该危险的控制完全不可能,即不具客观归责事由"(第 13～14 页)。由控制可能性固然导出"消费者保护法施行细则"第 5 条第 1 项但书所定之科技抗辩或发展危险之免责的论点,唯科技抗辩或发展危险可以规定为免责事由,但不必然是危险责任之当然的免责事由。"消费者保护法施行细则"第 5 条第 1 项但书规定商品或服务已符合当时科技或专业水平者,不论为有本法第 7 条第 1 项所称安全或卫生上之危险,第 3 项规定商品或服务不得仅因其后有较佳之商品或服务,而被视为有安全或卫生上之危险。该二项规定固使该法第 7条所定之危险责任有向过失责任缓和的趋势,但二者仍非同一。其区别在于:举证责任分配由企业经营者负担,以及作为认定过失之有无的注意程度或专业能力的标准,仍可能低于第 5 条第 1 项但书所定之科技抗辩的标准。盖在具体案件有可能发生企业经营者提供之商品或服务虽不符合当时科技或专业水平,却已符合当时科技或专业水平可合理期待之安全性。亦即虽无过失,但不具备科技抗辩的要件。这时仍有课以危险责任的规划余地。在"消费者保护法"于 2003 年 1 月 22 日修正时,增订第 7 条之一规定:"企业经营者主张其商品于流通进入市场,或其服务于提供时,符合当时科技或专业水平可合理期待之安全性者,就其主张之事实负举证责任(第 1 项)。商品或服务不得仅因其后有较佳之商品或服务,而被视为不符合前条第一项之安全性(第 2 项)。"其第 1 项继受自同法施行细则第 5 条第 1 项,但在规定内容之形式上比较清楚的将科技抗辩之举证责任的分配表现出来外。至其第 2 项则是同细则第 5 条第 3 项之单纯的移植。自"消费者保护法"第 7 条之一观之,该法所定企业经营者之消保责任虽似有缓和为中间责任的态势。但同法第 7 条第 3 项又规定:"企业经营者违反前二项规定,致生损害于消费者或第三人时,应负连带赔偿责任。但企业经营者能证明其无过失者,法院得减轻其赔偿责任。"从该项规定观之,企业经营者之消保责任清楚的基本上还是一种危险责任。

科技水平、损害之分散制度或规范上的政策而推移。① 其中医疗科技水平、损害之分散制度属于医疗责任之当为基础的存在条件,规范上的政策属于合理当为要求的出发点。存在基础靠实力,合理政策靠决心。

当有医疗损害发生,不论其为主观或客观之医疗损害,以及其发生是否可归责于医师或医疗机构,均极可能发生医疗纠纷。该损害如系因可归责于医师或医疗机构之事由而发生,这属于债务不履行的问题。其损害之归属,应依过咎原则(das Verschuldensprinzip),以积极侵害债权及侵权行为为其赔偿的规范基础。反之,如系因不可归责于医师或医疗机构之事由而发生,则必须在积极侵害债权及侵权行为之外,寻求其补偿的理论依据及请求的规范基础。

当其系因不可归责于医师或医疗机构之事由而发生,其事由有可能存在于医疗器材或药品。不过,在此情形,该损害的发生,同样可能肇因于可归责或不可归责于医疗器材或药品供货商的事由。如系因不可归责于医疗器材或药品供

---

① 关于过失,实务上向以"加害人对于侵权行为结果之发生应注意并能注意而不注意为成立要件"("最高法院"1996 年台上字第 2923 号民事判决),"而所谓过失,不仅指虽非故意,但按其情节应注意、能注意而不注意之情形,即对于侵权行为之事实,虽预见其发生,而确信其不发生之情形亦包括在内"("最高法院"1998 年台上字第 438 号民事判决)。然过失在民事法上尚分三个等级:重大过失、具体轻过失、抽象轻过失。其中以抽象轻过失的注意标准最高,通常要求于有偿之契约关系。所以,"最高法院"1990 年台上字第 1203 号民事判决要旨称:"行为人过失责任之最重者,莫过于'应以善良管理人之注意为之',亦即学者所谓'抽象的轻过失',申言之,行为人注意之程度,依一般社会上之观念,认为具有相当知识及经验之人对于一定事件所能注意者,客观的决定其标准;至行为人有无尽此注意义务之知识或经验,在所不问。"所以学说上认为民事法上之过失标准是类型的、是客观的。善良管理人之注意程度通常要求于一般的保护义务及因有偿契约关系所负之个别的保护义务。该注意能力的标准不是一般人的,而是理性人的注意能力。一般人通常指平均人,欠缺平均人之注意,规范上论为重大过失;理性人应具之注意能力为何,自该标准原则上适用于有偿契约论之,应定位为以从事系争事务为其职业或业务者之注意能力。自其适用于一般注意义务论之,应定位为在来往中,谨慎小心重视他人之人身及财产的社会人所应具之注意能力。由于这是抽象人之注意能力,所以"行为人有无尽此注意义务之知识或经验"与在个案论断其有无抽象轻过失无关。在过失之成立要件中所称之"应注意"当指此而言。此与刑法上之过失的认定采主观标准者不同[王泽鉴:《侵权行为法(一)》,作者自刊 1998 年版,第 293 页]。然究竟善良管理人在个案之注意程度为何,还是待于具体化。其具体化时应考虑的因素,王泽鉴老师认为有:危险或侵害的严重性、行为的效益、防范避免的负担[王泽鉴:《侵权行为法(一)》,作者自刊 1998 年版,第 297～298 页]。这些考虑因素中其与效益或成本有关者属于规范之经济分析上的观点,与"行政程序法"第 7 条就行政行为之从事所要求之比例原则类似:"行政行为,应依下列原则为之:一、采取之方法应有助于目的之达成。二、有多种同样能达成目的之方法时,应选择对人民权益损害最少者。三、采取之方法所造成之损害不得与欲达成目的之利益显失均衡。"

货商之事由而发生,一样必须在积极侵害债权及侵权行为之外,寻求其补偿的理论依据及请求的规范基础。因为医疗器材或药品供货商与病人之间无契约关系,所以,受害人为病人者,与之有关之损害赔偿的问题,除法律有特别规定,病人得以因医疗器材或药品不安全为理由,直接对其供应者请求赔偿外(请参考"消费者保护法"第 7 条、第 8 条),原则上皆以医师或医疗机构为窗口,先向医师或医疗机构请求赔偿,然后再由其对于该供应者求偿。① 为解决以上这些难题,发展出产品责任(die Produkthaftung)及危险责任(die Gefährdungshaftung)的理论及以之为基础的损害赔偿规定。②

---

① 关于医疗行为责任与药物责任之划分问题,请参考侯英泠:《谈医疗意外的风险分担问题——消费者保护法对纯粹医疗行为与医院提供相关医疗服务的企业式服务行为之适用》,载《民法研究会第 26 次学术研讨会(2001 年 11 月 17 日)报告》,第 5 页。

② 其中产品责任之意义主要在于将因产品引起之责任定性为法定的而非意定的责任,以克服受害人与产品制造人无契约关系所造成之规范基础上的障碍("民法"第 191 条之一)。因此,其责任要件有时还采中间责任,而不一定采无过失责任。反之,危险责任之意义则因主要在于分散危险,所以除其责任要件通常采无过失责任外("消费者保护法"第 7 条),常并配以强制责任保险。现行法目前已有一些相关的强制保险规定。例如,"强制汽车责任保险法"第 4 条,"航空客货损害赔偿办法"第 5 条,"核子损害赔偿法"第 25 条第 1 项、第 27 条等。"药害救济法"所定之救济给付虽具有危险责任之强制保险给付的机能,由"行政院卫生署"事实上担任保险人的任务,但观其规范的设计,并没有真正课药物制造业者或输入业者以危险责任。所以,还不能说,因已有药害救济法而不再有药品之危险责任的规范需要。

第十二章

承　揽

一、承揽之概念与类型特征

承揽契约为一种双务契约,在该契约中其"当事人约定,一方为他方完成一定之工作,他方俟工作完成,给付报酬之契约"("民法"第 490 条)。至于所完成之工作,可以是一件物品之制造或变造,也可以是利用工作或劳务可以引起之成果,换言之,完成之工作不一定必须表现在有体物上。对此,台湾地区"民法"虽未像《德国民法典》第 631 条第 2 项将之明文规定,但从台湾地区"民法"第 498 条第 2 项、第 510 条皆有关于无须交付之工作的规定观之,当可认为依台湾地区"民法",无体之工作亦可作为承揽契约所要完成之工作的客体。

解析之,承揽契约之类型包含两个特征:完成一定之工作及给付约定之报酬。该两个给付互相交换,构成对价关系。在货币经济下,报酬通常以金钱为其内容,所以,关于报酬之给付部分除表彰承揽为有偿契约外,原则上不具进一步之类型意义。然报酬倘不以金钱为内容,则视用来交换之给付内容为何,构成各种不同之混合契约。又其报酬虽以金钱为内容,但其给付标准不以工作本身有关之投入(例如时间、劳务、材料)为基础,而以所完成之工作将来投入生产时实际发生之营业额或利润为计算基础者,亦为一种混合契约。[①] 反之,一定工作之完成的义务,则为承揽契约与其他契约类型互相区别之特征所在。即便如此,由于承揽工作复杂时,其报酬之估算在具体情形常有困难,因此在承揽契约订约时,当事人双方有仅以估计报酬之概数约定其报酬的情形。"民法"第 506 条并针对此种情形,对于当事人估计之概数,因非可归责于定作人之事由超过概数甚巨者,明文加以规定。以概数约定有偿契约中之金钱给付的数额,在契约之成立

---

① 例如承揽与(隐名)合伙,或即是(隐名)合伙而以工作出资。请参考 Soergel-Muehl, Kommentar zum BGB 11. Aufl. , 1980，Rz 2 vor §631.

上属于以"得确定"①之数额作为约定之内容的情形。该条除针对所定情事,提供在缔约基础不存在或有重大变更时,其契约关系如何调整的依据外,并肯定在承揽契约,以概数约定报酬,尚符合"民法"第153条关于契约之成立,当事人互相表示意思必须一致的要求。就此而论,在承揽契约关于报酬的约定还是有其可能之特殊问题。

不过,就契约类型之区别而论,其主要特征还是存在于一定工作之完成。关于一定工作之完成包含有两个问题:其一为何谓工作,其二为何谓完成。

纵使在完成之工作以有体物的型态呈现,完成一定之工作,而非仅是物品之给付仍为承揽契约之特质。重在于物品之有偿取得者,为买卖契约,重在一定工作之完成以取得之者为承揽契约。前者所重者为取得工作物之利益,后者所重者为一定工作物之完成的利益。② 因此,在承揽契约为工作之完成所必须之材料,以由定作人提供为原则。亦即规范上以"包工不包料"为原则,以"包工包料"为例外。③ 当依约定,承揽人除完成约定之工作外,同时负有提供为该工作之完成所必须之材料的义务时,此种承揽究重在于物品之有偿给付或工作之完成,在具体情形其判定容易见仁见智。因此,《德国民法典》第651条将此种契约称为"工作物供给契约",特别加以规定。以可代替物之制造作为应完成之工作的内容者,该条规定其应适用关于买卖之规定,亦即将本来属于承揽契约之一种的工作物供给契约划归买卖法规范之。反之,其以不可替代物之制造为内容者,则除《德国民法典》第647条至第648a条等有关法定担保之规定外,关于承揽的规定

---

① 以"得确定"之数额作为约定之内容中,其与对价有关者常见于"民法"之明文规定,例如关于买卖,参见"民法"第346条;关于雇佣,参见"民法"第483条;关于承揽,参见"民法"第491条;关于出版,参见"民法"第523条;关于居间,参见"民法"第566条。

② Esser,Schuldrecht,2. Aufl. 1960,S.610 f.

③ 这个问题表现在"营业税法"上为,承揽人为完成工作而代定作人向第三人叫料时,该材料之销售行为应论为存在于谁与谁之间。依承揽之意旨,原则上本应论为存在于定作人与第三供应人间,但实务上由于台湾地区关于代理行为之实务常常忽略表明"代理意旨"或遵守"显名主义",因此,前述关于材料之销售行为常被认定为存在于承揽人与第三人间。或认为该销售行为至少是"间接代理行为",属于"营业税法"第3条第3项第3款所称"营业人以自己名义代为购买货物交付与委托人"之行为,依该项规定仍应视为承揽人对于定作人"销售货物"之行为。其结果,承揽人如果要第三供应人直接开立发票给定作人,在实务上便会被论为"跳开发票"。认为定作人一方面未向交易相对人索取发票,另一方面又以非交易对象开立之发票上所载进项税额,扣抵销项税额,违反同法第19条第1项第1款、第51条第5款及"税捐稽征法"第44条。

原则上适用之。① 而其所以不适用法定担保的规定,乃因在工作物供给契约,于承揽人依《德国民法典》第 651 条第 1 项之规定将完成之工作交付定作人,并将其对于该工作物之所有权移转给定作人前,该所有权尚属于承揽人所有,并还在其占有中。因此,再没有以该工作物为客体之法定担保物权的存在余地。

　　鉴于工作以劳务之提供为必要,因此承揽契约与其他契约类型有区分上之意义及困难者,自亦存在于其他以劳务为给付义务内容之契约,特别是雇佣契约和委任契约。由于为他人提供劳务,原则上皆非无的放矢,而在为相对人提供对其有意义之服务,而且这些服务一般言之皆可称之为工作。是故,就工作而论,在承揽、雇佣和委任间是无所区别的。有区别者为,负提供劳务之债务人,在各该契约中所应提供之劳务的范围如何界定,如何提供以及劳务提供之后是否应获致一定之成果。泛指劳务之提供,仅以时间之长度及时段界定劳务的范围,并就劳务之提供的时、地、方法约定或依习惯应接受债权人之指挥监督,而不要求完成一定之工作或工作量者,为雇佣契约;以一定事务(例如诉讼案件之委托、医疗服务)界定应提供之劳务的范围,而就提供劳务之时间、地点或处理事务之方法,容许负提供劳务义务之债务人依其判断决定,且不要求债务人因其劳务之提供,而必须获致一定之成果者,为委任契约;在约定处理一定事务之契约中,进一步约定负提供劳务义务之债务人,关于该事务之处理,必须达到堪称完成一定之工作,并以该一定之工作之"完成"界定其应提供劳务之范围者,为承揽契约。以上三种契约中,雇佣契约与承揽契约必须为有偿,委任契约则得为有偿或无偿。

　　从以上说明可知,委任契约与承揽契约之共通性在提供劳务者,关于其劳务之提供的自主性高,从而其在企业组织上自不属于其债权人的一部分,在企业经营上必

---

　　① Soergel-Muehl, Kommentar zum BGB 11. Aufl., 1980, Vor § 631 Rz 12. 在工作物供给契约,不但当其偏重交易因素(das Umsatzelement)时,向买卖类型,而且当其偏重劳动因素(das Arbeitselement)时,向雇佣契约类型接近(Esser,Schuldrecht,2. Aufl. 1960,S.610 f.第 596 页)。此为契约在类型谱上之转化的现象,请参照黄茂荣:《法学方法与现代民法》,台湾植根法学丛书编辑室 1993 年增订 3 版,第 535 页以下。Larenz 当因此认为契约类型之归属不能以概念的,而只能以类型的思维方式为之(Larenz, Lehrbuch des Schuldrechts, Bd. Ⅱ, Halbband 1, BT., 13. Aufl., 1986, S.342.)。关于类型之归属的方法请另参见 Larenz, Methodenlehre der Rechtswissenschaft, 5.Aufl., S.207 ff., 443 ff.

须自己负担经营风险;①反之,在雇佣契约,负提供劳务之义务者(受雇人),关于其劳务之提供的从属性高,在企业组织上属于雇用人组织上之一环,在职务之执行上应受雇用人之指挥监督,因此在企业经营上自己不负担经营风险,甚至在属于雇佣契约之

---

① 唯实务上认为"公司法"将经理人与其所服务之公司间之劳务契约关系定性为委任关系。例如"最高法院"1994 年台上字第 72 号民事判决:"按经理人与公司间为委任关系,此观'公司法'第 29 条第 2 项'经理人之委任……'之规定即明。而'劳动基准法'所规定之劳动契约,系指当事人之一方,在从属于他方之关系下,提供职业上之劳动力,而由他方给付报酬之契约,与委任契约之受雇人,以处理一定目的之事务,具有独立之裁量权者有别。"该经理人"纵前此曾受雇为公司之员工,其职位系由员工升任而来,仍不得谓其(该)公司之经理人"("最高法院"1998 年台上字第 376 号民事判决)。"公司法"第 29 条第 2 项关于"经理人之委任、解任及报酬依左列规定定之"的规定是否足为公司与其经理人间之关系为委任的认定依据,其实尚有诸多探讨余地。盖不但该项中之委任为动词,而且与解任并用,而委任在此可能仅具任用的意思。何况究诸实际,一方面经理人不但不负企业风险,而且在组织上属于公司内部人员,其业务之执行不可能不接受公司之指挥调度。此与受任人应自负风险,在组织上不属于公司内部者不同。至于经理人是否应适用另一套关于管理职之劳工法的规定则为另一个问题。

劳动契约,①受雇人(劳工)可以享有进一步的照顾利益。② 至于委任契约与承揽契约间之区别则在于:当事人是否约定,提供劳务者,有完成一定工作之义务以及其报酬义务是否以完成一定工作为要件。有该约定者,为承揽;无者,为委任。当然,不是任何工作皆适合约定,课相对人以完成之义务,也不是任何工作法律皆容许当事人约定以一定成果之达成作为其债务之内容(例如医师与患者约定包治的医疗成果,或律师与当事人约定包赢的诉讼结果)。在日常生活中最常见之承揽契约的类型为建筑契

---

① 雇佣契约为劳动契约之上位概念。亦即劳动契约为雇佣契约之一种特别型态。通常劳动契约指非为"家务",而为(农工商)经济活动成立之雇佣关系。是故,雇佣关系不一定为劳动关系,但劳动关系则必为雇佣关系。关于雇佣契约与劳动契约之区别,请参照黄越钦:《劳动契约与承揽契约之区别》,载《政大法学评论》1985 年第 31 期;吕荣海:《劳动契约与承揽契约、委任契约之区别》,载《东海大学法学研究》1985 年第 2 期。即便劳动契约(雇佣契约)与承揽契约、委任契约三者在现行法("民法")经明文规定为不同之有名契约,但其间之区别有时在概念上还是不尽清楚。然在实务上并不因此而使该三个有名契约之分别规定失其意义,当事人还是基于"类型自由",针对其实务上之需要选择其认为适合之类型。例如,由于劳工管理上之困难,有些工厂将一部分之工作完全按件计酬发包给他人,或者在自己厂地内,或者在承包人自己之场地完成工作,结果使本来以劳动关系从事之生产活动改以承揽关系为之。台湾地区流行之(家庭)代工即为适例。由于此种(家庭)代工之安排,还是会被质疑为劳工法之规避行为,因此业者有时使家庭代工者更进一步组织公司承揽其工作。发展至此阶段,系争劳务关系在契约类型上之区别已由其主体之组织型态所决定,一概论为"承揽"。在此阶段之前,该劳务关系究为劳动关系或承揽关系,自然见仁见智,难有定论。此为"类型"上本来即存在之"界限流动性"的现象。劳工法上关于劳动关系与承揽关系之区别上问题通常肇因于此。从契约自由下之类型自由之观点立论,本来当事人得选择其认为适合之类型,包括单纯之单一的有名契约以及包含两个以上有名契约之混合契约。然由于类型自由常常被引用为"规避"劳工法或税法之工具,因此主管机关或法院常引用"脱法行为"("民法"第71 条)或"目的解释"("民法"第 87 条、第 98 条)的理论规整当事人依类型自由所形成之契约类型。利用"脱法行为"或"目的解释"处理所谓"类型滥用"的问题,其规范上之作用不同。将之论为"脱法行为"时,系争法律行为无效,不引起法律行为之效力;反之,如以"目的解释"的方法处理之,则当事人原来属意之有名契约不发生效力,而改以主管机关或法院认定为存在之有名契约定其效力。其结果"目的解释"的方法如妥善运用,可使当事人之间的契约关系实质上更恰如其实,但利用如不得其当,则当事人之契约自由将受到难以抵挡之公权力的介入。此为近代契约之解释上的重要课题。

② 劳动关系中之"照顾",主要表现在"劳动条件"上。对于这个问题,参见"劳动基准法"第 1 条第 2 项、第 63 条、第 84 条,"团体协约法"第 16 条、第 20 条第 4 款。

约、建筑设计契约（Architektenvertrag）、[①]结构工程契约（Statikervertrag）、[②]营造契约（Bauvertrag）、[③]工厂机器设施、生产线（或整厂）兴建契约（Anlagenvertrag）。[④]　此外，戏剧之演出契约、[⑤]影片之拍摄、西装之订制、肖像之绘画、衣柜、门窗或皮鞋之修理也多归类为承揽契约。[⑥]　另以客货运送为劳务内容之契约，虽亦为一种承揽契约，但现行"民法"已将其中以运送为营业者，独立于承揽契约外，另立为一种有名契约（运送契约）（"民法"第 622 条以下）。在所有之承揽契约中，特别经法律将之定性为承揽契约者，以运送契约为最明显。其道理为半途而废，没有完成运送任务之运送，对于托运人可能不但无益而且有害，所以特别必须原则上规定运送人应依约运送，并完成运送任务，始符合契约本旨。类似的情形亦存在于旅游契约，因此，《德国民法典》在其各种债之关于承揽契约与类似契约节中，将旅游契约与承揽契约并列，规定于《德国民法典》第 651a 条至第 651k 条中，以防止所谓放鸽子的弊端。[⑦]　此为从工作需求之特征，导出契约类型之要求的适例，印证自"存在"导出"当为"的道理。依此道理，在事务之处理非达一定之结果以完成之，对于本人即无利益，或甚至有害的情形，其契约应定性为普通或特别的承揽契约。唯一件事务之处理是否应达一定之结果对于本人始有利益，或始不造成损害，除法律（或公序良俗）另有强制或禁止规定外，应依事务之性质及当事人之意思定之（"民法"第 71 条、第 72 条）。

---

①　Soergel-Muehl，Kommentar zum BGB 11. Aufl.，1980，Vor § 631 Rz 60. 关于建筑设计契约之性质究竟为何，德国实务上的见解，其帝国法院（RG）过去将一个约定，建筑师不但担负建筑设计，而且也担负建筑工程在兴建上之指挥、监督工作的契约，统一归类为雇佣契约，反之，德国联邦法院则统一将之归类为承揽契约。盖德国联邦法院认为在此种情形，建筑师的活动超出与雇佣契约类型中所该当者，这些活动与一定之成果有关，并整体的以建筑工作依照计划没有瑕疵的获得完成为其目标（BGHZ 82，100，106）（Larenz，Lehrbuch des Schuldrechts，Bd.Ⅱ，Halbband 1，BT.，13. Aufl.，1986，S.343）。此种契约亦有认为是一种混合契约者，例如 Esser/Weyers § 27 Ⅱ 3d 。

②　Soergel-Muehl，Kommentar zum BGB 11. Aufl.，1980，Vor § 631 Rz 89.

③　Soergel-Muehl，Kommentar zum BGB 11. Aufl.，1980，Vor § 631 Rz 47.

④　Soergel-Muehl，Kommentar zum BGB 11. Aufl.，1980，Vor § 631 Rz 94.

⑤　戏剧之演出契约，不但可能存在于剧院与剧团，而且也可能存在于剧院与观众之间。这两者皆偏向于承揽契约的型态存在。盖一定戏码之演出必须完成始有经济或观赏上之意义。唯演员与剧团的关系则可能为雇佣契约。在戏剧的观赏契约中，观众除了观剧之外，虽也使用了剧院的设备，例如座位、盥洗室。但此种契约原则上仍归类于其主要给付所属之契约类型。参照 Esser，Schuldrecht，2. Aufl. 1960，S.598.

⑥　Larenz，Lehrbuch des Schuldrechts，Bd. Ⅱ，Halbband 1，BT.，13. Aufl.，1986，S.344.

⑦　参考《德国民法典》之上述规定，台湾地区"民法"亦紧接承揽之后，在第 514 条之一至十二就旅游契约特设专节规定之。

二、承揽契约之缔结

"当事人互相表示意思一致者,无论其为明示或默示,①契约即为成立"("民法"第153条第1项)。有疑问者为,在承揽契约之缔结,依同条第2项,当事人间所必须一致之意思表示的范围为何。于各种有名契约之缔结,一般认为以各该契约之主要给付有关事项为"民法"第153条第2项所称必要之点。所以除当事人对于非必要之点已有表示,而无获致合意者外,在承揽契约之缔结,只要当事人就应完成之工作及报酬数额有一致之表示,契约即为成立。然因"民法"第491条规定:"如依情形,非受报酬,即不为完成其工作者,视为允与报酬(第1项)。未定报酬额者,按照价目表所定给付之,无价目表者,按照习惯给付(第2项)。"所以,在当事人就关于一定工作之完成,是否应给付报酬虽未为约定,但如有该条规定之情事,在具体案件仍有可能在当事人只就应完成之工作有一致之意思表示时,便已成立承揽关系。不过,在此情形,当事人所已合意者,必须包括课当事人之一方以完成一定工作之义务。②

关于承揽契约之缔结,其方式除前述习见之"要约与承诺模式"外,主要还有

---

①　关于意思表示的方法,明白规定原则上得为"明示或默示"者,除"民法"第153条第1项外,还有第553条、第485条;规定意思表示必须以"明示"的方法为之者有第272条、第649条、第659条。另在无因管理亦有类似之规定,如第172条、第174条、第176条。"可得推知之意思"即为一种"默示"的表示。默示之所以称为默示,不是因为"表意人"根本"无表示",而是就系争之"法效意思""无直接之表示",是故"单纯之沉默,非有具体事实证明,不能谓为默示之同意"("最高法院"1968年台上字第956号民事判决)。申言之,"所谓默示之意思表示,系指依表意人之举动或其他情事,足以间接推知其效果意思者而言,若单纯之沉默,则除有特别情事,依社会观念可认为一定意思表示"(最高法院1940年上字第762号判例)或"依交易上之惯例或特定人间之特别情事"(最高法院1932年上字第1598号判例)、"要约受领之举动……足以间接推知其有承诺之意思"("最高法院"1951年台上字第736号判例)。所以,"双方迭次洽商共买未获结果,被上诉人又无明白抛弃承买权之表示,而上诉人于未经商妥共买前,竟独自缴款承买,殊不能以此推定被上诉人有默示抛弃承买权之意思。"("最高法院"1951年台上字第1458号判例);反之,"当事人间往来存款之利息,向依市面拆息,即市面利率涨落之行情计算者,嗣后继续存款,如未别为明示之约定,应认当事人间就仍照向例计算利息一事,已有默示之意思表示互相一致,自不得谓其利率未经约定。"(最高法院1932年上字第824号判例)。这种看法与规范上关于"表见事实"之见解类似。

②　当然,在此种情形,其适用"民法"第491条,在逻辑上有一值得注意的情事:即在系争契约是否为承揽契约,还在分析时,便已引用关于承揽之规定。盖有名契约有关规定之适用,本当以系争契约已可归属于该有名契约为前提,而今在第491条之适用,系争契约是否成立犹在审酌之中。然此为与契约之成立有关规定在适用上不能避免之问题。

"协议模式"与"招标模式"。[①] 协议模式主要用来处理不易经由要约与承诺达成一致之意思表示的承揽类型,招标模式主要用来提高承揽契约在缔约上的竞争性及公开性。

在协议模式,由于缔约双方利用协议的方式逐步磋商契约内容,无所谓由哪一方要约或承诺,因此,其契约之缔结常需要一个特别的表示,表达双方同意以达成协议之一定的内容成立契约关系。该表示虽常以书面为之,但不限于此。唯恐双方关于缔约的方式认识不一,引起争议,开始缔约之协商时,最好先对协商之进行及缔约方式加以约定("民法"第166条)。例如协商记录或备忘录之制作,最后签约前之拘束力的保留等。鉴于缔约协商中之金钱的授受如果被解释为"定金"的授受,会基本的影响到双方的关系,所以关于金钱之给付目的必须特别注意避免引起误解。协商中之中间协议书的签署亦有类似的问题。

在招标模式为确保投标人得标时会缔约,或会依约履行,常有押标金或缔约保证金的约定。缔约保证金的性质属于违约金,应无疑义;而押标金之性质为何,则有讨论的空间。有用为维持投标秩序者,[②]有用为得标人不缔约时之违约罚者,[③]有用为履约保证者。[④] 不论是哪一种情形押标金之没收,皆不以招标人受有损害为必要。当押标金被用为履约保证,是否兼具定金之性质,值得考虑。如认为兼具定金性质,于招标人事后悔约或毁约时,可以作为投标人请求加倍返还的依据。

承揽为一种劳务契约,将来依约应提供劳务者之个人资格为何,在交易上自

---

① 招标模式在缔约过程上犹具要约与承诺模式的架构。招标为要约诱引,投标为要约,决标为承诺。不过,经由押标金之约定,可能将利用招标之缔约过程划分成两个阶段,预约阶段与本约阶段。得标所成立者仅为预约,据之所得请求者为缔结本约,但得标者得舍弃押标金,拒绝缔结本约。至于招标者决标而不缔结本约的责任为何,并不明朗,原则上当应论为:加倍返还押标金。在此意义下,押标金在得标时,具有相当于预约定金之授受的作用。

② 因"押标金,除督促投标人于得标后,必然履行契约外,兼有防范投标人故将标价低于业经公开之底价,以达围标或妨碍标售程序之作用。故依投标须知没收押标金者,原不以是否有实际损害为要件"("最高法院"1970年台上字第1663号判例,"最高法院"1992年台上字第1646号判例)。

③ "最高法院"1995年台上字第848号民事判决:"系争工程投标须知第11条规定:'得标厂商须自决标日起十日内完成各项订约手续,逾期无故不办理签约者,本学院即视为不承揽,没收其押标金。'是决标后上诉人与得标厂商所成立者系招标契约,得标厂商仅取得者与上诉人订立工程承揽契约之权利,必上诉人与得标厂商另行签订工程承揽契约,其承揽关系始行发生。

④ 例如约定签约后押标金转为履约保证金,或约定得标人如不如期开工,招标人得没收押标金。鉴于押标金给付于订约前,且为现金给付,与违约金仅是一个约定,无现金给付不同,因此,应将之论为定金之给付,对于双方权益之课予方始公平。

属重要。因此定作人关于承揽人资格之认识的错误，"视为意思表示内容之错误"（"民法"第 88 条），得为撤销之理由。此外，当事人也可能特约"以承揽人个人之技能为契约之要素"（"民法"第 512 条）。

三、定作人之权利

（一）请求完成一定之工作

在典型的承揽契约，定作人对于承揽人，首先享有请求完成一定工作之权利。此为承揽人对于定作人在承揽契约所负之主要给付义务，[①]Soergel-Muehl 关于《德国民法典》认为：承揽契约之基本精神正表现在，承揽人允诺，为定作人有偿地创作一个在缔约时尚未存在，而还只在计划中之工作，以满足定作人在契约中所述之需要。该基本精神对于承揽人所负完成一定工作之履行义务、[②]瑕

[①]　在债之关系中，关于债务人对于债权人所负之义务，学说上认为主要可区分为三种类型：主要给付义务、附随给付义务及附随义务（行为义务或保护义务）。其中在契约之债，主要给付义务指双务（有偿）契约中当事人双方用来交换之给付，或指单务契约中依契约之"意旨"，债务人对于债权人所负之给付的内容。例如在无偿之委任契约，受任人为委任人处理事务即为依契约之意旨，在委任契约中之主要给付义务。附随给付义务指为达到契约之目的，除主要给付外，债务人对于债权人所负具有"给付"内容之附随性的义务。例如当将医疗关系定性为委任契约时，诊断、打针、手术、给药通常归类为主要给付义务，用药说明归类为附随给付义务。所以学说上也常将附随给付义务及附随义务合称为"附随义务"。此种附随义务可称为广义之附随义务。至于狭义的附随义务则指以保护债权人之固有利益为目的之行为义务。所以行为义务又称为保护义务。此种行为义务在具体案件有时会与主要给付义务"竞合"。当其竞合时，债务人如有该行为义务之违反，其违反同时构成主要给付义务之违反，于是提供契约责任与侵权行为责任竞合之可能性。然而在具体案件如何论断行为义务与主要给付义务有"竞合"之情事。其判断标准为行为义务与主要给付义务分别保护之利益在客体上是否同一或交集。例如在医疗契约中之医疗给付即属行为义务在具体案件与主要给付义务"竞合"之态样。当其符合契约本旨，自为债务人对于债权人之主要的给付；当其不符契约本旨，其医疗行为反成对于债权人身体或健康（固有利益）之不法的加害行为。关于主要给付义务之说明请参照蔡章麟：《民法债编各论》（上册），作者自刊 1965 年第 2 版，第 165 页；郑玉波：《民法债编各论》，作者自刊 1995 年第 16 版，第 354 页。Esser, Schuldrecht, 2. Aufl. 1960, S. 45f.

[②]　Soergel-Muehl, § 631 Rz 2.

疵担保义务、[1]履行辅助人之范围的界定、[2]定作人受领[3]及终止权、[4]定作之物的买卖及工作物供给契约的区别[5]皆有根本意义。其中所含之创作因素（Schoepferisches Moment）或工作因素（Werkelement），[6]为各种承揽契约所固有，在其他交易契约通常没有同等的情事。[7]换言之，关于承揽契约之当为要求的存在基础，尽在于承揽人允诺为定作人完成一定之工作。

由于承揽工作为一个尚待完成之工作，所以其工作之内容究竟为何，在个案不尽然明白，其界定为实务上重要而不易克服的问题。该问题即是所谓工作"规格"的开立问题。为解决规格之开立的困难，定作人在承揽工作发包时，常保留事后修改或补充规格的权利。实务上尚无因该保留，而质疑关于承揽工作之约定是否不够确定，致影响承揽契约之成立。倒是在关于承揽工作之内容已确定之认识下，定作人依该保留所得修改或补充系争工作规格的范围可到如何程度，而不生工作同一性的改变，以及修改到何种程度，应认系工作的追加，值得探讨。

然只要有规格上之修改或补充，特别是在规格一度经确认的情形，其事后再为修改或补充，多少皆会增加承揽人为完成系争工作的时间或费用。对因此增加之时间是否应自动延展其完成期限，对因此增加之费用应如何补偿，以及如有特约排除该延展或补偿请求权，其约定是否有效？承揽人得否因此目的性扩张准用"民法"第506条，或引用关于缔约上基础变更的规定，请求补偿或解除契约，并对定作人请求损害赔偿？此为一种因定作人方之事由，而引起缔约基础变更的问题。在定作人修改或补充权利的请求范围达到变更缔约基础时，应采肯

---

①　Soergel-Muehl，§ 633 Rz 1.

②　Soergel-Muehl，§ 635，Rz 10. 在承揽契约，承揽工作是否应由特定人完成，为一个重要问题。自"民法"第512条第1项规定："承揽之工作，以承揽人个人之技能为契约之要素者，如承揽人死亡或非因其过失致不能完成其约定之工作时，其契约为终止。"观之，承揽人固负有完成承揽工作之义务，但承揽工作之完成不一定必须由承揽人亲自为之，而得引用履行辅助人。所以"最高法院"1963年台上字第666号民事判决认为："教室建筑工程，依其性质既非限于承揽人个人施工始可完成，即由其他建筑工程人员代替，亦可达完成之目的，则纵承揽人死亡，要无"民法"第512条第1项规定之适用。"然这并非谓依契约之约定或承揽工作之性质，皆无承揽人应亲自，不得委由履行辅助人完成的情形。例如绘画名家承揽绘画之工作。另委由履行辅助人完成工作，与委由第三人完成承揽工作亦有所不同。委由第三人完成承揽工作属于次承揽的问题。然不论委由履行辅助人或第三人完成承揽工作，只要违反承揽意旨，即属契约义务之违反，构成债务不履行。

③　Soergel-Muehl，§ 640 Rz1.

④　Soergel-Muehl，§ 649 Rz 1.

⑤　Soergel-Muehl，§ 651 Rz 1.

⑥　参照 Esser，Schuldrecht，2. Aufl. 1960，S.595ff.

⑦　Soergel-Muehl，Kommentar zum BGB 11. Aufl.，1980，Vor § 631 Rz 14.

定的看法。另因缔约上基础变更的调整规定以诚实信用原则为基础,其适用并以不调整而依原约定之给付关系履行,对于当事人之一方或双方显失公平为前提,所以事先排除适用应采无效的看法。①

再则,或者由于当初开立之规格不合定作人之需要,或者因定作人(业务)计划之变更,工作之完成对定作人已不再有利益。在以上情形,定作人本来可依"民法"第511条终止契约,以避免因承揽人继续从事承揽工作,而"扩大损害",但定作人可能为规避该条所定之损害赔偿请求权,而蓄意将承揽工作之规格一改再改,务期承揽人知难而退,自行解除契约。在此种情形,定作人之所为显然已违反诚实信用原则。这种情事之所以常常发生,在制度上的原因为"民法"第511条所定之法律效果不合理。该条非但不以经依损益相抵调整("民法"第267条)之约定给付,而以损害赔偿作为不具理由之终止的效力,而且在承揽人不得不依"民法"第511条之规定请求损害赔偿时,实务上又不平等互惠的认定得标承揽人缴交于定作人之"押标金"为一种"定金"。盖既约定得标之承揽人不订约,或不履行债务时,定作人得径予没收押标金;自应认为在定作人不具理由终止契约时,押标金为定作人应对承揽人赔偿之预定最低数额。②

(二)瑕疵担保请求权

"民法"第492条规定"承揽人完成工作,应使其具备约定之质量,及无减少或灭失价值,或不适于通常或约定使用之瑕疵",此即承揽人就其完成之工作所负之瑕疵担保义务。该条规定虽与"民法"第354条关于出卖人之瑕疵担保义务类似,但仍有两点主要差别:(1)首先是"民法"第492条无关于瑕疵有无之认定时点,而在第498条至第501条有关于瑕疵发现期间的规定;(2)其次是定作人

---

① "缔约基础变更"在德国为学说以诚信原则为依据发展出来之规定。以当事人双方缔约时共同不知或不预料之情事的存在或不存在为事由,在其足以干扰契约之履行或对价关系时,容许当事人请求调整对价关系、解除或终止契约。该规定所处理之问题与"重大事由"引起之问题类似或交集,但不相同。在承揽契约当事人双方常常急在订约,忽略细节,以致事后频频要求更改规格,造成履行困难,这时如果不对定作人之事后更改权给予适当规范,很容易发生权利滥用之情事。目前公共工程之纠纷许多肇因于此。此种规格之修改固亦干扰对价关系,引起调整之必要,唯其成因仍与"缔约基础变更"学说本来要处理之问题在要件上不完全一样。倒是其效力可资借鉴。

② 押标金之给付为公共工程或采购实务上常见或甚至必然出现之约款。然押标金之法律性质究竟如何,现行法对之并无明文规定。自其由招标单位指定至迟在投标时同时交付,并通常规定投标者如果得标而不签约,招标单位得没收押标金观之,其在缔约实务上具有与定金类似之作用:间接强制履行契约。所不同者仅为押标金,依其意旨在缴交时无证约之效力。因此,决标后允宜类推适用定金之规定,将押标金当成定金处理。

依"民法"第 493 条至第 495 条对于承揽人所得主张之瑕疵担保请求权的内容，与买受人依"民法"第 359 条及第 360 条对于出卖人所得主张者不同。承揽人依第 492 条以下所负之瑕疵担保义务，除有瑕疵担保之意义外，其违反并为一种债务不履行：承揽人违反其对定作人所负完成无瑕疵之一定工作的义务。是故，不但定作人在工作有瑕疵时得定相当期限，请求承揽人修补瑕疵，而且在"因可归责于承揽人之事由，致工作发生瑕疵者，定作人除依前二条之规定，请求修补或解除契约或请求减少报酬外，并得请求损害赔偿"（"民法"第 495 条）。[①] 其中瑕疵担保为一种担保责任，不以过失为要件，反之，损害赔偿在此为债务不履行责任，以有可归责于承揽人之事由为必要。[②]

工作之瑕疵可能存在于权利上，亦可能存在于物上。当其存在于权利上为权利瑕疵，存在于物上为物之瑕疵。兹分述之：

1.权利瑕疵

"民法"关于承揽人之瑕疵担保义务并没有规定到权利瑕疵的情形。[③] 然承揽人为定作人完成之工作，可能因有以下事由之一，致第三人对于完成之工作得

---

① 就工作因可归责于承揽人之事由而发生时，承揽人得否径为损害赔偿之请求，"最高法院"首先在该院 1953 年台上字第 917 号民事判决中认为："承揽工作有瑕疵者，应先由定作人定相当期限请求承揽人修补，如承揽人不于其所定期限内修补瑕疵，或以修补所需费用过巨而拒绝修补，或其瑕疵不能修补者，定作人始得解除契约或请求减少报酬，并得请求损害赔偿。"唯后来在该院 1987 年台上字第 1954 号民事判决改变其见解认为："因可归责于承揽人之事由，致工作发生瑕疵者，定作人除依'民法'第 493 条或第 494 条之规定，请求修补，或解除契约，或请求减少报酬外，并得请求损害赔偿，'民法'第 495 条定有明文。准此规定，只须因可归责于承揽人之事由，致工作发生瑕疵，定作人除得依'民法'第 493 条或第 494 条规定，请求修补或解除契约或请求减少报酬外，并得舍此径行请求损害赔偿，或与修补、解约、减酬并行请求，为此损害赔偿之请求时，原无须践行'民法'第 493 条第 1 项所定定望请求修补之程序，此观该条项所定工作有瑕疵不以承揽人有过失为要件，而'民法'第 495 条限于因可归责于承揽人之事由致工作发生瑕疵者，始有其适用之法意自明，且依'民法'第 495 条所定'并得请求损害赔偿'之文义观之，亦应为相同之解释。"

② 参见"最高法院"1998 年台上字第 261 号民事判决。

③ Soergel-Muehl, Kommentar zum BGB 11. Aufl., 1980, §640 Rz 14.台湾地区学者大多认为"民法"中关于承揽，并无权利瑕疵担保之明文规定，所以，只能类推适用关于买卖之规定。例如蔡章麟：《民法债编各论》（上册），作者自刊 1965 年第 2 版，第 167 页；戴修瓒：《民法债偏各论》，作者自刊 1989 年再版，第 173 页；史尚宽：《债法各论》，作者自刊 1986 年版，第 317 页；郑玉波：《民法债编各论》，作者自刊 1995 年第 16 版，第 364 页。

主张权利,而有权利瑕疵:[①](1)使用之附属配件或主要对象[②]属于他人之物或属于他人对之有他项物权之物;[③](2)使用之智能财产属于他人之专利权或著作权。但使用他人之物完成工作时,其所有人如依"民法"第811条以下关于添附之规定,而丧失其所有权,且该他人之物因加工添附,而经加工人(承揽人),转为

---

①　Soergel-Muehl, Kommentar zum BGB, 11. Aufl., 1980,§633 Rz 14.所谓权利瑕疵,在物之买卖指"第三人就买卖之目标物,对于买受人得主张权利"("民法"第349条),在债权或其他权利之买卖指"权利不存在,其为有价证券者,并指该证券因公示催告而宣示为无效。"("民法"第350条)。模拟之,其与承揽有关之事态当指"第三人就完成之工作,对于定作人得主张权利"(例如他人主张侵害其专利权或著作权)而言。唯"民法"第349条所称"对于买受人得主张权利"中之权利所指者究竟为何? 除他项(用益或担保)物权及有准物权效力之租赁权外,是否包括所有权,值得探讨。"民法"第348条第1项规定:"物之出卖人,负交付其物于买受人,并使其取得该物所有权之义务。"而同法第353条将第348条与第349条至第351条同列,规定:"出卖人不履行第348条至第351条所定之义务者,买受人得依关于债务不履行之规定,行使其权利。"依该规定,第348条第1项关于物之出卖人所负"使买受人取得该物所有权之义务"带上权利瑕疵担保义务的色彩(请参考"最高法院"1993年台上字第1296号判决)。然在物之买卖,所有权之有无,属于给付不能;有所有权而不移转,属于给付迟延的问题。而不论是给付不能或给付迟延所构成之债务不履行,皆非权利瑕疵担保所规范之对象,其构成皆以可归责于债务人(出卖人)为要件,此与瑕疵担保不以可归责于债务人(出卖人)为要件者,不同。所以,将"民法"第348条与第349条至第351条同列,而不分别加以规定,显然不是一个适当的安排。关于这个问题,"最高法院"1954年台上字第946号民事判决称:"'民法'第349条规定出卖人之担保责任,并不以被追夺之瑕疵存在于买卖目标物之本身者为限(例如以土地所有权为目标之买卖,其土地上有地上权、永佃权或典权者为是),亦不问出卖人有无过失。苟买卖契约成立后,第三人对于买受人主张权利,而非可归责于买受人之事由所致者,除当事人间有特约或为买受人于买卖契约成立当时所知悉者外,出卖人均应负担保责任。"自该判决所举之瑕疵的类型限于地上权、永佃权或典权等观之,"最高法院"是否真正认为所有权之欠缺属于"民法"第349条所定之权利瑕疵的态样之一,虽然不尽明确,但是至少已是隐而不彰了。

②　在承揽契约,承揽人原则上只供应为完成工作所需之"附属配件",只有在带工带料之工作物供给契约的情形,承揽人始供应为完成工作所需之"主要配件"。请参见 Larenz, Lehrbuch des Schuldrechts, Band Ⅱ, Halbband 1, Besonderer Teil, 13. Aufl., 1986, S.375ff.

③　在这种情形,他人之物如因添附于承揽人完成之工作,而丧失其所有权,不生权利瑕疵的问题。唯该物之所有人因此对于承揽人取得不当得利返还请求权("民法"第816条)。反之,如不丧失其所有权,会构成承揽人之给付不能,同样不生权利瑕疵的问题。唯在这种情形如认为因添附而衍生之物应充为因添附所生不当得利返还请求权之担保物,则承揽人完成之工作会有该法定担保的负担,构成权利瑕疵。对于此种法定担保物权之发生应采肯定的见解。

定作人所有，①则该工作便不再具有权利之瑕疵。② 在此情形，该所有人应依关于不当得利之规定，请求偿金（"民法"第816条）或依侵权行为的规定请求赔偿。③ 至于得向谁请求，值得探讨。

在包工不包料的情形，当还是有部分材料约定由承揽人负责提供，承揽人使用之材料，在该工作当属"附属配件"。因该添附关系发生在该"附属配件"与"完成之工作"间，而"完成之工作"的所有权在承揽契约由定作人原始取得。是故，定作人取得对于工作之所有权，虽有其与承揽人间之承揽契约为其法律上原因，但仍应由定作人依"民法"第816条对该所有人，依关于不当得利之规定，负给付偿金之义务。此外，该所有人之所有权既因添附，依法律而丧失，并直接为定作

---

① 在因加工而添附的情形，物之所有人因加工而丧失其对于材料之所有权者，依"民法"第814条该加工物之所有权本属于加工人。为说明定作人取得该所有权之规范基础，有将定作人解释为该加工关系中之加工人者，并认为定作人直接以加工人的地位与材料所有人就该材料发生添附关系。另有认为承揽人才是加工人，只有承揽人直接以加工人的地位与材料所有人就该材料发生添附关系。因此，在"加工所增之价值显逾材料之价值"的情形，首先由承揽人依"民法"第814条但书取得加工物之所有权。而后再依承揽契约由定作人取得加工物之所有权。将定作人解释为加工人固可明快解决加工物之最后归属的问题，但却不容易说明加工行为可能构成之添附以外的法律关系，例如侵权行为的关系。盖如以定作人为加工人，不免进一步认为定作人应就承揽人因从事加工，而不法侵害他人之权利所生损害，负连带赔偿责任。而这亦与"民法"第189条关于定作人之责任的规定并不相符。该条规定："承揽人因执行承揽事项，不法侵害他人之权利者，定作人不负损害赔偿责任。但定作人于定作或指示有过失者，不在此限。"因此，德国学者有谓，《德国民法典》第950条（相当于台湾地区"民法"第814条）应不论法律事实所涉之债权契约类型，而单纯依照物权法上之观点论断。其结果，事实上在材料由定作人提供时，加工物之所有权归定作人。在这种情形，如加工所增之价值显逾材料之价值，亦例外认为也归定作人，以符承揽之本旨（MuenchKomm-Quack §950 RdNr.22,33）。反之，材料如由承揽人供给，依《德国民法典》第651条本来即按工作物供给契约的观点处理，其所有权首先归属于承揽人。基本上以材料之供给，亦即包料与否，区分工作物在承揽人与定作人间之归属大致上是合理的。盖如是不但比较符合承揽人与定作人间之利益关系，而且以之为基础也可以进一步处理材料提供者与材料所有人间，因该材料之无权使用所引起之物权法上与债权法上的问题。

② 相同见解请参见钱国成：《买卖与承揽》，载《法令月刊》1993年第44卷第10期。

③ "如果附合、混合或加工有故意或过失不法侵害他人之所有权的情形，构成禁止之行为者，因此而受损害之所有人得请求赔偿。该请求权，除受关于损害赔偿请求权之赔偿方法的一般限制外（§251 Abs.2）仍以回复原状为原则，并不限于金钱赔偿（§249）。"（MuenchKomm-Quack §952 RdNr.31）。

人所取得,承揽人就该他人之物,自无属于法律行为之"无权处分",[①]定作人之取得该所有权,也不待于适用"善意取得"之规定。[②]

在包工包料的情形,承揽人使用之材料,在该工作可能包括"主要配件"与"附属配件"。当其包括"主要配件",而该"主要配件"为第三人所有时,因该添附关系发生在该"主要配件"与"完成之工作"间,而"完成之工作"的所有权依承揽契约虽应由定作人原始取得,但定作人是否能因添附而取得,在动产附合于不动产的情形,固无问题("民法"第811条)。在加工于动产的情形,则尚系于"加工所增之价值是否显逾材料之价值",如属肯定,其加工物之所有权,属于加工人

---

①　不过,承揽人擅将他人之物添附于承揽工作之行为,在事实行为之层次仍属一种无权处分之行为。只是这种无权处分之行为并非"民法"第118条所规定之无权处分,而是"民法"第179条以下及第184条以下所规定之不当得利或侵权行为。唯前述不当得利或侵权行为之规定的适用性,在添附当事人(丧失与取得所有权者)间会受到依"民法"第816条之排除。至于添附系由第三人促成者时,该第三人之侵权行为责任,当不因其侵权行为造成添附之结果,而免除。唯该侵权行为责任与取得所有权者之偿金债务仍处于竞合状态。例如甲以乙之饲料喂丙之鸡,其饲料因为丙鸡所食,而添附于丙鸡。在这种情形,甲应对乙负侵权行为责任,丙应对乙负给付偿金之义务。反之,如乙之饲料因丙鸡觅食,而食之,可能构成"民法"第190条之"动物的侵权行为"。不过,动物自发之"觅食行为"所造成之损害,是否在该条"规范目的"(Normzweck)所设保护范围内,值得探讨。

②　加工为事实行为。基于加工取得所有权,其所有权依法律,而非依法律行为取得之。因此,加工不适用关于行为能力、代理行为有关之规定。又即便使用之材料为遗失物,加工物之所有权之取得亦不以加工人之"善意"为必要(Soergel-Muehl, Kommentar zum BGB 11. Aufl., 1978, §950 Rz 2)。

（承揽人），①（"民法"第 814 条）从而可经由移转，而自承揽人归属于定作人。是故，定作人取得对于工作之所有权，虽以其与承揽人间之承揽契约为其法律上原因，但既以所有权之移转为取得之依据，自应由承揽人依"民法"第 816 条对丧失所有权者，依关于不当得利之规定，负给付偿金之义务。此与前述"包工不包料"的情形不同。如属否定，其加工物之所有权，属于材料所有人。其结果，为使定作人取得包含该他人之物的加工物所有权，承揽人就该加工物，必须为属于法律行为之"无权处分"。因此，定作人之取得该所有权，还待于适用"善意取得"之规定。自前述关于"加工物之所有权，属于材料所有人"时，定作人如何才能取得加工物所有权之说明可知，在包工包料之承揽契约，亦即在《德国民法典》所称之"工作物供给契约"，其工作物所有权是否适当像在台湾地区（"民法"）规定或认为自始由定作人取得，显然值得检讨。盖在此情形，认为定作人之取得工作物所有权，为"原始取得"，而非来自承揽人之"继受取得"，是有一些勉强。认系原始取得者，由定作人，负给付偿金的义务；认系继受取得者，由承揽人负侵权行为之赔偿责任或不当得利的返还责任。认系由定作人原始取得，既有一些勉强，要以之为基础认为，在这种情形应由定作人负给付偿金的义务总难以自圆其说。此亦为"当为要求"必须有"存在基础"的明证。

2.物之瑕疵（§§492-495）

关于承揽工作之物的瑕疵规定于"民法"第 492 条以下。瑕疵担保义务的违反，除可能构成前述债务不履行外，其违反并兼具担保责任的意义。自其为一种

---

①　德国学说上在这种情形，一般倾向于直接将定作人解释为加工人（制造者）。关于《德国民法典》第 950 条所称之加工人，究竟应该是谁，其认定德国实务认为不能从技术，而应从交易习惯判断之。加工或改造过程之业主（der Geschaeftsherr）是加工人。反之，从属于他人，而实际从事加工或改造工作之帮手或劳工则非加工人（MuenchKomm-Quack §950 RdNr.30）。所以，其雇主或依承揽契约使人为其制造系争之物者为加工人。技术上实际为加工者相反之意思，对加工人之认定无意义。接受定做，以取得报酬，而利用第三人依其与定作人之契约供给之材料，制造物品者，使定作人成为加工物之所有人。家庭代工的情形，亦同。类似的问题发生在，保留所有权供应材料给工厂加工的情形。在这种情形德国实务上认为，不管加工企业可能存在之相反意思，在材料依约定之方式加工时，以材料供货商为制造者（BGHZ 14，114；20，159）（Soergel-Muehl，Kommentar zum BGB 11. Aufl.，1978，§950 Rz 7ff.）。但这并非谓当事人得任意约定其中一方为"制造人"。在具体案件，当事人一方之制造人资格（die Herstellereigenschaft）仍应依客观事实认定之。当事人可以利用契约形成其间事实上之关系，但不得不顾客观事实，而直接约定其中之一方为"制造人"（MuenchKomm-Quack §950 RdNr.25）。这个问题涉及《德国民法典》第 946 条以下关于添附之规定究为任意规定或强制规定的问题，Quack 认为德国实务上目前已改采强制规定的看法（MuenchKomm-Quack §950 RdNr.22）。

担保责任而论,在构成上固不以承揽人对该瑕疵之发生有可归责之事由为必要,此与出卖人就买卖目标物所负之物的瑕疵担保责任相同;唯承揽人之债务不履行责任的成立,仍以有可归责于承揽人之事由为必要。所以"民法"第495条规定在"因可归责于承揽人之事由,致工作发生瑕疵者,定作人除依前二条之规定,请求修补或解除契约,或请求减少报酬外,并得请求损害赔偿"。反之,定作人依"民法"第493条请求承揽人修补瑕疵,或依"民法"第494条,于"承揽人不于前条第1项所定期限内修补瑕疵,或依前条第3项之规定,拒绝修补或其瑕疵不能修补"的情形,解除契约或请求减少报酬时,并不以承揽人关于工作瑕疵之发生有可归责之事由为必要。

(1)物之瑕疵(担保)责任的要件

物之瑕疵担保的成立要件可归纳为:①有瑕疵;②在法定期间内发现有瑕疵。兹分述之:

①有瑕疵(§492)

物之瑕疵担保的成立首先必须承揽人完成之工作有瑕疵,且其瑕疵必须非"因定作人所供给材料之性质,或依定作人之指示而生。……但承揽人明知其材料之性质,或指示不适当,而不告知定作人者,不在此限"("民法"第496条)。

关于瑕疵担保责任之请求,在实务上会涉及瑕疵之有无的争议,包括双方约定之质量标准(规格),以及完成之工作究竟是否符合约定之标准。这些皆涉及举证责任的问题。就完成之工作是否具备答应之质量及是否无其他瑕疵,在工作受领前,其举证责任由承揽人负担,在工作受领后,由定作人负担。此外,在瑕疵存在的情形就系争瑕疵是否属于"民法"第494条但书所称"非重要"的情形,承揽人同样负举证责任。又承揽人主张工作之瑕疵系"因定作人所供给材料之性质,或依定作人之指示而生者",承揽人对之应负举证责任。反之,在这种情形,定作人主张"承揽人明知其材料之性质,或指示不适当,而不告知定作人者",定作人对承揽人之明知应负举证责任。

由于台湾地区"民法"关于物之瑕疵担保,并无相当于《德国民法典》第640条第2项之规定:"定作人明知工作有瑕疵而受领者,在受领时如不保留其关于物之瑕疵担保的权利,不享有第633条、第634条中所定之请求权。"因此,在定作人明知工作有瑕疵,但不保留而为受领者,定作人之物的瑕疵担保请求权究竟会受到什么影响,尚无直接之法律依据。参酌《德国民法典》前述规定之法律思想,纵有发现期间之规定,定作人在发现瑕疵后,还是应即通知承揽人。该通知可澄清或防止两个疑问:A.定作人是否抛弃其瑕疵担保请求权,B.该瑕疵是否在交付后,始因定作人之事由而发生。[①]

瑕疵担保请求权之成立,其"有瑕疵"之认定除已完成之工作带有瑕疵之情形外,依"民法"第 497 条之规定尚可包括工作进行中,因承揽人之过失,显可预见工作有瑕疵之情事。

②在法定期间内发现瑕疵(§§498-501)

由于"民法"第 492 条规定:"承揽人完成工作,应使其具备约定之质量及无减少或灭失价值或不适于通常或约定使用之瑕疵。"其中并无瑕疵应于何时存在之规定,而仅于"民法"第 498 条规定:"第 493 条至第 495 条所规定定作人之权利,如其瑕疵自工作交付后经过一年始发现者,不得主张(第 1 项)。工作依其性质无须交付者,前项一年之期间,自工作完成时起算(第 2 项)。"但"工作为建筑物,或其他土地上之工作物,或为此等工作物之重大修缮者,前条所定之期限延长为五年"(第 499 条)。唯"承揽人故意不告知其工作之瑕疵者,第 498 条所定之期限,延为 5 年,第 499 条所定之期限,延为 10 年"(第 500 条)。"第 498 条及第 499 条所定之期间得以契约加长。但不得减短"(第 501 条)。于是引起一个疑问,即瑕疵如发生在交付后,发现在"民法"第 498 条至第 500 条规定之发现期间内,承揽人是否应负瑕疵担保责任?只要非因可归责于定作人之事由而发生,应采肯定之见解。盖"民法"第 498 条至第 500 条规定之发现期间应具保固期间之意义。唯纵使承揽人完成之工作有瑕疵,其瑕疵亦必须在"民法"第 498 条至第 500 条规定之期间内发现。否则即不得主张物之瑕疵担保请求权。

因"民法"第 498 条及第 499 条所定之期间有保固期间之意义,是故,以契约加长该期间的方法,除直接明示约定加长其发现期间外,保固期间之约定亦有默示延长该发现期间的作用。盖承揽人对其完成之工作与定作人约定保固期间时,其交付之工作,在保固期间内自不应有不符合约定质量的情形,亦即不得有

---

① 类似的问题关于买卖,"民法"第 355 条第 1 项规定:"买受人于契约成立时,知其物有前条第一项所称之瑕疵者,出卖人不负担保之责。"由于该条所定者为既存之物的买卖,而承揽契约中所交易者为将完成之工作(物),因此该条是否可类推适用于承揽工作之受领的情形尚有疑问。然在"民法"对之无明文规定时,倘实务认为对之可像《德国民法典》第 640 条第 2 项之规定处理之,则其道理应在于"视为"事后有调整之协议,而不在于因定作人明知有瑕疵,而生失权效力。另如承揽人欲引用以上观点主张免负瑕疵担保责任,承揽人就定作人在受领时明知有瑕疵存在,定作人就其虽明知而受领时有保留,应负举证责任(Soergel-Muehl, Kommentar zum BGB 11. Aufl., 1980,§640Rz 14)。

瑕疵,否则自应负瑕疵担保责任,以符保固之意旨。[①] "最高法院"甚至认为保固之约定为瑕疵担保以外之另一种赔偿责任之特约,无"民法"第 514 条第 1 项规定之适用。[②] 按规定应在发现后之一定短期期间内为关于瑕疵之请求,主要基于事实认定之困难的考虑,是故,当有保固期间之约定,除延长发现期间外,是否有将"民法"第 514 条第 1 项规定之适用并予排除之必要,尚有商榷之余地。

瑕疵之发现期间与瑕疵担保请求权时效期间应予区别,前者为瑕疵最迟应在何时发现,始得为瑕疵担保之请求,反之,瑕疵担保请求权之时效期间,则为该请求权成立后,应在法律所定期间内行使。因此,瑕疵担保请求权之权利行使的时效期间,以"瑕疵发现时"("民法"第 514 条第 1 项),而不以法定之"瑕疵发现期间"终了时,为起算点。有疑问者为,定作人发现后是否应即通知承揽人,以及发现在发现期间内,而通知在发现期间届满后者,是否符合应在发现期间内发现之要件的要求? 发现后不即为通知,虽不一定论为失权事由,但有可能类推适用与有过失之规定,将之论为瑕疵或损害因而扩大之免责事由。至于发现在发现期间内,而通知在发现期间届满后者,其超过之期间的长度,应在对于承揽人通

---

① 保固之约定除有延长"民法"第 498 条及第 499 条所定之发现期间之意义外,尚可能有担保的意义。定作人就在保固期间内存在之瑕疵不论可归责与否,皆负担保责任,包括不履行之损害赔偿。唯所谓担保之约定,除当事人明白将其约定以担保(Garantie)称之者外,其约定在与承揽工作质量有关之情形,究竟为单纯之质量保证(einfache Zusicherung)、附属的担保(unselbstaendige Garantie)或独立的担保(selbstaendige Garantie),尚属必须在个案经契约解释加以认定的问题(Larenz, Lehrbuch des Schuldrechts, Bd. Ⅱ, Halbband 1, BT., 13. Aufl., 1986, S.359ff.)。Larenz 认为解释之结果如属于单纯之质量保证,其担保仅具有"约定(保证)质量"之意义,当承揽人完成之工作不具有保证之质量时,定作人仅得依关于承揽之瑕疵担保之一般规定请求修补、解除契约或请求减少报酬,此外,也必须在就工作瑕疵之发生,可归责于承揽人时,承揽人对定作人始负损害赔偿责任。该损害赔偿请求权同样适用《德国民法典》第 638 条关于短期时效之规定。如属于在承揽契约范围内之附属的担保,则纵使就工作瑕疵之发生无可归责于承揽人之事由,承揽人就因此所生之损害,仍应负赔偿责任,盖基于其担保,承揽人应对发生之瑕疵负责。唯其损害赔偿责任仍以承揽人经定相当期限,催告请求修补,而不修补或有不能修补之情事为要件。该损害赔偿请求权同样受短期时效之适用。如属独立的担保,亦即约定之担保,已越过承揽契约之范围,从而不再以《德国民法典》第 638 条之规定为其依据,则于工作瑕疵发生时,其损害赔偿请求权,以该独立担保契约为依据,并以金钱之给付为内容,属于该担保契约之履行上的请求权,而非承揽契约之不履行的损害赔偿请求权,纵使该担保契约在缔结上与该承揽契约互相连结亦然。因该损害赔偿请求权与《德国民法典》"民法"第 635 条无关,亦不适用第 638 条之短期时效,而适用债之履行请求权的一般时效期间:30 年。Larenz, Lehrbuch des Schuldrechts, Bd. Ⅱ, Halbband 1, BT., 13. Aufl., 1986, S.359ff.第 359 页以下。

② 参见"最高法院"1995 年台上字第 95 号民事判决。

知瑕疵存在所须之相当期间内。否则,纵使其行使物之瑕疵担保请求权尚在"民法"第514条第1项所定期间内,[①]还是有可能因被认为逾越发现期间而生失权效果。

③无免责约定

瑕疵担保虽为承揽人所负之重要义务之一,但当事人仍得以特约免除之。不过,"以特约免除或限制承揽人关于工作之瑕疵担保义务者,如承揽人故意不告知其瑕疵,其特约为无效"("民法"第501条之一)。此为本次债编修正之新增规定。

(2)瑕疵(担保)责任之内容

由于承揽人负完成无瑕疵之工作的义务,"民法"在承揽契约将物之瑕疵担保规定为承揽人应负之主要给付义务的一部分,[②]因此,承揽人完成之工作如有瑕疵,除在瑕疵担保的层次,承揽人首先负修补瑕疵的义务,于未能经由修补解决时,定作人始得解除契约或请求减少报酬外,在债务不履行的层次,于因可归责于承揽人之事由,致工作发生瑕疵的情形,定作人并得请求损害赔偿("民法"第495条)。依同条新增第2项之规定,"前项情形,所承揽之工作为建筑物或其他土地上之工作物,而其瑕疵重大致不能达使用之目的者,定作人(并)得解除契约"。不受第494条但书之限制。其中解除契约或请求减少报酬部分属于瑕疵担保请求权,请求修补属于原来给付义务的补正,损害赔偿属于债务不履行的责任。兹分述之:

①修补请求权(请求修补或自行修补)

在承揽人完成之工作有瑕疵时,"民法"第493条一方面规定承揽人原则上有修补之义务,另一方面规定定作人行使其瑕疵担保请求权前,应先定相当期限请求承揽人修补瑕疵。必须直到承揽人不于定作人所定之相当期限修补瑕疵时,定作人始得自行修补、解除契约或请求减少报酬(第493条第2项、第494

---

① "民法"第514条第1项所定之期间究为消灭时效期间或除斥期间向有疑问。自瑕疵担保之效力习称为瑕疵担保请求权而论,倾向于将之论为消灭时效期间,自瑕疵担保请求权之内容包含解除权、请求减少报酬,而不限于请求修补瑕疵而论,有将与解除权或请求减少报酬有关部分论为除斥期间者。例如"最高法院"1982年台上字第2996号民事判决:"查'民法'第514条第1项所定定作人之减少报酬请求权,一经行使,即生减少报酬之效果,应属形成权之性质。按消灭时效之客体,以请求权为限,因此,该条就定作人减少报酬请求权所定之一年期间,应为除斥期间,原审见未及此,认上诉人之减少报酬请求权,罹于一年时效而消灭,所持法律上之见解,亦有违误。"

② Esser, Schuldrecht, 2. Aufl., 1960, S.601:"承揽人所负制作一件有用且无瑕疵之工作的义务,与其履行义务完全密不可分。该义务为主要义务的一部分,而非附加之担保给付的义务。是故,修补请求权无异于变化后之履行请求权。"

条)。但承揽人依第 493 条第 3 项之规定拒绝修补,或其瑕疵不能修补者,定作人得不经请求修补而无结果之过程,径依第 494 条解除契约或请求减少报酬。不过,瑕疵非重要,或所承揽之工作为建筑物或其他土地上之工作物者,定作人仍不得解除契约(第 494 条但书)。① 此与在买卖的情形,出卖人不负瑕疵之除

---

① 关于承揽工作为建筑物或其他土地上之工作物,而有瑕疵时,定作人依"民法"第 494 条但书,无论如何不得解除契约之规定,"最高法院"过去在 1964 年台上字第 3031 号判决认为:"承揽人完成工作有瑕疵者,定作人得定期请求修补,如承揽人不依期修补,或其瑕疵不能修补者,定作人得请求减少报酬,如因可归责于承揽人之事由,致工作发生瑕疵者,定作人并得请求损害赔偿,而所承揽之工作为建筑物者,定作人不得解除契约。"在 1969 年台上字第 634 号判决认为:"承揽之工作为建筑物或其他工作物者,如其工作有瑕疵,定作人仅得请求减少相当之报酬,不得解除契约。所谓仅得请求减少相当之报酬,并包括工作之重大修缮。本件工作纵有瑕疵,而经上诉人催告被上诉人重建而未予置理,依法亦不得解除契约,故上诉人所称已通知解除契约,其真意仍属终止契约,而终止契约前,上诉人依约应支付之工程费,仍应负履行之义务。"直至"最高法院"1994 年台上字第 3265 号民事判决始修正其见解认为:"'民法'第 494 条但书规定,所承揽之工作为建筑物或其他土地上之工作物者,定作人不得解除契约,系指承揽人所承揽之建筑物,其瑕疵程度,尚不致影响建筑物之结构安全,毋庸拆除重建者而言。倘瑕疵程度,已达建筑物有濒临倒塌之危险,犹谓定作人仍须承受此项危险,而不得解除契约,要非'立法'本意所在。"该判决目的限缩了"民法"第 494 条但书规定的适用范围。其道理与"民法"第 424 条规定"租赁物为房屋或其他供居住之处所者,如有瑕疵,危及承租人或其同居人之安全或健康时,承租人虽于订约时已知其瑕疵,或已抛弃其终止契约之权利,仍得终止契约"相同。只是在承揽,诚如"最高法院"在 1969 年台上字第 634 号判决所称:"终止契约前,上诉人依约应支付之工程费,仍应负履行之义务",因此,终止不一定能完全解决定作人因建筑物有瑕疵而引起之问题。不过,在以"建筑物有瑕疵"为理由,而终止契约时,实务上如参酌"民法"第 512 条认为:"终止事由可归责于承揽人者,仅于工作已完成之部分,于定作人为有用者,定作人有受领及给付相当报酬之义务",则在建筑物有瑕疵之情形,认为定作人仅得"终止",而不得"解除"契约,尚属可行。盖将"建筑物有瑕疵"与"承揽人死亡或非因其过失致不能完成其约定之工作"("民法"第 512 条第 1 项)相较,举轻(不可归责于承揽人)以明重(可归责于承揽人),"民法"第 512 条第 2 项之规定更有理由适用于"建筑物有瑕疵"之情形。欲使定作人在"建筑物有瑕疵"的情形,得获得适当之救济,目的性限缩"民法"第 494 条但书规定的适用范围(解除说),或"举轻以明重",将"民法"第 512 条目的性扩张适用到"建筑物有瑕疵"的情形,规定"建筑物有瑕疵者,定作人得终止契约。仅于工作已完成之部分,于定作人为有用者,定作人有受领及给付相当报酬之义务"(终止说),各有利弊。采解除说之优点为"法律效力"明确,采"终止说"之优点为"法律效力"较有弹性。依"终止说",当根本无用时,免报酬之义务。此与解除之情形相近。所不同者为,不解除不能依"民法"第 260 条请求"信赖利益之赔偿",不过得依第 495 条请求损害赔偿。然本次"民法"债编修正已在第 495 条第 2 项增定"前项情形,所承揽之工作为建筑物或其他土地上之工作物,而其瑕疵重大致不能达使用之目的者,定作人得解除契约"。

去义务,买受人不得经请求除去瑕疵,①而应直接解除契约或请求减少价金者
不同。

当定作人依第493条第2项之规定自行修补,得向承揽人请求偿还修补之
必要费用。该必要费用之返还的请求因有该项规定为其依据,固不生规范基础
上的问题,但定作人在自行修补中如果非因可归责于自己之事由,自己受到损
害,是否得向承揽人请求赔偿,便非无疑问。倘将定作人依该项规定自行修补解
释为一种法定委任,为承揽人处理其对定作人所负之修补义务,则前述损害赔偿
之请求应采肯定之见解,准许定作人准用"民法"第546条第3项请求之。又自
行修补并不限于必须由定作人亲自为之,定作人亦可另行委请第三人代承揽人
为瑕疵之修补工作。唯定作人与第三人间之承揽关系,仍应以定作人,而非以承
揽人之名义为之。盖定作人不因第493条第2项得自行修补之规定,而取得关
于修补之代理权。其结果,定作人基于该法定委任所从事之法律行为,在代理上
之定位为:间接代理。另为自行修补之目的,定作人与第三人所缔结之承揽契
约,虽具有间接代理之意义,但该承揽契约尚非属于"次承揽契约"②。然因定作
人之引用第三人修补瑕疵,应解释为定作人经授权可以实行之修补方法,所以就
该第三人之引用,定作人应"仅就第三人之选任及其对于第三人所为之指示,负
其责任"("民法"第538条第2项)。

瑕疵担保请求权之内容除前述请求修补、请求减少报酬及解除契约外,于工
作之瑕疵,因可归责于承揽之事由而发生时,定作人并得请求损害赔偿(第495
条)。该损害赔偿请求权与请求修补、请求减少报酬或解除契约可并同行使,此
与"民法"第360条规定"买卖之物,缺少出卖人所保证之质量者,买受人得不解

---

①　由于在买卖,出卖人依法不负瑕疵之除去义务,所以,除当事人有特约外,买受人并
不能请求出卖人除去瑕疵。但如其有特约,因物之瑕疵担保规定不是"强制规定",其特约可
优先于法定之瑕疵担保请求权受适用。倒是出卖人在特约以除去瑕疵,代法定之物的瑕疵担
保请求权后,如(纵经催告而仍)迟迟不为瑕疵之除去时,买受人得否回头请求法定之物的瑕
疵担保,值得探讨。特别是在出卖人以定型化契约,明文排除法定之物的瑕疵担保请求权时,
应检讨此种约定是否违反诚信原则。关于以契约一般条款排除买受人之法定之物的瑕疵担
保请求权,《德国契约一般条款法》第11条第10款a、b两目着有特别规定。此外,此种约款
亦可能依同法第9条所定之一般条项(诚信原则),论为无效(Larenz, Lehrbuch des Schul-
drechts, Band Ⅱ, Halbband 1, Besonderer Teil, 13. Aufl., 1986, S.46; Hensen in Ulmer-
Brandner-Hensen, AGB-Gesetz, §11 Rdn.13ff)。

②　按"次承揽契约"之缔结,应以承揽人与第三人(次承揽人)为直接之契约当事人,并
以定作人与承揽人事先有容许利用"次承揽契约"完成承揽工作为必要。当前述要件成立时,
就"工作之完成义务"该"次承揽契约"对于定作人原则上固有"利益第三人契约"之意义,定作
人为"次承揽契约"之"受益人"。但定作人并不因此对于次承揽人负有报酬给付义务。

除契约或请求减少价金,而请求不履行之损害赔偿"者,不同。于第360条规定之情形,买卖人在请求减少价金、解除契约及请求损害赔偿之间,仅得择一,而不得并同行使。①

仅得择一,而不得并同行使,除在权利之行使的并存上有意义外,也会影响到定作人依第495条所得请求赔偿之损害的内容或范围,亦即该条所保护之利益究为信赖利益、履行利益或固有利益? 由于该条规定请求修补、请求减少报酬或解除契约,分别与请求损害赔偿在行使上可以并存,因此,依该损害赔偿请求权所得请求赔偿之利益的内容或范围与第360条规定者不同,并无自始限于信赖利益、履行利益或固有利益的要求,但在个案最后所得请求之利益,终究为何,尚须视具体情形而定。② 因工作瑕疵而引起之固有利益上之损害,定作人于承

---

①　就定作人之损害赔偿请求权与请求修补、请求减少报酬或解除契约等权利之间的关系,学者主要有两种看法。一种看法认为,自"民法"第495条之文义观之,虽可认为除请求修补、请求减少报酬或解除契约等权利外,"并得请求损害赔偿",但此等规定在债篇通则中本有规定可资依据("民法"第227条及第260条),而台湾地区"民法"关于承揽之规定又多采《德国民法典》及民律草案的法例,故在逻辑上仍应解释为损害赔偿请求权乃用以"替代"解除契约或减少报酬(戴修瓒:《民法债偏各论》,作者自刊1989年再版,第176页),此即"替代说";另一种看法认为,台湾地区"民法"第493条、第494条及第495条之构成要件不同,在瑞士债务法亦有同样之规定,所以应解释:损害赔偿请求权可与请求修补、请求减少报酬或解除契约等权利同时互相独立存在着(史尚宽:《债法各论》,作者自刊1986年版,第321页;刘发鋆:《民法债篇分则实用》,作者自刊1967年版,第196页)。此即"并同说"。实务上"最高法院"在1952年台上字第104号判例亦采"并同说",认为:"上诉人与被上诉人订约承揽之橡皮水管,其工作之完成,既有与原约定质量不符及不适于使用之各重要瑕疵,而又拒绝被上诉人之催告修补,依'民法'第494条之规定,被上诉人本有法律所认之契约解除权存在,自得向上诉人为解除契约之意思表示,从而其以此项契约已经合法解除为原因,请求返还已交付之酬金与附加利息,并赔偿因解除契约所生之损害,自为同法第495条、第259条第1款、第2款之所许。""最高法院"1981年台上字第2699号判例更进一步认为:"定作人依'民法'第495条规定请求损害赔偿,并不以承揽契约经解除为要件。"此种看法主要以"民法"第495条规定为基础。该条规定"因可归责于承揽人之事由,致工作发生瑕疵者,定作人除依前二条之规定,请求修补或解除契约或请求减少报酬外,并得请求损害赔偿"。

②　"最高法院"1988年台上字第2514号民事判决:"损害赔偿除法律另有规定或契约另有订定外,须填补债权人所受损害(即积极损害)与所失利益(即消极损害)。而依通常情形,或依已定之计划设备,或其他特别情事,可得预定之利益,视为所失利益,'民法'第216条第2项有明文规定。据此规定,凡依外部情事,足认其已有取得利益之可能,因责任原因事实之发生,致不能取得者,即为所失之利益,应由债务人赔偿,而不以有取得利益之绝对确实为必要。"亦即"'民法'第216条第2项所定依通常情形可得顶期之利益,视为所失利益,其义颇广,只须如无妨碍之事实,利益通常可能取得为已足,并不以如无妨碍之事实,利益必可取得为必要"("最高法院"1965年台上字第2128号判决)。

揽人有过失时,定作人不论是否依第 493 条或第 494 条请求修补、请求减少报酬或解除契约,皆得依第 495 条而为请求,至于信赖利益之请求,应限于解除契约的情形,履行利益的请求,则限于请求修补或请求减少报酬的情形,唯因工作之给付利益,已包含于请求修补中,对价之调整已包含于请求减少报酬中,故于此种情形所得请求之履行利益主要表现于:A.与迟延损害相当之部分,通常为在迟延中,定作人(债权人)为取得替代给付所额外支出之费用;B.因迟延后之给付于债权人已无利益,而拒绝其给付,并请求赔偿因不履行而生之损害("民法"第 232 条);C.因可归责于承揽人而(一部)给付不能,请求不履行之损害赔偿("民法"第 226 条)。

　　不过,在台湾地区实务上关于契约解除时,有责之一方应负之损害赔偿责任的范围,是否限于信赖利益,尚无定论,究竟以何为当,值得学说与实务深入探讨。

　　或谓依"民法"第 495 条所得请求赔偿之损害应不包括固有利益之损害,盖其认为该条规定承续瑕疵担保而来,从而其保护之利益极其量应仅限于对价之调整或履行利益之赔偿,而固有利益在范畴上与对价或履行利益不同。然考诸该条规定,在文义上并无如此限制之意味,在体系上该条使用之句法亦与"民法"第 360 条所使用者不同。"民法"第 360 条规定之效力为:买受人得不解除契约或请求减少价金,而请求不履行之损害赔偿。亦即解除契约或请求减少价金及请求损害赔偿间不但不得并存,而且其间有替代性,是故用来替代请求减少价金(对价之调整)或解除契约(包括信赖利益之赔偿)之损害赔偿请求权,其得请求赔偿之损害的范畴自应与"对价之调整"(履行利益)及信赖利益相同,不得及于固有利益;反之,在"民法"第 495 条规定之情形,因该条所定之损害赔偿请求权与同条前段所定请求修补、解除契约或请求减少报酬等瑕疵担保请求权间并无替代关系,是故依该条所定之损害赔偿请求权所得请求赔偿之损害,自得包括信赖利益、履行利益以外之利益:固有利益。如采取本见解,"民法"第 495 条堪称"民法"债编中关于积极侵害债权之明文规定。①

　　②重作请求权对于修补请求权之候补地位

　　依缔约上基础变更的规定或理论,所以容许当事人调整约定给付之对价关系或甚至以解除或终止的方法结束契约关系,其理由在于契约虽应遵守,但依诚实信用原则,仍有其牺牲极限。本于同一牺牲极限的考虑,关于工作的完成,尚有承揽人已尽完成工作之努力,但所完成之工作还是有瑕疵时,定作人除"民法"

---

　　①　Esser/Weyers 认为:"仔细观之,《德国民法典》第 635 条得看成关于有害给付之明文规定的类型(Esser/Weyers, Schuldrecht, Bd.Ⅱ, BT, 6. Aufl. 1984, S.243.)。"

第493条以下之瑕疵担保请求权外,依"民法"第492条是否尚享有类似"民法"第364条所定实时请求完成(并交付)无瑕疵之工作(物)的权利? 关于这个问题,就《德国民法典》Esser/Weyers认为"在受领前,定作人得依债总之一般规定(诉)请履行,并尝试经由强制执行实现之。至于承揽人应如何遵守其履行义务,应按技术情况以符合诚信原则的方法为之。如其能以修补的方法达到符合约定之无瑕疵的质量,修补即可。否则,便应重行完成约定之工作。当然,如修补与重作皆可符合约定,而修补对承揽人负担较小,则定作人仍只得请求修补。"换言之,定作人关于履行之请求(Erfuellungsanspruch)仍应符合牺牲极限(Opfergrenze)的限制,不可得理不饶人。至于受领后Esser/Weyers认为定作人原则上只得请求就已完成之工作为修补,而不得请求重作。盖履行请求权(Erfuellungsanspruch)依Esser/Weyer的看法,在受领后其内容已然变更。不过,Esser/Weyer,还是认为如果重作(Neuherstellung)对承揽人比较有利,而对定作人没有不便,或修补的努力已失败或不可能,则依诚信原则仍应例外的容许承揽人以重作的方法补救,或容许定作人请求重作。[①] 基于类似的考虑,Larenz认为,只要修补无效果,且再为修补看来无望,而重作则为可能,并对承揽人尚非苛求时,定作人当可请求承揽人重来完成一个无瑕疵的工作。以上关于重作的看法,过去虽为实务所不采(RG2107,342),但目前已转变为德国通说。[②] 不过,即便如此,请求重作在瑕疵担保上,至少在已受领之情形,相对于请求修补,仍处于候补的地位。以上观点值得参考。

③返还工作(物)请求赔偿履行利益

在"民法"第360条所定买卖之物的瑕疵担保中,有一个棘手的问题,即买受人是否可以不解除契约,而返还买卖目标物,请求不履行之损害赔偿。类似的问题也存在于有体之工作(物)的承揽中。对于这个问题,与在买卖的情形一样,皆宜持肯定的见解。由于买卖目标物之返还本来以解除买卖契约为要件("民法"

---

① Esser/Weyers, Schuldrecht, Bd. Ⅱ, BT, 6. Aufl. 1984, S. 233ff. (233f.); Esser, Schuldrecht, 2. Aufl., 1960, S.601.

② Soergel-Muehl, Kommentar zum BGB 11. Aufl., 1980, § 633 Rz 1ff.; Larenz, Lehrbuch des Schuldrechts, Bd.Ⅱ, Halbband 1, BT., 13. Aufl., 1986, S.349.

第 259 条),所以,学说与实务①准许不解除契约,返还买卖目标物,请求不履行之损害的赔偿的看法,自结果观之,与容许解除契约后,仍得请求履行利益之赔偿并无二致,只是说理的方法不同而已。该看法使在契约解除的情形,有责之一方所负的赔偿责任,不得超越信赖利益,兼及于履行利益的见解,受到质疑。此或为契约理论尚有不尽圆满之处所致。然说理之不同的意义,尚非可以一笔抹杀。不过,这也意味着与契约有关之损害赔偿法,有待于在像类此之问题上,进一步发展。②

关于解除后不再得请求不履行之损害赔偿(履行利益之赔偿)的立场,在《德国民法典》不但其第 326 条第 1 项关于给付迟延之一般规定,而且其第 634 条第 1 项关于定期催告承揽人修补的规定皆有比较明白的表示。依第 326 条第 1 项债权人必须附带声明其所定期限经过后,将拒绝受领给付。从而于债务人不如期履行的情形,债权人虽得请求不履行之损害赔偿或解除契约。但其请求履行契约之权利也因此消灭。第 634 条第 1 项规定:"为除去第 633 条所定之瑕疵,定作人得定相当期限对承揽人声明,期限届满后其将拒绝瑕疵之除去。交付工作前已可预见有瑕疵者,定作人得即指定期限,但该指定期限不得先于该工作应交付之期限而届满。瑕疵未如期除去时,定作人之排除瑕疵请求权消灭,只得解除契约或请求减少报酬。"以上《德国民法典》的规定中,关于"附带声明"之催告的规定,较之台湾地区"民法"第 254 条及第 494 条的规定为妥,可以避免产生不

---

①　在德国关于类似的问题,Larenz 认为:"正像在买卖(《德国民法典》第 463 条)的情形一样,定作人依《德国民法典》第 635 条原则上以金钱赔偿之履行利益,得以不同的方法实现。在这里,定作人得保有有瑕疵之工作,而仅请求因工作有瑕疵而减少之价值的赔偿,他也得不待于证明其对于契约之履行已无利益,而以给付之工作不合债务本旨为理由,拒绝受领该有瑕疵之工作或返还之,从而在拒绝为对待给付之外,还请求其因契约不履行而受到的损害,这个当初受到争议之见解,目前亦为德国联邦法院(BGHZ 27,215)所采"(Larenz, Methodenlehre der Rechtswissenschaft, 13. Aufl., S.351f.)。

②　关于履行利益之赔偿,在"民法"第 360 条(相当于《德国民法典》第 463 条)所以发生说明上的困难,其实并不是因为不解除契约,即不得拒绝受领或返还买卖目标物,以请求相当于无瑕疵给付之履行利益的赔偿,而是因为在买卖法首先预设出卖人不负给付无瑕疵之物的义务,并在该出发点上首先认为,在出卖人提出之目标物有瑕疵时,买受人只得解除契约或请求减少价金,而不得请求给付无瑕疵之物,从而在"民法"第 360 条所定之情形(例如出卖人故意不告知瑕疵)虽容许买受人得不解除契约或请求减少价金,而请求损害赔偿,但还是不能从"因买受人不得请求给付无瑕疵之物,致给付无瑕疵之物的请求陷于法律不能"立论,让买受人得依"民法"第 226 条的观点请求不履行之损害赔偿。

宜并存之多数(请求)权之债,①并使催告人在附带前述规定之声明催告前,再次三思,是否附带该声明催告之。盖该附带声明除了以事务发展流程之安排的方式,断绝原来约定之给付请求权,分别与请求不履行损害赔偿请求权或解除契约间之并存可能性外,并明白以"或"厘清请求不履行之损害赔偿和解除契约间在行使上的分际。从而可使债权人(定作人)不得不作出适合的决定,而不会长期处在犹豫中。

然则在定作人可以择一请求不履行之损害赔偿或解除契约时,其选择最后会引起如何之变化? 各有利弊。简言之,如果约定之报酬比较便宜,以请求不履行之损害赔偿为有利;反之,如果约定之报酬较贵,则以解除契约请求信赖利益的赔偿较为有利。请求履行利益或信赖利益之赔偿,对权利人而言,履行利益之赔偿没有必然较有利于信赖利益之赔偿,此为在债务不履行,必须适时让(或要求)权利人择一行使的道理,而且对其择一,必须赋予形成的效力。否则,在解除权发生后,当事人之间的法律关系会有超出保护权利所必要之程度以上的不稳定。影响所及,若甚至因此模糊了契约解除后,权利人所得主张之损害赔偿请求

---

① 在这里首先应避免者为原来给付之请求权与其替代之权利间的并存问题。除当事人有特约外,原来给付之请求权与其替代之权利不宜并存。何况即便在约定例外并存的情形,其行使也应有先后之别。例如在间接给付之安排,债权人应先行使新债权,须待行使而无结果时,始得行使旧债权("民法"第 320 条)。此所以"民法"第 712 条规定:"指示人为清偿其对于领取人之债务而交付指示证券者,其债务于被指示人为给付时消灭(第 1 项)。前项情形,债权人受领指示证券者,不得请求指示人就原有债务为给付。但于指示证券所定期限内,其未定期限者于相当期限内,不能由被指示人领取给付者,不在此限。债权人不愿由其债务人受领指示证券者,应实时通知债务人(第 2 项)。"在此,这种问题并不能利用"民法"第 257 条完全解决。该条规定:"解除权之行使,未定有期间者,他方当事人得定相当期限,催告解除权人于期限内确答是否解除;如逾期未受解除之通知,解除权即消灭。"

权的范围,便更不相宜。①

《德国民法典》第 635 条规定"工作瑕疵可归责于承揽人者,定作人得不解除契约或请求减少报酬,而请求不履行之损害赔偿"。依该规定解除契约,请求减少报酬及请求损害赔偿间在存在上虽然得并存,但行使上却是择一的。这与台湾地区"民法"第 495 条之规定内容不尽相同。依台湾地区"民法"第 495 条规定,解除契约、请求减少报酬分别与损害赔偿请求权在行使上是可以并存的。唯即便如此,据之所得请求赔偿之利益内容为何,与在德国依《德国民法典》第 635 条请求损害赔偿同样是充满问题的。其中,关于定作人仅得请求承揽人赔偿因瑕疵造成之损害,通常包括瑕疵之除去及迟延损害的看法。德国学说上称之为依交换说(Austaus-chtheorie)所提出之"小赔偿请求权"(kleinerErsatzanspruch)。反之,定作人依差额

---

① 基于以上的认识,"信赖利益"与"履行利益"间之不同,主要在于其分别要回复之利益状态不同,而不在于其利益之相对的大小。"信赖利益"所要回复者为正如"系争法律行为如果未从事,受害之当事人本来享有之利益",它通常由"缔约费用"、"准备给付之费用"及"准备受领之费用"所组成。"履行利益"所要回复者为正如"系争法律行为如果顺利履行,受害之当事人本来享有之利益",它通常由"取得利益"、"使用、收益利益"及"转售利益"所组成。"使用、收益利益"对应于"用益权","转售利益"对应于"价值权"。价值权以处分的方法实现之,而处分的方法其以"法律行为"为之者,虽有设定担保物权及转售,但其中可能构成"履行利益"之损害内容者,当为"转售利益"的部分。至于以"事实行为"处分者,权利人自权利客体之处分可能得到之利益,与用益时相当。此为"用益行为"与"处分行为"交界之处。是故,不但"用益"至极,构成"处分",而且纵使按物或甚至权利之性质使用之,通常也会造成"损耗"的结果,而损耗至最后便是"灭失"。"灭失"正为以事实行为处分一个"物"之结果。"用益利益"之数量化通常以取得"替代给付"所需之费用表现出来,"转售利益"之数量化通常以自"已成立"或"可预期成立"之转售的安排中,可能得到之"价差"表现出来。就在回复上所针对之利益状态,"信赖利益"与"履行利益"间虽有前述差异,但就其发生之"因缘",则是相同的:皆为了同一"法律行为"。此为其与"固有利益"共同不同之处。所以,"信赖利益"与"履行利益"之属性有对于"法律行为"之"相对性"。债权人对于债务人得主张之"信赖利益"与"履行利益",如受到第三人之侵害,第三人对于债权人所侵害者并非"信赖利益"与"履行利益",而系"固有利益"。盖该"信赖利益"与"履行利益"相对于第三人为"固有利益"。然由于"民法"第 216 条规定:"损害赔偿,除法律另有规定或契约另有订定外,应以填补债权人所受损害及所失利益为限(第 1 项)。依通常情形,或依已定之计划、设备或其他特别情事,可得预期之利益,视为所失利益(第 2 项)。"所以,当忽略"信赖利益"与"履行利益"之属性的"相对性"时,容易误以为"所失利益"就是"履行利益",从而认为"所失利益"既为"法定损害赔偿范围",则在任何损害赔偿之债皆可请求"履行利益"之赔偿。然在具体案件,其实"所失利益"有时所指者为"固有利益",例如第三人侵害债权致损害债权人之"转租利益"或"转售利益"时,债权人所受之损害固为"所失利益"所构成之损害,但相对于第三人,所受之损害仍为"固有利益"之损害。不过,当加害人为债务人,且以债务不履行的方法为之时,债权人所受之损害即为"履行利益"上之损害。

税(Differenztheorie),拒绝受领有瑕疵之工作,而结算其因瑕疵所受全部(不履行)之损害的赔偿,学说上称之为"大的赔偿请求权"(grosserErsatzanspruch)。在此种情形,与给付迟延之情形不同,定作人不需证明,契约之履行对其已不再有利益。当然,瑕疵如非重要,依《德国民法典》第 634 条第 3 项连结第 635 条之意旨,定作人仍不得为契约全部之结算。① 盖以返还受领之工作物结算定作人所受之损害,请求履行利益之赔偿的主张,对于承揽人之利益有与解除契约同等之不利,所以关于解除契约之限制规定在此种结算的情形同有其适用性。同理,依台湾地区"民法"第 495 条请求损害赔偿,如主张以此种结算的方法请求履行利益的赔偿,当亦受第 494 条但书关于解除权之限制规定的限制。

④固有利益之赔偿与积极侵害债权

瑕疵给付常会延伸出其他损害,例如承揽人完成之水电工程的工作有瑕疵致电线走火引起火灾,烧毁整栋建筑物及其中之摆设;或水管漏水,损失天花板及悬挂之图画。这些因完成之工作有瑕疵而延伸出来的损害,为定作人固有利益上的损害。此种造成固有利益上之损害的"瑕疵给付",学说与实务又称之为"有害给付",以与单纯之瑕疵给付相区别。谈论瑕疵给付时,所涉及者为债务人所做之给付有致"效用"或"价值"减少或灭失之缺失:瑕疵("民法"第 492 条)。此为约定给付之减损,其损害之利益为"履行利益"。然在承揽契约当完成之工作必须表现在定作人之身体或财产上,例如为定作人在身体上刺青或在玉石上雕刻时,如果承揽人完成之工作有瑕疵,例如因消毒不当,导致刺青部位糜烂,或因雕刻时不小心,损毁定作人提供之玉石,则承揽人完成之工作不但会损及定作人之履行利益,也会损及其固有利益,此为履行利益及固有利益并损的情形。也是契约责任与侵权行为责任或积极侵害债权责任竞合的情形。不过,涉及者若单纯为固有利益上的损害,则就该部分,其赔偿应从侵权行为或积极侵害债权立论。② 例如为定作人粉刷墙壁,而污损墙壁旁之沙发。

德国联邦法院(BGH)认为《德国民法典》第 635 条不排除积极侵害债权规定之适用,但将后者之请求权限制在瑕疵延伸的损害。不过,学说上有认为《德国民法典》第 635 条与第 463 条一样,依该等规定得请求之不履行的损害赔偿皆包括所有与不履行有因果关系之损害,从而包括瑕疵延伸之损害。并因此认为

---

① Esser/Weyers, Schuldrecht, Bd.Ⅱ, BT, 6. Aufl.1984, S.238.

② Larenz, Lehrbuch des Schuldrechts, Bd.Ⅱ, Halbband 1, BT., 13. Aufl.,1986, S.354 ff. 承揽工作之瑕疵固可能与缔约时双方约定之质量内容有关,但纵使在该关于质量内容之约定上承揽人有过失,例如没有认识到自己完成之工作的质量不能达到约定水平而为该约定,承揽工作之瑕疵的问题还是不论为缔约上过失所规范之问题(Esser/Weyers, Schuldrecht, Bd.Ⅱ, BT, 6. Aufl. 1984, S.243.)。

第 635 条为与瑕疵有关之损害的特别规定。所以积极侵害债权,在第 635 条之旁便无适用余地;①此为不易实时发现之瑕疵的固有问题。依德国通说的看法认为以积极侵害债权为依据之瑕疵延伸损害的赔偿请求权,不适用《德国民法典》第 638 条之短期时效的规定。依此见解第 635 条与积极侵害债权之适用范围有消长的关系。②

由于《德国民法典》第 635 条及积极侵害债权之规定,关于责任要件的要求并无出入,所以,当认为依第 635 条亦得请求固有利益之赔偿,论其实际,前述学说上就在第 635 条下,积极侵害债权有无适用余地之争论的实益,便仅在于时效究应适用《德国民法典》第 638 条之短期时效,还是第 195 条所定 30 年之一般时效。③ 是故,Larenz 及 Esser/Weyers 皆认为时效的问题应在时效规定上寻求解决,④避免过度提出法律规定间在适用上之排斥的主张。

该短期时效的考虑在涉及瑕疵有关的损害赔偿之债,为自证据方法的保存或举证延伸出来的问题。德国学者在倾向将短期时效也适用于以瑕疵为基础之

---

① 代表此种看法的例如 Esser/Weyers, Schuldrecht, Bd. Ⅱ, BT, 6. Aufl. 1984, S.240ff.

② Soergel-Muehl, Kommentar zum BGB 11. Aufl., 1980, § 635 Rz.13.第 635 条与积极侵害债权在此观点下,有两个规定对同一法律事实加以规定的情形,从而构成竞合。关于民事法之竞合,其处理首先必须探讨是否构成"普通法与特别法之关系",当认定为有"普通法与特别法之关系",因为特别法优先于普通法受适用,最后只有一个规定受适用。认为积极侵害债权,在《德国民法典》第 635 条之旁便无适用余地的看法,即属认为《德国民法典》第 635 条属于积极侵害债权之特别规定的见解。反之,认定为无"普通法与特别法之关系"时,该法律事实即因满足两个以上之法律规定,而引起"请求权竞合"或"请求权规范竞合"的问题。因侵权行为而受利益,致被害人受损害者,于因侵权行为所生之损害赔偿请求权时效完成后,其损害赔偿之义务人,仍应依关于不当得利之规定,返还其所受之利益于被害人("民法"第 197 条第 2 项)。在这里,侵权行为之损害赔偿请求权与不当得利之返还请求权的消灭时效分别独立计算。由此可见,依该条规定,分别依侵权行为与不当得利成立之请求权处于"请求权竞合"之关系。反之,固有利益之保护有时经约定为给付之内容,例如医疗契约,寄托契约;给付义务之违反有时构成"有害给付",损及债权人之固有利益。在以上两种情形,会同时引起契约责任及侵权行为责任。为调和契约责任及侵权行为责任间之规定的出入,发展出"请求权规范竞合说"(Anspruchsnormenkonkurrenz),认为在这种情形,只成立一个请求权,但该请求权有数个规范基础(Esser/Schmidt, Schuldrecht Band I, Allgemeiner Teil, 6., Aufl., 1984, S.102.)。

③ Esser/Weyers, Schuldrecht, Bd. II, BT, 6. Aufl. 1984, S.241.

④ Larenz, Lehrbuch des Schuldrechts, Bd. II, Halbband 1, BT., 13. Aufl., 1986, S. 357; Esser/Weyers, Schuldrecht, Bd. II, BT, 6. Aufl. 1984, S.242.

积极侵害侵权时,想利用将时效起算点自"受领工作",①改为自"发现瑕疵"时起算,予以缓和。② 但 Esser 显然认为此种起算点的改变会影响法的安定。至于实务则认为此与法律之明文规定不符。③ 如为如此改变,其改变之结果倒与台湾地区"民法"第 498 条至第 500 条及第 514 条第 1 项的规定相若。

(三)关于给付迟延之权利

由于承揽工作应在将来完成,且其完成需要一定之时间,因此,关于承揽之给付迟延不但有开始之迟延及完成之迟延的问题,而且有预见其不能如期完成的可能,加上承揽工作通常系为定作人之特别需要而做,承揽之给付迟延有一些特别之规范上的需要。例如(1)开始之迟延,其不影响完成之期限者是否为迟延;(2)可预见工作之完成可能或会迟延者,得否为预防性或提前之请求;(3)将法定解除权限于定有绝对确定期限及迟延之给付已无利益的情形。于是,进一步引起债法各论中关于承揽之给付迟延规定,是否为债法总论中给付迟延规定之特别规定的问题。

按承揽人除应完成一定之工作外,其工作之开始与完成并应于约定期限为之,未约定期限者,应于相当期限内为之,始符承揽之目的。例如营造厂应依约定之期限开始并完成工作。关于承揽工作之迟延,通常固多指应在何时完工而未完工而言,但应自何时开始工作,并非全无意义。④ "民法"第 502 条第 1 项规定"因可归责于承揽人之事由,致工作不能于约定期限完成,或未定期限经过相当时期而未完成者",承揽人便陷于给付迟延。同条第 2 项并规定"前项情形,如以工作于特定期限完成或交付为契约之要素者,定作人得解除契约"。

该条第 1 项规定在给付迟延之构成要件上,与"民法"第 229 条第 2 项关于给付无确定期限之债的迟延规定略有出入。依"民法"第 229 条第 2 项债之给付

---

① 与之类似之规定为,台湾地区"民法"第 365 条第 1 项规定:"买受人因物有瑕疵,而得解除契约或请求减少价金者,其解除权或请求权,于物之交付后六个月间,不行使而消灭。"该项亦以"物之交付"时,亦即以"受领时",而非以"瑕疵发现时"为物之瑕疵担保请求权之时效的"起算点"。如此规定与"民法"第 356 条关于瑕疵之检查、通知的规定,显不协调。

② Larenz, Lehrbuch des Schuldrechts, Bd. II, Halbband 1, BT., 13. Aufl., 1986, S.356.

③ Esser/Weyers, Schuldrecht, Bd. II, BT, 6. Aufl. 1984, S.242.

④ 德国联邦法院 (BGH LM Nr20 zu §284 = NJW 1974,1080)认为,在建筑契约只要建筑执照未发下来,本来承揽人(营造商)就其建筑之履行义务不会陷于迟延。然倘承揽人相信建筑执照已发下来,而以其他不正当之理由,认真而且终局的拒绝履行其建筑工作,则其所为构成积极侵害契约,定作人得以之为理由解除契约(Soergel-Muehl, Kommentar zum BGB 11. Aufl., 1980, §649 Rz 10)。

无确定期限者,债务人于债权人得请求给付时(参照"民法"第 315 条),必须经债权人催告而未为给付,始自受催告时起负迟延责任,而依"民法"第 502 条第 1 项规定,未约定工作应完成之期限者,似乎只要经过相当时期而未完成,不论是否经定作人催告,承揽人皆应负迟延责任。比较合理的看法当为,在此种情形承揽人还是应经定相当期限催告而不履行时,始负迟延责任。且所定期限加上催告前已经过之期间,应不短于该项所称之相当时期。

就给付迟延之法律效力,"民法"在第 231 条至第 233 条、第 250 条至第 255 条对之本有一般规定,归纳其规定之内容为:(1)得请求迟延损害之赔偿(第 231 条至第 233 条、第 250 条至第 253 条);(2)得解除契约。其不为契约之解除者,在请求迟延损害之外,尚得请求原来之给付,固不待言。

对照该等一般规定与"民法"第 502 条之具体规定,不但关于未定完成工作期限之承揽有前述不需经催告即得主张迟延责任之构成要件的出入,而且在迟延之法律效力上亦有不同。依第 502 条之规定,定作人所得主张之迟延效力原则上为请求减少报酬,或在有相当于"民法"第 255 条规定之情形,亦即在"以工作于特定期限完成或交付为契约之要素"的情形,定作人得解除契约。但无请求迟延损害①(参照第 231 条至第 233 条)或在定相当期限催告债务人(承揽人)履行,而其于期限内不履行时,得解除契约之权利(第 254 条)的规定。

就承揽契约,"民法"除对于已发生之给付迟延有第 502 条之规定外,另外对"因可归责于承揽人之事由,迟延工作,显可预见其不能于限期内完成"工作之情形,"民法"第 503 条规定:"定作人得解除契约。但以其迟延,可为工作完成后解除契约之原因者为限。"此为对尚未发生但可预见其发生之给付迟延所作之预防性的解除规定。对于此种情形,定作人是否亦得提前请求减少报酬,而不解除契约?在工作系分部交付,且报酬系就各部分定之,并应分部给付者,应采肯定的见解("民法"第 505 条第 2 项)。

于是,第 502 条及第 503 条之规定是否为"民法"债编通则中关于给付迟延之规定的特别规定,引起问题。

"最高法院"1988 年台上字第 1961 号民事判决认为:"承揽契约,承揽人迟

---

① 关于迟延损害之赔偿,在本次"民法"债编修正时已有修订,修正后之第 502 条规定:"因可归责于承揽人之事由,致工作逾约定期限始完成,或未定期限而逾相当时期始完成者,定作人得请求减少报酬或请求赔偿因迟延而生之损害(第 1 项)。前项情形,如以工作于特定期限完成或交付为契约之要素者,定作人得解除契约,并得请求赔偿因不履行而生之损害(第 2 项)。"唯第 2 项不是规定"'或'得请求赔偿因不履行而生之损害",而规定"'并'得请求赔偿因不履行而生之损害",并不妥当,盖在此请求赔偿之损害为相当于"民法"第 232 条所定之履行利益的赔偿,应以契约尚有效存在为要件,所以该损害赔偿请求权不能与解除权并存。

延完工,其所负责任,与一般债务,债务人给付迟延应负之责任,尚有不同。除有'民法'第502条第2项或第503条所定情形之一者外,定作人不得解除契约。"从而"因可归责于承揽人之事由,工作不能于约定期限内完成者,应依同法第502条所定。其非以工作于特定期限完成或交付为契约之要素者,定作人不得解除契约,即不生赔偿未完工程费问题。"("最高法院"1963年台上字第3820号判决)在该两个判决中,至少就解除契约部分,"最高法院"显然采取第502条及第503条为债总中关于给付迟延规定之特别规定的见解。[①]

在承揽契约,于给付迟延时,如除"以工作于特定期限完成或交付为契约之要素者"外(第502条第2项、第503条),定作人不得解除契约,而仅得请求减少报酬或请求赔偿因迟延而生之损害(第502条第1项),则这种法律效力是否能够满足承揽在给付迟延之规范上的需要,值得检讨。盖给付迟延可能引起之迟延损害,例如另觅替代给付之费用,[②]错失利用如期完成之工作本来可以自第三人得到之交易利益,固然通常以金钱的赔偿为其内容,而可在请求时与承揽人之报酬互相抵销,但迟延损害与减少报酬之请求终非适当之对应科目。请求减少

[①] 相同见解请参见戴修瓒:《民法债编各论》,作者自刊1989年再版,第167页;史尚宽:《债法各论》,作者自刊1986年版,第306页;郑玉波:《民法债编各论》,作者自刊1995年第16版,第362页。虽均主张承揽之规定为特别规定应优先适用,但并非完全排除给付迟延之一般规定。史氏认为"民法"第502条应排除第254条关于解除之规定,但不排除第232条及与损害赔偿有关之规定。至于郑氏则认为应排除第231条、第227条中关于损害赔偿之规定,另第254条不排除第232条及第227条中关于强制执行的规定。

[②] "最高法院"1959年台上字第1934号判例:"'民法'第216条第1项所谓所受损害,即现存财产因损害事实之发生而被减少,属于积极的损害。所谓所失利益,即新财产之取得,因损害事实之发生而受妨害,属于消极的损害。本件被上诉人以上诉人承揽之工程违约未予完成,应另行标建,须多支付如其声明之酬金,并非谓房屋如已完成可获转售之预期利益,因上诉人违约而受损失,是其请求赔偿者,显属一种积极损害,而非消极损害。"依该判例之见解,为取得"替代给付"所增加之"费用"或"酬金"为"一种积极损害",所以属于定作人因承揽人债务不履行"所受之损害",而非"所失之利益"。而"替代给付"所增加之"费用"或"酬金"为"一种履行利益"上之损害。此为"履行利益"上之损害在实务上经归类为"所受之损害"的例子。然究诸实际,为取得"替代给付"所增加之"费用"或"酬金",应论为"所失之利益"。盖要是没有承揽人之债务不履行,定作人可以享有原来定作之工作所能提供之利益,而"替代给付"之作用即在于使定作人,在纵使承揽人有债务不履行之情形,还是能够享有原来定作之工作所能提供之利益。该利益与履行当有之结果相当。

报酬之适当对应事由,应为工作有瑕疵,而非给付有迟延。① 再则以第 503 条排除第 254 条及第 232 条之适用,②使定作人在原约定之期限非绝对确定期限之情形,不能经由定相当期限催告承揽人履行的方法,取得解除权或取得请求赔偿因不履行而生之损害的权利。以致定作人与承揽人间之承揽关系,在此种情形可能因承揽人不加理会之迟延,而悬宕不决。

至于承揽契约最后经解除者,因"民法"在承揽节对承揽契约之解除并没有特别规定其解除效力,所以实务认为原则上应适用一般规定,主要为适用第 259 条所定之回复原状的义务及第 260 条所定之损害赔偿请求权。③

关于承揽经解除,在回复原状上是否应针对承揽工作之存在特征,给予特别之考虑,值得探讨,但实务上对此似乎尚未表示特别意见。反之在损害赔偿方面,"最高法院"则已明白表示其看法。

首先"最高法院"认为"契约之解除,既系因上诉人甲厂之迟延履行所致,该上诉人自应赔偿对造上诉人乙厂因此所致之损害"("最高法院"1955 年台上字

---

① 在承揽人给付迟延,现行"民法"第 502 条第 1 项规定其迟延责任之内容为仅得请求减少报酬的意义等于是以约定报酬作为迟延损害之赔偿的上限。该项在这次"民法"债编的修正中,已经续上"或请求赔偿因迟延而生之损害"。这固然缓和了该项规定之不妥。但在该项规定情形下定作人不得经催告解除契约或请求不履行之损害赔偿还是不能尽然满足定作人之规范需要。

② 债权人依"民法"第 254 条定相当期限为催告,而债务人于期限内不履行时,债权人是否得依该条规定得解除契约,而主张迟延后之给付,对于债权人当然已无利益,得依第 232 条拒绝其给付,并请求因不履行而生之损害的赔偿,"民法"对之并无明文规定,尚待解释。盖台湾地区"民法"在第 254 条中,不像《德国民法典》第 326 条第 1 项规定债权人得或解除契约,或请求不履行之损害赔偿,而将不履行之损害赔偿,独立规定于第 232 条,并以迟延后之给付,于债权人无利益为其要件。对于这个问题,实务上在一般之债采肯定的看法,例如:最高法院 1929 年上字第 2449 号判例认为"迟延履行债务之当事人,若于催告所定期间仍不给付者,相对人得请求不履行之损害赔偿"。同样见解亦为"最高法院"1960 年台上字第 2450 号民事判决所采。

③ 相同见解请参见蔡章麟:《民法债编各论》(上册),作者自刊 1965 年第 2 版,第 165 页;戴修瓒:《民法债编各论》,作者自刊 1989 年再版,第 168 页;郑玉波:《民法债编各论》,作者自刊 1995 年第 16 版,第 363 页。

第 1022 号判决)。① 此为"民法"第 260 条之规范意旨的重申。唯"'民法'第 260 条规定解除权之行使,不妨碍损害赔偿之请求,并非积极的认有契约解除所生之新赔偿请求权存在,不过规定其因债务不履行,即给付不能或给付迟延而发生之原赔偿请求权,不因解除权之行使,随同契约归于消灭。故因契约消灭新发生之损害,不在'民法'第 260 条所定得请求赔偿之列"("最高法院"1985 年台上字第 1071 号判决),② 所以"民法"第 260 条所规定之损害赔偿请求权系专指因债务不履行之损害赔偿而言("最高法院"1981 年度台上字第 1778 号判决)。

然以给付不能或给付迟延为原因之债务不履行的损害赔偿,不论其以"民法"第 231 条至第 233 条(给付迟延)或以第 226 条(给付不能)为依据,其赔偿之客体皆与履行利益有关。以履行利益为内容之损害赔偿请求权是否适当在契约解除后继续让其存在,值得探讨。因给付迟延或给付不能而引起之固有利益以外的损害,属于债务不履行之损害者,其赔偿基于前述关于契约解除权与不履行之损害赔偿请求权在行使上不适当并存的观点,在契约解除后,宜采因解除,嗣后丧失其规范基础(法律上原因)而消灭的看法。亦即契约解除后,依"民法"第 260 条不妨碍其损害赔偿请求权者,宜指不妨碍解除前,因缔约上过失而发生之损害赔偿请求权、缔约后为履行契约,或为受领给付而生之费用等所致之信赖利益上的损害,以及因积极侵害债权所致之固有利益上的损害。

鉴于完成无瑕疵工作,以及在工作有瑕疵时,修补工作以排除瑕疵,为承揽人在承揽契约,对定作人所负之主要的给付义务。因此,具有债务不履行意义之给付迟延的态样,在这里还可以包括修补之迟延。从而在完成之工作有瑕疵的情形,定作人不但对过去的部分得请求减少报酬("民法"第 502 条)以填补迟延损害,而且对将来的部分还继续可以为瑕疵担保上之请求。③

自该条第 2 项关于得解除之要件所称"以工作于特定期限完成或交付为契约之要素者,定作人得解除契约"观之,欲依该项规定解除契约,关于清偿期该契

---

① "民法"第 260 条不妨碍其请求之损害赔偿请求权,其时效期间之起算,"最高法院"1966 年台上字第 1188 号判例认为:"'民法'第 260 条规定解除权之行使,不妨碍损害赔偿之请求。据此规定,债权人解除契约时,得并行请求损害赔偿,唯其请求损害赔偿,并非另因契约解除所生之新赔偿请求权,乃因债务不履行(给付不能或给付迟延)所生之旧赔偿请求权,不因解除失其存在,仍得请求而已。故其赔偿范围,应依一般损害赔偿之法则,即'民法'第 216 条定之,其损害赔偿请求权,自债务不履行时起即可行使,其消灭时效,亦自该请求权可行使时起算。"

② 自"最高法院"在同院 1966 年台上字第 1188 号判例、1966 年台上字第 2727 号判例、1985 年台上字第 2580 号判决、1982 年台上字第 4950 号判决、1983 年台上字第 2912 号判决等判决亦采同一见解观之,该见解当为"最高法院"一贯之看法。

③ 参考 Esser/Weyers, Schuldrecht, Bd. II, BT, 6. Aufl. 1984, S.264.

约必须定有绝对确定期限。① 唯"最高法院"在 1988 年台上字第 1470 号民事判决认为"迟延后之给付于定作人已无利益者,亦应解为包括在'民法'第 502 条所定之解除事由内②"。

前述因工作迟延而生之迟延责任,依"民法"第 504 条定作人受领工作时,不为保留者,承揽人对于迟延之结果,即不再负责。

(四)关于契约之解除

关于契约之解除,除约定之事由外(约定解除权),定作人分别以瑕疵担保,完成工作迟延,实际报酬超过预估概数甚巨为理由,亦有法定解除权。

依"民法"第 494 条规定:"承揽人不于前条第一项所定期限内修补瑕疵,或依前条第三项之规定拒绝修补或其瑕疵不能修补者,定作人得解除契约或请求减少报酬。但瑕疵非重要,或所承揽之工作为建筑物或其他土地上之工作物者,定作人不得解除契约。"该条第 2 项但书关于"所承揽之工作为建筑物或其他土地上之工作物者,定作人不得解除契约"之规定的适用,"民法"债编增修条文第 495 条第 2 项将之限缩为:"前项情形,所承揽之工作为建筑物或其他土地上之工作物,而其瑕疵重大致不能达使用之目的者,定作人得解除契约(第 2 项)。"此

---

① "最高法院"1988 年台上字第 1470 号民事判决略谓:"因可归责于承揽人之事由,致工作未能于约定期限内完成时,如有以工作于特定期限完成或交付为契约之要素者,定作人得解除契约。观(诸)'民法'第 502 条之规定即明。此所谓以工作于特定期限完成或交付为要素,与同法第 255 条规定之旨趣大致相同。"所谓第 255 条之旨趣当指:对定有绝对确定期限之债,特别规定债权人得不经催告,于债务人给付迟延时,可径为解除契约。

② "民法"第 502 条第 2 项规定:"前项情形,如以工作于特定期限完成或交付为契约之要素者,定作人得解除契约。"该项于 1999 年 3 月 30 日经"立法院"三读修正为"前项情形,如以工作于特定期限完成或交付为契约之要素者,定作人得解除契约,并得请求赔偿因不履行而生之损害。"修正条文中所定"并得请求赔偿因不履行而生之损害",正确的规定应是"或得请求赔偿因不履行而生之损害"。该损害赔偿请求权与"民法"第 232 条规定者相当。盖在给付迟延之规范上一直存在着一个问题:于给付迟延时,在债权人依"民法"第 255 条自始得解除契约,或依第 254 条经催告嗣后得解除契约的情形,债权人得否选择不解除契约,而依第 232 条请求赔偿因不履行而生之损害? 应采肯定的见解。同样的道理,当迟延后之给付,于债权人无利益时,亦应容许债权人不请求赔偿因不履行而生之损害,而即依第 255 条解除契约。此即"最高法院"在 1988 年台上字第 1470 号民事判决意旨之所在。要之,"民法"第 255 条及第 232 条在适用上应有选择关系。

为以承揽工作有瑕疵为基础之法定解除权。①

依"民法"第502条在"因可归责于承揽人之事由,致工作不能于约定期限完成,或未定期限经过相当时期而未完成者,定作人得请求减少报酬或请求赔偿因迟延而生之损害。(第1项)。前项情形,如以工作于特定期限完成或交付为契约之要素者,定作人得解除契约,并得请求赔偿因不履行而生之损害。(第2项)"。另于"因可归责于承揽人之事由,迟延工作,显可预见其不能于限期内完成者,定作人(亦)得解除契约。但以其迟延可为工作完成后解除契约之原因者为限"②(第503条)。此为以承揽人陷于给付迟延为基础之法定解除权。

依"民法"第506条在"订立契约时,仅估计报酬之概数者,如其报酬,因非可归责于定作人之事由,超过概数甚巨者,定作人得于工作进行中或完成后,解除契约(第1项)。前项情形,工作如为建筑物或其他土地上之工作物或为此等工作物之重大修缮者,定作人仅得请求相当减少报酬,如工作物尚未完成者,定作人得通知承揽人停止工作,并得解除契约(第2项)。定作人依前二项之规定解除契约时,对于承揽人,应赔偿相当之损害(第3项)"。此为以估计报酬之概数不确实,致"因非可归责于定作人之事由,超过概数甚巨"为基础之法定解除权。

以上为定作人依债编各论承揽节中之特别规定,得解除契约之情形。除此而外,定作人是否尚得依债总中关于债务不履行之规定,特别是关于给付迟延之规定,于依"民法"第254条定相当期限催告承揽人履行,而在承揽人不于期限内履行时解除契约,值得探讨已如前述。实务上因"民法"第502条及第503条对于以承揽人给付迟延为理由之解除已有特别规定,认为定作人不再得依"民法"第254条关于给付迟延之一般规定解除契约。该见解恐不尽妥,盖如认为"民法"第502条及第503条等相当于"民法"第255条之规定,属于对"民法"第254条有排斥作用之特别规定,等于认为只有在承揽人与定作人间,就承揽工作之完成定有绝对确定期限的情形,定作人始得以承揽人陷于给付迟延为理由解除契

---

①　于定作人不得为解除而对承揽人为解除之通知时,其解除通知之效力"最高法院"认为应解释为终止。例如同院1969年台上字第634号判决要旨称:"承揽之工作为建筑物或其他工作物者,如其工作有瑕疵,定作人仅得请求减少相当之报酬,不得解除契约。所谓仅得请求减少相当之报酬,并包括工作之重大修缮。本件工作纵有瑕疵,而经上诉人催告被上诉人重建而未予置理,依法亦不得解除契约,故上诉人所称已通知解除契约,其真意仍属终止契约,而终止契约前,上诉人依约应支付之工程费,仍应负履行之义务。"

②　"民法"债编(新)第503条:"因可归责于承揽人之事由,迟延工作,显可预见其不能于限期内完成而其迟延可为工作完成后解除契约之原因者,定作人得依前条第二项之规定解除契约,并请求损害赔偿。"该条在本次债编修正之修正重点在于:增定定作人请求因不履行而生之损害的赔偿请求权。在解除与不履行之损害赔偿请求权可择一行使的情形固有道理,在并行行使则有疑问。盖履行利益的赔偿与契约之解除不能同时存在。

约。苟如是,于未约定绝对确定期限时,倘承揽人一再迟延给付而屡催无效,定作人将因不能解除契约而可能束手无策。

(五)关于契约之终止

承揽契约中之工作的完成需要一段时间,所以虽然承揽契约不一定被认为是继续性契约,[①]但还是因此产生终止之规范上的需要,[②]以便承揽契约可以经

---

① 承揽契约是否为继续性契约,在学说上素有争议。按法律对继续性契约并未加以定义,而只是学说上自各种契约归纳出来之一种契约类型。其类型特征,通说认为存在于其当事人之一方所负的债务,具有时间之继续性的性格。因此该方当事人履行其债务时,其债务不即因其履行而消灭,而是债务人虽依约不断的履行,但其债务仍继续存在至约定期限届满或契约终止时(Esser, Schuldrecht, 2. Aufl., 1960, S.62)。在有些有名契约,其当事人之一方所负之给付义务在时间上一直有继续性,例如雇佣契约、劳动契约、租赁契约、使用借贷契约、寄托契约、保险契约、出版契约、(专利权、著作权、商标权之)授权契约、合伙契约等经由其契约之缔结即构成继续性契约。反之,消费借贷契约则否。至于保证契约、委任契约、代理契约之缔结则不当然构成继续性契约或一次性契约。其究竟是否构成继续性契约,尚视该保证契约所保证之债务,是否为继续性债务;该委任契约所委任处理之事务,是否为需要继续处理之事务;该代理契约所授权代理者,是否继续与第三人从事法律行为,以继续管理本人关于系争业务之利益(Esser, Schuldrecht, 2. Aufl., 1960, S.62)。本于类似的看法,关于承揽契约 Gernhuber 亦认为承揽契约是否为继续性契约,必须视当事人在承揽关系中所约定之工作的内容,在时间上是否具有继续性而定,如果当事人间所约定者,仅是以完成之工作交换承揽报酬,则承揽人为该工作之完成在一段期间从事于约定之活动,仅具有为该工作之完成之准备工作的意义。一个契约不因其履行之准备,必须继续一段期间,便可论为继续性契约;必须其履行之本身,必须继续一段期间,始可论为继续性契约。前者例如为定作人完成约定之雕像(一次性契约),后者例如建筑师为定作人设计、监造特定建筑物之兴建工作(继续性契约)。不过,其设计有可能被论为非继续性契约,其监造虽可能论为继续性契约,但却可能被归类为委任契约(Gernhuber, Das Schuldverhältnis, 1989, S.382 f.)。监造工作究应论为承揽或委任,系于此种工作之完成与否,对于定作人是否有利益。如不完成监造,会减损定作人之利益或根本无利益,则此种工作依其性质原则上应归类为承揽契约。此为承揽契约之意旨所在,像以理发、烫发、(出租车)运送、旅游等为给付内容之契约,所以应论为承揽契约的道理在此。

② 契约之终止固为关于继续性契约之重要规定,但并非一次性(给付)契约即必无关于终止规定之需要。只要一个债务关系之履行上的给付持续一段期间便有此需要。承揽契约即为其中之适例(Gernhuber, Das Schuldverhaeltnis, 1989, S.387)。

终止而向将来失其效力。①

终止按其事由及规范上之依据可要分为：(1)随意终止；(2)重大事由之终止；(3)协议终止；及(4)当然终止。其中前二者以当事人一方之意思，协议终止以双方之合意，当然终止以法律之规定为基础。兹分述之：

1.随意终止

"民法"就承揽契约之终止，首先自承揽工作系为定作人之利益而完成，且定作人必须为其完成而对承揽人负报酬之给付义务的观点，规定在工作完成前，容许"定作人得随时终止契约。但应赔偿承揽人因契约终止而生之损害"（"民法"第511条）。此即定作人之随意终止权。依该条规定定作人得不具理由随意终

---

① 承揽契约经终止后，向将来该契约即失其效力，从而定作人对于承揽人不再有请求完成工作之权利、不负有协力义务，以及受领工作之义务，同样的承揽人也不再有完成工作，或为完成工作而张罗必要之材料的义务。鉴于终止对于过去并无溯及效力，所以承揽人对于已经完成，并经受领之工作并无取回之权利或义务。同理，在德国于契约终止前承揽人如有依《德国民法典》第642条之规定已经取得之补偿请求权，该请求权之存续亦同样不受契约终止效力之影响。不过在契约终止后，承揽人不得再以定作人违反协力义务为理由，依《德国民法典》第643条定期催告补行协力行为，并使承揽契约于定作人不在该期间内补行时，自动终止(Soergel-Muehl，§649 Rz 1)。承揽契约纵经终止，但因终止仅向将来发生效力，所以在契约终止前，承揽人已对定作人交付之工作，仍不失其效力，定作人可以继续保有，承揽人也可享有与已交付部分相当之报酬。该工作上存有瑕疵者，定作人并得对承揽人请求修补，该修补请求权同样不因契约终止而消灭 (Soergel-Muehl, Kommentar zum BGB 11. Aufl., 1980, §649 Rz 10)。《德国民法典》的以上规定，充分体现契约终止之意旨，反之，台湾地区"民法"第511条之效力规定则不然。许多与终止有关之观念的混淆及纠纷，皆造因于此。

止承揽契约。① 定作人为随意终止者,应清楚对承揽人表示其终止之意思。② 为稳定当事人间之承揽关系,定作人得在契约中事先约定限制或抛弃其随意终止权。③

下述"民法"第 512 条所定当然终止之情形,其法律效力为不可归责于双方当事人致给付不能时之标准规定,因此在适用上没有多大疑义。反之,第 511 条所规定之情形,该条所定之法律效力,究当为何便尚有相当的考虑余地。

首先应考虑者为:其终止之法律效力是否适当简单以损害赔偿的方式涵括之。盖在契约之随意终止,反乎契约应予遵守的原则。是故在此种情形,其相对人依该契约本来享有之利益还是应该给予保障。容许定作人随意终止之意义,应仅止于防止或避免因继续完成由于情事变更,将来对于自己可能无用之工作,以节省承揽人为完成该无用之工作可能之投入,俾可以经由节省承揽人之投入,以便将来经由损益相抵的计算减轻自己之报酬义务。《德国民法典》第 649 条规定:"定作人得在工作完成前随时终止契约。定作人终止者,承揽人得请求约定

---

① 由于承揽契约之意旨,乃为定作人之利益完成约定之工作,所以在工作完成前,应容许定作人随意决定是否继续进行未完成之工作[Mot Ⅱ,503:即《〈德国民法典〉立法理由书》(第二册),第 503 页]。所谓得随意决定是否继续进行未完成之工作,其意义为容许定作人既不需要定期限为催告,也不需要具备任何理由便可以随时终止契约。为保护承揽人因定作人随意终止契约所可能遭受之不利益,《德国民法典》第 649 条规定,承揽人在此种情形对于定作人可以请求,经依损益相抵原则,扣抵不须完成未完成之工作所节省之费用,或应得之报酬后之原约定的报酬。所以学说与实务认为尚不致因为《德国民法典》第 649 条规定定作人得随意终止契约,而使其恣意终止契约(参照 RGZ169,203,208)(Soergel-Muehl, Kommentar zum BGB 11. Aufl., 1980, § 649 Rz 1)。

② 终止之表示,其目的在于结束契约关系,所以定作人之表示如果没有达到终局而且完全要自该契约摆脱之意思,其表示仍不成其为终止。例如:仅表示拒绝给付承揽人请求之报酬。同样的,定作人于承揽人给付迟延时,对其催告履行,或其他以承揽人有违反契约之情事为理由,而解除契约,其催告或解除之表示皆不构成契约之终止,纵使承揽人因此认为该契约已终止者亦然。反之,定作人对承揽人请求返还其为工作之完成,而交付承揽人之材料,则可认为一种终止之表示(Soergel-Muehl, § 649 Rz 3)。

③ 《德国民法典》第 649 条为任意规定,所以定作人可以事先以明示或默示的方法抛弃其终止权(RGZ 92,168)。德国学者认为《德国民法典》第 649 条所订之终止权,可以约定限制在哪一种情形才得为终止或限制其在一定之期间内不得终止(Soergel-Muehl, § 649 Rz 2)。然关于终止权之行使得附以期间之限制与终止表示不得附以期限必须加以区别。后者之禁止,其意义为稳定形成权(终止权)之行使的效力,以确保法的安定性。同理,该条所订之报酬请求权也可以在一定之要件下给予排除或加以限制。然当定作人非以明示的方法抛弃其终止权时,定作人之哪些行为可以认为具有默示抛弃之表示。这个问题不能一概而论,必须按具体情形认定。德国实务上认为,在广告契约中纵使事先约定刊登广告之次数,也不因该次数之约定而默示抛弃终止权(RG JW 1926,1248)(Soergel-Muehl, § 649 Rz 2)。

之报酬,但承揽人因契约终止而节省之费用或另为利用其劳动力所取得或恶意不为取得之报酬应受扣除。"其意旨当在于此。[1] 考其内容所以与台湾地区"民法"第 267 条相当,其道理在于当事人之一方随意终止双务契约时,对于相对人之意义等于是因可归责于他方之事由,致不能给付。因此在此种情形,不可归责之一方对于可归责之一方自得请求对待给付。但其因免给付义务所得之利益,或应得之利益,均应由其所得请求之对待给付中扣除之(损益相抵原则)。[2] 该扣除权具有缩减承揽人之报酬请求权的作用。[3]

　　若非引用相当于台湾地区"民法"第 267 条或《德国民法典》第 649 条之规定,规范定作人随意终止之问题,而利用像"民法"第 511 条的这种规定,不从契约债务之履行的观点,而以损害赔偿之方法来弥补因定作人随意终止对承揽人所造成之利益的冲击,在实务上将必须耗费相当的心力,才能将合理的规范内容具体化下来。而且在具体化的过程中,还可能冒出,来自于损害赔偿理论之难题。

---

　　[1]　一般容易以为就"定作人随意终止契约",《德国民法典》第 649 条之规定已充分考虑承揽人之利益。但事实上可能不尽然。所以,Esser/Weyers 认为,特别是在定作人知悉,承揽人急于希望能有一个代表性之作品,或为累积一定之经验,而使承揽人因此在价格上对其特别优待的情形,得依《德国民法典》第 157 条,解释已依约排除同法第 649 条之适用(Esser/Weyers, Schuldrecht Band Ⅱ, Besonderer Teil, 6., Aufl., 1984, S.262)。

　　[2]　《德国民法典》第 649 条规定于定作人随意终止契约时,对于承揽人仍应负原来约定报酬之给付的义务,为防止承揽人因此有比实际完成工作获得更多之利益,该条后段规定承揽人所得请求之报酬应适用损益相抵原则,扣除其因免完成工作之义务而节省之费用,或因另为使用其劳动力而取得,或恶意不另为使用而不取得之报酬。鉴于在具体情形得扣除之数额究当为何,应由定作人负举证责任(RG JW 1907, 362)。而其证据方法通常却在承揽人管领下,事实上举证不易,所以德国实务上在建筑契约也有按其经验将因契约终止得节省之费用,定为约定报酬百分之四十的情形(Soergel-Muehl, §649 Rz 5)。然由于终止时,承揽人已完成工作之程度不能一概而论,所以承揽人因终止究竟能够节省多少费用,当尚非可以给予一个划一的标准。

　　[3]　定作人依该条规定所得主张之扣除,承揽人固得在计算时自行扣除(RG JW 1907, 362)。但定作人对于扣除之数额并无独立之请求权,而系以使承揽人得请求之约定报酬因扣除而缩减,是故在请求中该扣除之主张以抗辩(Einwand)的型态表现出来(Soergel-Muehl, Kommentar zum BGB 11. Aufl., 1980, §649 Rz 5)。如果定作人对于承揽人给付之报酬,超出得扣除之数额后之余额,其超出部分构成无法律上原因之给付,应依不当得利之规定请求返还,而非直接以"扣除请求权"为理由对承揽人请求给付。依《德国民法典》第 649 条第 2 句规定中之法律精神,承揽人在定作人终止契约后,不当立于比完成承揽工作履行承揽契约较好或较差之地位。从而如果定作人终止后,承揽人将部分完成之工作出让,并取得高于或等于约定报酬之数额时,定作人依第 649 条第 2 句之规定,对于承揽人便不再有给付之义务(NJW 1969, 237)(Soergel-Muehl, Kommentar zum BGB 11. Aufl., 1980, §649 Rz 1)。

例如"最高法院"1983 年台上字第 247 号判决认为："查承揽人依'民法'第511 条规定,得请求定作人赔偿之损害,系包括因定作人随时终止契约而生之积极损害及消极损害而言。故承揽人就未完成之工作所应得之报酬扣除因免为给付所得之利益,是为契约终止所失利益,固应于'民法'第 514 条第 2 项所定一年期间内请求赔偿,兹上诉人所请求者被上诉人之土地因上诉人之施工而增加之利益,应予返还。二请求权之成立要件,各基于不同之原因事实,保护之法益,亦相互参差。被上诉人纵得依'民法'第 514 条第 2 项规定主张时效利益而拒绝赔偿上诉人所受损害,就其所受利益而言,则因契约之终止,原有法律上之原因,其后已不存在,依'民法'第 179 条后段之规定,仍属不当得利。原判决谓上诉人于逾越'民法'第 514 条第 2 项所定一年期间后,又依不当得利之规定,请求被上诉人返还所受之利益为不合,就被上诉人是否受有利益,未予详查,遽为上诉人不利之认定,自有可议。"

同院再于 1984 年台上字第 4477 号判决称："承揽契约之定作人,于承揽人完成部分工作后,依'民法'第 511 条规定终止契约,以致承揽人受有损害,承揽人得依同条但书规定请求定作人赔偿其损害。在被上诉人终止契约后,双方间之契约关系应向将来失其效力。如上诉人就其承揽工作之全部支出费用,因被上诉人终止契约而受有损害,并使被上诉人受有利益,此项利益与上诉人所受损害之间有相当因果关系,即与'民法'第 179 条后段所定:'虽有法律上之原因而其后已不存在者'之情形相当,上诉人似非不得据以请求被上诉人返还不当得利。"

在以上两号判决中,共同所持见解为,在定作人依"民法"第 511 条随意终止契约时,其终止行为可同时满足"民法"第 511 条及"民法"第 179 条(后段)之构成要件成立两个保护法益不同之请求权,分别适用不同之时效期间,前者依"民法"第 514 条因一年间不行使而消灭,后者适用一般消灭时效期间之规定,依"民法"第 125 条因 15 年间不行使而消灭。

后来同院又于 1985 年度台上字第 1769 号判决表示："契约之终止,仅使契约自终止之时起,嗣后归于消灭。承揽契约在终止以前,承揽人业已完作之工作,苟已具备一定之经济上效用,可达订约意旨所欲达成之目的者,定作人就其受领之工作,有给付相当报酬之义务。"

"最高法院"在该号判决表示之见解符合终止契约,仅向将来使契约效力归于消灭的意旨。从而在随意终止的情形,至少就已受领之工作而言已比较合理。唯该判决以"承揽人业已完作之工作,苟已具备一定之经济上效用,可达订约意旨所欲达成之目的"为"定作人就其受领之工作,有给付相当报酬之义务"的要件,对于承揽人而言仍不算公平。至于未完成部分究当如何处理,该号判决意旨尚未表示意见。

至 1988 年，"最高法院"于同院 1988 年台上字第 69 号判决又表示："终止契约，仅使契约自终止之时起向将来消灭，并无溯及之效力，使契约自始归于消灭。故定作人在承揽契约有效期间内，因承揽人所为工作致受利益，乃本于终止前有效之承揽契约而来，并非无法律上之原因，与不当得利之要件不符。故终止契约后，不论被上诉人有无受利益，上诉人如受有损害，仅得依'民法'第 511 条但书之规定，请求损害赔偿，不生返还不当得利请求权相与竞合而得选择行使之问题。"

该号判决要旨虽亦认为"终止契约，仅使契约自终止之时起向将来消灭，并无溯及之效力，使契约自始归于消灭。故定作人在承揽契约有效期间内，因承揽人所为工作致受利益，乃本于终止前有效之承揽契约而来，并非无法律上之原因，与不当得利之要件不符"。但以该见解为基础，"最高法院"可能因受"民法"第 511 条规定之影响，还是认为"终止契约后，不论被上诉人有无受利益，上诉人如受有损害，仅得依'民法'第 511 条但书之规定，请求损害赔偿，不生返还不当得利请求权相与竞合而得选择行使之问题。"从而与同院在前述 1985 年度台上字第 1769 号判决所表示的见解不同。前述判决要旨显然认为"契约之终止，仅使契约自终止之时起，嗣后归于消灭"之意义为"承揽契约在终止以前，承揽人业已完作之工作，苟已具备一定之经济上效用，可达订约意旨所欲达成之目的者"，当事人间终止前之给付关系的规范，仍应依约定之内容，不因终止而发生改变。是故"定作人就其受领之工作，有给付相当报酬之义务"，而非对承揽人有为损害赔偿之义务。不过，"最高法院"在同院 1988 年台上字第 69 号判决要旨所表示的看法又于 1989 年为同院 1989 年台上字第 779 号民事判决所采。并在该号判决中更为简洁的表示："按定作人依法终止承揽契约后，承揽人就已完成工作部分之报酬，应包括在'民法'第 511 条但书所定损害赔偿范围内。是项损害赔偿请求权，依'民法'第 514 条第 2 项规定，自其原因发生后一年间不行使而消减。"至此"定作人依法终止承揽契约后，承揽人就已完成工作部分之报酬，应包括在'民法'第 511 条但书所定损害赔偿范围内。是项损害赔偿请求权，依'民法'第 514 条第 2 项规定，自其原因发生后一年间不行使而消减"的看法可谓已变成

"最高法院"之一贯见解。①

以上争议之产生,全来自于"民法"第511条关于定作人随意终止后之法律效力的规定中所使用的文字"定作人……应赔偿承揽人因契约终止而生之损害"。并从而将承揽人在定作人随意终止契约后对定作人所享有之权利,全部定性为承揽人之损害赔偿请求权,因此其时效期间应适用"民法"第514条第2项"因其原因发生后,一年间不行使而消灭"。鉴于"民法"第511条规定之内容为如是解释时,与契约终止之本来效力的内容互相冲突,因此有从体系及目的之观点加以检讨的必要。此为自文义因素及自体系或目的因素导出之诠释结果互相冲突的类型。使用不妥之文字会引起重大之理论争议及实务适用的困难,由此可见。

承揽人在定作人随意终止契约时,依《德国民法典》第649条享有之约定报酬的请求权为一种意定请求权(Vertragsanspruch)而非一种损害赔偿请求权Schadensersatzan-spruch)。② 此与台湾地区"民法"第511条规定,定作人随意终止契约时,"应赔偿承揽人因契约终止而生之损害"之规定不同。《德国民法典》第649条所规定之效力与债法通则中关于可归责于债权人之事由,致给付不能的法律效力相当(参照《德国民法典》第324条第1项及台湾地区"民法"第267条),而台湾地区"民法"第511条所规定之效力,与债法通则中之规定则无显然之对应。勉强附会,或可认为与依"民法"第114条第2项规定准用"民法"第113条之规定的效力相当。按终止与撤销,除终止之效力限于向将来,撤销之效力则兼有溯及过去,至法律行为时之区别外,两者皆有使契约失其效力之作用。因此,当认为可将关于撤销之规定,目的性扩张或类推适用至终止类型时,"民法"第114条第2项之规定即可适用于终止的情形。而"民法"第114条第2项规定"当事人知其(法律行为)得撤销,或可得而知者,其法律行为撤销时,准用前条(第113条)之规定"。"民法"第113条规定"无效法律行为之当事人,于行

---

① 相同之见解请参见刘发鋆:《民法债篇分则实用》,作者自刊1967年版,第206页;史尚宽:《债法各论》,作者自刊1986年版,第337页;王泽鉴:《定作人终止契约时承揽人之损害赔偿请求权、报酬请求权与不当得利请求权:"最高法院"三则判决之检讨》,载《法学丛刊》第137期。值得注意者为郑玉波亦认为,承揽人于契约终止前已完成部分之工作,仍得向定作人请求报酬。因此,"民法"第511条所定之损害,当然不包括已完成部分之报酬在内(该报酬定作人应另行支付),只有就未完成部分所生之损害,始得请求赔偿。此部分之赔偿解释上不得超过未完成部分工作如完成时原定之报酬。郑老师并认为在前述解释,可参考《德国民法典》第649条第二段之规定。台湾地区"民法"第267条就可归责于债权人之给付不能,采与前述《德国民法典》第649条第二段相同之解决方法(郑玉波:《民法债编各论》,作者自刊1995年第16版,第392页)。

② Soergel-Muehl,§649 Rz 4.

为当时,知其无效或可得而知者,应负回复原状或损害赔偿之责任"。其结果,定作人随意终止契约者,自可认为定作人为一种知其法律行为得终止之当事人,从而在其法律行为终止时,依"民法"第114条第2项准用第113条,定作人应负损害赔偿责任。

"民法"第511条之所以如此规定的考虑如果如是,其考虑恐不尽妥。盖终止与撤销就契约效力之丧失,在向将来之部分固有其相同之处,但其事由原则上并不相同。撤销之事由,在典型之情形为法律行为有瑕疵;反之,在终止则为法律行为形成之债,在履行上受到干扰或遭遇到困难,或甚至由于当事人之一方事后改变主意,而有不能或不愿为继的情形。在撤销,由于其事由存在于法律行为上,发生于法律行为时,因此依缔约过失之理论或规定,该事由可归责之人应负之责任的"内容"与"范围"原则上应限于"损害赔偿"与"信赖利益";反之,在终止,由于其事由存在于依该法律行为所生之债务之履行上,因此使其履行无以为继者,在可归责时,其所应负之责任的"内容"与"范围",基本上便应与"契约应予严守"的原则相符。是故,因契约终止而应负责之人,其所应负之责任的内容,首先以约定之内容为准,所以在第511条规定之情形,自当以约定之报酬为其内容。① 盖定作人随意终止,论其实际为债权人不备理由之终止,是故,其纵有"民法"第511条为依据,仍应与因可归责于债权人之事由,而给付不能之情形同视。

归纳之,关于随意终止之效力,"民法"第511条规定:"工作未完成前,定作人得随时终止契约。但应赔偿承揽人因契约终止而生之损害。"其终止之效力以"赔偿承揽人因契约终止而生之损害"定之,不甚明了。比较清楚的规定方式为:论为因可归责于债权人之事由而给付不能。从而债权人(定作人)应负之法律责任为:承揽人"得请求对待给付(原来约定之报酬)。但其因免给付义务所得之利益或应得之利益,均应由其所得请求之对待给付中扣除之"("民法"第267条)。这是以契约关系不因给付不能而当然消灭为论据的规定。就此,"最高法院"2003年台上字第738号民事判决认为:"按承揽人承揽工作之目的,在取得报酬。'民法'第511条规定工作未完成前,定作人得随时终止契约,但应赔偿承揽人因契约终止而生之损害。因在终止前,原承揽契约既仍属有效,是此项定作人应赔偿因契约终止而生之损害,自应包括承揽人已完成工作部分之报酬及其就未完成部分应可取得之利益,但应扣除承揽人因契约消灭所节省之费用及其劳力使用于其他工作所可取得或恶意怠于取得之利益,始符'立法'之本旨及公平

---

① 必须在依原来之约定履行,而有不能或无利益时,始代以履行利益之赔偿。然在单纯之承揽契约,亦即在非混合契约之情形,定作人所负之给付义务以金钱为内容,所以当无依原来之约定履行,而有不能或无利益的情事。

原则。"其意旨大致与得请求履行利益之赔偿相当。这是以契约已因终止而消灭为论据的规定。其超过的部分是:连已完成工作部分之报酬都以损害赔偿为其请求依据。这可能是迁就在承揽契约,承揽人原则上在完成承揽工作时,始有报酬请求权的规定。但其实,"民法"第512条已有下述规定:"承揽之工作,以承揽人个人之技能为契约之要素者,如承揽人死亡或非因其过失致不能完成其约定之工作时,其契约为终止(第1项)。工作已完成之部分,于定作人为有用者,定作人有受领及给付相当报酬之义务(第2项)。"在该条规定之情形,工作虽未完成,且契约业已终止,但承揽人就工作已完成之部分还是可请求给付相当报酬的。要之,在契约终止的情形,就已提供之劳务仍应按契约约定之标准给付报酬,而不适合以赔偿的方式,补偿报酬之损失。盖所谓终止使契约向将来丧失效力的意义是:使未履行之部分丧失效力,而非使已履行之部分的契约关系亦丧失效力。倘守住这个原则,规定为得请求损害赔偿,就规范基础而论,虽亦为贴切的规定。唯"民法"第511条应修正为:"工作未完成前,定作人得随时终止契约。但应赔偿承揽人因契约终止而不需履行之部分的履行利益(第1项)。前项履行利益以原来约定之报酬,扣除承揽人因免给付义务所得之利益或应得之利益计算之(第2项)。"

2.重大事由之终止

在给付必须继续一段时间方能达成履行目的之契约,鉴于在契约存续中,有时发现缔约基础不存在、丧失,或事后有重大事由发生,而使其履行受到影响,以致如依原约定之内容,有重大困难,特别是依原约定之给付与对待给付的对价关系继续其契约,对于当事人之一方有显失公平之过苛,而无期待可能性的情形。因此,通常认为不论法律有无明文规定,应容许当事人以"缔约基础不存在、丧失"或"有重大事由发生"为理由调整对价关系或终止契约。[①] 在法律无明文特别规定的情形,该终止权之规范基础为诚实信用原则。其中"缔约基础不存在、丧失"或"有重大事由发生"为分别独立之规范基础。但因作为其基础的法律事

---

① 业主(定作人)与建筑师(承揽人)以协议的方法,基于不可归责于建筑师之重大理由终止契约者,建筑师原则上不因此丧失其依《德国民法典》第649条得请求扣除因终止而节省之费用后之全部报酬的权利,除非当事人间另有相反之约定,认为建筑师对于其尚未完成之工作的部分不受报酬(BGHZ 62,208)。唯在双方协议终止建筑契约后,定作人发现其原可以有重大终止事由为理由,单独终止该契约者,定作人仍得追加该理由主张建筑师就其未完成之工作的部分没有报酬请求权(BGHZ 65,391)(Soergel-Muehl, Kommentar zum BGB 11. Aufl.,1980, §649 Rz 7)。

实可能相同,故适用对象有交集之情形。① 以不可归责于自己之重大事由为理由终止者,对相对人固不负损害赔偿责任,但就已受领之给付,原则上仍应负给付报酬之义务。② 但重大事由可归责于承揽人者,究当如何? 解除或终止尚应视已受领之给付对于定作人是否有利益,决定定作人得为终止或解除。有利益者,得为终止,无利益者,得为解除。其与不可归责之情形,在效力上的不同,在于终止或解除后,对失效部分有损害赔偿请求权。反之,重大事由可归责于定作人者,又当如何? 不论已完成之工作对于定作人是否有利益,定作人皆应给付全部报酬,但仍有"损益相抵原则"之适用。

---

①　"缔约基础不存在、丧失"或"有重大事由发生"之规定在具体案件因"其基础的法律事实可能相同",而有竞合之情形。当其竞合,Soergel-Teichman 认为应优先适用有重大事由之终止的规定(Soergel-Teichman,§242 Rz 270)。亦即"缔约基础不存在、丧失"的学说,对于以"重大事由"为理由之"异常终止说"最后仅具有辅助的意义。其道理当在于,依《德国民法典》两者虽皆系由诚实信用原则导出之规定,但"重大事由"相对于"缔约基础"似乎尚较具体,从而应优先适用。只是仍应注意两者在主观要件上之差异。在"缔约基础不存在、丧失",其发生必须非因当事人之故意或过失,其重要类型有谓:货币贬值、履行前目的已达(例如抛锚之汽车在拖车抵达前又成功发动了)、履行前目的已注定不能达到(例如抛锚之汽车在拖车抵达前着火烧毁)或双方错误,不过,其中关于履行前目的已达或目的已注定不能达到两个类型是否应归属于"缔约基础不存在、丧失",学说上非无争议,例如 Esser/Schmidt 将之归类于"与债权人有关之履行障碍"(Glaeubigerbezogene Erfuellungshindernisse)(Esser/Schmidt,Schuldrecht,Band I,Allgemeiner Teil,6.Aufl.,1984,S.326ff.),关于何谓"缔约基础不存在、丧失"及其类型以及目的之达与不达详请参照 Esser,Schuldrecht,2.Aufl.,1960,§§85;反之,在"有重大事由发生"之终止,该事由之发生则不限于"不可归责于当事人"。当重大事由之发生可归责于债务人时,债权人得对债务人请求损害赔偿。唯在双务契约,倘双方当事人分别因可归责于他方当事人之事由,而得终止契约,则双方各皆不得对相对人请求损害赔偿(Gernhuber,Das Schuldverhaeltnis,1989,S.39 7)。如果重大事由之发生,不可归责于当事人,其法律效力与"缔约基础不存在、丧失"相同,先尝试是否能以调整给付与对待给付之对价关系,维系债之关系,必当求其维系,而不可得对于双方皆可期待之对价关系时,才退而求其次,准以解除或终止之方式处理之。后来究竟给予何种效力,由裁判之法院定之。不过,这时候,如果有当事人愿意特别让步以调整对价关系的方式处理之,调整的意愿可阻止终止权之行使(Gernhuber,Das Schuld-verhaeltnis,1989,S.393f.)。"民法"中关于以"重大事由"为理由之终止的规定有"民法"第 489 条、第 686 条。

②　在"民法"第 511 条,使因重大事由而终止契约之规定的适用看似丧失其存在余地。其实不然,盖在承揽人有违反契约目的之行为时,定作人如以之为重大事由终止契约,定作人对于承揽人不负该条所订之赔偿义务。此外,定作人如以承揽人拒绝完成工作或无故停止工作为理由而"解除"契约,承揽人对于定作人不但不享有第 511 条规定之损害赔偿请求权,而且还应依债务不履行(给付不能或给付迟延)之规定对定作人负损害赔偿责任。然倘定作人不能证明承揽人有给付不能之情形,其想自契约摆脱之表示应解释为终止(Soergel-Muehl,§649 Rz 6)。

3.协议终止

承揽关系为一种契约关系,依契约原则当事人双方自得经协议终止其契约关系。在协议终止之情形,如何处理终止后之善后的问题,依契约自由原则,原则上双方得在协议中或甚至在缔约当初便预为约定。然其约定仍不得有滥用市场地位,违反诚实信用原则,苛待相对人的情形。例如事先约定承揽人方在终止时,得不依损益相抵原则,请求全额之约定给付。①

4.当然终止

"民法"第 512 条规定"承揽之工作,以承揽人个人之技能为契约之要素者,如承揽人死亡或非因其过失致不能完成其约定之工作时,其契约为终止(第 1 项)。工作已完成之部分,于定作人为有用者,定作人有受领及给付相当报酬之义务(第 2 项)"。依该条规定承揽契约于该条所定终止事由发生时,不待于当事人之一方(或其继承人)终止之表示,即当然终止。考诸该条第 1 项所定终止事由,当属因不可归责于双方当事人之事由致给付不能,而当然终止之规定。

不可归责于双方当事人致"给付不能",其不利益之归属为"危险负担"的问题。对该问题"民法"第 225 条及第 266 条有着明文规定。倘没有第 512 条第 2 项,该项规定之情形当适用"民法"第 266 条之规定。该条第 1 项规定"因不可归责于双方当事人之事由,致一方之给付全部不能者,他方免为对待给付之义务,如仅一部不能者,应按其比例,减少对待给付"。

---

① 一般契约约款(定型化契约)之使用人在其提供使用之约款中约定在契约终止时,得请求不相当之过高报酬或费用之赔偿者,其约款依《德国一般契约条款法》第 10 条第 7 款无效(Soergel-Muehl, Kommentar zum BGB 11. Aufl., 1980, §649Rz 8)。与此类似之情形为于定作人依《德国民法典》第 649 条在工作完成前,不经催告亦不具任何理由终止契约时,关于承揽人依同条享有之报酬请求权,承揽人在其提供之定型化契约中,如果约定根本不按损益相抵原则(Grundsatz des Vorteilsausgleiches),扣除承揽人因免完成未完成之工作的义务而节省的费用或应得之利益,则其约定亦有《德国契约一般约款法》第 10 条第 7 款所称不适当的情形(Brandner in Ulmer- Brandner-Hensen, AGB-Gesetz, §10, Rdn. 16)。

"形式"核其规定内容,可谓与第512条第2项所定者相当。① 然如从"实质"立论,由于定作人本来只有在承揽人完成工作时,始有给付报酬之义务("民法"第505条),所以,在因不可归责于双方当事人之事由而给付不能的情形,定作人是否依第266条,而有给付报酬之义务,非无疑问。第512条第2项规定"工作已完成之部分,于定作人为有用者,定作人有受领及给付相当报酬之义务"。可谓以"立法"的方法澄清此问题。②

然所谓有用,当指对于定作人有利益而言。由于仅完成部分之工作,而承揽人已有给付不能之情形,因此其给付不能,在已完成部分对定作人有用时,可论为一部不能。在已完成部分对定作人无用时,应论为全部不能。有疑问者为,倘双方约定工作分部给付,并就各部分定其报酬,定作人是否尚得主张已受领之部分工作对其无用,而主张承揽人或其继承人应准用或适用"民法"第266条第2项依关于不当得利之规定返还其已给付之报酬。在此种情形,原则上应推定已交付之部分对定作人为有用,是故定作人主张已给付之部分对自己无用者,应负举证责任。但尚不宜因在承揽契约就其报酬,按各部分定之,并约定于各部分交付时给付该部分之报酬,便认为已交付之部分对定作人必然有用。反之,就尚未

---

① "民法"第266条第1项规定:"因不可归责于双方当事人之事由,致一方之给付全部不能者,他方免为对待给付之义务,如仅一部不能者,应按其比例,减少对待给付。"其内容虽与"民法"第512条第2项规定者相当。但仍应注意第512条第1项之规定对于"民法"第225条第2项有无排斥的作用。这应采否定的看法。又承揽人之死亡或非因其过失致不能完成其约定之工作如系因第三人之侵权行为,还会涉及"第三人侵害债权"的问题。定作人是否得对侵权行为人依侵权行为之规定请求赔偿损害,原则上系于侵权行为人是否知其行为会加害于定作人对承揽人之债权,或甚至有加害之意思而定。鉴于债之效力在履行上之相对性,就"第三人侵害债权"的问题学说常倾向于保留,认为第三人之行为必须有故意背于善良风俗加损害于他人,始构成侵权行为。关于"第三人侵害债权"的问题请参照 Dieter Medicus, Buergerliches Recht, 15., Aufl., 1991, Rdnr. 610, 626; Rudolf Krasser, der Schutz Vertrag-licher Rechte gegen Eingriffe Dritter, 1971, S.119ff.(关于是否得依《德国民法典》第823条第1项), 215ff.(关于是否得依《德国民法典》第826条)请求赔偿。

② 关于"民法"第266条第1项与第512条第2项规定的内容相当,相同见解请参见郑玉波:《民法债编各论》,作者自刊1995年第16版,第393页;关于为何既然相当,而"立法"上又再加以规定,史尚宽先生认为:"虽有主张'民法'既规定为终止,则终止前其法律关系依然存在,无须另为规定。然'民法'以定作人有用为前提,故不能不特为扬明也。"(史尚宽:《债法各论》,作者自刊1986年版,第338页)。其实第512条第1项及第2项规定之内容是互相矛盾的。盖诚如史先生所言,第512条第2项规定,就工作已完成之部分,以于定作人为有用为前提,定作人始有受领及给付相当报酬之义务。该法律效力与终止并不尽相当,从而可谓第512条第2项修正了"民法"第266条第1项之适用,以在承揽关系更贴切于终止时,当事人间之利益的调整需要。

交付之部分,或就工作之交付双方无得分部交付之约定者,就工作已完成之部分,于定作人有用,应由承揽人或其继承人负举证责任。在此,所以以"交付"与否作为"举证责任"之分配的界限,乃因"受领"当有推定,承认交付之部分为"有用"的意义。

将"民法"第512条第2项之规定与"民法"第266条、第226条第2项之规定互相比较并归纳之,可见在契约之给付,有不能之情事发生时,一直有一部不能或全部不能之认定的问题,这特别存在于一部之给付事实上还可能,而只是可能部分之履行,"于债权人无利益"的情形。对此种情事,"民法"第226条第2项有明文规定,债权人得主张为"全部不能"。[①] 但债权人就可能部分之履行,"于债权人无利益"应负举证责任。该项规定是否亦适用于不可归责于双方当事人致给付不能的情形?应采肯定的见解,唯其举证责任举重明轻,亦应由债权人负担。倒是在"民法"第512条第2项所规定之情形,承揽人就"工作已完成之部分,于定作人为有用"应负举证责任。此与前述关于一般契约之规定不同。

有疑问者为,如何定定作人应给付之报酬的数额?按其标准可能有下述不同的计算基础。(1)约定说:指以约定之报酬乘以完成之工作所占比例定之(参考"民法"第266条);(2)效益说:以定作人就已完成之部分工作所受利益的价额定之;(3)费用说:以承揽人为已完成之部分工作所支出的费用定之;(4)接续费用扣除说:以自约定报酬扣除定作人对接续承揽人应支付之报酬的余额定之。其中以接续费用扣除说最符合承揽之意旨。盖依接续费用扣除说,定作人为承揽工作最后应支付之报酬总额相等于约定之报酬。

(六)履约担保

在承揽人债务不履行时,定作人可能因此遭受履行利益或固有利益上的损害,为敦促承揽人依约履行债务,避免发生债务不履行的情形,在承揽契约有时约定承揽人应提供一定之履约担保。其方式有人保(保证人)、票保、物保、现金保(履约保证金)。[②] 其中人保过去常要求必须是殷实铺保,而目前则多往往要求以银行之保证函充之。由银行出具保证函保证的优点有借助于现代银行之征信及银行对于承揽人之履约的督促能力。盖在现代的工商体系,一个事业如无银行之授信上的协助将不易经营或拓展其业务,所以,银行不但掌握有事业之重

---

① 参见"最高法院"1987年台上字第118号民事判决。
② 履约保证金与定金或违约金皆不相同。履约保证金的功能在于担保,而定金除担保外,尚兼具证约,有时还有损害赔偿额预定的功能;至于违约金则无担保,而仅有损害赔偿额预定的功能。在定金或违约金必须注意,当其经约定为损害赔偿额预定时,可能会有是否兼具解约定金或违约金之意思的争议。

要的财务、营运能力的信息,而且有必要之制衡力量使来往事业不敢轻易违约。此外,当银行之保证意愿立基于征信,其授信费用渐渐也会由于交易成本的降低而获得节省。

四、承揽人之权利

承揽人在承揽契约上所享有之权利,最主要者为报酬请求权("民法"第505条),其次为请求定作人协力("民法"第507条)及受领工作物("民法"第510条)。又如工作于受领前因定作人所供给材料之瑕疵,或其指示不适当,致工作毁损、灭失,或不能完成者,承揽人如及时将材料之瑕疵,或指示不适当之情事通知定作人时,定作人有过失者,并得请求损害赔偿。兹分述之:

(一)报酬请求权

1.债之发生及其清偿期

承揽为双务契约,承揽人对于定作人有报酬请求权。由于承揽人有先为给付之义务,引起其报酬请求权在何时发生,及其发生时期及清偿期为何的问题。[1] 不受先为给付之义务并不影响报酬请求权之发生,而只影响其清偿期。亦即仍然发生于承揽契约生效时,但清偿期原则上按工作是否须交付,而在工作完成或交付完成之工作时届至。[2] 工作系分部交付,而报酬系就各部分定之者,应于每部分交付时,分阶段给付该部分之报酬("民法"第505条)。其应分阶段给付报酬者,先阶段之报酬给付前,承揽人得暂不继续工作。[3]

2.报酬额之约定与算定

"民法"第490条规定:"称承揽者,谓当事人约定,一方为他方完成一定之工作,他方俟工作完成,给付报酬之契约(第1项)。约定由承揽人供给材料者,其

---

① 参见"最高法院"1997年台上字第3785号民事判决。
② 参见"最高法院"1996年台上字第1576号民事判决。
③ 请参考 Esser/Schuldrecht, 2. Aufl., 1960, S.604.

材料之价额,推定为报酬之一部(第2项)。"①

报酬作为承揽契约中定作人对承揽人所负之主要给付义务,依"民法"第153条本来应当于缔约时明确约定。但"民法"不但于第491条规定"依情形,非受报酬,即不为完成其工作者,视为允与报酬(第1项)","未定报酬额者,按照价目表所定给付之,无价目表者,按照习惯给付(第2项)",而且在"民法"第506条规定得估计报酬之概数约定之。依"民法"第506条承揽契约不因此而有因约定之内容不确定,以致不成立的问题(参照"民法"第153条)。盖为承揽工作之完成,所必须之投入,有时在事先难以准确预估,因此,承揽人与工作人就承揽报酬,在定约时不能约定一个确数者,得仅估计报酬之概数作为约定之内容。此为在契约之成立上,关于意思表示内容之确定的要求,法律明定以"得确定"为已足的情形。然"得确定"与"自始确定"终究不同。在约定当时仅为得确定的情形,事后自然可能由于约定时掌握之信息不足,以致发生约定者与实际发生者大有出入的情形。在实际发生之数额与当初预估之概数大有出入时,纵使认为该实际发生之数额尚属当事人约定之内容所包括,但对于当事人而言,于出入甚巨时,终究不无出乎意料,是故有准予依诚实信用原则加以调整的必要。法律上关于此种调整之制度由学说及实务发展出来者为:与契约基础不存在或变更有关之情势变更原则。

---

① 关于承揽报酬之组成项目,"民法"第490条虽以工作与材料二者称之。但实际上影响报酬之项目,在具体情况,特别是工程契约的情形不限于此二者。常见者还有履行保证金之利息、营建危险之保险费、工程机具之租金等。就报酬数额通常利用对于各种可能之项目约定其计价标准后,按工程图说计算其可能之工、料的数量估算出其概数。这当中容易发生的问题首先是应扣除或加入之数量没有扣除或加入,工、料事后之涨价以及工期之延展的问题。其中尤其以材料之涨价及工期之延展最为棘手。材料之涨价通常论为情事变更事由之一,所以,以之为理由请求调整报酬,其请求之规范基础较无疑义。有疑义者为按物价指数或按个别建材之涨价情形调整的。另按工期可能因可归责于当事人之一方或双方的事由,也可能因不可归责于双方之事由而延展,而工程一有延展,便可能增加完成工作所需成本费用。其可归责于当事人之一方或双方者,通常按约定之标准赔偿定作人之损害或调整承揽人之报酬。其不可归责于双方者,定作人是否得就延展之工期请求按日增加报酬,以及其得请求增加之报酬的计算标准为何通常不经由调解、仲裁或诉讼不能获得解决。这虽复杂,但解决之道仍不外乎,首先就工、料利息、保险费及租金等直接成本及费用核实计算。而后再酌情外加管理费及应有之利润。后二者合称为利管费。核实计算之直接成本与费用为因延展工期必然发生者,所以,只要系不可归责于承揽人即应予补偿。这应论为定作人之工程费用的风险,盖只有定作人事后始能经由完成之工作的利用,回收该成本或费用。倘事先有将该危险特约由承揽人负担,则承揽人应利用保险分散该危险。此外,在报酬之计算上也有约定将工计入料或将料计入工的简约作法。于是,如有此种约定,而后来由于工法的变更,而改变工、料之比例时,除工法外,应就工、料比例并为协议,以避免争议。

依该原则在契约缔结后,如果发现缔约当时,当事人之一方或双方引为盘算基础,以决定给付与对待给付之内容者,有与事实不符或不存在的情形,且其出入达到一定之程度,以致依原约定内容履行,对于当事人之一方显然过苛时,其贯彻有违诚实信用原则。从而应容许其或者调整给付与对待给付之对价(比例)关系,或者容许其以解除或终止的方法结束其契约关系。这两种调整的途径,原则上以对价关系的调整为优先①,此为比例原则在民事关系上的表现,要求优先采取介入较浅之手段,必须等待较浅之手段不能达到(调整)目的时,才采取介入较深之手段。当本乎比例原则,"民法"第506条规定:"订立契约时,仅估计报酬之概数者,如其报酬,因非可归责于定作人之事由,超过概数甚巨者,定作人得于工作进行中或完成后,解除契约(第1项)。前项情形,工作如为建筑物或其他土地上之工作物或为此等工作物之重大修缮者,定作人仅得请求相当减少报酬,如工作物尚未完成者,定作人得通知承揽人停止工作,并得解除契约(第2项)。定作人依前二项之规定解除契约时,对于承揽人,应赔偿相当之损害(第3项)。"

所以,实际发生之工作报酬超过定约时,预估之概数甚巨者,在工作为建筑物或其他土地上之工作物,或为此等工作物之重大修缮时,定作人仅得请求相当减少报酬。在此种情形必须其工作物尚未完成,定作人始得通知承揽人停止工作并解除契约(同条第2项)。至于其他工作有估计报酬超过概数甚巨之情形者,定作人不仅于工作进行中,而且于工作完成后,皆得解除契约(同条第1项)。在第2项后段规定之情形,定作人是否得不解除契约而请求相当减少报酬,该项虽未直接规定,依前述比例原则之观点,当仍采肯定之见解。

如认为同条第3项所定之赔偿义务,以信赖利益之赔偿为范围,以回复承揽人与未缔结该契约相同之利益状态,而定作人依同条第2项请求相当减少报酬后,承揽人得保有之报酬额度,尚足以弥补其为完成工作所支付之费用及包括一定之正当利润。则定作人请求相当减少报酬要比径为解除契约,对于承揽人一般说来会比较有利。然由于依该条第2项请求相当减少报酬时,该报酬中所包含的利润,可能偏低,所以如果系争工作已完成之部分尚少,则解除契约亦不必然不利于承揽人。

今预估概数过巨所构成之契约基础不存在或情势有变更,既然不可归责于当事人双方,似乎也应容许承揽人可以在解除契约与请求相当减少报酬间参与

---

①　"缔约基础不存在、丧失"之法律效力为,先尝试是否能以调整给付与对待给付之对价关系,维系债之关系,必须求其维系,而不可得对于双方皆可期待之对价关系时,才退而求其次,准以解除或终止之方式处理之。后来究竟给何种效力,由裁判之法院定之。不过,这时候,如果有当事人愿意特别让步以调整对价关系的方式处理之,调整的意愿可阻止终止权之行使(Gernhuber,Das Schuldverhaeltnis,1989,S.393f.)。

决定。亦即在定作人选择解除契约,而不请求相当减少报酬时,容许承揽人主张以请求相当减少报酬的方法调整其间之法律关系。盖调整对价关系应优先于解除契约。

另在此种情形,其实除请求相当减少报酬或解除契约外,尚可以有终止之调整方法。以终止之方法调整,与以请求相当减少报酬的方法调整之不同在于,以终止之方法调整之,对已完成之部分同样当采请求相当减少报酬的方法加以调整,唯对未为完成之部分,承揽人无义务再为完成,就此部分其法律效果又与解除相同。

以终止之方法调整与以解除之方法调整之不同,在于可以较接近于原约定之内容(对价关系)处理已完成之部分,而不将已完成之部分以"当初估计概数不确"为理由一笔勾销。关于超过概数甚巨的情形,《德国民法典》第 650 条规定,定作人得终止契约,但承揽人得请求《德国民法典》第 645 条第 1 项所规定之给付:请求已完成工作之部分相当的报酬及不包括在该报酬中之支出。[①] 此为比较典型之终止的效力。至于像《德国民法典》"民法"第 649 条关于定作人随意终止所规定之效力,论其实际,并非终止之典型效力,而较接近于可归责于债权人之事由致给付不能时之效力。

从情事变更的观点论,在报酬超过估计概数过巨的情形,在解除契约、请求相当减少报酬及终止契约,自始容许定作人选择其一作为调整方法,皆有所偏。原则上还是应视具体情况调整之。[②]

3.同时履行抗辩(原则上无)

"民法"第 490 条规定:"称承揽者,谓当事人约定,一方为他方完成一定之工作,他方俟工作完成,给付报酬之契约。"依该规定,定作人给付报酬之义务与承揽人交付完成之工作于定作人之义务间,构成双务契约中互相交换之给付与对待给付,当无疑义。然承揽人是否依该规定对于定作人负先为给付之义务,则有争议。从定作人"俟工作完成,给付报酬"之规定观之,承揽人似负"先为给付"之义务。但另自"民法"第 505 条规定其"报酬,应于工作交付时给付之,无须交付者,应于工作完成时给付之(第 1 项),工作系分部交付,而报酬系就各部分定之者,应于每部分交付时,给付该部分之报酬(第 2 项)"观之,在工作须交付的情形,"工作之交付"与"报酬之给付"似应"同时"为之。因此,承揽人依"民法"第 490 条所负之先为给付的义务,当限于"先为工作之完成",而不及于"先为工作

---

① 请参考 Esser/Schuldrecht,2.Aufl.,1960,S.604.

② 杨与龄:《论承揽契约定作人之义务》,载《法学丛刊》第 85 期;郑玉波:《民法债编各论》,作者自刊 1995 年第 16 版,第 384 页。

之交付"。换言之,在"先为工作之完成"与"先为工作之交付"间尚有"层次"的区别。所以,就"工作之完成"的部分,除非当事人间另有相反之约定,否则承揽人不得于定作人未为给付报酬前,主张同时履行抗辩权("民法"第 264 条第 1 项但书),拒绝完成工作;反之,就已完成之工作的交付,承揽人于定作人未为给付报酬前,还是得主张同时履行抗辩权。[①] 然对于这个问题"最高法院"1961 年台上字第 2705 号判例认为:"承揽人完成之工作,依工作之性质,有须交付者,有不需交付者,大凡工作之为有形的结果者,原则上承揽人于完成工作后,更须将完成物交付于定作人,且承揽人此项交付完成物之义务,与定作人给付报酬之义务,并非当然同时履行,承揽人非得定作人未为给付报酬前,遽行拒绝交付完成物。"该见解鉴诸"民法"第 264 条似乎欠缺明确之规范依据。在该见解下承揽人于定作人给付报酬前,如欲拒绝交付完成物,在动产的情形应依留置权有关之规定("民法"第 928 条以下)留置之。至于在不动产的情形只能借助于法定抵押权("民法"第 513 条)担保其债权,而不能以留置的方法拒绝交付。

(二)法定担保物权

在承揽契约因承揽人依"民法"第 490 条之规定,原则上负先为给付之义务,俟工作完成对定作人始得请求报酬。此外,也因承揽人完成之工作的所有权,原则上属于定作人,由其原始取得。因此权衡双方利益,为保障承揽人依承揽契约对定作人享有之债权,"民法"第 513 条在 2000 年 4 月 26 日修正前规定:"承揽之工作为建筑物或其他土地上之工作物,或为此等工作物之重大修缮者,承揽人就承揽关系所生之债权,对于其工作所附之定作人之不动产,有抵押权。"因该抵押权以"民法"第 513 条之法律规定为其规范基础,所以称之为一种法定抵押权。

[①]　杨与龄:《论承揽契约定作人之义务》,载《法学丛刊》第 85 期;杨先生认为:"此种情形,承揽人虽有先完成工作之义务,不得就工作之完成与报酬之给付主张同时履行抗辩权。但就其工作之交付与报酬之给付,有无同时履行抗辩权之适用,"则主张,"理论上"承揽人可主张同时履行抗辩权"似较可采",但实务上"最高法院"1961 年台上字第 2705 号判例既有不同之见解,自"宜从之"。原则上认为得主张同时履行抗辩权者,请参见史尚宽:《债法各论》,作者自刊 1986 年版,第 328 页;刘发鋆:《民法债篇分则实用》,作者自刊 1967 年版,第 202 页;认为承揽人原则上不得主张同时履行抗辩权者有,郑玉波:《民法债编各论》,作者自刊 1995 年第 16 版,第 382 页。

关于意定抵押权之规定"于法定抵押权准用之"①（第 883 条）。

由于该条直接规定"承揽人就承揽关系所生之债权,对于其工作所附之定作人之不动产,'有'抵押权",而"民法"第 758 条规定"不动产物权依法律行为而取得、设定、丧失及变更者,非经登记不生效力",其反面解释为不动产物权非依法律行为而取得、设定、丧失及变更者,纵未经登记亦可发生效力。因此实务上认为"民法"第 513 条所定之法定抵押权不待于登记即可发生效力。于是引起该条所定抵押权与其他抵押权之受偿顺序之决定标准的问题。这个问题是否因后来第 513 条于 2000 年 4 月 26 日修正时以改采"法定抵押权请求登记主义"而不存在,尚有疑义。

关于承揽之工作为建筑物或其他土地上之工作物,或为此等工作物之重大修缮者,其承揽报酬之法定抵押权,2000 年 4 月 26 日"民法"债编修正时,已将第 513 条第 1 项修正为"承揽之工作为建筑物或其他土地上之工作物,或为此等工作物之重大修缮者,承揽人得就承揽关系报酬额,对于其工作所附之定作人之不动产,请求定作人为抵押权之登记;或对于将来完成之定作人之不动产,请求预为抵押权之登记"。自其文义观之,就该抵押权之法定的意义,显然已改采只是使承揽人在该项所定之要件下,取得请求定作人为抵押权之登记的权利,并将得请求登记之时点,提前至开始工作前（同条第 2 项）。此外,同条第 3 项还规定:"前二项之抵押权登记,如承揽契约已经公证者,承揽人得单独申请之。"第 2 项及第 3 项规定可以缓和因改采"法定抵押权请求登记主义"对于承揽人可能引起之不利。即便如此,"民法"第 513 条第 1 项与第 758 条之规定间还是有规范冲突的情形。盖"民法"第 758 条规定"不动产物权,依法律行为而取得、设定、丧失及变更者,非经登记,不生效力"。其反面解释为"不动产物权,非依法律行为而取得、设定、丧失及变更者,登记前,即生效力"。至于是否得对抗善意第三人属于另一个问题。另同条第 4 项并按费用性法定担保物权无害于成立在先之融资性担保物权的事实,规定:"第一项及第二项就修缮报酬所登记之抵押权,于工作物因修缮所增加之价值限度内,优先于成立在先之抵押权。"修缮以外之承揽

---

① 不动产物权之公示,主要以登记的方法为之。所以,"民法"第 758 条规定:"不动产物权,依法律行为而取得、设定、丧失及变更者,非经登记,不生效力。""因继承、强制执行、公用征收或法院之判决,于登记前已取得不动产物权者,非经登记,不得处分其物权。"（"民法"第 759 条）。以之为基础关于抵押权之受偿次序,"民法"第 865 条规定:"不动产所有人因担保数债权,就同一不动产,设定数抵押权者,其次序依登记之先后定之。""抵押物卖得之价金,按各抵押权人之次序分配之;其次序同者,平均分配之。"（"民法"第 874 条）"抵押权因抵押物灭失而消灭。但因灭失受之赔偿金,应按各抵押权人之次序分配之"（"民法"第 881 条:抵押权之消灭与物上代位性）。

报酬所以不在优先之列,其理由为:在建筑物之新建的情形,对于该新建建筑物,本无成立在先之意定抵押权的存在可能性。在第 4 项的规定底下,就法定抵押权究竟采"登记宣示主义"或"请求登记主义",其效力的区别相当有限。盖依第 4 项规定,该条所定之法定抵押权既不采"登记生效主义",亦不采"登记对抗主义"。登记之先后并不影响其优先于成立在先之抵押权的地位。

关于承揽人之法定抵押权的优先问题,"最高法院"1974 年第一次民庭庭长会议决定认为:"同一不动产上设定有抵押权,又有'民法'第 513 条所定之法定抵押权存在时,其顺位应以各抵押权成立生效之先后为次序(法定抵押权于其所担保之债权发生时即同时成立生效)。"同院在"最高法院"1974 年台上字第 1240 号判例亦采类似的见解认为:"参照'民法'第 865 条规定,就同一不动产设定数抵押权者,其次序依登记(即抵押权生效)之先后定之之法意,被上诉人之法定抵押权,虽无须登记,但既成立生效在先,其受偿顺序自应优先于上诉人嗣后成立生效之设定抵押权。"根据"最高法院"前述见解以抵押权生效之先后定其受偿顺位,无须登记即可生效之抵押权,以"发生时",须登记始可生效之抵押权,以"登记时",互相比较其先后,定其受偿顺位。[①] 此种见解对"发生在后"之"费用性抵押权"及"融资性抵押权"的保护皆不甚妥当。自肯认费用性担保物权的意旨而论,其清偿顺位应在发生在前之担保物权。盖费用性担保物权所担保之债权为对于担保物支出之必要或有益费用,所以,就担保物容其优先受偿,原则上无害于其他有担保债权。反之,自设定于该条所定抵押权后之融资性抵押权之交易安全立论,该法定抵押权非经登记,仍不得对抗设定登记在后之抵押权。盖设定于该法定抵押权后之融资性抵押权,依"土地法"第 43 条对于依该法所为之登记的信赖本来便应可以受到保护,亦即在该融资性抵押权设定登记时,如在登记簿上并无"民法"第 513 条所定法定抵押权之登记,则融资性抵押权人对于登记簿上无法定抵押权存在之信赖应受保护。是故倘认为"民法"第 513 条所定法定抵押权,纵未经登记亦可优先于成立在后,但经登记之意定抵押权,自与"土地法"第 43 条关于"为保护第三人起见,将登记事项赋予绝对真实之公信力"的意旨不符。从而"民法"第 513 条之规定与"土地法"第 43 条之规定间显有规范效力上之冲突,必须利用处理法条竞合或法律漏洞的观点加以化解。

认为"土地法"为"民法"之特别法,依特别法优于普通法的观点,"土地法"第 43 条之规定应优先于"民法"第 513 条受适用,结果法定抵押权非经登记仍然不得对抗成立在后,而业经登记之意定抵押权的看法,尚属表面之形式上的见解,

---

① 实务上见解尚可参考"最高法院"1971 年台上字第 5010 号民事判决。学说上的讨论请参见梁阳升:《浅议承揽人法定抵押权顺位之问题》,载《军法专刊》第 23 卷第 2 期。

并未论及关于"信赖保护"之实质考虑。真正的理由在这种情形为,登记在后之抵押权登记时,担保人对于登记簿上无系争法定抵押权之登记的信赖应受保护。结果"民法"第513条之规定的意义,对于发生在后之意定担保物权,便仅具有承揽人与定作人间之内部效力,承揽人得据以对定作人请求为抵押权之设定登记,定作人不得拒绝,甚至必要时可以解释容许承揽人单独根据承揽契约申请地政机关为法定抵押权之设定登记,并以承揽人依承揽关系所生债权为其担保范围。① 至于对于发生在前之担保物权,基于其所担保之债权为依约定对于担保物支出之有益或必要费用,其清偿顺位应优先于成立或设定在先之担保物权。

以上看法在法定抵押权有如"意定抵押权"依序办理抵押权之登记时,固无清偿顺位上之矛盾。但于发生或登记以"法定抵押权"之发生或登记为标准点互相比较时,如有发生在后之意定抵押权登记在法定抵押权之前,便会造成"发生在后之法定抵押权(A)"可优先于"发生并登记在先之担保物权(B)"(A>B),但却应后于"发生在后,但登记在先之意定抵押权(C)"(A<C)受清偿,而"该发生在后,但登记在先之意定抵押权(C)"之清偿顺位却又后于"发生并登记在先之担保物权(B)"(C<B)。从 A>B 及 A<C,本来可导出 B<A<C,亦即 B<C;但该结果与第三式 C<B 矛盾。因 C 与 B 不能同时互有优先。该矛盾应如何化解。

法定抵押权(A)人不为登记,以致其因此不能对于"发生在后,但登记在先之担保物权(C)"主张优先受偿权(A<C)时,在其(A)因此丧失之优先权的限度内,不得对于"发生并登记在先之担保物权(B)"主张优先受偿权(A>B),结果在该限度内其清偿顺位转为(A<B)。而因"发生在后,但登记在先之意定抵押权(C)"之清偿顺位后于"发生并登记在先之担保物权(B)"(C<B),所以,在该限度内,A、B、C 间之关系为 A<C,A<B,C<B;亦即在该限度内(C 之额度内)

---

① 该法律效力与《德国民法典》第648条第1项所规定者相当。该项规定:"建筑物之全部或一部的承揽人就其自该契约所生债权,对于工作所附定作人之建筑基地,得请求为抵押权之设定。工作尚未完成者,得请求为与已完成之工作相当部分之报酬或不包括在报酬中之费用设定抵押权"。

A<C<B；在 C 之额度外 A 与 B 之关系仍然是 A>B。^① 该看法虽然比较复杂，但应该是比较符合相关规定之意旨的见解。在实务上为避免该复杂之处理，只要容许承揽人在开始工作之前，为最高限额抵押之登记即可。

关于所有权，因为台湾地区"民法"对于土地上之定着物（建筑物）赋予独立于其所定着之土地的地位，所以，只要容许承揽人在开始工作之前，就建筑物为最高限额抵押之预告登记，^②则认为法定抵押权之受偿顺位与意定抵押权同样应按其登记之先后定之，当不致影响承揽人之正当利益。盖承揽人为土地上之建筑物的兴建所支付之费用，其价值表现在与土地互相独立之建筑物上，只要该建筑物有其价值，纵使承揽人对于其定着之土地的拍卖价金，在清偿顺位上后于其他登记在先之抵押权人，当不至于使承揽人处于较不利于其本来当有之地位。^③ 唯必须注意"民法"第 513 条所定之法定抵押权是否及于建筑物，尚待解

---

① 所以以 C 之额度为准，乃因在此限度内，A 不为登记之不作为，首先相对于 C，而后相对于 B 产生"失权效力"。例如假设有定义如本文之以下债权 A(100)、B(200)、C(300)。并设 A 债权未为登记或登记在 C 后，则于不动产卖得之价金仅 250 时，A、B、C 各得受偿若干？依前述说明 A 在 C 之额度 300 限度内，相对于 C 及 B 产生"失权效力"，所以其分配结果为：A(0)、B(150)、C(100)，其过程为 A(100)、B(150)、C(0)，而后 A 之 100 转给 C。另设前述债权之额度为 A(300)、B(200)、C(100)，不动产卖得之价金为 400 时，A、B、C 各得受偿若干？依前述说明 A 在 C 之额度 100 限度内，相对于 C 及 B 产生"失权效力"，所以其分配结果：首先为 A(300)、B(100)、C(0)，而后转为 A(200)、B(100)、C(100)。其处理过程为先假设 A 有及时先于 C 办理登记，而后再将 A 及 C 分配之结果按 A 与 C 之关系重分配。由于在该重分配中，C 所得之利益来自于 A，与 B 无关，所以，就重分配之结果 B 不得有意见，从而可使分配之工作到此告一段落。如不采此见解，会发生应将该重分配之结果，再分配为 A(200)、B(200)、C(0)，而后又转为 A(100)、B(200)、C(100)。结果，因 A 未先于 C 办理登记，而使 A 在 C 仅有 100 之债权的情况下，少分配 200，使 B 平白增加 100。这皆有"过"与"不及"的缺点。此所以认为应以 C 之额度为准，在此限度内，A 不为登记之不作为，首先相对于 C 生"失权效力"的意义为，在 C 之债权额度内，A 将分得之款项再分配给 C，C 所得之利益来自于 A，与 B 无关，所以，就重分配之结果 B 不得有意见；至于而后相对于 B 产生"失权效力"的意义则为，在 C 之债权额度内，A 将分得之款项再分配给 C 后，A 不得转向 B 要求再分配。

② 关于预告登记，参见"土地法"第 79 条之一、"土地登记规则"第 125 条、第 134 条。

③ 其实，在"民法"对于土地上之定着物（建筑物）赋予独立于其所定着之土地的地位时，就建筑物（定着物）之承揽发生之债权，规定对于其定着之土地的法定抵押权并非合理的安排。如还是要维持此种规定，就土地价款应认为发生及登记在先之抵押权的清偿顺位，优先于"民法"第 513 条之法定抵押权。但该见解并不适合于不产生独立定着物之单纯的土地改良工程。盖在这种情形，对土地之承揽工程的效益悉为土地所吸收。此与将定着物规定为土地之所有权或用益物权之成分时的考虑相同。

释。① 因为所谓"其工作所附之定作人之不动产",在承揽之工作为建筑物时,首先当指其定着之土地,至于承揽工作之成果:建筑物,是否解释为该承揽工作之所附,尚有疑义。自"承揽报酬或费用"与"客体"间之关系的密切性而论,在这种情形,承揽报酬或费用与建筑物之关系,应亲密于其与土地之关系。举"疏"以明"亲",土地与建筑物自当同属"民法"第 513 条所定法定抵押权之担保物。② 不过,在"民法"第 66 条第 1 项将土地及其定着物并称为互相独立之不动产的前提下,第 513 条规定:"承揽之工作,为建筑物或其他土地上之工作物或为此等工作物之重大修缮者,承揽人就承揽关系所生之债权,对于其工作所附之定作人之不动产,有抵押权。"并不是很有道理。盖既互相独立,与定着物有关之承揽不能说对于土地有任何益处,因此,定着物之承揽尚非对土地课以他项物权之负担的适当依据。或谓《德国民法典》第 648 条亦有类似之规定,但应注意《德国民法典》第 94 条第 1 项规定:"与土地固定结合之物,特别是建筑物,以及分离前之土地的出产物属于土地之重要成分。种子因撒播,植物因种植而成为土地之重要成分。"由于《德国民法典》该项规定建筑物为土地之重要成分,因此,建筑物之承揽,适当构成对于其定着之土地的法定抵押权之发生事由。此外,《德国民法典》第 648 条第 1 项仅规定:"建筑物或其一部分之承揽人就其自契约所生之债权,得请求对定作人之该建筑基地设定抵押权担保之。其工作未完成者,就与已完成部分相当之报酬及未包含于该报酬中之垫款得请求设定抵押权担保之。"换言之,《德国民法典》第 648 条第 1 项所定者,仅是请求设定抵押权之"债法上"的请求权,而非直接因该条之规定使承揽人取得已具"物权效力"之法定抵押权。就此而论,《德国民法典》前述规定与台湾地区"民法"第 513 条所定者大不相同,值

---

① 在这种情形会引起土地与建筑物之"并同"或"分别"拍卖的问题。关于建筑物之并付拍卖,参见"民法"第 877 条;关于分别拍卖,参见"民法"第 876 条。

② 不同见解请参见郑玉波:《民法债编各论》,作者自刊 1995 年第 16 版,第 376 页;王富茂:《浅论承揽人法定抵押权之成立及其实行》,载《土地事务月刊》第 179 期;李永然:《谈承揽人的法定抵押权——兼介"最高法院"民事判决一则》,载《土地事务月刊》第 182 期;陈锦宗:《承揽人法定抵押权——兼论购屋者权益保护之拟议》,载《技术学刊》第 1 卷第 1 期。

得参考。①

至于非以不动产,而以动产为承揽工作者,关于承揽人之报酬债权之担保,只得引用同时履行抗辩权("民法"第 264 条以下)及留置权("民法"第 928 条以下)。以工作物之给付债务与报酬债务间有对价关系为依据,在工作物尚未交付前,承揽人得拒绝自己之给付(同时履行抗辩权);以完成之工作物(动产)与报酬债权之发生有牵连关系,承揽人得留置其完成之工作物,或甚至定作人为该承揽关系而提供给承揽人之材料(留置权)。留置权之行使的作用,除有暂时拒绝返还之意义外,并有物上担保之意义。于定作人在报酬债权已届清偿期而未受清偿时,承揽人并得定六个月以上之相当期限,通知定作人,声明如不于其期限内为清偿时,即就其留置物取偿("民法"第 936 条第 1 项)。②

(三)法定抵押权之预先承诺抛弃

关于"民法"第 513 条所定之法定抵押权是否因法定抵押权人预先承诺抛弃,即发生丧失之效力。对于该问题,"最高法院"就在该条于 2000 年 4 月 26 日修正公布前发生的案件,虽曾采否定的见解。③ 但就第三人得否以承揽人事先所为之抛弃的声明为基础,要其在为法定抵押权之登记后,再为涂销登记,"最高法院"亦有判决持肯定的看法。④ 后来更进一步认为,可以无待于法定抵押权之行使,即预先抛弃。⑤ 至此,关于第 513 条所定之法定抵押权的预先抛弃问题,

---

① 在台湾地区法律,关于权利之发生,一旦涉及法定,有时直接赋予形成之效力,其在他项不动产物权的情形,于是便不再要求已登记为其生效要件。除"民法"第 513 条外,又如"住宅条例"第 17 条:"政府出售住宅及其基地,于买卖契约签订后,应即将所有权移转与承购人。其因贷款所生之债权,自契约签订之日起,债权人对该住宅及其基地,享有第一顺位之法定抵押权,优先受偿。"第 27 条规定:"申请贷款自建之住宅,其因贷款所生之债权,自签订契约之日起,贷款机关对该住宅及其基地,享有第一顺位之法定抵押权,优先受偿。"但也有规定必须经登记始生效力者,例如"土地法"第 102 条:"租用基地建筑房屋,应由出租人与承租人于契约成立后二个月内,申请该管市、县地政机关为地上权之登记。"因此,"最高法院"1979年台上字第 1627 号判例认为:"'土地法'第 102 条所定请求协同办理地上权设定登记之请求权,有'民法'第 125 条所定消灭时效之适用,其请求权时效应自基地租赁契约成立时起算。"

② 关于承揽工作为动产之情形,其报酬之担保如《德国民法典》第 647 条规定:"承揽人在制作时,或为改良之目的,而占有其制作或改良,但属于定作人之动产者,承揽人为其自契约所生之债权,对于该动产有质权。"

③ 参见"最高法院"2005 年台上字第 186 号民事判决、2005 年台上字第 434 号民事判决。

④ 参见"最高法院"2003 年台上字第 2744 号民事判决。

⑤ 参见"最高法院"2005 年台上字第 282 号民事判决、2005 年台上字第 407 号民事判决。

"最高法院"所持正反见解可谓相持不下。

鉴于费用性法定担保物权的规定意旨在于确保失去同时履行抗辩之费用债权,所以其预先抛弃与法定担保物权之建制精神有违。该法定担保物权之抛弃表示的相对人如为对于定作人提供融资的机构,则该抛弃应有该融资机构应以融资款项,代定作人向承揽人清偿承揽报酬之配套约定。该配套约定必须定为强制规定。此为营建融资应有之基本设计。否则,类此融资机构以承揽人抛弃工程款之法定抵押权为条件,始对于定作人融资的行为,不但有与定作人联合滥用市场地位的情事,而且常常是诱发定作人与承揽人之财务风险,造成工程融资之逾期放款的重要因素。① 关于其联合滥用市场地位的做法,有必要引用"公平交易法"第 14 条关于联合行为,或第 24 条关于足以影响交易秩序之显失公平之行为的禁止规定,予以导正。

(四)定作人之协力义务

承揽工作,有时需定作人之行为始能完成。在此种情形,法律课定作人以协

---

① 上述关于法定抵押权之抛弃的规范规划机制充分显示:对于建筑业者提供融资的银行,自私的为拓展自己之业务,但求自保,而不顾购屋者及承揽人之债权的保护需要,要承揽人事先抛弃"民法"第 513 条规定之法定抵押权,是一切预售屋交易纠纷的源头。所以,不宜将该条规定定位为任意规定,任由融资银行挟定作人的市场力量,要承揽人事先抛弃。如有要承揽人事先抛弃的情形,应将其所为论为信用委任:银行委任承揽人供给信用于定作人,应就定作人因受领信用对于承揽人所负之债务,对于承揽人,负保证责任("民法"第 756 条)。关于建筑的财务风险,在预售屋的情形,过去相关规定(例如"建筑经理公司管理办法")侧重于购买人,而忽略承揽人之保护。其实,除了财务规划错误或发生营造灾害的情形外,一件预售屋案件所以发生财务危机,主要出在工程款的挪用:将收自于购屋者之款项挪用至其他投资项目,以致造成定作人之周转困难。是故,必须釜底抽薪管住:(1)购屋款,含购屋者之自备款及银行对其提供之融资,应集中强制信托存放于第三银行;(2)由该第三银行按工程进度将该购屋款给付承作该预售屋之兴建的承揽人;(3)该第三银行对于购屋者及承揽人负履约保证责任;(4)建筑业者(定作人)在兴建阶段只可适度支取最低营运需要之售屋收入,待交屋完毕圆满结案时,方得将余款付清;(5)该适度支取的确保机制来自于该第三银行之履约保证责任;(6)担心第三银行糊涂,还必须由主管机关按经验数据对其进行监督。

力义务。此种义务究为对己义务,[①]或对他义务,见解不一。[②]

台湾地区"民法"第507条就其违反,修正前原仅明文规定承揽人得解除契约,而未提及定作人之赔偿义务,从而倾向于对己义务的看法。[③] 唯在修正后"民法"第507条第2项已改定为:"承揽人并得请求赔偿因契约解除而生之损害。"至此该条所定之协力义务已具有对他义务的特征:其违反,生损害赔偿义务。唯在该条规定修正后,实务上尚有采对己义务之见解的情形。[④]

至其违反之效力,应限于只得解除契约,或也得不为解除,而终止契约,或甚至应优先终止契约,在终止契约不能妥当规范双方之利益冲突时,始得解除契约。实务上已倾向于采应优先终止契约的看法。[⑤] 反之,《德国民法典》第642条规定,关于协力义务,定作人之不作为构成"受领迟延"时,承揽人得请求适当之赔偿,则倾向于当成可归责于债权人之事由,致不能履行的态样加以规范。其效力依该条第2项之规定,亦接近于同法第649条之规定。特别是同法第642条第2项规定后段具有损益相抵之规范结构,与第649条后段之规定内容类似,更显现其端觅。其实,在协力义务的长期继续违反,如事涉恣意,而非另有正当理由,论其实际,与随意终止并无两样。[⑥] 所以,实务上也应考虑正当理由之有

---

① Esser/Weyers认为定作人此种协力义务原则上虽仅归类为对己义务,但有时其协力义务亦可能涉及纯粹之附随义务,例如在工作中对于承揽人之身体或业务之保护义务、返还承揽人因承揽而置于定作人处之物或文件之义务、维护承揽人之知识产权及营业秘密或在工作之指示上不使承揽人误侵他人之知识产权之义务。不过,这些义务仍然"协力"的意味较淡,"保护"的意味较浓。因此,该等附随义务之违反的效力还是依积极侵害契约之规定定之(Esser/Weyers, Schuldrecht Band Ⅱ, Besonderer Teil, 6., Aufl.,1984,S.254)。

② 各家学说之争议请参见杨与龄:《论承揽契约定作人之义务》,载《法学丛刊》第85期。

③ 参见"最高法院"2005年台上字第1号民事判决。

④ "最高法院"2007年台上字第2468号民事判决:"'民法'第507条第1、2项规定,定作人不为协力行为时,仅生承揽人得否解除契约及请求因解除契约而生之损害问题,要无依同法第227条规定负给付迟延损害赔偿责任之余地。又工作需要定作人之协力行为始完成者,定作人之协力行为并非其义务,纵不为协力,亦不构成债务不履行。本件伸港公所为系争工程之定作人,其未交付工地予齐记公司施工,仅属不为协力行为,尚难认其有给付迟延,而应依'民法'第231条第1项规定负债务不履行之损害赔偿责任。"关于"民法"第507条第1项、第2项,该判决所认识之法律效力接近于表意人因意思表示错误而撤销其意思表示的情形。在承揽契约系双方无意思表示之瑕疵而缔结之契约的情形,认为定作人得随意透过不为协力行为,障碍契约之履行,剥夺承揽人之契约利益,而仅负信赖利益之赔偿义务,显不恰当。

⑤ 参见"最高法院"2006年台上字第1731号民事判决。

⑥ Esser/ Weyers, Schuldrecht Band Ⅱ, Besonderer Teil,6., Aufl., 1984, S.254:"定作人不尽协力义务之行为,依其情况可能不仅应论为受领迟延,而且可论为《德国民法典》第324条第1项所定可归责于定作人之给付不能,或论为同法第649条之默示的随意终止。"

无,以在结果上决定是否给予和随意终止相同之效力。否则协力义务之违反,很容易被滥用为随意终止的替代手段。[①]

由于协力义务之违反在工作之完成上所造成之停滞状态,对承揽人有时不便被动任其滞延,因此,《德国民法典》第643条规定承揽人得定期限催告定作人补行,期满不为补行者,得终止契约。鉴于在此种情形,承揽人为完成工作可能已为相当之投入,所以台湾地区"民法"第507条将协力义务之违反的效力径定为承揽人得解除契约,似不若《德国民法典》第643条规定承揽人得终止契约妥当。其次,在因协力义务之违反,导致承揽人非解除或终止契约不可的情形,定作人之所为其实与随意终止承揽契约无异,因此其法律效力,亦即应赔偿之损害,应容许承揽人选择主张以履行利益或信赖利益为范围。是故,更周全的规定是,将"民法"第507条第2项修正为:"定作人不于前项期间内为其行为者,承揽人得解除或终止契约并得请求赔偿因契约解除或终止而生之信赖利益或履行利益上的损害。但解除契约显失公平者,不得解除契约。"

关于协力义务,在营建契约,营建计划(通常即建筑图说)的提出及营建中之协调为业主所负之重要协力义务。这包含在非统包情形之各承揽人间之工程界面的协调。例如甲承揽人先完成其承揽工作,为乙承揽人能够开始其承揽工作之施作的条件。这时甲承揽人之迟延完成,应论为定作人应负责之协力义务的违反。而业主又多将建筑图说及营建中之协调工作委由建筑师处理。所以建筑师关于建筑图说及营建协调应论为业主在营建契约之履行辅助人,就建筑师在计划上及协调上的过失,业主应与自己之过失负同一责任("民法"第224条)。该过失通常以"民法"第496条所定"定作人之指示"上的不适当表现出来,依该条规定构成定作人之失权事由,原则上就工作因此所生瑕疵,定作人丧失"民法"第493条至第495条所定之瑕疵担保请求权。

关于这个问题,诚如《德国民法典》第645条第1项所定,能够以可归责于定作人之事由,而致给付不能的型态表现出来,并予相当于因可归责于债权人之事由致给付不能的法律效力,承揽人得请求已履行部分之工作的报酬,及已支出但不包在该报酬中之费用。不过,依该条规定得请求之范围,较之定作人在工作完成前,依《德国民法典》第649条随意终止契约时,承揽人依该条规定得请求之范围为小。在随意终止之情形,承揽人得请求依损益相抵原则扣抵后之约定报酬,

---

[①]　关于违反协力义务之效力的内容,Esser/Weyers认为定作人首先应适当赔偿因此发生之产能闲置的损失,至于系争契约之其他权利义务则不受影响。承揽人可定期限催告定作人履行协力义务,在期限届满而不履行时,终止契约。从而请求至当时已完成之工作的报酬(§642 I 2 BGB),于受领迟延可归责于定作人时,并得准用该项与第324条之规定,请求全部约定之报酬(Esser/ Weyers, Schuldrecht Band Ⅱ, Besonderer Teil,6., Aufl., 1984, S.254)。

与台湾地区"民法"第 267 条所定者相当。《德国民法典》第 645 条对因指示有缺失导致之给付不能所定之法律效力,所以较第 649 条所定者有利于定作人,其道理应在于:在前者,定作人尚无恣意而为之虞,反之,在后者,则全系于定作人之任意考虑。

唯倘营造商明知建筑师之建筑图说有必然引起建筑物之瑕疵的缺失,而不事先告知业主,并径为营建,则该营造商依"民法"第 496 条仍应负瑕疵担保责任。由于《德国民法典》没有与台湾地区"民法"第 496 条相当之规定,所以此种情形其学说与实务以营造商依诚实信用原则,对于业主不得主张其履行辅助人(建筑师)(就瑕疵)与有过失,来解决问题。①

《德国民法典》第 642 条对于定作人因违反协力义务而陷于受领迟延规定,定作人应适当补偿承揽人因该迟延所受之损失。由于该条使用"适当补偿"(an-gemesseneEntschaedigung)之字眼,使该补偿请求权之性质究为履行请求权或损害赔偿请求权引起疑义。Soergel-Muehl 认为该补偿请求权为一种损害赔偿请求权而非履行请求权。其意义在于填补承揽人之业务处理权,在定作人违反其协力义务之当时受到剥夺所引起之损害。② 因此,只要承揽人还能完成约定之工作,依《德国民法典》第 642 条,他除了得请求约定之报酬外,并还得请求填补前述损害。定作人事后是否补行其错过之协力行为,对于该损害赔偿请求权之存续当然没有影响。又只要定作人之受领迟延发生在终止之前,即便后来定作人终止契约,承揽人除了可以享有第 649 条所订之请求权外,还是可以请求第 642 条所订之补偿请求权。当然对于在终止契约后发生之情事,承揽人只能享有第 649 条所订之请求权。同理,只要定作人应负第 645 条所订之报酬危险,承揽人同样除得以第 645 条为依据请求报酬外,还是可以享有在该工作灭失前依第 642 条已经成立之损害填补请求权。

德国学说上还认为,定作人依第 642 条所负之协力义务虽然是一种对己义务,但是并不因此使该协力义务之不履行,系由于定作人之过失行为时,认为承

---

① Soergel-Muehl, Kommentar zum BGB 11. Aufl., 1980, Vor § 631 Rz 55.

② 这种损害在受领迟延,至少以再次为给付之提出所增加之费用表现出来。对于这个问题"民法"第 240 条规定:"债权人迟延者,债务人得请求其赔偿提出及保管给付物之必要费用。"基于该规定,"最高法院"1970 年台上字第 3662 号判例并认为:"债权人之受领迟延,仅为权利之不行使,除有'民法'第 240 条之适用,债务人得请求赔偿提出及保管给付物之必要费用,或当事人间另有特别约定外,殊不负任何之赔偿责任。"然有疑问者为该条所称"提出之必要费用"究指第一次提出之必要费用或第二次以后之提出的费用? 应指第二次以后之提出费用。盖第一次提出所生之费用本来即为债务人应负担之费用。第二次以后之提出费用,才是因债权人受领迟延而增加之费用。

揽人不得享有前述补偿请求权。① 此外,在这种情形如果不仅有受领迟延,而且同时有积极侵害契约(positiveVertragsverletzung)之情事,例如存在有害于契约目的之定作人的行为,承揽人也得依第 326 条维护其权利。② 在承揽契约,于定作人不从事此种协力行为时,有认为承揽人不能对其提起诉讼,请求其补行该协力行为,盖其协力义务还是具有对己义务的性质。③ 然在具体个案,可能有关于协力义务之有无,或其义务之强度(对己义务或对他义务)的疑问。有鉴于此,承揽人与定作人如果将为完成承揽工作所必须之协力行为,约定为定作人对承揽人应负之对他义务,则其违反自比较明了的应适用与其他对他义务相关之规定。在协力义务与附随义务竞合之情形,宜倾向于解释当事人间有将之约定为对他义务之意思。在契约自由下,当事人对之如知所约定,固不成问题,有问题者为,当事人如果未为约定时,法院得否以解释或补充的方法寻求适合之规定。

　　当有协力义务之违反,首先有其未履行是否可归责于定作人,其次为在不可归责于定作人时,承揽人因此增加之承揽费用应由定作人或承揽人负担的疑问。当不可归责于双方,在承揽契约这属于缔约基础变更时,其危险负担之分配,而

---

① 关于这个看法可参照 BGHZ 11,80；50，175，178f.

② 对于这个问题 Hueffer 在其所著 Leistungsstörung duch Gläubigerhandeln 1976 文中表示:协力义务固是一种对己义务(Obliegenheit),但只要其违反可以基于积极侵害契约之规定引起损害赔偿请求权,则该协力义务亦为一种对他义务(Pflicht)。依 Hueffer 之见解,定作人不从事应从事之协力行为时,应准用第 326 条对承揽人给予请求权。关于这种问题,Nicklisch 认为,鉴于协力行为在机器设备之契约中有重大的意义,应认定在此种契约中,当事人间有明示或默示约定对他之协力义务。这可称为协力义务与附随义务竞合之情形。对于该对他协力义务之履行如有迟延,应适用第 284 条以下关于对他义务之迟延的规定(Soergel-Muehl,§642 Rz 3)。Hueffer 前述关于"只要其违反可以基于积极侵害契约之规定引起损害赔偿请求权,则该协力义务亦为一种对他义务"的见解,有循环论证之谬误。真正的道理应在于:当事人有无将本来规范上属于对己义务之协力义务,约定为对他义务。唯应注意,当像 Nicklisch 以交易客体为基础,认定当事人间有"默示约定对他之协力义务"时,其认定协力义务在这种情形已因约定而成为对他义务,已不尽然以约定为基础,而有契约之"补充"的意义。

③ Soergel-Muehl, Kommentar zum BGB 11. Aufl., 1980，§642 Rz 1，4.

非债务不履行之赔偿责任的问题。① 与承揽契约有关之危险负担的分配,其属于定作人或承揽人分别管领之因素者,分别归属于定作人或承揽人。其不属于双方管领之因素者,应对于承揽人因此增加之费用提供补偿,②其理由为:工作完成后将由定作人使用收益,所以定作人应较承揽人容易决定是否及如何转嫁该可能发生之额外费用。该费用之风险实际上最后必须透过保险来分散。虽然也可以让承揽人认识该风险,并促其衡量情事,决定是否负担,以及是否投保。此即关于缔约基础变更时,其危险之分担方法,双方如有特约,依其特约来规范的情形。③ 但应注意:在无强制保险制度配合的情形,将该风险归属于承揽人方时,容易因恶性竞争而不能适当落实,以致在竞争中发生劣币驱逐良币;在事故发生时,造成承揽人弃置不顾,难以善后的形势。政府机关发包工程时,对于工程风险之归属如无适当之规划,误以为只要将之归属于相对人,对于自己便会最为有利,以致后来常常反而遇人不淑,而遭受损失的道理,即在于此。

(五)定作人之受领义务

承揽人完成之工作,有需经定作人受领始能达成承揽之缔约目的者。在此种情形,定作人如不依约定在承揽人为给付之提出时受领之,其不作为即构成受领迟延("民法"第234条)。此时除会引起债总第237条至第239条所定减轻债务人责任之迟延效力外,承揽人并得请求定作人赔偿提出及保管工作物之必要费用("民法"第240条)。

---

① "最高法院"2007年台上字第482号民事判决:"按契约成立后,情事变更,非当时所得预料,而依其原有效果显失公平者,当事人得申请法院增、减其给付或变更其他原有之效果,'民法'第227条之二第1项定有明文。……上诉人所承揽之系争空调工程既系配合土木工程之进度始得施作,而负责土木工程之允建公司因施工进度落后及停工而延迟竣工以致上诉人无法于1998年10月之预定完工日前完成全部工程,且安装之机器未能实时办理试车及验收,迨至2004年3月23日始完成验收,为原审所确定之事实。准此而言,允建公司因其施工延滞而致上诉人所承揽之工程不得不延长履约期间长达一千余日,似此情形,要非上诉人于订约时所得预期,而工期延长将导致成本增加及资金运用之积压而造成财务损失,如仍依正常工期所签订之契约给付工程款,对上诉人自非公平。"

② 在工程契约,工期一旦展延,势必增加劳动成本、机具的租赁或维修费用、各种材料费用、融资利息因额度加大期间延长、保险费因保险期间及履约保证因保证期间等,因工期加长而增加。这些费用之增加虽不一定与展延之工期的长短成正比,但会因此而增加,可以理解。剩下来的问题是:首先认定展延事由之归属,如何避免费用不当扩大,以及如何证明。这些都容易引起争议。为降低争议成本,维护当事人间之法律和平,实务上要多细心发展相关争议事由的善后模式。

③ 参见"最高法院"2007年台上字第2468号民事判决。

关于承揽工作之受领义务,与买卖不同,"民法"对之并无一般规定。只有在第 512 条第 2 项就承揽之工作,以承揽人个人之技能为契约之要素,而因承揽人死亡或非因其过失致不能完成其约定之工作时,规定"工作已完成之部分,于定作人为有用者,定作人有受领及给付相当报酬之义务"。至于第 508 条第 1 项关于"工作毁损、灭失之危险,于定作人受领前,由承揽人负担,如定作人受领迟延者,其危险由定作人负担"之规定,则为受领迟延的标准效力之一。然倘为了给付,无"交付"之必要,则此种债务之履行无"受领"或"受领迟延"之问题。所以"民法"第 510 条规定"前二条所定之受领,如依工作之性质,无须交付者,以工作完成时视为受领"。

在实务上,承揽人为克服由于定作人不受领完成之工作,而引起之履行上的困扰,可能约定:如果定作人经定相当期限催告受领,而不受领者,视为"已受领"。① 由于定作人本来即当在履行上为必要之协力("民法"第 512 条),所以此种约定即便以契约一般约款定之,还是不至于被论为违反"诚信原则,对消费者显失公平"("消费者保护法"第 12 条)。②

由以上规定观之,关于工作之受领,现行法与其他清偿给付一样,并不将之规定为债权人(定作人)对于债务人(承揽人)所负之对他义务。③

(六)关于契约之解除

关于契约之解除,除约定之事由外(约定解除权),承揽人亦有依法律之规定得为解除的情形(法定解除权)。

关于承揽人之法定解除权,"民法"第 507 条规定:"工作需定作人之行为始能完成者,而定作人不为其行为时,承揽人得定相当期限,催告定作人为之(第 1

---

① Esser/Weyers, Schuldrecht Band Ⅱ, Besonderer Teil, 6., Aufl., 1984, S. 253.

② Esser/Weyers, Schuldrecht Band Ⅱ, Besonderer Teil, 6., Aufl., 1984, S. 253.

③ 按债权人之"受领",在法律上之性质为何及其不履行之法律效力究当如何,一般而言,本来便聚讼纷纭。在承揽契约,对于这个问题台湾地区未设明文规定,反之,《德国民法典》第 640 条第 1 项规定:"定作人有受领依约完成之工作的义务。但依工作之性质不能受领者,不在此限。"并认为"受领义务为定作人之主要义务之一,就其不履行,承揽人得依第 326 条(关于债务人给付迟延之规定)主张权利"(Soergel-Muehl,§ 640 Rz 2.)。然 Esser 虽也依《德国民法典》第 640 条认为定作人之受领义务为"对他义务",而非单纯之"对己义务",但他认为该受领义务尚非"主要义务"。其不履行不引起"债务人给付迟延"之效力(解除或拒绝迟延之给付和损害赔偿),而只是在债权人受领迟延之外,使承揽人得对于定作人提起诉讼,请求在其提出工作时,应对承揽人给付报酬,此外,在有保护之需要时,还得起诉,单纯请求受领之(Esser/Schuldrecht, 2. Aufl., 1960, S. 603)。台湾地区学说上对于该问题的看法请参见杨与龄:《论承揽契约定作人之义务》,载《法学丛刊》第 85 期。

项）。定作人不于前项期限内为其行为者，承揽人得解除契约（第 2 项）。"此为定作人违反协力义务时，承揽人所享有之法定解除权。

在此种情形，"最高法院"于 1983 年度台上字第 1579 号判决认为"定作人不为协力（者），仅生'民法'第 507 条之承揽人得否解除契约问题，要无同法第 267 条之适用"。亦即认为在这种情形不生因可归责于债权人（定作人）之事由致给付不能之情事。[①] 然解除契约是否为定作人违反协力义务之适当的法律效力，尚值得检讨。盖苟采该院前述见解，事实上定作人可以利用协力义务之违反，达到与随意终止相同之结果，以规避"民法"第 511 条所定之损害赔偿责任。有鉴于此，本次"民法"债编在"民法"第 507 条第 2 项增定，定作人经定相当期限，催告其为协力行为，而不于该期限内为其行为者，承揽人得解除契约，"并得请求赔偿因契约解除而生之损害"。不过该修正规定并没有将在这种情形，承揽人事实上需要救济，请求履行利益之赔偿，修出来。盖通常以"得解除契约，并得请求赔偿因契约解除而生之损害"所规定的效力内容，为"民法"第 260 条所定之内容。而依该条规定得请求赔偿之损害本当限于信赖利益。如要给予履行利益之赔偿请求权应规定为"得解除契约，或请求因不履行而生之损害"[②]。其实，不论在第 507 条所定协力义务之违反或第 511 条所定之任意终止，所当课予定作人之责任皆应接近于约定之报酬义务，始能防止承揽人事后任意反悔。[③]

至于因定作人违反协力义务，而一度发生之解除权，事后是否会因承揽人亦陷于给付迟延而消灭，"最高法院"在 1951 年台上字第 120 号判决认为："被上诉

[①]　在劳务契约，其给付依债之性质需要债权人之协力者，债权人之不为协力，对于债务人而言，形同因可归责于债权人之事由而给付不能。盖劳务不能储藏，债权人一旦因不为协力，而构成受领迟延，债务人已不能在同一时空对于债权人为同一之给付。明文采此观点之规定者，例如"民法"第 487 条规定："雇用人受领劳务迟延者，受雇人无补服劳务之义务，仍得请求报酬。但受雇人因不服劳务所减省之费用，或转向他处服劳务所取得，或故意怠于取得之利益，雇用人得由报酬额内扣除之。"核其规定内容正与"民法"第 267 条关于"因可归责于债权人之事由致给付不能"的规定相当。

[②]　"民法"中此种规定的范例有：关于可归责之给付不能的责任，参见第 226 条；关于迟延损害，参见第 232 条；关于约定违约金之性质，参见第 250 条；关于出卖人之物的瑕疵担保责任，参见第 360 条；关于赠与人之迟延责任，参见第 409 条；关于承揽工作之迟延损害，参见第 502 条。

[③]　在有偿契约原则上不应容许当事人任意反悔，而不必支付原来约定之给付，盖在有偿契约，其当事人通常赖此为生；反之，在无偿契约则原则上应容许无偿而负义务者，事后在履行前反悔。例如，"民法"第 407 条、第 408 条、第 465 条、第 475 条。以上规定中第 407 条、第 465 条及第 475 条以将系争契约规定为"要物契约"的方式，而第 408 条则以赋予在履行前，得不具理由任意撤销的方法，赋予"悔约权"。

人即债务人(按:定作人)对于工程初期所必需之红砖水泥未能如期供给,致工程受有阻碍者难谓不无过怠,然上诉人即债权人(按:承揽人)于约定工程期间过半始行开工,而在开工前又未催促被上诉人及早供给材料,迨至被上诉人供给红砖水泥以后,仍复稽延经年之久,始仅完成总工程之三成,自应负迟延之责。"换言之,该院认为定作人纵使就承揽工作所需之材料的供给曾因迟延,而违反其协力义务。但倘承揽人在定作人事实上为供给之后,关于工作之进行有稽延之情形,定作人之协力义务的违反责任事后应已为承揽人之迟延给付盖过,只剩下承揽人应对定作人负迟延责任;承揽人对定作人不再得依"民法"第507条解除契约。亦即发生在后之承揽人的给付迟延,消灭因定作人违反协力义务,而发生在先的解除权。

以上为"民法"就承揽人之解除权所为之补充规定。至于承揽人是否尚得依债编总论中关于债务不履行(特别是给付迟延)的规定,解除契约原则上应采肯定之见解。

(七)关于契约之终止

关于承揽"民法"并未规定承揽人得为终止之法定事由,而仅于"民法"第512条第1项规定:"承揽之工作,以承揽人个人之技能为契约之要素者,如承揽人死亡或非因其过失致不能完成其约定之工作时,其契约为终止。"此为法定之当然终止事由,当有该等事由发生,不待于承揽人或其继承人为终止之通知即生终止的效力。唯承揽人与定作人当然可以经由特约约定"意定之终止事由"。然承揽人死亡仍非承揽契约之一般的当然终止事由,必须承揽工作以承揽人个人之技能为契约之要素者为限。是故承揽契约上之债权债务应解释为得继承,[①]此与雇佣劳务之提供原则上不具有可继承性,及"委任关系,因当事人一方死亡

---

① "最高法院"1963年台上字第666号判决认为:"系争教室建筑工程,依其性质既非限于承揽人个人施工始可完成,即由其他建筑工程人员代替,亦可达完成之目的,则纵承揽人死亡,要无'民法'第512条第1项规定之适用。"承揽契约依该判决要旨之看法,在该要旨所称情形,该承揽契约即不因承揽人死亡而依"民法"第512条第1项当然终止,依该承揽契约所生之债权债务自由其继承人所继承,从而可以推知该院认为由承揽契约所生债权债务有可继承性。

……而消灭"者不同。①

在继续性契约,因为债务不履行而无以为继时,"最高法院"在其判决中认为,债权人得以终止之方法消灭其契约关系。但不得执此即谓凡已履行之继续性契约,均无容许当事人行使法定或意定解除权之余地。② 由是可见,关于债务不履行的善后,该院将终止评价为较解除为缓和的手段。依该评价,当容许解除之构成要件充分时,举重以明轻,在适用上应容许解除权人,不为解除,而终止契约。是故,在承揽人得为解除契约时,并不得以没有关于承揽人之终止契约的规定为依据,否定承揽人不解除契约而选择终止的权利。终止所以较解除缓和的道理在:契约一经解除,双方皆应返还其受领之给付或其价额;反之,如为终止,已履行的部分不用返还,仅需就未履行的部分为必要之调整。唯其调整与解除同样,一般面临应赔偿信赖利益或履行利益的问题。是故,才有给予债权人选择,是否解除或终止契约,以决定得请求赔偿者是:信赖利益或履行利益。这样的规范方式:规范基础及效力明确,但适用之专业技术性高。其技术性之缓和的方法为:将债权人之选择时点延后至其为请求之利益项目或内容的表示时。不过,基于选择权之行使的形成性,以及解除或终止与否之效力上的差异,债权人在请求的程序中,不得任意飘忽于解除/终止或不解除/不终止之间。另正像在一个买卖契约可以约定数物之买卖("民法"第 363 条),在一个承揽契约亦可能约定数件可分之工作的承揽。在此情形,定作人就一部分工作之不为协力,不当然影响其他部分之工作的履行或效力。③ 在终止的情形,可能因一部分不履行而减损已履行部分之价值,这应在已履行部分之报酬的计算上予以考虑。

---

① "最高法院"1962 年台上字第 2813 号判例认为:"人之权利能力终于死亡,其权利义务因死亡而开始继承,由继承人承受,故关于遗产之法律行为,自当由继承人为之,被继承人生前委任之代理人,依'民法'第 550 条之规定,其委任关系,除契约另有订定,或因委任事务之性质不能消灭者外,自应归于消灭。"委任关系于委任人死亡时既然因此归于消灭,委任人之死亡自造成当然终止之结果,从而在委任人死亡时尚未因事务之处理而发生之关系,便因终止而向将来不再存在,从而无可继承性。"民法"第 550 条所称委任关系因当事人之一方死亡而消灭,应指当然终止而言,而非指依该委任关系在当事人之一方死亡前已发生之债权债务关系,亦溯及的归于消灭。所以在死亡前已发生之债权债务,例如依"民法"第 541 条、第 542 条、第 544 条及第 546 条已发生之债权或债务不因当事人之一方死亡而消灭,有可继承性。

② 参见"最高法院"2006 年台上字第 1731 号判例。

③ 参见"最高法院"2003 年台上字第 915 号民事判决。

五、工作之所有权的归属

　　承揽工作表现在有体物上时,除了有受领之问题外,还有其所有权之归属的问题。在典型的承揽契约,至少从台湾地区"民法"所继受之主要外国立法例(《德国民法典》)关于承揽之规定而论,为完成承揽工作所需要之材料原则上由定作人提供,而承揽人只是在定作人提供之材料上为加工而已。是故,承揽人依承揽契约完成之工作的所有权应自始归属于定作人所有,[①]换言之,定作人依承揽契约所取得对于工作之所有权为一种"原始取得"。甚至倘定作人与承揽人相约以第三人为完成之工作的所有人时,例如在房屋之兴建约定以第三人为原始起造人时,即由该第三人原始取得该新建房屋之所有权。[②]由于买受人之取得所有权为继受取得,定作人之取得所有权原则上为原始取得,因此有出卖人是否得与买受人相约由买受人原始取得将来之买卖目标物,以及有此约定者该契约

---

　　① "最高法院"1965年台上字第321号判例认为:"因承揽契约而完成之动产,如该动产系由定作人供给材料,而承揽人仅负有工作之义务时,则除有特约外,承揽人为履行承揽之工作,无论其为既成品之加工或为新品之制作,其所有权均归属于供给材料之定作人。"该判例要旨显然认为在承揽加工之情形,只要由定作人供给材料,不论因加工所增加之价值是否显逾材料之价值,其加工物之所有权皆属于定作人。该法律效力与"民法"第814条所规定者不同。于是引起承揽关系与"民法"第814条间有无竞合的问题。鉴于承揽人与定作人间有契约关系,而"民法"第814条一方面不以加工人与动产所有人间有契约关系为前提,另一方面依"民法"第816条之规定,因第814条之规定丧失权利而受损害者,得依关于不当得利之规定,请求偿金。是故第814条规定之适用对象当限于无契约关系者间。蔡章麟:《民法债编各论》(上册),作者自刊1965年第2版,第166页;史尚宽:《债法各论》,作者自刊1986年版,第309页以下;郑玉波:《民法债编各论》,作者自刊1995年第16版,第355页;钱国成:《承揽工作完成物所有权之归属》,载《法令月刊》第43卷第10期;林廷瑞:《论建设承揽契约所完成目的物所有权之归属》,载《法学丛刊》第96期。

　　② 建筑物之原始取得人为原始建筑人。由于申请建筑执照时登记之起造人通常为原始建筑人,因此一般也推定申请建筑执照之起造人为原始建筑人,从而以之为原始所有权人,且第一次所有权登记(即保存登记)亦登记其为所有人。然鉴于土地所有权人与原始建筑人有以土地与房屋所有权互为移转之约定(的情事),故(不得因)使用其(土地所有权人)名义申请建筑执照,而变更原始建筑人原始取得所有权之事实,而认该申请建筑执照名义上之起造人(土地所有权人)系为原始所有权人("最高法院"1985年台上字第376号判决)。至于在土地所有权人提供土地与建筑商提供资金共同建筑房屋的情形,其法律关系究为承揽或互易的认定,应依其具体约定内容定之,尚非可一概而论。"如土地所有人就依约应分得之房屋,由其原始的取得所有权,而将部分土地移转于建筑商,以作为完成该房屋之报酬,固为承揽;然若该房屋,系由建筑商原始的取得所有权,土地所有人与之约定以部分土地与该房屋互为移转者,则属互易"("最高法院"1985年台上字第376号判决)。

是否自买卖转化为承揽的问题。就这个问题"最高法院"1993年台上字第1439号民事判决认为"依'土地登记规则'第70条规定以观,申请建物所有权第一次登记者,以使用执照所载起造人为原则,故出卖人以将来制作完成之建筑物出卖于买受人者,非不得以买受人为起造人,使买受人原始取得建筑物之所有权,并非必须由出卖人原始取得建筑物所有权,于办理第一次登记后,办理移转登记于买受人而后可。盖物之出卖人负有使买受人取得该物所有权之义务,唯如何使其取得该物之所有权,别无限制。此与承揽之目的在工作物之完成,属于劳务契约之性质,至于工作物所有权之移转为其从属的义务,二者之区别在此,自难以契约当事人之一方如何使他方取得契约目标物之所有权,为办别买卖契约,抑或承揽契约之方法"①。

前述将工作之所有权规定或认为原则上由定作人原始取得的见解,使承揽成为所有权之原始取得事由之一,与物权法上关于加工于他人之动产所生添附的规定不尽相符。②"民法"第814条规定:"加工于他人之动产者,其加工物之所有权,属于材料所有人。但因加工所增之价值显逾材料之价值者,其加工物之所有权属于加工人。"依该条规定,本来加工物之材料必须由定作人提供,且其价值非为加工所增之价值显然超过的情形,加工物之所有权始属于定作人。换言之,加工物之所有权并非无条件归属于定作人。物权法该条规定与债法关于承揽工作之所有权的归属规定间之冲突如何化解,为法律补充的问题。关于这种问题不得简单以物权优于债权的看法为据,在法律规定间有矛盾而构成漏洞时,必须参酌互相冲突之规定本来的考虑(利益权衡)的基础,寻求符合其共通意旨的规定。承揽契约之所以规定完成工作之所有权原则上属于定作人,其理由在于承揽为劳务契约,其工作有依附于材料上之必要者,该材料原则上由定作人提

①　该判决认为不论使买受人以"原始取得"或"继受取得"的方法,取得买卖目标物之所有权,皆无碍于系争契约之为买卖契约的看法,恐有商榷余地。买卖之目标物虽不限于"既存之物",而可包含"将来之物",但仍非因此可谓,只要最后使买受人取得目标物之所有权,以"原始取得"或"继受取得"的方法皆在所不计。盖买卖之类型特征在于"以财产权之归属的移转为给付内容"。但此并非谓,不得"以对物之债权之归属的移转为给付内容"。以定作人依承揽契约可原始取得之工作物的所有权为买卖目标者,系争工作物的所有权虽可由买受人直接原始取得,但其取得以自定作人受让对于承揽人之债权为基础。要之,该买卖表面上为该工作物的买卖,其实为定作人之承揽债权之买卖。要之,该买卖如为"物之买卖",买受人取得该目标物之方法必为"继受取得";必须是"债之买卖",买受人才能以"原始取得"的方法取得系争目标物之所有权。

②　史尚宽先生主张以完成之工作为动产或不动产,而异其适用之规定。其为不动产者依添附之理论说明其归属之依据。请参见史尚宽:《债法各论》,作者自刊1986年版,第309~316页。

供,而且以主要之承揽样态建筑契约为例,纵其材料由承揽人提供也认为完成之工作的所有权应归属于土地所有权人(定作人),不过即便如此,台湾地区"民法"由于没有相当于《德国民法典》第651条之规定,能提供问题之考虑的明文规定比较欠缺。反之,《德国民法典》该条规定已显示出承揽人包工又包料,且所提供者为主要材料时,所应给予之例外考虑:将其完成之工作的所有权,规定为承揽人所有。该规定之内容论其结果与关于动产加工之添附规定相同,由对加工物之价值有主要贡献者,取得所有权。①

　　在承揽契约之履行,为完成工作所需之材料约定由承揽人提供者,即俗称包工又包料之承揽。台湾地区"民法"因未对包工包料之承揽特别加以规定,结果容易认为一概皆适用承揽之规定。② 反之,《德国民法典》第651条则特别对于包工包料之承揽契约加以规定,并将之称为"工作物供给契约"(Werklieferungsvertrag)。该条规定"承揽人负有义务利用自己获取之材料制作工作物者,应将完成之物交付定作人,并使其取得对于该物之所有权。关于买卖之规定,对于此种契约适用之;应制作者为非代替物者,不适用第433条、第446条第1项第1句及第447条、第459条、第460条、第462条至第464条、第477条至第479条,而适用除第647条至第648条a外,关于承揽契约之规定(第1项)。承揽人只

---

① 钱国成先生主张添附规定之适用应限于当事人间无契约关系始有其适用。请参见钱国成:《承揽工作完成物所有权之归属》,载《法令月刊》第43卷第10期。

② 采此见解者如钱国成:《承揽工作完成物所有权之归属》,载《法令月刊》第43卷第10期;林廷瑞:《论建设承揽契约所完成目的物所有权之归属》,载《法学丛刊》第96期。唯台湾地区亦有学者认为应循解释当事人之意思的方法决定之。若其意在工作之财产权的移动者,其性质为买卖;其重在工作之完成者,其性质为承揽,若无所偏重或所偏重不明时,应论为承揽与买卖之混合契约。请参见蔡章麟:《民法债编各论》(上册),作者自刊1965年第2版,第163页;戴修瓒:《民法债编各论》,作者自刊1989年再版,第163～164页;史尚宽:《债法各论》,作者自刊1986年版,第304页;郑玉波:《民法债编各论》,作者自刊1995年第16版,第350页;刘春堂:《"民法"债编分则概要》,作者自刊1981年再版,第90页。

负获取配件或其他附属物之义务者,则仅适用关于承揽之规定(第2项)"①。

依该条规定,在工作物供给契约,其应完成之工作物为代替物者,其所有权于完成时为承揽人所有,待于承揽人将其对于工作物之所有权移转于定作人时,定作人始继受取得对于该工作物之所有权。在应完成之工作为非代替物时,承揽人与定作人间关于该工作之关系固然主要适用关于承揽契约之规定,但自《德国民法典》第651条第1项后段排除第647条至第648条a关于承揽人对于完成之工作物之担保物权的规定观之,在此种情形,其完成之工作物的所有权于完成时同样的由承揽人原始取得。②

唯由于在承揽契约,其工作之完成,承揽人或多或少皆可能提供材料,因此系争承揽契约究为单纯之承揽契约或为包工包料之工作物供给契约,其区别在实务上有重要意义。区别之结果主要影响到者为完成之工作物所有权由承揽人或定作人原始取得。在承揽契约由定作人原始取得,在工作物供给契约不论完成之工作物为代替物或不可代替物,皆由承揽人原始取得。因此,在工作物供给契约,继续将之论为承揽契约之一种的意义,主要在于其瑕疵担保适用关于承揽之规定。然在完成之工作为代替物时,依《德国民法典》第651条第1项前段规定,事实上已全无限制地将之回归到买卖之规定。③

然承揽人所提供之材料在何种情形为附属材料,而非主要材料。这必须与定作人提供之材料及承揽人完成之工作所占分量加以比较。定作人提供之材料或承揽人完成之工作,相对于承揽人提供之材料占主要分量者,承揽人提供之材料论为附属材料。在承揽之工作为建筑物或其他土地上之工作物,或为此种工作物之重大修缮者,以定作人提供之土地为主要材料,从而虽然承揽人为完成约

---

① 台湾地区实务上不区别工作物究为代替物或非代替物,将工作物供给契约一概论为买卖,例如"最高法院"1970年台上字第1590号判例认为:"买卖乃法律行为,基于买卖取得不动产之所有权,非经登记不生效力,与承揽之定作人原始取得工作物所有权之情形不同。至所谓工作物供给契约,即工作物全部材料由承揽人供者,如当事人之意思重在工作物财产权之移转时,乃不失为买卖之一种。"依从该判例之见解,"最高法院"1982年台上字第1678号判决认为:"承揽关系重在劳务之给付,非如买卖关系之重在财产权之移转。系争委建房屋合约所规定者全属财产权之移转问题,而无任何有关劳务给付之约定,从而该委建合约充其量仅能认定系工作物供给契约,因契约当事人之意思重在工作物财产权之移转,仍不失为买卖之一种(参照'最高法院'1970年台上字第1590号判例),自不能认系买卖与承揽之混合契约而主张有承揽关系之存在。"

② 因为定作人对工作物没有所有权,所以《德国民法典》第647条至第648条a之规定在此种情形对于承揽人没有意义(Soergel-Muehl, Kommentar zum BGB 11. Aufl., 1980, §651 Rz 7.)。

③ Soergel-Muehl, Kommentar zum BGB 11. Aufl., 1980, §651 Rz.5.

定之工作可能有相当价值之材料的提供,但其提供之材料还是论为附属材料,此由"民法"第 513 条规定,在这种情形"承揽人就承揽关系所生之债权,对于其工作所附之定作人之不动产,有抵押权"可以为证。[①] 在承揽工作为(名家)艺术品例如雕刻或作画时,不论其所需材料由定作人或承揽人提供,相对于承揽人完成之工作,其价值常常较低或甚至微不足道,例如画纸、画布、颜料。于是,引起在这种情形究应论为纯粹之承揽契约或工作物供给契约的归类问题。在此种情形,从承揽契约关于完成之工作物之所有权之归属的一般规定而论,本当一概归为定作人所有,然艺术创作之价值几乎尽在完成之工作上,此与典型之承揽相较自有不同,而与非代替物之工作物供给的利益状态较为接近。是故,在像此种材料价值相对于完成之工作的价值微不足道的情形,将完成之工作的所有权首先归属于承揽人,而后再以移转的方法由定作人继受取得,当较合理。不过,这种看法在《德国民法典》因有其第 651 条第 1 项后段之规定,固可以经由解释提供较为明确之规范基础,但在台湾地区"民法"因认为承揽人完成之工作的所有权一概属于定作人所有,而无相对应之规定,所以要权衡双方利益,以合理调整其间之法律关系,便比较困难。或谓承揽人在此种情形所遭遇之不利益,可以经由留置权("民法"第 928 条以下)或法定抵押权("民法"第 513 条)等法定担保物权提供保障。[②] 然法定担保物权所能提供之保障利益,终究不若同时履行抗辩权("民法"第 264 条以下)及取回权("破产法"第 110 条以下)。

六、危险负担之移转

所谓危险负担,通常指给付嗣后因不可归责于双方当事人之事由而不能,或有瑕疵时,就因此所发生之不利益(危险)应由何方当事人负担的问题。不过,通常讨论者以给付不能之情形为多,而将瑕疵的问题划归瑕疵担保规范之。

危险负担可以区分为给付危险及价金危险之负担。给付危险(Leistungsgefahr)及获取危险(Beschaffungsrisiko)之负担为类似之用语。两者皆用来指称债务人应克服履行上之困难。其不能办到时,不论故意或过失之有无,

---

① 在《德国民法典》,因其将建筑物规定为土地之成分(《德国民法典》第 946 条),所以,只要土地为定作人所有,承揽人为完成建筑物所提供之材料,自论为附属材料。从而,关于土地上之建筑工作,原则上应论为纯粹之承揽契约(Soergel-Muehl, Kommentar zum BGB 11. Aufl., 1980, § 651 Rz.8)。在这种情形,承揽人提供之材料的所有权所以转为定作人所有,非基于法律行为而基于关于成分之所有权属于该成分所属之物的所有人所有的法律规定(Soergel-Muehl, Kommentar zum BGB 11. Aufl., 1980, § 651 Rz.2)。

② 林廷瑞:《论建设承揽契约所完成目的物所有权之归属》,载《法学丛刊》第 96 期。

一概论为可归责于债务人。除非该困难之克服,已超过债务人对其债务之履行所当努力的界限。在该界限内债务人在履行上即使遭遇到困难,或甚至有主观给付不能的情形,也继续负有给付之义务,或应为给付之障碍负赔偿责任。不过,当其不可能,其法律效力只能以损害赔偿的型态表现出来。

然在该界限之外,自不再负有给付义务或赔偿责任。此为债务人关于债务履行之牺牲极限的问题,有时与经济不能有关。[①] 鉴于在牺牲极限内,债务人有给付之义务,所以给付危险之负担通常指给付因不可归责于双方当事人之事由而给付不能时,债务人对于债权人是否负有履行利益之赔偿责任,或者应克服其

---

　　① 关于给付不能在客观不能,按其不能之事由可以区分为自然不能、法律不能及经济不能。自然不能指因自然界之限制而不能的情形,例如让死者复活;法律不能指因法律之规定而不能给付的情形,例如以违禁物或不融通物为给付之客体;经济不能指债务人为依债务本旨而为给付异常困难,其克服所需努力几近苛求。然到底如何程度之努力可谓几近苛求,并不能一概而论,必须针对具体案件认定之。可能引为标准者主要为:双方约定之给付与对待给付之对价关系,有无使一方为完成非金钱之给付,而所需费用超出预计过多的情形(Dieter Medicus, Bürgerliches Recht, 15., Aufl., Rn 158;Soergel-Teichmann, § 242 Rz. 247f.),或债务人为履行债务所需费用,相对于债权人因受领给付可能得到之利益,所需之费用有无显然过巨之情形。经济不能为比例原则在民事法上之适用。类似之要求也规定于"民法"第149条但书、第150条第1项但书、第215条。该要求在民事法上属于诚信原则之下位原则。经济不能在现代,对于债务不履行之意义为,由于科技之发展,过去技术上办不到之给付(例如送人上月取石、大海捞针、试管受孕),现在已变为可能,从而使本来毫无疑问属于"自然不能"之给付,不再被认为是一种"自然不能"。于是,以此种高难度之给付为契约目标之契约,是否论为以不能之给付为目标,乃构成问题。为了在规范上说明此种问题,学说上发展出"经济不能"的类型,以便将因科技发展,已转为可能,但尚不经济之给付继续论为"给付不能",适用关于"给付不能"之规定。然此种给付还是因其克服所需之技术难度及费用之降低,而渐次由"自然不能",经"经济不能"发展为"可能之给付"。类似的论点亦发生在,约定之给付有意外的困难,以致其给付需要之费用,远远超出约定之固定报酬。例如在地下工程之承揽,双方明白约定,报酬固定,事后不得追加,而后来在履行中,因施工地点之地质条件有超乎预料的情况,以致工程进行所需费用大增,远远超过约定之固定报酬。使双方约定之对价关系显失公平。关于"不可期待性"与"不可预见性"之关系请参见 Soergel-Teichmann, § 242 Rz 246.此种给付越接近于可能,将之等同于"自然不能"论为"给付不能",其法律效力越不能满足交易之需要。其结果,在给付与对待给付之对价关系事后受到干扰的情形,一方面一般认为债务人不因此免给付之义务(Soergel-Wiedemann,§275 Rz.38f.),另一方面当其一成不变之贯彻构成"苛求"时,认为可以适度调整其间之对价关系,只有在经调整之尝试,而犹不能得到可期待之公平结果时,才以解除或终止的方法处理之。因此,有德国学者主张将"经济不能"引入"缔约基础(之丧失或变更)"("主观或客观的情事变更")的范畴中(Dieter Medicus, Bürgerliches Recht, 15., Aufl., Rn 158)。也有认为"经济不能"不但不是"给付不能",而且也不是"缔约基础之丧失或变更"的问题,而应另从"牺牲极限"的观点处理之(Esser, Schuldrecht, 2.,Aufl., 1960, S.118f.)。

主观给付不能,继续负给付之义务。原则上,除在种类之债,或债务人以特约对于债权人承担给付危险,例如在他人之物的买卖,对于债权人允诺获取义务之外,债务人对于债权人不负给付危险,亦即在此种情形因给付不能而对债权人造成之履行利益上的损失,由债权人负担。"民法"第225条第1项规定"因不可归责于债务人之事由,致给付不能者,债务人免给付义务",即为给付危险由债权人负担之规定。然因"民法"第266条第1项规定"因不可归责于双方当事人之事由,致一方之给付全部不能者,他方免为对待给付之义务,如仅一部不能者,应按其比例,减少对待给付",所以给付因不可归责于双方当事人之事由而不能时,债务人(承揽人)原则上固不负担给付危险,但仍会损失其对待给付,亦即损失其价金(报酬)债权。该价金债权之损失的负担,因不可归责于双方,所以其负担称之为价金危险之负担。

承揽契约为双务契约,承揽人依承揽契约所负之债务有因不可归责于双方当事人之事由,而嗣后不能之可能,因此在承揽契约会有给付危险及报酬危险的问题。关于这个问题,"民法"第508条第1项规定"工作毁损、灭失之危险,于定作人受领前,由承揽人负担。如定作人受领迟延者,其危险由定作人负担"。该条为债编各论承揽节对危险负担之明文规定,论其实际可谓重申"民法"第225条及第266条第1项之规定,并将之针对承揽之特征予以具体化。

所谓承揽之特征,首先有"民法"第510条所定依工作之性质是否需要交付的情形,其有交付之需要者固有受领之情事,其无须交付者,因无受领之情事,所以该条规定"依工作之性质,无须交付者,以工作完成时视为受领"。其次为承揽工作之完成原则上仅系于承揽人之劳务,若非受限于材料,或有以承揽人个人之技能为契约要素,而会因承揽人死亡或身体、健康的因素而不能完成其约定工作之情形,否则承揽人原则上与种类之债的情形类似,应负给付危险。"民法"第508条第1项前段所谓工作毁损、灭失之危险,于定作人受领前,由承揽人负担,其意旨当指此而言。所以承揽人不因曾经为定作人完成约定之工作,而后来在定作人受领前毁损、灭失,而对于定作人不负再为工作之完成的义务。至于工作在定作人受领迟延后始毁损或灭失者,其危险改由定作人负担。结果在此种情形承揽人不但不继续负担给付危险,而且得对定作人请求报酬之给付。唯约定之工作倘因受限于材料,而因不可归责于双方当事人之事由陷于给付不能,则可能发生给付危险由定作人("民法"第225条),价金危险由承揽人("民法"第266

条第 1 项)负担的结果。不过,承揽工作如因定作人所供给之材料有瑕疵,[①]或其指示不适当,而毁损、灭失或不能完成,因该等事由可论为属于定作人方之事由,所以"民法"第 509 条规定:"承揽人如及时将材料之瑕疵或指示不适当之情事,通知定作人时,得请求其已服劳务之报酬,及垫款之偿还。定作人有过失者,并得请求损害赔偿。"[②]要之,在这种情形不再以之为危险负担的问题规范之。盖在这种情形,工作之毁损或灭失可论为因可归责于定作人之事由而发生,而危险负担在承揽以工作之毁损或灭失不可归责于当事人双方为前提。

"民法"第 508 条所规定之危险究指给付危险或报酬危险或者兼而有之,该条并未明文规定。如该条所指之工作为已着手而未完成,或已完成而未交付由定作人受领之工作,则该条所定之危险主要当指报酬危险而言,盖在受领前,依承揽意旨承揽人尚未对定作人经由完成其工作并交付之,以履行其债务,因此对定作人不得请求报酬之给付(参照"民法"第 490 条)。至于承揽人之应为定作人

---

① 关于"定作人所供给之材料有瑕疵"之法律效力,"民法"第 496 条规定:"工作之瑕疵,因定作人所供给材料之性质或依定作人之指示而生者,定作人无前三条所规定之权利。但承揽人明知其材料之性质或指示不适当,而不告知定作人者,不在此限。"第 509 条规定"于定作人受领工作前,因其所供给材料之瑕疵或其指示不适当,致工作毁损、灭失或不能完成者,承揽人如及时将材料之瑕疵或指示不适当之情事通知定作人时,得请求其已服劳务之报酬及垫款之偿还,定作人有过失者,并得请求损害赔偿。"亦即分别依情形发生瑕疵担保责任之免除或可归责于定作人(债权人)之履行不能的效力。不过应注意该履行不能的效力业经修正,与"民法"第 267 条所规定者并不尽相当。在具体案件,最后其效力是否会有区别,取决于就未完成部分之损害赔偿如何界定与计算。准以"履行利益"为赔偿范围,并以损益相抵的方法调整约定之给付计算之者,其效力便回归到"民法"第 267 条所定"可归责于债权人之给付不能的效力"。

② "最高法院"1986 年台上字第 397 号判决:"定作人受领工作前,因其指示不适当,致工作不能完成者,承揽人如及时将指示不适当之情事,通知定作人时,得请求已服劳务之报酬,乃垫款之偿还。定作人有过失者,并得请求损害赔偿,固为'民法'第 509 条所明定,然承揽人所得请求者为(1)已服劳务之报酬,(2)垫款之偿还及(3)定作人有过失之损害赔偿等三项,各有其范围。"换言之,该判决认为在"民法"第 509 条所定之情形,承揽人之请求权以该条所明定者为限。关于该条所称之损害是否已发生的认定,"最高法院"1967 年台上字第 2958 号判决:"大秦公司为福华有限公司代纺系争人造棉,如为承揽性质,则承揽人因定作人供给材料之瑕疵所受损害,对于定作人得请求赔偿,如系委任性质,受任人处理委任事务,因非可归责于自己之事由,致受损害者,依'民法'第 546 条第 3 项规定,亦得向委任人请求赔偿,如福华有限公司确因系争人造棉中掺有二吋半者致对大秦公司负担损害赔偿之责任,能否因其尚未支付赔偿金额,即认为非损害之范围,不无疑义。"要之,该院认为因债务人债务不履行,而使债权人对于第三人负损害赔偿责任者,不能因债权人尚未向第三人赔偿,即认为"该第三人之损害"非债权人所受损害之范围。是故,该第三人所受损害,债权人不待于赔偿便可对债务人请求赔偿。

完成约定之工作,则为其依承揽契约所负之义务。承揽人就该义务之履行是否负有给付危险,应依交易习惯及当事人间之具体约定定之,与一度着手完成或未完成之工作是否以定作人受领前毁损或灭失无关。关键者为依交易习惯及特约所认定之牺牲极限。[①] 只要在牺牲极限内,承揽人便有一再努力以完成工作之义务,[②]反之,则否。不过承揽人所作之工作如已一部或全部由定作人受领,则在受领之限度内,不但报酬危险因交付而移转,而且给付危险也因债务业经履行而不存在。

依"民法"第508条报酬危险,在定作人受领前由承揽人负担之意义为定作人不因已为工作之完成,而对承揽人负报酬之给付义务;反之,如定作人受领迟延,则定作人对承揽人不但负给付报酬之义务,而且不得请求承揽人就已完成而未交付之工作,重新再做。此为受领迟延具有移转危险负担之效力的明文规定。[③]

由于"民法"在第234条以下关于受领迟延之效力,仅规定:(1)"在债权人迟延中,债务人仅就故意或重大过失,负其责任"("民法"第237条)。(2)"在债权人迟延中,债务人无须支付利息"("民法"第238条)。(3)"债务人应返还由目标

---

① 牺牲极限(Opfergrenze)为自"诚信原则"导引出来的观点。认为债权人超出诚信原则所定之牺牲极限,要求债务人履行债务,等于苛刻行使权利,构成权利滥用。以"苛刻"作为债务人为履行债务之"牺牲极限"的论点,也引用在"缔约基础变更"的情形。这种论点也被使用在"经济不能"。Esser认为在履行之请求构成"苛刻"(Unzumutbarkeit)的情形,还是分别情形依诚信原则引用"牺牲极限"或"缔约基础变更"的论点处理之为妥。盖利用"经济不能"扩大"给付不能"之适用范围处理之,所得之法律效力过于僵化,在双务契约,于不可归责于债务人之情形,只有免除双方债务一途,不能视具体情况调整其对价关系(Esser, Schuldrecht, 2. Aufl., 1960, S.118f.)。在这个观点下,牺牲极限也可以适用于债务人负给付危险的情形。亦即纵使债务人负给付危险,其亦无超出牺牲极限负给付危险之义务(Esser, Schuldrecht, 2. Aufl., 1960, S.118f.)。所以牺牲极限不是给付"能"与"不能"之界限,而是得否就原来之债的关系,课债务人以义务,或调整其间之对价关系,或甚至解除或终止其间之债的关系之前提。

② "最高法院"1993年台上字第570号判决:"查'民法'第478条前段规定借用人应于约定期限内返还与借用物种类、质量、数量相同之物。原审既认定双方系成立消费借贷关系,借用之钢瓶为代替物,则除非此种类之物,于市场上消失,否则不发生给付不能问题(参照本院1943年上字第4757号、1948年上字第7140号判例意旨)。"在承揽给付是否可能取决于所需劳务及材料之提供的可能性。在工作物供给契约,亦即在包工又包料之承揽,如果所需之材料以种类指示之,则除非所需劳务之提供有因预计提供者死亡、丧失技艺而不能的情形外,该契约原则上无给付不能可言。请参考 Soergel-Muehl, Kommentar zum BGB 11. Aufl., 1980, Vor §631 Rz 8.

③ 同见解请参见钱国成:《买卖与承揽》,载《法令月刊》第44卷第10期。

物所生之孳息或偿还其价金者,在债权人迟延中,以已收取之孳息为限,负返还责任"("民法"第239条)。(4)"债权人迟延者,债务人得请求其赔偿提出及保管给付物之必要费用"("民法"第240条)。(5)"有交付不动产义务之债务人,于债权人迟延后,得抛弃其占有(第1项)。前项抛弃,应预先通知债权人。但不能通知者,不在此限(第2项)"("民法"第241条)。因此,债权人受领迟延是否一般的会引起危险负担之移转的效力,素有疑问。从"民法"第237条之规定观之,该条似乎仅意在减轻债务人于债权人迟延中,关于可归责事由之责任要件。亦即在受领迟延中,给付纵使因债务人之轻过失而陷于给付不能,其给付不能还是论为不可归责于债务人。然此种效力就债务不履行之责任而论,固有意义,但就价金(报酬)危险之负担的移转并无实益。盖只要危险负担不移转,债务人于因不可归责于自己之事由而给付不能时,对于债权人还是无请求价金或报酬的权利。

其次,台湾地区"民法"于第508条所规定之情形,并未像《德国民法典》第645条为类似于"民法"第374条之规定,结果定作人如有请求将目标物(工作物)送交清偿地以外之处所者,工作物之危险是否自承揽人交付其工作物于运送承揽人时起,由定作人负担,便有待于类推适用"民法"第374条之规定。

"民法"第512条规定"承揽之工作,以承揽人个人之技能为契约之要素者,如承揽人死亡或非因其过失致不能完成其约定之工作时,其契约为终止(第1项)。工作已完成之部分,于定作人为有用者,定作人有受领及给付相当报酬之义务(第2项)"。细审该条规定之内容,以不可归责于双方当事人之事由,致给付不能为其规范对象,因此该条论其实际亦为关于危险负担之规定。解析该条所规范之效力,首先为契约当然终止。其次为就已完成之工作部分,于定作人为有用者,定作人有受领及给付相当报酬之义务。换言之,在该条第2项规定之情形,承揽工作虽未完成,但承揽人方(承揽人或其继承人)并不当然因此丧失其全部之报酬请求权,而回归至"民法"第266条之规范意旨,按一部给付不能的意旨规范之。在此认知下,"民法"第512条之规定堪称本于诚实信用原则,对于承揽人之体谅的规定。

七、消灭时效

关于承揽关系中之时效期间,"民法"第514条规定:"定作人之瑕疵修补请求权、修补费用偿还请求权、减少报酬请求权或契约解除权,均因瑕疵发现后一年间不行使而消灭(第1项)。承揽人之损害赔偿请求权或契约解除权,因其原因发生后一年间不行使而消灭(第2项)。"

第1项为关于定作人依承揽有关规定所享有之瑕疵担保请求权之行使期间

的规定。该项所定期间之性质有认为系除斥期间者,例如"最高法院"1982 年台上字第 2996 号判决认为:"'民法'第 514 条第 1 项所定定作人之减少报酬请求权,一经行使,即生减少报酬之效果,应属形成权之性质。按消灭时效之客体,以请求权为限,因此,该条就定作人减少报酬请求权所定之一年期间,应为除斥期间,原审见未及此,认上诉人之减少报酬请求权,罹于一年时效而消灭,所持法律之见解,亦有违误。"该见解与过去"最高法院"在 1980 年台上字第 2230 号判决所持见解不同。该判决认为:"上诉人委托被上诉人为工程之规划及设计,核系承揽性质,依'民法'第 514 条第 1 项规定,定作人之减少报酬请求权,因瑕疵发见后一年间不行使而消灭,查本件工程早于 1975 年 11 月 30 日经上诉人验收完毕,建筑执照亦由上诉人于 1976 年 1 月初领得,为上诉人所不争执,虽上诉人主张被上诉人未设计地下室及消防设备,伊于 1975 年底委请简嘉宪追加设计等语,纵属实情,然上诉人既未于瑕疵发见后一年内请求减少报酬,延至本件诉讼中始行提出主张(本院按:上诉人于 1977 年 3 月 14 日始行提起本件诉讼)依法应丧失其请求减少报酬之权利。"

又因该项固以与瑕疵担保有关之请求权为其规范对象,但因该项规定并未提及因瑕疵而生之损害赔偿请求权,所以同院在该号判决中进一步认为:"'民法'第 514 条第 1 项并未规定定作人损害赔偿请求权之时效期间,原审竟谓定作人损害赔偿请求权,亦适用'民法'第 514 条第 2 项承揽人损害赔偿请求权一年时效期间之规定,尤欠依据。"换言之,该院认为"民法"第 495 条所规定之损害赔偿请求权虽以工作有瑕疵为其发生之要件,但仍不适用"民法"第 514 条第 1 项之短期时效的规定。鉴于承揽人完成之工作是否有瑕疵,以及系争损害是否因瑕疵而发生,在经过较长时间后常常会引起举证上的困难。因此,该判决一概认为"民法"第 495 条所定之损害赔偿请求权无同法第 514 条第 1 项之短期时效的适用,固有法律之明文依据,然自交易需要的观点观之,尚值得探讨。①

---

① 关于因承揽工作之瑕疵引起之请求权的时效,《德国民法典》第 638 条规定:"定作人排除工作瑕疵之请求权,以及因瑕疵而得为解除、减少报酬或损害赔偿之请求权,除承揽人有故意不告知瑕疵之情形外,皆因六个月间不行使而消灭。但在土地上之工作因一年间不行使,在建筑物因五年间不行使而消灭。消灭时效期间自受领工作时起算。"要之,该条将与瑕疵担保有关之(请求)权一概规定为皆适用"短期""消灭时效"之规定。所以一方面固没有减少报酬之请求权是否为形成权,应适用除斥期间之规定,但另一方面因其规定损害赔偿请求权亦适用短期时效,引起因瑕疵而造成之延伸的损害(加害给付)是否亦适用短期时效的争议。盖加害给付一般认为亦构成积极侵害债权,应适用一般时效期间,依《德国民法典》为 30 年。对于这个问题,其学说倾向于分别按其延伸损害与瑕疵间之密切性,分别对待。密切者适用短期时效,比较疏远者归入积极侵害债权适用一般时效期间(Soergel-Muehl, Kommentar zum BGB 11. Aufl.,1980,§ 638 Rz.3)。

前述时效期间依"民法"第 514 条第 1 项后段,自发现时起算,而"民法"第 498 条以下分别就各种承揽工作定其瑕疵之发现期间。此与《德国民法典》第 638 条以受领工作为消灭时效期间之起算时点者不同。因此,依"民法"第 514 条第 1 项所定之时效期间,自工作受领时起实际上将超过一年期间。此又与"民法"第 365 条第 1 项关于买卖目标物之瑕疵担保,以买卖目标物交付时为该条所定期间之起算时点者不同。

第 2 项规定承揽人依承揽契约享有之损害赔偿请求权或契约解除权之时效期间。① 其中比较容易引起争议者为:承揽人依"民法"第 511 条对于定作人所享有之损害赔偿请求权是否亦有该项规定之适用。这个问题涉及"民法"第 511 条所定之损害赔偿请求权,论其性质是否真正为损害赔偿请求权,或其实应为在定作人不具理由终止契约时,依双方之约定本来对于定作人所应负之约定上的给付义务,亦即论其性质应与"民法"第 267 条所规定者相同。②

八、次承揽契约

承揽为一种劳务契约,其给付具有一定程度之属人性,所以,承揽人原则上不得将其工作,全部或一部委由他人以次承揽的方式完成之。次承揽俗称为转

---

① 有认为消灭时效期间者,如郑玉波:《民法债编各论》,作者自刊 1995 年第 16 版,第 386 页;有认为除斥期间者,如史尚宽:《债法各论》,作者自刊 1986 年版,第 332 页。

② 承揽人依"民法"第 511 条对定作人所享有之损害赔偿请求权,应以定作人任意终止时,承揽人对于定作人继续享有约定给付的请求权为其内容,已如前述。然由于该条将之规定为损害赔偿请求权,引起实务上认为该请求权有"民法"第 514 条第 2 项所定之短期时效的适用。由此显现概念思维对于法律适用的影响。亦即一旦不恰如其实,将第 511 条所定之请求权自约定报酬之给付请求权误定为损害赔偿请求权,即会因其在概念上被定性为损害赔偿请求,而不思索其所以发生之原因,而一概将之与其他损害赔偿请求权同论,无条件适用第 514 条第 2 项所定之短期时效。

包或分包。① 政府采购法原则上禁止转包(同法第 65 条第 1 项),容许分包(同

---

① 犹如复委任不使受任人脱离委任关系,次承揽亦不使承揽人脱离承揽关系。委任事务之处理有专属性,所以除"经委任人之同意或有习惯或有不得已之事由者,得使第三人代为处理"外,"受任人应自己处理委任事务"("民法"第 537 条)。原则上受任人不得为复委任。"受任人违反前条之规定,使第三人代为处理委任事务者,就该第三人之行为,与就自己之行为,负同一责任(第 1 项)。受任人依前条之规定,使第三人代为处理委任事务者,仅就第三人之选任及其对于第三人所为之指示,负其责任(第 2 项)"("民法"第 538 条)。介于该条第 1 项与第 2 项间之类型为使用履行辅助人协助处理委任事务。在履行辅助及"民法"第 538 条第 1 项所定情形,履行辅助人或第三人对于委任人不负债务不履行的责任;于要件充分时,仅以行为人的地位负侵权行为责任。依"民法"第 537 条但书,"受任人使第三人代为处理委任事务者,委任人对于该第三人关于委任事务之履行,有直接请求权"("民法"第 539 条),在这种情形,第三人(次受任人)对于委任人可能负债务不履行的责任。与复委任不同,关于次承揽,"民法"在承揽节中并无明文规定。倒是在关于当然的特别承揽契约,亦即运送节中有关于承揽运送这种次承揽的规定。"民法"第 660 条规定:"称承揽运送人者,谓以自己之名义,为他人之计算,使运送人运送物品而受报酬为营业之人(第 1 项)。承揽运送,除本节有规定外,准用关于行纪之规定(第 2 项)。"而依"民法"第 661 条规定:"承揽运送人,对于托运物品之丧失、毁损或迟到,应负责任。但能证明其于物品之接收保管、运送人之选定、在目的地之交付,及其他承揽运送有关之事项,未怠于注意者,不在此限。"由该二条规定可以推论,"民法"如对于次承揽加以规定,应会有相当于"民法"第 537 条至第 539 条之规定。是故,准用"民法"第 537 条、第 538 条之规定,承揽人就次承揽人之行为对于定作人应负之责任,以及次承揽人与定作人间之关系为何,同样应视具体约定之情形如何而定。承揽人依情形,可从应负无过失责任、就次承揽人之故意或过失行为负与自己之故意或过失行为相同之责任,到只就对于次承揽人之选任与指示上的过失负责。次承揽人之身份属于履行辅助人或未经承揽人同意而为次承揽者,次承揽人对于定作人不负债务不履行上的责任;次承揽人属于利益第三人契约之债务人,并以定作人为受益人者,次承揽人对于定作人直接负完成工作之义务(准用第 539 条),从而可能负债务不履行上的责任。

法第 67 条第 1 项前段)。① 所谓转包,"指将原契约中应自行履行之全部或其主要部分,由其他厂商代为履行"(同法第 65 条第 2 项);所谓分包指"非转包而将契约之部分由其他厂商代为履行"("政府采购法"第 67 条第 1 项后段)。依该二项规定,转包与分包之区别在于外包之程度或范围。"政府采购法"之前述规定虽显示在承揽工作之完成,借助外部资源的需求,但尚不得因此认为在非以政府为采购人之契约,亦应适用该法所揭示之原则。在个别案件这将属于契约内容之解释的问题,应就具体情况,参酌交易习惯认定之。

由于政府采购法规定分包原则上容许,所以同法第 67 条第 2 项、第 3 项规定"分包契约报备于采购机关,并经得标厂商就分包部分设定权利质权予分包厂商者,'民法'第 513 条之抵押权及第 816 条因添附而生之请求权,及于得标厂商对于机关之价金或报酬请求权(第 2 项)。前项情形,分包厂商就其分包部分,与得标厂商连带负瑕疵担保责任(第 3 项)"。②依该条第 2 项规定分包契约经报备,并设定以"得标厂商对于机关之价金或报酬请求权"为目标之权利质权,确保分包厂商之承揽债权者,依第 3 项规定"分包厂商(固)就其分包部分,与得标厂商连带负瑕疵担保责任",但得标厂商不因容许分包而减轻其债务不履行或瑕疵担保上的责任,仍应就分包厂商之故意或过失行为负与自己之故意或过失行为同一之责任。此与"民法"第 538 条第 2 项所规定者不同。至于分包厂商的责任

---

① 在政府机关之采购,现行法不但原则上容许分包,为扶助中小企业参与政府采购,并订有"扶助中小企业参与政府采购办法"。该办法第 5 条规定:"机关办理采购,应规定投标厂商于投标文件中叙明其是否系属中小企业;非属中小企业者,并应叙明预计分包予中小企业之项目及金额(第 1 项)。机关于必要时得查证厂商是否系中小企业。经济部就机关查询事项,应提供必要之协助(第 2 项)。"第 6 条:"机关传输决标结果之信息予主管机关时,应标示得标厂商是否系属中小企业。非属中小企业者,应标示得标厂商预计分包予中小企业之金额(第 1 项)。机关向中小企业采购,而未能依前项规定传输决标信息予主管机关者,至迟应于每一会计年度终了后一个月内向主管机关汇报(第 2 项)。"又为协助台湾地区信息软件业者取得向海外信息软件业者学习的机会,关于分包,"各机关信息软件外包实施要点"第 11 点规定:"海外信息软件业者承包各机关信息软件时,台湾地区信息软件业者参与作业之方式及所占最低比率如左:1.信息软件总价款在新台币 1 亿元以上者,得采用参与开发、分包或共同承包之方式,台湾地区业者所占比率不得低于总价款之百分之二十五。2.信息软件总价款在新台币 1000 万元以上,1 亿元以下者,得采用参与开发、分包或共同承包之方式,台湾地区业者所占比率不得低于总价款之百分之三十五。3.信息软件总价款在新台币 1000 万元以下者,应采用分包或共同承包之方式,台湾地区业者所占比率,不得低于总价款之百分之五十。"
② "各机关委托技术顾问机构承办技术服务处理要点"第 28 点规定:"承办之技术顾问机构应自行履行契约,不得转包;其有分包之必要者,应依契约规定办理,并应先将分包对象之名称、经验及分包内容等,依契约规定报请主办机关同意。但仍应由原订约技术顾问机构负履约之责。"该规定之内容相当于将分包定性为使用履行辅助人。

则显然因限于瑕疵担保上的责任而较小。例如分包厂商如果根本不为履行,不依相当于"民法"第539条负债务不履行的责任。倒是在转包的情形,"政府采购法"第66条第2项反而规定:"得标厂商违反前条第一项规定,将工程转包其他厂商时,机关得解除契约、终止契约或没收保证金,并得要求损害赔偿(第1项)。前项转包厂商与得标厂商对机关负连带履行及赔偿责任。再转包者,亦同(第2项)。"按在违法转包的情形,要产生该条第2项所定之效力,必须准用相当于"民法"第539条之规定,使转包厂商因转包而对于机关直接负履行义务。而这应以该机关承认该转包关系为基础。否则,转包厂商纵以侵权行为人的地位,亦只负损害赔偿责任,而不负连带履行的责任。

(一)次承揽契约与主承揽契约之关系

由债务人设法使第三人为其履行契约债务,只是债务人履行债务的手段,的情形,在这种情形第三人原则上仅是该债务之履行辅助人,而非债务承担人。关于债务之履行或不履行之责任概由债务人负担,履行辅助人对于债权人不因允为履行辅助人而直接对于债权人负履行债务之义务,从而也不负债务不履行的责任。欲转为债务承担,除第三人与债务人间必须有债务承担之契约合意外,该债务承担并必须经债权人承认,始生免责债务承担的效力("民法"第301条)。如转为债务承担,第三人即非履行辅助人,而是新债务人。反之,原债务人因此转为第三人。唯在免责债务承担的情形,如先后债务人皆有为部分之履行,而在相续之履行中有损害事故发生,而不知究竟发生在哪一个履行阶段时,相续履行之债务人中,不能证明非发生在其履行阶段者,仍应连带负赔偿责任。[①] 这个责任与认为相续履行之债务人互为履行辅助人,于他债务人债之履行有故意或过失或其他应负责之事由时,债务人依法准用"民法"第224条,应与自己之故意或过失或应负责之事由,负同一责任。

---

　　① 　对此,关于相继运送人之连带责任,"民法"第637条规定:"运送物由数运送人相继运送者,除其中有能证明无第635条所规定之责任者外,对于运送物之丧失、毁损或迟到,应连带负责。"此为债务人个别之免责事由。另同法第634条规定:"运送人对于运送物之丧失、毁损或迟到,应负责任。但运送人能证明其丧失、毁损或迟到,系因不可抗力或因运送物之性质或因托运人或受货人之过失而致者,不在此限。"此为债务人全体之共同的免责事由。这个法律思想另见于"民法"第185条第1项后段关于共同侵权行为之规定:在"数人共同不法侵害他人之权利,而不能知其中孰为加害人者,连带负损害赔偿责任"。尚有疑问者为,在这种情形,各连带债务人之内部的分担比例,是否应参照其运费占全部运费之比例;或在无过失之公害的危险责任,是否应按各可能加害事业之营业额或产量占总营业额或总产量的比例定之。

不过,使用履行辅助人,有因依法或依约不容许,而因此加重其责任者(例如"民法"第538条第1项),有因其为法律或契约所容许,虽未至于债务承担,但仍因此减轻其责任者(例如"民法"第538条第2项)。在此意义下"民法"第538条可谓为"民法"第224条之特别规定。唯如果还是要将三者分为三类,其中"民法"第538条第1项所规定者比较接近于不具履行辅助人地位之第三人;第538条第2项所规定者比较接近于复委任、次承揽。亦即俗称之下包(subcontract)。

(二)次承揽人债务不履行

1.对于承揽人之责任

次承揽人与承揽人之关系为直接债务人与债权人之关系。所以该契约即便约定应直接向定作人给付,成为向第三人给付或利益第三人契约,承揽人仍不失其债权人之地位。是故,次承揽人如有债务不履行的情事,对于承揽人还是应负债务不履行的责任。

2.对于定作人之责任

关于债务之履行或不履行之责任,次承揽人是否因次承揽而对于定作人负法律上之责任,视该次承揽契约是否构成并存之债务承担、是否属于利益第三人契约并以定作人为受益人或至少是否有保护定作人之效力[①]而定。如属肯定,则次承揽人在该承揽债务之履行上便非单纯之履行辅助人,而自己以债务人的地位,对于债权人、受益人或受保护之第三人负履行或赔偿义务。关于侵权行为责任,不论其身份为何,皆以行为人的地位负责。次承揽人因次承揽的结果对于承揽人所负之个别的保护义务,对于定作人亦有保护效力。

3.对于第三人之债务

次承揽人向第三人进料以完成承揽工作,而对于第三人积欠货款者,关于该材料之购买,除承揽人对于次承揽人授予代理权者外,因承揽人并非该材料之买

---

① 此即契约对于第三人之保护效力。在契约的缔结,有时当事人并无意于使第三人因此对于债务人直接取得请求给付的权利,而只是使其取得一个法律上之受保护的地位,据之可以像债权人一样受到由该契约所生之注意义务的好处。具有这种保护效力之契约并非纯正的利益第三人契约,因在该契约中并无赠与的目的。德国实务上所以推出契约对于第三人之保护效力的理论,其目的在于超越侵权行为的保护,对于应受保护者提供契约上的损害赔偿请求权,亦即积极侵害债权。以便第三人可以依第278条(相当于台湾地区"民法"第224条)关于为履行辅助人负责之规定,避开《德国民法典》第831条第1项第2句(相当于台湾地区"民法"第188条第1项但书)之免责规定(Esser, Schuldrecht, 2. Aufl. 1960, S.409)。关于债之关系对于第三人之保护效力,另请参考 Gernhuber, Das Schuldverhaeltnis, 1989, § 21.

卖关系的当事人,所以不是该货款债务之债务人,不负清偿责任。又次承揽人为完成承揽工作虽在承揽人之工地出入,亦不因此可认为已有可归责于承揽人之表见事实,表示次承揽人为其代理人。[①]

4.对于第三人之侵权行为

次承揽人如果因执行承揽事项,而不法侵害他人之权利,应自己对于受害人负侵权行为之损害赔偿责任,承揽人在此居于定作人的地位,除于定作或指示有过失者外,不负损害赔偿责任("民法"第189条)。这是债务人引用协助履行债务者为次承揽人或受雇人的区别。如为受雇人,则承揽人依"民法"第188条就其受雇人因执行职务,不法侵害他人权利所造成之损害,应与行为人连带负损害赔偿责任。唯"雇用人赔偿损害时,对于为侵权行为之受雇人,有求偿权"(第188条第3项)。

(三)次承揽与承揽契约之让与

所谓承揽契约之让与,指契约当事人将其依该契约所享有之权利及债务概括让与他人而言,亦有称之为当事人契约地位之让与。所以,在承揽契约之让与受让人,受让后对于定作人固负完成工作之义务,但也因此享有请求报酬之权利。其与次承揽之不同为,在承揽契约之让与,让与后承揽人不再是承揽人;反之,在次承揽,次承揽契约缔结后,承揽人还是承揽人,不失其契约当事人的地位。

九、承揽人因工作而侵害他人权利

承揽人因工作,而侵害他人之权利的可能性为,承揽人履行承揽工作之行为本身,对于第三人造成损害,例如承揽人搭建之鹰架倒塌,或因债务不履行或有害给付,例如因给付迟延致危楼来不及维护,因所完成之工作不完全,致屋瓦剥落而伤及路人。在以上情形,第三人之损害直接因承揽工作之执行而发生者,属于承揽人对于第三人之侵权行为,除定作人于定作或指示有过失外,仅承揽人对

---

① 参见"最高法院"1996年台上字第836号民事判决。

于受害之第三人负侵权行为责任("民法"第 189 条)。[1] 至于因债务不履行或有害给付,而致债权人受到损害,承揽人固应对其负赔偿责任,[2]但对于因此而受到损害之第三人是否亦应负责,则有疑问。第三人如为利益第三人契约中之受益人,该受益人所享受之保护与债权人同("民法"第 269 条);反之,如仅是向第三人给付契约中之第三人,则承揽人定作人与第三人间之地位只是履行辅助人,承揽人除基于行为人之地位可能负侵权行为责任外,不负契约或债务不履行责任。但定作人倒是可能依"民法"第 224 条为承揽人之故意或过失的行为对于第三人(债权人)负责。承揽契约对第三人是否可能有保护效力的情形? 这视关于承揽给付,定作人与该第三人间之关系为何而定。定作人对于第三人(受雇人)负有保护义务,而承揽人完成之工作不完全,使第三人因此受到损害者,应认为该承揽契约对于第三人有保护效力。[3] 同样的见解是否亦适用于定作人基于建筑物或工作物所有人之地位,对于来往行人或其他有权接近者负有一般保护责任的情形? 自"民法"第 191 条第 2 项之规定观之,应采否定的看法。唯定作人因此而应对于第三人赔偿时,其因赔偿所受之损害,还是可以向承揽人请求赔偿的。只是基于债之效力的相对性,第三人不得直接对于承揽人请求而已。然此种损害之请求,有时候会由于法律关于危险负担之移转而遭遇到困难。例如因"民法"第 374 条规定"买受人请求将目标物送交清偿地以外之处所者,自出卖人交付其目标物于为运送之人或承揽运送人时起,目标物之危险,由买受人负担"的结果,使得在该条所定情形,出卖人不因买卖目标物在运送中灭失,而有损害,

---

[1]　在"民法"第 189 条所定情形,定作人于定作或指示如有过失,就因此所生之损害应论为承揽人与定作人有共同侵权行为,定作人依"民法"第 185 条第 1 项前段与承揽人负连带赔偿责任。关于共同侵权行为之主观要件,"司法院"1977 年例变字第 1 号认为:"民事上之共同侵权行为,(狭义的共同侵权行为即共同加害行为,下同)与刑事上之共同正犯,其构成要件并不完全相同,共同侵权行为人间不以有意思联络为必要,数人因所生损害之共同原因,即所谓行为关连共同,亦足成立共同侵权行为。'最高法院'1966 年台上字第 1798 号判例应予变更。至前大理院 1916 年上字第 1012 号及最高法院 1931 年上字第 1960 号判例,则指各行为人既无意思联络,而其行为亦无关连共同者而言,自当别论。"故在这里,承揽人与定作人只需各有过失,并不必要有意思联络,即可构成共同侵权行为。

[2]　这个损害赔偿责任,其与有害给付有关者可能构成积极侵害债权及侵权行为之赔偿责任,这时其损害不是发生在承揽给付本身,而在承揽人之身体、健康或其他财产,亦即固有利益上。请参考 Soergel-Zeuner, Kommentar zum BGB 11. Aufl., 1980, Rz 42 vor § 823.

[3]　在地下室或地基之开挖工程的承揽契约,承揽人对于邻地之保护义务不是基于该契约对于第三人(邻地所有人)之保护义务,而是基于承揽人执行承揽事项时,以行为人的地位自己对于第三人所负之一般的保护义务。Soergel-Muehl, Kommentar zum BGB 11. Aufl., 1980, § 631 Rz.9.

其结果出卖人如欲依运送契约向运送人请求损害赔偿,会遭遇到无损害之抗辩,反之,买受人如欲自己为损害赔偿之请求,却会遭遇到无契约关系之抗辩。为解决该难题,学说上发展出"第三人损害赔偿说"(Drittschadensliquidation)说明之。其立论依据主要在于危险负担之移转的规定意旨不在于使约外人因此免除其本来应负之契约义务。

十、结　论

综观台湾地区"民法"关于承揽之规定,有以下诸点值得探讨:

1.给付迟延之规定,经实际应用之结果,因认为"民法"第502条为债总给付迟延相关规定之特别规定,发生挂一漏万的情事,意外排除了"民法"第254条之适用。

2.解除与终止之适用类型的考虑:例如对协力义务之违反("民法"第507条第2项、《德国民法典》第643条)、估计报酬之概数有出入("民法"第506条)等规定得解除契约,而非得终止。所用手段,可能超过规范需要。

3.终止之法律效力的赋予,在约定报酬之给付、不履行之损害赔偿及因终止而生之损害赔偿间的考虑,偏重损害赔偿。此与终止效力基本上为使契约向将来失其效力之意旨不尽相符。关于工作已给付部分之约定报酬,其终止效力的属性究为约定给付、调整后之约定给付的请求权或损害赔偿请求权,值得检讨。自终止之效力为向将来消灭契约之债的关系而论,首先就工作已完成(给付)部分之报酬,其属性应该是约定报酬之给付的义务,而非损害之赔偿义务。其次为对工作未完成部分,现行法没有就终止是否备有理由,明文加以类型化并区别对待:不备理由者,定作人应继续负约定报酬的给付义务;备理由者,规范之规划上可酌情在信赖利益及履行利益之赔偿间予以考虑(参照"民法"第91条)。另备有理由,而又不可归责者,可按不可归责于双方当事人之给付不能的规定规范之(参照"民法"第266条)。"民法"第512条第2项之规定在此认识下,基本上是妥当的。可惜其所称"给付相当报酬之义务"仍嫌不够明确。比较明确的规定方式当为"给付与已完成部分相当之(约定)报酬"。

4.不备理由之终止(随意终止)及备理由之终止:在法律容许之终止,例如"民法"第511条规定之终止权,不即为备有理由之终止。契约之终止应以备理由与否,以及所备理由是否有可归责性给予类型化,区别对待。不宜笼统规定或因应所生损害之赔偿。盖各种损害之债的内容应当如何,常常并不明确,非予适度具体化,不足以满足不同态样之终止,在规范上的需要。

5.债编总论(债务不履行)之一般规定与债编各论(承揽)之具体规定间之关

系的厘清。债编各论与债编总论之规定间，于其规范之法律事实相同时，其关系原则上宜采一般与具体之关系，而不宜采普通与特别之关系。使债编各论与债编总论之规定可以在解释上经由体系之循环，互相阐扬。

第十三章

论运送契约

一、运送契约之概念及其类型

"民法"并未对运送契约加以定义,而仅于第622条规定:"称运送人者,谓以运送物品或旅客为营业而受运费之人。"亦即透过定义运送人间接定义运送契约。自运送人之定义可以导出,运送指托运人或旅客与运送人所定,以物品或旅客之运送为给付义务之内容的有偿劳务契约。解析之,其类型特征为:(1)以物品或旅客之运送为给付义务之内容;(2)其劳务债务人以运送物品或旅客为营业;(3)为有偿契约。

所谓运送,指使物品或旅客因受领劳务之给付而有一定之位移。该位移可以跨洲、跨国、在一国之内或甚至在一栋建筑物之内。位移之远近无碍该劳务之为运送。有谓亦不一定必须使用交通工具,约定以体力搬运亦可该当于运送契约。[①]

何谓以运送为营业?这指一个人或组织为获取收入,独立并继续对他人有偿提供运送劳务。独立用来区别受雇,继续用来区别偶一为之。在受雇或偶一

---

① Claus-Wilhelm Canaris，Handelsrecht，22. Aufl.，München，1995，§ 33 I.

为之的情形,其运送劳务之提供皆无以成其为事业。[①] 然如有人偶一与他人约定,有偿的提供物品之搬运的劳务。该契约应如何定性?应视其是否为事业而定:为事业者,纵其主要从事之业务不是运送,应定性为运送;反之,如其不是事业者,应定性为承揽。[②]

鉴于运送劳务有不完成,对于运送劳务之债权人可能未受其利反受其害的存在特征,运送契约经定性为法定的承揽契约,亦即属于承揽契约之下位类型。因此,纵使在具体的运送契约有约定由数运送人相继分段运送的情形,该相继运送人全体仍应共同完成全段之运送,始可谓完成约定之工作。从而有运费的请求权。唯约定之运送全程,因托运人或提单持有人请求中止运送者,运送人得按照比例,就其已为运送之部分,请求运费("民法"第 642 条)。只要运送人已完成全程的运送,[③]即使托运人或受货人尚有因运送人未适时尽其通知义务而受有

---

① 关于事业,"公平交易法"第 2 条虽然尝试加以定义:"本法所称事业如左:一、公司。二、独资或合伙之工商行号。三、同业公会。四、其他提供商品或服务从事交易之人或团体。"但该条定义并未将事业之类型特征归纳出来。其第 1 款至第 3 款属于例示规定,第 4 款属于紧接于例示之概括的规定。例示后之标准的概括规定本来应将例示部分之共同特征给予总结。然第 4 款仅规定其从事一定之经济活动(提供商品或服务从事交易),并未凸显该活动应具备独立性及继续性之事业特征。为配合营利事业所得税之课征,"所得税法"第 11 条第 2 项规定:"本法称营利事业,系指公营、私营或公私合营,以营利为目的,具备营业牌号或场所之独资、合伙、公司及其他组织方式之工、商、农、林、渔、牧、矿、冶等营利事业。"该项虽同样有对于事业加以定义的意图,但对事业之类型特征一样并未予以具体化。堪称有进一步加以具体化者为,以"具备营业牌号或场所"作为认定一个人或组织是否为事业之认定标准。就独立性与继续性而论,具备营业牌号或场所虽非直接证据,但依交易习惯,尚可谓,一个人或组织非为独立与继续从事一定经济活动的意图,不会有营业牌号或场所。因此,据之推论具备营业牌号或场所者,有独立与继续从事一定经济活动的意思,尚属允当,只是没有正面彰显之而已。即使如此,终究因为没有直接将事业之实质特征明文规定,而使事业之概念一直模糊不清。这有碍于知其所以然。立法的艺术之一为:(1)形式上,避免误导适用法律者限于逻辑错误,(2)实质上,引导适用法律者知其所以然。

② 《德国商法》第 451 条规定,如提供劳务者是商人,第 426 条至第 450 条关于运送的规定亦适用之。此即机会的运送人(der Gelegenheitsfrachtführer)如果不是商人,则应适用民法关于承揽之规定(Schlegelberger-Geßler, Kommentar zum HGB, 5., Aufl., München, 1977, Band VI § 451HGB Rz.2)。然在德国因为邮务行政不论为德国商法之商人,所以,纵使邮局运送物品,也不将邮局当成运送人(HGB § 452)(Claus-Wilhelm Canaris, Handelsrecht, 22. Aufl., München, 1995, § 33 I.)。邮局运送包裹的法律关系主要适用邮政法,有漏洞时,以民法的承揽规定补充之(Schlegelberger-Geßler, aaO., Band VI § 452HGB Rz.2f.)。

③ 关于所谓"完成全程的运送",包含运送人本于对运送物之善良保管责任,而雇人看守履行保管义务之行为。

损害,从而得请求赔偿的情形,依然不影响运送人之运费请求权。[①] 在这种情形,该损害赔偿债务与运费债务间因无对价关系,固无同时履行抗辩权之适用,但运送人或受货人仍可能透过主张抵销,首先达到一时拒绝给付的抗辩效果。至其抵销权之行使的最后效力为何,要看该损害赔偿债务之数额与运费数额的相对关系而定。损害赔偿债务之数额如小于运费数额,其以抵销为理由,拒绝给付会在二者之差额的限度构成给付迟延。是否因此应负给付迟延责任,视其抵销之行使是否可论为:因可归责于债务人之事由,致未为给付,而定("民法"第230条)。

　　为运送之目的,在物品运送通常虽然托运物处于运送人之管领下,但是在拖曳契约,则不必然如此。在汽车之拖曳,固然;而在船舶之拖曳,则不然。但不因此而不将拖船契约论为运送契约。[②]

　　运送契约固由托运人,或由承揽运送人为托运人与运送人缔结,但往往约定第三人为受货人。在约定第三人为受货人的情形,该契约即具有三方性格。属于典型的向第三人给付契约。第三人依受货人之指定的约款可能取得之利益,可能在指定时即自始确定,也可能尚待事后情事之发展,才逐步确定下来。[③] 必须待其确定下来,受货人对于运送人始有直接请求交付托运物的权利。所谓发展,最具决定性者为:托运人请求运送人填发提单。然提单签发后,托运人得否请求运送人修改?并无保留地将提单背书交付给受货人。是否有保留,视托运人与受货人间之约定而定。例如在因托收货款而指定托收银行为受货人的情形,依托收契约,在托收银行尚未依托收约定,托运人之交易相对人付款赎单前,托运人原则尚可随时撤销收款之委托,并请求将提单交回运送人或托运人,此即

---

① 参见"最高法院"1974 年台上字第 2067 号民事判决。
② Claus-Wilhelm Canaris, Handelsrecht, 22. Aufl., München, 1995, § 33 II.
③ Claus-Wilhelm Canaris, Handelsrecht, 22. Aufl., München, 1995, § 33 II.

有保留的情形；①反之，在托运人自己或其指示之人已将提单交付其交易相对人的情形，则属无保留地将提单背书交付给受货人的情形。在交付后，其交易相对人即已取得该提单文义所载之权利。除非实时成功执行假扣押，否则，难有救济。

"民法"债编第二章各种之债第十六节运送，按运送之目标，将运送分成物品运送及旅客运送。另有以自己名义，为托运人之计算，代觅运送人运送物品之承揽运送。由于论诸实际，承揽运送并不以运送为承揽运送人对于托运人所负之劳务给付的内容，所以承揽运送并非运送，而只是与运送配套之外围服务，用以降低运送契约当事人双方关于运送之交易成本。

二、物品运送契约的缔结

（一）他人之物或交通工具的运送

运送契约虽然涉及托运物及用以运送之交通工具，但是并不分别限制只有托运物或用以运送之交通工具的所有人，始得为与之有关之运送契约的缔结。当缔约者不是托运物或用以运送之交通工具的所有人，固构成他人之物的运送，有相当于他人之物的买卖之外部逻辑构造。但因为运送契约的给付内容为运

---

①　"最高法院"2004 年台上字第 1165 号民事判决："查上诉人于原审主张依'民法'第627 条规定，运送人于提单签发后，关于运送事项，依提单之记载。系争提单业经随货抵目的地，交付受货人，托运人对货物完全丧失处分权，运送人亦无权改。因此航空实务上运送人此时必严格要求托运人出具正式书面就提单之修改范围及承诺负担因而发生之一切责任后，始由托运人以记载错误为由，发电报文加以修改，如谓提单之内容得仅依托运人之口头、电话指示而修改，运送人、托运人及受货人之权益将毫无保障。本件未见任何文件显示上诉人授意、指示运送人更改提单云云。并请求向台北市、高雄市航空货运承揽商业同业公会查询，航空货运承揽业者于签发提单后得否更改提单内容？其作业流程如何？可否径以口头授权？此攸关上诉人有无指示被上诉人修改提单受货人，若仅以口头指示，其效力如何？自属重要攻击方法之一种，原审对于上诉人前开主张及申请调查之证据，并未在判决理由项下记载其取舍之意见，遽以上诉人并未提出何事证证明有此空运提单之惯例，足以证明其主张为真正，而为上诉人不利之判决，自属违背法令。"该提单之修改的缘由为：目的地之买受人希望该交易之付款方式，自由银行托收改为由买受人直接电汇。按银行托收之作业上的需要，提单上之受货人应记载为该托收银行，而后于买受人对托收银行给付货款时，由托收银行将该提单背书转让给买受人，此即俗称之付款赎单。运送人如依指示修改提单上之受货人，自托收银行改为买受人，等于是同意托运人变更关于托收的指示。指示之随时变更固属平常，但在涉及提单之修改的情形，则不可儿戏，应有确切之指示，始得为之。本件所示为国际贸易上的重要陷阱类型之一。

送,不涉及托运物或用以运送之交通工具之产权的得、丧、变更,所以,不因托运人运送人是否为托运物或用以运送之交通工具的所有人而影响运送契约之成立或生效;一个人也不因其为托运物或用以运送之交通工具的所有人而当然成为该运送契约之托运人或运送人。托运物的所有人是否为一份运送契约之缔约人,取决于其自己或代理人是否为该货物之托运而定。① 同理,运送人身份之认定亦应以缔约时双方所意指之当事人定之。运送人不必须是用以运送之交通工具之法律形式上的或经济实质上的所有人。这在出租车或货运车靠行的情形引起特别的问题。按靠行属于管理信托。配合其目的事业主管机关之行政管理上的需要,固将该行政管理有关之事项信托由所靠之车行办理,并为该目的而将出租车或货运车的所有权移转于所靠之车行,但该车仍由其所有人自负盈亏营运。是故,纵使为配合税务作业的需要,进一步应以车行的名义缔约并开立发票,但该车所有人利用其所有之车辆与他人缔结之运送契约,在实质上仍自居于缔约人的地位。因此,还是应以该车所有人为其自己缔结之运送契约的运送人。②

(二)诺成契约

虽然"民法"第 624 条第 1 项规定:"托运人因运送人之请求,应填给托运单。"第 625 条第 1 项规定:"运送人于收受运送物后,因托运人之请求,应填发提单。"但托运单(der Frachtbrief)之填给及提单(der Ladeschein)之填发皆非运送契约之缔结上应具备之书面方式。③

托运单不是有价证券。其填给的意义仅是以书面的方式记载与运送之主体及客体有关之重要事项,但不使运送契约因此成为要式契约。托运单之填写并交付运送人的事实,日后可作为运送契约已缔结及运送契约之内容的书证。④

---

① 参见"最高法院"1982 年台上字第 2715 号民事判决。
② 参见"最高法院"1991 年台上字第 1057 号民事判决。
③ Claus-Wilhelm Canaris, Handelsrecht, 22. Aufl., München, 1995,§ 33 III.
④ 《德国商法》第 436 条并规定受货人受领托运物及托运单者,有义务依托运单之标准对运送人给付运费及其他费用。依该规定,受货人在受领托运物外,倘还受领托运单,则托运单进一步对于受货人之法律地位有其意义(Claus-Wilhelm Canaris, Handelsrecht, 22. Aufl., München, 1995,§ 33 III.)。唯受货人尚不因此承担该运送契约,成为其当事人。受货人依该条所负者为法定的,而非送契约上的义务。受货人并不因该条规定而负该运送契约中所约定之其他义务。因该条将托运物及托运单之受领联立为受货人之付款义务的要件,所以受货人之受领货物,必须是为托运物之给付请求权的履行,而非为其他理由(例如为检查而受领)。此外,如仅受领一部分者,在给付可分的情形,仅就已受领的部分负付款义务;反之,给付不可分者,则尚不负付款义务。盖第 436 条规定的要件未充分(Schlegelberger-Ge　ler, aaO., Band VI § 436 HGB Rz.3,9)。

此外，口头表示与托运单之内容不一致者，原则上以托运单上之记载为准。为防止运送人因运送而受到来自于托运物之危险的损害，在"运送物依其性质，对于人或财产有致损害之虞者，托运人于订立契约前，应将其性质告知运送人，怠于告知者，对于因此所致之损害，应负赔偿之责。"此为托运人之告知义务。此外，"托运人对于运送人，应交付运送上及关于税捐、警察所必要之文件，并应为必要之说明"（"民法"第 626 条）。

三、提单之填发的法律关系

（一）提单之填发

运送契约之劳务债务的履行需要一段时间。因为托运人在运送中不再直接占有运送物，所以在期间，关于运送物之处分只能透过运送物返还请求权之移转的方法为之。然在债权之移转，为保护债务人，其移转效力受有"民法"第 299 条之规定的限制：（1）债务人于受通知时，所得对抗让与人之事由，皆得以之对抗受让人。（2）债务人于受通知时，对于让与人有债权者，如其债权之清偿期，先于所让与之债权或同时届至者，债务人得对于受让人，主张抵销。

为避开该限制，必须将该债权之移转行为无因化。其适当的方法为：请求运送人填发提单，负担以提单为基础之新证券债务，以清偿返还运送物的旧债务。基于该考虑，"民法"第 625 条规定，运送人于收受运送物后，因托运人之请求，应填发提单。依该规定，在运送人于收受运送物后，只要托运人提出请求，运送人即有填发提单的义务。由于该条规定填发提单的义务以运送人于收受运送物为要件，引起两个疑问：（1）提单之填发是否为要物行为？（2）运送人未收受运送物而填发之提单有无效力？第一个问题涉及要物行为之定义的问题。按所谓要物行为（要物契约），指以债务人履行债务为负担行为（债务契约）之生效要件，而非指一个债务之履行只要涉及物之交付，该债务行为即为要物行为。在此意义下，当不因"民法"第 625 条规定，必须运送人于收受运送物后，运送人始因托运人之请求，而有填发提单之义务，便认为提单之填发为一种要物行为。如认为提单之填发是要物行为，则第二个问题的答案便应采肯定说。然其肯定说又势必与提单之文义性有规范冲突。这又不妥。基于以上两个理由，不适合认为提单是要物行为。

按提单之填发为一种新债清偿（间接给付），具有新增并变更债之内容之意义的作用，所以原则上应以契约的方式为之。依此理解，关于该间接给付之约定，"民法"第 625 条所定托运人之填发提单的请求，为间接给付的要约；运送人因托运人之请求,而有填发提单之义务的规定,为一种缔约强制的规定。运送人有承诺的义务。唯其若不为承诺,间接给付的契约不当然成立。而只是引起债务不履行的问题。当运送人因请求而填发提单,关于运送物返还请求权之履行,首先在运送人与托运人间应依间接给付的规定为之:亦即应先依提单请求给付,在其请求无结果的情形,始得再依以运送契约为依据之运送物返还请求权请求给付。对此,"民法"第 320 条的规定不够清楚。"民法"第 712 条有比较清楚的规定:"指示人为清偿其对于领取人之债务而交附指示证券者,其债务于被指示人为给付时消灭(第 1 项)。前项情形,债权人受领指示证券者,不得请求指示人就原有债务为给付。但于指示证券所定期限内,其未定期限者于相当期限内,不能由被指示人领取给付者,不在此限。债权人不愿由其债务人受领指示证券者,应实时通知债务人(第 2 项)。"提单与一般之指示证券不同者为,运送人即是其所填发之提单的被指示人。换言之,其指示人与被指示人同一。这相当于本票之签发的情形。唯这无碍于"民法"第 712 条对于提单之适用性。

要之,提单的填发有下述意义:(1)提单为证券。因提单之填发所负者为证券债务。(2)提单债务是运送人为履行其依运送契约所负之旧债务而负之新债务。该二债务间具有间接给付(新债清偿)的关系。(3)不论是基于该二债务间之间接给付的关系或基于提单是证券债务,一方面托运人或受货人皆无重复请求给付的权利,另一方面托运人或受货人应先依提单行使新债权,必须直到以不能依提单行使权利时(例如提单债权的消灭时效期间已经过),始得依原来之运送契约行使其托运物返还请求权。此外,其他不以提单,而以运送契约为依据,且互不冲突之债权或请求权,亦不因提单之填发而受到影响。(4)在提单债权优先于运送债权的前提下,提单持有人之债权或请求权优先于托运人依运送契约对于运送人享有之债权或请求权。例如关于运送之中止,托运人与提单持有人之指示如有不同,运送人应依提单持有人之指示。不得指为:有"民法"第 650 条第 1 项所定交付上之障碍的情形。(5)除托运人与运送人另有特约外,提单之填发并不能改变运送契约的内容。

(二)提单之填发与交付的效力

提单为一种有价证券。基于提单之文义性(§627),自然衍生出其独立性、无因性、指示性(§628)、(行使权利时应)提示性及(受领给付时应)缴回性(§630)等性质。从而可以利用提单证券化的作用,切断提单债权或请求权与运送契约间之原因关系。在提单债权移转时,摆脱一般债权移转时,债务人在受通知时对于让与人之抗辩权与抵销权的纠缠,以提高提单债权之流通性。为托运物之所有权的移转,提单之交付是指示交付:提单持有人对于运送人之托运物返还请求权的让与。提单上所载托运物之动产物权的让与契约,因该指示交付而生效力。"民法"第 629 条规定:"交付提单于有受领物品权利之人时,其交付就物品所有权移转之关系,与物品之交付有同一之效力。"该条重申"民法"第 761 条第 3 项之规定的内容。①

基于提单之文义性,"提单填发后,运送人与提单持有人间,关于运送事项,依其提单之记载"("民法"第 627 条)。是故,提单填发人仅得以本于提单内容,或其与提单持有人间之法律关系所得对抗提单持有人之事由,对抗提单持有人(参照"民法"第 711 条第 1 项)。指示性指提单纵为记名式,仍得以背书后交付的方式移转于他人。该指示性仅得以在提单上为禁止背书之记载的方式剥夺之(第 628)。

提单之填发,在运送中固能提供运送物在流通上的方便性,但提单如有遗失,也会带来提单持有人行使权利上的困难。盖由于运送人对于提单持有人负有依提单之记载给付运送物的义务,为保护运送人免于被重复请求的风险,运送人得拒绝不能提示提单者关于运送物之给付的请求。在这种情形,遗失提单者

---

① "海商法"上的载货证券与"民法"上的提单性质相似。"海商法"第 60 条规定:"'民法'第 627 条至第 630 条关于提单之规定,于载货证券准用之。"故原则上,交付载货证券于有受领货物权利之人时,其交付就货物所有权移转之关系,与货物之交付有同一之效力,唯实务认为载货证券物权效力之发生,以运送人占有(包括间接占有)运送物为前提要件,是以"倘货载已遗失或被盗用,而不能回复其占有或已为第三人善意受让取得者,则载货证券持有人纵将载货证券移转与他人,亦不发生货物所有权移转之物权效力,仅发生损害赔偿债权让与之问题"("最高法院"1987 年台上字第 771 号判例)。按"民法"第 629 条规定:"交付提单于有受领物品权利之人时,其交付就物品所有权移转之关系,与物品之交付有同一之效力。"此为一种指示交付的态样。所谓指示交付,指"让与动产物权,如其动产由第三人占有时,让与人得以对于第三人之返还请求权,让与于受让人,以代交付"("民法"第 761 条第 3 项)。依该项规定,让与人所为之指示交付是否能够发生与动产之现实交付相同之交付的效力,系于让与人就该动产,对于被指示人(运送人)之返还请求权,是否还有实现之可能。亦即是否存在,以及其给付是否尚属可能。如虽存在,但已给付不能,则受载货证券之移转者,所取得者为以该载货证券为依据之损害赔偿债权。

应依公示催告程序确认其权利。① 唯遗失提单者，得于公示催告程序开始后，向运送人提供相当之担保，请求补发新提单（"民法"第629条之一准用第618条之一）。

四、有受货人之约定者为向第三人给付之契约

在运送契约有受货人之约定者，如受货人与托运人不是同一个人，则该运送契约含向第三人给付或利益第三人之约款，为一种向第三人给付或利益第三人契约。受货人依具体约定之情形。于该运送关系发展至满足关于运送契约所生权利之取得要件时，受货人取得因该运送契约所生权利。对此，"民法"第644条规定："运送物达到目的地，并经受货人请求交付后，受货人取得托运人因运送契约所生之权利。"

关于第三人在向第三人给付或利益第三人契约之契约权利的取得，"民法"第269条第2项规定："第三人对于前项契约，未表示享受其利益之意思前，当事人得变更其契约或撤销之。"这与"民法"第644条规定，以受货人请求交付运送物的要件相近。不同者为，第644条尚以运送物达到目的地为受货人请求交付运送物的前提。该规定的效力内容比较接近于向第三人给付契约，但还是不完全相同。在向第三人给付契约，事实上要约人（托运人）保留，在债务人（运送人）对于第三人（受货人）给付前，得随时撤回或撤销其对于债务人之向第三人给付之指示。而依第644条，要约人（托运人）并无该保留，而指示单纯的随运送关系之发展而演变。反之，在典型之利益第三人契约，要约人（托运人）在缔约时，即不可撤回或撤销对于债务人（运送人）关于向第三人（受货人）给付的指示。没有该保留之向第三人给付的指示即为利益第三人契约中之利益第三人的意思。其

---

① 得依背书转让之证券，经向法院申请为申报权利之公示催告，并经法院裁定准许申请，且为公示催告者，其持有人如不于公告之申报权利期间（"民事诉讼法"第562条）内申报权利及提出证券（同法第560条），生失权之效果（同法第539条第2项）。在公示催告后，申请人得于申报权利之期间已满后三个月内，申请为除权判决。但在期间未满前之申请，亦有效力（同法第545条第1项）。唯如有该证券之持有人申报权利，并对于公示催告申请人所主张之权利有争执，则法院应酌量情形，在就所报权利有确定裁判前，裁定停止公示催告程序，或于除权判决保留其权利（同法第548条）。法院经审理，认为除权判决之申请有理由者，法院应在除权判决中宣告该证券无效（同法第564条第1项）。有除权判决后，申请人对于依证券负义务之人，得主张证券上之权利。因除权判决而为清偿者，于除权判决撤销后，仍得以其清偿对抗债权人或第三人。但清偿时已知除权判决撤销者，不在此限（同法第565条）。

有无本应视个别契约之具体情形定之。[①]

利益第三人意思之有无在运送契约极为重要。该在商务关系上，运送契约之受货人常常为托运人之（国际）贸易上的买受人。在这种情形，出卖人于将货物交运时，往往尚未收到货款。是故，除非本来就是信用交易，否则，出卖人总是希望银货能够同时履行。这时，双方约定者如果是由买受人直接对于出卖人付款，则出卖人便希望在收受货款后，运送人才将货物交付买受人。而要使买受人在付款后能够领货，又必须指定买受人为受货人。于时，如果自始指定买受人为受货人，则使受货人对于运送人自始即取得直接请求交付托运物的权利，显然不利于出卖人。为解决该困难，出卖人必须保留变更受货人的权利。最常见的做法为：事先指定一个可靠的第三人作为受货人。该第三人通常是为出卖人收取货款之托收银行。

五、托运人之义务

在运送契约，托运人对于运送人所负主要的给付义务为：运费（"民法"第622条）。托运人或提单持有人指示中止运送者，运送人得按照比例，就其已为运送之部分，请求运费，及偿还因中止、返还或为其他处置所支出之费用，并得请求相当之损害赔偿（"民法"第642条第2项）。

托运人与运送人固可能约定以受货人为运费之支付人，并记载于提单（"民法"第625条第2项第2款）。但该约定对于受货人并无契约上的拘束力。受货人并不因该记载而成为该运费债务之债务人。受货人如不给付运费，可能发生之不利益为运送人拒绝给付托运物。运送人为保全其运费及其他费用得受清偿之必要，甚至得按其比例，对于运送物有留置权。唯运费及其他费用之数额有争执时，受货人得将有争执之数额提存，请求运送物之交付（"民法"第647条），或甚至行使其对于托运物之留置权（"民法"第647条）。在运送物由数运送人相继运送者，其最后之运送人，就运送人全体应得之运费及其他费用，得行使"民法"

---

① 与"民法"第269条相当之《德国民法典》的一般规定是第328条："以契约约定对第三人给付者，得约定具有使第三人取得直接请求给付之权利的效力（第1项）。无特别约定时，应从具体情况，特别是从契约目的之探究，第三人是否取得该权利，或第三人之权利是即刻或仅在一定的要件下才发生，以及缔约人是否保留不经第三人之同意，即得撤销或变更第三人的权利（第2项）。"该规定比较小心地注意到，有向第三人给付之约定不一定就有利益第三人之意思，使第三人即刻取得直接对于债务人请求给付的权利。典型的利益第三人契约例如他益信托中之受益人、保险契约中之受益人、父母为其未成年子女缔结之医疗契约、雇主为其受雇人缔结之劳工保险契约（Esser，Schuldrecht，2. Aufl.，1960 Karlsruhe，§ 87 2.）。

第 647 条所定之留置权("民法"第 653 条)。

运送物于运送中,因不可抗力而丧失者,运送人不得请求运费,其因运送而已受领之数额,应返还之("民法"第 645 条)。[①] 不过,因运送物有丧失、毁损或迟到,请求依其应交付时目的地之价值计算损害赔偿额者,该因运送物之丧失、毁损无须支付之运费及其他费用,应由前项赔偿额中扣除之("民法"第 638 条第 1 项)。盖该项所定者虽仅是所谓之"小履行利益"的赔偿。但因其系履行利益之赔偿,所以其请求权人依该项规定,其实仍应负担运费及其他费用。如运送物之丧失、毁损或迟到,系因运送人之故意或重大过失所致者,如有其他损害,托运人并得请求赔偿("民法"第 638 条第 2 项)。此为所谓之"大履行利益"的赔偿。

在主要给付义务之外,"托运人对于运送人,应交付运送上及关于税捐、警察所必要之文件,并应为必要之说明"("民法"第 626 条),此为说明义务。"运送物依其性质,对于人或财产有致损害之虞者,托运人于订立契约前,应将其性质告知运送人,怠于告知者,对于因此所致之损害,应负赔偿之责"("民法"第 631 条),此为告知义务。该损害赔偿责任为一种缔约上过失之损害赔偿义务。

六、运送人之义务

运送人之主要给付义务为:于约定期间内完成运送工作;无约定者,依习惯;无约定亦无习惯者,应于相当期间内运送之。所称相当期间之决定,应顾及各该运送之特殊情形("民法"第 632 条)。该条系运送契约之特别规定,自无适用"民法"第 229 条第 2 项关于债务人,应经催告而不给付,始负迟延责任之规定。[②] 又该条所称约定期间含起运及运达。在有配额管制之出口货物的运送,起运时点,涉及出口货物所属配额年度起运时点之遵守。此外,配合保险之范围,尚有应按约定之路线运送的问题。这与依债务本旨,应如何运送有关。运送人于运送物达到目的地时,应即通知受货人("民法"第 643 条)。[③]

另因运送亦具有为他人处理事务之性质,所以其运送应依托运人之指示为之。"运送人非有急迫之情事,并可推定托运人若知有此情事亦允许变更其指示者,不得变更托运人之指示"("民法"第 633 条),即便受货人所在不明或并无其

---

① 参见"最高法院"2009 年台上字第 1107 号民事判决。

② 参见"最高法院"1995 年台上字第 77 号民事判决。

③ 运送人之分公司或代理人亦须负担"民法"第 643 条所规定之运送人的通知义务。"最高法院"1974 年台上字第 994 号判例:"航空运送,遍布全球,动辄牵连二国以上,故运送人多于他地或他国设立分公司或代理人,代为办理有关承运货物在该地之一切事务,'民法'第 643 条所规定之运送物达到之通知义务,自亦有其适用。"可资参照。

人,运送人亦应通知托运人请求指示,不得自行处置。① 运送人未将运送物之达到通知受货人前,或受货人于运送物达到后,尚未请求交付运送物前,托运人对于运送人,如已填发提单者,其持有人对于运送人,得请求中止运送,返还运送物,或为其他之处置("民法"第 642 条第 1 项)。

有急迫情形:(1)受货人所在不明,(2)受领迟延,(3)其他交付上之障碍,(4)受领权之归属有诉讼(第 650 条),应如何处理? (1)请求指示,(2)保管或存仓,(3)存仓费用过巨或易腐→拍卖→通知→拍卖价额之抵充与返还:拍卖费用、运费及其他费用→将其余额交付于应得之人(第 652 条)。

运送人就其债务不履行(迟到、毁损与灭失),首先按其是否有故意或重大过失,而分别其应负之履行利益的赔偿范围:(1)运送人无过失或仅有轻过失者,其损害赔偿额,应依其应交付时目的地之价值计算之("民法"第 638 条第 1 项)。② 该项规定系就损害赔偿额计算之标准所为之规定,非谓应以运送物应交付时目的地之货币以为赔偿。③ 又因该项所规定之履行利益的计算基础为目的地之价值,所以,托运人或受货人自仍负有运费及其他费用的给付义务。同条第 2 项规定:"运费及其他费用因运送物之丧失毁损无须支付者,应由前项赔偿额扣除之。"与第 1 项规定之结果虽然相同,但是其理由不同。盖在第 1 项情形,托运人或受货人并无因运送物之丧失、毁损无须支付运费及其他费用的情事。又"民法"就运送物之灭失、毁损或迟到既有特设之规定,托运人自不得按关于赔偿之债之一般原则而为回复原状之请求。④ (2)运送人有故意或重大过失者,托运人

---

① 参见"最高法院"1960 年台上字第 577 号判例。
② 参见"最高法院"2002 年台上字第 831 号民事判决。
③ 参见"最高法院"1996 年台上字第 548 号民事判决。
④ 参见"最高法院"1982 年台上字第 2275 号民事判决。

或受货人如有其他损害,并得请求赔偿(同条第 3 项)。① 该条第 1 项及第 3 项规定显示,在履行利益的赔偿,视个别契约之发展的具体情形,在范围上仍可能有所不同。第 3 项所定之其他损害,典型者为:对于第三人失去转售利益或负担转售损害。(3)"民法"第 634 条所定,运送人对于运送物之丧失、②毁损或迟到,应负之责任固为无过失责任。但运送人能证明其丧失、毁损或迟到,系因不可抗力或因运送物之性质或因托运人或受货人之过失而致者,不在此限。③

如有急迫之情事必须为权变之处理("民法"第 633 条),有因受货人所在不明或对运送物受领迟延或有其他交付上之障碍("民法"第 650 条)或因受领权之归属有诉讼("民法"第 651 条)而必须寄存拍卖运送物之情形,或有其他情形足

---

① "最高法院"1991 年台上字第 1354 号民事判决:"按运送物有丧失、毁损或迟到者,其损害赔偿额应依其应交付时目的地之价值计算之。运费及其他费用因运送物之丧失、毁损,无须支付者,应由前项赔偿额中扣除之,'民法'第 638 条第 1、2 项定有明文。此为'民法'就运送物之灭失、毁损或迟到所特设之规定(本院 1982 年台上字第 2275 号判例)。本件被上诉人托运之系争立扇 1763 组失窃,被上诉人既依运送契约之规定请求上诉人赔偿所受损害,则不得置'民法'第 638 条规定于不问,乃原审竟依被上诉人出售上开立扇于诉外人森俪公司之价格为计算损害之依据,未就运送之立扇应交付时目的地之价值,并审究有无应扣除之费用,以判断上诉人应赔偿之金额,于法已属未合。且按运送物之丧失、毁损或迟到,系因运送人之故意或重大过失所致者,如有其他损害,托运人并得请求赔偿,'民法'第 638 条第 3 项亦定有明文。本件系争立扇被窃,致被上诉人不能依约交货而须赔偿森俪公司系争立扇总价 687570 之三成,计 206271 元,为原审所认定。然依上开规定,被上诉人如就此项损害请求上诉人赔偿,即应就运送物之丧失、毁损或迟到,系因上诉人之故意或重大过失所致,负举证责任,于法始属无违,乃原审未注意及此,遽谓上诉人不能举证证明系争货品之丧失,系出于不可抗力或被上诉人有过失,而命上诉人如数赔偿,亦欠允洽。"该举证责任为以"民法"第 638 条第 3 项的规定为基础,按规范说的观点分配下来的结果。

② 最高法院 1941 年台上字第 1119 号民事判决:"托运物品丧失时,委托人固得对于承揽运送人请求赔偿。但本于其物上请求权,径向该托运物品之无权占有人请求返还,要亦非法所不许。"倘委托人能自无权占有人回复其对托运物之权利,则其对于运送人就托运物将因无由于丧失而构成之损害,所以不再有损害赔偿请求权。不过,就其为向无权占有人请求返还而发生之费用,应尚得对于运送人请求偿还。另其如不向所知之无权占有人请求返还,而向运送人请求赔偿,则运送人得依"民法"第 218 条之一向托运人(损害赔偿请求权人),请求让与基于其物之所有权或基于其权利对第三人之请求权。"民法"第 264 条(同时履行抗辩权)之规定,于此情形准用之。

③ 在无过失之债务不履行责任中,依"民法"第 634 条但书,该条所定之无过失不含因不可抗力引起之损害,故为通常事变责任("最高法院"1960 年台上字第 713 号民事判决、"最高法院"1997 年台上字第 236 号民事判决参照);反之,"民法"第 231 条所定之债务人的给付迟延责任,则包含,在迟延中,因不可抗力而生之损害,但债务人证明纵不迟延给付,而仍不免发生损害者,不在此限。

以妨碍或迟延运送,或危害运送物之安全等情事,运送人应为必要之注意及处置,而怠于注意及处置,对于因此所致之损害应负责任("民法"第641条)。该赔偿义务之范围应与"民法"第638条第3项所定者相同。丧失或毁损之物品如为金钱、有价证券、珠宝或其他贵重物品,则除托运人于托运时报明其性质及价值者外,运送人对于其丧失或毁损,不负责任。该条所称"不负责任"系指"不负'民法'第634条之无过失"责任,倘运送人因故意、过失之可归责事由致货物丧失或毁损,自仍须负债务不履行之责任。[①] 且价值经报明者,运送人以所报价额为限,负其责任("民法"第639条)。此外,因迟到之损害赔偿额,不得超过因其运送物全部丧失可得请求之赔偿额("民法"第640条)。

上述损害赔偿责任之法定的共同免责或限制事由为:(1)瑕疵责任事由之保留("民法"第635条),(2)贵重物品之赔偿责任("民法"第639条),(3)迟到之赔偿限额("民法"第640条)。超出该法定的免责或限制事由,运送人另为免责约款之提出者,纵使载于运送人交与托运人之提单或其他文件上,除能证明托运人对于其责任之免除或限制明示同意[②]外,不生效力("民法"第649条)。

"民法"第648条规定:"受货人受领运送物并支付运费及其他费用不为保留者,运送人之责任消灭(第1项)。运送物内部有丧失或毁损不易发见者,以受货人于受领运送物后,十日内将其丧失或毁损通知于运送人为限,不适用前项之规定(第2项)。运送物之丧失或毁损,如运送人以诈术隐蔽或因其故意或重大过失所致者,运送人不得主张前二项规定之利益(第3项)。"该条所定者,论诸实际为托运人或受货人关于运送人应负责事由(运送物在运送中毁损或灭失[③])之尽速检查与通知的对己义务。这属于运送人责任之消极要件。其意义与"民法"第356条的规定相当。

七、相继运送

"最高法院"有谓:"民法"第637条所谓相继运送,乃指数运送人就不同之区

---

① 参见"最高法院"2006年台上字第2469号民事判决。

② 参见"最高法院"2007年台上字第2525号民事判决。

③ 在物品运送,运送中指自运送人受领运送物时起,至运送人依契约意旨将运送物交付托运人,或有填发提单者,交付提单持有人时止的时段。所谓交付,指运送人在运送完毕或终止后,将其为运送之目的从托运人取得之对于运送物的直接占有,移转于受货人(视情形为承揽运送人、托运人或提单持有人),使其对于运送物取得事实上的管领力(直接占有)。至于交付的具体地点依契约之具体约定而定。最远可以到受货人指定之特定的任何定点。例如在送交买卖,出卖人同意负责至代为安装时,其缔结之运送契约的路程便可能至安装的现场。Claus-Wilhelm Canaris, Handelsrecht, 22. Aufl., München, 1995, § 33 Ⅳ 2.

域相继为运送而言,特别是在货物之国际运送,其运送工作常常需要数运送人接力完成。此即相继运送。倘为同一区域内有辗转委托运送之关系,即非属相继运送。[①] 关于相继运送之定义,该区域性之限制的理由何在,尚待说明。在相继运送,原则上有一个主办的运送人。其他运送人之于该运送契约之履行,不论为主办运送人之履行辅助人。而比较接近于"民法"第 537 条所定经委任人之同意或有习惯或有不得已之事由,使第三人代为处理委任事务的情形。在委任,受任人依第 537 条之规定,使第三人代为处理委任事务者,仅就第三人之选任及其对于第三人所为之指示,负其责任("民法"第 538 条第 2 项)。"民法"第 539 条在这种情形,委任人对于该第三人关于委任事务之履行,有直接请求权。因此,"民法"第 637 条规定:"运送物由数运送人相继运送者,除其中有能证明无第 635 条所规定之责任者外,对于运送物之丧失、毁损或迟到,应连带负责。"亦即除非运送物系因包皮有易见之瑕疵而丧失或毁损,且特定运送人于接收该物时,有为保留,从而该运送人不应负责任外("民法"第 635 条),各相继运送人皆应连带负责。其道理为:不知损害事由发生在哪一个运送阶段。

因为对负先为给付义务之运送人,留置权是其运送债权(运费及其他费用)之最重要的担保,所以,相继运送人于受领运费及其他费用前交付运送物者,对于其所有前运送人应得之运费及其他费用,负其责任("民法"第 646 条)。"运送物由数运送人相继运送者,其最后之运送人,就运送人全体应得之运费及其他费用,得行使第 647 条、第 650 条及第 652 条所定之权利"("民法"第 653 条);运送人之留置权("民法"第 647 条)、紧急处理("民法"第 650 条)及拍卖价额之抵充("民法"第 652 条)。

八、旅客运送

旅客运送之运送目标有旅客及其行李。所以,旅客运送人分就旅客及其行李依相关规定,负其责任。

(一)关于旅客之运送责任

旅客运送人对于旅客因运送所受之伤害及运送之迟到应负责任。此为法定之无过失责任。但因旅客之过失,或其伤害系因不可抗力所致者,不在此限。此外,关于迟到所致之损害,如运送之迟到系因不可抗力所致者,旅客运送人之责任,除另有交易习惯者外,以旅客因迟到而增加支出之必要费用为限("民法"第

---

① 参见"最高法院"1982 年台上字第 1837 号民事判决。

654 条）。

（二）关于行李之运送责任

运送人对于旅客所交托之行李，纵不另收运费，其权利义务，除本款另有规定外，适用关于物品运送之规定（"民法"第 657 条）。同时运送原则：行李及时交付运送人者，应于旅客达到时返还之（"民法"第 655 条）。运送人对于旅客所未交托之行李，如因自己或其受雇人之过失，致有丧失或毁损者，仍负责任（"民法"第 658 条）。"旅客于行李到达后一个月内不取回行李时，运送人得定相当期间催告旅客取回，逾期不取回者，运送人得拍卖之。旅客所在不明者，得不经催告径予拍卖。行李有易于腐坏之性质者，运送人得于到达后，经过二十四小时，拍卖之"（"民法"第 656 条第 1 项、第 2 项）。运送人得就拍卖代价中，扣除拍卖费用、运费及其他费用，并应将其余额交付于应得之人，如应得之人所在不明者，应为其利益提存之（准用"民法"第 652 条）。就上述规定之责任，运送人交与旅客之票、收据或其他文件上，有免除或限制运送人责任之记载者，除能证明旅客对于其责任之免除或限制明示同意外，不生效力（"民法"第 659 条）。

九、运送人债务不履行责任之短期时效

就运送人之债务不履行的损害赔偿责任，"民法"第 623 条有短期消灭时效的规定：(1)关于物品之运送，因丧失、毁损或迟到而生之赔偿请求权，自运送终了，或应终了之时起，一年间不行使而消灭。[1] (2)关于旅客之运送，因伤害或迟到而生之赔偿请求权，自运送终了，或应终了之时起，两年间不行使而消灭。以"应终了之时"为起算点者，适用于物品或旅客之运送由于上述债务不履行之事由而终局的不予完成，[2]不限于物质之灭失的情形。[3]

其中之迟到属于给付迟延，物品之因运送而丧失、毁损，或旅客之因运送而受伤害皆属于积极侵害债权。在积极侵害债权的情形，原则上与侵权行为或依其他法律成立之危险责任构成请求权规范竞合。这时应按其具体竞合之规定内容调和其相关构成要件或法律效力的内容。例如关于消灭时效原则上当一概适

---

[1]　参见"最高法院"1998 年台上字第 35 号民事判决。
[2]　参见"最高法院"1998 年台上字第 35 号民事判决。
[3]　参见"最高法院"1985 年台上字第 2189 号民事判决。

用"民法"第 623 条之短期时效。① 唯该短期时效规定之适用应限于该条所定之事由所涉之损害赔偿请求权,不含根本未为运送②或"基于运送契约之其他债务或债务不履行所生之损害赔偿请求权"③。

十、承揽运送

承揽运送之概念:与运送的情形一样,"民法"透过对于承揽运送人加以定义的方式,定义承揽运送之概念。称承揽运送人者,谓以自己之名义,④为他人之计算,使运送人运送物品而受报酬⑤为营业之人。除本节有规定外,准用关于行纪之规定("民法"第 660 条)。"承揽运送契约法律上并非要式行为,除当事人间曾约定须用一定方式外,凡明示或默示均可成立"(最高法院 1931 年上字第2027 号民事判决)。因为承揽运送人所负之给付义务,系为托运人订约,使运送人运送物品而受报酬。所以,其对于托运物品之丧失、毁损或迟到,固应负责任。但能证明其于物品之接收保管、运送人之选定、在目的地之交付,及其他承揽运送有关之事项,未怠于注意者,不在此限("民法"第 661 条)。该责任接近于"民法"第 538 条第 2 项:受任人使第三人代为处理委任事务者,仅就第三人之选任及其对于第三人所为之指示,负其责任。

承揽运送人除契约另有订定外,得自行运送物品;如自行运送,其权利义务,与运送人同("民法"第 663 条)。此为承揽运送人(行纪人)之介入权。就运送全

① "最高法院"2006 年台上字第 218 号民事判决:"按侵权行为之损害赔偿请求权与债务不履行之损害赔偿请求权竞合时,债权人虽得择一行使之,唯债权人依侵权行为法则向债务人请求赔偿其损害时,关于债务人应负之损害赔偿责任,若于债务不履行法律有特别规定者,除当事人间别有约定外,仍应受该特别规定之限制。查 1999 年 4 月 21 日修正之'民法'第 623 条第 1 项规定,关于物品之运送,因丧失、毁损或迟到而生之赔偿请求权,自运送终了或应终了之时起一年间不行使而消灭,乃为尽速了结当事人间之关系所特别规定之短期时效,为贯彻'立法'意旨,并平衡当事人之利益,债权人对债务人纵系依侵权行为之规定请求赔偿,仍应受上开特别规定之短期时效限制。"该院虽看似采请求权竞合说,但其论据实为请求权规范竞合说的论点。由是可见,为求诉讼经济,在实体法的学说上发展出来之请求权规范竞合说尚未为"最高法院"所透彻采认。

② 参见"最高法院"2002 年台上字第 1219 号民事判决。

③ 参见"最高法院"1998 年台上字第 35 号民事判决。

④ 倘非以自己名义,而以委托人之代理人名义与运送人订立运送契约,实务上认为应类推适用关于承揽运送之规定。参见"最高法院"2004 年台上字第 2049 号民事判决。

⑤ 因为承揽运送受有报酬,所以承揽运送契约为有偿。是故,承揽运送人应负善良管理人之注意义务,使他人为运送。参见"最高法院"1988 年台上字第 101 号民事判决。

部约定价额,或承揽运送人填发提单于委托人者,视为承揽人自己运送,不得另行请求报酬("民法"第664条)。[①] 此为介入之拟制。

虽然承揽运送人原则上得自行运送,并因自行运送而使该承揽运送契约转化为物品运送契约,但是否有导致转化之自行运送的行为,仍应视个案具体情形,认定之。[②]

物品运送规定之准用:"民法"第631条(托运人之告知义务)、"民法"第635条(运送人对于包皮瑕疵之保留)及"民法"第638条至第640条(损害赔偿之范围)等规定于承揽运送准用之("民法"第665条)。

承揽运送人之损害赔偿责任的短期时效:对于承揽运送人因运送物之丧失、毁损或迟到所生之损害赔偿请求权,自运送物交付或应交付之时起,一年间不行使而消灭("民法"第666条)。

承揽运送人如先为给付,与一般劳务之债一样,"承揽运送人为保全其报酬及垫款得受清偿之必要,按其比例,对于运送物有留置权"("民法"第662条)。

---

　①　"行纪人受委托出卖或买入货币、股票或其他市场定有市价之物者,除有反对之约定外,行纪人得自为买受人或出卖人,其价值以依委托人指示而为出卖或买入时市场之市价定之。"亦即在关于市场定有市价之物的出卖或买入的行纪,行纪人原则上有介入权,且纵使介入,行纪人仍得行使"民法"第582条所定之请求权("民法"第587条):"行纪人得依约定或习惯请求报酬、寄存费及运送费,并得请求偿还其为委托人之利益而支出之费用及其利息"("民法"第582条)。

　②　参见"最高法院"2003年台上字第1121号民事判决。

第十四章

BOT 契约

一、问题背景

　　公共部门的效率不尽理想,且政府财政困难,而待于兴办之基础建设又需要大量资金,因此,动用民间资源,以提高效率,疏解财政困难成为当今政府之要务。现行法中明文规定 BOT 者,例如"奖励民间参与交通建设条例"第 45 条:"本条例所奖励之民间机构于第 7 条所定许可经营期限届满时,应将现存所有全部营运资产,依原许可条件有偿或无偿概括移转予主管机关。"

　　检讨公权力机关基于公权力对人民提供之公共服务,[①]其中有适宜由受益者付费者。此种服务于具有充分之自偿性[②]时,可以委由或让诸民间办理。在公权力尚不能完全撤离,并将其服务关系私法化的情形,倾向于利用"委托行政"的方式办理,例如在集中证券交易市场的营运、管理,采公司制委托私人投资之(证券交易所)股份有限公司办理("证券交易法"第 94 条、第 124 条);在公权力可完全撤离,并将其服务关系私法化的情形,倾向于利用业务特许的方式,将市场开放给民间事业自由竞争,例如电信自由化的措施;[③]另有一种公共服务,在

---

　　①　公权力机关基于公权力对人民提供公共服务,通常称为给付行政或授益行政。由于机能的变迁,公共服务的范围有其缩小或扩张的情形。例如教育服务,有扩大让民间兴办私立学校的趋势,反之,医疗服务却由于全民健保的实施而自民间部门向公共部门移动。不过,一般说来,有自偿性之公共服务的民营化还是大势所趋。

　　②　如不具有充分之自偿性,政府可考虑以补贴的方法弥补其差额。唯在甄选 BOT 之受托对象时应将所需补贴金额列入甄选项目。缘此,有相关草案建议:政府得于依本法核定之公共建设无法完全自偿时,补助其贷款或投资其建设资金,以提高非完全自偿性公共建设之投资诱因("促进民间参与公共建设法草案"第 27 条)。

　　③　"电信法"第 12 条:"第一类电信事业应经交通部特许并发给执照,始得营业(第 1 项)。第一类电信事业以依公司法设立之股份有限公司为限(第 2 项)。"第一类电信事业开放经营后,目前已陆续开始营业。

公权力之撤离或将来业务的发展方面，尚不宜遽下决定，作出不能回复的转变，因此，采公办民营或 BOT 的方式办理。公办民营与 BOT 的相同特征为，在约定或特许期间内委由民间营运，以借助民间之营运、管理的能力；其相异之处为，在 BOT 还借助民间的资金，由民间机构在特许期间内担负兴建及营运的风险。这有助于减轻政府的财政负担、加速基础建设并提高兴建及营运的效率。然一个业务一旦利用 BOT 的方式，特许由民间机构经营一段期间，在期间届满后要再收回由政府机关办理几乎是不可能的事。其结果所谓期间届满后之移转的约定，其意义只不过是一方面提供特许机关一个检讨、调整与改正的机会，一方面提供其他事业经由竞标进入与该 BOT 计划有关之业务机会。①

将一定之公共服务委由或让诸民间办理，固然减轻了政府之资金投入、管理负担及营运风险，但也提供受托机构与"兴建"、"营运"有关之重大的业务机会。基于该机会，受托机构除可取得庞大之兴建业务外，且常常可以在一定期间独占经营特定业务，取得相关市场之优势的竞争地位。因此，将公共服务委托民间机构兴建、营运具有"特许经营"的特征，必须兼从特许对于市场竞争可能发生之影响的观点加以考虑。所以，公共服务之委托，即便以兴建、营运及移转的方式（BOT）为之，该关系除仍具有经济利益之交换的对价结构外，还会改变市场结构。是故，在 BOT 之特许，一方面，必须经由公开甄选及竞标的方法决定受托对象，以确保公平与效率外；另一方面，必须设法维护兴建、营运及移转所具有之公共利益及交易利益。

其间选案、经公告及说明会加以公开、经由对话协商（议约）确认计划内容及基本交易条件、甄选、决标、执行、稽核皆极重要。由于所涉问题复杂，因此，特许机关要避免一肩挑，多借重有兴趣之厂商的公正建议及银行、保险业者之征信及监督的机能。为维持银行、保险业者之征信及监督的机能特许机关不宜过度承担融资及保险的任务。

以下兹从 BOT 契约的性质、给付之交换关系，BOT 契约之履行的协助，特许对象之甄选与竞标，缔约基础不存在或变更之调整，利益输送之监督，BOT 契约之履行的监督，BOT 契约之期满与终止，终止关系之履行，BOT 业务之强制接管，民间机构与第三人之关系，特许计划之变更，争议之解决与救济途径等事项说明之。

---

①　类似的问题在证券集中交易市场之行政委托充分表现出来。目前在证券集中交易市场之行政委托与一般 BOT 计划不同者为无到期无偿移转的约定。

二、BOT 特许契约

(一)BOT 契约的性质

所谓 BOT 契约的性质,通常指其究为公法契约或私法契约的问题。指其为公法契约者,着眼于该契约包含具有公共服务性质之业务的"特许",指其为私法契约者着眼于该契约进入履行阶段后,双方之给付与私法契约中习见之给付与对待给付并无明显的差异,因此,其变更、终止应循私法途径解决。深究之,民间机构担心者为行政机关会不会任意变更或终止 BOT 契约,以及当有契约之履行上的争议,是否不得向商务仲裁机构或民事法院,而只得循行政救济途径请求救济。这些顾虑其实并不切实际。盖即使将 BOT 契约定性为私法契约,正像其他民事关系,行政机关还是能够依法进行干预的。所以,这里真正存在的问题还不在于将之定性为公法关系或私法关系,而是当行政机关行使公权力,介入私人财产或营业时,除应遵守依法行政,给予合理赔偿外,并应符合比例原则之要求。然如行政权的行使,一下子在滥用方面不能得到足够的信赖,将之定性为私法契约,①并以之为基础明文规范之,②应可以使民间机构放心许多。然这不意味着,在将 BOT 契约定性为私法契约时便无特许之撤销、强制接管、强制收

---

①　此见解可参照"民间参与公共建设法草案",该草案第 6 条第 1 项:"除本法另有规定外,主管机关与民间机构之权利义务依投资契约之约定,契约无约定者,适用民事法相关之规定。"草案明定关于主管机关或主管机关所属事业与民间机构之权利义务关系,采民事契约原则,悉依投资契约规范之。契约无约定者,适用民事法相关之规定,并参照联合国等机构之研究及政府采购法之规定,于该草案揭橥民事契约之维护公共利益及公平合理之基本原则,与契约履行上之诚信原则,以反映主管机关与民间机构平等合作之伙伴理念,并营造"双赢"之投资条件。

②　"民间参与公共建设法草案"第 4 条对民间机构参与公共建设之投资契约的态样予以类型化,并例示其主要内容,以与第 6 条揭橥投资契约为民事契约之规定相呼应。

买或费率之限制等介入的可能性。① 唯这些可能性既然足以影响特许事业之成败，为使民间机构放心，对其要件、补偿允宜事先明确规定。其中最重要的保障应在于行政权之滥用的禁止。如果关于行政权之滥用的禁止在实务上已经可以获得相当的肯定，则纵使将之论为公法契约，对于特许事业的利益亦无所伤。唯在将 BOT 关系论为私法契约时，应避免从行政一体的观点，将其他行政机关执掌的事项约定为委托机关之履行义务的内容。此外，即便是委托机关自己执掌之事项，只要涉及公权力之行使，皆应特别小心事先探讨将来在其执行上可能遭遇的困难，及能够承担之风险的限度。不宜有过度乐观的估计。

(二)BOT 契约的内容及其给付之交换关系

BOT 契约中包含兴建(Build)、营运(Operate)及移转(Transfer)三种给付。从经济利益论，可以说民间机构以公共建设②之"兴建及移转"交换公共建设之"营运"的特许。民营机构有义务投入约定的资金，从事约定之公共建设，按约定的价格，提供符合约定运量、约定质量的服务。是故，民营机构依 BOT 契约所取得之营运权兼具义务的性质。在此意义下，BOT 契约具有双务契约的特征。

在 BOT 契约之履行，民间机构就土地、营建执照、融资之取得，弃土场之开发或使用等常常需要行政机关之协助，因此，在 BOT 契约中有时会有特许机关之协助的约定。于是，引起该协助是否构成特许机关之给付义务，或民间机构之免责事由或调整事项的疑义。这些协助中有些属于他人资源之提供(例如土地、

---

① 对于这个问题，有认为：民间机构参与兴建或营运依本法核定之公共建设，如有施工进度严重落后、工程品管重大疏失、经营不善等重大情事发生时，应明定主管得依投资契约采取必要措施，以维护公共利益。例如明定相关融资机构及保证人有受通知之权利，必要时并得行使介入权，以期于主管机关终止投资契约前能改善经营不善之情事(参照"促进民间参与公共建设法草案"第 54 条)。又于公共建设之兴建、营运情况紧急，迟延即有损害重大公共利益或造成紧急危难之虞时，主管机关应有紧急处分权，得令民间机构停止兴建或营运之一部或全部(参照"促进民间参与公共建设法草案"第 55 条)。为维持公共服务不致中断，应明定政府对兴建营运财产有强制收买权。政府得依投资契约规定于期前终止之情形收买营运资产或兴建公共工程，或移转其他民间机构继续兴建、营运(参照"促进民间参与公共建设法草案"第 56 条)。该民间参与之公共建设于营运期限届满所有权须移转予政府者，应明定期满时，政府与民间机构之权利义务关系应依投资契约规定为之(参照"促进民间参与公共建设法草案"第 57 条)。如何使以上规定能顺利解决相关问题，在实体及程序方面可能皆还须更周详的具体规定。当主要靠约定时，约定如有不周，一旦发生争议，必然缠讼经年，财务风险及业务耽搁皆属非同小可的事项。

② 关于何谓公共建设，"促进民间参与公共建设法草案"采广义的概念，以供公众使用，或促进公共利益者为其适用对象。参见该草案第 3 条之例示规定。

资金),原则上应以市场的方法取得,有些属于其他行政机关之职权,应依相关规定办理,有些属于民众之抗争,必须按个案之情形处理,不全然属于特许机关可以掌控的事项,是故,特许机关如将其协助预期的成果约定为自己之给付义务,无异于从事他人之物的买卖,容易发生不能履行的情事,要特别小心。所以,就民间机构所需要之协助不宜约定至等于给付义务的程度,极其量只可约定为民间机构之免责事由①或调整事项。②

至于因公共建设之兴建、营运的期间长达数十年,如有借贷会有利率风险,如引用外币资金会有汇率风险,而约定由特许机关担负风险者,特许机关与民间机构得本于平等互惠的原则,就之具体约定:采固定利率或固定汇率由特许机关负担及享受因利率或汇率变动可能发生之利息或外币兑换损失或利益,或采利率或汇率波动超出约定利率或汇率一定百分比以上时,其超过部分之损失或利益由特许机关负担或享受。但不宜简单片面地有利于民间机构,就在兴建、营运期间之利率或汇率之不利的变动,约定由特许机关负担保责任。保证运量或保证销售量的特约亦同。要之,关于利率、汇率及营运量的风险的分担,可以约定由特许机关负担,但应符合平等互惠的原则。当双方有该等约定,这些约定内容构成双方之债权债务的关系。

为完成 BOT 契约中之计划,特许机关与民间机构间主要会发展出三种关系:(1)兴建关系;(2)营运关系;(3)移转关系。它们代表 BOT 契约关系之三个发展阶

---

①　所谓免责事由,指如不能如期提供必要之协助,或提供之协助不能生希望之结果,民间机构之给付迟延或给付不能论为不可归责于民间机构及委托机关,属于债法上所称不可归责于双方当事人而债务不履行的情形。在这种情形,除有约定当事人之一方就一定之债务不履行的情形应负担保责任外,双方对于他方皆不负赔偿责任。各自为履行契约所作之投入,其风险各自负担。此为契约法上之危险负担的问题(买卖:"民法"第 373 条;承揽:"民法"第 508 条)。

②　所谓调整事项指如有前述情事发生,民间机构可依情形请求调整特许费率、特许期间、营运量、开始提供服务的期日或服务内容等。然如不能经由调整特许内容圆满解决因缔约基础不存在或变更所引起的履行障碍,双方只好解除或终止契约。此际,关于受托人所作投入之补偿极其量仅能依不当得利的规定处理。其补偿范围应接近于"民法"第 431 条规定之内容。"民法"第 431 条规定:"承租人就租赁物支出有益费用,因而增加该物之价值者,如出租人知其情事而不为反对之表示,于租赁关系终止时,应偿还其费用。但以其现存之增价额为限(第 1 项)。承租人就租赁物所增设之工作物,得取回之,但应回复租赁物之原状(第 2 项)。"唯在第 1 项或第 2 项所定之途径间,在 BOT 关系应认为委托人方(出租人方)有选择权。盖在 BOT 关系存续中,特许公司为营运已开始使用之机具、设备或其他工作物,应推定为属于营运所需,其再次分离,有损于 BOT 系统之正常运作。然因恐特许公司滥为增添不需要之机具、设备或其他工作物,所以是否以相当于"民法"第 431 条规定所定条件继受,最后仍应让委托人方(出租人方)选择。

段。对于民间机构而言,第一个阶段为投资(兴建关系),第二个阶段为回收(营运关系),第三个阶段为撤出(移转关系)。移转关系之规范需求与"交钥契约"(Turn-Key Agreement)类似。其规范要点在于以何设备为内容、契约产品或服务、产能、质量规范、品管方法、单位成本、维护成本、耐用年数、保固期间、智财权之授权使用条件、与竞争产品或竞争技术之比较、契约产品或服务之改良可能性。

其次为调整 BOT 契约中之公共建设的自偿性,以维持其适度的诱因,特许机关在自偿性不足时应予补贴,在其自偿性超过时应收取权利金。是故,在 BOT 契约特许机关与民间机构间可能会有补贴或权利金的关系。不论是关于补贴或权利金的约定,皆会使民间机构或特许机关对于相对人取得给付请求权。

(三)处理 BOT 契约的基本立场

在商言商,招请民间机构参与基础建设,应规划出让民间机构能够赚钱获利之合理的经营条件。并在甄审时要求民间机构提出在如何条件下其能够获利的看法。而后在此基础上将 BOT 的机会给予能提供计划之服务,而又最能获利的参选人。

BOT 契约所涉之建设项目通常属于基础建设。今其兴建所以有资金回收上的困难,乃因此种建设之效益的受益对象有时不容易界定,或有时虽能界定但在私法上尚未提供必要之权利的基础,[①]以利用收取使用对价的方式,经由市场回收,而滞留于所谓之外溢效果或社会效益的型态。针对这个问题近来政府有试图借助"受益者付费"之观念的倡导加以突破的努力。在个案当其回收真有实际上之困难时,特许机关必须利用补贴的方法提供协助。

三、BOT 契约之履行的协助

在 BOT 契约之履行,民间机构需要一些协助,始克完成约定之公共建设。其中有关于建设上需要之生产因素者,例如协助取得所需之土地、资金;有关于行政手续之协助者,例如营建执照之申请,环境影响评估,弃土场之开发或倾倒的核准;有关于税捐优惠者;有关于相关投资或开发之特许者。这些协助应区分为有补贴意义与无补贴意义两种情形。不论属于哪一种情形,不适当约定为:特许机关就该协助对民间机构负担保责任。换言之,特许机关事后纵使不能排除

---

① 与土地之使用效率有关的建设,关于外溢效果或社会效益之处理,公法上设有"工程受益费"的征收制度,对于因工程之兴办而受益者征收工程受益费。参见"工程受益费征收条例"第 2 条、第 3 条。

相关行政许可的障碍,并不构成债务不履行。但倘后来不能顺利协助取得相关许可,该情事依情形,可能构成缔约基础的变更,民间机构得据之请求调整营运量、营运质量、营运价格或开始营运的时间。当然行政协助所涉及之事项如属于其他机关之行政服务,应利用 BOT 案件之作业机会,仔细检讨相关法规是否合理及相关行政作业是否有效率,以顺势提高财经行政的质量与效率。唯在过程中仍应注意不同机关各有所司,各有其行政机能,尚不宜有单一事务挂帅的情形,以避免"尚方宝剑"式的改革,逐步冲乱法律系统,产生矛盾。要之,关于行政协助,应朝超出个别 BOT 计划,通案朝检讨法规之合理性及行政协调之效率的方向努力。

当越过法规之合理性及行政协调之效率的层次,行政机关在 BOT 之协助的考虑,便剩下是否有补贴意义。如有补贴意义,应评估其对于民间机构之财务贡献,并将之自民间机构投入之资金中扣除,以准确公平认识、比较应征者间之投入的大小。此外,在契约终止时,如特许机关应有偿价购营运资产,原则上应将民间机构受补贴而取得的部分除外。关于具有补贴意义之行政协助的提供,应透明地公开于各应征者,并由各应征者自行评估各个行政协助的财务贡献。如是,有助于甄审标准或事项的一致化。

(一)协助项目

关于 BOT 之行政协助,民间所关心者,主要为低利融资的补贴、税捐优惠、弃土场之开发或倾倒许可、环境影响评估、营建许可。其中低利融资的补贴及税捐优惠,其意义主要在于补贴;弃土场之开发或倾倒许可、环境影响评估、营建许可,其意义主要在于行政协调。至于土地的取得则兼有补贴及行政协调的意义。兹分述之:

1.土地的取得

关于土地之利用,首先有地权之取得,[①]而后有使用编定的问题,盖不取得地权不能供 BOT 计划,土地原来编定之用途如不适合 BOT 计划之用,还是于

---

① 　除协助其取得土地外,有认为委托机关并应协助其取得邻地地上权,明定主管机关得准用征收规定,协助民间机构取得邻地地上权,以利民间机构为公共建设之需要,穿越公私有土地之上空或地下;如因此致该土地无法为相当使用时,土地所有权人并得依法要求主管机关进行土地征收,以减少对地主之损失(参照"促进民间参与公共建设法草案"第14条)。另为利民间机构进行土地开发,并维护相关人员之权益,并应就邻地禁建限建、邻地之进入使用、邻地建物改良物之拆除迁移、共架共构事宜及施工所需公地之使用等相关事宜予以明定(参照"促进民间参与公共建设法草案"第19—23条)。

事无补。① 土地取得之主要困难在于地主不满意于法定"补偿费"的额度,而意定之补偿费又不易获得协议。为化解该困难,过去政府虽有补偿费加成、免税的安排,但相当于谈判之抗争过程往往还是不能避免。其结果,征收作业总是耗费时日,难以掌握进度。这对于投资巨大,资金成本负担沉重的 BOT 计划极为不利。是故,如何提高 BOT 计划所需土地之取得效率,为 BOT 计划之成败关键之一。

为解开这个结,光是在补偿费上着力,还是不易制度化的解决土地取得的问题。盖在加成补偿的关系中,因个别土地之相对条件不一样,土地所有人总是会有不争争看,不能放心所获得之补偿费是否已经是最多的疑虑。基于该认识,土地的问题最好应以土地解决,也就是提供以地换地的选择机会。其方法为对于土地被征收之所有人授予"购地凭证",其面额与被征收土地之公告现值相同。持有此种购地凭证者得向公有土地管理机关申购,按公告现值计算与购地凭证面额等值之公有土地。为配合该购地凭证的发行,除应容许该凭证自由流通外,并应容许其分割或合并使用。为活络其交易并可开办购地凭证集中交易市场。唯开办之初,其合并使用及流通,可考虑先限于被征收土地所在地之同一地方自治行政区内,或限于征地机关之行政区内。另外一个可能的方法是让土地所有人可以选择以普通股或特别股的方式,将其补偿费优先投资于特许公司。

2.低利融资的补贴、融资保证或直接融资

与融资有关之协助,特许机关或其他政府机关所能从事者包括低利融资的利息补贴、融资保证或直接融资。比较适当的方式应该是补贴利息。盖补贴利

---

① 关于土地利用程序之变更,有认为应规定:公共建设所需用地,涉及都市计划变更者,主管机关应协调都市主管机关办理变更,以利民间取得都市用地。至于非都市用地或区段征收用地,为避免发生土地投机现象,变更现有程序,明定得先行报准征收、拨用、变更用途、交换使用,或区段征收后,再依法办理变更编定或发布实施都市计划(参照"促进民间参与公共建设法草案"第10条、第16条)。关于公有土地之拨用及提供,有认为主管机关应协调公地管理机关进行公有土地拨用,并得以出租、设定地上权、让售、设定信托或现物出资等方式提供民间机构使用。租金或使用权利并得依优惠条件议定(参照"促进民间参与公共建设法草案"第11条)。关于私有土地之征收及提供,有认为为尊重人民财产权,并减少土地征收之抗争,以加强公共建设之绩效,除法律另有规定或经"行政院"项目核定者外,私有土地征收程序除依下列事项,仍应依现行土地相关法规处理。(1)以市价进行征收;(2)增列以地易地措施;(3)征收后得以联合开发、委托开发、合作经营、出租、设定地上权、让售、设定信托或现物出资方式及优惠条件提供民间机构利用;(4)延长征收土地计划使用年限;(5)用地处分限制之修正(参照"促进民间参与公共建设法草案"第12条、第13条、第17条、第18条)。放宽土地使用分区管制及区域土地使用管制,容许民间机构得以出租、设定地上权、让售或设定信托方式提供民间机构开发附属事业(参照"促进民间参与公共建设法草案"第24条)。

息不承担风险,比较接近 BOT 的精神。

在公共建设,不论由政府或民间兴办,皆会有资金的取得问题。如果由政府自己兴建营运,政府除必须利用征收税捐或规费、发行建设公债或经营公营事业来获取收入外,还必须面对预算及审计的监督,从而有财务收支及行政效率上的困难。反之,如以 BOT 的方式由民间机构兴建营运,则除可在资金的筹集上,使民间机构反客为主为所需资金之筹措尽心尽力,以纾解政府之财政压力外,并可避开预算、审计作业可能引起的效率障碍。唯事实上民间机构并不真正有足够的自有资金,可以以自给的方式完成 BOT 计划中的建设。通常不但民间机构之发起人所能提供资金以作为股款者,仅约占特许公司的 25%,其余股款有待于招募,而且其资本额占 BOT 计划所需总资金亦仅约 25%。换言之,发起人提供之资金占 BOT 计划所需总资金仅约 6.25%。其余资金,不论以"股款"或以"贷款"的型态存在,其取得皆有待于外界的支持。

在各种可能的资源中,比较不伤神的可能是政府所能掌控的基金,比较有效率的可能是银行,因此,特许公司在 BOT 计划的执行上常提出特许机关应协助其取得融资的要求。各界反应也多采支持的看法。有疑问者为到底特许机关在与 BOT 计划有关之融资的协助上所当提供之协助的内容应当是什么? 有认为应由政府掌控之基金融资者,[①]有认为特许机关应提供保证,提高银行贷放意愿者,有认为特许机关所当协助者应限于利息之补贴者。[②]

鉴于财务风险为企业风险最后归属之所在,而 BOT 计划之执行既已委由民间机构以特许公司之身份为之,特许机关自不宜就 BOT 计划之执行的成败一般的负最后的财务责任,是故,关于 BOT 计划之融资,不但政府基金不应有对于特许公司之直接贷放的行为,而且不应有利用政府保证支持特许公司之债信的做法。盖这些做法都会使特许机关就 BOT 计划之执行的成败,一般的负

---

① 为协助参与兴建或营运之民间机构取得项目融资,有认为应参照"台湾省奖励投资兴建公共设施办法"第 15 条、"台北市奖励投资兴建公共设施办法"第 21 条之规定,明定主管机关得依政府需要洽请相关金融机构提供中长期优惠贷款,必要时并得放宽相关政府特种基金管理法规之限制,使相关资金亦能泏注相关公共建设(参照"促进民间参与公共建设法草案"第 28 条)。这个安排看似简单且顺理成章,其实蕴含 BOT 契约中之一个重要机制:由金融机构协助征信并监督兴建、营运。是故,委托机关在融资上的协助应限于利息的补贴。另只要涉及补贴应即考虑其与参与投资之选择可能性或可行性。

② 参见"奖励民间参与交通建设条例"第 25 条第 1 项。

最后财务责任。^① 基于以上顾虑,关于融资,特许机关适当的协助应限于提供利息补贴。其他的融资业务应完全交由银行,按其专业评估,是否核贷,按其专业进行必要之财务监督与稽核。这些工作在相关融资有政府保证的情形不易圆满达成。假设因此无法解决特许公司之融资问题,还是只能在一定之比例的范围内以与银行团联贷的方式处理。盖非如是,在融资上不能借重银行之专业的监督与稽核,而这是 BOT 计划之财务监督之重要市场机制所在。其次,有一点不能忽略者为,特许公司如果失信于联贷银行,不但特许公司,而且其重要股东之事业的债信皆会受到影响,从而遭遇到资金调度上的困难。为避免这些困难,特许公司及其重要股东都必须全力以赴。这正是企业精神之机制所在。为维持该机制必须使特许公司经由联贷银行融资。

由联贷银行对于 BOT 计划提供贷款另有分散贷放风险,降低关系人放款比例的作用。这些风险管理对于银行极为重要,是否宜因其贷放对象是 BOT 的特许公司便认为多余,有待仔细探讨。^② 至于公司债的发行,在 BOT 计划之执行真正重要的是如何在其发行上引进银行的配合,使银行能协助购买公司债之社会大众事前办理必要之征信,事后办理必要之财务监督及稽核的工作。这

---

① 特许机关以政府基金对于特许公司直接贷放,或对于特许公司提供政府保证,支持特许公司之债信的做法所以有使特许机关就 BOT 计划之执行的成败,一般的负最后财务责任的道理为特许公司或其股东对于特许公司所负之债的清偿责任以出资额为限,而特许机关则就其贷放款项之回收负担风险,就其保证负或有的给付义务。

② 有认为公共建设之贷款与一般贷款有不同的性质,所以,为提高金融机构提供融资之意愿,应特别明定排除"银行法"第 33 条之三、第 38 条及第 84 条之限制。此外,还认为依法经"财政部"核准者,可放宽"银行法"对利害关系人放款之限制,以便参与投资公共建设之金融机构亦能承作相关项目之放款(参照"促进民间参与公共建设法草案"第 29 条)。"银行法"第 33 条之三:"中央主管机关对于银行就同一人或同一关系人之授信或其他交易得予限制,其限额由中央主管机关定之(第 1 项)。前项所称同一人及同一关系人之范围,适用第 25 条第 3 项规定(第 2 项)。"第 38 条:"银行对购买或建造住宅或企业用建筑,得办理中、长期放款,其最长期限不得超过 30 年。但对于无自用住宅者购买自用住宅之放款,不在此限。"第 84 条:"储蓄银行办理住宅建筑及企业建筑放款之总额,不得超过放款时所收存款总余额及金融债券发售额之和之百分之二十。但为鼓励储蓄协助购置自用住宅,经中央主管机关核准办理之购屋储蓄放款,不在此限(第 1 项)。中央主管机关必要时,得规定银行办理购屋储蓄放款之最高额度(第 2 项)。"以上规定皆与放款风险之管理有关,是否因系争放款与公共建设有关便无相关疑虑,值得推敲。

中间指定用途之投资信托基金当也可以扮演重要的角色。①

3.税捐优惠

税捐优惠为过去台湾地区各种促进投资建设工具中的要角。税捐优惠论其实际为一种隐形的补贴。税捐优惠和补贴之差异为,在税捐优惠不是由政府直接将一定金额之补贴款拨入民间机构的账户中,而是民间机构于满足税捐优惠之规定时可以免缴一定之税捐。因为不是由政府直接将一定金额之补贴款拨入民间机构的账户中,所以其补贴是隐形的,是故,不但因不受补贴,而受到不利者,而且因提供税捐优惠而减少收入者,皆会比较没有感觉到其因此发生之财务支出。其结果,民意机关也比较不会注意到这个问题。当然因税捐优惠而减少

---

① 关于公司债之公开招募,有认为应明定参与公共建设之民间机构,虽非上市或上柜公司亦得发行公司债,以募集民间资金,充实资本结构,且其发行之方式,亦不限于普通或可转换之公司债。此外,其发行亦应排除"公司法"相关之限制,以广募资金(参照"促进民间参与公共建设法草案"第 30 条)。然"公司法"中就下列事项有关于公司债之规定:"公司债可转换股份之数额"(第 130 条第 1 项第 6 款),"公司债存根簿之备置"(第 210 条),"发行公司债之必要费用的摊销"(第 243 条、第 244 条),"董事会募集公司债之决议及其报告股东会"(第246 条),"公司债总额之限制"(第 247 条),"公司募集公司债应申请证券管理机关审核"(第248 条),"无担保公司债之发行限制"(第 249 条),"根本不得发行公司债之限制"(第 250条),"公司发行公司债之核准的撤销"(第 251 条),"公司债之募集公告,及开始募集"(第 252条),"应募及缴款"(第 253 条、第 254 条),"应募人清册"(第 255 条),"公司债之担保的设定"(第 256 条),"公司债之债券之发行"(第 257 条),"公司债存根簿"(第 258 条),"公司债用途之变更的核准"(第 259 条),"公司债之转让"(第 260 条),"可转换公司债之转换"(第 262条),"公司债债权人会议、议事录及其认可"(第 263 条、第 264 条、第 265 条),"第 267 条、第278 条之排除适用"(第 267 条第 7 项、第 268 条第 3 项),"关于重整"(第 282 条),"募集公司债之登记"(第 418 条、第 424 条、第 425 条),"因合并承担公司债时,应为公司债之登记"(第426 条)。在这些规定中,由于公共建设尚在兴建中,无营业收入,或在营运之初,尚无盈余,是故,公司法中关于"公司债总额之限制"(第 247 条)、"公司募集公司债应申请证券管理机关审核"(第 248 条)、"无担保公司债之发行限制"(第 249 条)、"根本不得发行公司债之限制"(第 250 条)等规定可能使 BOT 之受托机构在公司债的发行上遭遇困难是可以理解的。但因此即将"公司法"一切关于公司债之发行规定的适用排除在外,似乎过当。合理的做法应是针对实际需要提出具体可行的替代对策。在台湾地区面对新生业务动则笼统认为现行法构成投资障碍,这是不正确的想法。合理的企划必须有所针对。盖如是,才不会扶得东来西又倒,使整部法典可以协同产生积极促进投资的机能。

之财政收入也不接受预算的审查。①

税捐优惠项目一般施之于财产税中之地价税、房屋税,机具进口之关税,有关交易凭证之印花税及所得税。其中关于营利事业所得税的减免,在营利事业所得税及综合所得税两税合一前,有缓和其重复课征的意义,在两税合一后,是否还适宜以所得税作为免税的税目,值得探讨。这个问题最好并入与 BOT 计划之补贴有关的财务计划中整体考虑。至于对于 BOT 计划之融资的利息收入是否应予免税? 应采否定的看法。盖借钱给特许公司与投资股款于特许公司,所冒风险并不相同,不宜给予相同之税捐待遇。另关于契税,其免税的要求所反映者与其说是为了优惠的需要,不如说是台湾地区契税制度本身之不合理。不动产交易在各交易阶段之加值本来有限,对于房屋交易课以 7.5% 的契税可以说是很重的。

4.弃土场之开发或倾倒许可

为公共建设的进行,往往必须填注或挖取土方,于是引起取土或弃土之需求。由于土方之填注或挖取,会改变地形地貌,因此,在取得上常常遭遇困难,需要特许机关以征收或拨用的方法提供行政协助。② 此外,如有民众抗争,亦需要特许机关动用公权力协助解决。有疑问者为,特许机关之协助,在法律上之定位:特许机关所负之债务或仅是量力而为的协助。这一方面的问题,行政机关应

---

① 在奖励投资条例存废之检讨时,产业别之税捐优惠本已被认定为不妥之税捐手段,认为应代以功能别的奖励规定。但既由于公共建设之财务自偿性时有不足,政府因此常必须对于其兴建、营运者补贴,则对于各项重大公共建设给予税捐优惠实有惠而不费的经济效果。值得朝这方向规划。有建议明定对依法从事之各项重大公共建设施以各种租税奖励之措施,予以优惠,以鼓励民间机构参与兴建、营运公共建设(参照"促进民间参与公共建设法草案"第 34 条)。其奖励措施有施之于所得税者,例如对于为公共建设之设立或扩充而投资之个人或事业,给予适当之所得税免征或抵减的优惠,以鼓励民间积极投资于重大公共建设(参照"促进民间参与公共建设法草案"第 35 条、第 36 条、第 40 条)。另为协助民间机构从事重大公共建设时,取得海外金融机构之融资,以更顺利筹措资金,推动台湾地区重大公共建设之兴建与营运,有认为应参照所得税法关于要经济建设计划贷款之优惠,就经财政部核定者,给予利息免税之优惠(参照"促进民间参与公共建设法草案"第 37 条)。有施之于关税者,例如对于进口机具设备免征关税,以降低成本及资金之需求(参照"促进民间参与公共建设法草案"第 38 条)。有施之于地价税、房屋税、契税者,对于直接使用于公共建设之不动产规定减免其地价税、契税、房屋税等税捐,以减轻其财务负担,提高民间投资诱因(参照"促进民间参与公共建设法草案"第 39 条)。

② 鉴于公共建设常有大土方之填土或挖土工作,因此需要相当面积之取土或弃土场,而依过去之经验,取土或弃土场之寻觅常有困难,需要公权力利用征用或征收配合之。因此,有建议应规定取弃土区用地之拨用或征收相关事宜(参照"促进民间参与公共建设法草案"第 15 条)。

有比较大的担当。

5.环境影响评估

环境影响评估在公共建设之 BOT 案中所存在的问题为耗费时日,影响完工进度的问题。这种问题之圆满解决只能经由过去案例的检讨,了解在环境影响评估案件中,到底时间花在哪里,否则,这种问题会演变为财经行政中难以掌握的因素。

6.营建许可

在 BOT 之建设中,一般免不了要从事各种营建工程,从而需要申请各种营建许可。为避免营建法规之执行构成 BOT 建设之行政障碍,必须提高营建许可的发照效率。然仍不宜因此剥夺地方政府之固有权限。[①] 为合理解决其中存在之行政争议,应本乎改进行政协调机能,防止行政权之滥用的立场,针对过去这类案件,依从事务法则进行检讨,不要比权力,以便将之制度化。要非如是,区区营建许可也会演变为投资上之行政障碍。这是财经行政之合理化的重要课题所在。

7.授权经营附属事业或从事附属建设

为提高 BOT 计划之财务上的可行性,特许机关有时协助特许公司经营与 BOT 计划有关之附属事业,例如场站(包括其周边)之联合开发。这些附属事业之经营有一定之财务贡献,应由各竞标人(投资申请人)自己评估其可能由之获得之财务贡献,然后以之考虑因素甄选之。

另在交通线施工时如容许顺便埋设各种管沟,供他日装置电力、电信等线路使用,应该也可增加其可分担成本之业务机会。

(二)协助利益之归属

在 BOT 计划之执行中,特许公司往往对于特许机关提出一些行政协助的要求。这些协助之提供的本意,主要在于排除其兴建及营运的障碍、困难,或降低其营运成本,但应以此为限。

特许机关或其他行政机关对于民间机构提供之协助中具有补贴之性质者,该补贴的目的在于为相关公共服务之永续的提供,而不在于独利于民间机构,因

---

①　有认为应明定经主管机关依法核定之开发计划,地方政府于收件后应于一定期限内核发建筑许可,并明定地方政府之异议由主管机关核定(参照"促进民间参与公共建设法草案"第 25 条)。这个问题,在组织上涉及权限划分,在事务上涉及民间机构对于相关营建规定实际之遵守情形。所以恐怕除规定限期核发外,还必须利用此种众所瞩目的案件一般性的检讨台湾地区的营建法规及营建行政究竟出了什么问题,否则,只是选择性的给予优惠效率,还是无助于整体行政效率的提升的。这对投资环境的改善就可能利弊参半了。

此,在特许关系终止时,必须按补贴之性质决定其最后的归属。[①] 例如在行政机关之协助下征收或征用土地取得土地所有权或地上权者,该土地所有权或地上权应按原价移转于特许机关,民间机构不得主张土地涨价利益。为避免民间机构事后对此有不平衡的看法,一方面应将该处理原则明定于特许契约中,[②]一方面应由地政机关配合,在征收或征用年度按民间机构取得土地时之取得价格调整其公告现值及公告地价,但往后在特许期间不再调整。如果忽略该安排,且土地所有权或地上权未列为无偿移转资产,则后来特许机关在土地所有权或地上权的取得上必会遭遇到重大的财务困难。倘民间机构对于这个问题有不同的看法,并有所坚持,那么在甄选程序中,应要求将土地涨价收入列入财务计划中,作为甄选考虑之一。另特许公司已将土地所有权或地上权之取得或使用对价计入其服务费率(计算公式)中之成本费用项目者,于 BOT 期间届满时,其移转在其计入之范围,必须是无偿的。

(三)协助目的未达成时的责任

协助目的未达成时,民间机构之兴建或营运可能遭遇到困难是可以理解的。然其处理应从如何减轻其因此所生之财务负担出发,而不宜从债务不履行或担保责任的观点立论。盖虽谓行政一体,但依法行政原则下,行政机关所能配合者仍有其限度。不得将其他机关之行政协助约定为特许机关所负"民法"第268条意义下之第三人给付,主张特许机关应为之负担保责任。

是故,即使认为在这种情形应为民间机构分担风险,最低限度特许机关所负之赔偿责任不应超出消极利益(信赖利益),而且不应包括因其他营业机会之丧失,所生之机会成本的赔偿。至于履行利益,特别是营业损失更不应约定为赔偿的范围或内容之一。

约定"民间机构有权利,请求特许机关在特许期间届满前,收买民间机构为

---

① 就补贴利益的归属,参见"民间投资建设大众捷运系统办法"第 9 条第 3 项。

② 由于民间机构有强烈的愿望,主张将 BOT 特许契约定性为私法契约,所以,如果特许机关不将补贴利益之归属在招商须知及特许契约中明白表示或约定,将来其势必引起争议概可预期。鉴于政府机关与投资有关之法务作业有时并不周全,此种事项最好应以法规明文规定。这种问题不宜从行政弹性的观点回避。目前由于行政权相对上还是比较强势的,以及司法机关对于这类问题还比较不了解,所以这种问题之法律责任一时还隐而不彰。不过,当其将来一下子受到瞩目,而被质疑有利益输送之情事时,难免又乱成一团。总而言之,这类问题如不能通过仔细沟通,汇整共识,"图利罪"的疑云将永远是挥之不去的隐忧。

BOT 计划投入之资产"根本违反 BOT 契约的精神,[①]是故,更是不应有此种约定。民间机构如有超出以上限度之要求,应列为甄审之消极资格事由。盖特许机关没有能力担负这样大的风险。或谓该风险本来便属于特许机关。其实不然。因为特许机关在公共建设所负之风险最大也不至于大到必须为营业损失负责。何况,对于缔约时双方皆不明了之风险,缔约人即使有过失,依与缔约过失有关规定,有过失之一方所负的责任,原则上亦限于信赖利益(消极利益),亦即限于将受害之一方的利益回复至缔约前的状态,而非回复至就像契约圆满履行时可能达到之利益状态。

其次,也必须注意到,课特许机关以赔偿义务之约定涉及赔偿预算的编列,所以,其约定是否应经民意机关事先之预算监督,也是一个值得探讨的问题。

其实,在 BOT 契约之议约中,一再出现之行政协助及其担保的问题,对于政府的启示,应不在于政府是否有能力负担这样大的责任,而在于虽曰行政一体,为何特许机关对于必须经由行政协调提供之行政服务的时程没有把握。论行政革新,这是最好的试金石。不过,必须注意行政效率的改进不贵在于对于众所瞩目的案件提供几近特权的照顾效率,而在于以此为契机,营造能够阳光普照的行政服务。

四、委托对象之甄选与竞标

关于委托对象之甄选应以公开竞标为原则,[②]并多利用履约保证的方法,特别是要多借助于银钱业者之征信及监督、稽核的能力与服务。鉴于在一个将来才要完成的大计划,其甄选可能面对的都是一些自说自话的伟大构想。要分辨其优劣所根据的可能只是应征者之"陈述",而不一定是"事实"。是故,甄选上很多情形,只能在宁可信其真的基础上为之。此所以必须对其投资计划中之重要

---

① 所谓"BOT 契约的精神"指由特许机关提供特许经营之机会,以交换民间机构以自己之费用,包括以自己之风险,投资于该特许业务之兴建、营运。必须由民间机构负担风险,始能发挥民间企业之活力,此为企业精神之所在,也是民间部门之效率一般所以高于公共部门之道理所在。在 BOT 计划,倘由特许机关以收买 BOT 资产的方法,为民间机构承担 BOT 计划中可能存在之经营风险,则民间机构将因无风险因素之驱策,而丧失应有之谨慎、精明与效率,难以置之死地而后生。不置于市场监督底下的事业,不会有市场竞争效能,长期而论对于总体经济不会有积极的贡献,而只会慢慢演变成为社会的包袱。而所谓置于市场监督底下的意思,便是让他承担兴建及营运风险。不过,来自行政法令或政策之变更的风险,还是应当由特许机关负责。有疑问的是应该如何负责? 这个问题如果不能有效解决,将不合理地提高特许机关与特许公司举办或参加 BOT 计划之风险。

② 参见"奖励民间参与交通建设条例"第 37 条。

陈述课以履约保证的理由。假定不对其投资计划中之重要陈述课以履约保证的义务,则甄审作业将形同儿戏,势必衍生严重的风纪问题。

一个理性的BOT甄审作业除应公开竞标外,并应符合以下规则:(1)明确的计划名称与内容;(2)合理的备标期间;(3)明确的甄审项目①与标准;②(4)取得投资人资格之申请人应如期签约;(5)签约后投资人应依计划书所载兴建、营运,并于期满时移转于特许机关;(6)由投资人详细分项载明其愿提供之履约保证金数额,以保证依原核定计划筹办、兴建、营运、维持最低资本额及自有资金比例等;(7)签约期限应严格遵守;③(8)投资人不得事后申请修改足以影响甄审结果之事项。④

关于七、八两项特许机关容易认为其事后有裁量权,然鉴于次优者对于递补有期待利益,容许不依期限签约或更改足以影响甄审结果之事项,会构成递补事由,势必引起无限困扰及相当的法律风险。

关于BOT契约之委托对象的甄选,容易流于俗套,认为行政机关应个别秘密交换兴建、营运、移转计划之内容,有如在其他招标时,被要求应秘密投标一样。其实这与BOT契约之交易需要及规范需要是不符合的。盖在BOT契约甄选过程中,有一个相当于一般工程招标之规划的阶段,在该阶段从工程的观点论,必须集思广益,始能求其尽善尽美,不大适宜为保护各该申请人之所谓规划上的创意,而牵强取舍。不过,为衡平申请人之规划支出,特许机关可以考虑在自为规划可能发生之费用的限度内补偿各参与者之部分规划费用。

另由于建设之非功能性的描述不容易有客观的标准,因此,用来比较的指标要尽可能地选择可以量化的事项。例如自有资金及投入之资金、预计提供之日或时的服务量、服务质量、单位服务价格、何时开始提供服务等。这些量化的指标,事后非有缔约上基础之变更(情势变更)的情事发生,不得有不利于公共服务的变更。然为避免不当引用缔约上基础之变更的论点请求变更营运条件,宜将可构成缔约上基础之变更(情势变更)的相关事由以列举的方式加以规定或约定。

然当事后有缔约上基础变更(情势变更)的情事发生,其法律效力应当如何?通说的见解认为,应先寻求以调整"给付与对待给付之对价关系"的方法维持契约效力,必须在经此努力,还是不能获得对于双方皆属合宜的结果时,始以终止

---

① 关于甄审项目的明确性,可参考"民间投资建设大众捷运系统办法"第9条。

② 关于甄审标准之明确性,可参考"民间投资建设大众捷运系统办法"第10条第1项。

③ 参见"民间投资建设大众捷运系统办法"第13条。

④ 参见"民间投资建设大众捷运系统办法"第16条第3项。

或解除契约关系的方法结束该契约关系。

当以调整给付与对待给付的方法维持契约效力,在 BOT 契约,其适当之调整项目首先应为费率,①而后为营运期间,再其次为营运量,最后才是投入资金量及自有资金的比例。

为完成 BOT 契约中约定之建设,或为发挥其相关经济效益,民间机构常常需要特许机关提供或协调提供行政协助。包括土地的取得、税捐优惠、优惠融资、环境影响评估、弃土场之安排、营建许可、相关之开发特许等。以上协助中有些是具有进一步之特许经营价值,有一些只是为达成兴建营运系争公共建设所必须之行政服务。其具有经济价值者必须折价记入政府之补贴或自民间机构之投入资金中扣除;其仅属行政服务性质者,固不计价,但就其不能如愿,不应约定为可归责于特许机关之事项,引申出对于特许机关之损害赔偿请求权。

基于以上认识,BOT 投资人之甄审应建立公开竞标原则、以履约保证确保工程进度及质量、维持最低资本额及自有资金比例。为比较投标者间之优劣,应使 BOT 内容及特许条件共通化、甄选标准指标化、数量化。可以引为指标者例

---

① 营运费率及其调整条件应予具体化,并为 BOT 之重要的甄审条件之一。所以决选最优事业后,委托机关与受托机构皆应信守,除非有缔约基础不存在或重大变更的情事,不应轻言调整。否则对于落选者是不公平的。认为应让"民间机构对于费率之调整时机与方式宜由市场机能调整,保有其自主性,以确保民间机构之投资收益"的看法与 BOT 甄选时之竞标的精神不符。其次关于费率仍应经政府核定。民间机构拟定之收费费率标准与其调整时机及方式,应于主管机关与民间机构签订投资契约前,经各该费率委员会审议后由主管机关核定、纳入投资并公告之,以及营运费率标准与调整时机与方式,于公共建设开始营运后如有修订必要,应经各该费率委员会审议后由主管机关核定、修改投资契约相关规定并公告之(参照"促进民间参与公共建设法草案"第 49 条),和民间机构得提列平稳准备,以支应参与公共建设民间机构之营收及贷款需要。于平稳准备仍无法完全发挥作用时,主管机关得调整权利金之缴纳额度,并扩大其适用范围至调整收费费率,以协助参与公共建设之民间机构维持财务收支平衡(参照"促进民间参与公共建设法草案"第 50 条)的看法亦皆应注意维持与 BOT 甄选时之竞标的精神相符。

如：(1)自有资金；(2)投入资金；(3)服务能量；(4)服务质量指针；[①](5)服务费率；[②](6)耐用年数；(7)智财权授权费；(8)为维护而长期外购之设备、零组件及技术服务费；(9)政府协助与产业间之关联效果；(10)政府协助与竞争影响评估；(11)政府协助与财政影响评估；(12)劳工退休准备金之提拨及其归属；(13)契约终止时除土地外应移转于特许机关之资产净值；(14)政府担保(运量或业务量之保证、[③]汇率保证、不从事平行竞争[④])；(15)政府补贴；(16)特许权利金；(17)债信。[⑤]

竞标者间所提出的计划应暂在同等，或调整为同等之服务能量的基础上，调

---

① 关于服务质量的指针，必须针对各种 BOT 投资计划的服务特征加以规划。以轨道运输之 BOT 投资计划为例，可以考虑以在不同速度、不同路段行使时之噪音、垂直震动、水平摇摆值、能源效率作为质量指针。

② 民间机构在投资计划中所陈之服务费率既为甄审事项之一，自应有其拘束力。其拘束力之意义为以之为民间机构将来提供服务时之上限费率。除非其在投资计划中所陈财务规划之基础后来有不利之变更，影响其兴建或营运成本或费用，否则，不得请求调整高于该费率。以系争 BOT 计划不属于独占事业为理由，主张应任由其调整的看法并不合理。唯当初倘不将服务费率列为甄审项目，则宜另当别论。不过，鉴于 BOT 计划所涉者常与基础建设有关，有不能不将服务费率列为甄审项目之一的需要，所以，其服务费率还是以列为甄审项目之一为宜。

③ 在交通建设或其他 BOT 计划中，其后来之成败与运量或业务量是否过度低于规划能量有关。而特许机关事先常要求一定之规划能量，是故，民间机构自然提出特许机关应担保运量或业务量的主张。这个主张言之成理，唯其担保仍应限于民间机构在投资计划中所提出之财务计划的计算基础(民间机构计划或实际在 a 年能够提供之营运产能，乘以预估在 a 年实际提供之平均营运量占该年计划之营运产能的比例时，计得之计划或实际营运产能。以低者为准)。另为避免误解，纵使要给予担保，也应限于不可归责于民间机构的情形。

④ 在 BOT 计划实施后，政府机关自己或是否准许其他事业从事平行竞争，对于 BOT 计划之业务会有重大影响，从而为竞标人所关切。因此，民间机构通常提出政府应担保不从事平行竞争的要求。这个要求固然言之成理，但为避免政府与基础建设有关之政策在将来失去弹性，或妨碍到其他民间机构之发展机会，其担保应在不减损其在原规划营运能量之既得利益为度。超出该能量外者应不在担保之列。

⑤ 民间机构之债信主要会从其融资能力及保险机构之承保意愿表现出来。然民间机构应以何方式、在何时提出证明其债信之文件？投标时？签约时？原则上当以签约时提出即可。不过由于银行是否愿意融资或保险机构是否愿意承保有时不尽然全因民间机构之因素，也有可能系因为对于 BOT 计划本身无信心，或因为行政风险太高？基于这些认识在 BOT 投资计划的研拟、甄审过程中要尽早让金融及保险机构参与，多请教他们的意见。盖论其实际真正负担 BOT 投资计划之财务风险者其实是金融及保险机构。

整其投资数额及营运、维护成本及费用后互相比较。[①] 以下的公式可供参考：

$$\sum_{i=1}^{k} I \times (1+r_1)^i + \sum_{a=1}^{y} C_a (1+r_1)^a - \sum_{j=1}^{m} H_j \times (1+r_1)^j = \sum_{a=1}^{y} P_a \times Q_a \times R_a \times (1+r_2)^a + \sum_{b=1}^{n} S_0 \times (1+r_2)^b - \sum_{c=1}^{z} L_c \times (1+r_2)^c$$

其中 I_i 指在第 i 年之投入资金，C_a 指民间机构预定在 a 年发生之营运、维护成本及费用，H_j 指民间机构预估自行政机关在第 j 年对其提供之协助可能取得的财务贡献，r_1 指民间机构期望之投资报酬率，P_a 指民间机构预定在 a 年之单位服务的上限价格，Q_a 指民间机构计划在 a 年提供之营运产能，R_a 指预估在 a 年实际提供之平均营运量占该年计划之营运产能的比例，r_2 指设定利率。[②] S_b 指预计行政机关在 b 年提供之补贴。L_c 指民间机构因依约在第 c 年应对行政机关给付权利金而带来的财务负担。i、j、a、b、c 等分别为投资、协助、营运、补助、权利金给付时距特许期间届满时之年数。k 指投资的次数，m 指协助的次数，y 指特许期间，因在该期间内，民间机构陆续提供营运服务所以用 y 表示其可能发生之次数。n 指行政机关在特许期间内对于民间机构提供之补贴的次数。如在某一年度无补贴，其 S_b 为零。z 指给付权利金之次数。

该方程式以相关投入及产出在 BOT 营运期末之价值为比较基准。该方程式左右两边之恒等的最后决定因素为 r_1，亦即民间机构期望之投资报酬率。

其中与投入资金有关部分必须像自己发包兴建一样的注意其成本与质量的合理、可靠；与政府协助有关部分应注意其透明化及平等性，亦即政府可能对于得标厂商提供之协助必须让所有参与投标者知悉，使其有平等的机会享有，并要求各投标厂商选择自己有兴趣之协助，估算其自各该协助可能取得的财务贡献。补贴同样也必须是平等的。至于权利金政府机关可以规定最低数额而后由投标

---

①　民间机构为 BOT 计划所需投资的数额及营运、维护成本及费用与其服务能量假定为成正比，以便在此假设上暂将各参标者之投资数额及营运、维护成本及费用调整在同一服务能量的水平上比较之。

②　所谓"设定利率"指民间机构在提出 BOT 投资计划，作为财务计划计算基础之所设定之利率。为克服开始兴建、营运后之市场利率与该设定利率有出入时之利息差额所造成之问题，可考虑设置利息平准准备金专户。于实际发生之利息"收入"高于依设定利率计得之应付利息时，将其差额存入该利息平准准备金专户中，于实际发生之利息"收入"低于依设定利率计得之应付利息时，自该利息平准准备金专户提弥补该差额。如此安排可以提高特许公司之财务结构的稳定性。由于利率之浮动所引起的财务风险如约定由特许机关负担时，该利息平准准备金专户应设于特许机关。在这里关于利息，所以从"收入"面加以说明，其理由为：在方程式中 r2 所要说明之利息问题为，如果特许公司将其全部营运收入存入银行时，该收入对于特许公司在期末（特许营运期间届满时）之价值。

者自己竞标。

由于在一个大型的 BOT 案所涉问题相当复杂，是故，其甄选也必须多方面做简繁不一的比较。一般说来其比较首先必须在一个借助银行、保险公司之征信的配合所初步稳定下来的可靠基础上，根据简单的指针要求工程质量，例如在约定之营运期间其噪音、震动、摇摆、（单位服务之）能源耗用率、（单位服务之）维护费用率及堪用年数。设若以上条件各竞标厂商有两家以上合格时，前述方程式之简化的应用为：(1)先将各竞标厂商之投资数额、营运维护成本及费用按各竞标厂商营运能量之比例（营运能量最低者为分子，其他较高营运能量为分母）加以调整，以便在相同营运能量的基础上比较之；(2)价格、补贴、特许费代入竞标厂商所建议者中之最低者，[①]政府协助（以减少为最少项目的方法）调整为相同项目后，分别代入竞标者个别提出之财务贡献度（经济效益）至该方程式中，以方程式右边计得之数值减左边计得之数值后所得之差较大者为优胜；[②](3)差数之数值相等或接近者，以营运维护成本除以投资之商较低者为优胜；[③](4)营运维护成本除以投资之商相等者，以投资数较少者优胜；(5)投资数相等者，以需要政府机关之补贴、协助较少者为优胜。

为了在 BOT 计划兴建、营运中能够适当稽核特许公司之成本结构，以便于 BOT 契约关系终止，移转营运时能确实控制成本，在 BOT 计划之甄审中必须特别注意其投资计划中之成本结构及分析，为避免 BOT 计划之服务的定价有浮滥的情形，在前述成本结构及分析之审查外，还必须注意其现金流量及资金的运用计划，以作为将来稽核之基础。

---

① 关于价格所以应以"竞标厂商所建议者中之最低者"为准的道理在于方便比较。其次，应注意价格或费率最后将决定接受服务者应给付之对价。这有社会福利或经营效率上的意义，所以如果有一个参标者所要之服务价格或费率较高，但需要特许机关之投资较少或甚至可缴交回馈金，而另一参标者所要之服务价格或费率较低，但需要特许机关之投资较多，不能缴交回馈金或能缴交之回馈金较少时，其社会福利或经营效率上的比较必须调整至同一服务价格或费率的基础上为之，否则，其比较是不真切的。盖到头来有可能或者因为接受服务者交不出那样高的价钱而落空，或者即便其交得出，如果真要如此做，何不将参标者之价差安排成特许费，平等要求可能之得标者缴纳，好让其在同一服务价格或费率基础上规划。要之，不顾接受服务者之负担不同，而高兴于可自得标者取得回馈金或可减少特许机关之投资是不切实际的，而且是无社会福利及经营效率之意识的想法。补贴、特许费在比较时之应暂为调整至同一标准的看法，与价格或费率之调整的考虑相同。

② 其道理为，该差愈大，表示该参标者在假设之同等营运能量时效率最高。

③ 在营运效率相同时，营运维护成本除以投资之商数较低者表示该参标者之系统应该比较可靠。不过，必须注意参标者为取得较低之商数，违反常规调整营运维护成本及投资数额的做法。

借助于以上的方法以及履约保证金的约定或可降低对于过低竞价的忧虑，而使所谓的"合理标"或"最有利标"渐渐丧失其说服力。

五、与甄审有关之决定的行政救济

不论就 BOT 契约关系定性为私法契约或行政契约，其甄审决定皆具有行政处分的性质，从而如有不法或不当，参与申请者自得提起行政救济。这个问题特别在次优者之递补权的争议有其意义。盖在这种情形比较容易证明特许机关之不法或不当。是故，关于"民间投资建设大众捷运系统办法"第 13 条及第 16 条第 3 项之适用要特别小心。该行政救济权是否得以特约事先排除非无疑问。[①]

六、BOT 甄审作业是否应受审计监督

BOT 甄审作业是否应受审计监督，特许机关及投资申请人皆甚关心。政府及其所属机关财务之审计，固依"审计法"之规定（"审计法"第 1 条）。然由于 BOT 之特许公司并非公营事业，所以特许公司预算之执行不受审计机关之监督，财务收支不受审计机关之审核，财务效能不受审计机关之考核（"审计法"第 2 条）。不过，因为在 BOT 之特许，特许机关常与特许公司约定：由特许机关对特许公司提供低利融资或其他补贴，或由特许机关负担一定之风险（例如营运收入保证、利率保证、汇率保证、强制购买等）。而利息或其他金钱补贴，或因负担风险而支付之赔偿金额，给付时皆必须有预算支应。当需要预算支应，便涉及应受审计机关监督之事项。此外，于营运期间届满时，特许公司应将约定之营运资产移转给特许机关，又为接续营运，特许机关也可能必须承担特许公司与第三人间之契约关系。这些皆可能涉及财物购置、定制或变卖。[②] 因此，将 BOT 计划之竞标与签约了解成对于特许机关是万无一失的特许行为，与事实并不相符。然由于过去审计机关就其审计作业在监督之余，与业务机关之沟通尚不充分，以致审计要求常被指摘构成财经建设的障碍。其结果，只要有创新的财经业务要

---

① 与之类似的约定或一般约款为：在优等悬赏广告，广告人事先在广告中声明，各项奖项之得奖人可能从缺，或广告人或其委任之评选人对于评选结果有裁量权，就评选程序及评选结果对于参加竞赛者不负任何法律责任。该约定在悬赏广告除非违反诚信原则，虽原则上容许。但 BOT 招商终究不是悬赏广告，而是一种招标，因此，参标人就评选之不法或不当之救济的请求权，特许机关不得在招商中以任何方式事先排除。

② 参见"审计法"第 59 条。

开办,总是异口同声地要求豁免审计监督,这是不正常的现象。如何化解其中协调的问题,需要耐心、谅解与智慧。一般说来,如果能够让审计、会计单位在重要发包作业的阶段便参与,应可增进不同专业部门的共识。

七、BOT 甄审作业是否应受议会监督

当公共建设之特许涉及(利息)补贴[①]或赔偿,由于该补贴或赔偿所需之资金,主管机关必须编列预算,始能支应,而预算应经民意机关通过,所以,BOT 甄审作业在此限度内应受议会监督。不过,台湾地区目前由于民意机关幕僚机能不充分,专业信息不足,对于财经行政经验欠缺,导致在行政部门与民意机关互动不良,互信不够,难以协调的情况下,反而对于重大财经政策或措施的监督机能几乎无力置喙,这不是正常的,但却是在议会乱象下可能被认为理当如此的现象。此种机关间界面之协调为当今政府机能是否能适当发挥之关键所在,必须正面面对,始能有制度性之合理解决。

八、议约与签约

不论将 BOT 关系定性为私法契约或行政契约,皆必须签约。于是引起至迟到底应于何时完成契约内容之议定的问题。鉴于契约内容将决定双方之给付与对待给付,且在 BOT 案件,最优申请人不缔约时,次优者有递补缔约的期待权,因此,BOT 之交易条件最好应在决选前完成议约,让所有参与投资申请者皆有机会表示其对于契约内容的意思。如是,一方面可避免事后发生修改足以影响甄审结果之约款,[②]另一方面对于不履行签约义务者,也才有没收签约保证金之合理依据。除此而外,在甄选阶段即进行公开议约,还可使特许机关及各参标之民间机构经由讨论,而对于 BOT 计划有更为具体的了解。该了解机会不是

---

① 参见"奖励民间参与交通建设条例"第 25 条。

② "民间投资建设大众捷运系统办法"第 16 条第 2 项、第 3 项规定:"投资人开始施工后,应按投资人在投资计划书中记载之流程、进度及内容确实掌握施工进度、质量,主管机关得按投资计划书为必要之监督(第 2 项)。投资人为完成第 4 条所定之投资案,拟修改计划书内所载之项目者,应经主管机关之许可。其申请修改之事项不足以影响甄审结果者,得许可之(第 3 项)。"为减少民间机构为完成第 4 条所定之投资案,事后拟修改计划书内所载之项目的必要,甄审标准应尽可能以功能性的指针为甄审标准。至于申请修改之事项是否足以影响甄审结果,应以如果在甄审时便知道投资人所提出之计划书就如修改后之内容时,是否还是会将其评选为最优为标准。

事后议约所能同等提供的。

在竞标关系,得标者有依投标条件签约之义务。此所以在公开招标通常有押标金的约款。关于签约,在 BOT 案件并必须注意,次优者之候补期待权的保护,不宜有所谓因有特殊情形而准予展期签约的构想。

九、缔约基础不存在或变更之调整

在长期契约,缔约时认为存在或预期继续存在之缔约基础事后可能发现自始不存在,或事后已变更,从而影响到系争契约之履行的(经济)可能性,而使得依原约款履行对于当事人之一方显然过苛或根本不可能。当有这种情事发生时,依诚实信用原则应容许因此受到不利者请求调整给付与对待给付之关系,当不能经由调整获得圆满解决时,应容许其解除或终止契约。① 由于以情事变更为理由请求调整既存之法律关系易生争议,因此,在契约缔结时,双方最好就得引为调整事由之情事明白约定,以防止纠纷。而后在该基础上,根据缔约基础不存在或变更之财务影响,研提妥当之调整方案。

所谓情事变更事由,在 BOT 契约除超出预期之天灾或各种可能被列为不可抗力之事由外,②罢工、政策或法令变更,或其他行政机关之许可的延宕等皆可能被约定进来。利率、汇率或营运量等与景气有关之事项固亦为适当之项目,不过,在实务上特许公司可能更进一步要求就利率、汇率或营运量给予保证。假定特许机关认为就利率、汇率或营运量应以保证的方式为特许公司分担风险,应

---

① 此即民事诉讼法上所称之"情事变更法则"。在这种情形,当事人得请求法院为"增减给付之判决"。对此,"民事诉讼法"第 397 条规定:"法律行为成立后,因不可归责于当事人之事由,致情事变更非当时所得预料,而依其原有效果显失公平者,法院应依职权公平裁量,为增减给付或变更其他原有效果之判决(第 1 项)。前项规定,于非因法律行为发生之法律关系准用之(第 2 项)。"该条为民事法关于情事变更之基本规定。民事规定中与情事变更有关者中出现最多者为,关于财团法人或基金会之存续问题。这些规定通常首先与财团目的不能达到有关。例如,"民法"第 65 条:"因情事变更,致财团之目的不能达到时,主管机关得斟酌捐助人之意思,变更其目的及其必要之组织,或解散之。"并参见"国际合作发展基金会设置条例"第 19 条、"财团法人台湾地区证券市场发展基金会捐助及组织章程"第 20 条、"财团法人台湾地区证券暨期货市场发展基金会捐助及组织章程"第 20 条等。其次为关于给付之公平,例如"信托法"第 16 条、第 38 条第 2 项,"电信法"第 28 条第 1 项。

② 关于不可抗力之事由,在过去与 BOT 计划有关之谈判中,民间机构倾向于除要求在合约中将之列为免责事由外,并要求民间机构得请求特许机关收买该 BOT 计划所必要且堪用之营运资产及兴建中之工程[参照台湾南北高速铁路"兴建营运"与"站区开发"合约草案第 17 章(17.4)第 11 章(11.1)]。

注意依平等互惠的原则约定之,而非单方面的由特许机关提供保证。①

鉴于外汇操作有高度风险,而又非属特许公司之本业。因此,其风险的管理,必须先界定外币需求之总数额,然后或者约定在该数额的范围,以外币付款,或者约定特许公司应按该需求数额向外汇银行购买远期外汇,以为支应,以真正达到避险的目的及防止特许公司为了博取外汇利益而涉入外汇市场的炒作,影响 BOT 计划之财务的稳定。在约定以外币付款的情形,特许机关自己亦应利用购买远期外汇避险。

鉴于调整结果如必须由特许机关增加金钱给付,特许机关必会遭遇预算上的困难,因此可供调整的项目宜限于:(1)服务费率,(2)服务能量及,(3)特许期间。以最后增加特许公司自服务对象可能取得之收入,或减少其原有投资金额的方式为之。

十、利益输送之监督

在 BOT 契约容易有一种看法,认为 BOT 投资计划之实行,政府既不用出资,因此也不用对之有财务上之监督。这是不正确的看法。姑且不论在 BOT 契约投资人对于特许机关常有补贴或分担风险的要求或约定,即便以特许公司自己之投资论,也必须注意到:其发起人之投资依相关规定之要求,可能只占25%,另特许公司之全部实收资本额占 BOT 投资计划所需之全部资金又可能只有 25%,申言之,发起人之投资占 BOT 投资计划所需之全部资金可能只有 6.25%。亦即 BOT 投资计划所需资金主要还是来自于投资大众,包括应募认股人、公司债购买人、融资银行或政府基金。基于以上的认识,就 BOT 投资计划

---

① 在前述三项保证项目中,汇率保证对于政府而言是最惠而不费的。盖在本国货币尚不属于国际货币市场大量流通之货币时,对于政府而言,外汇操作之盈亏事实上只是各机关与中央银行间之零和游戏而已。

之实施,自始必须小心处理关系企业间之利益输送①的问题。该顾虑的意思,不是禁止向 BOT 投资计划之主要股东或发起人购买为完成 BOT 投资计划所需要的货物或劳务,而是应注意避免以非常规价格或条件购买之。②

为促请注意关系企业或关系人间之利益输送的问题,以防患于未然,在 BOT 契约之履行应规定:"特许公司之主要股东、董事、监察人应向特许公司报备与其有控制或从属关系之企业(关系企业),而后由特许公司转报特许机关。特许公司与其供货商间有控制或从属关系、投资关系、产销上之代理关系或其他类似关系者,亦同(第 1 项)。特许公司与前项关系企业间之交易数额超出特许机关所定一定金额者,特许公司除应向特许机关报备外,并应报告于股东会(第 2 项)。"

十一、BOT 契约之履行的监督

特许公共建设的行政机关对于该公共建设不但享有公共服务之提供的公共利益,而且享有期满时将可取得相关建设之产权的期待利益。为维护该等利益,特许机关应对于该公共建设之兴建及营运施以适当的监督,以确保:(1)相关建设符合约定之质量,没有不当有之权利或物的瑕疵,(2)各种设施在营运中会得到适当的维修,(3)关于维修所需之零组件、设备、专利权、商标权、著作权或其他专门技术之授权使用皆有合理的长期供应或授权条件。这中间必须特别防止有利益输送上之短期或长期的安排。

基于以上认识必须分从兴建与营建计划之执行、重要契约之报备及财务稽核对于特许公司之作业加以监督。

---

① 关于关系企业或关系人间之非营业常规之安排或利益输送,现行法对于民间投资建设大众捷运系统有明文规定,"民间投资建设大众捷运系统办法"第 9 条第 2 项规定:"投资人关于投资案之交易中不得有利益输送、危及财务健全之行为。为防止此种行为。投资人在投资计划书及契约书中应表示同意经主管机关认有利益输送之虞时,先将有疑问之价金或款酬金额暂予提存,待主管机关调查清楚后,方始依调查结果办理。"此外,在关于有价证券上市、上柜的办法中也有一些规定可供参考:"台湾证券交易所股份有限公司审查有价证券上市作业程序",其第 6 项"审查要点",第 2 款"财务报告内容"第(5)目将"重大关系人交易:关系人间之巨额交易有无非营业常规之安排或利益输送情事"列为"特殊或异常情形",规定承办人员得调阅会计师工作底稿,予以深入了解。"台北市证券商业同业公会审查有价证券上柜作业程序"及"财团法人台湾地区证券柜台买卖中心审查有价证券上柜作业程序"第三点关于"股票初次上柜之审查方式"中有相同之规定。

② 就关系企业间以非常规价格或条件交易之情事,参见"公司法"第 369 条之四、第 369 条之五,"所得税法"第 43 条之一。

(一)兴建与营建计划之执行

其中与计划之执行有关者主要包括:(1)工程质量;(2)工程进度;(3)营运绩效;(4)维护系统等事项。

由于特许机关对于特许业务有关之土建工程、机电设备、维护、营运等有关机具可能欠缺经验,因此要对之进行必要监督,自有人才、信息方面之困难,是故,BOT契约之履行的监督应置重于功能性监督。亦即以约定或计划之服务能量、服务质量、服务费率、开始兴建及服务期日、机具耐用年数、瑕疵担保、年度维护费占营运成本之比例、稽查或品管方法等评估与监督。最后,这些事项之监督并应与其契约基础和财务表现相联系。如是才能确保一个功能合乎需求、存续受到法律保障并且在财务上有存活可能性事业。

(二)重要契约之报备

特许公司为完成BOT计划通常必须借助于其他事业之配合,对外购买需要之货物、劳务或委托完成一定之工作。这些事务之完成皆须以契约为其交易之规范基础。因此,为确保兴建、营运质量及将来之顺利移转,有必要利用报备让特许机关掌握相关重要契约的信息。

有报备之必要的重要契约主要有:(1)(主要)兴建合约;(2)(主要)机器、设备采购合约;(3)第三人间之长期供应契约关系;(4)劳资关系;(5)结合关系或控制与从属关系(关系企业)。第三人间之长期供应契约关系可再细分为:①专利权与著作权之授权关系;②其他专门技术之授权关系;③商标权之授权关系;④建物、设备、营运系统之维护关系;⑤材料、零组件、设备之供应关系。

以上契约或者因为保固、瑕疵担保、供应价格及条件的问题,或者因为维护或营运的需要将来势必与特许机关发生直接契约关系,特许机关有必要尽早明了其内容,以便在特许期间届满接受移转营运时,相关契约关系能够圆满接续。如果所涉特许业务需要相当数额之劳工,则劳工契约或劳工关系之安排的重要性亦不下于资产。

(三)财务之稽核

在BOT计划之执行,其财务稽核的目的,一方面在确保有关金钱之收支,皆为BOT计划之执行,而无移用的情事;另一方面在复核投资人在BOT计划中之陈述的正确性,使日后BOT计划之风险或利益之依归有一个比较可靠的事实基础。否则,由于BOT计划所涉业务常与公共服务或公用事业有关,往后将有不断之费率的调整议题。其结果,处理一旦有所不慎,特许公司将演变成准公营事业,有如目前一些民营交通事业一般。

在特许公司之财务稽核最无疑问者为确实监督其股份及公司债之发行与使用、转投资之限制、保证、物上担保及其他或有债务之限制。[1] 而后为注意其资产、负债及净值的变化。

(四)监督或稽核机构

在前述关于 BOT 契约之履行的监督事项中,有些偏重于技术面,例如兴建与营建计划之执行,有些偏重于财务面,例如财务之稽核,有些偏重于法律面,例如重要契约之报备。所以其监督可按其专长划分为技术监督、财务监督及法务监督。从而其监督机构必要时可考虑分按其监督所涉专长划分给相关的单位。这个问题特别是在中央主管机关对于特许公司的监督上有其重要性。

鉴于中央主管机关事实上难得为特许公司的监督设置专责单位,只能委由业务专长相关的单位负责,是故,对于特许公司之各种要求最好以法规的形态加以规范,避免保留一些报由上级主管机关核定的情形,以防止忙中有错,下错了指示。

十二、BOT 契约关系之期满或终止

BOT 的契约关系依其契约目的,其存续本有定期,因此,BOT 的契约关系于期间届满时原则上便当然终止。在期间届满前双方皆享有期限利益。[2] 唯因在 BOT 这种长期的继续性契约,有时会因为特许公司违约或有重大事由发生而不适合继续下去。于是,当事人双方可能协议终止契约,或当事人之一方依约得终止契约。此外,因特许属于公法关系,特许机关于法定事由发生时,也得依法在一定期间停止特许业务之一部或全部,[3]或甚至撤销特许之一部或全部。[4]

---

[1]　BOT 之资产于期限届满时原则上最后皆将移转于委托机关。因此,应规定依投资契约所取得之权利原则上禁止转让、出租或为民事执行之目标;兴建、营运所得之资产、设备,非经政府同意不得转让、出租或设定负担。至于为使民间机构顺利取得兴建、营运公共建设所需资金、是否宜规定例外允许之情形,应深入评估其可能引发的风险,而后决定之(参照"促进民间参与公共建设法草案"第 53 条)。"公共电视法"第 48 条第 1 项:"公视基金会因情事变更,致不能达到其设立目的时,得依'立法院'决议解散之。"

[2]　参见"民间投资建设大众捷运系统办法"第 21 条第 1 项第 8 款、"大众捷运法"第 51 条之一第 1 项第 3 款。

[3]　参见"大众捷运法"第 38 条第 3 项、第 38 条之一。

[4]　参见"大众捷运法"第 38 条第 4 项、第 5 项,第 38 条之一第 3 项,第 51 条第 2 项规定。

鉴于金融及保险机构在 BOT 计划因参与而有重大利益,因此特许机关认为有终止事由存在时,其终止之决定应参酌金融及保险机构的意见。其属于因可归责于特许公司之事由而有终止之必要时,应先探求金融及保险机构接续兴建、营运的意愿。如有可能应准其接续,以补救之。不过,为避免金融及保险机构过度介入一个单一事业,应注意促其利用大众投资人之投资扩大参与。

十三、终止关系之履行

继续性契约的终止,以期限是否届满为标准,可区分为期满终止及期前终止。期满终止在一般继续性契约本无特别之移转必要,然在 BOT 契约却有其特殊之移转的问题,盖 BOT 契约之主要目的之一,即在于期满终止时,特许机关可取得依 BOT 契约而兴建之公共建设。于是,终止时,应移转之资产范围及内容为何,以及如何移转,成为 BOT 契约中重要的约定事项。这个部分其规范主要必须以约定的方式明确定之。因此,事先周详的考虑极为重要。千万不可有到时候再做道理的想法。

在期前终止,当事人间当然也有一些法律关系必须调整。其最单纯的类型为,当事人间只是既有之契约关系向将来失其效力,至于过去的部分还是有效。在这种情形当事人间没有类似于契约解除时应有之回复原状的给付义务。然在 BOT 契约因有可能只有接续人才有利用价值之完工或未完工的土建工程、机电设备,有不能中断之公共服务必须提供,所以并不能简单向将来一刀两断。是故,其终止关系如何善后,在 BOT 契约相当复杂。其方法归纳之,不外乎"资产移转法"及"(全部)股份移转法"。该移转方法与期满终止的情形虽无大异,但在范围与内容方面则可能有所出入。

鉴于期前终止非缔约本来之目的,而有一定之终止事由,且该终止事由有是否可归责于当事人之一方,以及危险负担之归属的问题,因此契约终止时应移转之范围与内容当随其事由而异。在终止事由可归责于特许公司时,特许机关应依什么标准返还特许公司为兴建所支出之费用。核实返还(相当于依委任或适法无因管理之规定)(参照"民法"第 176 条)? 依不适法无因管理之规定(参照"民法"第 177 条)? 当以依不适法无因管理之规定为妥。盖在这种情形特许机关之返还义务的范围应以其所受利益为限度。然究诸实际这些恐怕都不是一个有效可行的方法。比较可行的方法恐怕还是必须借助于公开竞标,决定特许公司之投入部分的经济价值。然应以什么目标作为竞标的客体? 宜以特许公司之相关资产或所发行之全部股份为客体。

(一)移转方法

在全部财产之继受的情形,为达到同一财产之移转目的,其移转方法并不以资产移转法为限,也可以采全部股份移转法。兹分述之:

1.资产移转法

资产中有积极财产与消极财产,在 BOT 关系,所要移转的资产除特许公司为特许业务而与第三人间缔结之长期供应契约关系外,特许机关当不继受特许公司对于第三人所负之债务。至于积极财产之范围的界定必须借助于特许公司支用特许公司之资金的采购记录、据此建立之财产目录,以及特许公司在投资计划中关于服务能量、服务质量、服务费率以及兴建计划之说明。

移转后,为继续营运自然必须补给、维护。因此,特许公司为营运而与第三人缔结之补给、维护契约,有予维系的必要。特别是与第三人间之下述长期供应契约关系:(1)专利权与著作权之授权关系,(2)其他专门技术之授权关系,(3)商标权之授权关系,(4)建物、设备、营运系统之维护关系,(5)材料、零组件、设备之供应关系。唯是否继续该契约应让特许机关享有选择权。另在长时间 BOT 业务之营运,特许公司为该 BOT 业务之营运所使用之商标、标章以及其他营业或服务表征就货物或服务提供来源,可能已具备一定之表征能力,该商标、标章以及其他营业或服务表征应约定为特许公司应移转给特许机关的财产之一。此外,在 BOT 业务之营运中,特许公司可能发展出一些受"专利法"、"著作权法"、"营业秘密法"、"商标法"、"公平交易法"保护之其他无体财产,这些财产应如何归属应予明定。原则上应认为特许公司在营运中为提供符合投资计划,利用特许资源所发展出来之无体财产权,至少特许机关或接办的事业有无偿使用的权利。

除前述对外交易所生之关系有移转的问题外,特许公司内部发生之劳动契约亦有继受的问题。在 BOT 业务之继受,关于劳动关系通常会认为特许机关或接办公司无续聘的义务,也无续聘的权利。后来是否续聘系于特许机关或接办公司与各该劳工协议之结果。这不是一件容易的事情。因为无续聘的义务,所以不聘,对于特许机关或接办公司不引起资遣的义务;因为无续聘的权利,所以原来劳工集体拒不续任,不构成罢工。唯最后特许机关或接办公司倘与原来劳工达成续聘协议,必须处理新旧劳动契约之继续与否的问题。这关系到移转前后工作年资之并计、特许机关或接办公司应分担之退休给付等适宜。然倘特许机关或接办公司决定不续聘原来劳工之全部或一部分,未续聘劳工之退休或资遣应由特许公司自理。

2.股权移转法

鉴于以上关系之衔接有一些烦琐。因此,也可以考虑以股份移转法处理移转的问题。由特许公司之股东将其股份全部移转为特许机关所有。其优点为资产的移转巨细靡遗。其缺点为有不易探知之债务。倘有适当之申报债权的制度可相配合,防止特许公司有不当负债,这应不失为简便的移转方法。在这种情形,原有劳雇关系存续,无移转前后工作年资之分算、劳工退休准备金之分担等问题。对于劳雇双方,这应是采股份移转法最为方便之所在。

3.资产移转法与股权移转法之优劣

由以上的说明可知BOT事业之移转,采资产移转法或股份移转法,利弊互见。股份移转法手续较简便,资产移转法较安全,无承担隐藏债务的风险。

4.有偿或无偿的问题

BOT资产之移转按BOT之精神本当无偿,盖BOT之意旨即在于利用兴建、营运之特许交换特许公司之BOT资产,并于BOT期间届满时移转于特许机关。然因BOT资产中有相当数量属于耐久的资本财,所以发生这些资产中是否应当有一部分应以有偿的方式移转之问题。这个问题的解答系于当初投资计划中关于财务计划的表示,以及如何约定比较顺乎人性,容易有效执行。无所谓如何约定才有道理。所谓顺乎人性指的是如何约定,特许公司对于BOT资产才会尽其应有之维护的工作。所谓在投资计划中关于财务计划如何表示,指该投资或维护支出是否已为其业务收入或特许机关之补贴所涵盖。这些皆必须视具体情况如何而定。

(二)瑕疵担保

在BOT关系终止时,特许公司与特许机关间既有物与权利之移转,便有所移转之物或权利有瑕疵时,特许公司对于特许机关是否应负瑕疵担保责任,及其规范基础为何的问题。鉴于在BOT关系,特许机关系以兴建、营运的特许交换特许公司为该特许业务所兴建之营运设备,则特许公司于契约终止时所当移转于特许机关之设备自当适合该特许业务之用,让特许机关在接受移转后可以按特许公司当年在投资计划中所记载之成本、费率,提供所记载之服务量及服务质量。此即瑕疵担保的问题。由于BOT计划如不以BOT的方式为之,势必以承揽的方式发包,因此,关于BOT之瑕疵担保当以适用承揽的规定最符合自当事人间之利益关系的特征所导出的规范需要。依承揽所决定之瑕疵担保,其特征为以物之瑕疵担保为主,且其担保之内容主要为使定作人可以取得与约定标准相符之质量的给付。此与依买卖所决定之瑕疵担保,其特征为利用请求减少价金,将对价关系调整至与有瑕疵状态之给付相符之价金水平者不同。然在BOT

关系之移转给付有时亦会有权利瑕疵的问题。其权利瑕疵主要发生在,特许公司为 BOT 关系所使用之技术他人享有专利权、著作权或其他专门技术,而在使用上未获得他人之授权。至于其他因采购而取得之动产,一般情形特许机关至少能够依善意取得的规定取得不带负担之所有权。

(三)保固期间

在承揽,与物之瑕疵担保密切相关者为保固期间。该期间"民法"第 498 条至第 500 条将之规定为瑕疵发现期间。只要在该期间内发现之瑕疵承揽人即负瑕疵担保义务。[1]　此为"民法"关于承揽之法定的保固期间的规定。关于保固期间当事人得以约定延长,此即意定的保固期间。

十四、BOT 契约关系之强制接管处分

以上两种方法,皆以特许机关与特许公司双方就移转有关事宜能获得协议为前提。倘不能获得协议,而特许机关有必要停止特许公司之部分或全部业务时,特许机关可能必须动用强制处分的手段:强制接管或强制收买。顾名思义,强制接管或强制收买应皆属于一种行政处分,属于特许机关在构成要件具备时享有之权限。然是否为其义务,实务上引起疑义。有认为应将强制收买论为特许机关之义务,以分担 BOT 计划在履行上之风险者。例如在高铁局与台湾铁路所议之约款采此见解。这可能不是一个适当的做法。比较有接续可能性的做法当是利用竞标的方法,选择强制接管或强制收买时之接管人或接续经营人及其接管或接续经营条件。

(一)强制接管处分之事由

对依"奖励民间参与交通建设条例""特许兴建、营运之交通建设条例"第 43 条第 1 项、第 2 项首先规定:"本条例所奖励之民间机构,于兴建或营运期间,如有施工进度严重落后,工程品管重大违失、经营不善或其他重大情事发生,主管机关得为下列处理:一、限令定期改善。二、逾期不改善或改善无效者,停止其兴

---

①　"民法"上关于承揽工作之保固期间的规定并不以保固期间称之,而以瑕疵发见期间加以规定,例如"民法"第 498 条、第 499 条。现行法使用到保固期间之用语者仅"住宅小区管理维护办法"第 17 条第 2 项规定:"前项出售、出租之住宅及公用部分、小区设施在保固期间内,其检修维护,由直辖市、县(市)住宅主管机关督饬包商负责检修,其因施工不良所致者,所需费用由包商负担,因住户使用不当所致者,所需费用由住户负担。"唯该保固期间之规定为关于买卖之瑕疵担保。

建或营运一部或全部。三、受停止兴建或营运处分六个月以上仍未改善者,撤销其兴建或营运许可(第1项)。前项之处理于情况紧急,迟延即有损害重大公共利益或交通安全之虞者,得令其停止兴建或营运之一部或全部(第2项)。"而后在同条第3项规定有该条例第43条规定之情形,并经依该条第1项、第2项停止其营运一部或全部或撤销其营运许可时,主管机关除应采取适当措施,继续维持运输服务,不使中断外。必要时,并得予以强制接管营运。此即"奖励民间参与交通建设条例"关于强制接管事由之规定。[①]

(二)强制接管处分之程序

关于强制处分程序,"奖励民间参与交通建设条例施行细则"第30条规定:"主管机关依本条例第43条第1项第3款撤销民间机构兴建或营运许可时,应以书面载明下列事项通知财政部及民间机构:一、未改善缺失之具体事实。二、撤销兴建、营运许可之日期。三、终止地上权及租赁契约之表示。四、强制接管营运或强制收买有关事项。"进一步之具体规定,尚待交通部依"奖励民间参与交通建设条例"第43条第3项所定"接管营运办法"定之。

(三)强制接管处分的方法

强制处分的方法首先要分为强制接管与强制收买。[②]其次强制接管的方法还可区分为强制委任及强制租赁。强制委任及强制租赁之区分的要点为在"强制委任",接管人仅是整顿事务之受任人,接管期间之经营风险还是由民营机构负担,其性质接近于公司重整;反之,在强制租赁,接管人不是整顿事务之受任人,而是受强制接管交通建设之承租人,在接管期间之经营风险由接管人负担。至于强制收买,其特征在于将系争交通建设之资产以有偿的方法移转于主管机关。在强制收买,其处理的要点在于收买范围及其价金之估定标准或协议。

对于民间机构施以前述强制处分,不但对于民间机构之利益有重大影响,而且也常常有市场结构之重组的作用。因此,该处分除应有合法之事由外,关于接管人之选任亦应循类似于当初甄选该民间机构参与系争BOT计划的甄选程序。

(四)强制接管处分的替代方法:强制减资后增资

事业经营权之移转,对于事业之营运有一定之冲击,财产之点交,人事之交

---

① 虽非属于BOT计划之公共建设,而属于"大众捷运法"所定之大众捷运建设,依该法第38条第3项至第4项规定在一定的要件下同样得予以强制接管。

② 参见"奖励民间参与交通建设条例"第44条。

接皆非易事。是故,强制处分不论依强制接管或强制收买的方式为之,要做到完善皆不很容易。因此,应尽量寻求其他比较缓和的方法。

鉴于任何事业之经营之好坏,最后皆会反映到财务上来,而为维持原计划之服务量、服务质量、服务费率必须维持原计划之自有资金及投入资金。所以,在发现依"奖励民间参与交通建设条例""所奖励之民间机构,于兴建或营运期间,……有施工进度严重落后,工程品管重大违失、经营不善或其他重大情事发生"时,除斟酌情况依同条例第 43 条第 3 项规定办理外,有必要发展其他辅助手段,以资配合。值得考虑者为,规定或约定:如发现民间机构有因亏损而减少其股份净值至低于每股面额的情事,民间机构应即办理减资,并于减资后在规定或约定期间内办理增资,以维持实收资本额不低于 BOT 计划中保证之最低实收资本额。这个方案如果能够获得顺利开展,当可避免民营机构因为强制接管或强制收买而引起之震荡。

十五、民间机构与第三人之关系

(一)长期交易或供应关系

为 BOT 计划之兴建、营运,特许公司必须与第三人成立各种长期交易或供应关系。例如智财权授权关系,建物、设备维护关系,设备、零组件供应关系,技术服务关系,劳资关系。

鉴于该等长期交易或供应关系所构成之后勤作业常为 BOT 系统之正常营运所系,而 BOT 契约发展至最后,原则上皆必须为资产、营运之移转。因此,其继受往往有不得不然之势。是故,如何降低对于该等交易或供应关系的依赖,或确保合理之交易或供应条件极为重要。就此,如有疏忽,将使 BOT 中之移转成为事实上不可能之空话。是故,民间机构为 BOT 计划之兴建、营运与第三人成立之法律关系对于特许机关将来之接续经营有重大的利益。因此,除了这些契约关系的内容应力求合理外,还必须特别注意其移转方面的约定或安排。否则,基于债之关系在主体上的相对性,在继受上可能遭遇到困难。其继受方式宜约定为:继受的选择权。以便特许机关将来视具体需要,决定继受哪些长期交易或供应关系中的权利与义务。

(二)特许机关就这些关系之继受的权利与义务

基于前述继受的选择权,特许机关得继受该等长期交易或供应契约的权利与义务。有疑问者为,是否宜约定为有继受之义务。这对于第三供货商之交易关系的稳定或保障有重要意义。如果实务上有如此约定之必要,则特许机关就该等契约之商定应有适当之参与。并在 BOT 契约中约定,特许公司与第三人缔结此种契约时应约定:特许机关得继受特许公司与第三人缔结之长期交易或供应契约;该契约之内容经特许机关认可者,第三人得请求特许机关继受之。

(三)BOT 权益、资产、设备之移转或设定担保

由于 BOT 计划实施后,其资产及营业最后皆将移转于特许机关,因此特许公司基于 BOT 计划取得之 BOT 权益以及其为 BOT 计划购置之资产、设备等是否得在 BOT 期间届满前,移转或设定担保给第三人成为一个重要的问题。这个问题属于期待权之保护的问题。由于期待权一般并不具有对于第三人之效力,所以,特许机关这方面之规范需要应利用相关法律或办法提供适当之规范基础。如果没有此种法律或办法,则应视实际需要以特约的方法处理。

与这个问题相冲之利益为特许公司之融资,或其债权人之强制执行上的需要。其中与 BOT 计划无关之债权之强制执行上的需要,固无予以满足的必要,但融资的需要则非可置之不理。盖 BOT 计划本来就有先投资,后回收的特征,不融资是不可能完成的。因此,以 BOT 计划之资产设定担保,担保为 BOT 之兴建或营运上之需要而发生之债务,是可以接受的。不过,在这种情形必须特别注意其融资所得之资金的运用监督。一般而言,在 BOT 计划之执行上,财务监督是极为重要的。若有所疏忽,在发现有异时,就会很不容易补救。

十六、计划之变更

BOT 计划实施后,特许机关可能改变相关政策或法令,以致影响到 BOT 计划之经营环境,影响其获利能力,给投资人带来损失。这个问题可能与"债务不履行"、"行政信赖的保护"有关。至于后来到底以"债务不履行"或"行政信赖的保护"的型态表现出来,系于 BOT 契约之性质以及特许机关与特许公司间之约定内容。将之定性为私法契约,且于契约中约定之事项,其不履行,自当依债务不履行的规定。反之,如将之定性为行政契约,则其约定之不履行,是否依债务不履行的规定,容有争议。肯定的是,在这种情形其争议应循行政救济途径解决。

BOT 契约缔结后,在特许机关这一方最可能发生之变卦为:变更与 BOT 契约有关的政策或措施,例如特许计划遭到搁置,或其范围有不利于特许公司之缩小或扩大,或有其他足以影响计划成本或收益之变更(特许机关或其他行政机关事后开办与 BOT 计划有竞争关系之公共建设)。此外,为促成 BOT 计划,特许

机关有时对于特许公司承诺,提供一些行政协助,或办理一些配合的工程或工作。事后特许机关如不能如约完成承诺之协助、工程或工作,以致特许公司之兴建工程、特许营运的绩效受到影响,则可能引起争议。其最后之解决方案优先者为,延长营运期间、提高许可之营运费率、提供补贴或可以改善获利机会之相关的投资机会,在不得已的情况下才以终止 BOT 计划之契约关系善后。

十七、BOT 计划的风险

在 BOT 计划的推动,由于其兴建、营运有助于基础建设的改善,不但其兴建本身,而且其营运对于经济发展和社会福利皆有重大的意义。所以,容易忽略其中可能隐含的风险。这些风险的来源,有存在于政府方者,有存在于民间者。政府方之风险的避免目标主要为确保行政协助之如期有效的提供。在于民间之风险的避免主要为确保依投资计划进行兴建与营运之工作,防止化投资为投机之不当的机转。

关于可能来自民间之 BOT 计划的风险可以分兴建、营运及移转三个阶段加以说明。

(一)兴建阶段的风险

在兴建阶段,必须办理的工作在工程面主要有:土地开发、土建工程、机具采购、安装、试车等事项的办理是否允当,此种风险的分散有些必须借助于保险;在财务方面主要有股份、公司债之发行及资金之保管、利用是否合宜,有无关系企业间之利益输送。这些工作之执行,如有欠妥,即会带来兴建阶段的风险。因此,如何利用银行的征信、保证与监督以及履约保证金,防止土地、股票及公司债的投机极为重要。

(二)营运阶段的风险

在营运的阶段必须办理的工作在工程面主要有:系统及营运机能的维护以及财务的监督。所以在本阶段应继续借助于银行的征信、保证与监督以及履约保证金的约定、收取,来维护系统及营运机能。

(三)移转阶段的风险

在移转阶段,可能表现出来的风险主要有:(1)不合理的长期供应契约;(2)不周全的维护作业;(3)不健全的财务管理;(4)不和谐的劳资关系;(5)无效率的营运(营运量、营运质量、服务费率、营运损益);(6)滥用结合关系或关系企业输送利益①或躲避风险;②(7)亏损的处理(强制减资、强制增资、强制接管)。此外,如何界定移转财产的范围与内容、顺利移转与第三人之供应或授权关系及移转劳资关系皆属成败所系。

(四)进退两难

理论上固有各种防止风险的对策,但到执行的阶段,常因 BOT 计划之服务不能中断,其资金来源来自应募投资人、公司债购买人以及雇有大量劳工而进退两难。其情境可说是"相见时难,别亦难"。

十八、争议之解决与救济途径

BOT 计划在履行上如发生争议,为使 BOT 计划能够顺利完成,并保护双方之利益,自当有适当之解决与救济途径。在当事人自己不能获得协议解决纷争时,民间机构比较喜欢之途径通常是商务仲裁,比较不喜欢司法途径。最不喜欢的是行政救济途径。这里充分反映出,民间机构对于争议之解决与救济途径之效率与公平的期待。这也是民间机构为何力争将 BOT 契约定性为私法契约的道理所在。值得政府与民间在制度上深入检讨。

十九、结论与建议

(一)结论

为克服兴建、营运公共建设时之资金及管理上的困难,在一定期间以 BOT 的方式特许民间机构从事公共建设之兴建、营运成为推动公共建设,以改善基础建设的重要方法。为使 BOT 计划能够圆满达成,特许机关及特许公司皆应作最好的准备,本于最大的诚意共同努力,协力克服其中可能遭遇的困难,使民间机构能发挥民间在经营上之灵活及效率的优势,达到服务与赚钱的双赢目的。

其间,政府机关最能着力者为提供有效率的行政协助,提供稳定的政策、法令环境,降低来自政府之不测的经营风险。另因 BOT 的特许常常涉及重大市

---

① 利用关系企业输送利益的常见方法为,一切采购皆经由特许公司之控制公司或从属公司,以抬高(境外)采购价格,中断特许公司与真正交易相对人(机具、设备制造商)间本来能够建立之直接交易关系。

② 利用关系企业躲避风险的方法为由母公司出面议约,由子公司出面签约。

场机会的授予,所以特许机关在 BOT 的特许及其业务的规划上必须特别注意其对于市场竞争机能的影响。

至于民间机构则必须体认责任重大,勿负所托确实依投资计划完成兴建、营运及移转的任务。在兴建及营运的过程应多发挥民间企业精明能干之采购及营运的能力,把自有资金及经由股份、公司债的发行取得之资金确实有效的用在约定项目上。此外,关于长期供应或维护合约的安排必须考虑经济、可靠的要求,避免期间届满时发生供应或维护上的技术、采购或财务上的困难。

不但与 BOT 有关之资产一般说来皆甚庞大,而且在一个营运中,服务不得中断的事业必有许多继续性契约、维护的工作以及众多的工作人员。这些皆增加了移转的难度。是故,正确的财物报表、明确的契约、和谐的劳动关系极为重要。否则,可以想见其移转将不易顺利办好。

(二)建议

其实"弱水三千,只饮一瓢"。天下无限宽广,大大小小可以利用 BOT 的方式委由民间办理的建设项目甚多,只要努力,并有一些创意几乎可以说能够办到恰如其分,通通有奖的程度。为将 BOT 的工作办好,以达到此目的,还需要更进一步有系统的汇总过去案例的经验,调查民间机构真正的参与能力与意愿、关联产业可能配合的情况,确实沟通可行之风险控制及成果验收的方法,建立政府与民间共同认为合宜之甄选、监督、稽核的标准与程序。

对于在过去甄审经验中常提出的风险及其归属或控制上的议题,应尽速展开深入的研究与沟通,以厘定有理论及实务基础之解决方案。

第十五章

保 证

一、保证的概念

称保证者,谓当事人约定,一方于他方之债务人不履行债务时,由其代负履行责任之契约("民法"第739条)。自该定义导出:保证系为确保一定债务(主债务)之履行为目的,由保证人与债权人缔结之契约。在该契约之缔结上债务人为第三人。该契约虽以债务人不履行债务时,由保证人代负履行责任为其内容,但保证人在保证契约并无利益第三人(债务人)、承担债务或加入该主债务关系之意思。保证人为何愿意就第三人之债务提供保证,加强其信用的原因,原则上固然存在于保证人与主债务人间之补偿关系(dasDeckungsverhältnis)。[1] 但为维护授信业务之交易安全,保证契约之效力,并不系于保证人为何愿意为债务人保证之补偿关系。亦即不以该内部关系为保证契约之原因关系。该内部关系之不存在、无效、有抗辩或其他效力障碍事由皆不影响保证契约的效力。就此而论,

---

[1] 该内部关系有可能是金融机构对于债务人之(有偿的)授信关系,例如银行收取授信费,为其客户开立保证函、信用状等属之("银行法"第3条第12款、第13款,第5条之二)。亦有可能是债务公司之股东(特别是董事或执行业务股东)或债务人之亲朋基于投资或亲谊的关系而为保证者。保证人与主债务人的关系可定性为委任,此为保证人所以愿意保证之补偿关系。"银行法"第16条规定:"本法称信用状,谓银行受客户之委任,通知并授权指定受益人,在其履行约定条件后,得依照一定款式,开发一定金额以内之汇票或其他凭证,由该行或其指定之代理银行负责承兑或付款之文书。"所以,银行开发信用状或担任商业汇票之承兑时,其与客户间之契约的性质属于委任。其权利、义务关系,应以契约定之("银行法"第31条第1项)。其中银行之法律地位为保证人,其客户为债务人,受益人为债权人。请参考 Larenz/Canaris, Lehrbuch des Schuldrechts, Bd II · Halbband 2, Besonderer Teil, 13. Aufl., 1994, S.3;Soergel-Mühl, Kommentar zum BGB, 11. Aufl., 1985, Rz 10 vor § 765:债务人如协助保证契约之缔结,其法律地位应界定为保证人而非债权人之代理人或传达人。例如由债务人将尚未记载债权人姓名或名称之保证函交付给债权人。

保证契约相对于该内部关系是无因的。这与物上担保以担保人与债权人间关于设定物上担保之合意为其原因时有类似的问题。该补偿关系首先是一个授信契约。在授信阶段,尚无因代偿而发生之求偿或免除债务的问题。①

然保证契约之法律上原因何在? 保证人不论有无抛弃先诉抗辩权,皆系以自主意愿,与债权人达成确保债权之担保协议(dieSicherungsabrede),许诺负担保证债务,成立保证关系。在保证,单纯以该协议为保证之法律上原因(der-Rechtsgrund)。②

虽然规定保证契约相对于保证人与债务人间之内部的补偿关系是无因的,但是其实那是保证人所以愿意与债权人缔结保证契约的真正原因。③ 今在规范规划上所以将之界定为无因,乃系为单纯化保证契约之效力要件,以提高保证确

①　保证他人之债务,只是单纯之授信行为。该授信可以是有偿的,也可以是无偿的。其区分在于是否收取授信费,与代偿之后是否对于债务人求偿无关。代偿之后,消极不为求偿者,仅是未行使债权之状态而已。保证人对于债务人有免除债务之积极的意思表示时,是否论为赠与? 由于"民法"第 406 条规定:"称赠与者,谓当事人约定,一方以自己之财产无偿给与他方,他方允受之契约。"引起疑问。所以"遗产及赠与税法"第 5 条,以拟制的方法,将在请求权时效内无偿免除债务者,就其免之债务论为赠与。这是在赠与之概念的构成上,从积极财产的增加,论财产利益的移动所导出的看法。其实,消极财产之减少亦有财产利益之移动的意义。

②　每一个债务契约之缔结皆有其所以缔结之考虑、盘算及内心追求之目的。这些促成缔约之原因即其所以缔结之动机。除法律有特别规定之情形外(例如"民法"第 88 条第 2 项),动机除非经约定为条件或契约之内容,原则上不是契约之成立或效力的决定标准。唯双方共同视之为契约基础的情况如果有出乎意料之情事变更,致依其原有效果显失公平者,纵未经约定,当事人还是得申请法院增、减其给付或变更其他原有之效果("民法"第 227 条之二)。然契约目的,其属于该契约之规范类型或生活类型之特征,或经当事人双方特约者,构成契约之成立或效力的决定标准。所谓类型上之契约目的,在有偿的有因契约存在于对待给付之取得,此即取得的原因;在无偿的有因契约存在于增益相对人之财产的意思,此即赠与的原因。债法上之担保行为,例如保证契约、担保契约及并存的债务承担之典型目的在于担保目的。其约定可能有偿或无偿。只要契约经有效缔结,该契约之类型上的契约目的便可认为已达成。在此,法律行为(契约)目的(der Geschäftszweck)即是法律上原因。所以,在保证契约之缔结上,该愿为担保之意思即为其法律上原因。契约目的(Geschäftszweck oder Vertragszweck)所涉者为有因债务契约是否具备法律上原因的问题。其欠缺构成给付义务之发生的障碍事由,从而得依不当得利之规定(例如《德国民法典》第 812 条第 1 项,相当于"民法"第 179 条)请求相对人返还其因给付而受领之利益。盖其给付目的(der Leistungszweck)因原因关系不存在而丧失(Esser, Schuldrecht, 2. Aufl., 1960, S.48,778)。关于保证之法律上原因请参考 Larenz/Canaris, aaO.(FN1), S.3f.

③　Esser, aaO.(FN3) S.668; Esser/Weyers, Schuldrecht, Band Ⅱ, Besonderer Teil, Teilband 1,8. Aufl., 1998, S.343f.

保债权的功能。是故,在具体情形,保证人所以为保证之目的(例如为避免债务人被宣告破产、对其提起刑事告诉),如果不但为债权人所知,而且已从动机提升为契约内容的一部分时,则倘该目的后来不能达成,该保证契约仍可能因之失其效力。保证人已给付者得依不当得利之规定请求返还。[①] 有时该法律上原因并将保证债务与主债务联系起来,例如为债务人将来之新的借贷债务(主债务),债权人与债务人协议,由债务人觅保加强其信用,基于该协议,保证人受债务人之委任,而与债权人缔结保证契约。于是,该协议的内容构成保证人所以愿意保证系争债务的法律上原因,并构成该保证契约之内容的一部分,而非仅是保证人所以愿为保证之动机而已。倘债权人后来未依该协议拨款,反而主张以该保证担保一个本来即已存在之债务,则债务人得请求债权人履行拨款义务,或于债权人经定期催告而不为拨款,履行债务时,保证人得撤销或解除保证契约,[②]以消灭其保证债务。纵使保证人自己无得为撤销或解除保证契约的权利,保证人还是得依"民法"第744条,拒绝清偿,[③]或依"民法"第742条以抗辩的方法,拒绝清偿。[④]

保证人所负之义务虽是在必要时,代负履行责任,且相对于债务人所负之债务,仅是从债务,但保证债务仍是保证人因自己之负担行为所负之自己的债务。此与债务承担系承担债务人之旧债务者,不同。然由于保证债务仍系其所保证

[①] Esser,aaO.(FN3) S.669;Esser/Weyers,aaO.(FN4),S.344;Larenz/Canaris,aaO.(FN1),S.4.

[②] 在这里保证人享有之形成权,究为撤销权或解除权,视关于债权人之不为拨款到底应评价为:保证人之意思表示因受诈欺而有瑕疵,或债权人有债务不履行之情事而异。在第一种情形,保证人得为撤销;在第二种情形,保证人得为解除。保证契约经撤销或解除者,以该契约为基础之保证责任当即因此而消灭。唯倘保证人已因履行保证责任而为给付,则在解除的情形,得依"民法"第259条请求债权人返还。盖契约解除虽亦为"民法"第179条所定之法律上原因,在给付后已不存在的情形之一,但因"民法"第259条针对契约解除时之不当得利的返还义务特别予以规定,自当优先适用。反之,在撤销的情形,仍应依"民法"第179条请求返还。

[③] 在主债务人有其他类似之形成权,例如得解除保证债务所据以发生之契约的情形,应容许保证人类推适用"民法"第744条,拒绝清偿。请参考 Larenz/Canaris,aaO.(FN1),S.11.

[④] 请参考 Larenz/Canaris,aaO.(FN1),S.4.

之主债务的从债务,[①]所以,不但主债务之存在(包括是否有无效、得撤销或其他抗辩事由等)、范围皆从属于主债务(从属性:Akzessorietät),保证债务之效力受其影响,而且保证人如无抛弃先诉抗辩权的情事(第746条第1款),"保证人于债权人未就主债务人之财产强制执行而无效果前,对于债权人,得拒绝清偿"("民法"第745条)(候补性:Subsidiarität)。[②]

---

①　保证为所保证之主债务的从债务,属于在原来债务之外附加的附属债务。此与在债务之加入使加入者事后成为主债务人之一者不同。关于债务之加入有因法律之规定而发生者,例如:(1)"民法"第691条规定:"加入为合伙人者,对于其加入前合伙所负之债务,与他合伙人负同一之责任。"(2)"民法"第425条至第426条之一关于买卖不破租赁原则之规定。在保证人抛弃先诉抗辩权的情形,虽使保证人及主债务人对于债权人所负之债务因此具有外部连带的效力,但因尚不具备内部连带的效力,所以仅构成不真正的连带债务。保证债务有自己之时效,可就之对于保证人独立起诉,对于主债务人之确定判决的既判力不及于保证债务。学者有称这是保证债务之独立性。唯该独立性无碍于其对于主债务之从属性,债权人仅得于主债务的架构内请求保证人履行保证债务(Esser, aaO.(FN3) S.668)。关于保证约款之独立性,"最高法院"1996年台上字第2448号民事判决认为:"保证契约系保证人与债权人间所缔结之契约。保证债务之存在,固以主债务之存在为前提,唯保证契约与主债务人及债权人间所成立之债权债务契约,究属二个独立存在之契约。非可因保证债务有其从属性,或因该二契约形之于同一书面上,即可置保证契约之独立条款于不论。"

②　关于先诉抗辩权之丧失事由,"民法"第746条虽然规定:"有左列各款情形之一者,保证人不得主张前条之权利:一、保证人抛弃前条之权利者。二、保证契约成立后,主债务人之住所、营业所或居所有变更,致向其请求清偿发生困难者。三、主债务人受破产宣告者。四、主债务人之财产不足清偿其债务者。"但其中第2款至第4款所定者,事实上是第745条规定之情事存在的解释。其作用类似于拟制。

　　然只要保证人已应代负履行责任,则因其依保证契约所负者为人的担保责任,[①]应以其全部得扣押之财产为其所保证之债务负责。该责任范围,亦称为人的无限责任。这与物上担保物权的设定必然是一种物的有限责任,物上担保人仅就其提供为担保之物负其责任者,不同。不过,目前实务上亦有经由特约将保

---

　　① 关于为确保债权而负担之责任或设定之各种权利,习称为担保。例如以人的担保称保证,以物的担保称质权、留置权、抵押权、让与担保(担保信托)。另外还有两种情形也以担保称之,即瑕疵担保与担保责任(Garantiehaftung)。后两种情形之共同特征为不以故意、过失或可归责作为其责任要件。请参考 Esser, aaO. (FN3) §57, 10; Larenz/Canaris, aaO. (FN1), §64.另有以契约约定不论主债务人之义务为何,由担保人就一定之结果的发生对于债权人负担保责任者。此即担保契约(der Garantievertrag)。该种契约之效力特征为既不从属于其他债务,亦不使担保人成为该债务之共同债务人。请参考 Esser/Weyers, aaO. (FN4), §40 V 4.唯担保也有由债务人自己特别表示就一定之状态负责者。例如出卖人或承揽人表示为买卖目标物或工作之一定质量在一定之保固期间负担保责任。这种责任与物之瑕疵担保责任有关。所表示者如为保固期间,其意义通常为:所担保之质量状态不再限于危险负担移转时之状态,而扩及保固期间之状态。从而其瑕疵担保请求权之期间的起算点亦因之后移至瑕疵发现时(Larenz/Canaris, aaO.(FN1), S.69)或保固期间届满时。不过,应注意在这种情形出卖人或承揽人也常会同时限制其责任范围或负责的方法,从而限制或改变了其原来依一般规定所负之物的瑕疵担保责任的内容(例如在买卖契约将瑕疵担保请求权的内容改变或限制在修复或另行给付无瑕疵之物)。又在买卖当其担保由制造人提出时,可能引起制造人之担保是否排除出卖人之担保责任的疑问。除有买受人之明示的同意,应采否定的见解。请参考 Esser/Weyers, aaO.(FN4), §7 III 2; §32 III 3.关于利用契约一般约款免除或限制责任规定必须经他方明示同意者,例如"民法"第649条就货物运送规定:"运送人交与托运人之提单或其他文件上,有免除或限制运送人责任之记载者,除能证明托运人对于其责任之免除或限制明示同意外,不生效力。"第659条就旅客运送规定:"运送人交与旅客之票、收据或其他文件上,有免除或限制运送人责任之记载者,除能证明旅客对于其责任之免除或限制明示同意外,不生效力。"

证人之责任限于一定债权额范围内之最高限额保证的约定型态。[①] 此即最高限额保证。[②] 自责任之有限或无限观之，对于债权人而言，人的保证看似优于物的担保，但物的担保有一个人的保证所无之特别保障，即担保权人就担保物有优先于其他债权人受偿的权利，从而在担保物之价值的限度内基本上无支付能力的问题。然也必须注意在债务之负担，人保的制度给自己责任主义带来破坏经济关系之安定的冲击。是故，应尽可能压缩（事业间）非因上下游交易关系之风险

---

①　"最高法院"1988 年台上字第 943 号判例："保证人与债权人约定就债权人与主债务人间所生一定债之关系范围内之不特定债务，预定最高限额，由保证人保证之契约，学说上称为最高限额保证。此种保证契约如定有期间，在该期间内所生约定范围内之债务，不逾最高限额者，均为保证契约效力所及；如未定期间，保证契约在未经保证人依'民法'第 754 条规定终止或有其他消灭原因以前，所生约定范围内之债务，亦同。故在该保证契约有效期间内，已发生约定范围内之债务，纵因清偿或其他事由而减少或消灭，该保证契约依然有效，嗣后所生约定范围内之债务，于不逾最高限额者，债权人仍得请求保证人履行保证责任。"此种保证，除订约时已发生之债权外，即将来发生之债权，在约定限额之范围内，虽亦为保证契约效力所及。但因保证人死亡后，已不得再为权利义务之主体。所以"保证人死亡前已发生之债务，在约定限度之范围内，固应由其继承人承受，负连带偿还责任；唯保证人死亡后始发生之债务，则不在其继承人继承之范围"（"最高法院"1992 年台上字第 1011 号民事判决）。由于未定期间之最高限额保证契约，在保证人依"民法"第 754 条规定终止或有其他消灭原因以前，所生约定范围内之债务，不逾最高限额者，均为保证契约效力所及。故在该保证契约有效期间内，所发生约定范围内之债务，如债权人允许主债务人延期清偿，而所延展之清偿期仍在保证契约有效期间内者，保证人自不得援引"民法"第 755 条，主张就定有期限之债务为保证者，如债权人允许主债务人延期清偿时，保证人除对于其延期已为同意外，不负保证责任（"最高法院"2002 年台上字第 1585 号民事判决）。"未定期限之最高限额保证，保证人须依'民法'第 754 条之规定，通知债权人终止保证契约后，始能免除其保证责任"（"最高法院"1995 年台上字第 2974 号民事判决）。反之，如系定有期限之最高限额保证，保证人是否得随时终止保证？"民法"第 754 条第 1 项规定："就连续发生之债务为保证，而未定有期间者，保证人得随时通知债权人终止保证契约。"第 756 条之四第 1 项规定："人事保证未定期间者，保证人得随时终止契约。"自该二项规定观之，显采否定的立场。唯在保证人与债权人间，从保证系单纯利益债权人之契约观之，应容许保证人随时终止最高限额保证契约，通知债权人停止继续对于债务人融资，方与"民法"在赠与、使用借贷、消费借贷等无偿契约所示之一贯的规范立场相符。

②　不过，在实务的应用，最高限额保证常常不是用来减轻保证人之责任的，而是用来放松保证债务与主债务间之从属关系的。这不是一种妥当的做法。因之，在最高限额保证仍应基于保证债务对于主债务之从属性，具体审查系争债务是否即为当初该保证所要担保之债务。这当中涉及主债务之约定的明确性要求。

的本来归属而引起之保证的蔓延。[①]

保证的结果,因为可能使保证人负为债务人对于债权人清偿债务的责任,所以,势必在债权人、保证人与债务人间构成一个复杂的三角关系。其清偿固使债权人不再得对于债务人请求给付,但保证仍非债务承担,就主债务保证人亦不因保证而与债务人构成连带债务人的关系。[②] 其清偿虽似第三人清偿,但其间之规范结构与一般涉他契约仍有不同:在一般涉他契约中,三角各边当事人间之法律关系的效力不互相干涉,不论是由第三人给付契约或向第三人给付契约,给付

---

① 因上下游交易关系而引起之债务的风险本来应由其上、下游视情形负担之。是故,其上游如引入银行或融资性租赁公司对于买方提供分期付款之融资者,银行或融资性租赁公司可能要求卖方保证买方之分期付款债务。这在结果上与银行或融资性租赁公司向卖方购买其对于买方之债权,而要卖方就买方(债务人)之支付能力负担保责任者相同。在此限度,因为并无加重卖方之企业风险,应当还是属于保证制度之正当利用的情形。至于其他要求债务人征求与系争债务毫无交易关联之人充为保证人者,往往使一个事业之财务风暴波及其他事业。这不是一个好的规范规划。至于银行所以适合充为保证人,其理由为:银行除了具备比较专业之征信能力外,纵使其因保证而吃下坏账,相对于个人或其他事业,亦比较有能力分散该坏账所导致之金融风险。

② Esser/Weyers,aaO.(FN4),S.343.

人与受领人间皆无充为该给付之原因的债务关系存在。① 反之,保证债务对于所保证之主债务则有从属关系,除依从于债权人与债务人间之债务关系的存续、范围与抗辩外,保证人甚至得以主债务人对于债权人之债权,主张抵销("民法"

---

① 例如甲向乙购买汽车一辆,约定汽车由乙向第三人丙(向第三人给付契约),价金由丁向乙(由第三人给付契约)给付时,乙与丙、丁与乙间并无原因之债务关系。是故,纵使甲乙间之买卖契约有无效之情事,在给付后亦仅甲乙间有不当得利之返还关系。丙不因此有返还义务,丁不因此有返还请求权。至于甲乙间之买卖契约有效,而甲丙间之赠与关系或甲丁间之消费借贷关系无效时,亦仅甲对丙或丁对甲有不当得利之返还请求权。在由第三人给付之契约,第三人系为债务人而为给付,所以如从甲丁间之消费借债契约观之,该消费借债契约含有为他人(甲)清偿债务,亦即为他人给付之约款。该消费借贷契约为丁所以愿意为甲向乙给付的原因。就甲乙间之价金债务而论,此为债务人与第三人所作之约定。这样一个为他人清偿债务的约款,如由丁与乙约定之,则其缔约人为第三人与债权人。在这种情形,第三人如无承担该债务之意思,这种契约原则上即为保证契约。为他人清偿债务,属于第三人清偿。该第三人如系保证人,就其清偿究竟只论为有利害关系人之清偿,或论为保证人清偿自己之债务? 自保证人因缔结保证契约而负从债务立论,固应认为保证人清偿自己之债务,但"民法"第749条规定:"保证人向债权人为清偿后,于其清偿之限度内,承受债权人对于主债务人之债权。但不得有害于债权人之利益。"该效力与就债之履行有利害关系之第三人为清偿时的效力相同。该效力之特征为:所清偿之债务不因清偿而消灭,而只是法定移转于清偿人。要之,在保证人与债权人间,就保证人之清偿,"民法"第749条等于将之论为有利害关系之第三人的清偿。唯这应是没有考虑保证人与债务人间可能存在之补偿关系的看法。倘如前述设例,保证人与债务人间先有一个消费借贷契约,且基于该消费借贷契约,保证人(贷与人丁)始与乙缔结(连带)保证契约,则丁之对于乙给付价金,在甲丁间有消费借贷契约为依据,这时因该清偿给付,丁对于甲所享有者究为贷与金钱之返还请求权或法定受让自己之价金债权值得探讨。在这种情形应认为:甲丁间关于消费借贷之规定优先于保证人(有利害关系之第三人)的清偿规定受适用。在前述甲丁间含向第三人给付之约款,但不含利益第三人意思之消费借贷,当丁与乙以之为基础发展出保证关系,其意义为:丁对乙所付之保证债务不但相对于甲依甲乙间之买卖契约对于乙所负之价金债务(主债务)具有从属性及候补性,而且其给付直接以保证契约,而非以甲乙间之买卖契约为其法律上原因。于是,前述所称"甲丁间关于消费借贷之规定优先于保证人(有利害关系之第三人)的清偿规定受适用"的见解,应仅适用于甲丁之内部关系。

第742条之一)。① 因为保证人依保证契约对于债权人自己负有清偿义务,所以债权人之受领以保证契约为其法律上原因。是故,保证人向债权人为清偿后,主债务并不消灭,而只是于其清偿之限度内,由其承受债权人对于主债务人之债权("民法"第749条)。②

二、类似的概念

债法中有一些契约类型与保证在效力上有类似的作用:一个人为他人之债务对于债权人负履行之义务。兹分述如下:

(一)信用委任

"民法"第756条规定:"委任他人以该他人之名义及其计算,供给信用于第三人者,就该第三人因受领信用所负之债务,对于受任人,负保证责任。"此即信用委任。在信用委任,受任人虽以自己之计算,但以委任人之危险供给信用于第

---

① 关于抵销,"民法"第742条之一之规定方式等于是保证人得代位行使主债务人对于债权人之抵销权。保证人如未径行代位,在其法定受让之债权的行使上,可能会因主债务人以其对于债权人之债权,主张抵销而遭受不利。《德国民法典》对于抵销之规定与此不同。《德国民法典》第770条第2项规定:"只要债权人能经由就主债务人已届清偿期之债权主张抵销而获得满足,保证人即有第一项所定之权利:拒绝清偿。"有疑问者为,拒绝清偿究为推迟或灭却抗辩权? 在《德国民法典》该项规定下,债权人如果始终不行使其抵销权,保证人是否享有灭却抗辩权? 抵销权之不行使或抛弃,对于保证人构成的利益状态与《德国民法典》第776条(相当于"民法"第751条)所定,债权人抛弃为其债权担保之物权的情形类似。是故,保证人就债权人得主张抵销的限度内,应采肯定的见解。关于抵销权之不行使或抛弃,请参考 Soergel-Mühl, Kommentar zum BGB, 11. Aufl., 1985, § 770 Rz.1ff.

② "最高法院"2001年台上字第2138号民事判决:"按保证人向债权人为清偿后,债权人对于主债务人之债权,于其清偿之限度内,移转与保证人,'民法'第749条定有明文。故保证人向债权人为清偿或其他消灭债务之行为后,当然取代债权人之地位,得于清偿之限度内,行使原债权之权利。保证人既得代位行使该原债权,解释上包括原债权之担保及其他从属权利,即应一并移转给保证人,不因债权人于该受偿限度内,对主债务人已丧失其债权之请求权而影响该代位权之存在。"按代位行使,以债权人对于主债务人之债权不因清偿而消灭为前提。因此,"民法"第749条修正前之规定,会造成一个疑惑,即"债权人于该受偿限度内,对主债务人已丧失其债权之请求权",而保证人却还可以代位其行使请求权。此外,以代位权规定为保证人代为清偿债务后之效力在债权人于受清偿后破产或受强制执行的情形,还会引起该债权人之其他债权人之参与分配的问题。这对于先为清偿之保证人显然是不公平的。是故,该条后来经修正为:"保证人向债权人为清偿后,于其清偿之限度内,承受债权人对于主债务人之债权。但不得有害于债权人之利益。"是有道理的。

三人。在实务上容易引起疑问者为,依据哪些表示可以认为表意人有负担该危险之法效意思。① 依该条规定,信用委任虽以委任之表示为基础,但其保证责任具有法定的外观。所以如此规定的道理,当在于:单纯之供给信用于第三人,不似处理委任人之事务。因此,要将受任人因供给信用于第三人的支出,认定为委任人应返还于受任人之处理费用,不是很自然。其结果便以法定的方法,课以保证责任。这与可以费用返还义务相较,还是退让了一步。信用委任在构成要件上,首先单纯的该当于委任契约,必须等到受任人因该委任而对于第三人给予融资时,始并有保证规定之适用。信用委任与一般保证在效力上不同者为:依该委任契约,受任人对于指定之第三人有依约融资的义务。② 反之,在保证契约只是单纯的约定保证人就债务人对于债权人所负之一定债务负保证责任。两相比较,对于融资者而言,缔结信用委任契约所负之义务较多。这可能是实务上几乎未曾见有信用委任之案例的缘故。③

(二)债务承担

保证与债务承担不同。就主债务之清偿顺位,保证人处于主债务人之后。纵使在抛弃先诉抗辩权之连带保证的情形,亦仅是一种不真正连带债务,保证人在清偿后对于主债务人还是有求偿权的。④ 所以,是否为保证,保证人要考虑主债务人之支付能力及意愿,以降低其风险。反之,在债务承担,承担人或单独或

---

① Larenz/Canaris,aaO.(FN1),S.22.

② 在信用委任,由于受任人有融资义务,而不像在保证看似仅保证人对于债权人负义务,所以,德国学者认为,关于保证之要式的规定不适用于信用委任。该见解彰显《德国民法典》学说及实务对于无偿契约之规范规划原则的信守。该制度上之认识与信仰系法律文化及法制建设的重要基础。Larenz/Canaris,aaO.(FN1),S.21ff.

③ 在德国法因信用委任非要式,而保证为要式行为,于是,实务上引起利用信用委任规避保证之要式规定的情事。德国司法实务上后来尝试以该信用委任契约对于委任人是否有经济上利益为准判断其效力,以防止保证之要式规定的规避。该尝试虽与《德国民法典》第778条关于信用委任的规定不符,但还是回归到无偿行为之要式的原则。该原则即英美契约法关于契约之效力,应在有对待给付的要件下,方始赋予的基本思想。否则,无偿契约除以书面约定者外,原则上无拘束力。此与大陆法系关于无偿契约通常有要物或得任意撤销之规定者相当。要物或得任意撤销之规定的作用为:让无偿契约之债务人在履行前得任意悔约,不负债务不履行的责任。请参考 Esser/Weyers,aaO.(FN4),S.358f.

④ "最高法院"1987年台上字第963号民事判决:"在'民法'上无所谓连带保证,实务上所谓之连带保证,仅为丧失先诉抗辩权之保证而已,除此而外,仍不失其保证之性质。此种保证,虽债权人得径向保证人为全部给付之请求,保证人不得提出先诉抗辩,然保证人与主债务人之内部关系,不生'民法'第280条所定内部分担之问题,核与连带债务之性质显不相同,岂可将连带保证与连带债务混为一谈。"是谓:连带保证有外部连带而无内部连带。

与原债务人并同负主债务的清偿义务。所以,是否为承担,承担人所考虑者不是原债务人之支付能力,而是因承担,自己有何利益。这将取决于承担人与原债务人间之补偿关系,而非代偿债务之求偿权。在实务上,第三人仅对于债权人,表示同意偿还债权人对于债务人享有之债权者("最高法院"2003 年台上字第 1540号民事判决),[①]其表示究为保证或并存的债务承担,属于解释的问题。[②]

(三)担保契约

担保在民商法首先被用于债权之人的或物的担保(例如"民法"第 144 条、第145 条、第 193 条、第 265 条、第 295 条、第 304 条、第 307 条、第 322 条、第 329 条、第 368 条、第 446 条、第 448 条、第 546 条、第 618 条之一、第 685 条、第 750 条、第751 条),而后被使用于权利或物之瑕疵担保(例如"民法"第 349 条、第 350 条、第351 条、第 352 条、第 354 条、第 355 条、第 356 条、第 359 条、第 364 条、第 388 条、第 411 条、第 414 条、第 501 条之一、第 516 条)。在此所称之担保契约(Garantievertrag)分别按其担保之目标而类似于债权之担保或给付成果之担保,但仍有不同。[③] 其不同于债权之担保者为:担保契约既不从属于主债务人之义务,也不与其构成连带债务,独立的不以有可归责事由为要件,担保债权人对于一定结果之利益。[④] 这在实务上常见于履约保证。履约保证习惯上虽以保证称之,但论诸实际是一种担保契约。其担保之提供方式亦与担保契约在实务上之发展相同:为避免其实行手续之繁复,最初多约定以现金为担保目标,此即履约保证金。然因以现金为履约之担保显然不经济,所以,后来渐改以支付能力经债权人认可之银行开具之履约保证函的方式代之。这时其表现方式已充分体现担保契约之意旨。担保契约之不同于保证者,在于切断其与主债务间之从属性,俾在担保契约之实践上避开主债务之有无、范围及其他可能之抗辩的纠缠,将这些都让诸债权人与债务人自己去解决。盖担保人终究是该债务之第三人,就其存在有关之事项必要时不容易为适当之攻击防卫。[⑤]

---

①　该判决之评释请参考黄茂荣:《有益费用之偿还义务及其保证或承担》,载《植根杂志》第 20 卷第 5 期。

②　在具体案件,保证与并存债务承担的区别有时并不清楚。因之,在德国并存的债务承担有时也被怀疑用来规避保证之要式规定。请参考 Esser/Weyers, aaO.(FN4), S.359.

③　关于担保契约及其分类,请参考 Soergel-Mühl, aaO.(FN18), Rz.33ff. Vor § 765.

④　虽然担保人所负之义务强于保证人,但是由于《德国民法典》对于担保契约并无明文规定,所以,担保契约是否应举轻以明重论为要式行为在德国学说上引起疑问。Esser/Weyers 认为应采肯定的见解(Esser/Weyers, aaO.(FN4), S.359)。

⑤　Larenz/Canaris, aaO.(FN1), S.73f.

担保契约在给付成果上的应用有,针对物之瑕疵附以保固约款。保固约款对于法定之物的瑕疵担保主要有两点影响:(1)延后瑕疵之发生及发现期间,不以危险负担移转时已存在者为限,(2)改变瑕疵担保之除斥期间的起算点。[①] 保固约款虽由债务人与债权人约定之,但无碍其为担保约款。盖担保契约通常固由第三人与债权人约定之。但并非债务人即不得与债权人就物之瑕疵经由约定,缔结担保契约,予以强化。[②] 这类担保在实务上不仅适用于物之瑕疵的场合,也有被约定来担保一定之给付成效(例如产量或租金);在将来不低于约定之数额,或工程费用不会高于预估之数额。这些担保可概称为成效担保(dieGewährleistungs-garantie)。[③]

(四)信用卡付款

称信用卡,"指持卡人凭发卡机构之信用,向特约之第三人取得金钱、物品、劳务或其他利益,而得延后或依其他约定方式清偿账款所使用之卡片"("信用卡

---

　① 　Larenz/Canaris,aaO.(FN1),S.67ff.

　② 　上述两种担保契约之目的都在于强化另一个已经存在的债权。但也有不以另一债权之强化,而以另一债之关系的发生为其担保目标者。例如一笔不动产之出卖人向买受人担保其可自银行按一定之交易条件获得一定金额之融资(Larenz/Canaris,aaO.(FN1),S.67)。该担保如果落空,出卖人对于买受人所负之赔偿责任,与自负按预定之交易条件提供融资相当。这个问题与"民法"第 268 条所定者类似。该条规定:"契约当事人之一方,约定由第三人对于他方为给付者,于第三人不为给付时,应负担损害赔偿责任。"其类似者为:第三人如不对于他方(债权人)为给付,不论是否可归责于债务人,债务人皆应负担损害赔偿责任。这已具备担保约款之特征。请参考孙森焱:《民法债编总论》(下册),作者自刊 2004 年修订版,第854 页。其不同者为:在第 268 条双方已有由第三人给付之契约的缔结,而在前述担保契约,出卖人仅担保买受人能够自约定之第三人银行按一定之交易条件获得一定金额之融资,债权人与债务人间尚无由第三人给付之融资契约。

　③ 　Larenz/Canaris,aaO.(FN1),S.67.

业务机构管理办法"第2条第1款)。①

　　依上述信用卡之定义,利用信用卡之交易关系的当事人主要有三方:持卡人、发卡机构及特约商店。② 如以发卡机构为本位观察,特约商店为信用卡交易关系的第三人。如以持卡人与特约商店之交易关系观察,发卡机构为对于持卡

---

　　① 金融卡与信用卡外观相似,但功能不同。信用卡的功能在于授信,而金融卡则为一种替代存折的卡片,主要用来提款、转账付款。其有在一定额度容许透支或预借现金之约款者,虽兼有放款之授信功能,但与第三人无涉。此与信用委任不同("民法"第756条)。如无跨行提款的情形,其所涉当事人只有持卡人及发卡银行。在行内提款,与一般存款或放款之提款无异。没有由之引伸之保证或担保的问题。在跨行提款或转账的情形,因其提款或转账的指令由持卡人发起,所以,虽然跨行服务之基础契约关系概由发卡银行及其同业安排,持卡人无从参与,但他行之自动柜员机还是应认定为持卡人之传达人或代理人。以金融卡在自动柜员机输入密码提款之案件,与凭存折及填具取款条加盖原留印鉴之自行提款,具同等效力。其中密码的功能与签名、盖章相同。然倘金融卡被用来转账以清偿持卡人对于第三人所负之债务,则在该金融卡及签名是真正时,发卡机构对于该第三人是否应负担保责任? 该第三人与发卡机构间事先如无特约关系,在入账前,这应视系争金融卡有无引起表见事实之信赖而定。如果没有,应将之当成一个没有利益第三人意思之向第三人给付契约看待。在入账后,则一概不得请求返还。盖这犹如支票之付款银行在付款后,不得以发票人存款不足为理由,请求提示付款之执票人返还票款之道理相同。储值卡由发卡机构自己发行者,为一种电子货币包。其与金融卡之差异为:储值卡为按当时在该卡片上之储值数额,而有一定之购买力,在该金额内可以用来支付各种小额金钱债务。反之,金融卡上并无一定之储值,其支付能力来自持卡人在发卡机构之存款及发卡机构承诺提供之信用额度。在储值卡的发行设计,如不纪录持卡人之人别资料,则该储值卡将形同现钞,如有遗失或毁损,持卡人是否得依无记名证券之遗失、被盗或灭失有关规定,申请法院,依公示催告之程序,以除权判决宣告该证券无效("民法"第720条之一、第725条),而后依"民事诉讼法"第565条,以有除权判决后,申请人对于依证券负义务之人,得主张证券上之权利为理由,向发卡机构请求补发同额储值卡,值得探讨。在德国法,Esser/Weyers认为应采肯定的见解(Esser/ Weyers, aaO.(FN4), S.365)。由上述比较可见,金融卡的风险在盗用或其他无权使用,而储值卡的风险在遗失。储值卡上的纪录如有不正确的情形,如果能够举证,其出入在持卡人与发卡机构间固得互为主张,至于第三人因该储值卡之使用而当入账之数额,如前述关于金融卡之说明:在入账前,应视有无表见事实定之;在入账后,发卡机构不得以有错账为理由,对于第三人请求返还。

　　② 发卡机构与特约商店间尚可能有收单机构介于其间,其任务为:经各信用卡组织(发卡机构)授权办理特约商店签约事宜,并于特约商店请款时,先行垫付持卡人交易账款予特约商店之机构。由此可见,在信用卡交易关系中,收单机构系发卡机构有代理权之受任人。是故,为简化信用卡交易关系之说明,可将收单机构纳于发卡机构之下,以收单机构为发卡机构之履行辅助人。就此,亦有信用卡发卡机构明文约定:"本合约当事人系台湾美国运通股份有限公司(下称"美国运通")及上述签署之机构(下称"特约商店"),财团法人联合签账卡中心(下称"联信中心")系美国运通之代表,提供特约商店收单业务及处理服务并非本合约之当事人对本合约之履行亦不负责。"

人提供信用之人:使特约商店负有义务,让持卡人无须给付现金,即可自其取得金钱、物品、劳务或其他利益。至其账款延后由发卡机构与特约商店结算,而持卡人则应于约定之各期缴款截至日前向发卡机构缴清该期账款。在该三角关系中,持卡人与特约商店之关系为赊账的交易关系,对于因该赊账发生之债务,发卡机构虽未予承担,唯对于特约商店不待于债务人(持卡人)有债务不履行的情形,发卡机构即应依约代为清偿。该约定具备发卡机构委任他人(特约商店)以该他人之名义及其计算,供给信用于第三人(持卡人)之特征,所以,就该第三人因受领信用所负之债务,对于受任人(特约商店),发卡机构所负者至少是"民法"第 756 条所定之信用委任的保证责任。但不待于债务人(持卡人)有债务不履行的情形,发卡机构即应依约代为清偿。其对价为发卡机构得按应收账款扣取一定比例之数额作为报酬。该责任之特征与连带保证或担保责任相当。[①] 这当中,持卡人与特约商店间的关系按其交易内容原来该当之契约类型定之。有疑问者为:持卡人因给付有瑕疵请求减少价金,或因瑕疵或其他事由解除契约时,应向特约商店或发卡机构请求返还其已给付之价金?持卡人得否主张在发卡机构与特约商店结算该笔交易之账款前,撤回其代偿之委任,[②]由其与特约商店按

---

①　Esser/Weyers, aaO.(FN4), S.361:"在发卡机构与特约商店(航空公司、旅社、餐馆、商店、汽车租赁等)间缔结之契约(架构契约)在规范上应定位为担保契约(Garantievertrag)(通说,但有许多争议)。"发卡银行就持卡人所负的签账债务,对于特约商店可能负担之责任的态样,由轻而重依序为:普通保证、连带保证或担保责任。因原则上发卡银行有为持卡人垫付之义务,所以不属于普通保证。而如将之定性为担保责任,则发卡银行对于特约商店,有若后者对其提示保付支票或承兑之汇票,负无条件按签账单上所载金额给付之义务。倘如是,发卡银行不得主张持卡人基于其与特约商店之交易关系就其对待给付所享有之抗辩。这不利于必要时依就近原则,发展关于持卡人之损害的防止制度。如将之定性为连带保证,则对于特约商店之正当债权的保障,与担保责任虽无显著差异,但却能让发卡银行在必要时,基于保证债务之从属性,主张持卡人对于特约商店享有之抗辩。此外,在这种情形,发卡银行如能抗辩而不为抗辩,其过失会构成其对于持卡人之求偿权在发生上或行使上的障碍事由。

②　Esser/Weyers, aaO.(FN4), S.362:"以信用卡之现金支付功能为理由,排除撤回在交易文件中表示之付款指示的可能性,其适用应该不是无例外的。盖撤回所涉期间,主要可能还在发卡机构尚未为执行指示而付出任何费用时。"这是从就近原则所导出的看法。按债务之履行或债权之行使,应依诚实及信用方法(参照"民法"第 148 条第 2 项)。此即诚信原则。依该原则,契约当事人有义务为相对人就近防止损害之发生或扩大。其能防止而不为防止,对于相对人就因此所发生之损害负赔偿责任。其适当的规范基础为:自诚信原则发展出来之积极侵害债权或契约(履行后)的保护义务。这特别适用于:持卡人与特约商店就与签账有关之交易已有特约商店债务不履行的争议情事存在,而特约商店尚依其与持卡人之分期给付的约定,按期向发卡银行请求签账款项。

一般事务处理其间的争议。其肯定的见解可提高特约商店快速处理消费争议的意愿。[①] 如采该见解，发卡机构就该赊账债务所负的义务将不是担保，而是弱化为连带保证。盖必须在连带保证发卡机构始得基于保证债务之从属性，主张债务人对于债权人的抗辩。[②] 就消费信用案件这是一个值得考虑的见解。发卡机构与持卡人间的关系为委任关系，依该委任关系，发卡机构有义务处理之委任事务为：代垫费用，就持卡人使用该卡片所从事之赊账交易发生的应付账款，对于特约商店负代偿义务。其代偿之支出构成处理委任事务之费用，得对于持卡人请求返还。[③] 当一个委任契约约定受任人有义务为委任人代偿其对于第三人所负之金钱债务时，该委任契约即兼有授信契约的性质。[④] 特约商店所以愿意或所以有义务与持卡人从事赊账交易，乃基于特约商店与发卡机构间之契约。特约商店违约拒绝持卡人在信用额度内之赊账交易的请求者，[⑤]就因此所生之债务不履行的损害，持卡人得对于发卡机构请求赔偿。发卡机构就其赔偿支出可向特约商店求偿。持卡人对于特约商店是否有直接之损害赔偿请求权，视特约商店对于发卡机构所负容许持卡人为赊账交易之义务，是否具有保护第三人之

---

① 对于这个问题，参见"信用卡定型化契约范本"（2001 年 1 月 4 日修正）第 11 条、第 13 条。

② 在利用信用卡的交易关系，往往认为发卡机构对于特约商店不得主张持卡人依其与特约商店之关系所有的抗辩权。由于这些问题都还属于私法自治的范围，所以，如果没有以强行规定介入，其合理解决便只有依赖金融行政机关在其一般约款之监督，以及司法机关在个别案件之司法审查。总括来讲，关于发卡机构就持卡人使用信用卡所发生之交易债务，采连带保证说应当会比采担保责任说，更能说明较能照顾持卡人利益的见解。这特别是在发卡机构与特约机构约定在一定情形下，其可拒绝对于特约商店代偿持卡人使用信用卡之签账款项时为然。请参考 Esser/ Weyers, aaO.(FN4), S.361f.

③ 关于发卡银行为实现其信用卡债权，就该债权主张与其对于持卡人之债务抵销的问题，"信用卡定型化契约范本"第 19 条规定："持卡人经贵行依第 22 条主张视为全部到期之权利时，贵行得将持卡人寄存于贵行之各种存款（支票存款除外）及对贵行之一切债权期前清偿，并得将期前清偿之款项抵销持卡人对贵行所负之债务（第 1 项）。贵行预定抵销之意思表示，自登账扣抵时即生抵销之效力。同时贵行发给持卡人之存折、存单及其他债权凭证，在抵销范围内失其效力（第 2 项前段）。"其第 1 项规定之意旨首先为：发卡银行得期前终止契约，以满足"民法"第 334 条第 1 项关于抵销之要件的规定——二人互负债务，并均届清偿期。其第 2 项前段规定之意旨为：发卡银行之抵销的意思表示不需向持卡人为之。关于承诺，固有"民法"第 161 条之意思实现的规定："依习惯或依其事件之性质，承诺无须通知者，在相当时期内，有可认为承诺之事实时，其契约为成立（第 1 项）。前项规定，于要约人要约当时，预先声明承诺无须通知者准用之（第 2 项）。"但该规定是否得目的性扩张适用到其他经当事人以定型化契约特约之其他意思表示，特别是形成权之行使的类型，非无疑问。

④ 参见"最高法院"2000 年台上字第 1628 号民事判决。

⑤ 参见"信用卡定型化契约范本"第 8 条第 4 项。

意思而定。

　　按信用卡持卡权利人之认定依约：以持有信用卡及密码或签名为基准。这当中又以信用卡之持有最为关键。而信用卡系独立于持卡人外之物，所以，不免引起伪造使用或盗用的情事。伪造使用信用卡，不但其签名，而且其信用卡皆不真正，所以，持卡人对之无应当负责之事实基础；反之，在盗用信用卡，其签名虽亦非真正，但由于信用卡是真正，使其盗用之发生，有论究持卡人之责任的事实基础。

　　倘特约商店容许伪造信用卡之不适格持卡人为赊账交易，不论其过失之有无，应自负风险，其损失原则上与持卡人无关，发卡机构应将所扣款项返还持卡人。因此，就所扣款项并无持卡人因被发卡机构扣账，而对于特约商店直接请求损害赔偿的问题。倒是持卡人为与发卡机构、特约商店厘清系争信用卡系伪造等情事而发生之费用，是否可分别对于发卡机构及特约商店请求返还？应采肯定的见解。盖伪造信用卡之使用与持卡人无干，而信用卡之防伪应论为发卡机构之事务，其伪造使用应论为特约商店之企业风险。唯因为发卡机构基于其市场地位，比特约商店更能分散该风险，所以，该风险最后应由发卡机构负担。不过，这当中还必须注意持卡人是否有过失。①

　　在利用信用卡之交易，较为棘手的是信用卡之遗失、失窃、伪造所引起的冒用风险应由发卡机构或持卡人负担的问题。② 按为使信用卡交易具有操作上之可能性，必须借助于信用卡及个人密码或签名归属与信用卡交易有关之意思表示。而信用卡及个人密码与印章相同，而与签名不同者为：信用卡及个人密码都已是脱离个人的存在，因此，除有可能被他人伪造冒用外，并有被他人盗用之可能。在具体交易中，如其果为他人所盗用，便引起发卡银行或特约商店因信赖该盗用之信用卡及个人密码所做之给付构成的损失，在不可归责于发卡银行、特约

　　①　参见"信用卡定型化契约范本"第 17 条。

　　②　此外，还会延伸出个人资料之保护的问题。针对此，"信用卡业务机构管理办法"第37 条规定："信用卡业务机构及特约商店因信用卡申请人申请或持卡人使用信用卡而知悉关于申请人或持卡人之一切数据，除其他法律或财政部另有规定者外，应保守秘密。因职务或契约关系知悉前项数据者，亦同。"除该条之有特别规定外，"计算机处理个人资料保护法"并有一般保护的规定，参见该法第 27 条、第 28 条。

商店或由信用卡被盗用之持卡人时,应由谁负担的问题。[①] 主张应由发卡银行负担者,认为这本属于发卡银行之企业风险,应由发卡银行利用服务价格之调整,必要时并经由保险,分散之。主张应由信用卡被盗用之持卡人负担者,认为依信用卡及个人密码,认定远程从事赊账交易、借用现金之指示者是否为权利人,系双方事先同意的方法。所以,只要特约商店系依持有信用卡并能正确告知个人密码或为正确签名者之指示而为给付,其给付即应认定为系对于债权人或有受领权人所做之给付。为指示者不是债权人或有受领权人时,其给付对象即为行使系争债权之准占有人。只要特约商店虽尽善良管理人之注意,而仍不知该准占有人系非债权人,则其清偿,经盗用该信用卡及个人密码或伪造签名者受领时,有清偿效力("民法"第 310 条第 2 款)。[②] 这两种看法虽皆言之成理,但仍以由发卡银行负担为妥。盖这种制度性的风险与其由持卡人一人负担,不如由

[①] 针对联合信用卡因遗失、被窃等原因致被冒用的问题,1989 年 1 月 17 日"财政部"台财融字第 770483581 号函公布之"联合信用卡遗失被窃风险免责办法"规定:"一、目的:为免除联合信用卡持卡人(以下简称持卡人)因联合信用卡遗失、被窃等原因发生被冒用之风险。二、适用对象:凡持卡人依约定缴纳联合信用卡年费者,均受本办法之保障,但未于规定期限内缴纳年费者,于缴纳后翌日方生效力。三、适用办法:(一)持卡人之联合信用卡于境内遗失或被窃时,应即依约定向发卡银行办理书面挂失手续,并于三日内向当地警察机关报案。(二)持卡人之联合信用卡国际卡于台湾以外地区遗失或被窃时,应即依约定向当地各国际卡组织及其指定之机构办理书面挂失手续。四、发卡银行风险承担范围:持卡人依前条规定办妥书面挂失手续之前一日起,被冒用所生损失全数由发卡银行承担。五、除外项目:如有下列情形之一者,发卡银行不承担被冒用之损失:(一)未依约定办妥书面挂失手续者。(二)持卡人与第三人或特约商店共谋诈欺或为其他不诚实行为或经证明有牵连关系者。(三)遗失被窃之联合信用卡系由持卡人之配偶、家属与其同住之人、受雇人、代理人、直系或四亲等内旁系血亲、三亲等内姻亲冒用者,但持卡人证明已对其提出告诉者,不在此限。(四)联合信用卡被冒用后,拒绝接受调查者。六、有效期间:本办法有效期间与联合信用卡上之有效期间相同。七、附随义务:持卡人如遭冒用,经查明系何人所为时,除应尽速提出告诉外,并即提供发卡银行有关资料与必要协助。八、附则:本办法得视实际情况修订、终止之。"本办法虽似法规命令,但并没有表明制定依据。另从其规定内容观之,像是一个适用于联合信用卡之以联合行为为基础的定型化契约。该信用卡遗失被窃风险免责办法,特别是其第二点规定:"二、适用对象:凡持卡人依约定缴纳联合信用卡年费者,均受本办法之保障,但未于规定期限内缴纳年费者,于缴纳后翌日方生效力。"是否妥当,值得探讨。盖是否缴纳年费固可约定为信用卡关系之存续要件,但与信用卡之失窃盗用的风险无干。只要持卡人与发卡银行之信用卡关系还存在,发卡银行尽可依该关系向持卡人请求给付年费,但不得以缴纳年费之翌日作为发卡银行负担失窃盗用风险的基准日。此外,如信用卡关系因持卡人未缴纳年费而暂时中止,则发卡机构在其中止期间对于盗用信用卡者提供之授信给付,亦与持卡人无关。

[②] 参见"最高法院"2000 年台上字第 1628 号民事判决。

能够分散该风险之发卡银行负担。[①]

附卡持卡人之连带清偿责任。《信用卡定型化契约范本》第 3 条第 1 项规定:"正卡持卡人得为经费行同意之第三人申请核发附卡,且正卡持卡人或附卡持卡人就各别使用信用卡所生应付账款互负连带清偿责任。"因此,各发卡机构所使用之定型化契约皆有该约款。"消费者保护法"第 12 条规定:"定型化契约中之条款违反诚信原则,对消费者显失公平者,无效。"该约款是否违反该条规定,值得研究。按先有正卡,而后才有附卡,其持有人并非信用卡契约之共同签约人,从而就信用卡之使用首先应分别就自己签账部分独立负担债务,不负共同债务。然正卡持卡人或附卡持卡人就其各别使用信用卡所生应付账款,是否应互负连带清偿责任? 既然先有正卡,而后有附卡,正卡之发给并非因为附卡持有人之委任,所以,没有道理要附卡持卡人就正卡持卡人使用信用卡所生应付账款负连带清偿责任。至于所以得约定正卡持卡人就附卡持卡人使用信用卡所生应付账款负连带清偿责任的理由为:信用委任。

(五)广告责任

一件广告的传布,除广告主之刊播外,往往尚需要广告代理业为其完成广告文案之制作或设计,广告媒体业为其传播或刊载。有时,其刊载之内容还引用名人为其代言,或专门职业人员为其签证。于是,在消费关系,除"企业经营者应确保广告内容之真实,其对消费者所负之义务不得低于广告之内容"("消费者保护法"第 22 条)外,"刊登或报导广告之媒体经营者明知或可得而知广告内容与事实不符者,就消费者因信赖该广告所受之损害与企业经营者负连带责任"(同法第 23 条第 1 项)。[②] 针对一般的交易关系,"公平交易法"第 21 条第 4 项并规定:"广告代理业在明知或可得知情形下,仍制作或设计有引人错误之广告,与广告主负连带损害赔偿责任。广告媒体业在明知或可得知其所传播或刊载之广告有引人错误之虞,仍予传播或刊载,亦与广告主负连带损害赔偿责任。"广告主以外之人应为其参与制作或代言之广告内容的正确性负责,此即德国联邦法院(BGH)在司法实务上所称之广告责任(Prospekthaftung)。[③] 该责任的理论基础类似于信用委任:要他人放心地相信特定人之信用。此种广告祸害较大者为发生在食品、医药、证券交易、投资信托等之代言广告或签证其内容之正确性的情

---

① Esser/ Weyers,aaO.(FN4),S.361:"依《德国契约一般约款法》第 9 条第 2 项第 2 款,(发卡机构)不得以一般约款将该风险一般的转嫁给其客户。"

② 参见"最高法院"2001 年台上字第 2027 号民事判决。

③ 关于广告责任,请参考 Soergel-Mühl,aaO.(FN18),Rz.69ff. Vor § 765.

形。在这里,广告代理业及广告媒体业与受害人虽无直接之交易关系,但因有上述明文规定,其应与广告主同为广告之正确性负责的规范基础原则上尚不至于发生问题。至于广告之代言人或其内容之全部或一部之签证应与广告主同为广告之正确性负责的规范基础何在,尚有探讨余地。比较一般的理论基础为:信赖责任。①

三、保证契约之当事人及其缔结

追根究底,保证契约通常虽系为债务人之授信利益而缔结,但债务人并非其当事人。其当事人为债权人与保证人。这在第三人提供物上担保的情形,亦然。② 由于保证契约之本旨即在于担保主债务可以获得清偿,所以,引起一个问题:债权人在缔约时有无义务,提醒保证人认识其保证的风险。积极提醒固非债权人的缔约上义务。但债权人仍非可使保证人对于主债务人之债信陷于错误,特别是不得掩饰其已知悉关于主债务人之经济崩溃已在眼前的事实。盖保证虽非保险,但保证人仍以只是负担应当不会发生之或有债务的心情提供保证。是故,在保证契约缔结时,债权人如已知悉保证事故实际上必然发生,则该保证契约应当无效。③

在保证契约缔结后,如有免责的债务承担或债权移转发生,保证人之保证债务是否受到影响?鉴于保证之风险系于债务人之支付能力及清偿意愿,而这可能因人而异,所以,事后如有免责的债务承担发生,在不影响保证人之求偿权的限度下,始可肯认该承担不影响保证人之保证债务。其法律上的建构为:保证人如果履行保证责任,原债务人就承担人对于保证人所负之偿还义务应负保证责任。然因即使如此,保证人如非连带保证人,相较于债务承担前,还是处于比较不利的地位,所以,其承担原则上应认为,需经保证人之承认,对于保证人始生效力。④ 至于债权之移转应依"民法"第 295 条第 1 项的规定定之。⑤

依"民法"第 739 条,只要当事人约定,一方(保证人)于他方之债务人不履行债务时,由其代负履行责任,保证契约即为成立。所以保证系诺成契约,其成立

---

① Canaris,Die Vertrauenshaftung im deutschen Privatrecht,1971,S.533. 德国学说上其余各种论点请参考 Soergel-Mühl,aaO.(FN18),Rz.69 Vor § 765.
② 参见"最高法院"1984 年台上字第 4488 号民事判决。
③ Larenz/Canaris,aaO.(FN1),S.10f.
④ 参见"最高法院"2004 年台上字第 364 号民事判决。
⑤ 参见"最高法院"1953 年台上字第 248 号判例。

并无书面或其他方式之要求。[①] 鉴于保证之于债权人的无偿性及隐藏于保证之将来的风险,这不是适当的规定。

有疑问者为保证人之保证的表示,是否必须亲自对于债权人为之,得否授权债务人对于债权人为之(传达或代理)？又其授权得否以空白保证契约[②]的方式为之？这当中可能之空白主要为:(1)主债务及其数额,(2)债权人。鉴于保证尚非不可代理之行为,且在保证契约之缔结,债务人并非当事人之一方,其授权无双方代理的问题,因此,对于上述问题德国学说与实务采肯定的见解,[③]并认为倘债务人填入超过授权金额之主债务,对于善意债权人,保证人仍受《德国民法典》第172条至第173条关于以授权书授予代理权之规定的拘束,负授权人的责

---

① 《德国民法典》第766条规定:“为保证契约之效力,保证之表示需以书面的方式通知。该保证表示之通知不得以电子的方式为之。只要保证人履行主债务,该方式之欠缺获得补正。”该规定符合《德国民法典》关于无偿契约之成立要件的规范原则(《德国民法典》第518条)。其作用除存证外并有对于保证人警示的意义。然倘后来保证人已代为履行主债务,纵使其不知因方式欠缺而不负保证责任,其履行仍有补正该方式欠缺的效力(Larenz/Canaris,aaO.(FN1),S.5)。从而其保证债务之履行并非无债清偿。由于该条规定保证表示之通知不得以电子的方式为之,所以,德国联邦法院(BGH)认为以电报或电传所为之保证的表示尚不符合该条关于通知的方式要求(BGH NJW 1993,1126)。唯保证尚非典型的无偿契约。保证之于债权人之无偿性来自保证人不因其为保证,而自债权人取得交换利益。取得交换利益者所该当之类型不是保证,而是债权的保险。不过,债权或债务的保险亦有由债务人投保者,例如“存款保险条例”所定之存款保险(同例第3条)。

② “最高法院”2004年台上字第710号民事判决:“查上诉人同意签订系争连带保证书为保证契约,且未举证证明双方于签订连带保证书时为空白保证契约,该契约非属‘单方利益条款’,无衡平原则法理之适用,上诉人不得任指该契约显失公平而无效,既为原审所确定之事实,则上诉人为本件连带保证,即无违‘民法’第72条、第247条之一及第739条之一规定之问题。”该判决据上诉人之主张虽涉及空白保证契约,但因不能证明确实如此,所以该判决尚未明确表示其对于空白保证契约之效力的看法。唯自其文义尚可推出其倾向于采否定的见解。

③ Larenz/Canaris,aaO.(FN1),S.5,8；Esser/Weyers,aaO.(FN4),S.346.

任。① 这在"民法"亦当如是解释。② 此为一种表见代理的责任。③ 然出具空白保证书者应特别注意其中的风险。

由于"民法"第3条第2项规定,依法律之规定有使用文字之必要者,如有用印章代签名,其盖章与签名生同等之效力。因此,在各种书面契约之缔结,如有他人使用本人真正之印章代签名的情形,即引起表见代理的问题。对此,"最高法院"有时采推定本人有授权行为的看法,有时认为,持有他人印章之事实,非已取得代理缔结保证契约之授权的表见事实。④ 这个问题在"民法"第531条于2000年4月26日修正后,应可获得相当程度的缓和。该条修正后规定:"委任事务之处理,须为法律行为,而该法律行为,依法应以文字为之者,其处理权之授予,亦应以文字为之。其授予代理权者,代理权之授予亦同。"⑤依该规定,在依法应以文字为之的法律行为,其代理权之授予应以文字为之,而不再能够单纯利

---

① 倘主债务之数额及债权人自始确定,则其空白之填入当解释为保证人保证意思之传达,而非代理。唯在空白文件之给予的情形,其授权如仅及于传达显有矛盾。盖应填入空白之内容如果自始明确,其授权传达人事后填入徒增风险,而少有积极的意义。

② 类似的问题为签发空白票据,授权执票人填入。对此,"最高法院"1978年台上字第3896号判例认为:"按授权执票人填载票据上应记载之事项,在法律上并未限于绝对的应记载事项(效力要件),即相对的应记载事项,亦可授权为之。本票应记载到期日而未记载,固不影响其本票效力,但非不可授权执票人填载之。发票人因不能实时付款,又因衡酌其付款能力及时间,难于预定其到期日,而授权执票人填载,执票人在未依授权契约填载到期日并届期时,不得为付款之提示,及对票据债务人行使追索权。此与未载到期日,又未授权执票人填载,可视为见票即付,随时得为付款之提示,及行使票据上权利者不同。"

③ 按代理权之授予,得向代理人或向代理人将对之为代理行为之第三人,以意思表示为之("民法"第167条)。向代理人为之者,称为内部授权;向代理人将对之为代理行为之第三人为之者,称为外部授权。其以文字向代理人为代理权之授予者,后来该文字如经由代理人传达于该第三人,其授予同样将兼具内部与外部授权的效力。该效力主要表现在:本人对于代理人事实上并无授予代理权之意思的情形,仍可构成表见代理。对于这种情形,针对代理权之授予"民法"虽无明文规定,但"民法"第297条第2项关于债权让与之通知,第298条第1项关于表见让与的规定明白显示该意旨。

④ 参见"最高法院"1997年台上字第208号民事判决。

⑤ 关于代理权之授予的方式,《德国民法典》第167条第2项虽然规定:"授权之表示不需按对代理行为所规定之方式为之。"但其学者多认为,在事实上可导致本人负保证义务之代理权的授权,应目的性限缩该项之规定,还是应遵守代理行为之方式。与之相反者为,一个人虽以口头的方式为保证,但却已间接地得到该债权人对于主债务人之给付的利益,例如有限公司之股东对债权人口头保证对于该公司之融资。在这种情形,事后该股东如以该保证不备《德国民法典》第766条所定之方式为理由,提出抗辩,则其抗辩会被认定为违反《德国民法典》第242条之权利滥用,并认为应目的性限缩第766条之适用范围。Larenz/Canaris, aaO. (FN1), S.6.

用印章之授受。从而也不再得以印章之授受，作为代理权之授予的表见事实。唯应注意"民法"第 3 条及第 531 条之适用皆限于法定应以书面为之的要式行为。①

保证契约之缔结及其效力要件固与其他契约相同，但由于在重要之保证契约的缔结，其债权人方常常使用契约一般条款，因此如有此种约款之使用，自有"民法"第 247 条之一的适用：其约款按其情形显失公平者，该部分约定无效。②此外，保证契约所保证之债务如属于因消费关系而发生之债务，其契约一般条款并有"消费者保护法"第 11 条至第 17 条之适用。③

保证契约中之约款可能触及之无效要件，除显失公平的情形外，以保证范围之约定是否不确定为大宗。按意思表示之内容必须合法、可能并确定，方始有效。其中所谓确定含得确定的情形。鉴于保证债务之从属性，其不确定的问题

---

① "民法"第 531 条本属要式的规定，所以将其适用对象限于法定要式行为固有道理，而第 3 条本当系关于文件之表示方法的一般规定，亦即凡是文件之表示方法皆应以签名、盖章或画押定其意思表示之归属。盖不但法定、意定之书面行为，而且任何一方当事人之随意的书面行为皆有必要借助于签名、盖章或画押，以定其表示意思之有无及归属。然最高法院 1942 年上字第 692 号判例认为："民法第 3 条第 3 项规定之适用，以依法律之规定有使用文字之必要者为限，本件双方所订和解约，本不以订立书面为必要，自难以和约内仅有某甲一人签名，即指为不生效力。"

② 关于定型化契约中之约款是否显失公平之认定，在实务上亟需汇整各方意见，以形成共识。参见"最高法院"2002 年台上字第 2336 号民事判决。

③ 按保证关系系为其保证之债务而存在。所以，其是否具有消费关系之性质，应就其担保之主债务所据以发生之法律关系之目的，而非就保证契约本身论断。唯"最高法院"1999 年台上字第 2053 号民事判决认为："所谓消费者，依'消费者保护法'第 2 条之解释，指以消费为目的而为交易、使用商品或接受服务者而言。银行或其他金融机构与连带保证人间所订立之保证契约，乃保证人担保借款人对金融机构债务之清偿责任，金融机构对保证人并未提供任何商品或服务，保证人并未因有保证契约而自银行获得报偿，其性质应属单务、无偿契约，尚非属'消费者保护法'之有关消费法律关系，自无该法之适用。"

主要存在于其所保证之主债务是否以足够确定的方法表示之。[①] 这主要应考虑下述观点:(1)对于过去或现在之债务为保证者,债权人是否应将至保证契约缔结时为止,债务人对于债权人所负之债务完全告知保证人?(2)就将来连续发生之债务是否应限定其据以发生之法律关系?其无限定者,纵其保证定有期间,是否应容许保证人随时终止保证契约?(3)关于保证债务之范围,"民法"第 740 条规定:"保证债务,除契约另有订定外,包含主债务之利息、违约金、损害赔偿及其他从属于主债务之负担。"其范围是否过广?是否应将违约金、损害赔偿及其他从属于主债务之负担排除在外?(4)主债务人在保证契约缔结后从事之法律行

---

① Larenz/Canaris,aaO.(FN1),S.6ff.;Esser/Weyers,aaO.(FN4),S.344f.:"近来法院对于保证义务之可预计性提出较高的要求。银行在保证表示之接纳时,向来大都使用互相类似的表格。依该表格,保证人应就'来自业务关系所发生之现有及将来(含附条件及附期限)之请求权负责,特别是来自连续开出之账单、来自各种融资、来自受让之债权……汇票……保证……'该措辞甚至使用在因特定之一次性或继续性融资的许诺而为保证的情形。纵使在有固定最高限额之约定的情形,保证人还是应在约定之数额以外,对利息、费用及其他从债务负责(超额条款)。面对该形势,联邦法院第九民事庭自 1995 年以来改变其向来之判解,不但将保证义务限制在从保证表示之诱因可导出之责任范围,而且还在数额上,普遍的将保证责任限制在固定的数额,并以此作为该院自《德国民法典》第 767 条第 1 项第 3 句导出之保证的法定模范。……《德国民法典》第 138 条(关于法律行为违反善良风俗或违反重利之禁止规定者无效的规定)得适用于保证,本来即从未被怀疑过。就应以那些情况为依据,做成是否违反善良风俗之判决,联邦宪法法院在其新判决中提出对于实务有拘束力的基准。……如果保证人之一个超乎寻常的高负担,系当事人间在契约缔结时之地位结构不对等的结果,且该结果对于保证人而言,其内容事实上系由不相干的因素所决定,从而不再可认为系其依《基本法》第 2 条第 1 项所保障之私法自治所产生,则其有构成违反善良风俗之缺点的情况,依联邦宪法法院的标准,无论如何是存在的。与之相对者,保证人自己对于融资之经济上的利益、其业务的经验及其他在缔约时之情况当然也应并予权衡。由于宪法争讼的提起,使联邦宪法法院有机会,就联邦法院对于金融机构在近亲保证之征求案件的裁判所持之不一致的判决加以响应。"由 Esser/Weyers 上述说明可见,保证责任之确定性的背离问题有其普世的存在性。但该普世的存在事实并不能证明其普世价值,而只证明强势经济地位的普世滥用事实。即便在德国都要惊动联邦宪法法院对于保证约款是否违背善良风俗或有违背重利的规定作出统一解释(BVerfGE 89,232,234),并直到 1995 年始有其联邦法院改变其向来判解,从保证之从属性及意思表示之解释出发,将保证责任限制在保证人愿意且可预计之该保证本来要保证之债务的风险,不容银行(债权人)借机强将与该次融资无关之债务牵扯进来。该经济活动中的民事事例,提醒我们优势经济地位之自制的重要,以及司法机关之最后的衡平机能。倘既不能自制,又不能衡平,则面对的景象将是:经济发展前,在公法上全民捐输配合政府奖励重点产业;经济发展后,在私法上全民无奈受到扭曲之市场经济体制的宰制。该天下之至私,将以天下之大乱收场。

为得否加重保证人之义务。① 有疑义时，这些问题皆应做有利于保证人的解释。②

<hr />

① 关于保证债务之范围《德国民法典》第 767 条规定："保证人之义务应以主债务当时之存在状况为准。这特别适用于主债务因债务人之可归责事由或迟延而变更的情形。主债务人在保证契约缔结后从事之法律行为不加重保证人之义务(第 1 项)。保证人负责主债务人应对于债权人赔偿之终止及行使权利的费用(第 2 项)。"该规定与"民法"第 740 条所定者之差异在于：第 1 项只对可能引起保证债务范围之扩张的事由，而没有对其可能请求之项目加以规定。这有助于将相关的问题回归至其源头。不过，无论如何，鉴于保证的机能在于确保主债务之实现，超出之违约金或损害赔偿的负担不适当加诸保证人。

② 保证之范围的确定问题虽然引起关切与讨论，时而也受到质疑，但是关于概括保证(die Globalbürgschaft)之可否的见解并不一贯。有谓如以定型化契约约定之，应认为无效；反之，如以个别契约约定之，则可。其次是，不论用以约定者是否为定型化契约，只要保证人是控制公司之股东，即可。请参考 Larenz/Canaris，aaO.(FN1)，S.7.

"民法"第 739 条就保证所担保之债权的种类[1]及内容并未加以限制。保证所担保之债务如非以金钱或其他可代替物,而以劳务或不作为为其目标,则结果上其所担保者为债权人之损害赔偿的利益。然不论其保证之债务的目标为何,因为保证人仅于债务人不履行债务时,由其代负履行责任("民法"第 739 条),所以其给付之内容一直是金钱,而非债务人原来所负之给付内容。[2]另保证人如在访问买卖时为保证,保证人就其保证债务是否亦有"消费者保护法"第 19 条所

---

[1]　保证可能以他人之保证债务为其担保之目标,其缔约当事人为债权人与后续保证人。德国学说称此为后续保证(Nachbürgschaft)。这发生在前保证契约缔结后才征得之保证,而该保证人不愿意与前保证人共同保证的情形。前保证人先为清偿者,对于后续保证人无求偿权。这与共同保证人中之一人先为清偿者,对于他共同保证人就其应分担部分有求偿权者,不同。保证也可能以债务人之偿还义务为其担保之目标,其缔约当事人为前保证人与偿还保证人。德国学说称此为偿还保证(Rückbürgschaft)。有疑问为:后续保证之保证人对于债权人代偿债务者,债权人之债权应法定移转于前保证人或后续保证人?鉴于后续保证之保证关系还是直接发生在债权人与后续保证人间,所以,债权人之债权应法定移转于后续保证人。其关系有若有利害关系之第三人清偿债务。这时后续保证人受移转之债权含其从权利:前保证人之保证。然前保证人与债务人如有代偿后不对其求偿之免除的约定者,该约定对于后续保证人是否有拘束力?后续保证人如未承认该约定,应采否定的见解。后续保证人如先对债务人求偿,债务人只能在偿还后才可向前保证人求偿。其结果为:前保证人之无支付能力的风险应由债务人负担。与后续保证之发展不同者为,在偿还保证,前保证人已为债务人偿还主债务,而在债务人未履行其偿还义务时,对于偿还保证人请求代为履行。这时只要将前保证人视为原债权人,即可呈现前保证人与主债务人及偿还保证人之正确的三角关系。该三角关系与原存于原来债权人与主债务人及前保证人间者无异。在偿还保证,前保证人在代为清偿后之地位相当于一般保证之债权人。盖偿还保证所要担保之债权即为前保证人代主债务人清偿后对于主债务人取得之偿还请求权。该偿还请求权之存在形式,依"民法"第 749 条,仍为于其清偿之限度内,法定承受自债权人对于主债务人之债权。请参考 Esser/Weyers, aaO.(FN4), S.347, 357f.实务上有以担保物权担保保证人之求偿权者。例如"最高法院"2003 年台上字第 958 号民事判决:"按邱文贤为力扬公司向被上诉人借款之连带保证人,保证关系所生之债务为邱文贤与被上诉人所订抵押权设定契约第一条约定之担保范围,为原审确定之事实。邱文贤与被上诉人之间既存有保证契约之法律关系,并为该担保债权发生之基础关系,该保证关系所生之债务又具有一定之范围,后次序抵押债权人或一般债权人就该抵押物应负之担保程度,亦可作相当之预测,原审认系争保证债务为系争抵押权担保之范围,难认有何违反法令。本院 1997 年台上字第 3114 号判决亦认因保证法律关系所生对抵押债权人所负之债务,仍在抵押权约定担保之范围,就此部分并无相反之见解。"

[2]　Esser/Weyers, aaO.(FN4), S.348.

定访问买卖之解除权,应采肯定的看法。[①]

　　除以保证为其业务之金融业外,缔结保证契约的结果,使保证人因此单纯负担一定之风险,而无保证之授信费用的收益,这显然不利于保证人。因此,"公司法"第16条第1项规定:"公司除依其他法律或公司章程规定得为保证者外,不

---

　　① 就德国法 Esser/Weyers 认为有偿之访问买卖在一定的期间内既可不具理由解除之,举轻以明重无偿之保证债务当更得依同一规定解除之(Esser/Weyers, aaO.(FN4), S. 347)。同样采肯定的见解,另见 Larenz/ Canaris, aaO.(FN1), S.8f.不过, Larenz/Canaris 认为保证是一种有偿契约。其有偿性存在于债权人对于主债务人之融资。在保证之有偿与否的讨论,将债权人对于主债务人的义务拉进来作为论断的基础,似不相宜。

得为任何保证人。"①此外,由于保证可能不利于受监护之未成年人的利益,其法定代理人是否得代理其为保证行为亦值得探讨。② 关于这个问题,为保护受监护之未成年子女的特有财产,"民法"第1088条第2项规定:"父母对于未成年子女之特有财产,有使用、收益之权。但非为子女之利益,不得处分之。"违反该条规定者,其处分行为"属于无权代理,不生效力"("最高法院"1967年台上字第232号民事判决)。然其法定代理人如不直接处分其特有财产,而仅是代理未成年之子女为保证行为或向第三人借贷款项,则纵使后来可能因此导致其特有财产被强制取偿的结果,③或纵以该特有财产设定抵押权担保该借贷债务,"最高法院"还是认为不得引用"民法"第1088条第2项规定,指为无效。④ 后来在同院1970年台上字第1898号民事判决就物上担保虽略有缓和,认为"法定代理人以未成年之子即上诉人受赠之特有财产为被上诉人设定抵押权以担保债务,固非为子女之利益,依'民法'第1088条第2项规定,应为无效"。唯在同一判决就代理保证仍续称"但与由法定代理人代理未成年子女为保证行为则为两事,不能混为一谈。此种法定代理人代理其未成年子女所为之保证行为,法律既未禁止法定代理人为之,不能认为无效,从而被上诉人请求上诉人履行保证责任显为正当。"该判决所持见解显然从法定代理权之范围的概括性出发,认为只要法律无明文之限制或禁止法定代理的规定,其代理即无越权的问题。然殊不知法定代理制度之设置目的在于保护未成年子女的利益,故由之导出之法定代理权的范围自当受到该意旨的限制或禁止。逾越其意旨之代理行为构成无权代理,本当效力未定。唯由于该代理行为所以效力未定系因法定代理人逾越权限而来,不适当以法定代理人之承认定其效力,而要等待未成年人成年后是否承认始定其效力又显有不切实际之处,所以应直接认定为无效。

四、保证责任及其从属性

在保证,依当事人的约定,于他方之债务人不履行债务时,始由保证人代负履行责任("民法"第 739 条)。所以,保证债务是一种责任之债,为他人之债务不履行负责,原则上以金钱为其给付之内容。唯当事人也可能特约,在债务人不履行债务时保证人得代为原来约定之给付。这时保证与债务承担虽尚有从属性与候补性之差异,但在内容上则属相同。

由于保证债务系为主债务之实现的确保而存在,所以对于主债务在范围上及抗辩上皆有其从属性:

(一)范围上的从属

保证责任以主债务之范围为其范围,亦即随主债务范围之扩大或缩小而消长。[①] 其积极面为,除契约另有订定外,包含主债务之利息、违约金、损害赔偿[②]及其他从属于主债务之负担("民法"第 740 条);消极面为,保证人之负担,较主债务人为重者,应缩减至主债务之限度("民法"第 741 条)。[③] 保证契约债务之履行者,其保证是否及于该契约履行后经解除时之回复原状的债务?"最高法

---

① 参见"最高法院"2002 年台上字第 1999 号民事判决。

② 这里所称之损害,主要应指债务不履行之损害。参见"最高法院"1955 年台上字第 1329 号民事判决。

③ 主债务人死亡,而其债务由其继承人限定继承时,如将继承人自己之支付能力考虑进来,保证人所负之责任在范围上可能大于因继承而成为主债务人者。反之,如仅考虑被继承人(原来之主债务人)之支付能力,则倒不是保证人之责任范围大于主债务人,而是因主债务人无支付能力,而致保证人代为清偿后,不能获得完全补偿。请参考 Esser/Weyers, aaO. (FN4), S.351.

院"对此先后有不同的见解。① 主债务虽存在,但范围未确定,从而不能对于主债务人有所请求者,不得对于保证人预先提起履行保证责任之本诉。②

(二)抗辩上的从属

主债务人所有之抗辩,保证人得主张之。主债务人抛弃其抗辩者,保证人仍得主张之("民法"第 742 条)。保证节所规定保证人之权利,含各种抗辩权,除法律另有规定者外,不得预先抛弃("民法"第 739 条之一)如有违反该条规定之预先抛弃的约定,其约定固然无效。但"最高法院"倾向于认为全部保证契约除去该约款后仍然有效。③ 该条所称抗辩含:(1)主债务因其基础法律关系不成立、

---

① 肯定说:"最高法院"1955 年台上字第 323 号民事判决:"契约解除时,当事人一方由他方所受领之给付应返还之,'民法'第 259 条第 1 项定有明文,此项回复原状之债务,自系从属于承揽主债务之一种负担,显应包括在保证契约范围之内。"否定说:"最高法院"1957 年台上字第 1252 号民事判决:"因主债务人不尽履行义务,致债权人解除契约时,其原状回复之义务,固得视为包含于'民法'第 740 条所定保证范围之内。若其契约系基于当事人之意思而解除,则无论在解除前有无归责于主债务人之事由存在,均应认为保证债务已因契约解除随主债务而消灭,其后双方所为约定返还价金等之债务,乃属新发生之债务,与业已消灭之原保证债务,已无关系。"归纳之,"最高法院"的见解当是:限于因一方债务不履行债务,他方行使其解除权而解除契约的情形。后来"最高法院"并从债务之同一性立论:"最高法院"1987 年台上字第 209 号民事判决:"查契约之合意解除与法定解除权之行使而解除者不同,效果亦异,契约之合意解除乃契约行为,即以第二次契约解除第一次契约,其契约已全部或一部履行者,除有特别约定外,并不当然适用或准用'民法'关于契约解除之规定(例如'民法'第 259 条、第 260 条),故合意解除后应负之义务,乃系另一法律关系,既非主债务之变形,亦非主债务之从债务,故除保证契约另有订定外,应不在保证债务范围之内。"

② "最高法院"1969 年台上字第 2602 号民事判决:"主债务人之应纳税额现在既尚未确定,依保证人之责任不能大于主债务人之原则,被上诉人保证责任之范围自亦随之尚未确定。上诉人于漏税额未确定前,对于被上诉人有争执部分,预先提起履行保证责任之本诉,要属尚难准许。"该判决所涉问题,除主债务范围之确定性外,当也及于其清偿期。此种问题特别存在于将来债务之保证。"最高法院"1990 年台上字第 505 号民事判决:"被保证之主债务,固应于保证成立之前发生,但无须为现实的发生,以已有发生之基础,而将来可发生者为已足,是将来可发生之债务,亦可作为保证之主债务。又将来之债务之数额亦不以现实具体决定为必要,只定其最高限额即可,学说上称之为最高限额保证。此与保证债务之从属性原则尚属无违,为实务所承认。"关于是否得以将来债务作为保证之目标,《德国民法典》第 765 条第 2 项明文规定"保证亦得为将来或附条件之债务承担之"。现行"民法"对之虽无一般的明文规定。但"民法"第 756 条之一规定:"称人事保证者,谓当事人约定,一于他方之受雇人将来因职务上之行为而应对他方为损害赔偿时,由其代负赔偿责任之契约。"由该条规定可见,人事保证系关于将来损害赔偿之债的保证。

③ 参见"最高法院"2002 年台上字第 1999 号民事判决。

无效或经撤销而不存在。① 但保证人对于因行为能力之欠缺而无效之债务,如知其情事而为保证者,其保证仍为有效("民法"第743条)。② 这是否亦适用于因错误或其他事由而撤销后之保证? 对此,"最高法院"原采肯定之见解。③ (2)

---

① 主债务所据以发生之契约如果自始无效,保证契约所要保证之主债务自当自始不存在,从而依保证债务之从属性,保证人本来亦不负保证责任。有疑问者为:如果债权人因不知有无效原因而依然对于主债务人为给付,而使主债务人所负之主债务自原来约定之对待给付,转为不当得利之返还义务,该保证契约所保证之债务的范围是否及于该不当得利的返还之债? 德国学说有采肯定说者,例如 Larenz/Canaris, aaO.(FN1), S.12.在契约无效的情形,就其履行之请求,基于保证之从属性,保证人本来不负保证责任。为何在债权人误为履行的情形,保证人应为其因此取得之不当得利返还请求权的实现负责? 按在自始无效(之双务)契约的履行,其回复原状之请求权的债权人原则上有过失存在,所以,当以采保证人不用负责的见解为妥。

② "最高法院"1953年台上字第1060号判例:"保证人于其保证之债务,除有'民法'第744条及第745条所定事由,对于债权人得为拒绝清偿之抗辩外,就主债务人所有之抗辩,亦得主张之,固为同法第742条所明定。唯该条所谓保证人得主张主债务人所有之抗辩,系仅指主债务人所有与主债务自身之发生、消灭或履行有牵连关系之抗辩(如主债务有不法事由,或当事人无行为能力等原因而发生,或因清偿及其他原因而消灭,或由契约互负债务,他方未为对待给付前,得拒绝自己给付等抗辩),因其效力当然及于有从属性之保证债务,故亦得由保证人主张之者而言。若主债务人与债权人互负给付种类相同之债务,关于主债务人所有之抵销抗辩,系本于主债务以外之独立原因所生,而与主债务之发生、消灭或履行并无牵连关系,则除保证契约另有订定外,自不在保证人得为主张之列。"该号判例经"最高法院"2001年第二次民事庭会议决议不再援用。其决议理由为:本则判例不再援用。附注:"本则判例因增订'民法'第742条之一及'民法债编施行法'第21条于2000年5月5日公布施行,已无援用之余地。"其实该号判例除抵销部分因增订"民法"第742条之一及"民法债编施行法"第21条而应修正外,其余部分对于"民法"第742条规定之"所有之抗辩"的内容究竟为何的阐明,极具参考价值。将之全盘决议不再援用,实在可惜。

③ "最高法院"1973年台上字第2742号判例:"'民法'第743条所谓保证人对于因错误而无效之债务,如知其情事而为保证者,其保证为有效,系指对于因错误而成立之主债务,知其已归无效而仍为保证而言,并非保证债务本身因错误而成立。"该判例经"最高法院"2001年第三次民事庭会议决议废止。其决议废止之理由为:"新修正'民法'第743条已将'错误'删除,因错误是得为撤销而非无效,本则要旨所称'保证人对于因错误而无效之债务',显有可议。"其实该决议所议事实与该判例所判者在时间上稍有前后:该决议所议者为,以错误为理由撤销前所为之保证;该判例所判者为,以错误为理由撤销后所为之保证。而契约无效虽有自始无效及嗣后因撤销、解除而无效之分。但只要无效要件已充分,不论其无效系自始或嗣后,对于系争保证依"民法"第743条所当有之效力,应无差异。该判例要旨的意旨在于:只要在保证前债务人已为撤销,"民法"第743条对于因撤销而无效者,亦有适用。至于保证人如系在撤销前为保证,则依"民法"第744条保证人得拒绝清偿。应注意者为,依该条规定不论主债务人在保证时是否知有撤销事由,皆得拒绝清偿。

主债务人就其债之发生原因之法律行为有撤销权者,保证人对于债权人,虽不得代债务人为撤销之表示,但得拒绝清偿("民法"第 744 条)。[①] (3)虽无该等事由但一度存在之主债务,已因免除、混同或其他失权事由而消灭。(4)保证人得以主债务人对于债权人之债权,主张抵销("民法"第 742 条之一)。(5)在双务契约并得主张同时履行抗辩。不过,保证人不得以债务人之资格或财产状况的改变,主张依情事变更的规定加以调整,或以对之认识有错误而加以撤销。盖这正是依保证之本旨,债权人欲利用保证避开的风险。(6)主债务发生后,其基础之契约关系发生情事变更,非当时所得预料,而依其原有效果显失公平者,当事人得申请法院增、减其给付或变更其他原有之效果("民法"第 227 条之二第 1 项)。其不能经由增、减其给付圆满调整者,变更其他原有之效果的方法应含解除或终止其基础之契约关系。[②] 情事变更原则适用之结果可能改变主债务之范围,或甚至影响其存续。

保证债务对于主债务之从属性亦表现在消灭时效上。唯与其他抗辩不同,消灭时效之抗辩来自债权人方不行使权利之不作为。故若债权人为债务之履行的请求,且后来并为起诉,则时效即因而中断。因"保证系担保主债务之履行而设,除有特别情事外,自应与主债务共其消长,故依'民法'第 747 条之规定,应解为向主债务人所为之请求或其他中断时效之行为,对于保证人亦生效力"("最高法院"1958 年台上字第 1248 号民事判决)。因起诉而中断之时效,自受确定判决,或因其他方法诉讼终结时,重新起算。其原有消灭时效期间不满五年者,因中断而重新起算之时效期间为五年("民法"第 137 条第 2 项、第 3 项)。依"民法"第 747 条规定,这对于上诉人亦生效力("最高法院"1981 年台上字第 1875

---

① "民法"第 744 条之规定首先明确表示,保证人只得以主债务人就其债之发生原因之法律行为有撤销权为理由,拒绝清偿,而不得代债务人为撤销。其次是该条规定是否得类推适用至其他形成权,例如解除权、物之瑕疵担保请求权("民法"第 359 条)、选择权、抵销权。在德国,其通说采肯定的见解。值得注意者为,保证人得否随意在任何时候以自己对于债权人之债权对于债权人主张抵销?除非涉及违反诚信原则之权利滥用,原则上保证人得主动任意为抵销。为防止因此不利于陷于破产之债权人的其他债权人,德国学者认为破产管理人在这种情形可利用免除保证人之保证债的方法防止之。盖免除保证人之保证债务后,债权人(破产人:甲)对于有支付能力之债务人(乙)的债权继续存在,乙应对甲全额清偿;而保证人(丙)对于破产人(甲)所享有之债权仅能经由参与分配取得部分之清偿。请参考 Esser/Weyers, aaO.(FN4), S.351f.前述所谓抵销涉及违反诚信原则之权利滥用的情形,例如保证人为抵销之目的而为保证,请参考黄茂荣:《有益费用之偿还义务及其保证或承担》,载《植根杂志》第 20 卷第 5 期。

② 关于情事变更(契约基础之欠缺或丧失)的效力,请参考黄茂荣:《债法总论》(第二册),2004 年 7 月增订版,第 444 页以下。

号民事判决）。唯"依'民法'第 747 条规定，向主债务人请求履行及为其他中断时效之行为，对于保证人亦生效力者，仅以债权人向主债务人所为请求，起诉或与起诉有同一效力之事项为限；若同法第 129 条第 1 项第 2 款规定之承认，性质上乃为主债务人向债权人所为之行为，既非'民法'第 747 条所指债权人向主债务人所为中断时效之行为，对于保证人自不生效力"（"最高法院"1979 年台上字第 1813 号判例）。

保证责任对于主债务虽有从属性，但在保证契约缔结后，债权人与债务人以法律行为变更主债务者，其变更不得加重保证人的责任。此外，其变更如使先后之债务丧失其同一性，①保证债务将因主债务之不存在而消灭。

保证责任对于主债务之从属性也表现在其依"民法"第 295 条，随同债权之移转而移转于新债权人上。② 但这是否适用于最高限额的担保？"最高法院"曾对最高限额抵押提出否定的见解。③

基于保证责任之从属性，虽得主张债务人与债权人间关于主债务的抗辩。但基于保证之无因性，保证人对于债权人却不得主张其与债务人间之补偿关系上的抗辩。

（三）请求即付之保证

虽然现行法对于保证人抗辩权之预先抛弃有一般的限制规定，但就工程契约债务在国际交易关系上却流行一种请求即付之保证（dieBürgschaftzurZahlungauferstes Anfordernbzw.aufersteAnforderung）。在此种保证，所约定之保证给付的要件通常极简单而且容易审查其是否具备。因此，保证人在此种保证对于债权人之付款的请求，除有显然滥用权利的情事外，鲜有得为抗辩之事由。这当中，保证人如有任何不利，原则上应对于主债务人求偿。至于本来可能存在于主债务之抗辩则留待主债务人与债权人依其交易关系解决。此种保证的机制在于转移保

---

① 例如主债务所据以发生之契约经合意解除时，双方为其善后所定之新债务与原来之主债务不同一（"最高法院"1987 年台上字第 209 号民事判决）。同理，"为清偿债务而对于债权人负担新债务，有使旧债务消灭之意思表示者，该项意思表示，即为'民法'第 320 条中除外规定所谓之'当事人另有意思表示'，其因此而成立之契约，称之为更改。又保证为从债务，主债务苟由于更改而消灭，其从属之保证债务，应随同消灭，自亦当然"（"最高法院"1986 年台上字第 1107 号民事判决）。债务人因清偿债务而对于债权人负担新债务，而新债务不履行时，其旧债务仍不消灭者（间接给付）（"民法"第 320 条），保证人亦仅就旧债务，而不就新债务之履行负保证责任。

② 参见"最高法院"1953 年台上字第 248 号判例。

③ 参见"最高法院"2003 年台上字第 958 号民事判决。

证之财务的形势：由保证人负担程序、滞延及支付能力的风险。①

五、保证债务之候补性

所谓保证债务之候补性，指保证人于债权人未就主债务人之财产强制执行而无效果前，对于债权人，得拒绝清偿（"民法"第 745 条）。此即保证人之先诉抗辩权。唯如有下列各款情形之一者，保证人不得主张前条之权利：（1）保证人抛弃前条之权利者。（2）保证契约成立后，主债务人之住所、营业所或居所有变更，致向其请求清偿发生困难者。（3）主债务人受破产宣告者。（4）主债务人之财产不足清偿其债务者（"民法"第 746 条）。然以何为标准，认定债权人就主债务人之财产强制执行而无效果？

与前述请求即付之保证相反者为亏空始保证（die Ausfallbürgschaft）的约款。② 其意义为：必须债务人已亏空，保证人始负保证责任。这是针对先诉抗辩权中，关于债权人就主债务人之财产强制执行而无效果之要件的约定。盖就主债务人之财产强制执行而无效果之要件的满足，究竟以只要曾经依系争债务之执行名义就主债务人之财产申请强制执行而无效果即可，或是必须就一切财产已穷尽申请强制执行之可能？亦即是否以主债务人之财产不足清偿其债务，或甚至受破产宣告为要件？从"民法"第 746 条第 3 款、第 4 款的规定观之，这些都尚有解释的空间。于是，保证人为厘清该解释空间可能带来之不安全性，乃试图借助于债务人亏空始负保证责任的约款。其比较缓和的约定是：债权人对于主债务人已无过失的尽其追偿之能事。

由于在具体案件常约定保证人抛弃先诉抗辩权，在保证实务上，使"民法"第745 条关于先诉抗辩权的任意规定（"民法"第 739 条之一、第 746 条第 1 款）丧失重要意义。抛弃先诉抗辩权之保证习惯上称为连带保证。

---

① 由于请求即付之保证对于保证人显有难以估计之风险，所以除在银行提供之保证外，德国联邦法院（BGH）认为该约款无效。请求即付之保证除对于债权人显然有利外，对于提供保证之银行亦有其业务上的便利性。盖依该约款，银行在受到保证给付之请求时，关于债权人之请求权，可以省却容易出错之审查工作，从而后来在向主债务人求偿时，比较不会遭遇到不应付款而付款的抗辩。如是可将该保证所保证之债务的是非、纷争留给主债务人与债权人双方自己去解决。当然，银行在财务上是否能全身而退，还系于主债务人之偿债能力。相当于请求即付之保证的约款也可能由主债务人与保证人在其内部关系中约定之。其约定之目的，对于银行而言，同样是想避开主债务人后来对其主张本来还不用对于债权人付款的抗辩（Esser/Weyers，aaO.（FN4），S.349）。

② Esser/Weyers，aaO.（FN4），S.350.

六、保证债务之消灭

保证债务除因与其他债务共通之一般消灭事由而消灭外,保证人并因保证债务之特别失权事由而不负保证责任或免其保证责任。

(一)一般之消灭事由

一般之消灭事由指债之一般的消灭原因:清偿、提存、抵销、免除、混同。其中混同的态样,除债权人继承债务人,或债务人继承债权人,以及其相互间之债的移转情形外,还有因债权人继承或合并保证人而承担保证债务,或保证人因继承、合并债权人或受让债权而继受债权等情形。另对于保证人而言,在其死亡后固因权利能力之丧失而不再能充为保证人,但其死亡前已负担之保证债务原则上仍然存在。有疑问者为以(继续发生之)将来债务为主债务者,其保证债务的范围是否计算至死亡时为止? 又保证债务是否能继承?[①] 鉴于保证是一种人的责任,其保证债务的范围应计算至其死亡时为止。又保证债务虽能继承,但在这里存在一个继承法上之普遍的问题:即在继承之规范规划上,究应以限定继承为原则或为例外? 应改以限定继承为原则。[②]

(二)特别失权事由

所谓特别失权事由,其典型者有下述五种情形:

1.抛弃担保物权

债权人抛弃其债权之担保物权者,保证人在债权人所抛弃权利之限度内,免

[①] 参见"最高法院"1997 年台上字第 3765 号民事判决。

[②] "民法"第 1176 条第 7 项虽然规定:"因他人抛弃继承而应为继承之人,为限定继承或抛弃继承时,应于知悉其得继承之日起二个月内为之。"但如何认定其他应为继承之人已知悉其得继承是一个问题,其知悉后知道自知悉其得继承之日起两个月内,始得为限定继承或抛弃继承又是另一个问题。这些问题对于一般继承人困扰极大。特别是对于因前顺位继承人抛弃继承而应继承之人追偿债务者通常是银行或行政机关等熟练法律程序之人,更见其不公平。是故,继承制度的规范规划设计,应改以限定继承为原则。

其责任("民法"第751条)。① 该条对于保证人之保护不得预先抛弃。② 唯债权人并不因有该条规定而有义务先就担保物取偿。③ 是故,保证人与债权人之下述特约不因有该条规定而失其适用性:"于主债务人不履行债务时保证人不得以担保物尚未处分而拒负代为履行之责任。"④

担保物权之抛弃为一种权利之抛弃,以已存在者为限,始有抛弃之可能。请求设定担保物权之权利,与经设定而取得之担保物权不同。不行使请求设定担保物权之权利,仍非担保物权之抛弃。⑤ 所谓抛弃担保债权之物权系指积极使之消灭而言,而非仅是为第三人所侵夺,⑥或消极的在得为实行时未为实行。⑦ 调换担保物,因使原来之担保物权消灭,所以不论调换后之担保物的价值是否高于原来之担保物,实务上亦一概论为抛弃原来之担保物权。⑧

2.怠于请求履行债务

"约定保证人仅于一定期间内为保证者,如债权人于其期间内,对于保证人不为审判上之请求,保证人免其责任"("民法"第752条)。此为定期保证之免

---

① 所称之"民法"第751条担保物权,除物权法及其他法律明文规定之担保物权外,并应包含实务上发展出来之担保物权,不受物权法定主义的限制。例如让与担保。以票据为担保,俗称为票保。这属于一种权利质权。票保如系由主债务人提供给债权银行,以担保主债务人对于银行所负之债务,则银行如未经该债务之保证人的同意,而将该票据返还主债务人或背书于第三人,则在此限度,因皆会影响保证人之求偿权的保障,自当亦构成"民法"第751条所定之免责事由。请参考 Esser/Weyers, aaO.(FN4), S.353.

② 参见"最高法院"2002年台上字第3号民事判决。

③ "最高法院"1980年台上字第1924号判例:"被上诉人并未抛弃为债权担保之物权,自无'民法'第751条之适用。又上诉人既系连带保证人,应与主债务人负同一清偿责任,而被上诉人对于主债务人就实行担保物权受清偿,或起诉请求保证人清偿,既得择一行使,则对于与主债务人负同一清偿责任之上诉人,自亦得择一请求。"此为连带债务之外部连带的效力。

④ 参见"最高法院"1963年台上字第2051号民事判决。

⑤ 参见"最高法院"1967年台上字第407号民事判决。

⑥ 参见"最高法院"1964年台上字第1610号民事判决。

⑦ 参见最高法院1932年台上字第1015号判例:"债权人抛弃为其债权担保之物权者,保证人固就债权人所抛弃权利之限度内免其责任。但债权人于其债权已届清偿期后,未即行使担保物权,嗣后该担保物价格低落者,不得即谓为抛弃担保物权。"唯"最高法院"1995年台上字第2088号民事判决认为:"'民法'第751条所谓债权人抛弃为其债权担保之物权者,系指债权人在债权尚未获偿之前,既有行使担保物权取偿之权利,而竟抛弃不行使之谓。若其债权已依行使担保物权以外方法获偿,因而涂销该担保物权(如抵押权等)登记者,即与抛弃担保物权有别。"其中以"不行使"为"抛弃"的见解,显有违误。

⑧ 参见1955年台上字第659号判例。

责。① "保证未定期间者,保证人于主债务清偿期届满后,得定一个月以上之相当期限,催告债权人于其期限内,向主债务人为审判上之请求(第 1 项)。② 债权人不于前项期限内向主债务人为审判上之请求者,保证人免其责任(第 2 项)"("民法"第 753 条)。③ 此为未定期保证之免责。本条亦适用于未定清偿期之债,盖债未定清偿期者,债权人得随时请求清偿("民法"第 315 条)。唯法律对于未定期限之契约的终止有应附一定期限之规定者,必须先附期限终止契约后,始得启动"民法"第 753 条的规范机制。

3.债务之延期

"就定有期限之债务为保证者,如债权人允许主债务人延期清偿时,保证人除对于其延期已为同意外,不负保证责任"("民法"第 755 条)。此为债权人未经保证人允许而同意主债务人延期清偿债务之免责。本条规定所称之定有期限系指主债务定有确定清偿期而言,非指"民法"第 752 条所称保证债务定有一定期间之情形。在定有一定期限之最高限额保证,债权人允许主债务人延期清偿,而所延展之清偿期仍在该保证契约有效期间内者,保证人仍不得援引前开第 755 条规定,主张不负保证责任。④ 保证人同意延期者,基于保证债务之从属性或候补性,该延期对于保证人亦有效力。⑤

与并存的债务承担不同,连带保证人虽因抛弃先诉抗辩权而丧失其候补性,处于类似于连带债务人的地位,债权人得自由决定先向连带保证人或债务人请求给付。唯连带保证仍不失其从属性。是故,就定有期限之债务为保证者,如债权人允许主债务人延期清偿时,"民法"第 755 条关于保证人除对于延期已为同

---

① 参见"最高法院"1988 年台上字第 1207 号民事判决。

② 参见"最高法院"1960 年台上字第 1756 号判例。

③ 关于连带保证人是否有"民法"第 753 条之适用,"最高法院"的见解前后不一。采肯定说者例如,"最高法院"1987 年台上字第 963 号民事判决:"保证未定期间者,保证人于主债务清偿期届满后,得定一个月以上之相当期限,催告债权人于其期限内,向主债务人为审判上之请求;债权人不于此期限内,向主债务人为审判上之请求者,保证人免其责任,此观'民法'第 753 条之规定自明。只须保证未定期间,保证人即得行使该条之权利。至保证人是否享有'民法'第 745 条所定之先诉抗辩权,则非所问。"采否定说者例如,"最高法院"1988 年台上字第 1772 号民事判决:"连带保证债务之债权人得同时或先后向保证人为全部之请求,保证人不得主张先诉抗辩权。同理,连带保证人亦不得依'民法'第 753 条规定,定期催告债权人向主债务人为审判上之请求。否则一面认债权人得同时或先后向连带保证人及主债务人求偿,一面又付与连带保证人得定期要求债权人先向主债务人求偿之权利,岂非矛盾?从而'民法'第 753 条之规定于连带保证债务无适用之余地。"

④ 参见"最高法院"1961 年台上字第 1470 号判例。

⑤ 请参考 Soergel-Mühl, aaO.(FN18), §768 Rz.4.

意外,不负保证责任之规定,对于连带保证人亦有其适用。[①]

　　关于保证人之保证责任,"民法"第 755 条所定之延期,限于债权人允许主债务人延期清偿,而不含允许保证人之一延期清偿的情形。[②] 盖基于多数保证人之保证连带,就保证债务该多数保证人系连带债务人。依"民法"第 273 条第 1 项,债权人本来即得对于债务人中之一人或数人或其全体,同时或先后请求全部或一部分之给付。其选择不先对于其中一部分债务人请求给付,只是造成事实上不行使债权的状态,不生延期的效力。如果因此后来引起时效完成之结果,该未被请求给付之债务人应分担之部分,他债务人同免其责任("民法"第 276 条)。为债权人如对于共同保证人之一(连带债务人)为允许延期清偿之表示,就其应分担部分对于其他保证人,准用"民法"第 276 条,应当亦生延期的效力。唯仍不因此生免除各保证人之保证责任的效力。

　　于债之清偿期届至后,单纯的不请求债务人履行债务,[③]或迟延期间之利息的受领,[④]固皆不得解释为同意延期清偿之默示的表示。唯"民法"第 451 条特别规定:"租赁期限届满后,承租人仍为租赁物之使用收益,而出租人不即表示反对之意思者,视为以不定期限继续契约。"所以,法律如有像该条之规定,将债权人不对于债务人之给付迟延即表示反对之意思的方式,视为以不定期限继续契约,则其消极容忍债务人迟延给付,仍可能构成(租赁期限之)延期。

　　4.终止保证契约

　　"就连续发生之债务为保证,而未定有期间者,保证人得随时通知债权人终止保证契约(第 1 项)。前项情形,保证人对于通知到达债权人后所发生主债务人之债务,不负保证责任(第 2 项)"("民法"第 754 条)。终止之意思表示应向债权人为之。[⑤] 本条所规定者限于终止后之效力。换言之,保证人并不得自己单方免除其为终止之意思表示前已发生之主债务的保证责任。就主债务而论,本条规定之保证的失权效力与前三者不同。本条只是利用终止,阻挡尚未发生之将来债务的保证。此种保证常与最高限额保证相连结。唯在最高限额保证其约中常常会特约排除保证人之终止权。该特约是否容许,视将该条论为任意规定或强行规定而异。按在保证人与债权人间,保证既然是单纯有利于债权人之契约,对于未发生之主债务的保证自当容许其随时终止。

---

①　参见"最高法院"1953 年台上字第 260 号民事判决。

②　参见"最高法院"1982 年台上字第 4214 号民事判决。

③　参见"最高法院"1982 年台上字第 4214 号民事判决。

④　参见"最高法院"1967 年台上字第 407 号民事判决。

⑤　参见"最高法院"1987 年台上字第 755 号民事判决。

5.除去保证责任

保证责任除去请求权。"保证人受主债务人之委任,而为保证者,有左列各款情形之一时,得向主债务人请求除去其保证责任:一、主债务人之财产显形减少者。二、保证契约成立后,主债务人之住所、营业所或居所有变更,致向其请求清偿发生困难者。三、主债务人履行债务迟延者。四、债权人依确定判决得令保证人清偿者(第1项)。主债务未届清偿期者,主债务人得提出相当担保于保证人,以代保证责任之除去(第2项)"("民法"第750条)。此为关于保证人与主债务人之间的关系。鉴于保证契约之当事人为保证人与债权人,而非保证人与主债务人。所以,所谓保证责任除去请求权,事实上除该条第2项所定,以主债务人提出相当担保替代保证责任之除去,尚操诸主债务人外,其余,一方面主债务人能着力者有限,另一方面主债务人若对于保证人除去保证责任之请求相应不理,保证人又能如何? 是故,该条第2项之规定应有更积极的安排,例如修正为:"前项情形,保证人得请求主债务人提出相当担保于保证人,以代保证责任之除去。"倘债务人果欲除去保证人之保证责任,其方法不外乎经由清偿、提存、抵销等方法消灭主债务,或另觅保证人或提供其他担保替代原保证人之保证。唯另觅保证人或提供其他担保替代原保证人之保证的方法皆必须有债权人之同意。这些安排虽能除去保证人之保证责任,但严格说来,并非债权人的失权事由。

七、保证人与债务人间之关系

正使保证人愿意对债权人负义务,保证债务人对其所负之债务者为保证人与债务人间之补偿关系。该补偿关系通常定性为委任契约。唯为安定保证债务之效力,在保证制度的规范设计上特别将保证契约与该补偿关系之前述的原因关系切断,使之相对于该补偿关系成为一种无因行为。其意义为该补偿关系之效力障碍不影响保证契约之效力。不过,保证契约之缔结及后来可能之保证债务的履行,同时也是保证人对于债务人履行其间之委任债务。保证人原则上得向债务人请求返还因此所发生之费用("民法"第546条)。此为费用返还请求权。

债务人不履行债务时,保证人依保证契约,虽有代负履行之责任("民法"第739条)。但其履行之债务不但定性为他人债务,而且在履行后,还是从保证关系出发,规定保证人对于债务人有求偿权,而不是从该补偿关系出发,规定保证人对于债务人有费用返还请求权。不过,还是必须注意,保证人之求偿权的规定系为适应各种有利害关系之第三人清偿债务时之补偿的一般规定。是故,保证人与债务人间如有关于代偿费用之返还的特别约定,仍应从其特约。[1] 例如依其特约,保证人(受任人)许诺无偿为债务人清偿债务,或其代为清偿因失之于操切而违反依其与主债务人之关系所负之诚信义务。关于该特约的存在,主债务人负举证责任。在主债务人未能反证前,保证人只要能够证明其已代主债务人对于债权人履行债务,于其清偿之限度内,即已依法承受债权人对于主债务人之债权及其从权利("民法"第 749 条),并得据以对于主债务人请求给付。保证人代为履行后之法律利益因此获得强化。唯除非保证人与主债务人之内部关系另有不得主张之约定,否则,主债务人当然也可继续享有在受法定让与之通知时对于债权人之抗辩及抵销权("民法"第 299 条第 1 项)。[2] 是故,保证人受债权人之代偿请求时,对于债权人得为抗辩或主张抵销而不为抗辩或抵销者,事后在其法定受让之债权的行使上会遭受不利。

为该求偿权之实践,前述"民法"第 749 条虽然规定:"保证人向债权人为清偿后,于其清偿之限度内,承受债权人对于主债务人之债权。但不得有害于债权人之利益。"亦即该条规定以其所代为清偿之债权法定移转于保证人的方法给予保证人求偿权。但这论诸实际,应非求偿,而是债权之购买。债务人在此意义下并未因保证人之代为清偿而受到利益。盖其所负之债务依然存在,只是改变了债权人。由于这涉及债权之法定的移转,所以,保证人代为清偿后,保证人与债务人及其他从属权利的法律关系应依债之移转的相关规定发展。其因此受不动产之担保物权的移转者,因其移转本于法律之规定,而非由于法律行为,故关于担保物权之取得,不受"民法"第 758 条所定须经登记始生效力之限制,[3] 从而"最高法院"认为,保证人亦无为该担保物权之取得而对于债权人提起给付之诉的必要。[4] 然保证人在清偿后,如何能够使土地登记簿上之记载与系争担保物权法定移转后之状态相符,值得探讨。受让之债权如附有如有让与担保,让与担保之移转亦有类似的问题:其取得需要债权人之协力行为。该协力行为究应以承认或创设行为的方式为之,在表现上或说明上有规范逻辑的问题:对于同一受让人已法定移转系争权利者,不再能够以法律行为移转之。唯其如便宜的再以法律行为移转之,其移转行为大可解释为承认,而不必完全否定其法律上的意

---

① 针对该特约之考虑上的需要,《德国民法典》第 774 条第 1 项除在第一句、第二句为下述规定外:"只要保证人满足债权人,债权人对于主债务人之债权即移转于保证人。该移转不利于债权人主张之。"并于第三句规定:"主债务人源自其与保证人之法律关系的抗辩不受影响。""民法"第 749 条并无与第三句相当之规定。

② Esser/Weyers,aaO.(FN4),S.354f.

③ 参见"最高法院"2000 年台上字第 2931 号民事判决。

④ 参见"最高法院"1995 年台上字第 1688 号民事判决。

义。盖创设之法效意思应可包含承认之法效意思。

"民法"第749条但书所谓不得有害于债权人之利益,指保证人与债权人之利益如果发生竞合,债权人享有优先权。这主要表现在保证人仅为一部清偿的情形。这时如果担保物或债务人之其他财产,或债务人后来提出之给付不足以完全清偿债权人之剩余债权及保证人之求偿权,则债权人之剩余债权相对于保证人之求偿权有优先受偿权。唯该优先受偿权不及于系争保证所担保之债权以外之债权。

保证人纵有先诉抗辩权,债权人依然得先对保证人请求代偿债务,只是保证人于债权人未就主债务人之财产强制执行而无效果前,对于债权人,得拒绝清偿而已("民法"第745条)。倘保证人在前述情形不拒绝清偿,而径行代为履行,对于主债务人依然有"民法"第749条所定之求偿权。保证人在向债权人清偿后,于其清偿之限度内,承受债权人对于主债务人之债权。此为债权之法定移转。有疑问者为:在这种情形,债务人对于原债权人之抗辩或抵销的利益是否会受到影响?应当不会。盖纵使在债权之法定移转权的情形,其移转一样必须通知债务人对于债务人始生效力("民法"第297条),且主债务人除就于受通知时已具备抵销适状之债权得主张抵销外,其对于让与人之债权在受通知时纵使未具备抵销适状之债权,但只要其清偿期先于所让与之债权或同时届至,主债务人依然得对于受让人,主张抵销("民法"第299条)。要之,倘保证人在对于债权人为清偿时,未让主债务人有机会对于债权人为抵销,则其后来将因主债务人主张,以在受系争债权之法定让与通知时,对于债权人之债权与保证人对于自己之求偿权(法定受让之债权)抵销,而遭受不利。其可能的不利为:保证人必须又转向债权人请求补偿。问题是其规范基础为何?设债务人之抵销的主张使主债务人对于债权人之债权因抵销而消灭("民法"第335条第1项),则债权人对于主债务人之债权等于先后直接与间接从保证人及主债务人获得双重清偿,从而受有不当得利:首先主动直接以法定让与原债权的方法实现其对于原债权享有之利益,其次于被动间接因该已法定让与之债权被主债务人主张抵销时,又一次因主债务人对于自己之债权的消灭而得到利益。是故,因此受到损害之保证人对于债权人应得依不当得利的规定请求返还其因抵销而获得之利益。[①] 有疑问者为：(1)保证人对于主债务人得请求返还之利益究竟是主债务人对于债权人之债权的消灭利益，这等于是认为，保证人因主债务人事后主张抵销而代偿债权人对于主债务人所负之债务；或(2)因该法定让与之债权有溯及的权利不存之瑕疵，而应对于保证人返还受领之利益，亦即返还保证人当初为清偿该债务对于债权人所做之给付。第一个见解固符合法律事实之发展的时序，但第二个见解才符合现行法关于保证人代偿债务之法定让与，以及抵销之溯及效力的规定，是故，应以第二说为妥。

"民法"第748条规定："数人保证同一债务者，除契约另有订定外，应连带负保证责任。"此即保证连带。该连带债务指全体保证人就同一债务连带负保证责任。原则上这是一种真正的连带债务。因此，在保证人中之一部分人先为保证责任之履行者，不但对于债务人有求偿权，而且对于其他保证人按其应分担部分同样有求偿权。在这当中，债务人固为最后应负责之人，但有求偿权之保证人还是得在共同保证人的层次，先为求偿。[②] 然后各保证人再分别按其与债务人之内部的补偿关系对于债务人求偿。

由于共同保证并不需同时以一个保证契约共同为之，亦即各个保证人之保证行为可以全无主观上的关连。因此，引起一个疑问：一个人一旦加入一个债务之共同保证后，有无可能由于债权人事后之免除，而使其完全脱离其共同保证的责任，或只能免除其个别之应分担部分（"民法"第276条第1项、第282条第2

[①]　主债务人在其对于保证人之内部关系，得否以其对于债权人之债权与保证人对于自己之求偿权主张抵销？Esser/Weyers认为，"这个问题不能按求偿权之概念性质论断。其答案应视下情定之：依保证人与债务人之内部关系的规定及其具体情形，保证人在对于债权人清偿前，是否应让债务人有机会对于债权人为抵销。必须是应给予机会，而未给予，并径行代为履行时，主债务人始得利用将其因债权人无资力履行得抵销的债权而受到之损害，传给保证人之求偿权的方法，将债权人之无支付能力的风险转嫁给保证人。唯这是行使内部关系之抗辩，而不是以其对于债权人之债权主张抵销"（Esser/Weyers，aaO.(FN4)，S.354）。当法律规定，系争债权在保证人代为履行后法定移转于保证人，而非因清偿而消灭，保证人得为上述抵销之主张，应不构成问题；唯倘还是若隐若现认为系争债权在保证人代为履行后，即因清偿而消灭，则上述债权或债务因不具备二人互负债务的抵销要件，在抵销的主张上自然会遭遇障碍。Esser/Weyers上述见解当是以下述观点为其基础：系争债权在保证人代为履行后已经消灭，取而代之者为保证人对于主债务人之求偿权。

[②]　对于同一债务如同时有人保与物保存在，保证人与物上担保人间之求偿关系转为复杂。该问题非经"立法"难以解决。请参考黄茂荣：《保证连带与担保连带》，载《植根杂志》第20卷第6期；Dietmar Schanbacher, Der Ausgleich zwischen dinglichem Sicherer（Grund-, Hypotheken-und Pfandschuldner）und persönlichem Sicherer（Bürgschaft），AcP 191(1991), 87ff.

项)？应只能免除其应分担之部分,其余涉及内部连带关系之不利的介入,非债权人权限之所及。为避免卷入共同保证的漩涡,后为保证者得利用后续保证(Nachbürgschaft),改以保证前保证人之保证债务的方式,替代直接保证主债务。① 另一个保证人如果仅保证一个连带债务中之一个连带债务人,其代为全部清偿后,是否仅对于所保证之连带债务人有求偿权？首先答案固然是肯定的。但如该连带债务人因其保证人之清偿而对于其他连带债务人有求偿权,则应容许该保证人代位行使所保证之连带债务人对于其他连带债务人之求偿权。其结果,最后等于肯认该保证人对于全部连带债务人皆有求偿权。② 不过,依然必须注意,保证人所(代位)行使之求偿权仍为其代为履行之连带债务人对于其他连带债务人的求偿权。

---

① 关于后续保证及其他保证类型,请参考 Soergel-Mühl, aaO.(FN18), Rz.12ff. Vor § 765.

② 请参考 Esser/Weyers, aaO.(FN4), S.356.

第十六章

保证连带与担保连带

一、保证连带与担保连带之概念

连带保证与保证连带不同。前者指保证人与主债务人间之外部连带的关系。基于该连带,债权人得对于债务人,或连带保证人,或其全体,同时或先后请求全部或一部之给付。① 反之,后者指共同保证人全体之外部连带的关系。共同保证人依"民法"第 748 条虽应连带负保证责任,但如未抛弃先诉抗辩权,于债权人未就主债务人之财产强制执行而无效果前,对于债权人,仍得拒绝清偿("民法"第 745 条),必须直到共同保证人已丧失其先诉抗辩权时,债权人始得依"民法"第 748 条对于保证人中之一人或数人或其全体,同时或先后请求全部或一部之给付。保证连带之债务未全部履行前,全体保证人仍负连带责任("民法"第 273 条)。鉴于保证是一种契约之债,是故,不但共同保证人是否负保证连带的责任,而且其内部之分担比例皆是可以特约的事项。至此限度,因有"民法"第 748 条之明文规定,在规范上尚无重大疑义。有疑问者为,如果有多数物上担保,或有物上担保与人的保证并存,其全体是否亦应连带负担保责任,构成担保连带?

对于多数物上担保间,或物上担保与人的保证间之担保连带,现行法虽无明文规定。但"物权法"修正草案在第 875 条至第 875 条之三、第 879 条对于共同抵押已准备给予明文之肯认的规定。还欠明了者为:抵押权与人的保证、质权或其他担保物权并存时之分担的问题。

其"立法"原则为:(1)抵押连带原则:在物上担保间,就共同抵押"物权法"修正草案第 875 条首先肯认相当于保证连带之抵押连带。此为现行法已有之明文规定。(2)债务人抵押优先原则("物权法"草案第 875 条第 2 项)。唯该项未规

---

① 参见"最高法院"1982 年台上字第 5054 号民事判决。

定应先就债务人之抵押物拍卖取偿,仍然美中不足,容易引起债权人滥用其担保物权。此为相当于普通保证人之先诉抗辩权的规定。鉴于担保物权容易实行的特点,关于抵押权之实行有必要引入先债务人后物上担保人的原则。(3)无设定金额者,以担保物之价值;有设定金额者,以设定金额与担保物价值二者间低者为准,定物上担保间之应分担比例("物权法"参考草案第875条之一)。按为规范负连带担保责任之多数担保人间在内部连带上的分担关系,只需规定其应分担比例即可,不但不需,也不适当直接规定其应分担金额。盖其应分担金额必须视后来实际发展的情形,确定受担保债务之未清偿余额后始能算定。是故,"物权法"草案第875条之一之修正内容显然有不必要之复杂。另基于抵押连带所构成之连带债务的外部连带效力,第875条之二的规定显非必要,徒增困扰。真正需要者为:过度拍卖之禁止及其赔偿责任的规定。另因全部担保物不一定皆尽付拍卖,所以各担保物之价值为何,势难有一个一致之市价可为比较。因此,为应分担比例之计算上的需要,可考虑规定:土地以公告现值,建筑物以法定评定价格为准。但全部抵押物皆尽付拍卖者,以实际拍得价金为准调整其应分担比例。(4)债权人自抵押物拍得价金受偿之金额超出按该抵押物应分担比例计得之应分担金额时,该抵押物所有人得向其他共同抵押人请求偿还按其应分担比例计得之应分担金额,及自免责时起之利息。求偿权人于求偿范围内,对于其余未拍卖之抵押物承受抵押权人之权利。但以该抵押物之应分担额为限("物权法"参考草案第875条之三)。债务人为同一债权之担保,于数不动产上设定抵押权,而按各抵押物定其应分担比例于第三人有法律上之利益者,第875条之一及第875条之三之规定准用之("物权法"参考草案第875条之三第2款及第762条但书)。

二、双重买卖及其保证责任

甲出售A屋于乙,约定价金为新台币(下同)3000万元,乙先行支付其中半数,但乙要求甲须觅妥殷实担保保证甲履行给付A屋之债务。甲商经丙、丁同意,由丙出面为连带保证人,丁则提供与A屋等值之B屋,设定担保额本金为3000万元之抵押权于乙。乙于订约后,持其与甲成立之买卖契约书为凭,于当日下午,以3200万元之价格,出售A屋于戊;不料,甲竟于当晚,(以新台币3500万元)将A屋再度出售于庚,并迅速将A屋所有权移转登记于庚。问:(1)乙对甲请求损害赔偿,其数额为何?(以自己之转售利益200万元,或甲之违约利益500万元?先行支付价金半数是否属于定金?)(2)戊对乙如何主张权利?(他人之物的买卖,给付不能时之效力)(3)乙主张撤销甲庚间之买卖,结果如何?(双重买卖之第一买受人有无撤销权:"物权法"草第184条,第244条)(4)设乙对甲解除买卖,请求丙丁连带给付,其结果如何?其范围是否包括乙先行支付之1500万元?(解除契约后,乙之返还义务:第259条及损害赔偿请求权的范围;第260条丙丁担保之债务为何:履行之债务或解约后之回复原状的债务;人保与物保间之保证连带与责任的分担)(1992年司法官"'民法'"第二题)

【解题说明】

(一)未受履行之买受人之履行利益上的损害:丧失转售利益

由于买卖系债务契约,首先仅在买卖双方发生债的效力,所以,在二重买卖,先后之买卖互不构成其债之效力的障碍事由。然在特定物之买卖,因出卖人仅能对于两个买受人中之一人为完全之履行,在向其中一人履行之后,对于另一买受人所负之债务,即因可归责于出卖人(债务人)之事由而陷于给付不能。[①] 这时,该买受人,如果不解除契约,只能依给付不能之规定("民法"第226条)对于出卖人请求履行利益之损害赔偿;如果解除契约,则可依"民法"第260条,请求信赖利益之损害赔偿。[②] 其得请求赔偿履行利益之赔偿时,其损害比较没有疑

---

① 出卖人对于两重买卖中之一个买受人完全履行债务后,对于另一个买受人所负之债务即陷于给付不能。在物的买卖,这不属于权利瑕疵担保的问题。盖依债务不履行之规定,所有权之欠缺只有在其欠缺可归责于债务人时,债务人始负债务不履行的损害赔偿责任。反之,如论为权利瑕疵担保,则不论是否可归责于债务人(出卖人),买受人皆得依关于债务不履行之规定,行使其权利("民法"第353条)。该二规定间显然有规范冲突存在。而"民法"第349条虽然规定:"出卖人应担保第三人就买卖之目标物,对于买受人不得主张任何权利。"但是第350条又仅规定:"债权或其他权利之出卖人,应担保其权利确系存在。"后者显然将所有权排除在外。是故,"民法"第349条所称第三人就买卖之目标物可能主张之权利,应限于他项物权之负担,及其他具有准物权效力权利。例如租赁权。然出卖人对之为完全之履行者如系第一买受人,则其对于第二买受人是否因此应负债务不履行的责任,应视缔约时第二买受人是否知悉,出卖人就同一目标物与他人已有买卖契约在先,以及双方因此如何约定而定。如无特约出卖人愿为该契约之履行负担保责任,在出卖人先对第一买受人履行的情形,第二买受人对于出卖人原则上并无债务不履行之损害赔偿请求权。反之,如有特约,该特约是否具有违法性或违反善良风俗,视在法秩序的规范规划上,该事实在市场经济体制下的评价如何而定。

② 在契约之债的债务不履行,履行利益原则上固大于信赖利益。但在具体案件是否如此,仍视约定之对价关系相对于目标物之市价,究竟有利或不利于买受人而定。有利者,请求履行利益之赔偿对于买受人比较有利;不利者,请求信赖利益之赔偿对于买受人比较有利。而其所以有利或不利于买受人的情事,有可能自始之约定即是如此,亦有可能是因后来物价之变动才导致该结果。

问者为,以未受履行之第一买受人之转售利益之丧失的型态表现出来。[①] 其请求之困难在于证明其确实因不能依计划向第三人履行转售契约,而遭受转售利益的损失。但出卖人利用违约而为双重买卖,从其他买受人取得之买卖价金的增益,不是这里所称未受履行之买受人之转售利益的损失。因此,乙对甲仅得在证明其与戊确有题示转售契约时,请求以自己之转售利益 200 万元,而非甲之违约利益 500 万元,作为履行利益之损失的赔偿。另在缔约时,买受人即为一部分价金之给付者,常常会引起该给付是否兼具定金之约定与授受的疑义。这是契约之解释的问题。解释为定金者,因定金具有债务不履行之损害额的预定效力,对于债务不履行时,损害之有无及其数额之举证困难的克服具有意义。此种问题,如不明白约定于先,事后解释起来,其法律效力难以预测。在数额高达价金半数的情形,以之为定金显然过高。是故,解释上应朝向否定的看法。

(二)自未受履行之买受人购买者对于其出卖人之权利

按在双重买卖,于出卖人向第二买受人完全履行债务时,未受履行之第一买受人就买卖目标物如与第三人缔有转售契约,该转售契约原则上即因不可归责于未受履行之买受人(乙)之事由而陷于给付不能。此际,戊在下述两个效力中得选择其一,而行使之:(1)依"民法"第 225 条第 1 项,债务人(乙)免给付义务,其相对人(戊)依第 266 条第 1 项免为对待给付之义务;(2)戊依"民法"第 225 条第 2 项,向债务人乙请求让与其因前述给付不能之事由,对甲取得之损害赔偿请求权,或交付其所受领之赔偿物。唯在选择第二个效力时,戊对乙继续负对待给付的义务。其结果,戊如选择第二个效力,最后并无财产上之增益。盖对戊而言,就系争目标物之交易并无价差利益。[②]

(三)第一买受人得否撤销出卖人事后所缔结之第二买卖契约

乙主张撤销甲庚间之买卖,其依据或为第 184 条前段或后段,或为第 244 条。此为第三人对于债权之侵害是否构成一般侵权行为,或是否可论为以违背善良风俗之方法加损害于他人,或是否构成诈害债权的问题。乙之主张的法规障碍不在于债权是否为第 184 条所保护之客体,而在于对于债权之加害行为的

---

① 债务不履行可能造成之履行利益上的损害,尚有以为取得替代给付而支出额外费用的情事。替代费用主要发生在给付迟延的情形。债务不履行有时还可能对于债权人引起固有利益上的损害。例如使债权人之身体或财产因此受损(违约停电导致冷冻食品腐坏),或使债权人因此对于第三人负债不履行的责任。

② 设戊与第三人就系争目标物另有转售交易,以 3300 万元价卖于辛,从而亦有转售利益之损失。然因债务不履行并不可归责于乙,戊就该损失对乙并无损害赔偿请求权。

违法性及故意或过失之有无的问题。前者,指在市场经济底下,第二买受人试图后来居上的竞争行为的合法性;后者,指第二买受人在买卖时不一定知悉有第一买卖关系存在。至于是否构成诈害债权,其考虑同样为在市场经济底下,关于债权之保护,是否适宜只到其债务不履行责任为止,而不提供原来债权内容之实现。2000 年 4 月 26 日修正后之"民法"第 244 条第 3 项规定:"债务人之行为非以财产为目标,或仅有害于以给付特定物为目标之债权者,不适用前二项之规定。"该项规定已清楚表明,债权之保护只到其债务不履行责任为止的立场。

(四)第一买受人解除契约对于出卖人及其债务担保人之责任的影响

在因可归责于债务人而债务不履行的时候,债权人对于债务人本得请求履行利益之赔偿。所以,如果原来约定之对价关系对于债权人并无不利,或债权人已能证明其就买卖目标物有转售利益上之损失,请求履行利益的赔偿应可使债权人之利益状态维持在像该买卖契约有顺利履行的情形一样。唯第一买受人如解除契约,则契约一经解除,便引起其依"民法"第 260 条是否还得请求履行利益之赔偿的疑问。这应采否定的见解。盖契约解除后之发展的方向是:将双方的利益状态,回复至像无该契约之缔结与履行的情形一样,再加上有过失之一方对于无过失之一方之信赖利益的赔偿。同理,第三人以保证契约或担保物权,担保出卖人之债务时,其担保之债务项目,在因一方违约而解除的情形,基于保证契约或物上担保契约之发生及存在上的独立性,首先在存在上固不受影响,[1]唯从其存在目的之从属性论,自亦当转向为:担保其回复原状的债务及可能之信赖利益的赔偿责任。[2] 这固含乙先行支付之 1500 万元的返还。但不含转售利益之赔偿责任。盖转售利益为履行利益,不是契约解除时之损害赔偿项目。

三、夫妻间之消费借贷的保证及其消灭时效

夫甲、妻乙采分别财产制。某日甲向乙借款 100 万元,借期 3 年,年利率 15%,由第三人丙为保证人,丁为连带债务人:倘 3 年届满,甲未清偿,乙亦未请求,16 年后,乙径向丙、丁请求清偿:(1)丙可否主张甲之债务已罹于时效,而拒绝给付?(消灭时效何时起算,夫妻时效不完成规定之适用问题)(2)丁可否主张自己之连带债务业已时效完成,而拒绝给付?(消灭时效何时起算,夫妻时效不完成规定之适用问题)(1980 年律师"民法"第一题)

---

① 参见"最高法院"1996 年台上字第 2448 号民事判决。
② 参见"最高法院"1957 年台上字第 1252 号民事判决。

【解题说明】

（一）消费借贷之时效期间的起算点

按消灭时效，自请求权可行使时起算（"民法"第 128 条前段）。在定有借期之消费借贷，因必须待借期届满时，贷与人始得对于借用人请求返还借款，是故，关于借款部分之消灭时效期间应自借期届满时起算。[①]

（二）夫妻间请求权之消灭时效有不完成的问题

"民法"第 143 条规定："夫对于妻或妻对于夫之权利，于婚姻关系消灭后一年内，其时效不完成。"所以纵使该消费借贷在 3 年届满后，甲未清偿，乙亦未请求，又逾 16 年，乙对甲之请求权的消灭时效期间依然未完成。

（三）保证人之时效抗辩

因为保证是主债务之从债务，没有自己独立计算之消灭时效期间。当债权人向主债务人请求履行及为其他中断时效之行为时，对于保证人亦生效力（"民法"第 747 条）。[②] 是故，主债务人之消灭时效期间不完成者，债权人乙径向保证人丙请求清偿，丙并无时效抗辩可供主张。像这种情形，丙可主动求取自保的方法为：于主债务清偿期届满后，定一个月以上之相当期限，催告债权人于该期限内，向主债务人为审判上之请求。债权人乙如不于前项期限内向主债务人为审判上之请求者，保证人免其责任（"民法"第 753 条）。因为依"民法"第 753 条之规定，在乙对甲之请求权的消灭时效期间完成前，丙尚可主动使自己免负保证责任，所以在保证夫或妻对于其配偶所负之债务时，保证人不得主张"民法"第 143 条有法律漏洞，认为其时效不完成之规定对于保证人无适用。

（四）连带债务人之时效抗辩

因为各连带债务人之消灭时效期间分别独立计算（"民法"第 276 条），所以，不但中断时效，而且时效不完成之事由皆应分别认定、适用。亦即丁为连带债务人，其消灭时效期间之起算与完成皆应与甲分别独立计算。因此，在该消费借贷 3 年届满后，又逾 16 年，乙既然始终未向丁请求给付，则其对于丁之请求权的消灭时效期间应已完成。丁对于乙，得依"民法"第 144 条第 1 项，以时效已完成为理由，拒绝给付。

---

① 参见"最高法院"2000 年台上字第 618 号民事判决。
② 参见"最高法院"1979 年台上字第 1813 号判例。

四、人保与物保间之保证连带与责任分担

甲向乙银行贷款新台币(下同)600万元,应乙之要求,甲商请丙提供丙所有A屋为乙设定同额抵押权(A屋价值逾千万元,且未曾设有担保),并央求庚、辛出面为连带保证人。嗣甲无力返还,乙拍卖A屋获得全部清偿。问:(1)丙请求甲支付600万元,有何依据?("民法"第749条)(2)丙向庚、辛各请求支付200万元,有无理由?(人保与物保间之保证连带与责任的分担,人保之缔约与物保之设定如有先后有无影响)(3)如乙系执行庚之财产而获清偿?庚在法律上有何权利可资主张?(人保与物保间之保证连带与责任的分担)(1996年律师"民法"第三题)

【解题说明】

(一)物上保证人之求偿权

为债务人设定抵押权之第三人(抵押人)无代偿债务之责任,但其代为清偿债务,或因抵押权人实行抵押权致失抵押物之所有权时,依关于保证之规定,对于债务人有求偿权("民法"第879条)。所以,丙在其A屋经乙拍卖获得全部清偿后,据"民法"第879条之规定,对于甲得依"民法"第749条关于保证之规定请求甲支付600万元。

(二)物上保证人与人的保证间的保证连带

"民法"第748条虽然规定:"数人保证同一债务者,除契约另有订定外,应连带负保证责任。"但是该条规定是否亦适用于物上保证人与人的保证间?引起疑问。"民法"第751条规定:"债权人抛弃为其债权担保之物权者,保证人就债权人所抛弃权利之限度内,免其责任。"而无债权人免除保证人之责任者,物权担保人就债权人所免除保证债务之限度内,免其责任的规定。自上述规定推论,相对于物上保证人,显有使人的保证人负候补责任的意旨。此即"最高法院"在实务上所谓"先物保后人保原则"[1]。因之,人的保证人先为清偿者,"于其清偿之限度内,承受债权人对于主债务人之债权。但不得有害于债权人之利益"。亦即法定受让其代为清偿之债权。这是一种债权之法定移转。这时"该债权之担保及其他从属之权利,随同移转于受让人"[2]("民法"第295条第1项前段)。反之,

---

[1] 参见"最高法院"1953年台上字第1354号民事判决。

[2] 参见"最高法院"1991年台上字第2508号民事判决。

物上保证人（担保人）先为清偿者，对于人的保证人无求偿权。唯这个见解应仅适用于担保物权之设定先于人的保证契约之缔结的情形。如人的保证契约之缔结先于担保物权之设定，物上保证人对于缔约在先之人的保证人应当还是有求偿权的。盖其提供物上担保时，以该债务有人的保证存在为前提。要之，人保之缔约与物保之设定间如有先后，对于其相互间之求偿权应有影响方宜。在此认识底下，如果同时缔约与设定，则应互有求偿权。且如无特约，有疑义时，原则上应平均分担。这符合"民法"第 280 条所示"担保人平等主义"的精神。所以，在题示情形，丙向庚、辛各请求支付 200 万元，应认为有理由。然鉴于物上担保人所负为有限的担保责任，所以，如果依担保人平等主义所分担下来之应分担额超出个别担保物之价值者，其超过部分在担保连带者间有若连带债务人中有人不能偿还其分担额。是故，就其不能偿还之部分，应类推适用"民法"第 282 条，由求偿权人与他担保人按照其应分担比例分担之。但其不能偿还，系由求偿权人之过失所致者，不得对于他债务人请求其分担。他债务人中之一人应分担之部分已免责者，仍应依前项比例分担之规定，负其责任。[①]

（三）债权人乙先对于保证人之一请求给付

债务人甲无力返还时，债权人基于保证连带（"民法"第 748 条），得对于保证人中之一人、数人或其全体，同时或先后请求全部或一部之给付（"民法"第 273 条）。受请求者先为清偿、代物清偿、提存、抵销或混同，致他债务人同免责任者，得向他债务人请求偿还各自分担之部分，并自免责时起之利息。求偿权人于求偿范围内，承受债权人之权利。但不得有害于债权人之利益（"民法"第 281 条）。

关于该求偿权之行使，依然有是否得对于物上担保人求偿及得对其求偿之范围的问题。光从"民法"第 751 条之前述规定内容论之，会倾向于认为：仅人的保证人对于物上担保人有求偿权。唯如前所述，还是应按其约定或设定之先后，

---

① 基于上述说明，首先应一般的承认人保与物保间之担保连带。以贯彻"民法"第 748 条所定之保证连带的意旨。另鉴于在多数保证人的情形，该条并未按保证人之资力而规定其不同之分担额，在人保与物保间之担保连带首先当亦无按物保设定之担保数额而异其分担额的理由，以贯彻"民法"第 748 条之担保人平等主义。唯因物保为一种物的有限责任，此为物权法之根本原则。是故，如果依担保人平等主义计算所得之物保的应分担额大于担保物之价值时，物保之担保人不再分担超过担保物之价值的余额。于是，该余额应由其他应负连带责任之担保人按其应分担比例分担之。另人保之约定与物保之设定时间如有先后，原则上应解释为：发生在先者优先负责。不过，当事人就自己之保证责任得另为约定。唯应注意其特约对于善意第三人之效力的限制问题。以上见解，在经以"立法"的方式明文化前，解释上容易产生歧异是可以理解的事态。

定其责任之顺位较为妥当。

(四)附论:修法建议

"民法"第875条:"为同一债权之担保,于数不动产上设定抵押权,而未限定各个不动产所负担之金额者,抵押权人得就各个不动产卖得之价金,受债权全部或一部之清偿(第1项)。该数不动产中有为债务人所有者,应先就债务人所有之抵押物拍卖取偿。未就债务人之抵押物强制执行而无效果前,不得拍卖其他抵押物(第2项)。"

【理由】

第1项,抵押连带原则:在物上担保间,就共同抵押"民法"第875条首先肯认相当于保证连带之抵押连带。此为现行法已有之明文规定。

第2项,债务人抵押优先原则("民法"草案第875条第二项)。唯该项未规定应先就债务人之抵押物拍卖取偿,仍然美中不足,容易引起债权人滥用其担保物权。此为相当于普通保证人之先诉抗辩权的规定。鉴于担保物权容易实行的特点,关于抵押权之实行有必要引入先债务人后物上担保人的原则。

"民法"第875条之一:"为同一债权之担保,于数不动产上设定抵押权,而就各抵押物无设定金额者,以担保物之价值;有设定金额者,以设定金额与担保物价值二者间低者为准,定物上担保间之应分担比例(第1项)。前项应分担比例之计算,土地以公告现值,建筑物以法定评定价格为准。但全部抵押物皆尽付拍卖者,以实际拍得价金为准,调整其应分担比例(第2项)。抵押权申请拍卖之抵押物的笔数不得有显然超过为满足其债权所需要之程度(第3项)。"

【理由】

第1项,按为规范负连带担保责任之多数担保人间在内部连带上的分担关系,只需规定其应分担比例即可,不但不需,也不适合直接规定其应分担之金额。盖其应分担之金额必须视后来实际发展的情形,确定受担保债务之未清偿余额后始能算定。是故,原草案第875条之一之修正内容显然有不必要之复杂。另基于抵押连带所构成之连带债务的外部连带效力,"民法"第875条之二的规定显非必要,徒增困扰。

第2项,另因全部担保物不一定皆尽付拍卖,所以各担保物之价值为何,势难有一个一致之市价可为比较。因此,为应分担比例之计算上的需要,可考虑规定:土地以公告现值,建筑物以法定评定价格为准。但全部抵押物皆尽付拍卖者,以实际拍得价金为准调整其应分担比例。

第3项,真正需要为:过度拍卖之禁止及其赔偿责任的规定。

"民法"第875条之三:"债权人自抵押物拍得价金受偿之金额超出按该抵押

物应分担比例计得之应分担金额时,该抵押物所有人得向其他共同抵押人请求偿还按其应分担比例计得之应分担金额,及自免责时起之利息。求偿权人于求偿范围内,对于其余未拍卖之抵押物承受抵押权人之权利。但以该抵押物之应分担额为限。"

【理由】本条规定内部连带者间之求偿关系

"民法"第 875 条之四:"债务人为同一债权之担保,于数不动产上设定抵押权,而按各抵押物定其应分担比例于第三人有法律上之利益者,第 875 条之一及第 875 条之三之规定准用之。"

【理由】本条所定为债务人抵押优先原则之例外,以保护第三人对于抵押物之正当利益。

"民法"第 875 条之五:"为同一债权之担保,除于数不动产上设定抵押权外,并有一人或数人为保证者,应连带负保证责任。但契约另有订定者,不在此限(第 1 项)。前项情形,除法律另有规定或契约另有订定外,应平均分担义务。但各抵押物之设定金额或担保物价值高于平均分担额者,以平均分担额;低于平均分担额者,以设定金额与担保物价值二者间低者为其应分担额准(第 2 项)。"

【理由】

第 1 项:本项肯认物保与人保间之担保连带。

第 2 项:本项规定担保连带之内部分担问题。与之有关者,"民法"第 748 条虽然规定:"数人保证同一债务者,除契约另有订定外,应连带负保证责任。"但该条规定是否亦适用于物上保证人与人的保证间?引起疑问。"民法"第 751 条规定:"债权人抛弃为其债权担保之物权者,保证人就债权人所抛弃权利之限度内,免其责任。"而无债权人免除保证人之责任者,物权担保人就债权人所免除保证债务之限度内,免其责任的规定。自上述规定推论,相对于物上保证人,显有使人的保证人负候补责任的意旨。此即"最高法院"在实务上所谓"先物保后人保原则"。因之,人的保证人先为清偿者,"于其清偿之限度内,承受债权人对于主债务人之债权。但不得有害于债权人之利益"。亦即法定受让其代为清偿之债权。这是一种债权之法定移转。这时"该债权之担保及其他从属之权利,随同移转于受让人"("民法"第 295 条第 1 项前段)。反之,物上保证人(担保人)先为清偿者,对于人的保证人无求偿权。

上述规定并无适当之事理基础。所以,其分担原则有由"先物保后人保主义",改为"担保人平等主义"的必要,以贯彻保证连带的法律思想。而后以之为基础,从物保之有限责任的观点,在抵押物之设定金额或担保物价值低于平均分担额时,以设定金额与担保物价值二者间低者为准,定其应分担额准,调整之。经该调整产生的差额由保证人按其应分担比例负担。盖其超过部分在担保连带者间有若连带债务人中有人不能偿还其分担额。是故,就其不能偿还之部分,应类推适用"民法"第282条,由求偿权人与他担保人按照其应分担比例分担之。

关于担保连带,尚有时序的因素应予考虑。基于物保与人保之发生时序,当事人无特约时,上述见解应仅适用于担保物权之设定先于人的保证契约之缔结的情形。如人的保证契约之缔结先于担保物权之设定,物上保证人对于缔约在先之人的保证人应当还是有求偿权的。盖其提供物上担保时,以该债务有人的保证存在为前提。要之,人保之缔约与物保之设定间如有先后,对于其相互间之求偿权应有影响方宜。在此认识底下,如果同时缔约与设定,则应互有求偿权。且如无特约,有疑义时,原则上应平均分担。这符合"民法"第280条所示"担保人平等主义"的精神。